CB052409

*Harmonia*

# Arnold Schoenberg

# *Harmonia*

2ª edição

Prefácio, tradução e notas de
**Marden Maluf**

editora
**unesp**

© 1922 Universal Edition

© renovado 1949 Arnold Schoenberg

Título original em alemão: *Harmonielehre*

© 1999 Editora UNESP

Direitos de publicação reservados à:

Fundação Editora da Unesp (FEU)
Praça da Sé, 108
01001-900 – São Paulo – SP
Tel.: (0xx11) 3242-7171
Fax: (0xx11) 3242-7172
www.editoraunesp.com.br
www.livrariaunesp.com.br
atendimento.editora@unesp.br

CIP – Brasil. Catalogação na fonte
Sindicato Nacional dos Editores de Livros, RJ

S39h
2.ed.

Schoenberg, Arnold, 1874-1951
Harmonia / Arnold Schoenberg; prefácio, tradução e notas de Marden Maluf. – 2.ed. – São Paulo: Editora Unesp, 2011.
580 p.

Tradução de: Harmonielehre
ISBN 978-85-393-0174-4

1. Harmonia (Música). 2. Tonalidade (Música). 3. Teoria musical. I. Título.

11-5661.

CDD: 781.4
CDU: 781.6

Editora afiliada:

Asociación de Editoriales Universitarias de América Latina y el Caribe

Associação Brasileira de Editoras Universitárias

*Dedica-se o presente esforço editorial à memória do grande músico brasileiro Alberto Nepomuceno (1864-1920), primeiro tradutor de Schoenberg para o português.*

Os editores

# Apresentação
## As coisas, seus nomes e seus lugares

Em geral, uma pessoa sábia deveria seguir o conselho segundo o qual nunca se deve desfazer de um bom livro, por mais que seu objeto de reflexão não lhe diga respeito num dado momento de sua vida. Volumes que aparentemente apenas ocupavam espaço em alguma prateleira, acumulando poeira, acabam por germinar ideias e servir de instrumento ao pensamento em épocas posteriores.

Mas existem, em contrapartida, aqueles livros que jamais deixam de ter algum lugar de honra no decorrer de nossas vidas. Trata-se, via de regra, de publicações que ultrapassam os limites impostos por uma abordagem simplista do objeto principal de seu estudo, dando conta de aspectos emergentes que, em geral, sequer ainda foram consubstanciados em nomes e que, por isso, mal têm seus lugares assegurados na reflexão e prática condizentes com a área do saber na qual se inserem.

Tal é o caso, para o músico e/ou amante da música, de *Harmonia* (*Harmonielehre*) de Arnold Schoenberg. E para nos certificarmos disso, é preciso fazer um apanhado de algumas coisas, de seus nomes e de seus devidos lugares.

## O lugar de Schoenberg na história da música

Se considerarmos a tripartição proposta por Ezra Pound com relação aos intelectuais, talvez Schoenberg seja um caso atípico de criador que foi, à sua maneira, um pouco de cada coisa: um grande *mestre*, um importante *inventor* e, de certa forma, um *diluidor* em menor medida.

Mestre incomparável, Schoenberg foi o músico em torno do qual se aglutinaram os mais jovens e promissores compositores da Viena de início do século XX, cidade culturalmente efervescente e *pendant* germânico da ebulição cultural parisiense, a ponto de falarmos de uma Segunda Escola de Viena, regida pelo triunvirato constituído por ele mesmo e pelos seus dois maiores seguidores: Alban Berg e Anton Webern. Enquanto historicamente se pode discutir a respeito da proximidade de Berg e Webern aos papéis desempenhados por Mozart e Beethoven na Primeira Escola de Viena (talvez Berg esteja mais para Beethoven e Webern, para Mozart), o paralelo de Schoenberg com Haydn é quase que incontestável: como a Haydn, tocou a Schoenberg firmar parâmetros, estabelecer regras e elevar a paradigmas alguns procedimentos emergentes de estruturação musical. Nesse sentido, Schoenberg foi mais que um mestre: foi um verdadeiro guru. E isso à revelia de sua própria trajetória de aprendiz: nascido em 13 de setembro de 1874, Schoenberg iniciou sua carreira musical já bem cedo, em 1882, ao violino, porém de forma autodidata, nunca tendo seguido escola propriamente dita, à parte uma estreita relação de amizade e de (in)formação com Alexander von Zemlinsky, de quem viria a se tornar bem próximo, em 1891, e, em 1901, genro. Tal circunstância não impediu que adquirisse pleno domínio da linguagem harmônica tonal de fins do século XIX e início do século XX, tendo realizado algumas das mais belas obras da história da tonalidade – tais como a *Noite transfigurada* (*Verklärte Nacht*) Op. 4 (1899), as *Oito canções* Op. 8 (1904), ou ainda as geniais *Canções de Gurre* (*Gurre-Lieder*), iniciadas em 1900, mas concluídas somente em 1911, paralelamente à elaboração de seu *Harmonia*. Em tais obras, realiza síntese das vertentes harmônicas brahmsiana e wagneriana, ancorada pela constante admiração com relação à obra de Gustav Mahler, responsável, para muitos, pelo pontapé inicial da música contemporânea, e à memória de quem *Harmonia* é dedicado.[1]

Como mestre, nunca se poupou, com seu exigente crivo estético e seu profundo conhecimento técnico, de exercer críticas e determinar caminhos a serem seguidos por seus discípulos, procurando realizar uma síntese da história da música e da evolução das técnicas da escritura musical visando

---

1 *Harmonia* pretendia ser uma obra dedicada a Mahler, não à sua memória, como atesta a dedicatória impressa na primeira edição de 1911 (da qual tenho o raro privilégio de possuir um exemplar em minha biblioteca, ao lado de sua reedição de 1949). Lá Schoenberg afirma: "Esta dedicatória queria dar-lhe uma pequena alegria ainda em vida".

à edificação de uma nova era da composição. Tendo por meta o aprimoramento da arte de compor, lança mão, enfaticamente, da teorização como eficaz estratégia de sua atuação didática, a qual, em profícua reciprocidade, instiga e alimenta a elaboração teórica.[2] Nesse sentido, Schoenberg constitui a primeira obra, na história, em que as atividades prática (composições) e teórica (escritos sobre a música e métodos específicos) tenham tão perfeita complementaridade, levando às últimas consequências algo que fora somente acenado por um Rameau, um Berlioz ou um Rimsky-Korsakov. Será a partir do modelo de Schoenberg que alguns dos mais influentes e importantes compositores filiados à evolução da linguagem musical, sempre atentos ao passado, mas propensos sobretudo ao futuro, conferirão lugar de honra às suas elaborações teóricas, ao lado de suas realizações composicionais, tal como é o caso notadamente de Pierre Boulez, Henri Pousseur, Karlheinz Stockhausen ou Iannis Xenakis.

Além do mais, foi, já nos Estados Unidos (onde viria a falecer, como judeu foragido do nazismo, em 13 de julho de 1951), em etapa próxima ao final de sua vida, mestre de um dos maiores inventores do século XX: John Cage. Curiosamente, contudo, tal encontro/confronto de 1934, que acontecera em um momento no qual Schoenberg era já mais diluidor de suas próprias invenções do que mestre propriamente dito, acaba por constituir o mais crasso exemplo de que a pura invenção – tal como podemos entender a conduta de Cage, avesso às exigências e conselhos do mestre principalmente no que dizia respeito, justamente, à ciência da harmonia –, sem a rigorosa disciplina da mestria, pode se enclausurar em si mesma, ainda que sirva potencialmente de modelo contínuo de questionamento e arrojo, em uma palavra: de risco, imprescindível para o artista. Assim é que do modelo advindo do inventor puro (Cage) vemos brotar apenas epígonos sem metade da criatividade da referência de partida, enquanto do mestre autêntico (Schoenberg) vemos surgir, ao longo de sua trajetória, obras díspares como as de Berg, Webern, Cage, ou até mesmo de um Hanns Eisler ("desertor" da vanguarda que Luciano Berio considera, com justiça, detentor de uma obra musical "estúpida", de cunho jdanovista e stalinista).

Como inventor, Schoenberg foi o maior responsável pela "ruptura" com o sistema tonal em sua fase de saturação extrema, ruptura esta por ele vista, entretanto, mais como continuidade e consequência natural da evolução da

---

2 Categórica é, nesse contexto, a primeira afirmação de *Harmonia*: "Este livro, eu o aprendi de meus alunos".

linguagem musical do que como fruto de qualquer atitude rebelde e avessa à história. Nesse contexto, Schoenberg – preferindo o adjetivo "evolucionário" a revolucionário – se debatia contra a imagem do inventor, declarava-se sobretudo um "descobridor" e firmava-se, sim, como um clássico, um criador mais propenso a sínteses do que a hipóteses.

Quer queira, quer não, o caráter de revolucionário lhe foi imposto pelas circunstâncias históricas e seu papel desbravador foi, para o século XX, equivalente ao que representou Monteverdi para o século XVII. Em política, há quem diga, por exemplo, que se não fosse um Lênin ou um Trotski, outros teriam liderado a mesma revolução russa em 1917; que se não fosse um Stálin, outro teria assumido o papel reacionário em direção ao retrocesso ao capitalismo a que assistimos no final do século XX naquele país; que se não fosse um Hitler ou um Mussolini, outros teriam encabeçado o fascismo aviltante que manchou de desonra o século passado etc. Fato é, contudo, que a história elege seus protagonistas e que, tanto em política quanto em arte, dificilmente a tese desse "substituísmo histórico" tenha sua validade algum dia comprovada.

É certo que um Charles Ives já fazia experimentos no âmbito da música dita "atonal" em fase contemporânea à revolucionária atuação de Schoenberg em 1907-1908 (quando escreve seu *Segundo quarteto de cordas* Op. 10, no qual suspende definitivamente a tonalidade), da mesma forma que um visionário como Skriábin contribuía, quase que na *sordina*, para que os parâmetros musicais da época fossem questionados. Mas foi a Schoenberg que a história conferiu, talvez em face da importância econômica e cultural da Europa Central em inícios do século XX, o papel de protagonista da "revolução" que representou o dito "atonalismo livre".

Mas a invenção pode ter seu preço. Romper, em ato quase que individual, com algo que se solidificou de modo coletivo e ao longo dos tempos, é tarefa que parece, em um só tempo, ingrata e instigadora ao criador de gênio. O impasse da composição diante da suspensão do recurso à tonalidade foi tão grande que acabou por arremessar Schoenberg contra o próprio silêncio, causando um hiato criativo no compositor que cobre um período de quase dez anos (de 1913 a 1923), nos quais a produção rarefaz consideravelmente, figurando poucas obras concluídas e algumas obras inacabadas (entre as quais o inconcluso oratório *A escada de Jacó* (*Die Jakobsleiter*) de 1917-1922).

Em meio ao impasse, o verbo e seu universo semântico, irmão de sangue da escritura musical, veio ao socorro da linguagem da composição, e desse amparo arcaico do canto surge, inesperadamente, uma outra invenção: o *canto-falado* (*Sprechgesang*). É como se a entonação melódica, necessária para a emissão vocálica, sofresse as consequências desse "rompimento" com a tonalidade clássica, dando vazão a deslizes microcromáticos em que notas fixas de referência absoluta cedessem lugar a uma contínua transição harmônico-intervalar, em sintonia plena com os anseios da dita "atonalidade" essencialmente vagante, e que faziam eco à poética perambulante da última tonalidade. Elevado a paradigma da escritura vocal no célebre *Pierrot lunaire* de 1912 (portanto, de um ano após a publicação da primeira edição do presente *Harmonia*), o canto-falado efetuava, assim, curiosamente, uma síntese histórica entre o atonalismo emergente e o canto dos cabarés vienenses, tão admirado por Schoenberg.[3] E, dessa forma, galgava um importante passo rumo à retomada da expressão musical mais tangível, seriamente ameaçada pelo radicalismo da escritura vocal (e orquestral) de *Erwartung* (*Expectativa*), de 1909, que muito embora de forte expressividade, configura-se como uma das obras mais difíceis e inacessíveis de todo o século XX, essencialmente pela sua "afiguralidade" e "estilhaçamento" do gesto musical que, em justa medida, confere à poética de Schoenberg e de seus discípulos a designação de *expressionismo musical*.

Para um espírito tão disciplinado e ao mesmo tempo comprometido com o legado deixado pelos grandes mestres e inventores do passado, nada mais doloroso e inadmissível, entretanto, que a ausência de método. E é nesse contexto que Schoenberg desfere o último ato de invenção de seu percurso criativo. Em 1923, paralelamente às elaborações teórico-práticas de seu conterrâneo Joseph Mathias Hauer (1883-1959), "descobre" o método dodecafônico, ou simplesmente *dodecafonismo*, e inaugura, assim, a era da chamada *música serial*, que, baseada inicialmente em uma série discretamente organizada das doze notas do sistema temperado ocidental, viria a se generalizar no final dos anos 1940 e primeira metade da década de 1950, a partir dos esforços de Olivier Messiaen e, em seguida, sobretudo de Karel Goeyvaerts, Pierre Boulez, Karlheinz Stockhausen, Luigi Nono e Henri Pousseur com o *serialismo integral*. Em Schoenberg, o dodecafonismo é exposto pela primeira vez em suas *Cinco peças para piano* Op. 23 e na *Serenata* Op. 24, ambas de 1920-1923, sendo sistematizado definitiva e paradigmaticamente em seu *Quinteto de sopros* Op. 26 de 1923-1924 (obra de difícil recepção, remetendo-se, em contexto já dodecafônico, ao caráter "afigural" do atonalismo-livre de *Erwartung*) e encontrando plena maturidade naquela que constitui uma das maiores obras da literatura orquestral do século passado: as *Variações para orquestra* Op. 31, de 1926-1928.

---

3  Não nos esqueçamos das significativas *Oito canções de cabaré* (*Acht Brettllieder*) que Schoenberg escreveu em 1901.

A partir de então, Schoenberg deixa, pouco a pouco, o papel de mestre e inventor para tornar-se, em menores proporções, um diluidor de suas próprias invenções. Diluidor, porém, responsável por obras de não menor relevância artística e isso – vale ressaltar – sem nenhuma exceção! Todavia, em que pese o valor de suas realizações finais, a atitude de Schoenberg até o final de sua vida foi a de acirrar a retomada das formas clássicas, dando-lhes uma nova roupagem, envoltas à metodologia serial dodecafônica, quando não a de retomar *ipsis litteris* o sistema tonal, em atitude nostálgica sob o pretexto da atividade didática, que nunca abandonaria, ao invés de enveredar na busca de novas formas, mais condizentes com os caminhos abertos por seus próprios feitos anteriores (tal como o fizera, principalmente, Anton Webern, em sua incessante busca da essência sonora na radicalização das formas seriais, postura esta que fez de seu nome adjetivo que se remete à produção de toda uma geração, dita então *pós-weberniana*, e não, como haveria de se supor, *pós-schoenberguiana...*). Se considerarmos, por exemplo, a *Peça para piano* Op. 33a (1929) – uma surpreendente síntese aforística da forma-sonata –, sua inacabada ópera *Moisés e Aarão* (*Moses und Aron*), de 1930-1932, em que até mesmo o título original em alemão é composto de doze letras, ou seus *Concertos para violino* Op. 36 (1934-1936) e *para piano* Op. 42 (1942), vemos que se trata de obras rítmica e formalmente convencionais, ainda que coerentes com o universo harmônico dodecafônico, de grande mestria técnica e inegável potencial expressivo.

Por tudo isso, não seria tão arriscado afirmar que se a segunda metade do século XX tem como expoentes máximos da composição musical nomes como os de Berio e Stockhausen (ao lado dos de Boulez, Cage, Xenakis, Pousseur, Ligeti e de alguns outros), a primeira metade do século deve sobretudo a Stravinsky e a Schoenberg sua cor histórica específica, seu substrato poético e superlativo, ao lado de figuras não menos essenciais como as de Mahler, Berg, Webern, Bartók, Debussy, e alguns mais.

## *O lugar de* Harmonia *de Schoenberg na história da harmonia*

Poucos são os livros que possuem o extraordinário mérito de, uma vez lidos, darem conta com plenitude de seu objeto de estudo. *Harmonia* de Schoenberg é uma dessas raras pedras preciosas. Para compreender com profundidade o funcionamento do sistema tonal, suas leis e suas propriedades, assim como se dar conta de suas limitações e do porquê de sua superação histórica, basta lê-lo.

Na época em que foi redigido e publicado, o sistema tonal já tinha nome e história consagrados, e a prática composicional dos maiores mestres atuantes da música clamava pela sua metamorfose radical enquanto sistema de referência comum para a composição musical do Ocidente. Se digo que já tinha nome é porque muitos desconhecem que os nomes vêm depois dos lugares que ocupam as coisas. No caso específico do sistema tonal, ainda que suas premissas já estivessem claramente esboçadas desde o surgimento da *Seconda Prattica* barroca, tendo à frente Monteverdi, foi curiosamente apenas em meados do século XIX, mais precisamente em 1816, que o musicólogo belga François-Joseph Fétis (1784-1871) elabora pela primeira vez o conceito de *tonalidade* (*tonalité*), que será cristalizado apenas em 1832 em sua obra teórica *Philosophie de la musique* e cujo termo terá seu primeiro uso explícito em *Esquisse de l'histoire de l'harmonie*, de 1840. Nesta última obra, Fétis define tonalidade como residindo "na ordem pela qual as notas da escala são dispostas, nas suas distâncias respectivas e nas suas relações harmônicas. A composição dos acordes, as circunstâncias para modificá-los e as leis de sucessão dos acordes são consequências indispensáveis dessa tonalidade" (New York: Pendragon Press, Stuyvesant, 1994, p.155). Ou ainda: "O que chamo de tonalidade é a sucessão de fatos melódicos e harmônicos que advêm da disposição das distâncias dos sons em nossas escalas maior e menor" (p.156).

Por outro lado, era ainda mais recente a introdução, na teoria musical, do conceito relativo à *harmonia funcional* da tonalidade, de responsabilidade do musicólogo alemão Hugo Riemann (1849-1919). Em seus escritos, em especial em seu *Handbuch der Harmonielehre* de 1887, Riemann discorre sobre *funções* tonais, preconizando toda uma concepção dinâmica do funcionamento do sistema tonal pela óptica da *funcionalidade* exercida pelos acordes e pelas estruturas intervalares, que viria a caracterizar boa parte da visão crítica do século XX em relação ao passado tonal.

Nesse contexto, *Harmonia* de Schoenberg, ainda que adotando a terminologia convencional de graus, condizente com a metodologia da *harmonia tradicional* (oposta, em princípio, à *harmonia funcional*), contempla com bastante propriedade todos os preceitos de uma concepção verdadeiramente *funcional* da harmonia, conceito este que será de inelutável importância para Schoenberg em todo o seu percurso criativo, mesmo quando envolto na produção mais radicalmente "atonal" ou dodecafônica, e que se faz presente de modo incisivo em seus escritos sobre harmonia posteriores ao próprio *Harmonia*. Tal é o caso do fundamental texto intitulado *Problems of Harmony* de 1934 (publicado em *Style and Idea*, London: Faber and Faber, 1975, p.268-87) e de seu não menos importante livro *Structural Functions of Harmony* (New York: W. W. Norton & Company, 1969), escrito nos últimos anos de sua vida e que representa um relevante substrato de seu *Harmonia*. Aí, até mesmo no título da obra encontra-se inserido o conceito de *funcionalidade*.

Longe, porém, de se restringir aos meandros do sistema tonal, *Harmonia*, ao mesmo tempo em que constitui aprofundado método de todos os aspectos da tonalidade, adentra também as questões levadas adiante pelo próprio Schoenberg-compositor, servindo de instigante convite a uma radicalização das relações harmônicas ditas "atonais". Além de dar nome a elementos desagregadores do sistema tonal, substancializando-os no plano da teoria – tal como acontece com os *acordes vagantes* ou *errantes* (*vagierende Akkorde*), dentre os quais o mais notório, o arquetípico *Acorde-de-Tristão* wagneriano, encontra discussão detalhada, além de paralelo emprego, sintomático e amplamente variado, na obra musical concluída conjuntamente a *Harmonia*, qual seja, nos *Gurre-Lieder* –, Schoenberg introduz o leitor-aprendiz à produção mais significativa da época, evocando, ao final do volume, exemplos de sua própria obra (extraídos de *Erwartung*), de Berg, Webern, Bartók e Franz Schreker. Nesse contexto, opõe-se veementemente ao termo "atonal" – ao qual preferia seu conceito de *emancipação da dissonância* –, propõe sabiamente o emprego do adjetivo *politonal* ou, ainda melhor, *pantonal* para aquela prática de "ruptura" com relação à tonalidade exercida por ele e seus discípulos, e esboça interessante discussão sobre a irrelevante diferença entre os conceitos de altura sonora e timbre. Será no bojo de tal abordagem que Schoenberg enunciará, concluindo *Harmonia*, uma de suas maiores invenções: *Klangfarbenmelodien* (ou seja: *melodias-de-timbres*), inauguradas dois anos antes em *Farben* (*Cores*), terceira de suas *Cinco peças para orquestra* Op. 16, e levadas às últimas consequências sobretudo por Webern.

Por tudo isso, *Harmonia*, verdadeiro monumento teórico do século XX, constitui uma leitura imprescindível e, para o estudante de música, inadiável.

## O lugar da harmonia no estudo da música

A relevância da leitura de *Harmonia* de Schoenberg, premente para todo e qualquer músico, encontra-se amparada pelo objeto mesmo de seu enfoque: a *harmonia*. E, nesse contexto, poderíamos afirmar que, dentre todos os aspectos da música, a ciência da harmonia é, de modo inexorável, o mais importante e fundamental.

É claro que, para tanto, o conceito de *harmonia* deve ser entendido em sua mais vasta acepção, levando-se em conta desde sua aparição em Pitágoras e consolidação em Aristoxeno de Tarento até suas implicações na elaboração espectral eletroacústica, passando inevitavelmente por seu significado estrito e restritivo enquanto "ciência da concatenação dos acordes", que impregnou sua abordagem "conservatorial" e acadêmica, mas que nem por isso deixa de ter suma importância. Na medida em que trata, a rigor, das *relações intervalares* e das *proporções* entre notas (frequências) distintas, a harmonia traduz-se como a ciência-mãe da música, pois que em nenhum outro parâmetro relativamente autônomo do som, tal como a intensidade ou a duração – o timbre, como visionariamente enxergara Schoenberg, mescla-se com o dado harmônico (e com os demais aspectos sonoros) enquanto *elemento composto*, não enquanto *componente* propriamente dito –, tem-se um tal grau de articulação possível como o que se tem no domínio das alturas. Não é por menos que até mesmo Pierre Schaeffer, pai da música concreta (a primeira forma de música eletroacústica, por ele inventada em 1948), enunciou, em seu *Solfège de l'objet sonore* de 1967 (que acompanha seu famoso *Traité des objets musicaux*, publicado um ano antes), a incontestável "supremacia das alturas" com relação aos demais fatores constituintes do espectro sonoro.

Ainda que o objeto central de *Harmonia* se encontre distante das práticas hodiernas do fazer musical contemporâneo, é pura ilusão pensarmos que uma atitude substancialmente revolucionária ou ao menos autenticamente atual possa prescindir de um conhecimento histórico de um sistema de referência tão significativo quanto o foi a velha tonalidade. Se no exercício do saber toda e qualquer informação pode tornar-se útil ou ao menos instrutiva, germinando ideias e deflagrando processos, quanto mais uma abordagem aprofundada das leis que imperaram por tanto tempo na edificação de algo tão magnífico, solene e consensual quanto o foi o sistema tonal. A disciplina necessária ao conhecimento das funções e recursos tonais, mesmo que dissociada de qualquer contato imediato com as concepções mais atuais da harmonia em seu mais amplo sentido, certamente acrescentará, e muito, ao ouvido atento, pois que a música se exerce de modo eficaz pela aquisição e sobreposição cada vez maior de conhecimentos técnicos, históricos ou atuais.[4]

---

4  É o próprio Schoenberg quem afirma, em *Problems of Harmony*: "O desenvolvimento da música é, mais do que em qualquer outra arte, dependente do desenvolvimento de sua técnica" (in: *Style and Idea*, op. cit., p.269).

É possível, no mais, que por detrás de todo esse conhecimento tenha lugar a emergência de determinados arquétipos que rejam o funcionamento das coisas.[5] Mas, para isso, será necessário que saibamos nomeá-los. E se seus nomes os distinguirão dos demais procedimentos, historicamente bem situados, será preciso que tenhamos amplo conhecimento acerca desses mesmos elementos.

Assim é que, constatemos, todo músico somente terá a ganhar com o estudo de procedimentos históricos. Nenhuma técnica é, a rigor, prescindível, mesmo em se tratando da mais distante no tempo, se almejarmos um completo domínio do fazer musical.

## O lugar da presente publicação na bibliografia musical brasileira

Nesse sentido, a publicação de *Harmonia* de Schoenberg deve ser vista como uma das mais louváveis e dignas atitudes editoriais de nosso país. Ela vem se somar às duas outras recentes traduções dos escritos teóricos de Schoenberg,[6] e espera-se que, um dia, todos os seus livros possam ter, em tradução para o português, lugar garantido em nossas estantes ou mesas de trabalho. Certamente farão parte desses poucos volumes nos quais não haverá nunca tempo hábil para o acúmulo de poeira...

São Paulo, fevereiro de 2001

*Flo Menezes*

---

5  A noção, por exemplo, de *entidade harmônica*, cada vez mais presente na música contemporânea e sabiamente preconizada em *Farben* (1909) de Schoenberg – em que impera praticamente intacto um único acorde variado apenas em instrumentação, num primeiro uso explícito das *melodias-de-timbres* –, seria impensável sem a história da escritura musical, ancorada, por mais de três séculos, no sistema tonal.

6  Refiro-me aqui aos esforços de Eduardo Seincman, que, com muita competência, traduziu tanto os *Fundamentos da composição musical* (São Paulo: Edusp, 1991) como os *Exercícios preliminares em contraponto* (São Paulo: Via Lettera Editora, 2001). Além de meu próprio *Apoteose de Schoenberg – Tratado sobre as entidades harmônicas* (esgotado em sua primeira edição de 1987; segunda edição: São Paulo: Ateliê Editorial, 2002), mencionemos ainda a biografia de Schoenberg por René Leibowitz: *Schoenberg* (São Paulo: Perspectiva, 1981).

# Por um prefácio ao Harmonia de Schoenberg ...

## I
### Grande batalha: existências
A Harmonia *segundo Schoenberg*

Engalfinhados com o reviver em português aquela que é, provavelmente, a mais importante monografia sobre música jamais escrita, o *Harmonielehre* de Arnold Schoenberg (1874-1951), decidimos por já dar início a exteriorizações de nossas experiências com a imensidão épica de semelhante aventura.

Narrar aqui o sem-número de perplexidades que o texto desperta em quem o manuseia, a começar dos tradutores, não seria possível em um espaço restrito. Mais à frente diremos algo mais sobre o texto em si, detendo-nos, de momento, no exame do vocábulo que o autor escolheu para o título do original em alemão – *Harmonielehre* –, uma vez que os nomes das grandes obras já são elas mesmas em estado primordial.

Parece ser, o citado título, de tradução simples. Porém, já nas divergentes opções dos vários tradutores para as edições em outros idiomas, vê-se que não é algo tão elementar assim.

O substantivo *Harmonielehre*, conforme ocorre comumente com palavras alemãs, é a junção de dois outros: *Harmonie* + *Lehre*. O primeiro não traz problemas: é *harmonia* mesmo. A questão se apresenta no segundo: qual versão dar a *Lehre*? O mais conhecido dicionário alemão-português entre nós, o

*Langenscheidts Taschenwörterbuch,* entende-o como passível das seguintes acepções (aqui apresentadas sumariamente): *ensinamento, doutrina, teoria, ciência, aprendizagem, lição.* Outros, como o da Porto Editora e o de Leonardo Tochtrop, acrescentam ainda: *instrução, ensino, tirocínio, dogma, preceito, conselhos* etc.

O tradutor para o inglês optou por *Teoria da Harmonia,* em conformidade com a tendência pragmática dos povos de fala inglesa. Em italiano, o Livro apareceu como *Manual de Harmonia,* o que, para nós, traz um certo sentido de breviário, compatível com a história deles. Já os franceses, tratadistas de todos os assuntos, não tiveram dúvidas e o chamaram de *Tratado de Harmonia.* O tradutor espanhol, vertendo-o para um idioma cujo léxico quase coincide com o nosso, deu à obra, pura e simplesmente, o título de *Harmonia,* desconsiderando o questionável *Lehre,* ou (e será aí que entraremos com a nossa opinião) encerrando-o conscientemente dentro das fronteiras que a expressão *Harmonia* abrange no universo schoenberguiano.

No excelente dicionário alemão-alemão *Wahrig Deutsches Wörterbuch,* encontra-se: *"Lehre:* [...] *System, Anschauung einer bedeutenden Persönlichkeit od. eines Kreises von Menschen über ein Problem der Wissenschaft, Philosophie od. Kunst".* (*Lehre:* [...] sistema, concepção de uma personalidade notável ou de um círculo de pessoas sobre uma questão de ciência, filosofia ou arte). O nosso monumental *Aurélio,* 1ª edição, dá, entre outras, a seguinte explicação ao termo *ciência:* "conjunto organizado de conhecimentos relativos a um determinado objeto, especialmente os obtidos mediante a observação, a experiência dos fatos e um método próprio: ciências históricas, ciências físicas...".

Assim postas as coisas, mergulhados no âmago da monografia de Schoenberg e, sem dúvida alguma, sobre o objetivo a que ele se propõe, não teríamos a menor hesitação em aqui chamarmos o Livro por *Ciência da Harmonia,* ampliando, ou direcionando de forma mais específica, os limites do que habitualmente tem-se entendido por *Lehre.*

Todavia, folheando um curioso trabalho denominado *Apoteose de Schoenberg,* de Flo Menezes, encontramos, logo na introdução: "[...] Na sexta-feira, 13 de julho de 1951, às 23h45, Schoenberg morreu. Além de uma enfermeira, apenas a Sra. Schoenberg estava presente, e foi para ela que o compositor dirigiu sua última palavra: *Harmonia* (!)".

Poder-se-ia considerar piegas e irrelevante esta passagem relativamente ao problema tradutológico em estudo. Porém, muito pelo contrário, isso é tão importante quanto, um exemplo insofismável, o conhecimento do homem Beethoven para o entendimento da música de Beethoven: uma coisa não faz sentido sem a outra.

A essência do suceder ininterrupto de espantos que o texto de Schoenberg traz ao pensamento reside, justamente, no fato de "considerar como vida o que entendemos por arte", definindo *Harmonia* como *equilíbrio de forças numa tensão máxima*, compreendendo as sequências de acordes como situações que simbolizam e albergam todos os caracteres e procedimentos humanos, dos mais nobres aos mais condenáveis. E tudo isso num incessante devir.

Exatamente aí se encontra a substância da vertiginosa eloquência de Schoenberg, em plena batalha contra o "belo eterno", o "definitivo", o "imutável", contra os quais opõe a *necessidade da busca*, o *buscar por buscar*, sem a prefixação de metas, onde "se tenha por definitivo tão somente as aparências" e a "necessidade de reorganizar tudo por si mesmo", única forma de, realmente, *possuir* o conhecimento.

São razões dessa espécie que fundamentam a enorme e justificada fama de que o Livro goza, mundialmente, como profunda incursão através do pensar a arte – o que é apresentado como nada mais (e isso é tudo!) do que pensar a vida –, além de ser, naturalmente, a mais completa e genial anatomia do sistema musical denominado *tonalidade* (sistema esse, mais do que nunca, vigente em nossos dias) de que se tem notícia.

Assim, pelo mesmíssimo processo com o qual Schoenberg entende a tonalidade como *a realização, no tempo, da instantaneidade de um único som fundamental e seus harmônicos* (e, no Livro, leva tal suposição a extremas consequências), entendemos, enfim, schoenbergmente, *Harmonia* como sinônimo de *Vida*, e, portanto, *Existência* como a realização, no tempo, de um único *quê*, instantâneo, imanente em cada um de nós e em tudo que existe. O próprio Schoenberg, de alguma forma, se encarrega de aprofundar tal hipótese, em passagens tais como: "Tudo o que vive já traz em si a própria morte... A vida e a morte coexistem já na mesma origem. O que existe entre elas é o tempo".

Coerentes com todo o exposto, interpretamos, réis coados, que, a estas alturas da reflexão, o questionável *Lehre* dissolve-se panteisticamente na oceânica abrangência que *Harmonia* passa a ter ao constar-se a *Weltanschauung* [concepção do mundo] do autor.

Afinal de contas, em que pese a imensa importância do texto para a história da música (e em particular para o que corriqueiramente se entende como harmonia musical), a questão sonora acaba transformando-se em um pretexto para que Schoenberg – isto sim! – exponha o seu pensamento a respeito dos seres e de suas relações entre si e com o todo. A sensação que se tem (sempre insistindo nos vastíssimos horizontes que o autor descortina, por exemplo, quanto ao ensinamento da arte, esclarecendo e separando definitivamente a formação do artesão da formação do artista) é de que Schoenberg chegaria a semelhantes conclusões mesmo se, em vez de músico, mudando-se apenas as ferramentas da razão, ele fosse biólogo, matemático, químico, arquiteto, linguista, ou pertencente a qualquer um dos inumeráveis ramos do saber pelos quais, mais ou menos, incursiona no Livro. É, antes de músico (de músico genial, diga-se de passagem), um grande pensador!

O nosso impulso, natural em qualquer um em situação semelhante, é estender-nos indefinidamente em comentários sobre que impressões o grande *Harmonia* de Schoenberg, apaixonante sob todos os aspectos, produziu em nós e produzirá, certamente, em tantos quantos ao texto tiverem acesso.

Por agora, encerremos.

Fica aqui, não obstante, uma sugestão de pesquisa – encontrada escondida nos profundos do Livro – a quem porventura se interesse pelo som enquanto palavra. A saber, uma tentativa de aplicação, em diferente esfera, da teoria de Schoenberg relativa à tonalidade, transportando-a, tal e qual, para o fazer literário, onde, um sistema esclarecendo o outro, procurar-se-ia demonstrar que uma *palavra* (fundamental!) com os seus *sinônimos* (harmônicos!) pode também ser o protótipo de uma sentença escrita, ou falada. Ou, mais distante ainda, que uma única palavra, *qualquer palavra*, por conter maiores ou menores afinidades de significação com *todas* as demais, pode também tornar-se a síntese das sentenças existentes, assim como, segundo Schoenberg (e o Livro é uma ampla organização desta ideia), um único som o seria de uma obra musical. Logo, o objeto no presente caso – análogo ao que foi musicalmente no dele – consistiria em refazer semanticamente a estrada que, de alguma maneira, permitisse o retorno à origem, donde, então, seria possível vislumbrar a coisa em sua integridade primordial, e, daí, agora em sentido inverso, o panorama de sua evolução, diluindo-se em ramificações infinitas. Quem sabe haja mesmo um único som original donde todos os outros derivam?

São elucubrações e possibilidades por certo não originais, já de há muito percebidas, perante as quais, ou se desmancha em risos, ou se pasma em profunda perplexidade frente à aurora distante.

Mas, que remédio?

Quem se propuser schoenberg-roseanamente a trilhar as veredas da busca e, talvez, em algum caminho, tropeçar com a verdade que não pertence ao início ou ao fim, mas tão somente à travessia, há de ter, dentre outras, a coragem de ser ridículo.

Brasília, 24 de outubro de 1992

## II
## *Ao estudante de música*
"Eia, bradou-me o mestre, ergue-te e vem..."

... pois a relação entre o que por aí se entende como manuais para "ensino" de harmonia (forçoso nos é citá-lo por vítima indefesa que fomos, quando estudantes de música – e quantos ainda o são! –, dessas "coisas" cujo único mérito consiste em uma impressionante capacidade de espantar os alunos, complicando um estudo simples a princípio, quer pela ignorância mesma desses "autores" e professores quanto ao assunto – pela incapacidade intelectual deles –, quer pelo característico empolamento com que, cúmplices entre si, procuram disfarçá-la) e o *Harmonia* de Schoenberg, encontra-se em substâncias tão opostas como curandeiros-de-praças-de-rodoviárias encontram-se quanto às conquistas e resultados da medicina nuclear, juntando-se ainda a esta última uma boa dose de postura místico-filosófica, humanismo e poesia. Ou seja: nem é possível estabelecer critérios de aferimento a comparar semelhantes grandezas, tamanha é a magnitude (e consequência) de uma em relação à inconsequência (e nocividade) das outras. O *Harmonia* paira a imensa distância desses "manuais" como obra resultante do esforço próprio de um buscador autêntico pela conquista do saber, absolutamente sincero, cuja honestidade é de tal ordem, na exposição das ideias e das experiências donde se originaram, que muitas vezes chega-se ao pitoresco.

De mais a mais, como genuíno produto de um meio, o *Harmonia* é resultado luminoso daquele ambiente em erupção, explodindo esclarecidos notáveis: a efervescente Viena do começo do século XX; a Viena de Klimt, de Freud, de Wittgenstein; a cidade encruzilhada do pensamento europeu do fim do século XIX, regida pela batuta paganinística de Gustav Mahler (à memória de quem o Livro é dedicado), e que vai presenciar a gênese da luta desenvolvida pelo músico mais combatido da história, Arnold Schoenberg, de uma lucidez e coragem provavelmente também sem iguais, quem, no melhor estilo de colocar em prática algo como a proposta de Nietzsche no *Ecce Homo*, vai se lançar com toda a impetuosidade pela corda estendida sobre o abismo de si próprio, mandando aos diabos a perenidade das normas estéticas e convidando os outros a fazerem o mesmo. Disto o *Harmonia* é a maior prova. Uma prova deslumbrante.

Transpira-se no Livro esse aroma da vitória, do conseguir, a confiança em uma espécie de futuro em que, finalmente – e apenas lá – a paz será encontrada. Uma qualidade de maravilhar-se perante a estrada que, das trevas do belo eterno, dos abismos do estético definitivo, se abre rumo à aurora de novos procedimentos (em que pese as visíveis influências e os sutis desconsolos- -esperanças provenientes da Primeira Guerra Mundial, que permeiam por inteiro o texto definitivo, de 1922, ou quiçá por isso mesmo).

Nunca será excessivo lamentar-se que o *Harmonia* de Schoenberg não esteja já disponível entre nós desde a sua versão primitiva, a edição de 1911, por graça dos esforços pioneiros e geniais do grande músico brasileiro Alber-to Nepomuceno (a cuja memória dedicamos todas as nossas humildes lides tradutológicas), quem, após cumprir estudos musicais em Berlim e estadas na própria Viena contemporânea do Livro, traduziu-o em 1916 e tentou a todo esforço introduzi-lo na então Escola Nacional de Música do Rio de Janeiro, da qual Nepomuceno era diretor, onde, à exceção de Francisco Braga, a resis-tência foi absoluta. A Medicina recusar a descoberta da penicilina, preferindo manter panaceias caseiras, não teria efeito mais devastador.

Se é inquestionável que, a partir daí, saber-se-ia no Brasil muito mais sobre técnicas de harmonia do que pelo visto se sabe, mais inquestionável ainda é o fato de que, conhecido o texto, teríamos nestas décadas todas de profundas movimentações, muito mais elementos com que fundamentar ra-ciocínios, elementos de altíssima qualidade, realmente aptos a constituírem alicerces que suportem grandes estruturas reflexivas, matéria impossível de ser encontrada nessas "coisas" em português que tradicionalmente se divulga para o "ensino" da harmonia.

Ademais, além de, na pior das hipóteses, ter sido útil como vacina a tanto curandeirismo pedagógico que proliferou entretempos à custa de sua ausência, o conhecimento do texto de Schoenberg seria também, certamente, uma medi-da profilática eficaz contra o pior tipo de charlatão, que entre nós vicejam por terra ignota onde se plantando tudo dá: aquele tido por erudito, "esteta" no que possa haver no termo de mais schoenberguianamente pejorativo, apóstolos da escuridão e do complicado, da mentira enfim, os quais, sabedores antigos do luminoso e desmascarador *Harmonia* e capazes de vertê-lo – mais ainda, com forças para editá-lo e torná-lo posse comum – têm-no ocultado a todo preço, à exata maneira do cego Jorge quanto à libertadora poética de Aristóteles (em *O nome da rosa*, de Umberto Eco), só que, aqui, com muito mais mortes, reais, de estímulos ao estudo da harmonia, do que lá as houve, fictícias. Criminosos, portanto. (Querido Mário de Andrade: você – cuja grandeza poética basta para dois Dantes e três Virgílios – não é exatamente o protótipo do acima dito, mas obrigo-me a também incluir-te entre estes últimos; pois, em que pese a tua belíssima e insuperável *Oração de paraninfo aos formandos de 1935* [e o que é aquilo senão um convite à prática do *Harmonia*?], ao teu prefácio de *Losango Cáqui* [o que é aquilo senão puro Schoenberg?] e a todas as tuas infinitas brasilidades macunaímicas e desvairadas pauliceias geniais, você conhecia o texto, sabia alemão e sabia música; e, não fosse você [sei disso agora] um suspeitíssimo "professor de estética"[!], teria tido a coragem [a luz certamente teve] de refletir que, em plena guerra, inclusive em defesa de teus próprios e brasílicos argumentos, o arsenal formidável contido no texto de Schoenberg valeria cem vezes mais do que toda a tua gritaria xenófoba. Mário, lamento por vós e por todos nós: neste Brasil-pandeiro, país do futebol, você, o craque da época, pisou na bola na hora do pênalti decisivo. E pisou feio! Menos se perdoam os erros daqueles a quem mais se ama.)

Eis-nos, então, face a face com o *Harmonia*, com os imensos inícios de capítulos, aparentemente alheios à questão musical, em que Schoenberg fala, fala, fala – sempre com uma lógica veloz, de coerência arrebatadora –, como quem escava e se adentra, para de súbito oferecer ao perplexo leitor, dos profundos da reflexão, num relâmpago fraseológico triunfal, a luminosa substância de todo o dito anterior (trazendo, nessas passagens, uma dificuldade tradutológica especial à causa da abrangência sintetizante, própria dos aforismos). Nisso consiste, de resto, mais uma diferença, fundamental, entre a maneira como Schoenberg apresenta seu raciocínio e aquela de tantos outros tratadistas. A maioria desses "autores" apresenta-nos as chamadas "pérolas prontas", cacoetes da profissão, não resultados de sua própria lavra, mas coisas surrupiadas de alguma feira de bijuterias harmônicas; ou, mais espantoso ainda, como se as malfadadas regras de harmonia fossem produtos de geração espontânea: "fatos da natureza, da beleza em si, logo aceitáveis *a priori*!", repetindo os chavões que tanta indignação provocam em Schoenberg. Este, ao contrário, carrega-nos a um tipo particular de mineração, convida-nos a que nos sujemos na cozinha do artesanato, única forma de adquiri-lo, e mergulha-nos no ofício do aprendizado até que de lá saiamos com algo entre as mãos, que tanto pode ser o diamante bruto de nossa alma quanto, também, um inesperado caranguejo. Essa última hipótese, segundo ele, não é jamais uma desgraça, pois, se acontecida, mas que isso valeu o espírito da aventura, o cumprir a necessidade da busca, o caminho sem metas, porque assim estaremos (segundo compreendemos o ânimo e a intenção de Schoenberg) agindo conforme a natureza mesma do devir, em concordância com o proceder do universo e, portanto, essencialmente felizes neste identificar-nos, finalmente, com o real destino humano: a ânsia por encontrar, a prática da pergunta que não tem resposta! ...

Uberaba, 25 de dezembro de 1992

## III
## Ao instante presente
### *"Libertas quae sera tamen"*

Prefaciar um livro da envergadura do *Harmonia* de Schoenberg, tido por tantos luminares como o texto mais importante sobre Música em todos os tempos, é algo não apenas incômodo, como, no nosso caso, torna-se desconcertante face aos tantos anos de penosas vigílias regadas com abundantes lágrimas de emoção por soluções encontradas ante incontáveis passagens complexas. O texto de Schoenberg é um texto apaixonado, e a nossa tradução, apaixonadíssima. O envolvimento visceral até os recônditos do espírito do autor, o nosso amor pelo pensamento de Schoenberg, a incrível luminosidade do texto e a batalha tradutológica que tivemos a missão cósmica de cumprir para que o Livro renascesse e tomasse vida em português, tudo isso nos torna de tal maneira imanentes ao resultado final que, em absoluto, não nos é possível, maternalmente, um distanciamento mínimo para fornecermos (conforme é praxe nestas ocasiões) um frio julgamento e um frio posicionamento histórico do texto. Tais frios comentários, que de resto considero inúteis perante algo que possui e transmite o calor da vida, apenas seriam possíveis a quem não tenha vivenciado o fragor de semelhante relacionamento.

Não obstante, esclareço e reitero que a nossa dedicatória a Alberto Nepomuceno [Fortaleza, CE, 1864 – Rio de Janeiro, RJ, 1920] deve-se à perplexidade em sabermos (e já estávamos com meio Livro andado) que tal aventura havia sido tentada há quase um século por obra da impressionante coragem e miraculosa visão artística desse genial compositor que, embasado em sólidos conhecimentos musicais e humanísticos, iniciou a tradução do *Harmonia* em 1916.

Não tenho em mãos a tradução de Nepomuceno, mas fiquei sabendo de sua existência e história por meio de um catálogo de suas obras editado pela antiga Funarte. Com efeito, lá se encontra um fac-símile da primeira página, manuscrita e rabiscada, da citada tradução. Diz-se em que data Nepomuceno a iniciou, mas não se fala se a mesma foi concluída. É possível que sim. Infelizmente, o texto dado por Schoenberg como definitivo é o da terceira edição, de 1922, segundo ele mesmo muito ampliado e melhorado em relação ao primeiro, de 1911, sobre o qual Nepomuceno se baseou. De qualquer forma, seria interessante o cotejamento da tradução de Nepomuceno, seja ela integral ou parcial, com o texto definitivo de Schoenberg, de modo a verificar o que foi modificado e o que permaneceu, e assim poder-se aproveitar as suas soluções tradutológicas, as quais, pelo pouco que vi da lírica redação da citada página fac-símile (tradução dos primeiros parágrafos do "Prefácio à primeira edição"), tive-a de imediato como de uma beleza insubstituível, ademais por conter o gosto e o aroma da época.

Rogo a outros o trabalho desse confronto.

Contudo, a grande questão, profundamente incômoda, é a de não estarmos cientes de tão fabuloso texto desde os primórdios do século XX, o que acarretou-nos havermos sido (e ainda o somos!), durante estes anos todos, vítimas de "tratados de harmonia" burríssimos – um amontoado de regras absurdas e obtusidades de toda espécie –, cuja funesta consequência, e não teria como ser diferente, é o desânimo que causam nos estudantes da matéria. Rompendo os grilhões, dissipando as trevas de tão densa ignorância, surgiria o libertador *Harmonia* de Schoenberg apontando os horizontes das auroras resplandecentes... Paciência, que surja agora. Senão com tão grande ímpeto histórico, pelo menos com não menor brilho no trato do assunto. O acaso atende a determinações que o nosso intelecto não alcança.

Quanto às muitas palavras originais entre colchetes e as tantas notas de rodapé, explico: foram colocados, ou como demonstração de que tal coisa é assim mesmo no original, por estranho que eventualmente pareça, ou, motivo maior, na esperança de que o leitor mais interessado possa conseguir, para tais palavras ou frases, soluções que melhor lhe completem e ampliem o entendimento (embora estejamos satisfeitos com o que oferecemos). O que se encontra entre colchetes, ideia que tive, se bem me recordo, a partir do meio do Livro, são acréscimos nossos aqui e ali ao que julgamos interessante à compreensão da frase. Caso o leitor, ávido por um cotejamento integral, se interesse em ter em mãos o texto original, decisão que reputo louvabilíssima, creio não ser difícil consegui-lo [Universal Edition A. G. – Viena, Áustria].

Um levantamento das citações e dos nomes que Schoenberg comenta no Livro – relacionando-os com suas épocas, ofícios e ideias –, o que se me afigura de muita utilidade para o vislumbre amplo do momento, realizei-o esporadicamente e com propósito não sistemático. A tradução para o italiano parece haver levado a efeito algo exaustivo nesse sentido. De qualquer forma, o leitor curioso o realizará sem maiores problemas.

Quanto ao assunto mais sério de todos – e o realmente importante: adotar o *Harmonia* em escolas regulares de música, seu hábitat natural –, o próprio conceito que Schoenberg fornece do ensino elimina qualquer margem de dúvidas: "Estabelecer a compreensão do passado e abrir perspectivas para o futuro". Caso me perguntassem pela substância do texto, eu diria ser esta. E não me venham com o falatório de que é "um livro para iniciados e não para iniciantes", conforme tanto tenho ouvido de mediocridades tidas por competências. Nada sobre o ensino do *sistema harmônico tonal* (esse sistema de organização de complexos sonoros que ainda hoje fundamenta praticamente tudo o que ouvimos, daí a absoluta atualidade do texto) começa tão do princípio, a partir do som e seus harmônicos, e vai tão mais distante na exposição do sistema ("Nas fronteiras da tonalidade"). E tudo explicado com tamanha minúcia e critério, simultâneo a um amoroso e genialíssimo senso pedagógico, e o todo aureolado com especulações de tanto brilhantismo, que o mínimo resultante é a certeza de que Schoenberg pertence, indiscutivelmente, ao panteão dos grandes pensadores. Por mim, ainda o colocaria como Benfeitor da Humanidade, visto o inigualável esclarecimento prestado às coisas da arte que, de resto, é o que fica como lembrança dos povos.

Fico por aqui. A exposição de Schoenberg é tão propícia a ser artisticamente conhecida e vivenciada que um prefácio digno da mesma só seria possível reescrevendo, a título de prefácio, todo o Livro novamente.

Muito da inteligibilidade que porventura se tenha conseguido na presente tradução, deve-se em especial ao Prof. Herbert Andreas Welker, do Departamento de Letras e Tradução da Universidade de Brasília, que – com uma paciência beneditina, para com o Livro e para comigo, e grande sabedoria dos problemas relacionados à tradução do alemão para o português – procedeu a uma minuciosa revisão, integral, de meu trabalho, permitindo-me ademais que discutíssemos longamente passagens de entendimento complexo e versão difícil, as quais, ainda considerando a intensa luminosidade da palavra do autor (ou talvez por isso mesmo), acontecem a cada passo.

Agradecimentos sejam prestados à Universal Edition A. G., de Viena, detentora mundial do *copyright*, pelo gentil esperar, por anos a fio, que eu encontrasse, com meus parcos recursos culturais e de outros gêneros, o dificílimo caminho físico e intelectual a essa realização (pois só me tornei tradutor – ao preço de esforços e sacrifícios inenarráveis – após sucessivas decepções com "tradutores capazes" encomendados, os quais, à parte incompetências literárias em questões triviais, mais mumificavam o ágil e flexível pensamento de Schoenberg do que o traziam vivo ao português com a exuberância luminosa que lhe é peculiar. Foi essa indignação primordial o que me empurrou definitivamente a tão custosa epopeia, coisa que a princípio jamais pretendi). Agradecimentos a Ernst Günther Schneider-Schott, exemplo de amizade em um nível que entre nós desconhecemos, e sem cujo concurso a minha presença e o presente trabalho não seriam possíveis. E afetuosos agradecimentos à Editora da Unesp e à sua esclarecida Diretoria, que bondosamente confiaram-me uma missão de tamanha importância.

Que o majestoso *Harmonia* de Schoenberg, partindo das alturas austríacas, encontre pouso, finalmente, nos céus ensolarados da língua de Villa-Lobos.

Brasília, julho de 2000

*Marden Maluf*
Professor de Harmonia e Contraponto na Escola de Música de Brasília
Fundador e Diretor Artístico das Classes Musicais do Grande Oriente do Brasil

# Prefácio à primeira edição

Este livro, eu o aprendi de meus alunos.

Quando lecionava, nunca procurei dizer ao aluno, meramente, "o que eu sei". Bem antes, o que ele desconhecia. Por outro lado, esse fato não era o principal, apesar de, por isso mesmo, sentir-me já na obrigação de encontrar algo novo para cada discípulo. Senão, esforçava-me em mostrar-lhe a substância da coisa desde o seu fundamento. Por esse motivo, jamais existiram para mim essas regras rígidas que tão cuidadosamente armam os seus laços em torno do cérebro de quem aprende. Tudo se resolvia em instruções tão pouco obrigatórias para o aprendiz quanto para o professor. Se o aluno pode agir melhor sem tais instruções, então que passe sem elas. O professor, todavia, deve ter a coragem de expor-se ao ridículo. Não deve apresentar-se como o infalível, o que tudo sabe e nunca erra; mas como o incansável, que busca sempre e que, talvez, às vezes encontra. Por que desejar ser semideus? Por que não, melhor, plenamente humano [*Vollmensch*]?

Jamais persuadi meus alunos de que eu fosse infalível; tal apenas seria necessário a um "professor de canto". Antes, arrisquei-me, frequentemente, a dizer o de que mais tarde tive que retratar-me, a fornecer instruções que, aplicadas, evidenciaram-se equivocadas, as quais tive depois que emendar. Meu errar não trouxe, por certo, proveito ao estudante, mas em quase nada o prejudicou; e o fato de que eu admitisse os erros abertamente pode ter-lhe indicado o refletir. Quanto a mim, as ideias dadas e não comprovadas que concebi, constrangeram-me, logo após, a submeter a novo teste e melhor formulação o erro verificado.

Assim nasceu este livro. Das falhas que meus alunos cometiam – motivadas por instruções insuficientes ou errôneas – aprendi a dar a orientação correta. As soluções que alcançavam êxito confirmavam a justeza de minhas tentativas, sem induzir-me à heresia de que, desta maneira, houvesse realmente resolvido o problema. E imagino que, de mais a mais, meus discípulos e eu não caminhamos mal. Houvesse-lhes simplesmente dito "o que eu sei", saberiam então apenas isso e nada mais. Ou, talvez, menos ainda. Porém, tornaram-se conscientes da fonte que gera o importante: *a busca!*

Espero que meus alunos busquem! Porque saberão que somente se busca por buscar. Que o encontrar é, com efeito, a meta, mas facilmente poderá vir a ser o fim do esforço [*Streben*].[1]

Nosso tempo busca muito. Mas encontrou, antes de tudo, uma coisa: o conforto. Este avança, em toda a sua amplitude, inclusive pelo mundo das ideias, nos tornando tão acomodados como jamais poderíamos supor. Entende-se hoje, melhor que nunca, como tornar a vida agradável. Resolvem-se problemas de modo a desembaraçar-se de um inconveniente. Mas como se resolvem? E, sobretudo, acredita-se tê-los por resolvidos! Nisso se mostra, da forma mais clara, qual é o pressuposto da comodidade: a superficialidade. Assim é muito fácil possuir uma "concepção do mundo" [*Weltanschauung*] quando se considera digno de apreço somente o que parece ser agradável, sendo o restante indigno de quaisquer olhadelas. O restante, ou seja, o essencial: aquilo, que permite concluir que tais "concepções do mundo" adaptam-se, com efeito, a seus sustentadores, mas que os motivos constituintes delas nascem, sobretudo, do empenho por se desculparem. É, pois, um cômico proceder: os homens de nosso tempo, que estabelecem novas leis morais – ou, melhor ainda, que dão por terra com as antigas –, não podem viver com a ideia de culpa! O conforto, porém, não almeja se autodisciplinar; assim, ou rejeita a culpa ou a eleva à virtude. Para aquele que enxerga mais além, isto significa o reconhecimento da culpa como culpa. O pensador que, no entanto, busca, realiza o oposto. Mostra que existem problemas e que estes não estão resolvidos. Mostra, como Strindberg, que "a vida a tudo torna feio". Ou, como Maeterlink, que "três quartos de nossos irmãos estão condenados ao infortúnio"; ou como Weininger e todos os outros que têm pensado com seriedade.

A comodidade como concepção do mundo! O menor movimento possível, nenhuma perturbação. Aqueles que, dessa maneira, amam o conforto, jamais buscarão ali, onde não exista algo já determinado por se encontrar.

---

1 No sentido de *ambicionar*, de *esforçar-se por alcançar*, do *esforço criativo*. (N. T.)

Existe um jogo de paciência que consiste em três tubinhos de metal de diferentes calibres, postos numa caixa fechada por um vidro e que devem encaixar-se uns nos outros. Pode-se tentar metodicamente; na maioria das vezes, esse procedimento é muito demorado. Porém, soluciona-se também de outra forma: agita-se a caixinha aleatoriamente até que as peças se juntem. Isto é um produto do acaso? Parece, mas não creio. Pois, detrás deste processo encontra-se uma ideia, a saber: que o movimento, por si só, é capaz de provocar o que a reflexão não conseguiu. Não ocorre o mesmo com o aprendiz? O que alcança o professor através do método? Quando muito, movimento. Se tudo vai bem! Mas pode-se, do mesmo modo, ir mal, e aí sobrevém o entorpecimento.[2] A paralisação, que nada produz. Só o movimento é produtivo. Então, por que não principiar, já, com o movimento? Mas e o conforto? Este foge do movimento e, por este motivo, não se dirige à busca.

Tem-se que realizar um dentre ambos. Não importa se do movimento à busca ou da busca ao movimento: só o movimento produz o que, verdadeiramente, se poderia denominar *formação* [*Bildung*], ou seja: *instrução* [*Ausbildung*], *preparação integral* [*Durchbildung*]. O professor que não se entusiasma, por somente dizer "aquilo que sabe", desperta muito pouco as forças de seus alunos. O movimento deve originar-se dele mesmo e transportar sua inquietude a seus aprendizes. Então, eles buscarão como ele. Não disseminará, desse modo, formação, e isto será bom. Pois "formação", hoje, significa saber um pouco de tudo sem compreender nada de coisa alguma. Todavia, é outro o sentido dessa maravilhosa palavra e, visto que significa atualmente coisas tão depreciadas, deveria substituir-se por instrução, preparação integral.

Por conseguinte, fica claro que a primeira tarefa do professor é, sem rodeios, sacudir de cima a baixo o aluno. Quando o tumulto originado acalmar-se, provavelmente tudo se acomodará em seu devido lugar.

Ou então isso nunca aconteça!

O movimento que, desta forma, origina-se do professor, voltará para ele novamente. Também nesse sentido aprendi este livro de meus alunos. E devo aproveitar esta ocasião para agradecer-lhes.

Por outros motivos, tenho ainda que render agradecimentos a algumas pessoas. Àqueles que me apoiaram em meu trabalho, corrigindo provas etc.; aos que concordaram comigo, trazendo-me ânimo, e aos que discordaram, dando-me energias, mas também me chamando a atenção para algumas

---

2 *Erstarrung*. Termo de largo emprego na física, significando, ademais, *congelamento, solidificação, coagulação*. (N. T.)

falhas: Alban Berg (que organizou o índice sinóptico), Dr. Karl Horwitz, Dr. Heinrich Jalowetz, Karl Linke, Dr. Robert Neumann, Josef Polnauer, Erwin Stein e Dr. Anton von Webern. De alguns deles, logo ouviremos falar em melhor oportunidade.

E assim, quem sabe, também este movimento retorne, algum dia, até mim.

Viena, julho de 1911

―――――――――

# Prefácio à terceira edição

Apesar de bastante modificada, esta nova edição não se diferencia fundamentalmente da primeira. Melhorei especialmente a estrutura de muitas partes e capítulos, como também diversos detalhes estilísticos. Aumentei significativamente o número de exemplos musicais na primeira metade do livro. Quanto às novas inclusões, são dignas de menção as diretrizes [*Richtlinien*], dadas resumidamente em diferentes lugares do livro, como auxílio ao emprego do material apresentado anteriormente. A tal melhoria vem somar-se outra, também nascida de minhas experiências pedagógicas: várias instruções que, na versão original, possibilitavam ao aluno opções que poderiam não convir ao professor, foram expressas de modo mais conclusivo e obrigatório. Nos detalhes encontrar-se-ão extensas adições, algumas de caráter fundamental. Não obstante, sinto-me satisfeito em ter mantido o livro, de um modo geral, inalterado, mesmo nos aspectos em que me aproximei da verdade mais alguns passos além daqueles dados na época em que redigi a primeira edição, pois trata-se de passos na mesma direção.

Muitos erros de impressão, sobretudo nos exemplos musicais, que existiam na primeira edição apesar de cuidadosa revisão das provas, desapareceram graças à colaboração de numerosos amigos e discípulos. Mesmo assim, desejo que esta edição esteja, no mínimo, tão bem revista quanto a primeira, senão melhor.

Desde agora gostaria aqui de deixar agradecimentos a meu antigo aluno Erwin Stein, o qual não apenas realizou um trabalho de correção de extraordinária competência, como também, na mesma ocasião, foi-me de extrema utilidade com suas agudas e impiedosas críticas, permitindo assim que fossem formulados e eliminados muitos erros graves. Se este livro caminha tal como eu desejava que de mim fosse possível, grande parte do mérito cabe a ele e à sua iniciativa.

As frases que acompanhavam, na primeira edição, a dedicatória a Gustav Mahler, puderam ser suprimidas por considerá-las hoje desnecessárias. Foram palavras escritas com profunda emoção, logo após a morte de Mahler. Palavras em que se misturavam a dor por sua perda e a ira pela desproporção entre o valor de sua obra e o reconhecimento que encontrou. Eram palavras apaixonadas, palavras de luta, que hoje, quando a geração mais jovem quase já cumpriu a sua tarefa – colocar a obra de Mahler junto às dos maiores –, tornaram-se menos significativas. A afirmação "foi um dos maiores", pelo fato de não estar comprovada na época, quase adquiriu a força e o enxergar de uma profecia. Mas aquela afirmação, que queria vencer para então oferecer, venceu mais do que ofereceu: àquilo que todos têm, ela pode dar muito ainda e, ao mesmo tempo, tão pouco.[1]

Mattsee bei Salzburg, 24 de junho de 1921

*Arnold Schoenberg*

---

1  Em razão do estilo de redação que Schoenberg apresenta neste livro, muito mais oral que propriamente literário, este último período é típico – embora ainda muito simples em relação ao que virá – dos problemas de inteligibilidade que comumente o texto original apresenta, mormente nos inícios de capítulos (quando o autor dá o seu enfoque particular da matéria tratada) e nos finais (quando, numa espécie de longo aforismo, como agora, procura apresentar a essência do anteriormente dito). Como exemplo, eis esse último período no original: *Aber sie [Die Behauptung], die doch gewinnen wollte, um geben zu können, gewann mehr, als sie gab: Dem, das Alle hat, kann sie noch so viel und doch nur so wenig geben.* (N. T.)

# Sumário[1]

---

1 Considerando-se as muitas terminologias criadas pelo autor, as traduções de diversos títulos
que compõem o presente sumário serão discutidas no corpo do texto. (N. T.)

# Teoria ou sistema expositivo?[1]

Quando alguém ensina composição musical, é chamado "professor de teoria". Mas, se escreveu um tratado de harmonia, é denominado "teórico". Por outro lado, a um marceneiro – que também deve ensinar o ofício a seus aprendizes – não ocorre apresentar-se como "professor de teoria". Talvez ele se denomine "mestre em marcenaria", mas isto é mais uma denominação de ofício do que um título. Jamais lhe ocorreria ter-se por algo como um erudito, ainda que conhecesse profundamente sua profissão. Se existe alguma diferença, estará talvez em ser o ensinamento musical mais "teórico" do que o da marcenaria. Todavia, isso não é tão evidente. Pois se o marceneiro sabe como unir peças de madeira com firmeza, fundamenta-se no mesmo tipo de observação e de experiência que o teórico musical quando este sabe quais acordes podem ser encadeados eficazmente. E o fato de o marceneiro saber que tipo de madeira usar para determinada finalidade, origina-se isso do mesmo cálculo das condições naturais e do material que faz o teórico musical quando, avaliando o que podem dar de si os temas, percebe que extensão pode ter uma peça musical. E quando o marceneiro emprega estrias para animar uma superfície lisa, demonstra tanto o mau gosto e pouca fantasia quanto a maioria dos artistas e tanto quanto qualquer teórico da música.

---

1 *Darstellungssystem*. Outras traduções poderiam ser *Sistema Descritivo* ou, talvez melhor ainda (e que eventualmente utilizamos), *Sistema de Representação*. Adotamos, todavia, principalmente, *Sistema Expositivo*, por ser de mais conveniência na maioria dos contextos. (N. T.)

Ora, se o ensinar do marceneiro, como o do professor de teoria, baseia-se na observação, na experiência, na reflexão, no gosto, no conhecimento das leis naturais e das condições do material, onde se encontra, verdadeiramente, a diferença essencial?

Por que, então, o mestre marceneiro também não se denomina "teórico" e o teórico musical não se diz "mestre de música"? Porque existe uma pequena diferença: o marceneiro nunca poderá compreender seu trabalho como meramente teórico, ao passo que o teórico musical não possui nenhuma habilidade prática: não é um mestre. Mais ainda: o autêntico teórico musical envergonha-se do trabalho prático, porque não é o *seu* trabalho, mas o trabalho de *outros*. Ocultar isso, sem fazer dessa carência uma virtude, não lhe basta. O título de "mestre" está desvalorizado; poderia ser confundido com outros. E, daí, uma terceira diferença: a uma profissão mais nobre deveria corresponder um título mais nobre. Por isso a música – mesmo com os grandes artistas sendo, ainda hoje, chamados de "mestres" – não possui, como a pintura, tão somente um *ensino prático*,[2] mas um ensino teórico.

Consequência: nenhuma arte é tão cerceada em seu desenvolvimento, por seus próprios professores, quanto a música. Pois ninguém vigia uma propriedade mais zelosamente do que aquele que sabe que, propriamente, ela não lhe pertence. Quanto mais difícil é a legitimação de tal propriedade, maior o empenho em demonstrá-la. E o teórico, que habitualmente não é artista, ou o é em grau ínfimo (ou seja: não o é), tem assim todas as razões para esforçar-se em assegurar sua posição artificial. Sabe que por onde o aluno mais aprende é através dos modelos que os compositores fornecem em suas obras-mestras. Se fosse possível deixar o aluno observar o compositor como ele pode observar o pintor no ato da criação, se houvesse ateliês de composição musical como há os de pintura, ver-se-ia claramente quão supérfluo é o teórico da música e que ele é tão nocivo quanto as academias de arte. Dando-se conta da situação, o teórico busca sua defesa criando substitutos do modelo vivo: a teoria, o sistema.

Não quero entabular polêmicas contra aqueles que se esforçam por encontrar as leis hipotéticas da arte. Tais esforços são necessários. Necessários, sobretudo, à mente humana que procura evoluir. O impulso mais nobre de

---

2 *Handwerkslehre.* Termo caro a Schoenberg e constantemente utilizado no sentido de esclarecer que o ensino da Música deveria ser, como nos demais ofícios, uma *prática*, um *trabalho manual* que *efetivamente* lidasse com o material da Arte, no caso o som e as ferramentas para manuseá-lo como elemento construtor. (N. T.)

todos, o desejo de conhecer e compreender, nos impõe o dever de buscar. E uma doutrina errada, baseada numa busca sincera, vale muito mais que a contemplativa segurança daqueles que se opõem a tal busca por acreditarem já "saber": saber, sem haverem buscado por si mesmos! Nossa preocupação deve ser meditar continuamente sobre as misteriosas causas dos efeitos da arte. Porém, começando sempre do princípio; sempre observando e procurando ordenar as coisas, novamente, por nós mesmos, nada tendo por definitivo senão os fenômenos [*Erscheinungen*]. Estes, sim, devem ser considerados eternos, com muito maior razão do que as leis que alguém acredita haver encontrado. Conhecendo-os bem, poderíamos chamar, com mais propósito, "ciência" ao nosso conhecimento das aparências [*Erscheinungen*][3] do que àquelas suposições com as quais tentamos explicá-las.

Também tais suposições possuem, certamente, seu valor: como tentativas, como resultados de um esforço mental, como ginástica do espírito; às vezes, até mesmo como os degraus elementares de ascensão à verdade.

Se a teoria da arte se contentasse com isto, se se considerasse satisfeita com a recompensa proporcionada por uma busca sincera, nada teríamos contra ela. Porém, quer ser mais. Não almeja ser tão somente uma busca para encontrar leis: afirma haver descoberto *leis eternas*. Observa certo número de fenômenos, ordena-os segundo alguns critérios gerais e deduz, disto, leis. Tal é correto pela simples razão de que, infelizmente, não parece ser possível de outra maneira. Mas, nesse ponto, começa o erro: chega à falsa conclusão de que essas leis, por corresponderem aparentemente aos fenômenos observados durante certos momentos, serão válidas também para todos os fenômenos que se produzirem no futuro. E eis aqui o mais funesto: acredita-se haver encontrado uma *medida* [*Maßstab*] para o julgamento da obra artística que seja válida para as obras de arte futuras. E os teóricos, mesmo sendo constantemente desautorizados pela realidade, quando consideram antiartístico "o que não soa segundo as regras", ainda assim "não abandonam a ilusão". Pois o que ocorreria se não possuíssem, ao menos, o monopólio da beleza, já que a arte não lhes pertence? Qual seria o resultado se, para todos e definitivamente, ficasse claro o que – mais uma vez – é aqui demonstrado? O que lhes significaria o fato de que, na realidade, a arte transmite-se e propaga-se através das obras artísticas e não por regras de beleza? Haveria, então, alguma diferença favorável aos teóricos quando comparados com o mestre marceneiro?

---

3 *Erscheinungen*. Além desses, outros sentidos são possíveis: *visões, manifestações, sintomas.* (N. T.)

Poder-se-ia afirmar que estou indo muito longe; que todos já sabem que a estética não prescreve leis de beleza, mas simplesmente procura deduzir sua existência a partir das obras de arte. Absolutamente correto: hoje, quase todos o sabem. Contudo, esse conhecimento, embora seja o que importa, dificilmente é levado em consideração. Gostaria de mostrar um exemplo. Creio ter conseguido, neste livro, refutar alguns velhos preconceitos da estética musical. O fato de que tais preconceitos se mantêm até agora já bastaria como prova do que antes afirmei. Porém, se declaro o que não é uma exigência necessária da arte, quando digo que a tonalidade não é uma lei natural eterna da música, vejo os teóricos saltarem indignados, instantaneamente, e colocarem um veto à minha honra. Quem hoje admitiria que minha colocação a respeito da tonalidade é verdadeira, mesmo que eu a provasse de forma ainda mais penetrante do que o farei aqui?

O *poder* [*Macht*] que o teórico necessita para consolidar uma insustentável posição procede de sua aliança com a estética. Esta se ocupa só de coisas eternas e, na vida, chega sempre demasiado tarde. A isto se chama conservadorismo, o que é tão cômico quanto chamar conservador a um trem rápido. Não obstante, as vantagens que a estética oferece ao teórico são compensadoras ao ponto de ele não se preocupar com isso. Quão pouco retumbante soa quando o professor diz ao aluno: "Um dos meios mais proveitosos para a consecução da forma musical é a tonalidade". Mas, que distinto resulta quando fala do princípio da tonalidade, como de uma lei: "Tu deves...", cujo acatamento fosse imprescindível para toda a forma musical. Este "imprescindível"! Parece-nos perceber aí um bafo de coisa eterna! E se te atreves, jovem artista, a pensar outra coisa, terás a todos contra ti; todos os que sabem, faz tempo, tudo o que aqui afirmo. E te denominarão *Neu-Junker-Unkraut*[4] e charlatão, e serás caluniado:

"Queres enganar, blefar". E uma vez que te conspurcarem com a vileza deles, surgirão como os heróis que consideraram covardia não arriscar, em defesa de sua opinião, algo que só prejudica o outro. E o trapaceiro, então, serás tu!

---

4 A edição em inglês traz para esse termo a seguinte explicação:
"*Wagner, Die Meistersinger, I,3: epíteto de Beckmesser, expressando seu ódio por Walter, podendo ser parafraseado como arrogante, intrometido, embusteiro, asqueroso e outros mais*".
Literalmente, *Neu-Junker-Unkraut* significa algo como *"novo herdeiro (ou primogênito) das ervas daninhas"*. (N. T.)

Ao diabo com todas essas teorias, se servem apenas para colocar freios ao desenvolvimento da arte e se seu único dado positivo é ajudar mais depressa a aprender a compor mal.[5]

O que se poderia exigir desses teóricos, eles não o cumprem. A forma como realizam a estética é extraordinariamente primitiva. Não conseguem expressar mais do que algumas belas frases e tomaram-lhe emprestado seu método de sentenças e afirmações apodíticas. Afirma-se, por exemplo: "isto soa bem, ou mal" (mais justo e sincero seria dizer "belo" ou "feio"). Em primeiro lugar, isto é uma presunção e, em segundo, um juízo estético. Se tal estabeleceu-se infundadamente, por que mereceria crédito? É necessário acreditar na autoridade do teórico? Por quê? Quando não oferece razões, ele diz só o que sabe (não por haver descoberto a partir do próprio esforço, mas por ter aprendido assim) ou diz o em que todos acreditam (por ser uma experiência comum). Mas a beleza não é algo da experiência de todos, senão, quando muito, da experiência de alguns. Além do mais, se semelhante juízo pudesse existir sem maior fundamentação, esta deveria brotar do sistema com tamanha evidência que seria dispensável demonstrá-la. E aqui golpeamos os teóricos em seu ponto mais vulnerável: eles querem que suas teorias sirvam como estética prática; ambicionam influir no sentido da beleza de tal modo que, mediante progressões harmônicas, por exemplo, se produzam efeitos que possam ser considerados belos; querem ter o direito de proibir os sons e encadeamentos que consideram feios. Mas estas teorias não estão construídas de forma que os julgamentos estéticos surjam como consequência de seus princípios básicos, do desenvolvimento lógico desses princípios! Pelo contrário: não se encontra nenhuma coerência, absolutamente nenhuma. Estes juízos de belo e feio são excursões absolutamente imotivadas ao campo do estético que nada têm a ver com o todo da construção [*Anlage*]. As quintas paralelas soam mal (por quê?); esta nota de passagem é dura (por quê?); os acordes de nona não existem, ou então soam duros (por quê?). Onde residem, no sistema, as razões comuns básicas para estes três "por quês"? No sentimento do belo? E isso, o que é? Em que relação está o sentimento do belo com este sistema? Com este sistema, por favor!!

---

5 As constantes vociferações de Schoenberg contra os teóricos e as "leis" da beleza procedem não apenas de sua consciência dos procedimentos artísticos, mas também de dolorosas experiências pessoais, tais como a de haver sido censurada, em Viena, a apresentação de sua "Noite Transfigurada", uma obra puramente instrumental, por conter situações de acordes e progressões harmônicas que não eram consideradas "corretas" e mesmo "legais" pelas regras oficiais da harmonia. (N. T.)

Estes sistemas! Noutra oportunidade mostrarei que nunca são o que sempre deveriam ser: sistemas de representação [*Darstellung*]! Métodos para analisar coerentemente uma matéria, para dividi-la e subdividi-la claramente e que partam de princípios que assegurem uma sucessão sem rupturas. Demonstrarei como tal sistema é pouco depois insuficiente, como logo tem que ser rompido, sendo preciso remendá-lo com um segundo sistema que tampouco é um sistema suficiente para mal acomodar alguns novos resultados. As coisas, porém, deveriam ser de outra maneira! Um autêntico sistema deve, antes de tudo, possuir fundamentos que abarquem todos os acontecimentos; melhor dizendo, tantos acontecimentos quantos realmente existam, nem um a mais ou a menos. Tais princípios são as leis naturais. Somente princípios que não necessitem de exceções teriam o direito de ser considerados válidos sempre. Fundamentos estes que compartilhariam, com as leis naturais, a característica da validade incondicional. Mas as leis artísticas compõem-se, sobretudo, de exceções!

Não pude encontrar tais princípios e tampouco acredito que dentro em breve sejam encontrados. As tentativas de conduzir o artístico ao terreno do natural fracassarão por muito tempo ainda. Esforços para encontrar leis artísticas obterão, no máximo, resultados como os conseguidos por meio de corretas analogias: descobrir como o órgão do sujeito observador se adapta às peculiaridades do objeto observado. A comparação aproxima o que está distante, aumentando assim os detalhes, e afasta a alguma distância o que está muito próximo, permitindo uma visão de conjunto. Não é possível, hoje, atribuir um valor maior do que este às leis artísticas. O que já é muito. A tentativa de construir leis artísticas a partir de particularidades comuns, assim como a comparação, não deve faltar em nenhum tratado de arte. Mas não se deve pretender que resultados tão pobres sejam considerados como leis eternas, como algo semelhante às leis naturais. Repito: as leis naturais não conhecem exceções; as teorias da arte compõem-se, antes de tudo, de exceções. O que sobra de tais exceções pode bastar como método de ensino, como sistema expositivo cuja organização pode ser coerente e consequente em relação ao objeto pedagógico proposto; cuja clareza seja, simplesmente, clareza de exposição, mas não o esclarecimento das coisas mesmas que constituem a matéria exposta.

Almejei, no máximo, um tal sistema, e não sei se o consegui. Parece-me haver logrado, pelo menos, evitar aqueles dilemas nos quais há que se admitir exceções. Os princípios do sistema resultam em um excedente de casos possíveis sobre os realmente existentes. Esta falha também ocorre nos sistemas que não abarcam todos os acontecimentos reais. No meu também existem exclusões. Mas os outros as fazem a partir de juízos estéticos – malsonante, duro, feio etc. – e não utilizam as noções mais modestas e verdadeiras: afirmar que se trata de coisas *incomuns*. O que é realmente feio dificilmente poderá vir a ser belo no entender desses estéticos. Porém o que é simplesmente incomum pode vir a ser usual, embora não necessariamente. Com isso, o ensino da composição está isento de uma responsabilidade à qual nunca conseguiu fazer jus e pode agora limitar-se ao que é sua verdadeira tarefa: proporcionar ao aluno tal habilidade que o coloque em condições de criar algo de *comprovada eficácia*. Não tem por que garantir que seja novo, interessante ou belo. Mas pode afirmar que, observando-se suas orientações, pode-se alcançar algo semelhante às condições artesanais de antigas obras de arte, pelo menos até o ponto em que o especificamente criativo escapa a todo controle, inclusive nos aspectos técnico-mecânicos.

Embora se teorize muito neste livro (na maioria das vezes vi-me obrigado, para rechaçar teorias falsas, a ampliar versões restritivas e estreitas a fim de que se chegasse à inclusão dos acontecimentos), faz-se com plena consciência de oferecer, no sentido acima explicado, comparações, ou seja: símbolos; de pretender tão somente ligar entre si ideias afastadas, melhorar a compreensão mediante a unidade da exposição, ser frutífero e estimulante pela riqueza das relações de todos os fatos com uma ideia. Não se trata de estabelecer novas leis eternas. Se eu conseguisse levar um só aluno ao domínio absoluto do ofício de nossa arte, como o mestre marceneiro faz sempre com seus aprendizes, dar-me-ia por satisfeito. E ficaria orgulhoso se, parodiando uma frase famosa, pudesse dizer: "Dei aos alunos de composição uma má *estética*, mas forneci-lhes um bom *ensino do ofício*".

# O método de ensino da harmonia

A matéria de ensino da composição musical se divide habitualmente em três setores: harmonia, contraponto e formas musicais. Ou seja:

Harmonia: o ensino dos complexos sonoros (acordes) e de suas possibilidades de encadeamento, tendo em conta seus valores arquitetônicos, melódicos e rítmicos e suas relações de equilíbrio [*Gewichtsverhältnisse*].[1]

Contraponto: o ensino da condução artística das vozes tendo em conta a combinação motívica (e, eventualmente, o ensino das "formas contrapontísticas").

Formas musicais: disposição da construção e desenvolvimento das ideias musicais.

Essa divisão tem a grande vantagem de possibilitar a observação isolada dos diversos fatores que concorrem no complexo da técnica composicional. Todavia, a necessidade de cada matéria ser explicada de maneira autônoma gera uma separação excessiva. Com isso, cada setor perde as relações que o unem aos restantes, aquela afinidade que deve levar à sua reunificação com vistas à meta principal: o ensino da harmonia e o do contraponto esqueceram-se de que, juntamente com o ensino das formas musicais, têm que constituir o ensinamento da composição. E o aluno que, ao estudar harmonia, deve ter aprendido a pensar e a criar harmonicamente e, ao estudar contraponto, a pensar e a criar polifonicamente, mostra-se desamparado ante a tarefa de unir

---

1 Literalmente, *relações de peso*. (N. T.)

os conhecimentos adquiridos isoladamente e de utilizá-los conjuntamente para seu objetivo final. Portanto, aqui, como em todos os empreendimentos humanos, tem-se que escolher o caminho do meio e é de se perguntar que ponto de vista deveria determinar a escolha desse caminho.

Facilitará muito as coisas, tanto ao aluno quanto ao professor, se todo o exposto encontrar-se numa relação tão clara que os fenômenos surjam e se deduzam uns dos outros. Para isso, é necessário, antes de tudo, delimitar perfeitamente a matéria: todo o distante dela deve ser deixado de lado. Assim, em nosso caso, no ensino da harmonia, será sem dúvida útil derivar a essência dos encadeamentos unicamente da essência dos acordes, excluindo os fatores rítmicos, melódicos etc. Porque seria tão grande a complexidade que se originaria se todas as possibilidades das funções harmônicas fossem combinadas a todas as possibilidades rítmicas e temáticas que impediria uma visão de conjunto, tanto para o professor como para o aluno. Não obstante, será necessário, às vezes, que se deem, até mesmo no estágio mais elementar, instruções cuja utilidade será verificada somente num nível mais alto, pois aqui se deve tratar apenas dos estudos preliminares ao ensino da composição. Note-se bem: devem ser dadas só as instruções realmente necessárias para se alcançar o objetivo principal; as que não o são devem ser evitadas, bem como aquelas que desenvolvem habilidades as quais, simplesmente resultantes do sistema, só têm seu fim em si mesmas.

Nesse sentido, todos os tratados de harmonia que, seguindo o antigo método do baixo cifrado, obrigavam o aluno a dispor as vozes sobre o baixo, são inadequados. Pois assim não se aprende senão a condução das vozes, o que poderia ser, ainda que de forma restrita, uma tarefa secundária do ensino da harmonia. A esperança de que o aluno adquira, por si mesmo, o senso das boas sucessões de acordes é tão legítima quanto a de que ele adquira esse senso estudando as obras-mestras, onde ocorrem encadeamentos ainda melhores. Aqui, há que confiar no talento do aluno, o que, ademais, é o melhor a se fazer quando o professor não está em condições de, apoiando-se na consciência, provocar nele, com meios coerentes, um saber e uma capacidade conscientes. Em todo caso, está claro que assim – simplesmente dispor as vozes sobre um baixo já previamente estabelecido – não se exercita o essencial, mas o secundário, e que é errado colocar o aluno (que durante largo tempo limitou-se a "harmonizar" sucessões de acordes por quais efeitos ele mesmo não era responsável), de repente, perante a harmonização de corais, ou seja, frente à tarefa de criar sucessões de acordes de cuja eficácia será agora responsável, o que não foi explicado nem praticado. É verdade que alunos talentosos conseguem fazê-lo bastante bem, pois, graças ao seu ouvido e sua memória, obtêm, pela audição da música, um certo senso valorativo das sucessões harmônicas, de modo que o professor tem pouco mais a fazer do que corrigir pequenas irregularidades, falhas e monotonias. Mas o aluno menos dotado, ou dotado de diferente maneira, tendo recebido apenas as instruções referentes à condução das vozes, demonstra-se incapaz e jamais aprende a construir uma peça musical cuja estrutura harmônica seja lógica e coerente.

Noutros tempos, a realização de um baixo podia ter valor, quando era tarefa do tecladista acompanhar com o baixo cifrado. Porém, ensinar isso hoje, quando já nenhum músico disso necessita, significa perda de tempo, é inútil, impede que o aluno se ocupe de coisas mais importantes e, sobretudo, descuida de torná-lo independente. Para alcançar o objetivo principal do ensino da harmonia – unir os acordes em sucessões tendo em conta suas particularidades, de maneira que tais sucessões sejam eficazes –, não é preciso estudar tanto a arte de conduzir as vozes. A proibição de movimentos paralelos, o manejo das dissonâncias e outras coisas semelhantes são bastante fáceis de aprender. Ademais, o contraponto e o ensino das formas musicais ocupam-se muito mais adequadamente da instrução relativa à condução das vozes, trabalho impensável sem o tratamento temático. Para o encadeamento dos acordes não é preciso muito mais do que evitar os movimentos não melódicos, ao passo que a preocupação excessiva em "melodizar" [*Melodisieren*] deturpa o gosto e origina ideias falsas acerca da composição musical.

Portanto, prefiro o antigo método, que mandava o próprio aluno determinar, desde o princípio, as sucessões de acordes. Eu parto de frases muito simples, cujo objetivo cresce à medida que se disponha de novos meios, desde as cadências mais simples, passando pelas modulações, num progressivo exercício das habilidades adquiridas. A vantagem deste método é que o aluno, em certo sentido, compõe desde o primeiro momento. As frases que delineia, guiado pelas instruções que recebe, podem construir a base do desenvolvimento de seu senso formal da harmonia. No início, elas são realizadas sem ambicionar obter-se um efeito; as pretensões e exigências aumentarão com os meios colocados à disposição do aluno. Ele aprende, assim, não apenas a compreender estes recursos, mas também a utilizá-los corretamente. Desde cedo, os exercícios já apresentam um objetivo: consolidar e expressar a tonalidade, a cadência; e, depois, o contrário: o abandono da tonalidade, a modulação. A esta última questão dedico a máxima atenção, por ser neste terreno, assim como na cadência, que se expressa, da maneira mais intensa, o arquitetônico, o construtivo da harmonia e dos encadeamentos dos acordes.

Também aqui volto aos antigos métodos, pois não deixo que a modulação se realize aos saltos, conforme acontece na maior parte dos tratados de harmonia, nos quais são usados tão somente uns poucos acordes modulantes colocados de improviso; em vez disso, procuro que a modulação ocorra gradualmente, preparando-se e despregando-se para possibilitar o desenvolvimento temático. A análise das obras musicais mostra que a modulação (por exemplo, do tema principal ao secundário) faz-se quase exclusivamente desta maneira. E como a tarefa do professor só pode ser transmitir ao aluno a técnica dos mestres e estimulá-lo, no possível, à criação pessoal, torna-se evidente que qualquer outro procedimento – por exemplo, um método puramente teórico – é inadequado. Não vamos discutir aqui a questão de saber se as modulações bruscas, como recomenda Richter,[2] poderiam vir a formar a base para o desenvolvimento temático. Isso é algo, no mínimo, duvidoso. O que parece provável, contudo, é que tais meios recomendados como únicos para essas modulações rápidas (o acorde de sétima da dominante ou o acorde de sétima diminuta) mostram-se demasiado primitivos e pobres artisticamente, e, num período em que se nota intensa mudança harmônica, seriam esperados recursos modulatórios mais ricos e elaborados. Por outro lado, tentei mostrar, dentro do possível, muitos outros meios de modular e suas possibilidades de combinação, ou pelo menos dar algumas indicações a respeito. Também nos exercícios de modulação, o objetivo mostra-se, inicialmente, apenas na solução mais rápida e simples da tarefa, mas há que se ampliar a finalidade à medida que novos meios vão sendo dominados. No referente, por exemplo, à cadência interrompida [*Trugschluss*],[3] ela é usada para livrar a cadência da monotonia causada por uma repetição e, ao mesmo tempo, assegurar-lhe o efeito reiterativo da repetição mesma. Assim o aluno aprende, desde o início, a obter o maior efeito com os meios que tem à mão; a utilizá-los ao máximo e a não usar mais recursos do que os estritamente necessários. Isto é ensino da composição, até onde seja possível, dentro do ensinamento da harmonia e precisamente tão longe é que se há de caminhar.

Prescindi, neste livro, de realizar análises harmônicas, considerando-as supérfluas. Se o aluno estivesse capacitado para tomar, dos exemplos existentes, tudo o que necessita para compor, então não seria preciso ensinar-lhe harmonia. E realmente é possível aprender tudo por este procedimento. Eu mesmo nunca estudei harmonia escolástica e sou, portanto, um exemplo, en-

---

2 Ernst Friedrich Richter. *Lehrbuch der Harmonie*, Leipzig, Breitkopf & Härtel, 1853.

3 Literalmente, *cadência enganadora*: aquela constituída pela sequência dos graus V-VI. (N. T.)

tre tantos outros, dessa possibilidade. Não obstante, a maior parte dos alunos precisa do ensino; e se esse ensino é necessário, então deve-se dizer todo o possível. As análises harmônicas, porém, mais do que uma vantagem para o aluno, são uma maneira de o autor pôr à prova a exatidão de sua teoria. Não nego a utilidade que tem para o aluno trilhar os caminhos da harmonia nas obras-mestras; mas desde que de uma maneira correta, a saber: examinando a construção harmônica de uma obra inteira e as relações de equilíbrio entre os acordes e as sucessões harmônicas – e isso não é possível realizar-se no âmbito de um tratado de harmonia. Tudo o mais é relativamente inútil. Essas análises, nas quais habitualmente se mostra através de quais tonalidades um tema é modulado, ou (o que seria melhor) quantos acordes aparentemente estranhos ocorrem no interior de uma ideia musical sem que se abandone a tonalidade básica, tudo isso não é necessário expor. Pois, se se dão ao aluno os meios para ele mesmo agir, ele compreenderá muito melhor a construção harmônica de uma obra do que mediante análises dadas *a priori*. Todavia, as relações de equilíbrio dos motivos com a harmonia, o desenvolvimento rítmico – em suma, tudo o que é propriamente composicional –, não pertence (se é que pode ser explicado em qualquer outra circunstância) ao ensino da harmonia. Eis aqui como aparece novamente o secundário! E não posso compreender como seja possível ao aluno conscientizar-se do essencial se o secundário é sempre apresentado como se fosse o mais importante.

Em geral, não pretendo polemizar com métodos e teorias de determinados autores, limitando-me a explicar a matéria da forma que considero correta. Porém, onde inicio uma exposição que me parece nova, vejo-me obrigado a rebater aquelas antigas exposições ainda usuais. Pela mesma razão, não me sinto obrigado a assinalar quais ideias deste livro considero novas. Como músico que não aprendeu através de leituras aquilo que apresenta, podendo, isto sim, considerá-lo resultado da reflexão baseada em sua experiência no ensino e na composição, sinto-me no direito de dispensar-me citar fontes, tal como é costume nos trabalhos científicos. Uma tarefa tão pesada e estéril só pode ser empreendida por quem se interessa mais pela teoria do que pelo aspecto vivo da arte. Prefiro reconhecer que, manifestamente, devo muitas ideias a sistemas que já existem. Quantos e quais são, não é coisa que atualmente eu seja mais capaz de dizê-lo, pois, em razão de meu método de trabalho, essa distinção escapou faz tempo ao meu controle. Todavia, é necessário dizer que a maus livros e ideias falhas devo o melhor que exponho aqui, pois me obrigaram a meditar sobre o certo. Outras coisas procedem do desenvolvimento natural do sistema expositivo. Porém, tudo é contemplação da arte [*Kunstanschauung*] e, como tal, imediato. Creio que algumas das ideias apresentadas podem ter pretensões de novidade; outras, no mínimo, diferem do conhecido até aqui por uma exposição mais precisa, que permite perspectivas mais amplas. Entretanto, prefiro renunciar à glória da novidade, se é que pude apresentar alguma, a ter que devorar os tratados de harmonia mais importantes.

Gostaria que este livro fosse, até onde isso seja possível, um livro didático e servisse, portanto, a um objetivo prático: colocar nas mãos do aluno um método seguro de exercitar-se. Porém, não por isso abstenho-me de abrir, ocasionalmente, através de hipóteses, perspectivas de relações mais complexas; das semelhanças e afinidades entre a criação artística e outras atividades humanas; das relações recíprocas entre o que se dá na natureza fora de nós e o sujeito operante ou contemplador. Repito: o que digo a esse respeito não pretende ser tomado como teoria, mas como analogias mais ou menos desenvolvidas, em que o mais importante não é que elas sejam corretas em todos os aspectos, senão que ocasionem um panorama físico ou psicológico mais amplo. É possível que este livro venha a ser, para o músico comum que ainda hoje não sente prazer em exercitar o pensamento, de compreensão um pouco difícil. É possível também que apenas sirva aos alunos mais adiantados, ou para os professores. Sentiria muito, pois o desejei, antes de tudo, como de utilidade para os mais jovens. Mas não posso mudar nada e tenho que esperar. Talvez, ao chegar o dia em que o nível do músico médio tenha-se elevado tanto que não precise mais de "compêndios" ou de livros ilustrados, ainda não haja passado a época para os pensamentos que tenho a dizer.

---

# Consonância e dissonância

A arte é, em seu estágio mais elementar, uma simples imitação da natureza. Mas logo se torna imitação num sentido mais amplo do conceito, isto é, não mera imitação da natureza exterior, mas também da interior. Em outras palavras: não representa, simplesmente, os objetos ou circunstâncias que produzem a sensação, senão, antes de tudo, a própria sensação, eventualmente sem consideração ao "quê", "quando" e "como". E a posterior conclusão acerca do objeto externo, provocador da impressão, reduz-se à causa de sua insignificante presença imediata. Em seu nível mais alto, a arte ocupa-se unicamente em reproduzir a natureza interior. Nesse caso, seu objetivo é a imitação das impressões que, através da associação mútua e com outras impressões sensoriais, conduzem a novos complexos, novos movimentos. Nesse nível, a conclusão quanto ao motivo exterior é quase de uma insuficiência indubitável. E, em todos os níveis, a imitação do modelo, da sensação ou do conjunto de sensações é apenas de uma precisão relativa: por um lado, pelas limitações de nossa capacidade e, por outro – consciente ou inconscientemente –, porque o material da reprodução é diferente do material ou materiais da causa. Assim que, por exemplo, pode ocorrer a reprodução de sensações visuais ou táteis com o material próprio das sensações auditivas.

Se já a mais elementar imitação da natureza baseia-se, talvez, num complexo múltiplo e sintético, e se já é difícil, para o entendimento, responder à pergunta pelos objetos exteriores que são o modelo, então surgem dificuldades insuperáveis à análise quando se toma a impressão no sujeito observador como ponto de partida das investigações. Mas, como demonstra Schopenhauer em sua teoria das cores, uma teoria verdadeira somente deveria partir do sujeito. E, do mesmo modo que ele considera as cores como fenômenos fisiológicos, como "estados, modificações do olho", dever-se-ia fundamentar exclusivamente no sujeito, ou seja, no ouvido, uma teoria real dos sons. Não é minha intenção oferecer tal teoria, ou mesmo uma teoria da harmonia, ainda que possuísse a capacidade e os conhecimentos necessários para tal. Almejo, tão somente, dar uma exposição dos meios artísticos da harmonia que sirva de uso imediato na prática. Talvez suceda alcançar, nesse caminho, mais do que pretendo: apenas conseguir claridade e riqueza de relações na exposição. Porém, tampouco devo aborrecer-me caso isto não ocorra, uma vez que não é este o meu objetivo. E, quando teorizo, mais do que me preocupar se as teorias são exatas, interessa-me que sejam adequadas à comparação, suficientes a esclarecer o objeto e dar um maior panorama às considerações.

Posso, portanto, alegar duas razões para prescindir do sujeito como fundamento de minha observação. Primeiramente, por não desejar oferecer uma teoria dos sons, ou das harmonias, mas sim, e apenas isso, uma exposição de certos procedimentos artísticos. E, em segundo lugar, porque semelhante exposição não tem a pretensão de ser tomada por teoria. Logo, posso fundamentar a observação no objeto, a matéria da música, se consigo que aquilo que pretendo mostrar esteja de acordo com o que desse objeto se sabe ou se supõe.

O material da música é o som, o qual atua diretamente sobre o ouvido. A percepção sensível provoca associações e relaciona o som, o ouvido e o mundo sensorial. Da ação conjunta destes três fatores depende tudo o que em música existe de arte. Embora a impressão artística, semelhante a um composto químico que possua qualidades diferentes das dos elementos que o compõem, tenha peculiaridades diversas das que possuem os componentes, é legítimo, na análise do conjunto, examinar, para determinados fins, certas qualidades dos elementos integrantes. Afinal, também o peso atômico e a valência dos elementos simples permitem uma conclusão sobre o peso molecular e a valência do composto. Talvez seja insustentável querer derivar de um só dos componentes – por exemplo, do som – tudo o que constitui a física da harmonia. Algumas peculiaridades, todavia, poderiam ser deduzidas assim, dado que o ouvido possui uma disposição específica para a recepção do som que se corresponde à disposição mesma do som, como uma parte côncava se corresponde a uma convexa. Porém, um dos três fatores indicados, o mundo de nossas sensações, de tal forma subtrai-se a um controle mais rigoroso, que seria leviano basearmo-nos nas poucas suposições possíveis nesse terreno da observação com a mesma segurança com que nos basea-mos naquelas suposições que denominamos ciência. Sob este enfoque, seria questão de pouca importância proceder a partir de hipóteses verdadeiras ou falsas. Pois, mais cedo ou mais tarde, tanto umas quanto outras serão, por certo, refutadas. O realmente importante é basear-se em pressupostos que, sem pretenderem ser leis naturais, satisfaçam nossa necessidade formal de sentido e de coerência. Se fosse possível derivar todos os fenômenos a partir da física do som, explicando e resolvendo daí todos os problemas, pouco importaria que nosso conhecimento físico da essência [*Wesen*] do som fosse exato ou não. Pois é muito possível que partindo de uma observação errada possamos chegar, por dedução ou intuição, a resultados corretos; ao passo que não se pode afirmar que de uma observação melhor ou mais exata resultem, necessariamente, conclusões mais corretas ou melhores. Os alquimistas, por exemplo, apesar dos instrumentos rudes de que dispunham, reconheceram a possibilidade de transmutar entre si os elementos, enquanto a muito bem apetrechada química do século XIX sustentava a ideia, hoje superada, da indestrutibilidade e imutabilidade dos elementos. O fato de haver-se supe-rado semelhante concepção não o devemos a observações mais profundas, a conhecimentos mais perfeitos ou a melhores deduções, mas a uma descoberta casual. O progresso, por conseguinte, não foi coisa que necessariamente surgisse como consequência de algo; não foi um fenômeno que se pudesse predizer com base em alguma realização particular; senão, algo que sobreveio a despeito de todos os esforços, inesperadamente, imerecidamente e, talvez, sem ser desejado. É verdade que a explicação exata deve ser a meta de toda investigação, ainda que, quase sempre, o que se obtenha seja uma interpreta-ção equivocada. Mas nem por isso deve-se permitir que se desvaneça o prazer pela procura da interpretação correta; ao contrário, é preciso contentar-se com essa satisfação, essa alegria, que talvez seja o único resultado positivo de todos esses esforços.

Sob esse enfoque, pouco importa, para a explicação dos problemas da harmonia, que a função dos harmônicos superiores tenha sido rechaçada ou posta em dúvida pela ciência. Se conseguíssemos explicar os problemas de maneira a obter um sentido e, assim, expô-los com clareza, ainda que seja falsa esta teoria dos harmônicos superiores, seria então possível alcançar um resultado positivo mesmo se, passado certo tempo, fosse demonstrado – o que não necessariamente deve ocorrer – que tanto a teoria dos harmônicos como a interpretação que dela se deu estavam erradas. Posso, pois, intentar tranquilamente esta explicação, visto que, pelo que sei, não se logrou até agora refutar com certeza tal teoria. Ademais, dado não ser possível a ninguém examinar tudo por si mesmo, estou obrigado a contentar-me com o conhecimento existente, enquanto puder acreditar nele. Portanto, partirei, em minhas observações, da teoria, quiçá insegura, dos harmônicos superiores, pois o que dela se pode deduzir parece corresponder ao desenvolvimento dos meios da harmonia.

Repito: a matéria da música é o som. Este, portanto, deverá ser considerado em todas suas peculiaridades e efeitos capazes de gerar arte. Todas as sensações que provoca, ou seja, os efeitos que produzem suas peculiaridades, têm, em algum sentido, uma influência sobre a forma (da qual o som é elemento constitutivo). Em última análise, sobre a obra musical. Na sucessão dos harmônicos superiores,[1] que é uma de suas propriedades mais notáveis, surge, depois de alguns sons mais facilmente perceptíveis, um certo número de harmônicos mais débeis. Os primeiros são, sem dúvida, mais familiares ao ouvido, enquanto os últimos, dificilmente audíveis, soam mais inusitados. Com outras palavras: os mais próximos parecem contribuir mais, ou de maneira mais perceptível, ao fenômeno total do som, ao som como uma eufonia, capaz de arte; ao passo que os mais distantes parecem contribuir menos, ou de forma menos perceptível. Porém, que todos contribuem, mais ou menos, que na emanação acústica do som nada se perde, isso é seguro. Também é certo que o mundo sensorial está em relação com o complexo total, logo, também com os harmônicos mais distantes. Se esses sons mais longínquos não podem ser analisados pelo ouvido, são, em troca, percebidos como timbre. Isso significa que o ouvido musical desiste, aqui, das tentativas de uma análise precisa, mas a impressão como um todo é perfeitamente captada. Os harmônicos mais distantes são registrados pelo subconsciente e, quando afloram à consciência, são analisados e relacionados ao complexo sonoro total. Esta relação, digamos outra vez, é a seguinte: os harmônicos mais próximos contribuem *mais*, os mais distantes, *menos*. A diferença entre eles é gradual e não substancial. Não são – e a cifra de suas frequências o demonstra – opostos, assim como não são opostos o número dois e o número

---

1  O aluno pode, em parte, experimentar esse fenômeno dos harmônicos superiores, pressionando, sobre o teclado do piano, as teclas correspondentes a *dó5-mi5-sol5*, sem produzir som e logo atacando, rapidamente e com força, sem pedal, o som *dó4* (podendo duplicá-lo com o *dó3*). Ouvirá então os sons *dó5-mi5-sol5*, ou seja, os harmônicos, com um característico "som flautado" [*flageolettartigem Klang*].

dez. E as expressões *consonância* e *dissonância*, usadas como antíteses, são falsas. Tudo depende, tão somente, da crescente capacidade do ouvido analisador em familiarizar-se com os harmônicos mais distantes, ampliando o conceito de "som eufônico, suscetível de fazer arte", possibilitando, assim, que todos esses fenômenos naturais tenham um lugar no conjunto.

O que hoje é distante, amanhã pode ser próximo; é apenas uma questão de capacidade de aproximar-se. A evolução da música tem seguido esse curso: incluindo, no domínio dos recursos artísticos, um número cada vez maior de possibilidades de complexos já existentes na constituição do som.

Se mantenho as expressões "consonância" e "dissonância", apesar de incorretas, é porque o desenvolvimento da harmonia mostrará rapidamente o inadequado de semelhante classificação. A introdução de outra terminologia neste estágio histórico não teria qualquer utilidade e dificilmente resolveria o problema a contento. Porém, uma vez que devo operar com esses conceitos, definirei consonância como as relações mais próximas e simples com o som fundamental, e dissonância como as relações mais afastadas e complexas. As consonâncias originam-se dos primeiros harmônicos e são tão mais perfeitas quanto mais próximas estiverem do som fundamental. Ou seja: quanto mais próximas estiverem desse som fundamental, mais fácil será para o ouvido reconhecer sua afinidade com ele, situá-las no complexo sonoro e determinar sua relação com o som fundamental enquanto harmonia "repousante", que não requer resolução. O mesmo deveria ser dito das dissonâncias. Se não acontece assim, se não se pode julgar com o mesmo método a capacidade de assimilação das dissonâncias usuais e se a distância do som principal não é uma medida para se estabelecer o grau da dissonância, tudo isso não é uma prova contrária ao ponto de vista exposto aqui. Pois é difícil medir com precisão essas diferenças, visto serem relativamente pequenas. Expressam-se em frações com grandes denominadores; e da mesma maneira que é preciso refletir para se poder dizer se 8/234 é maior ou menor que 23/680 e que a simples avaliação a olho pode ser errada, também é insegura a valoração pelo ouvido. Daí que a tendência em utilizar as consonâncias mais distantes (que hoje chamamos de dissonâncias) como recurso artístico tinha que, necessariamente, conduzir a muitos erros, a muitos rodeios. O caminho da história, tal e qual se mostra nas dissonâncias mais usadas e correntes, não nos ajuda, neste caso, a avaliar precisamente a situação real, conforme o demonstram as escalas incompletas ou estranhas de diversos povos, os quais, não obstante, poderiam seguramente invocar uma relação com a natureza. Talvez seus sons sejam mais naturais (ou seja: mais exatos, mais justos, melhores) que os nossos, pois o sistema temperado – o qual é somente um expediente para dominar as dificuldades materiais – tem pouca semelhança com a natureza. Talvez o nosso sistema seja mais vantajoso, mas não superior.

A consonância mais perfeita (depois do uníssono) é a oitava, que ocorre mais cedo na série dos harmônicos e, por isso mesmo, com maior frequência; logo, com maior força sonora. Segue-lhe a quinta e depois a terça maior. A terça menor e as sextas maior e menor não são, em parte, relações do som fundamental e, de outra parte, não se encontram na série ascendente dos harmônicos. Isso explica por que, outrora, não foi respondida a pergunta sobre serem ou não consonâncias. A quarta, por sua vez, designada como consonância imperfeita, é uma relação do som fundamental, porém em direção oposta. Poderia, então, ser contada entre as consonâncias imperfeitas, como a terça menor e as sextas maior e menor; ou simplesmente entre as consonâncias, como às vezes acontece. Todavia, a evolução da música seguiu outro caminho e reservou à quarta uma posição singular. Como dissonâncias, só se consideram: as segundas, maior e menor, as sétimas, maior e menor, a nona etc., além de todos os intervalos aumentados e diminutos, ou seja, intervalos aumentados e diminutos de oitava, quarta, quinta etc.

# O modo maior e os acordes próprios da escala

A nossa escala maior, a sequência *dó-ré-mi-fá-sol-lá-si*, cujos sons se baseiam nos modos gregos e eclesiásticos, pode ser explicada como uma imitação da natureza. Intuição e combinação cooperaram para que a qualidade mais importante do som, seus harmônicos superiores (que representamos – como toda simultaneidade sonora – verticalmente), fosse transferida ao horizontal, ao não simultâneo, ao sonoro sucessivo. O modelo natural, o som, tem as seguintes propriedades:

1. Um som constitui-se de uma série de sons concomitantes, os harmônicos superiores. Forma, pois, por si próprio, um acorde. Tais harmônicos, para um som fundamental $dó_1$, são:

$$dó_2\text{-}sol_2\text{-}dó_3\text{-}mi_3\text{-}sol_3\text{-}(si\flat_3)\text{-}dó_4\text{-}ré_4\text{-}mi_4\text{-}fá_4\text{-}sol_4 \text{ etc.}$$

2. Nesta série, o *dó* é o que soa com maior força, tanto por ocorrer mais vezes quanto por ser, ademais, realmente o som fundamental. Ou seja: ressoa ele mesmo.

3. Depois do *dó*, o que soa mais forte é o *sol*, por aparecer antes e com maior frequência que os outros harmônicos.

Imagine-se agora este $sol_2$ como som real, não mais como harmônico (como ocorre nas formações horizontais dos harmônicos superiores quando, por exemplo, toca-se a quinta de uma trompa em *dó*). Assim, seus harmônicos serão:

$$sol_3\text{-}ré_3\text{-}sol_4\text{-}si_4\text{-}ré_4 \text{ etc.,}$$

e a origem deste *sol*, junto com seus harmônicos superiores, é *dó* (som fundamental da trompa). Com isso temos a circunstância de entrarem em ação os harmônicos superiores do harmônico superior.

Sucede então:

4. Que um som efetivamente sonante (*sol*) depende de um som situado uma quinta abaixo dele (*dó*).

Isso permite concluir que:

Este som *dó* é dependente, por sua vez, de um som situado uma quinta abaixo dele, ou seja, de um som *fá*.

Se tomarmos agora o *dó* como som central, poderemos representar sua posição entre duas forças: uma tendendo para baixo, ao *fá*, e outra para cima, ao *sol*:

SOL

DÓ

FÁ

Logo, *sol* depende de *dó* na mesma direção em que *dó* sofre a influência de *fá*. Por assim imaginar, é algo semelhante à força de um homem pendurado a uma viga, opondo-se à força da gravidade. Ele atua, em relação à viga, ao mesmo tempo e na mesma direção que a força da gravidade em relação a ele. Porém, o resultado é que sua força *age contrariamente* à da gravidade. Isso nos autoriza a representar ambas as forças como opostas.

Falarei ainda algumas vezes desta peculiaridade e tirarei dela algumas conclusões. De momento, é importante notar que estes três sons estão numa relação muito estreita, são aparentados. *Sol* é o primeiro harmônico superior (excetuando-se *dó*, a oitava) de *dó*, e *dó* é o primeiro harmônico de *fá*. Portanto, este primeiro harmônico é o mais semelhante (depois das oitavas) ao som fundamental, o que mais contribui à caracterização do som como eufonia [*Wohlklang*].

Se é legítimo supor que os harmônicos de *sol* possam ser levados efetivamente em consideração, então podemos estender esta hipótese, analogamente, aos harmônicos de *fá*, uma vez que *fá* está para *dó* assim como *dó* está para *sol*. E dessa maneira se explica que a série de sons resultante é sempre composta pelos constitutivos essenciais de um som fundamental e pelos seus afins. São estes parentes mais próximos, precisamente, o que fornece estabilidade ao som fundamental, mantendo-o em equilíbrio através de suas forças atuando em direções opostas. Essa série de sons aparece como um sedimento [*Niederschlag*] resultante das particularidades dos três fatores, como projeção vertical, como soma:

| Som Fundamental | | Harmônicos | | | | | |
|---|---|---|---|---|---|---|---|
| *FÁ* | *fá* | *dó* . . *fá* . *lá* | | | | | |
| *DÓ* | | *dó* | *sol* | *dó* | *mi* | | |
| *SOL* | | | *sol* | | *ré* | *sol* | *si* |
| | *fá* | *dó* | *sol* *lá* | *ré* | *mi* | | *si* |

A soma dos harmônicos superiores, eliminando-se os que se repetem, proporciona os sete sons de nossa escala. Todavia, aqui ainda não estão ordenados em uma sucessão. Mesmo essa ordem escalar pode ser obtida, contudo, se admitirmos que também agem os outros harmônicos superiores. Semelhante hipótese não apenas é permitida, mas necessária. O ouvido também poderia ter determinado a altura relativa dos sons resultantes, comparando-os a cordas tensas que aumentam ou diminuem de tamanho conforme o som seja mais grave ou mais agudo. Mas poderia também guiar-se pelos harmônicos superiores mais distantes. A soma destes dá o seguinte resultado:

| Som Fundamental | Harmônicos | | | | | | | | | | | |
|---|---|---|---|---|---|---|---|---|---|---|---|---|
| *FÁ* | *fá* . . . *dó* . . *fá* . *lá* . *dó* . (*mi♭*) *fá* *sol* *lá* *si♭*, *dó* etc.   *fá* etc. | | | | | | | | | | | |
| *DÓ* | *dó* . . . *sol* . . *dó* . *mi*  .  *sol* . (*si♭*) *dó* *ré* *mi* *fá*  *sol* etc. | | | | | | | | | | | |
| *SOL* | *sol* . . . *ré* . .  *sol* . *si*  . *ré* . (*fá*) *sol* *lá* *si* *dó* *ré* | | | | | | | | | | | |
| | (*mi♭*)         (*si♭*) | | | | | | | | | | | |
| | *dó* *ré* *mi*  *fá* *sol* *lá* *si*  *dó* *ré*  *mi* *fá*  *sol* *lá* *si* *dó* *ré*, | | | | | | | | | | | |

que é a nossa escala de *Dó-Maior*.

Aqui se apresenta um interessante resultado secundário.

Os dois sons *mi* e *si* aparecem, na primeira oitava, modificados em *mi♭* e *si♭*, respectivamente. Isto explica por que podia ser discutível se a terça é uma consonância ou não. Mostra também por que em nosso alfabeto musical[1]

---

[1] O autor se refere à notação musical germânica, alfabética. Nesta notação, *dó* = C, *ré* = D, *mi* = E, *fá* = F, *sol* = G, *lá* = A, *si* = H e *si♭* = B. Como se verifica, o *si* é, efetivamente, a única nota com duas representações, *H* para *Si natural* e *B* para *Si bemol*. (N. T.)

ocorrem o *si* e o *si♭*. Havia dúvidas (na primeira oitava) a respeito de qual deles seria o som correto.[2] A segunda oitava (na qual os harmônicos de *fá* e *dó* devem soar mais débeis) decidiu a favor de *mi* e de *si* naturais.

Se os pioneiros da arte dos sons encontraram essa sequência por intuição ou por combinação é algo que escapa ao nosso juízo e, de resto, não tem importância. Entretanto, podemos contrapor aos teóricos, estabelecedores de complicadas doutrinas, que devemos julgar aqueles que fizeram descobertas não somente pelo seu instinto, mas também pela sua reflexão. Não é impossível que, neste caso, a verdade tenha sido descoberta só pela razão; que parte do mérito caiba não apenas ao ouvido, mas também à combinação. Não somos nós os primeiros que pensamos!

O descobrimento de nossa escala foi um feliz acaso para o desenvolvimento de nossa música. Não só pelos resultados obtidos, como também porque poderíamos ter encontrado outra sucessão diferente, como os árabes, os chineses, os japoneses ou os ciganos. O fato de a música deles não ter-se desenvolvido até a mesma altura da nossa não é, necessariamente, por consequência da imperfeição de suas escalas, mas pode dever-se à imperfeição de seus instrumentos ou a alguma circunstância casual, que não é possível investigar aqui. Seja como for, não devemos o desenvolvimento de nossa música somente ao descobrimento de nossa escala. E, acima de tudo: semelhante escala não é o fim, a meta última da música, mas tão somente uma etapa provisória. A sucessão dos harmônicos superiores, que levou o ouvido a descobri-la, contém ainda muitos problemas, os quais terão que ser discutidos. Se por agora podemos esquivar-nos de tais problemas, devemo-lo quase exclusivamente a um "acordo" entre os intervalos naturais e a nossa incapacidade de utilizá-los. Este acordo, chamado *sistema temperado*, representa somente uma trégua por tempo indeterminado. Mas tal redução das relações naturais não poderá deter por muito tempo a evolução musical. E o ouvido terá que dedicar-se a estes problemas porque *ele próprio*, o ouvido, assim o deseja. Aí a nossa escala será absorvida numa organização superior, conforme aconteceu aos modos eclesiásticos ao fundirem-se nos modos maior e menor. E não podemos prever se haverá quartos, oitavos, terços ou (como pensa Busoni) sextos de tom, ou

---

2 Isto também explica, por certo, o porquê dos modos eclesiásticos [*Kirchentonarten*]: sentia-se o efeito de uma fundamental, mas não se sabia qual era. Por isso experimentava-se com todas. E as alterações são talvez casualidades do modo escolhido, mas não do modo natural original.

se iremos diretamente a uma escala de 53 sons, como a estabelecida pelo Dr. Robert Neumann.[3]

---

3 A respeito disto, o Dr. Robert Neumann informou-me o seguinte:

"Considerando a utilização, como harmonia, de um número cada vez maior das combinações possíveis com os doze sons da escala cromática temperada, será gradualmente esgotado o repertório das possibilidades não usadas e, finalmente, as necessidades de uma nova harmonia (e de uma nova melódica) romperão as barreiras do sistema. Poder-se-á, então, chegar a novos sistemas temperados cujos graus cromáticos estejam mais próximos entre si e talvez se chegue, finalmente, a uma absoluta liberdade no uso de todos os intervalos imagináveis, ou de todas as frequências. A subdivisão da oitava em 53 partes iguais seria um exemplo de um novo sistema temperado, que um dia poderá ser concretizado, caso suceda de a música evoluir até o ponto de necessitar de um sistema de sons quatro vezes mais rico que o atual, ou melhor: novamente necessitar que os intervalos fundamentais, determinados pelos primeiros harmônicos superiores, tenham um som o mais puro possível sem ter-se que renunciar à comodidade de um sistema temperado. Os graus intermediários entre a divisão da oitava em 12 e em 53 partes seriam subdivisões por múltiplos de 12, ou seja: em 24, 36 e 48 partes iguais, já que outra espécie de divisão não possibilitaria quintas suficientemente exatas. O mais óbvio seria a divisão de cada semitom em duas partes iguais, de modo que a oitava ficasse fracionada em 24 partes. Daí, através de divisão semelhante, seria possível obter um fracionamento em 48 partes. 1/48 e 1/53 de oitava são quantidades quase iguais, mas a divisão em 53 sons, visto produzir consonâncias muito mais puras, é superior à divisão em 48. O sistema de 48 sons baseia-se, naturalmente, nos mesmos intervalos que nosso sistema de 12, do qual deriva. Nossa quinta temperada é, sem dúvida, pura. Mas a quinta do sistema de 53 sons é quase 28 2/3 vezes mais pura; a terça é cerca de nove vezes mais pura do que a nossa terça atual e, portanto, também mais pura do que a quinta atual, a qual é apenas sete vezes mais pura do que a terça."

O músico mediano rir-se-á dessa reflexão e não compreenderá seu objetivo. Contudo, é evidente que os harmônicos, após dividirem em 12 a consonância mais simples (a oitava), produzirão, um dia, mais amplas diferenciações do som. Uma música como a de hoje, que não se aprofundou ainda, em absoluto, na essência do som, parecerá a nossos descendentes tão imperfeita quanto a nós pareceria uma música que não diferenciasse outro intervalo que não o de oitava. Ou então, empregando-se uma analogia que deve ser examinada até as últimas consequências, para se compreender o quanto é exata: uma música que não possuísse nem perspectiva nem profundidade em sua sonoridade, como ocorre com a pintura japonesa, que carece de profundidade por faltar-lhe a perspectiva e que, por isso, parece primitiva em comparação com a nossa. As coisas mudarão, mas não tão rápido quanto alguns imaginam. Ademais, mudarão por outras razões: não por causas exteriores, mas em razão de certos motivos internos; não por imitação de modelos preexistentes, nem por uma conquista técnica. Pois não é um problema material, mas espiritual, e o espírito deverá estar preparado para isso. A moda dos últimos anos – opor à cultura europeia a dos povos mais antigos, orientais e exóticos – parece querer estender-se também à música. Contudo, por maiores que sejam as conquistas desses povos, representam, sempre, ou o aperfeiçoamento de um estágio de desenvolvimento inferior, ou a degradação de um estágio superior ao nosso. E a verdadeira relação destas culturas com a europeia, e vice-versa, é análoga à que existe entre o correio a cavalo e o telégrafo ótico e entre este e a radiotelegrafia: assim como a forma mais primitiva da segunda modalidade citada ultrapassa em velocidade a forma mais perfeita da primeira, do mesmo modo a forma mais primitiva da terceira é superior à mais evoluída da segunda. Entretanto, ao passo que as conquistas técnicas quase sempre podem ser transferidas de uma

Talvez esta nova divisão da oitava não seja mais temperada e não tenha nada em comum com nossa escala. Às vezes surgem intenções para compor com quartos ou terços de tom. Porém, de momento, isto não tem suficiente serventia, visto existirem poucos instrumentos que podem executar tal música. Provavelmente, quando tanto o ouvido como a fantasia criadora estiverem maduros para isso, tanto a escala como os instrumentos surgirão de um só golpe. O fato é que esse movimento existe hoje e decerto conduzirá a algum

---

cultura a outra (assim como o podem ser também, algumas vezes, as realizações culturais e espirituais), no campo da música a primeira dificuldade é a pergunta sobre os critérios que distinguirão a cultura superior. Suponhamos que uma maior *graduabilidade [Mehrstufigkeit]* da escala signifique um estágio superior de evolução; então, esse número maior de graus originará tamanha quantidade de possibilidades melódicas que, com toda probabilidade, não bastaria todo o tempo que essa música tivesse de mais antiga em relação à nossa para superar o desenvolvimento das combinações monódicas, e, para tal música, qualquer forma de polifonia seria, no melhor dos casos, um estágio inicial semelhante àquele em que se encontrava, há séculos, a música europeia. Desde então, nossa música esgotou quase por completo as relações entre os sete sons da escala, não apenas em uma, mas em múltiplas vozes, desenvolvendo, ao mesmo tempo, a lógica da construção motívica. Portanto, está agora almejando o mesmo com os doze sons da escala cromática. Admitamos que com combinações mais primitivas seja possível expressar o mesmo que com combinações mais evoluídas. Porém, isto valeria também para nós. Logo, a nossa música somente poderia avançar através do alargamento da esfera de nossos pensamentos. Não se deve esquecer o fato de que uma sucessão de sons já é, até certo ponto, uma ideia musical e de que o número dessas ideias aumentará com o número de sons disponíveis. Mas 12 sons, que mediante a segunda dimensão – a polifonia – são elevados ao quadrado, darão, provavelmente, o mesmo número de combinações que 24 sons empregados monodicamente (numa só dimensão). É um universo suficiente para que não venhamos sentir, por enquanto, a necessidade de uma escala que tenha um maior número de graus. O enfoque modifica-se, contudo, se considerarmos, como estágio superior, não mais o número de sons da escala, mas a própria polifonia, a saber: o emprego de várias vozes para expressar a ideia musical e suas ramificações. Haverá que se admitir que este procedimento de apresentação é, no mínimo, mais concentrado, uma vez que, em razão da simultaneidade dos sons, transfere de imediato uma parte do que se deseja exprimir, enquanto o procedimento monódico requer maior espaço de tempo.

Ponderando-se que, junto às exigências de maior nobreza – *distinção [Vornehmheit]*, *originalidade [Ungewöhnlichkeit]* e *veracidade [Wahrhaftigkeit]* –, somente a *intensidade [Intensität]* pode valer como critério da verdadeira arte, então é evidente que se pode, tranquilamente, rechaçar a teoria dos que recomendam à pintura e à escultura imitar a arte exótica e primitiva (inclusive a plástica negra e o desenho infantil); e especialmente a teoria daqueles que, carecendo de ideias e faculdades criativas, desejam privar a linguagem de sua própria noção reduzindo-a a uma arte baseada em quartos de tom: trata-se de gente moderna (visto não saberem o que é realmente importante), mas sem porvir. Pois encontrar o momento certo é mais importante para os homens do futuro do que para os modernos. Quem prevê que vai chover, e não acerta quando, é um mau profeta; um médico que dá a enterro alguém que ainda não morreu, ou uma mulher que traz à luz uma criança ainda sem condições de viver, adiantam o tempo de forma pouco exemplar. Não é apenas o som, mas também o tempo, que faz a música. E é sintoma típico dos diletantes, em todos os terrenos e tendências, falhar-lhes a sensibilidade pelo menos em um dos dois fatores: som ou medida de tempo.

destino. Pode ser que, também aqui, tenhamos de vencer muitos desvios e erros que levem ao exagero ou à presunção de se haver encontrado, enfim, o definitivo, o imutável. Talvez se estabeleçam leis e escalas musicais às quais também se atribua a validez de uma norma estética eterna. Porém, para aquele que é capaz de enxergar mais à frente, isto tampouco significará o final, pois reconhece que todo material é suscetível de realizar arte, desde que seja suficientemente claro de modo a poder ser trabalhado segundo sua suposta essência; mas não tão claro a ponto de não deixar espaço à fantasia nas zonas inexploradas com o fim de unir-se, através da mística, a todo o universo. E como nos resta a esperança de que o mundo, para nosso intelecto, continuará sendo, por muito tempo, um enigma, apesar de todos os Beckmesser, a arte ainda não encontrou o seu fim.

Se a escala é a imitação do som horizontalmente, em sucessão, os acordes são a imitação vertical, simultânea. A escala é a análise do som, assim como o acorde é a síntese. Exige-se de um acorde que conste de três sons diferentes. O acorde mais simples, evidentemente, é aquele que melhor se assemelha aos efeitos mais elementares e nítidos do som, ou seja: a tríade maior constituída pela fundamental, pela terça maior e pela quinta justa. Este acorde imita a eufonia do som, reforçando os harmônicos mais próximos e deixando de fora os mais distantes. Indubitavelmente, este acorde é semelhante ao som fundamental, porém não mais semelhante que, por exemplo, a representação humana que os assírios davam a seus modelos. Não há hoje como dizer, com certeza, se se chegou ao uso dessa tríade por encontrar-se a possibilidade de acrescentar à fundamental primeiro a quinta e logo a terça maior (ou seja, por um caminho harmônico), ou porque as vozes foram conduzidas de maneira que coincidissem exclusivamente sobre esses acordes. É provável que esses complexos sonoros tenham sido considerados eufônicos antes mesmo de a escrita polifônica poder servir-se deles. Mas também não se pode excluir a possibilidade de a melodia e as escalas já existirem antes dos acordes. Ademais, a passagem da monodia à polifonia pode ter-se dado não pelo acréscimo de um acorde acompanhador a um som ou a uma sucessão de sons da melodia, mas sim de forma que duas ou três melodias, das quais uma podia eventualmente ser a principal, cantassem ao mesmo tempo. Haja sido de uma forma ou de outra no começo de nossa música, para a música de hoje ambos os métodos, o harmônico e o polifônico, têm igualmente provocado a evolução, pelo menos nos últimos quatrocentos anos. Daí não devermos construir acordes baseados em apenas um destes dois princípios e explicá-los como se fossem produtos de geração espontânea, como ocorre com a maior parte das vezes no ensino da harmonia; tampouco deve-se explicar a polifonia como mero resultado da condução das vozes que, dentro de certos limites impostos somente pelo gosto da época, não leva em consideração a coincidência dos acordes, como acontece no ensino do contraponto. O mais certo é que os princípios melódicos não somente influenciaram vigorosamente, como muitas vezes até mesmo determinaram o desenvolvimento das harmonias; e o mesmo pode ser dito dos princípios harmônicos em relação ao desenvolvimento das possibilidades de condução das vozes. E toda orientação que leve em conta apenas um dos dois princípios chegará a acontecimentos que não poderão ser enquadrados no próprio sistema. Por isso aparecem sempre tantas exceções. Assim ocorrem sempre tantos casos nos quais o professor tem que levantar, de novo, mais uma imprudente proibição, com uma autorização dada a contragosto. E tantos casos em que o professor tem que dizer: "Isto é assim e basta!", sem ter como explicar o porquê, obrigando o aluno a aceitar o que lhe é imposto, podendo este somente perguntar "conforme o nome" da coisa, mas nunca "conforme a natureza [*Art*]" dessa coisa.

À primeira vista parece que isso contradiz o que eu disse na introdução sobre a tarefa do ensino da harmonia e o que direi no capítulo relativo aos "sons estranhos à harmonia". Todavia, a contradição é apenas aparente, pois quando digo que esta ou aquela sucessão de acordes *se explica* por causas melódicas, isso é bem diferente do procedimento que exige que o aluno realize algo melodicamente só porque a origem desse algo seja melódica; assim ocorre com as notas de passagem e com os ornamentos, os quais poderiam ser considerados, já há muito tempo, como partes integrantes do acorde, se o sistema de notas estranhas à harmonia não fosse muito mais cômodo.

A observação e a avaliação dos eventos harmônicos impõem necessariamente uma clara divisão, que será tão mais perfeita quanto mais adequadamente cumprir seu propósito. Parece-me que o método de ensino há tempos em uso responde adequadamente à maior parte das questões que possam ser colocadas, sempre se tendo presente que não é um sistema e que só pode guiar-nos até certo ponto; portanto, nele basearei minhas observações. Este método parte das tríades próprias da escala, ou seja, das formações mais elementares e, com coerência sistemática, prossegue com os acordes de quatro e cinco sons construídos sobre os distintos graus. Após haver mostrado com a cadência uma forma de utilização dos acordes da escala, estuda os acordes estranhos à escala, explicando seu uso na modulação etc. O que tenho contra este método será visto mais adiante. Não obstante, é utilizável até certo ponto e gostaria de segui-lo até lá.

O sentido harmônico do *tom* [*Tonart*], em toda sua extensão, só pode ser compreendido em sua relação com o conceito amplo de *tonalidade* [*Tonalität*],[4] razão pela qual esta deve ser explicada antes de tudo. A tonalidade é uma possibilidade formal, brotada da essência mesma da matéria sonora, de alcançar uma determinada unidade graças a uma certa homogeneidade. Para se alcançar esse objetivo é preciso que sejam usados, no curso de uma peça musical, somente determinados sons e determinadas sucessões de sons (e tudo numa certa ordenação), de tal modo que, nesse dito tom, a dependência da fundamental (a tônica) possa ser percebida sem dificuldades. Terei de me ocupar da tonalidade ainda em vários e mais amplos sentidos; posso, portanto, limitar-me aqui a declarar apenas o seguinte:

1. que não considero o que, parece-me, consideraram todos os teóricos que me precederam: que a tonalidade seja uma lei eterna, uma regra natural da música, mesmo quando esta lei corresponda às condições mais simples do modelo natural (o som) e do acorde fundamental;

2. que, ainda assim, é imprescindível ao aluno conhecer detalhadamente tudo o que diga respeito a esta eficácia [*Wirkung*] e como consegui-la.

Se numa peça musical aparecem todos os acordes em sucessões nas quais se possa fazê-las depender de uma fundamental comum, pode-se então dizer que a ideia de sonoridade (comumente pensada na vertical) expandiu-se no plano horizontal. Tudo o mais deriva deste requisito básico – procedendo dele até mesmo quando se lhe opõe –, complementa-o, desenvolve-o e conduz de volta a ele, o qual é, portanto, em todos os aspectos, tratado como centro, como germe. Ainda que não se creia que tal método expositivo seja condição imprescindível a qualquer representação, ter-se-á que reconhecer seu valor. Por exemplo, não há por que iniciar toda biografia com o nascimento ou com os antecessores do herói e terminar com sua morte. Semelhante totalidade absolutamente coesa não é imprescindível, devendo, inclusive, ser eliminada quando tratar-se de uma exposição com objetivo diferente, como pode ser, por exemplo, mostrar determinada fase característica da vida. É duvidoso que a relação de todos os acontecimentos com o requisito fundamental, ou seja, com o acorde de tônica, tenha de ser considerada uma necessidade inevitável

---

4 A palavra *Tonart* tanto pode-se traduzir por *modo* (*Dur Tonart* = modo maior, *moll Tonart* = modo menor) quanto por *tom*, num sentido restrito do termo tonalidade. Já a palavra *Tonalität*, que aparece logo à frente, significa *tonalidade* num sentido amplo, abrangendo o universo harmônico no qual o *tom* se insere. Cumpre ressaltar que o autor usa os dois termos de maneira diferenciada, porque, entre nós, tom e tonalidade passam por sinônimos. (N. T.)

só porque garante, mediante coesão formal, uma boa eficácia e corresponde às condições mais simples do material sonoro. A dúvida surge quando se pergunta se ela não corresponderia *apenas às condições mais simples* do material sonoro, e, sobretudo, se corresponderia também às mais complexas. Para formar um juízo sobre esta questão não é necessário nem suficiente pensar nos *desenvolvimentos* [*Durchführung*][5] das sonatas ou sinfonias e nem nas relações harmônicas em óperas cuja música é contínua. Tampouco é necessário levar em consideração a música atual. Basta observar um fragmento de Wagner, Bruckner ou Hugo Wolf para experimentar a dúvida de saber se a grande multidão de passagens de máxima variedade que ali aparecem não diz respeito ao manter rígido e apriorístico de um mesmo som fundamental, no princípio e no fim da peça, apenas como uma necessidade orgânica; se esse artifício tradicional não é empregado, tão somente, porque é uma tradição; se, desta maneira, uma vantagem formal não terminou em capricho formal; se a tonalidade não significa, talvez, mais o reconhecimento exterior de alguns direitos adquiridos do que o brotar de uma necessidade construtiva.

---

5  Em português, certamente por intermédio e culpa dos tratados musicais em francês, base histórica do aprendizado musical brasileiro de harmonia e contraponto (e, pelo que pudemos até o momento verificar, os franceses, bons tradutores dos russos, são maus tradutores dos alemães, quer por uma questão de léxico, quer por serem povos que sentem o mundo de maneira muito diversa um do outro, em que pese o tronco germânico comum), traduziu--se o termo alemão *Durchführung* – fundamental para a compreensão da forma sonata – por *desenvolvimento*. Esse equívoco é, em extremo, nocivo à compreensão profunda dessa forma musical (e, daí, obviamente, à compreensão do concerto, do quarteto, da sinfonia etc., que são adequações da forma sonata). A palavra em alemão para *desenvolvimento* (ou *evolução*) é *Entwicklung*, algo essencialmente diferente. *"Durchführung"* significa, literalmente, "condução--através-de", ou seja: o *tema* (que é o herói do romance musical "desenvolvido" pela forma sonata) não se "desenvolve", mas sim – eis a questão! – *é levado a aventurar-se* por mundos e situações exóticas, novas e estranhas (ideia cara ao imaginário germânico) que *já lá se encontravam*. Conforme nos é ensinado quanto à forma sonata, depois do "desenvolvimento", vem a "reexposição" (algo já aqui contraditório, pois como é que pode ser "reexposto" o que foi "desenvolvido", ou seja, modificado?). A verdade é que o tema, após *haver vivido* a aventura épica do *Durchführung*, *retorna* à sua origem mas agora com toda a experiência vivenciada. Sem a clara compreensão dessa ancestral e típica ideia germânica, não é possível vivenciar a forma sonata em substância. A melhor tradução em português para *Durchführung* seria *Travessia* (literariamente, é o que faz Riobaldo no *Grande Sertão* – e Guimarães Rosa efetivamente usa esse termo no fim do livro –, Ulisses na *Odisseia*, os Portugueses n'*Os Lusíadas*, Dante na *Comédia*, Dom Quixote no livro homônimo etc. Todos esses realizam uma *Durchführung*, ou seja, uma *Travessia*.) É o que o herói-tema realiza na forma sonata. Infelizmente, vamos continuar traduzindo *Durchführung* por "desenvolvimento", porque – parafraseando o próprio Schoenberg, obrigado a resignar-se em diversas circunstâncias parecidas – introduzir novos termos nesse estágio de evolução só viria trazer mais problemas. (N. T.)

Porém, direitos adquiridos acabam gastando-se. Não ocorreu isto com a tonalidade nos modos eclesiásticos? Hoje nos é muito cômodo afirmar: "os modos eclesiásticos não eram naturais, mas os nossos modos coincidem com a natureza". Também em seu tempo acreditava-se que os modos eclesiásticos coincidiam com o natural. Aliás, até que ponto são naturais os nossos modos maior e menor se são um sistema temperado? E o que acontece com aquelas partes que não coincidem com o natural? São elas, justamente, que fomentam a revolução. Havia momentos, nos modos eclesiásticos, que pressionavam em direção à dissolução do sistema modal, fato que hoje podemos facilmente constatar. Isso nos é demonstrado, por exemplo, no fato de que os acordes finais eram quase sempre maiores, apesar de, nos modos dórico, eólio e frígio, o acorde próprio da escala ser menor. Não parece deduzir-se daí que seria como se a fundamental se libertasse, finalmente, da força artificial a ela imposta e, atendendo a seus harmônicos, voltasse à sua eufonia natural? Talvez tenha sido esta circunstância o que acabou por eliminar as diferenças entre os diferentes modos eclesiásticos, a tal ponto que restaram apenas dois tipos únicos: os modos maior e menor, nos quais estão contidas as características fundamentais dos sete modos primitivos. Fenômenos semelhantes aparecem em nossos modos maior e menor. Sobretudo o fato de que, em qualquer tonalidade (naquilo que denominamos "tonalidade ampliada" [*erweiterte Tonalität*]) podemos introduzir, pretextando um desvio passageiro, quase tudo o que é próprio de outras tonalidades muito distantes, mas, ainda assim, próprio também da tonalidade em questão. Ou o fato de o modo ser expresso, quase exclusivamente, com acordes diferentes dos que são próprios da escala, sem que por isso a tonalidade seja anulada. Logo: ainda assim fica existindo, efetivamente, a tonalidade? "Efetivamente", isto é, como resultado do som fundamental? Ou será que, propriamente dito, já não fica dessa maneira revogada a ideia de tonalidade?

Seja como for, é necessário, como dito antes, que o aluno aprenda a manejar o artifício por meio do qual é produzida a tonalidade. A evolução [*Entwicklung*] da música ainda não alcançou um estágio em que se possa falar de eliminação da tonalidade. Ademais, a necessidade de explicar as condições da tonalidade procede também da exigência de estudar seus efeitos nas obras antigas. Mesmo se o presente nos possibilita visionar um futuro livre das exigências restritivas deste princípio, ainda hoje (e muito mais no passado) ele tem sido um dos meios mais importantes da técnica musical, um dos recursos que mais contribuem para assegurar à obra uma organização que responda às necessidades do material, aquela ordem que nos permite o sereno prazer das belezas contidas em tais obras. Uma das tarefas mais nobres do ensino é despertar no aluno a compreensão para o passado e, ao mesmo tempo, abrir-lhe perspectivas para o futuro. Assim, o ensino pode ter um valor histórico, estabelecendo os nexos entre o que foi, o que é e o que presumivelmente será. O historiador pode ser realmente produtivo quando, em vez de limitar-se a fornecer dados cronológicos, oferece uma concepção histórica; quando não se restringe a enumerar, mas se esforça em ler, no passado, o futuro.

Em nosso caso, isso significa que o aluno deve aprender as leis e efeitos da tonalidade como se estivessem hoje em plena vigência, mas deve também saber dos movimentos que conduzem à sua abolição. Deve saber que as condições para a dissolução do sistema tonal estão contidas já nas próprias condições sobre as quais se fundamenta. Deve saber que em tudo o que vive está contida a sua própria mudança, desenvolvimento e dissolução. A vida e a morte estão já na mesma origem. O que existe entre elas é o tempo. Portanto, nada essencial, apenas uma medida, a qual é, porém, necessariamente consumada. Com este exemplo, o aluno aprenderá a conhecer a única coisa que é eterna: a mudança [*der Wechsel*]; e o que é transitório: a existência [*das Bestehen*]. Dar-se-á conta, assim, de que muito do que se tem tido por estética – ou seja, por fundamento necessário do belo –, não está sempre alicerçado na essência das coisas. Que é a imperfeição de nossos sentidos o que nos obriga a compromissos graças aos quais alcançamos uma ordem. Porque a ordem não vem exigida pelo objeto, mas pelo sujeito. Que, assim, essas numerosas leis dadas como leis naturais surgem do desejo de tratar o material da maneira mais correta do ponto de vista artesanal. E que a adaptação daquilo que o artista quer realmente expor, a redução a essas fronteiras que delimitam a forma, a forma artística, se deve apenas à nossa incapacidade de compreender o indistinto e o desordenado. A ordem que nós chamamos "forma artística" não é uma finalidade em si, mas apenas um recurso. Como tal devemos aceitá-la, porém rechaçando-a quando pretende apresentar-se como algo mais, como uma estética. Com isto não se quer dizer que possam faltar numa obra de arte a ordem, a clareza e a inteligibilidade; senão que por "ordem" não devemos entender apenas as qualidades que percebemos como tais, pois a natureza também é bela quando não a compreendemos e quando nos parece caótica. Uma vez curados da ilusão de imaginar que o artista cria por razões de beleza; uma vez que se tenha compreendido que somente a *necessidade de criar* o obriga a produzir o que depois talvez designaremos como beleza, então se compreende que a inteligibilidade e a clareza não são condições que o artista necessita exigir da obra de arte, mas condições que o espectador espera ver satisfeitas. Nas obras conhecidas há tempos, como todas as obras-mestras do passado, mesmo o espectador inexperiente encontra tais condições: porque teve tempo de adaptar-se. Todavia, quando se trata de obras novas, estranhas a princípio, é necessário dar-lhe tempo. Apesar de a distância entre a intuição precursora e clarividente do gênio e os seus contemporâneos ser muito grande em termos relativos, é, porém, em termos absolutos, muito pequena em relação ao desenvolvimento do espírito humano e, finalmente, surge uma ligação que aproxima o que outrora era incompreensível. Quando se compreende, buscam-se as razões, encontra-se a ordem, percebe-se a clareza. Que algo ali se encontra não em virtude de uma lei ou de uma necessidade, mas por acaso. E o que queremos ter por leis são, talvez, apenas leis que governam nossa percepção, mas não leis que a obra de arte tenha de cumprir. O fato de acreditarmos vê-las na obra de arte é semelhante ao que ocorre com o espelho: acreditamos ver-nos nele, apesar de não estarmos dentro. A obra de arte consegue refletir o que se enxerga nela. Nisto podem ser reconhecidas as condições que a nossa capacidade de entendimento estabelece, ou seja: um reflexo de nossa própria natureza. Mas esse reflexo não mostra o plano de orientação da obra de arte, e sim o plano de nosso método de orientação. Se também a obra de arte está na mesma relação com seu criador, refletindo o que ele viu nela, então as leis que *ele* acredita perceber podem não ser próprias da obra de arte, mas tão somente da sua imaginação. E sua declaração quanto a suas próprias intenções formais poderia ser levada pouco em conta. Porque poderá ser correta subjetivamente, mas não objetivamente. Basta dar uma olhada no espelho de outro ângulo para acreditar ser o novo reflexo também a imagem da obra, quando, na verdade, é novamente o reflexo do espectador, apenas diverso do anterior. Poder-se-ia objetar que o espectador não tem por que enxergar, na obra de arte, algo completamente diverso do que nela se encontra, uma vez que entre sujeito e objeto existe uma interação. Porém, a possibilidade de engano é demasiado grande para deixarmos de duvidar que a suposta ordem seja a do sujeito. Todavia, ao menos pode-se daí deduzir o estado do espectador.

Certamente não se pode afirmar que basta cumprir tais leis (que, como acabamos de verificar, por certo correspondem tão somente ao estado do espectador) para assegurar o nascimento de uma obra de arte. Ademais, porque essas leis, mesmo que fossem verdadeiras, não são as únicas às quais a obra de arte obedece. No entanto, ainda que segui-las não garanta ao aluno conseguir clareza, inteligibilidade e beleza, ao menos podem possibilitar-lhe evitar a obscuridade, a ininteligibilidade e a feiura. A conquista positiva de uma obra de arte depende também de outras condições que não as expressas por leis e que não podem ser alcançadas pelo caminho das leis. Além disso, até mesmo o negativo pode ser proveitoso; pois o ato de evitar circunstâncias que provavelmente impedem o nascimento de valores artísticos serve ao aluno para dar-lhe uma base. Não uma base que estimule sua criação, mas que a regule, se é que pode regular-se! Tendo-se em conta tudo isto, o ensino pode alcançar ainda outra meta: guiar o aluno através de todos os erros que a luta pelo conhecimento traz consigo; passando junto a esses erros, mas também junto à verdade. Em todo caso, aprenderá a conhecer: o procedimento da busca, os métodos de pensamento, as classes de erros, o modo como pequenas verdades, de local e limitada probabilidade, convertem--se em falsidades absolutas ao serem introduzidas em um sistema. Numa palavra: aprenderá tudo o que constitui nossa maneira de pensar. Assim, tal ensino é capaz de fazê-lo amar seus próprios erros, desde que provoquem um trabalho mental, uma mudança, uma troca da matéria espiritual. E o aluno aprenderá também a amar as obras do passado, mesmo que não possa utilizá-las de forma imediata em sua própria vida e deva transportá-las para delas obter uma espécie de proveito a distância. Aprenderá a amá-las porque, verdadeiras ou falsas, nelas descobrirá a necessidade [*Notwendigkeit*]. E verá a beleza na eterna luta pela verdade; compreenderá que conseguir é, com efeito, a meta do desejo, mas pode também, facilmente, ser o fim da beleza. Conscientizar-se-á de que a harmonia – equilíbrio [*Ausgeglichenheit*]! – não é a imobilidade de fatores inertes, porém a ponderação de forças numa tensão máxima. E este ensino deve ser conduzido à vida, na qual existem tais forças e semelhantes batalhas. Representar a vida na arte, com sua mobilidade, com suas possibilidades de mudança e com suas necessidades; reconhecer na evolução e na mutação a única lei eterna: isso será muito mais frutífero do que supor um termo à evolução, porque, assim, o sistema se completa num círculo.

Passarei, portanto, a expor as relações harmônicas seguindo as pegadas dos antigos e assinalando, com respeito, seus erros, na consciência de que, mesmo utilizando a discussão de conceitos cujo uso tenha passado a um segundo plano, o aluno obterá um proveito no sentido antes apontado. Nas páginas seguintes, proponho-me, por exemplo, à consecução da tonalidade por todos os meios imagináveis e espero poder indicar alguns que, talvez, até agora ainda não tenham sido mencionados.

## As tríades próprias da escala[6]

Começamos por erigir, sobre cada grau da escala, tríades[7] do mesmo tipo da tríade fundamental, ou seja – citando-se já um princípio do qual será encontrado um emprego abundante e variado daqui para frente –, imitamos ou transferimos para outros casos o que verificamos no modelo. Entretanto, estas tríades não devem ser, como o modelo, tríades fundamentais, mas sim, por exigências da tonalidade, imitações livres do esquema: *fundamental, terça e quinta*, ou das distâncias *1-3-5*. Como terça e quinta de cada acorde não colocaremos (se é que se pode falar assim) os *intervalos próprios* do som de base, mas os próprios sons da escala, de maneira a assegurarmos, desde os primeiros exercícios, a eficácia da tonalidade. Assim, sobre o segundo grau (*ré*), da escala de *Dó-Maior*, não colocaremos *fá♯* e *lá*, mas *fá* e *lá*. Com outras palavras: nos sete acordes tríades que erigirmos sobre os sete graus da escala maior, não usaremos outros sons que não estes: *os sete sons próprios da escala*.

Em *Dó-Maior*, portanto, as tríades construídas sobre os sons próprios da escala são as seguintes:

Cada uma das notas da escala, quando é fundamental (ou seja, quando é o som mais grave de um acorde), chama-se *grau*. Logo, *dó*, na tríade *dó-mi-sol*, é o primeiro grau; *ré*, na tríade *ré-fá-lá*, segundo grau; *mi*, na tríade *mi-sol-si*, terceiro grau etc. A constituição das tríades é variada. Encontramos algumas em que, contando-se de baixo para cima, existe uma terça maior e uma terça menor, formando uma quinta justa; outras, nas quais a quinta justa é formada ao inverso: primeiro a terça menor e depois a maior; e uma tríade cuja quinta diminuta é formada por dois intervalos iguais: duas terças menores. As tríades do primeiro tipo, ou *tríades maiores*, encontram-se sobre os graus I, IV e V; as do segundo tipo, ou *tríades menores*, sobre os graus II, III e VI; a tríade do terceiro tipo, *tríade diminuta*, somente se forma sobre o VII grau. Gostaria

---

6  *Die leitereigenen Dreiklänge*. Poder-se-ia também traduzir, menos literal e menos convenientemente, por *As tríades diatônicas*. (N. T.)

7  O autor sempre chama *tríade* [*Dreiklang*] o que comumente chamamos *acorde de três sons no estado fundamental*. Quando no texto o autor utiliza o termo *acorde* [*Akkord*], o faz no sentido de um bloco sonoro específico e, para a ideia geral de blocos sonoros que expressam mais a questão da sonoridade, faz uso da expressão *Zusammenklang*. (N. T.)

de fazer notar uma importante diferença: a tríade sobre o primeiro grau é, verdadeiramente, uma tríade maior, pois é ela que dá nome ao tom maior correspondente. As outras duas, construídas sobre os graus IV e V, também são chamadas, habitualmente, de tríades maiores e, neste sentido, fala-se de tríade de *Fá-Maior* ou de *Sol-Maior*. Porém, isto é, propriamente, falso e origina confusões. Em *Dó-Maior* só há uma tríade passível de levar o nome de tríade maior: a construída sobre o I grau. As outras duas, IV e V graus, não deveriam jamais ser chamadas de *Fá-Maior* ou *Sol-Maior*, pois poderiam induzir ao erro de imaginar que se trata da tonalidade de *Fá-Maior* ou de *Sol-Maior*. Da mesma maneira é falso denominar as tríades construídas sobre os graus II, III e VI de, respectivamente, tríades de *"Ré-menor"*, *"Mi-menor"* e *"Lá-menor"*. O mais adequado será servir-se das expressões I, II, III grau etc.; ou, então, dizer: tríade sobre *sol*, ou sobre *lá*, com terça maior ou menor. Em breve serão assinalados quais destes graus levam terça maior ou menor, quais são maiores ou menores. Usam-se também os nomes de *tônica* [*Tonika*] para o I grau, *dominante* [*Dominante*] para o V, *subdominante* [*"Unterdominante"* ou *"Subdominante"*] para o IV, *mediante* [*Obermediante*] para o III, *superdominante* [*Untermediante*] para o VI e *sensível* [*verminderter Dreiklang*][8] para o VII. Também o II grau tem, em determinadas circunstâncias, um nome que será mencionado em seu devido tempo.

A expressão "dominante" para o V grau não é, a bem dizer, inteiramente correta.[9] "Dominante" quer dizer "que domina", entendendo-se assim que o V grau "domina" outro ou outros graus. Obviamente, isso só pode ser uma imagem; nem como tal, contudo, parece-me adequada. Pois o quinto som da escala, que, no caso, é a quinta na formação da tríade, aparece na série dos harmônicos evidentemente depois da fundamental, sendo, portanto, de menor importância no complexo sonoro do que a própria fundamental, pois esta aparece antes e mais frequentemente. Logo, para a relação sonora é mais característico que a quinta dependa da fundamental do que o contrário, o

---

8  *Verminderter Dreiklang*: literalmente, *tríade diminuta*. Mais à frente, o autor usará o termo *Leitton* (som condutor) para o que propriamente chamamos de *som* (ou *nota*) *sensível*. (N. T.)

9  Este é o primeiro de uma série de comentários que Schoenberg fará ao longo do texto, alguns muito curiosos e pitorescos, discutindo impropriedades terminológicas adotadas na linguagem musical. Em que pese muitas dessas incursões linguísticas em notas de rodapé parecerem, à primeira vista, desnecessárias (e talvez por isso mesmo algumas mais à frente, conforme explicar-se-á, foram excluídas da atual edição original austríaca), elas, não obstante, formam em seu conjunto algo de interesse para a compreensão da matéria estudada, além de configurarem – e isto é o realmente importante – uma visão bastante ampla de um lado original e característico dos interesses e do pensamento do autor, o que certamente termina por contribuir em favor de uma melhor compreensão de sua ideia musical. (N. T.)

predomínio da quinta sobre a fundamental. Se algo "domina", tal só poderá ser a fundamental e esta pode estar, por sua vez, dominada pelo som situado uma quinta abaixo dela, visto que a fundamental, assim como qualquer som, aparece em segundo lugar na série dos harmônicos superiores de uma quinta inferior. Para que a imagem fosse correta não se deveria chamar "superior" a um som que é, na realidade, apenas subordinado. Com o nome "dominante" haver-se-ia, então, que designar a fundamental. Porém, manterei essa expressão para não causar confusão com uma nova terminologia; e também porque – como será mostrado mais adiante –, se é certo que o acorde sobre o V grau não domina a tonalidade inteira, ele reina sobre uma parte dela, sua região superior: *a região superior da dominante* [*Ober-Dominant-Region*]. Devo advertir, contudo, que muito do que direi sobre o valor dos graus da escala, com relação à sua capacidade para formar sucessões de acordes, deriva da convicção de que a tônica é a verdadeira "dominante" e a dominante é a dominada.

Habitualmente, a expressão "dominante" é justificada com a afirmação de que o I grau aparece introduzido como efeito do V. Portanto, o I grau seria uma consequência do V. Mas isto não pode ser aceito, uma vez que nada pode ser causa de um fenômeno e ao mesmo tempo, efeito desse mesmo fenômeno; e o I grau é, isto sim, causa do V, visto que este é seu harmônico. Por certo o I grau segue o V. Mas aqui existe uma confusão entre os dois significados da palavra "seguir" [*folgen*]. Seguir significa obedecer, mas também alinhar-se, ir após. E se a tônica "segue" a dominante, o faz como um rei, ao qual precede seu vassalo, mestre de cerimônia, boleteiro [*Quartiermacher*], que efetua os preparativos necessários à entrada do rei, o qual então lhe segue. Porém, o vassalo lá se encontra em consequência do rei, e não o contrário.

## Disposição dos acordes

O encadeamento dos acordes pode, naturalmente, ser efetuado de maneira esquemática, considerando-se cada acorde como um bloco ao qual se faz seguir outro bloco, outro acorde, semelhantemente ao que às vezes ocorre na escrita pianística:

Dessa maneira não fica prejudicado o mais importante princípio do encadeamento harmônico: uma boa sucessão. Todavia, como diversas sequências
de acordes não possuem, conforme dito antes, uma origem puramente harmônica, mas derivam de conduções melódicas, apresenta-se a necessidade
de dispor encadeamentos que tornem visível a influência melódica. Por esta
razão, os acordes aparecem como encontros originados pelo movimento
das vozes, se bem que não devemos esquecer que o verdadeiro motor desse
movimento, o motivo, não existe aqui.

Para representar as sucessões de acordes por meio do movimento das
vozes nos servimos, já que a maioria dos acontecimentos harmônicos exige
em média quatro partes, dos quatro tipos principais de vozes humanas –
soprano, contralto, tenor e baixo –, com os quais se obtém a denominada
composição a quatro partes.

Tal combinação de vozes humanas é, como veremos adiante, tão útil quanto
natural. Não apenas garante todas as diferenciações sonoras suficientes para
distinguir claramente uma voz de outra, como também possui a unidade sonora necessária para que o conjunto possa facilmente ser percebido como um
todo homogêneo, como um acorde. Mas também, através da limitação de cada
voz, de sua relativa imperfeição, resultam vantagens.[10] A necessidade de empregá-las no âmbito restrito de suas possibilidades exige para as vozes um
tratamento característico e uma elaboração adequada ao material. O aluno
aprende, assim, de um caso tão simples, a observar um princípio artesanal
importante: servir-se de forma característica das vantagens e deficiências do
material disponível. No que se refere ao nosso caso, as particularidades da
voz humana (de resto muito semelhantes às de quase todos os instrumentos)
são as seguintes: existe um registro no qual toda voz normal, saudável, canta
facilmente, sem esforço: o registro médio. E dois registros que exigem maior
esforço e originam maior cansaço: o agudo e o grave. O registro médio soa
menos expressivo e penetrante que o agudo ou o grave. Todavia, como na

---

10 Trato essas coisas com tanta meticulosidade menos por temor de que – se não lhas explico – o
aluno as aceite sem reflexão e as empregue mecanicamente, do que para deixar claro que estes
princípios não derivam da estética, e sim da utilidade para determinado fim. Embora muito
do que está contido no que se denomina estética seja somente uma adequada elaboração do
material e apesar de o que se chama de proporção [*Ebenmass*] frequentemente não ser, talvez,
outra coisa senão um ordenamento que respeite cuidadosamente as particularidades do
material, considero importante chamar a atenção para o citado fato. Pois as condições de utilidade podem ser outras se o material nos surge de maneira diferente e se o objetivo se torna
outro. Mas a estética pretende haver encontrado leis eternas.

representação dos encadeamentos harmônicos se trata menos de tais efeitos do que dos puramente harmônicos, pode-se formular a respeito do emprego das vozes o seguinte princípio (que até certo ponto coincide com a escrita na prática): em geral, cada voz deve cantar em seu registro médio; somente quando outras circunstâncias o exigirem (dificuldades na condução das partes, evitar monotonia etc.) serão utilizados os registros mais agudos ou mais graves. A extensão de cada voz – tendo-se em conta o tratamento esquemático que delas faremos – é aproximadamente a compreendida entre as mínimas:

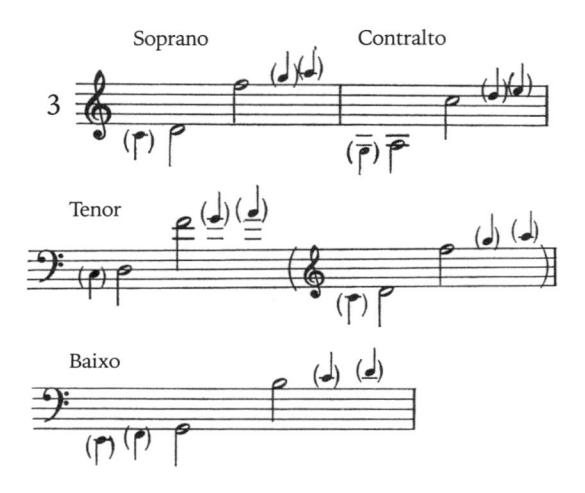

As semínimas entre parênteses indicam as notas extremas, no agudo e no grave, que podem ser utilizadas em caso de maior necessidade. Obviamente, a extensão de um solista ou até mesmo das vozes do coro é, na realidade, muito maior ou até diferente da apresentada aqui, a qual procura apenas mostrar um meio-termo suficientemente correto. O registro médio, que é o que deve ser usado preferentemente, encontra-se à distância de uma quarta ou uma quinta dos sons extremos agudo e grave, a saber:

Naturalmente, o aluno não pode contentar-se com esse registro médio e terá que fazer uso dos registros mais agudo e mais grave. Recorrerá, primeiramente, aos sons mais próximos do registro médio e depois aos mais extremos – mas isto somente quando não houver outro recurso. Em geral, não deve ultrapassar o âmbito de uma oitava na extensão de cada voz; quem deseje escrever comodamente para as vozes, evitará, na prática, fazê-las cantar longa e ininterruptamente nos registros extremos. O aluno usará os dois registros extremos apenas por breve tempo, abandonando-os assim que possível. Se na prática o tratamento das vozes solistas ou do coro apresenta às vezes características muito diversas das apresentadas, trata-se de efeitos composicionais ou sonoros que aqui não serão almejados.

Das particularidades das vozes, e também da experiência, resultam as condições para a sua montagem na sonoridade do coro. Se nenhuma voz deve sobressair, todas as vozes devem então buscar registros cujos rendimentos sonoros sejam mais ou menos equivalentes. Pois, se uma voz cantasse num registro brilhante enquanto as outras se movessem num registro opaco, aquela tomaria de imediato um papel preponderante. Se a intenção for fazer com que uma voz se sobressaia (se, por exemplo, uma voz interna contém a melodia), então será conveniente fazê-la cantar num registro mais expressivo. Mas se uma voz se destaca sem que haja tal intenção, o regente do coro deveria matizar restabelecendo o equilíbrio, diminuindo a voz mais brilhante ou reforçando as mais obscuras. Como não estamos ainda nos ocupando de motivos nem de melodias, tais problemas dificilmente seriam levados em consideração aqui se a tarefa – usar para a representação somente os meios adequados e absolutamente necessários – não resultasse numa vantagem que, também posteriormente, será de utilidade para o aluno.

Os acordes podem ser escritos em *posição fechada* [*enge Lage*] ou *posição aberta* [*weite Lage*]. A posição aberta soa geralmente mais suave, enquanto a fechada costuma ser mais cortante. Na representação puramente esquemática das relações harmônicas, o aluno não se encontra diante da tarefa de ter de escolher entre esses dois efeitos. Por isso podemos limitar-nos aqui a simplesmente constatar a diferença e usar ambas as posições, sem perguntar-nos pela causa ou objetivo de sua eficácia. A posição fechada caracteriza-se pelo fato de que as três vozes superiores entoam sons tão próximos entre si que, entre dois deles consecutivos, não é possível introduzir mais nenhuma nota do acorde. A distância entre o tenor e o baixo não precisa ser levada em conta, desde que não seja excessivamente grande. Se, entre as notas de duas vozes superiores consecutivas pode-se inserir um ou mais sons do acorde, estará ele então em posição aberta.

A experiência ensina que a melhor maneira de se obter um complexo sonoro [*Zusammenklang*] equilibrado é não permitir, entre duas vozes superiores consecutivas, distâncias maiores do que uma oitava, enquanto a distância entre o tenor e o baixo pode ser maior. Naturalmente, se não se deseja um efeito tão homogêneo (um caso que não nos interessa aqui), as vozes podem e devem ser dispostas de outras maneiras.

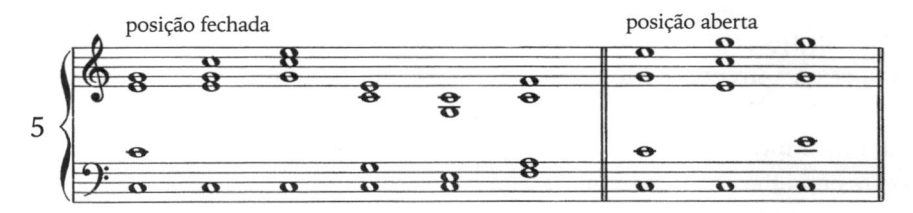

Da distribuição dos três sons do acorde por quatro vozes, surge a necessidade de duplicar um dos sons. Duplicar-se-á, em primeiro lugar, o som básico, também chamado *fundamental*; em segundo lugar, a quinta; e, como terceira e última possibilidade, a terça do acorde. Isto é uma consequência da natureza da série dos harmônicos. Se se deseja imitar, por meio da síntese, o complexo sonoro do som natural – ou seja: se se quer obter uma sonoridade cujo efeito relembre a eufonia inerente ao material natural –, então será necessário atuar de modo semelhante à natureza. Obteremos a máxima semelhança se a fundamental – que aparece mais frequentemente do que qualquer outro som na série dos harmônicos – estiver com mais presença representada no acorde. A quinta, pela mesma razão, será menos apropriada para a duplicação do que a oitava, porém mais do que a terça. Esta última duplicar-se-á mais raramente, visto que, ao caracterizar o gênero do acorde – maior ou menor –, destaca-se já de forma especial. Como aqui não levaremos em conta efeitos sonoros e outros, escolheremos sempre para os acordes a duplicação mais exata e necessária em cada caso. Limitaremo-nos, portanto, já que nesse estágio inicial é supérflua a duplicação da quinta e da terça, à *duplicação da oitava*:

No exemplo 6, a tríade do I grau em *Dó-Maior* é apresentada em distintas formas e em posições fechadas e abertas. Como primeiro exercício, o aluno escreverá da mesma maneira, tendo em consideração a extensão das vozes já indicada, acordes sobre os graus II, III, IV, V e VI (o VII grau ficará excluído por enquanto); e da mesma forma repetirá estes exercícios em algumas outras tonalidades. Tais exercícios serão escritos em dois pentagramas, nas claves de *sol* e de *fá*. O melhor será que o aluno escreva as vozes de soprano e contralto no pentagrama superior (clave de *sol*) e as de tenor e baixo no inferior (clave de *fá* na quarta linha). O tenor, em certos casos, será escrito no pentagrama superior,[11] circunstância em que o baixo ficará só no pentagrama inferior. Os exemplos são dados, na maioria das vezes, em *Dó-Maior*. Todavia, o aluno deve sempre praticar o que aprendeu em outras tonalidades, de modo que estas não lhe permaneçam estranhas.

Aqui, citarei também o método denominado baixo cifrado, ou baixo numerado, uma espécie de taquigrafia musical que se usou antigamente para dar ao cravista o esqueleto harmônico da obra, cuja sonoridade ele, improvisando, completava por meio de acréscimos de harmonias. Para este objetivo colocavam-se, sob a voz do baixo, cifras que esquematicamente significavam a distância dos demais sons do acorde em relação ao som mais grave (o baixo), sem levar em conta se o intervalo referia-se à mesma oitava ou a uma oitava superior. Assim, por exemplo:

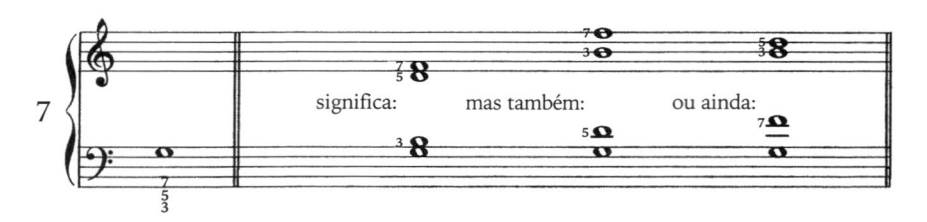

Dessa maneira, os números 3-5-7 significavam tão somente a organização esquemática dos componentes do acorde no menor espaço; podia-se, contudo, acrescentar – aos intervalos 3-5-7 – uma ou mais oitavas. O número 3 significava que acima havia uma terça superior em qualquer oitava; o 5, o mesmo quanto a uma quinta superior; idem para o 7, significando uma sétima, o 9, uma nona, o 6, uma sexta etc. Se, numa execução, ordenavam-se as notas como 3-5-7, ou 5-3-7, ou 7-3-5, ou de qualquer outra maneira, isto era de

---

11 A extensão da voz de tenor está assinalada, no exemplo 3, em clave de *fá*. No mesmo exemplo, as notas entre parênteses, ao lado (em clave de *sol*), referem-se à notação usada no *lied*, na ópera, na música coral etc., a saber: o que se lê soa uma oitava abaixo do que está escrito. Porém, a notação que usaremos em nossos exercícios aproxima-se da escrita pianística. Assim, o tenor, quer seja escrito na clave de *sol* ou de *fá*, será sempre lido como notas em altura real, como se não estivesse escrito para canto, mas para piano, ou seja: *sem transposição de oitava*.

arbítrio do cravista, que se decidia conforme as necessidades da condução das vozes. Os acordes eram formados – quando não havia alterações especiais (♯, ♭ ou ♮) junto às cifras dos intervalos – com as notas da escala indicada pela armadura. Uma tríade na posição fundamental, cuja cifra deveria ser $\frac{5}{3}$, deixava-se sem cifrar.[12] Porém, se se encontravam as cifras *8*, *5* ou *3* junto à nota do baixo, significava que a voz mais aguda (no nosso caso, o soprano) devia ocupar, respectivamente, a oitava, a quinta ou a terça. A isto chamamos: posição de oitava, de quinta ou de terça do acorde.

## Encadeamento das tríades tonais: principais e secundárias

A boa solução da tarefa denominada *encadeamento dos acordes* depende do cumprimento de algumas condições. Tais condições não serão dadas aqui (como já se disse e se repetiu em muitas oportunidades) em forma de leis ou regras; senão, como instruções. Leis e regras deveriam ter sempre uma validez incondicional; e a hipótese de que as exceções confirmam a regra vale apenas para aquelas regras cuja única confirmação é constituída exatamente pelas exceções. Ao contrário, as instruções prestam-se simplesmente como meio para atingir determinado objetivo. Daí não serem eternas, como as leis, mas tornarem-se outras quando é outro o objetivo. Apesar de as instruções seguintes corresponderem parcialmente à prática composicional, não se originam de intenções estéticas, mas possuem uma meta determinada. A saber: resguardar o aluno de erros que somente mais tarde poderão ser explicados e descritos como erros. A primeira dessas instruções, já de imediato relacionada à condução das vozes, exige *realizar somente aquilo que é estritamente necessário para o encadeamento dos acordes*. Isto significa: cada voz se moverá apenas quando preciso; e, ainda: mover-se-á através dos menores passos ou saltos que possibilitem às outras vozes realizarem, por sua vez, também passos

---

12 A cifragem dos acordes, como engenhosa taquigrafia, procurava servir-se do menor número possível de signos. Daí indicar-se apenas o que fugia ao normal. Considerava-se óbvio (o que era certo historicamente) que toda nota do baixo viesse acompanhada da terça e da quinta; neste caso, portanto, não se cifrava. Todos os demais casos exigem cifras. É certo que se poderia imaginar que a cifra *6* indicasse, além de acrescentar a sexta, manter o 3 e o 5. Como, neste caso, existe ainda outro princípio, a saber: indicar a posição da dissonância como $\frac{6}{5}$, podia-se fazer uso da cifra *6* ao invés de $\frac{6}{3}$, visto que esta última era empregada numa única situação: no acorde de terça-e-sexta; todas as demais posições do acorde que contivessem uma sexta eram completadas com o acréscimo de pelo menos uma segunda cifra.

mínimos. As vozes seguirão, assim (como ouvi uma vez de Bruckner), *"a lei do caminho mais curto"*.[13] Disto se conclui que quando dois acordes sucessivos a serem encadeados tiverem um som em comum, este som permanecerá no segundo acorde na mesma voz em que estava no primeiro, ou seja: *"será mantido"*. Para simplificar nossa tarefa ainda mais, escolheremos, nos primeiros encadeamentos, apenas acordes que tenham um ou mais sons em comum (duas tríades não podem ter mais do que dois sons comuns entre si) e manteremos a nota ou notas comuns como *enlace harmônico [harmonisches Band]*. A tabela seguinte apresenta os acordes que se prestam a tais encadeamentos, atendendo ao requisito das notas comuns:

| I | . | III | IV | V | VI | . |
|---|---|-----|----|----|-----|-----|
| . | II | . | IV | V | VI | VII |
| I | . | III | . | V | VI | VII |
| I | II | . | IV | . | VI | VII |
| I | II | III | . | V | . | VII |
| I | II | III | IV | . | VI | . |
| . | II | III | IV | V | . | VII |

| Grau | Tem sons em comum com: | | | |
|------|-----|-----|-----|-------|
| I | III | IV | V | VI |
| II | IV | V | VI | (VII) |
| III | I | V | VI | (VII) |
| IV | I | II | VI | (VII) |
| V | I | II | III | (VII) |
| VI | I | II | III | IV |
| VII | II | III | IV | V |

Os números romanos indicam os graus.

Como se pode verificar, cada grau tem um nexo harmônico (nota comum) com todos os demais graus, exceto com o imediatamente anterior e com o imediatamente posterior. Isto é óbvio. O acorde sobre o II grau é *ré-fá-lá*. As fundamentais de dois graus consecutivos (por exemplo, *dó* e *ré*) estão entre si a um som [*Ton*] de distância; portanto, suas terças (*mi* e *fá*) e suas quintas (*sol* e *lá*) distarão entre si também de um som.[14] Nesse caso, consequentemente, não há nenhuma nota comum. Por outro lado, possuirão uma nota em comum os acordes cujas fundamentais distem entre si uma quarta ou uma quinta; e terão duas notas em comum aqueles acordes cujas fundamentais distem entre si uma terça ou uma sexta.

---

13 Durante o transcorrer do texto o autor faz um uso *não normativo* das aspas e dos itálicos para realizar destaques, até mesmo várias vezes, como aqui, utilizando *simultaneamente* os dois recursos. Mantivemos esse procedimento na maioria dos casos, apenas optando por um ou outro em circunstâncias nos quais o duplo emprego do destaque nos causaria uma redundância demasiado óbvia, mormente em termos técnicos. (N. T.)

14 O autor chama aqui *som* [*Ton*] o *som seguinte* da escala, anterior ou posterior. (N. T.)

| | | | | | | | |
|---|---|---|---|---|---|---|---|
| *DÓ* | *DÓ* | | | | | | |
| *RÉ* | | *RÉ* | | | | | |
| *MI* | *MI* | | *MI* | | | | |
| *FÁ* | | *FÁ* | | *FÁ* | | | |
| *SOL* | *SOL* | | *SOL* | | *SOL* | | |
| *LÁ* | | *LÁ* | | *LÁ* | | *LÁ* | |
| *SI* | | | *SI* | | *SI* | | *SI* |
| *DÓ* | | | | *DÓ* | | *DÓ* | |
| *RÉ* | | | | | *RÉ* | | *RÉ* |
| *MI* | | | | | | *MI* | |
| *FÁ* | | | | | | | *FÁ* |

Conforme a tabela, o I grau pode ser encadeado, observando-se a condição da nota comum, com os graus III, IV, V e VI.

*Nestes primeiros exercícios a fundamental deve ser colocada sempre como o som mais grave do acorde, a saber: no baixo.* O baixo deve ser sempre a voz mais grave; a seguir, como voz imediatamente mais aguda, vem o tenor, seguido pelo contralto e pelo soprano, sendo esta última a voz mais aguda. O aluno deve sempre evitar o *cruzamento das vozes*, ou seja: que uma voz mais grave – o tenor, por exemplo – cante acima de uma mais aguda, ou seja, acima do contralto ou do soprano. O aluno escreverá, primeiramente, debaixo do pentagrama inferior, o grau dos acordes que devem ser encadeados; feito isso, escreverá a nota do baixo do primeiro acorde e completará, neste acorde, as vozes que faltam. As vozes podem aparecer em posição fechada ou aberta, de terça, quinta ou oitava. *Tal escolha, por parte do aluno, deve preceder a solução da tarefa. Desta maneira, o próprio aluno coloca-se o problema.* Isto gostaríamos de manter durante todo o aprendizado. A melhor maneira de o aluno evitar erros na *disposição dos acordes* é responder, uma após outra, as seguintes perguntas:

1ª pergunta: Qual som irá no baixo? (O grau básico, a fundamental.)

2ª pergunta: Qual som irá no soprano? (Conforme se tenha optado pela posição de oitava, quinta ou terça, o que será indicado, com a cifra correspondente – 8, 5 ou 3 – junto ao algarismo romano que significa o grau.)

3ª pergunta: O que falta? (O som ou sons que faltam são colocados de tal forma que surja a posição escolhida, fechada ou aberta.)

Para a realização dos encadeamentos, o aluno bem fará em estabelecer as seguintes perguntas:[15]

1. Qual som é a fundamental? (Atenção: colocá-lo no baixo!)
2. Qual som é o nexo harmônico? (Mantê-lo!)
3. Que sons faltam?

Novamente, para evitar o surgimento de erros que somente mais tarde poderão ser explicados, duplicaremos exclusivamente a oitava no acorde inicial dos primeiros exercícios. Como o aluno poderá observar, também nos acordes seguintes não aparecerá jamais a duplicação da quinta ou da terça. Empregaremos esses dobramentos apenas quando a condução das vozes obrigar-nos a isso, visto que não levaremos em conta aqui razões de sonoridade.

O encadeamento dos graus I e III, observando-se as perguntas acima, será então realizado da seguinte maneira (exemplo 8*a*):

1. Nota do baixo (III grau): *mi*;
2. Notas comuns: *mi* e *sol* (mantidas, portanto, no soprano e contralto);
3. Que som falta: *si* (o tenor irá de *dó* a *si*).

Cabe observar o seguinte: o aluno deve imaginar o encadeamento dos acordes sempre como resultado do movimento das partes; portanto, não dirá: "coloco o *si* no tenor", mas sim: "o tenor vai de *dó* a *si*"; ou então: "ponho *mi* no soprano e *sol* no contralto", mas sim: "o *mi* permanece no soprano e o *sol* no contralto".

É preciso que o aluno diferencie *fundamental* (o som sobre o qual o acorde está edificado; por exemplo: *ré* no II grau, *mi* no III grau etc.) e *nota do baixo* (o som que é colocado na voz do baixo). Em nossos primeiros exercícios – e até fornecermos outras instruções – colocaremos sempre a *fundamental no baixo*. Mais tarde colocar-se-ão no baixo outros componentes do acorde; por isso, o aluno tem que aprender a não confundir estes dois conceitos.

De momento, realizaremos nossos exercícios sem divisões de compasso e em semibreves.

---

15 Minha experiência pedagógica de largos anos impõe-me recomendar ao aluno, com toda veemência, que não deixe de ter presente tais perguntas e respostas ao realizar os exercícios. Para sua habilidade, é melhor agir assim do que deixar-se guiar somente pelo ouvido ou pela memorização da imagem gráfica. Acostumar-se-á, dessa maneira, a resolver rapidamente estas questões e não as esquecerá quando fizer os exercícios ao piano (o que deve, sem falta, ser feito). A vantagem obtida será que, em todo momento, estar-se-á trabalhando com a reflexão [*Überlegung*], julgando com rápida reflexão e plena consciência, em vez de se trabalhar com a memória, onde foram gravados alguns artifícios.

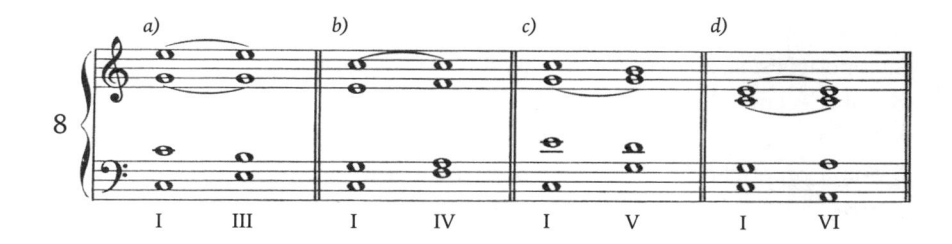

O exemplo 8*a* demonstra a sucessão I-III, na qual existem dois sons em comum (*mi* e *sol*); em 8*b* e 8*c* (I-IV e I-V) o vínculo harmônico[16] constitui-se de apenas um som; em 8*d* (I-VI) temos novamente dois sons em comum. O aluno indicará a permanência dos sons comuns por meio de ligaduras.

Conforme estes modelos, o aluno deve exercitar-se encadeando os graus restantes aos acordes assinalados na tabela, a saber: o II com o IV, depois ao V e ao VI (*o VII grau fica fora por enquanto, pois exige um tratamento especial*); o III ao I, V e VI; o IV ao I, II e VI etc., e assim até o VI grau (*também aqui o VII grau fica excluído*).

## Encadeamento das tríades tonais – principais e secundárias – em pequenas frases

A próxima tarefa do aluno será formar pequenas frases com os seis acordes de que dispõe de momento, o mais variadas e interessantes possível dentro do que permitam os meios que até aqui tem em mãos. Deverá obter, ainda que em forma embrionária, um efeito pelo qual nos esforçaremos mais tarde com maior energia, quando dispusermos de meios mais amplos: expressar, até certo ponto, a tonalidade. Para compor pequenas frases que respondam a esta exigência, deveremos cumprir alguns requisitos. (Note bem: mais uma vez, não se trata de uma lei eterna, embora tal lei seja relativamente inofensiva, uma vez que algumas poucas exceções dão por terra, num abrir e fechar de olhos, com a lei e com a eternidade; trata-se, isto sim, de instruções que terão validade apenas enquanto forem úteis ao resultado proposto, mas serão suprimidas quando surgirem objetivos mais elevados.) Essas frases terão de ser, evidentemente, muito breves, visto dispormos de apenas seis acordes, cujo

---

16 *Harmonisches Band*. Para evitar repetições excessivas, traduzimos esta expressão também por "enlace harmônico", "nexo harmônico" e por "nota comum" (sendo esta a mais usual entre nós). (N. T.)

encadeamento, além do mais, está condicionado à existência de nota comum. As repetições, se não aparecem envoltas num colorido harmônico diferente ou não obedecem a algum objeto determinado, podem facilmente soar monótonas, desnecessariamente monótonas; ou, então, ocasionam ao acorde repetido – já que a repetição é, na maioria das vezes, um reforço – uma preeminência dentre os demais acordes. Portanto, a repetição deverá ser, em geral, evitada, enquanto não existir a intenção de dar a um acorde essa preeminência. Por ora, semelhante intenção limitar-se-á a apenas um acorde: ao do I grau, com o qual a tonalidade se expressa. Ao ser repetido numa frase curta, esse acorde adquire uma importante significação, exprimindo – mesmo que, por enquanto, de maneira não muito contundente – a tonalidade. O mais adequado emprego desta repetição será o de este acorde ser o primeiro e o último da frase. Porque as sensações que marcam mais profundamente são a primeira e a última. Ademais, alguma variedade é alcançada se a repetição do acorde é adiada tanto quanto possível, para que, nesse meio-tempo, aconteça algo diferente, contrastante. Dessa forma, a primeira condição determinará: *a frase começará e terminará com a tríade do I grau*. Disto resulta que, para conseguir o vínculo harmônico, deveremos situar, antes do último acorde, um outro que possibilite o encadeamento com o I grau segundo a tabela já exposta; ou seja: o III, IV, V ou VI grau. Para não cairmos em erros inevitáveis num exercício de grande extensão, nos limitaremos, inicialmente, a sucessões de quatro a seis acordes. Dentre estes, o I grau ocupará o primeiro e o último acordes; entre estes dois acordes (início e final) poderá haver, portanto, de dois até quatro acordes diferentes; melhor que haja menos acordes do que mais, já que se deve *evitar a repetição*.

O próprio aluno pode agora, seguindo a tabela, propor-se a tarefa a ser realizada, começando com o I grau e dando sequência com um grau que tenha com ele nota comum; por exemplo, o III. Isso feito, tem-se agora que procurar na tabela um grau seguinte que tenha nexo harmônico com o III: pode ser o I, o V ou o VI. O I já foi utilizado, contudo, e seu novo emprego encerraria a frase. Por isso, deve-se optar entre o V e o VI. Visando proceder sistematicamente, empregaremos no primeiro exercício o V; assim, teremos até aqui a sucessão I-III-V. Depois do V, segundo a tabela, poderemos usar os graus I, II ou III; todavia já apareceram o I e o III; resta-nos, pois, o II. Mas, dessa maneira, o exercício estender-se-ia a pelo menos seis acordes. Como decidimos limitar ao mínimo possível a extensão destes primeiros exercícios, repetiremos o I grau como conclusão. O exercício, então, será: I-III-V-I. Este encadeamento será realizado exatamente conforme o já mencionado para o encadeamento dos acordes, isto é: respondendo-se às três perguntas (ver, mais adiante, o exemplo 11*a*).

Para projetar outras pequenas frases, o aluno procederá, de preferência, sistematicamente, começando novamente com I-III e prosseguindo de maneira diferente do primeiro exercício; por exemplo, I-III-VI; depois do VI, poderá: ou terminar, usando o I, ou acrescentar IV-I. Esgotadas todas as possibilidades de combinação com o começo I-III, iniciará com o I-IV, depois com I-V e, por último, com I-VI, cada vez prosseguindo de maneira diferente.

Aqui é preciso dizer algo sobre a condução das vozes: deve ser melódica. Isso não significa que deva ser plena de expressividade, bela ou variada, ricamente ornamentada ou completamente articulada como, por exemplo, num *lied*. Tal não seria possível almejar, pois faltam de momento todos os elementos necessários. Trabalhamos sem ritmo – isto é, sem o impulso motívico – e a articulação e a ornamentação são quase impensáveis sem o ritmo. O que, por enquanto, deve-se entender por melódico pode talvez ser expresso assim: as vozes não devem ser antimelódicas, quer dizer, devem evitar passos e sucessões de movimentos que resultem desagradáveis. É difícil encontrar uma medida, pois o que em outro tempo foi antimelódico, hoje, frequentemente, é considerado melodioso. Bellermann, por exemplo, acha necessário mencionar o fato de que Haendel usou um intervalo de sétima menor numa melodia. Por certo os compositores dos séculos XV ou XVI não o teriam feito; todavia, para o século XVII, o XVI não mais constitui uma norma. O mesmo poderia ser dito da maioria das demais prescrições, baseadas na melódica de Haendel, que se desejasse impor ao nosso tempo. Dificilmente tais prescrições estariam plenamente de acordo mesmo com a condução melódica vanguardista de Haydn, Mozart e Beethoven, para não falar da de Schumann, Brahms ou Wagner. Deve-se considerar, porém, que, na realização de exercícios puramente harmônicos, o melódico – como já foi dito – não pode ser plenamente levado em consideração: porque falta o motivo, porque, com isso, escapa não apenas a necessidade, mas também a razão para que exista o atrativo de uma rica ornamentação. Somente pode ser a nossa tarefa: dar aqueles passos necessários ao encadeamento dos acordes. Em geral, portanto, o menor movimento possível. Pois, quanto menor for esse movimento, menos faltas serão cometidas na movimentação e na condução das vozes. Contudo, na condução das partes mais expostas, as chamadas vozes extremas (soprano e baixo), por chamarem mais a atenção, a monotonia poderia prejudicar a expressão da eficácia harmônica; por isso, mais à frente, será preciso mencionar alguns meios para evitar tal monotonia. Consideraremos, de momento, apenas a parte do baixo, por ser a única que dá, com frequência, grandes saltos, enquanto as demais vozes movem-se quase exclusivamente por grau conjunto. Portanto, assinalaremos por agora somente as falhas que podem aparecer no baixo. Evidentemente, trata-se, em parte, de sucessões contra as quais, hoje em dia, ninguém teria qualquer objeção. Porém, a velha teoria harmônica tinha razão, até certo ponto, quando recomendava evitá-las. O modo como fundamentavam essas proibições pode hoje parecer-nos caduco, porém, visto que em nossas pequenas frases estamos realizando exercícios musicais os mais elementares, tarefas escolares cujo efeito musical é tão primitivo que um ouvido habituado à liberdade harmônica de Wagner quase teria o direito de aceitá-lo sem críticas, recomenda-se não confiar em nossos ouvidos de hoje, mas nos ouvidos do passado, cujo sentido de beleza logrou obter do material, indubitavelmente, aquelas realizações que estão de acordo com o efeito geral dessas construções tão simples. Se quisermos, desde já, que essas pequenas frases – como tudo que anseie desenvolver o sentimento formal e artístico – possuam *estilo* (isto é, certa relação proporcional entre o efeito e os meios empregados), então será útil respeitarmos as instruções da velha teoria harmônica. Instruções que poderemos tranquilamente abandonar quando nossos recursos forem mais amplos e houvermos aumentado nossas possibilidades de extrair efeitos resultantes do material sonoro. Consideraremos estas instruções não como regras – ou seja, algo que pode ser anulado unicamente por uma exceção –, mas sim como instruções [*Anweisungen*], e nada mais do que isso. E estamos conscientes de que as levamos em conta apenas porque somente podemos alcançar um efeito estilístico justo se usarmos os meios de acordo com suas modestas finalidades.

Uma dessas instruções prescreve: *devem-se evitar dois saltos melódicos justos, de quarta ou de quinta na mesma direção, porque, assim, os sons inicial e final formam uma dissonância*. Ou, dito de forma mais geral: dois saltos interválicos na mesma direção, cuja soma dê uma dissonância, resultam antimelódicos.

Assim, por exemplo:

Por certo isso era correto do ponto de vista da antiga teoria harmônica. Pois suas instruções referiam-se fundamentalmente à música vocal, executada muitas vezes à capela (sem acompanhamento instrumental). Os executantes – amadores ou profissionais – cantavam quase sempre à primeira vista, sem muitos ensaios. Cantar à primeira vista era o requisito a que tudo o mais deveria ajustar-se. Escrever bem para o canto significava, sobretudo, evitar ao máximo as dificuldades. E como o cantor não tem os sons prontos, ou pelo menos não possui pontos de referência precisos como o instrumentista, existem certos intervalos que – ainda hoje – apresentam dificuldades de entoação. É verdade que no canto o âmbito do executável tem sido continuamente ampliado, mas tal desenvolvimento é sempre mais lento do que nos instrumentos. Em todo caso, entende-se que o ouvido crie resistência às dissonâncias (harmônicos mais distantes), não apenas em blocos sonoros, em acorde, mas também em sucessão, em linha melódica; que não as compreenda tão rapidamente, sentindo-as como obstáculo e desejando seu desaparecimento, sua resolução. Para o ouvinte, podem ser um prazer: a dissonância, sua ânsia de resolução e a própria resolução; mas, para o cantor, esse obstáculo pode tornar-se uma dificuldade.

A segunda instrução melódica proclama: *nenhuma voz deve realizar saltos maiores do que uma quinta* (o salto de oitava, que quase tem o efeito de uma repetição do mesmo som, naturalmente é permitido). Após o dito sobre as dissonâncias, fica claro por que não se deve usar o salto de sétima. Menos evidente é o porquê de não se dever utilizar o salto de sexta. Bellermann nos informa que os antigos consideravam esse salto como "de uma debilidade efeminada" [*weichlich*]. Pode ser, mas deve haver uma origem. Tal causa, acredito, reside em duas circunstâncias, das quais por certo mais se conclui a dureza desse intervalo do que a sua brandura. Seja como for, provavelmente explicam o porquê de ser evitado. Saber se é certo ou errado denominar como tênue ou efeminado um intervalo inabitual, de pouco uso, é algo de menor importância. A primeira causa talvez sejam as diversas dificuldades que se originam na condução das vozes ao se fazer uso desse salto de sexta: há que existir espaço para tal salto e, muitas vezes, surgem paralelismos proibidos (dos quais se falará mais adiante).

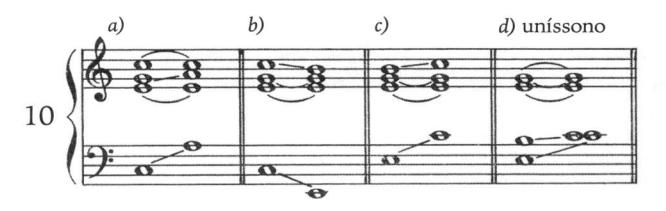

A segunda causa pode ser o fato de a sexta resultar estranha ao ouvido, visto que na série harmônica acontece em direção oposta (*mi-dó*) à fundamental. Deste modo, a fundamental fica sobre a terça (*dó-dó-sol-dó-**mi**-sol-**dó***). Por isso soa estranha, podendo então ser considerada mais dura do que débil. Ambas as causas podem ter influenciado a que apenas raramente, ou nunca, fosse usado o salto de sexta, daí podendo parecer estranho, inabitual ao ouvido e o chamado efeito "tênue" ocorreu tão somente em razão de uma interpretação incompleta do fenômeno.

No exemplo 11 são expostas algumas frases, realizadas segundo nossa tabela.

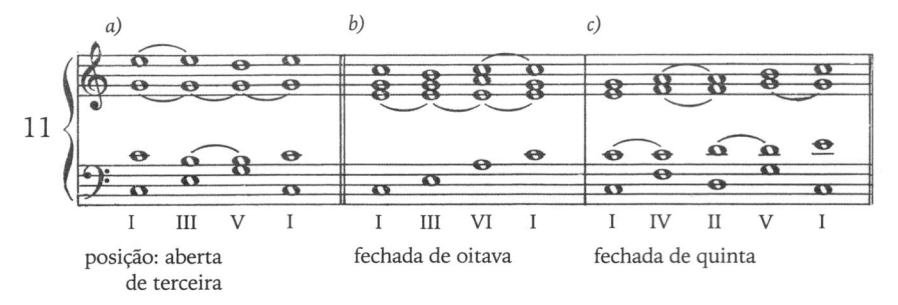

O aluno pode realizar estes mesmos exercícios utilizando outras posições (fechada em vez de aberta e vice-versa), ou iniciando em posição de quinta ou de oitava em vez de terça. É imprescindível que todo novo exercício seja praticado também em outras tonalidades, não meramente transportando, mas conforme um projeto autônomo.

## O VII grau

A tríade sobre o VII grau – a tríade diminuta – exige uma reflexão especial. Sua constituição é diversa daquela das tríades até aqui estudadas, as quais possuem todas pelo menos uma coisa em comum: a quinta justa. A tríade do VII grau tem uma quinta diminuta, intervalo não encontrado entre os harmônicos mais próximos e por isso percebido como dissonância. Que, e por quais razões, a dissonância exige um tratamento especial, já expliquei no caso da sucessão melódica (dois saltos de quinta ou de quarta na mesma direção). É óbvio que a dissonância chamará ainda mais a atenção ao apresentar-se simultaneamente, em acorde. Numa sucessão poderia passar despercebida se, por exemplo, se esquecesse o som precedente. Mas em acorde isto não é possível.

Como se chegou a usar a dissonância é uma pergunta à qual só é possível apresentar conjecturas. De qualquer modo, deve no início ter sido algo pouco a pouco possibilitado; e a tentativa [*Versuch*] de mesclar os harmônicos mais distantes (dissonâncias) com as consonâncias (harmônicos mais próximos) deve no início ter sido apenas ocasional e levada com grande cautela [*Vorsicht*].[17] Imagino que seu primeiro uso tenha sido somente de passagem, ou seja; sobre uma tríade fixa *dó-mi-sol* uma voz melódica transportava-se de um *sol* a um *mi* através de um *fá* extremamente fugaz; algo similar a um portamento ou glissando executado mais ou menos integralmente (o que, coloquialmente, chamar-se-ia uma "escorregadela" [*Schmieren*]),[18] cujas notas são, uma a uma, dificilmente perceptíveis. Posteriormente, um destes sons pôde ter vindo a fixar-se na escala. Creio, portanto, que a dissonância ocorreu primeiro transitoriamente, como nota de passagem; e que essa nota de passagem procede do portamento, da necessidade de unir intervalos disjuntos suave ou melodicamente, isto é, conforme a escala. A coincidência desta necessidade com a necessidade de servir-se musicalmente dos harmônicos mais afastados é talvez – e tão somente – uma feliz casualidade, como tantas outras que com frequência ocorreram no decurso de qualquer evolução. Por certo trata-se aqui do mesmo princípio, e o próprio portamento seja um dos seus resultados concretos. Todavia, também o portamento poderia ser, como a escala, uma transposição horizontal da série dos harmônicos. Se o ouvido ficou no meio do caminho e não acolheu aqueles harmônicos dissonantes que são realmente partes integrantes da vibração sonora – mas somente um termo médio de notas temperadas e estilizadas –, isso pode ser entendido como um compromisso entre a meta [*Ziel*] e as possibilidades reais de alcançá-la, de modo semelhante ao que foi dito com referência à origem de nossa escala.

---

17 É provável que exista aqui um jogo de palavras entre *Versuch* (tentativa) e *Vorsicht* (cautela). (N. T.)

18 Neste ponto, seria oportuno observar que também a música tem um dialeto que poderia servir como fonte para esclarecer o desenvolvimento histórico, da mesma forma que a linguagem popular serve para o estudo da linguagem culta. Trata-se da música do povo [*Volksmusik*]. Pois esta contém, junto aos resultados de sua própria evolução, elementos arcaicos que, em outros tempos, eram comumente usuais. Dever-se-ia também rever as banalidades e trivialidades. Ver-se-ia então que grande parte delas não são, propriamente, elementos "vulgares", e sim corroídos pelo uso frequente, daí evidenciando-se como envelhecidos. Coisas *banais*, como é de gosto os diletantes dizerem. [O autor não se refere aqui propriamente à música "popular" como hoje se concebe aquela destinada exclusivamente aos sucessos que resultem ganhos financeiros imediatos, mas sim à música folclórica (anônima) e também àquela música popular que, sem ser anônima, segue historicamente um desenvolvimento progressivo das complexidades harmônicas. (N. T.)]

A utilização de semelhantes adornos, nos quais entravam sons dissonantes, era permitida sob a forma das chamadas *"graciosidades de estilo"* [*"Manieren"*] e quase exigida pelo gosto da época. Tais *"graciosidades"* não tinham como ser escritas, visto a notação da época carecer das fórmulas necessárias; daí que as figurações referentes a mordentes, trinos, portamentos etc. só podiam ser divulgadas pela tradição. Contudo, uma prática tão contínua pode haver feito notar, ao ouvido analisador, que essas dissonâncias apenas roçadas estão relacionadas com o som fundamental; e daí surgiu a necessidade de fixar, por escrito, pelo menos alguns dos sons mais utilizados.

A nota de passagem não é senão a fixação pela escrita de um ornamento. Como a grafia desenvolve-se sempre em atraso quanto ao som (não apenas na melódica, mas, por certo e muito mais ainda, também na rítmica – na qual a coação das barras de compasso mal permite uma notação aproximada da imagem sonora), é natural que tal sistema de escrita seja imperfeito quando comparado àquilo que a fantasia imaginou. É, contudo, admissível, se considerado como uma das tantas simplificações que o espírito humano tem que idealizar para poder dominar o material. Também aqui existe a hipótese de que o sistema de simplificação das coisas tenha sido considerado o sistema das coisas mesmas; e pode-se tranquilamente imaginar que, apesar de no fundo jazer uma correta percepção dos fatos, nosso tratamento da dissonância realizava mais o desenvolvimento do sistema de simplificação do que realmente se ocupava com a essência da dissonância. Por certo cometo o mesmo erro quando sigo esse modo de tratamento da dissonância; mas posso justificar-me com duas razões. Primeira: as instruções necessárias para a realização do sistema, não as dou (como já dito muitas vezes) como regras, como estética; segunda: há que levar-se em conta que o nosso ouvido, hoje, não reage mais simplesmente às condições naturais, mas foi educado também pelas condições produzidas pelo sistema que, com o tempo, veio a ser uma segunda natureza. Hoje, dificilmente, ou somente aos poucos, podemos esquivar-nos do efeito dessa cultura, desses produtos artísticos; e o *refletir-sobre-a-natureza* pode ter valor para a teoria do conhecimento sem que por isso tenha que produzir, imediatamente, frutos artísticos. Sem dúvida, algum dia retomar-se-á este caminho, espreitando a natureza para tirar-lhe novos segredos. Certamente, também as novas conquistas diluir-se-ão em outro sistema; contudo, por ora é preciso tirar o velho sistema do caminho e, talvez, o conhecimento de tudo o que aqui exponho possibilite essa tarefa.

A escrita das dissonâncias que ocorriam nas notas de passagem pode haver levado à constatação do próprio fenômeno da dissonância. Dois impulsos lutam no homem: o desejo de repetir as sensações agradáveis e o contrário: a ânsia por mudanças, transformações, por novas sensações. Ambas as tendências reúnem-se, frequentemente, num instinto animal relativamente vulgar: o *agarrar-como-posse* [*Besitzergreifen*]. A pergunta sobre dever-se seguir uma repetição ou uma mudança é, num primeiro momento, adiada. Pois a mais poderosa satisfação – a que dá a consciência da posse, com suas possibilidades de decidir num ou noutro sentido – é capaz de sufocar considerações mais sutis e tende a uma calma conservadora própria daquele que possui. Posto frente ao dilema de escolher entre a repetição e a renovação das sensações, o espírito humano decidiu-se, também aqui, pelo *agarrar-como-posse*: e fundou um sistema.

Assim, podemos também imaginar que a nota de passagem dissonante, encontrada por acaso – e depois fixada pela notação –, provocou, uma vez experimentado seu estímulo [*Reiz*],[19] a necessidade de uma repetição não casual, e sim produzida voluntariamente; e que o desejo de sentir esta sensação mais frequentemente tenha levado ao *agarrar-como-posse* os métodos que a produzem. Entretanto: para que a sensação do proibido levasse a um prazer glutônico inalterado era preciso selar aquele compromisso, no fundo desprezível, entre moral e avidez, que consiste numa indolente concepção tanto da proibição como do proibido. A dissonância foi aceita, mas na porta, através da qual era admitida, correu-se um ferrolho quando da ameaça de um excesso.

É dessa maneira que pode ter nascido o *manejo da dissonância* [*Dissonanzbehandlung*], no qual são determinantes momentos tanto psicológicos como práticos. A precaução do ouvinte, que deseja gozar essa sensação, mas não quer assustar-se em demasia ante o perigo, identifica-se com a precaução do cantor. E o compositor, que não pode arruinar-se com nenhum dos dois, inventa métodos os quais se escravizam a esse objetivo: como manter em tensão e assustar o ouvinte, mas não tão longe ao ponto de não mais poder dizer-lhe: "era só um jogo"? Ou então: como introduzir lenta e cautelosamente o que tem que surgir sem aborrecer o ouvinte? Como convencê-lo a aceitar também a uva amarga, para depois desfrutar mais ainda a doce,

---

19 [(...) *nachdem man erst ihren Reiz empfunden,*(...) *provozierte;* etc.] Schoenberg usa aqui de ironia. Mais literalmente, essa passagem poderia traduzir-se como: "... *provocou, uma vez sentido o seu comichão* etc.", como se a dissonância em questão fosse uma espécie de coceira que causou prazer ao ouvinte e que este passa então a sentir a necessidade de repeti-la sistematicamente. É típico do autor o emprego de tais ironias baseadas em assuntos medicinais. (N. T.)

isto é, a resolução da dissonância? Como levar o cantor a executar um som dissonante cuja entoação irá talvez acarretar-lhe dificuldades e não obstante seja cantado? O melhor será não dizer-lhe nada a princípio, e, no instante da catástrofe, segredar-lhe ao ouvido: "devagarinho já terá passado". Introduzir cautelosamente e resolver sonoramente: eis aqui o sistema!

Preparação e resolução são, portanto, as duas cobertas protetoras em que vai cuidadosamente empacotada a dissonância para que não receba nem ocasione danos.

Em nosso caso, o da tríade diminuta, isto significa: a quinta diminuta, dissonante, será preparada e resolvida. O fato de num acorde diminuto não poder ser dissonância outro som que não seja a quinta, depreende-se não apenas da comparação com os harmônicos (nos quais a um som fundamental sempre corresponde uma quinta justa), mas também da comparação com as demais tríades, pois todas possuem uma quinta justa. Existem diferentes maneiras de tratar a dissonância, sobretudo no que diz respeito à sua resolução, mas também diferentes formas de introduzi-la. A primeira e mais simples forma de introdução que podemos conhecer é a *preparação*. Ou seja: o som que irá ser dissonância deve ser cantado na mesma voz, no acorde precedente, como *consonância*. O objetivo dessa preparação é, evidentemente, permitir ao cantor entoá-lo, sem dificuldade, como componente *consonante* de uma tríade maior ou menor, e, logo depois, possibilitar-lhe que o mantenha enquanto as outras vozes – ao movimentarem-se – convertem esse dito som numa dissonância. Como primeira forma de resolução escolheremos, provisoriamente, um método cuja utilidade é psicologicamente bastante nítida. Com a interpolação de uma dissonância é produzido um obstáculo no fluir harmônico; algo semelhante a um dique num riacho. Essa retenção origina um acúmulo de forças o qual, desde que lhe seja dado, por assim dizer, "um impulso" [*Schwung*], ultrapassa então o dito obstáculo. Para tanto, torna-se necessário um passo enérgico. Devemos considerar um passo desse tipo aquele do V grau ao I; ou, generalizando: o salto de quarta ascendente da fundamental.[20] Já fiz notar, em minha crítica do conceito de dominante, quão forte é a atração da tônica sobre a dominante; e mencionei também o fato de que toda fundamental possui a tendência de ser dominada por um som que está uma quinta abaixo. Atendendo-se ao desejo da fundamental em resolver-se numa unidade mais elevada, mais forte, como componente subordinado,

---

20  Na verdade, eu deveria mais propriamente dizer "salto de quinta descendente"; contudo, por razões expostas na nota 2 da página 180, prefiro essa designação.

à necessidade de servir a uma causa mais elevada que a própria; cumpre-se, por assim dizer, o mais veemente anseio da fundamental; realiza-se, dessa maneira, o mais vigoroso dos passos. Por conseguinte, fica claro que a utilização deste movimento enérgico, por uma razão tão especial como é a aparição de uma dissonância em nossa momentânea vida harmônica, é tão indicado quanto pôr-se em trajes de gala para as ocasiões festivas da vida civil. Existem, obviamente, outros meios para se resolver a dissonância; e quando, por seu uso mais frequente, a dissonância perder para nós a sua singularidade, tratá-la-emos com menos formalidades e não lançaremos mão sempre dos recursos mais vigorosos.

Se, na resolução da quinta dissonante na tríade diminuta, faz-se a fundamental dar este salto de quarta ascendente (ou quinta descendente) teremos então o III grau como acorde de resolução do VII.

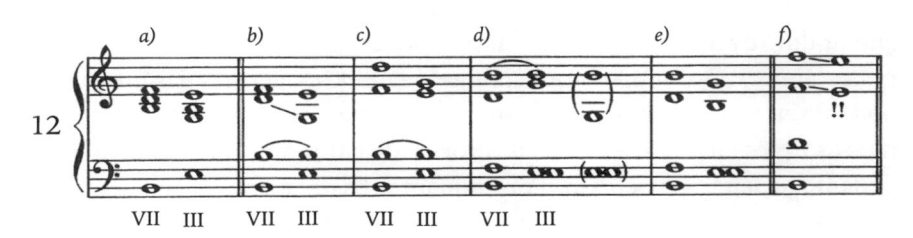

Aqui, a resolução do som dissonante acontece fazendo-se com que a dissonância efetue um movimento descendente de grau, de *fá* a *mi*. Existem diversas maneiras de a dissonância comportar-se perante o acorde de resolução: pode descer, subir ou manter-se, mas também realizar um salto. Como nosso primeiro caso, escolheremos a saída de fazê-la descer por movimento conjunto. Isso pela simples razão de que esta voz, que com tanta força atraiu nossa atenção, converte-se desse modo na oitava da fundamental do acorde de resolução, som que consideramos particularmente apropriado para resolver a dissonância. E esta ação – a conversão da dissonância em um intervalo de oitava – confirma, por assim dizer, a plena satisfação [*Erfüllung*] da necessidade interna do som fundamental. Porém, há ainda outra razão, a qual deveremos discutir em oportunidades mais à frente.[21]

Desejando obter um acorde completo, será necessário aqui, às vezes, renunciar à nota comum. Se a nota comum *si* fosse mantida (exemplo 12*b*, *c*, *d*), a parte que leva o *ré* seria obrigada a realizar um salto, subindo ou

---

21 Página 137.

descendo, ao *sol*. Em diversos casos isso acarreta dificuldades, como em 12*b*, onde, em razão do salto descendente que realizou, o contralto ficaria abaixo do tenor, ou, caso se realizasse um salto ascendente, estabelecer-se-ia acima do soprano. E, como já foi dito, deveremos abster-nos do *cruzamento das vozes*. A solução 12*c* é boa e útil; todavia, como aqui a voz superior realiza um salto, ter-se-á que dedicar certa atenção à sua linha melódica, o que deverá ser feito em seguida. Em 12*d*, qualquer que fosse o salto efetuado pelo contralto, ascendente ou descendente, o resultado seria uma excessiva distância entre duas vozes consecutivas; no primeiro caso a distância entre contralto e tenor seria de uma décima, e no segundo caso haveria essa mesma distância entre contralto e soprano. Semelhante disposição deveremos evitar sempre e onde for possível, pois a experiência nos ensina que faz parte daquelas de sonoridade menos equilibrada (quando essa disposição acontece em uma obra de arte, a sonoridade em questão ou é buscada conscientemente ou surge como subproduto de outros objetivos). Assim, preferiremos aqui a solução 12*e* (sem nota comum). O aluno, tranquilamente, segundo exigências das frases, tanto poderá servir-se da nota comum quanto dispensá-la. Mais tarde, ao estudarmos as necessidades melódicas das vozes, discutiremos quais considerações podem ser feitas nesse caso. Por enquanto, basta apenas mencionar que o melhor é não afastar-se em demasia da disposição com que a pequena frase foi iniciada e, se necessário abandonar essa disposição inicial, aproveitar a primeira oportunidade para retornar a ela.

Este caso nos dá a oportunidade de fazer uma observação nada desdenhável. Havíamos escolhido, para as nossas primeiras tarefas, somente aqueles acordes que permitam nota ou notas comuns. Isto podia parecer uma regra, mas não é. Seu único objetivo consistia em permitir que as vozes se apresentassem sempre com duplicação de oitava e também em evitar certas dificuldades na condução das partes, assunto sobre o qual se discursará em breve. Agora, surge aqui a necessidade de abrir mão, ocasionalmente, da nota comum. Desaparece, então, a instrução inicial, em razão de uma exigência mais elevada. Não se trata de uma "exceção à regra", visto que não havia regra nenhuma, mas de uma orientação que possuíamos a qual ofereceu o mesmo tanto que tomou. Graças a ela se pôde evitar algumas falhas; é verdade que também foram excluídas certas possibilidades que poderiam ser boas, mas, sobretudo, eliminaram-se possibilidades em que poderia introduzir-se algum erro. Uma vez que o aluno tenha adquirido, dentro destes limites, a segurança suficiente, poderá dispensar-se esta facilitação quando assim o exigir uma necessidade superior. Em geral, continuaremos com o critério de mover as vozes somente o estritamente necessário. Porém – e fique definitivamente dito –, toda instrução será anulada quando o exigir uma necessidade superior. Por conseguinte, não há aqui nenhuma lei eterna, somente orientações que terão validade enquanto não forem total ou parcialmente anuladas por uma outra, o que acontecerá no instante em que novas circunstâncias se apresentarem.

Quanto ao som apto a ser duplicado na tríade sobre o VII grau, pode-se dizer o seguinte: duplica-se antes de tudo, e naturalmente, a fundamental, já pelo fato de havermos trabalhado até aqui sempre com a duplicação da fundamental, como também pela mesma razão que nos levou a preferir a fundamental como o som a ser duplicado nas demais tríades. Todavia, com a terça e a quinta as coisas são diferentes. A terça é mais propícia, visto o acorde do VII grau não ser nem uma tríade maior e nem menor, mas diminuta. Logo, a terça não decide aqui sobre o gênero do acorde e por isso é menos saliente. A quinta, ao contrário, como dissonância, é o som mais chamativo do acorde sobre o VII grau, e, justo por esta razão, não deve ser duplicado. Ademais, como dissonância que desejamos resolver, tem um caminho obrigatório: mover-se por grau conjunto descendente. Se duplicada, a outra voz em que ocorresse teria que descer também (exemplo 12*f*). Isto ocasionaria uma espécie de movimento das partes sobre a qual falaremos mais tarde. De momento, diremos apenas que, neste caso, duas vozes realizariam o mesmo movimento; e isto é supérfluo, porque basta que uma o faça. Consequentemente, a quinta diminuta não deve ser duplicada.

Agora, a preparação: o som dissonante deve ser, no acorde precedente, uma consonância, e depois manter-se na mesma voz, convertendo-se em dissonância. Todo som da escala ocorre em três graus: aparece uma vez como fundamental, outra como terça e outra como quinta de um acorde. Nossa dissonância, o *fá*, é fundamental no IV grau, terça no II e quinta no VII. Temos, então, à nossa escolha, como acordes de preparação, os erigidos sobre os graus IV e II. Às três perguntas que nos colocamos para o encadeamento dos acordes consonantes, apresenta-se agora uma quarta. Portanto, doravante assim soarão as perguntas:

1ª Qual som é o baixo?

2ª Qual som é a dissonância? (Existindo, deverá então ser preparada ou resolvida conforme o caso.)

3ª Há nota comum? (Mantê-la, *se possível*, porém não mais incondicionalmente.)

4ª Que som ou sons faltam?

O exemplo 13 demonstra, em várias circunstâncias, a preparação e a resolução. Nos casos 13*a, b, c* a preparação é feita com o acorde do IV grau (denominada, neste caso, *preparação através da oitava*, em razão de o som preparatório ser a oitava do acorde de preparação); nos casos 13*d, e* realiza-se com o II grau (*preparação através da terça*).

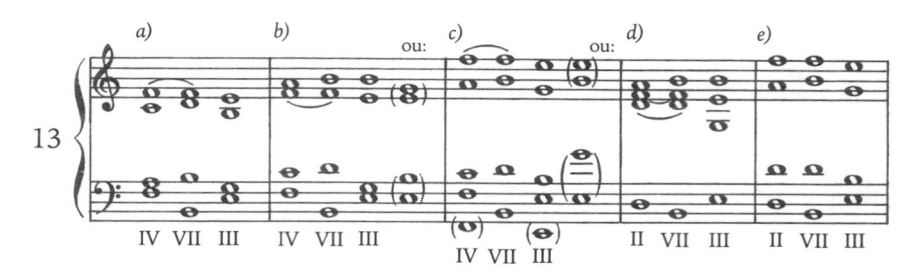

Agora, o aluno deve exercitar-se na preparação e resolução do acorde do VII grau, no maior número possível de casos (também em outras tonalidades!). A sequência dos graus será: IV-VII-III ou então II-VII-III. *Por enquanto, após o VII irá sempre o III e, antes do VII, sempre o IV ou II.* Quando o aluno tiver segurança suficiente no manejo do VII grau poderá passar a utilizá-lo em pequenas frases. *Obviamente, também aqui o VII irá sempre seguido do III e introduzido pelo IV ou II.* De resto, o aluno pode guiar-se pela tabela, da qual não são mais válidas, a partir de agora, as limitações referentes ao VII grau.

## Inversão das tríades

Nos exercícios resolvidos até aqui era indiferente a distribuição dos sons pelas três partes superiores do acorde. Como única condição, impunha-se que a fundamental estivesse sempre no baixo. Porém, diversas circunstâncias requerem – e admitem – que no baixo ocorram outros sons do acorde distintos da fundamental. Isto é uma necessidade e uma vantagem. Curiosa circunstância, que se apresenta em quase todas as ponderações relativas ao fazer artesanal. É improvável que se cumpra uma exigência se a mesma não trouxer outras vantagens além daquela que resulta apenas das suas primeiras condições; também é improvável que ocorra uma vantagem que não esteja relacionada à satisfação de certas necessidades. Isto parece misterioso, e por certo o é: que se realize algo porque a necessidade o exige e que disto, sem querer, surja o belo. E vice-versa: que se tenha a sensação de realizar algo belo e se esteja, ao mesmo tempo, satisfazendo uma necessidade. É um dos mistérios que tornam a vida digna de ser vivida. Tal recompensa, que surpreende – em um nível superior ao dos seus esforços – aquele que busca com todas as suas forças, surge sempre por si mesma, na verdadeira arte e na verdadeira moral. Mas o artesão sensato, o artífice inteligente, já conta com isso de antemão em suas reflexões. E lhe pareceria inoportuno introduzir modificações essenciais para obter uma vantagem momentânea. Qualquer mudança na estrutura de um organismo, mesmo pequena, traz consequências consideráveis. Podem não ser imediatamente notadas, mas se apresentarão depois, inexoravelmente. Portanto, o citado artesão somente admitirá uma mudança desse tipo se ao menos puder prever certo número de consequências prováveis e avaliar seu benefício ou inutilidade. Todavia, algo é certo: se tal mudança não corresponde à essência do organismo no qual se insere, as consequências serão, em sua maioria, danosas; e a aparente necessidade que provocou a mudança terá procedido de um julgamento incorreto. Porém, se a mudança responde verdadeiramente à essência desse organismo, a seu impulso evolutivo [*Entwicklungstrieb*], desta medida adequada derivarão não apenas as vantagens esperadas, mas também outras, não buscadas. E ao contrário, partindo-se do desejo de extrair de um organismo novos rendimentos fundamentados na sua essência, ocorrerá, sempre, estar-se satisfazendo uma necessidade do organismo, indo-se ao encontro de seu impulso de desenvolvimento.

Em nosso caso, acontece o seguinte: toda disposição do acorde com a fundamental no baixo imita, da forma mais perfeita, a relação de um som fundamental com seus harmônicos. Situando-se outro som como o mais grave, nos afastaremos do modelo natural. Isso é bom? Tanto pode ser como não ser; numa oportunidade será melhor, noutra menos; numa, eficaz, noutra, ineficaz. Não há dúvidas de que dar a um complexo sonoro um outro som no baixo que não seja a fundamental é, no mínimo, produzir uma outra eficácia, quiçá mais débil. Se admitirmos que o caso mais desfavorável é o que produz o efeito mais débil, segue-se que a exata imitação do som natural – a fundamental no baixo – apresenta-se, portanto, como a disposição mais sólida. Mas então teremos a possibilidade de dispor um acorde em seu efeito mais forte de certa vez e, de outra vez, em seu efeito mais débil, atribuindo-lhe ora maior e ora menor importância. E isto pode tornar-se uma vantagem artística! Pois, no curso de uma frase mais longa, por exemplo, de uns dez acordes (lembremo-nos de que só dispomos de sete acordes), teremos que repetir algum deles; este, como dito antes, adquirirá uma preponderância sobre os demais. Se é esse o resultado pretendido, tudo bem. Todavia, se não é isto o que se espera e sendo inevitável a repetição, há que se ponderar de qual maneira o efeito de semelhante repetição pode ser atenuado a fim de que o acorde repetido não venha a ter uma excessiva relevância. Se, para este objetivo, fazemos seguir, a uma tríade em sua forma mais forte, ela mesma em forma mais débil, esta forma débil não poderá, facilmente, prejudicar a eficácia da precedente e nos deixará, ao mesmo tempo, aberta a possibilidade de que uma segunda repetição do acorde – agora em sua forma forte – conserve seu efeito. Talvez seja esta a razão pela qual, nos recitativos, use-se tantas vezes o acorde de sexta, que é a forma mais imperfeita da tríade, para expressar o transitório, algo que não decida sobre a futura tonalidade da parte principal. Contudo, o efeito do acorde de sexta não é apenas mais débil, mas também diferente. E esta última circunstância apresenta, obviamente, somente vantagens: variedade, matização.

Se, portanto, é vantajoso colocar no baixo uma nota que não seja a fundamental, não se pode renunciar voluntariamente a estas vantagens. Porque elas não são, simplesmente, uma necessidade de cada frase harmônica; não é apenas necessário diferenciar o efeito dos acordes, matizá-los conforme seu valor e cuidar de sua variedade. Pois essas vantagens correspondem também, em dois aspectos, às necessidades do baixo: por um lado, muitas vezes somente o uso do acorde de sexta é que permite uma condução mais melódica e rica em variantes melódicas; por outro lado, as condições impostas pela limitação de cada voz, que surgirão frequentemente, nos levarão a optar por um acorde de sexta.

Por conseguinte: partindo da ideia de dar à voz do baixo um movimento mais melódico e usando com esse objetivo o acorde de sexta, teremos também a vantagem, a inesperada vantagem, de o acorde de sexta não prejudicar o aparecimento, anterior ou posterior, do mesmo acorde em estado fundamental; com efeito, estas repetições talvez só se tornem possíveis através do uso do acorde de sexta. Além disso, este acorde acontece como uma variedade entre as tríades circundantes em estado fundamental. E vice-versa: partindo da ideia de introduzir um acorde de sexta para obter variedade, nos depararemos com a vantagem de o baixo tornar-se mais melódico e de poder permanecer num registro cômodo ou abandonar um incômodo. Ou então: partindo da ideia de optar-se pelo acorde de sexta, porque do contrário o baixo encontrar-se-ia num registro incômodo, surgiriam também as vantagens antes mencionadas, mesmo que não tenham sido buscadas. Evidentemente, disto resultam ainda outras vantagens além das até aqui enumeradas. Sobretudo, conforme mais à frente haverá muitas vezes oportunidade de verificar, o uso das inversões da tríade é quase imprescindível para que se consigam certos encadeamentos e diferentes efeitos harmônicos.

Naturalmente, a origem histórica da inversão dos acordes não há de ser procurada em semelhantes reflexões. É provável que nem sequer tenham sido reflexões que originaram tais inversões, mesmo sendo tão atraentes como as seguintes: os mesmos sons, dispostos de outra forma, também devem fornecer acordes úteis; ou então: a série dos harmônicos, excluindo-se alguns dos mais graves, também pode servir de modelo para as inversões. Por certo, as inversões não foram deduzidas por via harmônica; sua origem – e é assim que se deve imaginar – deve ser procurada na condução independente das vozes, em que três ou mais vozes, seguindo seu caminho natural, encontravam-se formando estes ou semelhantes complexos sonoros, que o ouvido aceitava por recordarem o modelo natural do som e daí resultarem inteligíveis.

O nome inversão deriva de que, na representação esquemática da tríade, o som mais grave é "invertido" (inverter significa colocar, uma oitava acima, um som mais grave de um acorde ou de um intervalo; ou uma oitava abaixo um som mais agudo, permanecendo em seus lugares os demais sons do acorde ou do intervalo). Dessa maneira, o *dó* (exemplo 14*a*), transportado uma oitava acima, fica situado sobre o *sol*. Nesta disposição esquemática, a terça converte-se no som mais grave do acorde; teremos, assim, a *primeira inversão*. A rigor, deveria ser chamada acorde de terça-e-sexta; porém, como é o primeiro na série dos acordes de sexta, denomina-se, simplesmente, *acorde de sexta*. Se prosseguirmos invertendo, agora transportando a uma oitava acima o som mais grave do acorde de sexta (exemplo 14*b*), a quinta passará a ser o som mais grave; teremos, assim, a *segunda inversão*: o *acorde de quarta-e-sexta*. Em outras palavras: quando a terça de uma tríade encontra-se no baixo, o acorde estará no estado de primeira inversão e será cifrado com um $^6$; e quando a quinta estiver no baixo, o acorde estará em segunda inversão, cifrando-se com $^6_4$.

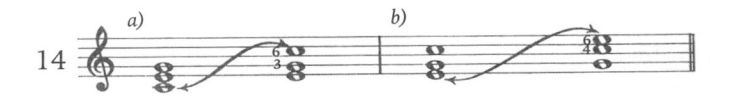

Para a valoração harmônica, ou seja, para a avaliação da sucessão dos acordes, é indiferente que uma tríade encontre-se em estado fundamental ou invertida. Por outro lado, o emprego das inversões é idôneo para possibilitar o surgimento de nuances rítmicas e melódicas. Pois, se o estado fundamental, como a mais perfeita imitação do som natural, é a forma mais forte da tríade, as duas imitações imperfeitas – as inversões – são, portanto, formas mais débeis. Logo, é evidente que as três formas da tríade podem atuar de maneira diversa. Explorar estas particularidades é uma exigência óbvia da economia artesanal. Quanto às possibilidades melódicas que as inversões oferecem, além das rítmicas, já foram antes mencionadas.

## a) O acorde de sexta

No uso do acorde de sexta, impôs-se apenas uma limitação: nunca empregá-lo como acorde final e raras vezes como acorde inicial. O desejo dos antigos, expressar a tonalidade da maneira mais inequívoca possível, levou--os a evitar, no começo e no final, tudo aquilo que pudesse ser problemático ou duvidoso. O começo e o final deviam ser categóricos, claros, inequívocos; para esse objetivo, a inversão, como forma mais débil da tríade, era menos adequada do que o estado fundamental. Na literatura musical clássica são raros os exemplos de começos em que a tonalidade seja propositalmente incerta (tal como a Primeira Sinfonia de Beethoven, que se inicia com um acorde de sétima do I grau, levando à subdominante), e somente em nosso tempo encontram-se similares na audácia de também tornar o final menos nítido. Apesar de, como já foi dito, a significação harmônica não ser afetada pelo emprego da inversão, adotaremos sempre, em nossos exercícios, *os acordes finais e iniciais no estado fundamental.* A razão é muito simples: porque desta forma a significação harmônica não é afetada. O motivo harmônico que originou, no começo e no final de uma peça, o uso do I grau, foi a expressão da tonalidade. Começar ou terminar com acordes que não estejam no estado fundamental pode produzir valores expressivos melódicos e rítmicos, mas não valores de construção harmônica, que são os únicos que podem levar-nos a dispor de outra maneira os acordes inicial e final, para os quais foi escolhido, por razões harmônicas, o estado fundamental [*Grundlage*].

Entretanto, o acorde de sexta é, por outro lado, incondicionalmente permitido em qualquer lugar onde seja possível o uso do mesmo grau em estado fundamental, contanto que não se trate de certos modelos estereotipados (cadências etc.). De fato, o acorde de sexta dificilmente apresenta problemas. Se nos estendemos em tais questões, é porque a outra inversão, o acorde de quarta-e-sexta, está sujeita a certas limitações. E dado que essas limitações, como se verá, também são de natureza harmônica (ou seja, possuem uma influência sobre a sucessão dos acordes), é necessário investigar por que no acorde de sexta (que, em essência, não é outra coisa senão o próprio acorde de quarta-e-sexta) não ocorrem tais limitações.

A antiga teoria afirma que o baixo é o fundamento da harmonia. Porém, isto vale somente para aquela época da música em que sempre se davam ao baixo os sons fundamentais da harmonia utilizada. Naturalmente, o fundamento da harmonia pode ser constituído tão somente pelas fundamentais dos acordes. Pois exclusivamente nas fundamentais expressam-se o impulso do som e sua capacidade de originar sucessões. Somente elas, as fundamentais, esclarecem sobre o caráter e a direção das sucessões, constituindo, portanto, os fundamentos dos processos harmônicos. Todavia, tão logo a voz do baixo desenvolva-se de forma mais independente, tornando-se o que eu gostaria de chamar de segunda voz principal, ou segunda melodia, ela será forçada a também servir-se de outros sons distintos das fundamentais. Nesse ponto, o baixo já não será o fundamento da harmonia, mas, no máximo, o *fundamento da consideração harmônica* [*harmonischen Betrachtung*], o que é algo muito diferente. Suponhamos, por exemplo, que se coloque no baixo um *mi* e sobre ele um acorde de sexta (ou seja, *dó* e *sol*): o *mi* do baixo será completamente irrelevante para o caráter do encadeamento deste acorde com o seguinte. Será o *dó*, a fundamental, o que determinará a força e a significação da sucessão harmônica. Portanto, a consideração dos processos harmônicos, ainda que se baseie na notação do baixo, precisa da comparação das fundamentais. Não obstante, atribuir-se ao baixo uma importância preeminente é algo que corresponde a uma sensação correta. A importância do baixo, como já dito, não consiste em ser ele o fundamento da harmonia (pois sua linha melódica, perante a das fundamentais, é apenas uma espécie de voz média grave), mas no fato de ter-se tornado a base da consideração harmônica. Essa circunstância pode ser esclarecida da seguinte maneira. Antes de tudo, o baixo foi, com efeito, o fundamento da harmonia, ou seja, quando continha as fundamentais. Isto habituou o ouvido a prestar ao baixo uma atenção especial. Acrescenta-se que o baixo, como segunda parte extrema, como limite do corpo sonoro, possui já um relevo notável. E ainda outro aspecto importante: a analogia com o fenômeno do som, do qual o acorde é uma imagem. Porque no som isolado, que já é, em si mesmo, um composto, reconhece-se o som mais grave como gerador do complexo inteiro e dele o fenômeno total toma o nome. Todavia, a razão mais importante da consideração privilegiada fornecida ao baixo é a seguinte: o som mais grave do corpo sonoro, o baixo, por ser o mais afastado do umbral de perceptibilidade, possui, nitidamente, harmônicos mais fortes e intensos do que qualquer voz mais aguda. Porém, o efeito destes harmônicos é mínimo perante o efeito das vozes harmônicas propriamente ditas, que cantam realmente, inclusive produzindo, por sua vez, outros harmônicos. Mas, inconscientemente, o ouvido, que abarca o som em sua totalidade, percebe também o efeito dos harmônicos. Se o acorde, formado com as partes reais, coincide com os harmônicos do baixo, produz-se um efeito semelhante ao do som isolado: o fenômeno total recebe o nome do som mais grave – do baixo – e é identificado como a satisfação das exigências do baixo. Desse modo, reforçado pelas vozes superiores, o baixo predomina e ressalta-se. Contudo, se o estado do acorde não coincide com os harmônicos do baixo, surgem choques entre os elementos dispostos acima dele. Esses choques são, provavelmente, percebidos como um obstáculo (como resistência ao fluir harmônico), em que o baixo, possuindo os harmônicos mais audíveis, participa com força predominante. Também nesse caso a voz do baixo faz-se especialmente notar.

Portanto, justifica-se que a consideração harmônica tenha escolhido o baixo como seu fundamento, já que este participa de maneira relevante na formação desses complexos sonoros. Agora, comparando-se os acordes de sexta e de quarta-e-sexta com a tríade no estado fundamental, a questão decisiva (uma vez que os sons são os mesmos) é a posição do baixo. Dela, exclusivamente, é que poderão depender eventuais diferenças. Nas inversões acontece que a disposição do acorde *contradiz* os harmônicos do baixo (*mi* no baixo da primeira inversão, e *sol* no baixo da segunda). Daí se deduz que o acorde de sexta e de quarta-e-sexta não são consonantes na mesma medida que o acorde no estado fundamental. A prática musical faz eco disso, tratando o acorde de sexta como o menos apropriado para a determinação da tonalidade. Há de ainda existir, porém, outras diferenças entre os dois acordes, pois o de quarta-e-sexta é considerado até mesmo uma relativa dissonância. Dado que os componentes dos acordes são os mesmos, a diferença não terá de ser procurada neles, senão, mais uma vez, nos harmônicos. Analisando-se os harmônicos de cada componente do acorde e confrontando-os entre si, teremos os seguintes resultados: o baixo do acorde de quarta-e-sexta (*sol*) encontra apoio nos harmônicos dos restantes componentes do acorde (*dó* e *mi*) antes – e, portanto, com maior força – do que o baixo do acorde de sexta. A saber: já o segundo harmônico de *dó* é *sol* (apoiando o baixo); igualmente, o segundo harmônico de *mi* é *si* (apoiando a terça). No acorde de sexta, pelo contrário, apenas ocorre o quarto harmônico de *sol* (*si*), reforçando a quinta

| | | | | | | |
|---|---|---|---|---|---|---|
| *mi* | *mi* | *si* | *mi* | *sol*♯ | *si* | |
| *sol* | *sol* | *ré* | *sol* | $\boxed{si}$ | *ré* | Acorde de sexta |
| *dó* | *dó* | | *sol* | *dó* | $\boxed{mi}$ | |

| | | | | | | |
|---|---|---|---|---|---|---|
| *sol* | *sol* | *ré* | *sol* | *si* | *ré* | |
| *dó* | *dó* | $\boxed{sol}$ | *dó* | *mi* | *sol* | Acorde de quarta-e-sexta |
| *mi* | *mi* | $\boxed{si}$ | *mi* | *sol*♯ | | |

de *mi* e, do mesmo modo, a oitava de *mi* aparece somente como quarto harmônico de *dó*.

Assim, no acorde de quarta-e-sexta a disposição dos sons assemelha-se *mais* à dos harmônicos do baixo do que no acorde de sexta. A sonoridade do baixo – no acorde de quarta-e-sexta – encontra, nos demais sons do acorde, *menos resistência à sua vontade*; ou (considerando-se o assunto sob outro enfoque) os sons do acorde de quarta-e-sexta encontram-se *mais inclinados a reconhecer a supremacia do baixo*, e daí seguir-lhe. Supondo-se que o baixo almeja conseguir, na disposição do acorde, uma sonoridade o mais semelhante possível à sua eufonia natural, ou seja, que a vontade do baixo é impor seus próprios harmônicos, então o baixo do acorde de quarta-e-sexta tem mais chances de obter êxito nesse sentido do que o baixo do acorde de sexta. Todavia, nas duas inversões existem problemas. Ambas são, propriamente, dissonâncias. Porém, o problema do acorde de quarta-e-sexta tem maiores perspectivas de resolver-se; por isso é *mais intenso, mais chamativo*. Há também de se considerar o problema do acorde de sexta; mas este problema está mais distante de ser solucionado. Nesse acorde, o movimento não é suficientemente grande para saltar ao exterior e daí poder ser *deixado de lado*. Não deve, porém, ficar inteiramente ignorado, pois já se sentiu que o acorde de sexta é menos apto a determinar a tonalidade do que o acorde no estado fundamental. É verdade que os problemas aqui apresentados são mínimos e não afetam, por assim dizer, mais do que as últimas casas decimais. Todavia, aparentemente foram percebidos, pois, do contrário, nunca teriam sido estabelecidas diferenças entre as duas inversões de uma tríade. Uma vez que o ouvido percebeu, tão sutilmente, este problema concernente aos harmônicos dos sons do acorde, pode-se esperar que ele tampouco falhe no que diz respeito à futura evolução da música. Mesmo que esta siga um caminho que, conforme os teorizadores da estética desde já conseguem predizer, conduzirá ao final da arte.[22]

---

22 A seguinte nota de rodapé (de autoria de Schoenberg), assim como algumas outras no decorrer do Livro, não aparece no atual texto original, em alemão, base do presente trabalho (que é a sétima edição austríaca, de 1966, e o nosso exemplar, remetido de Viena a título de modelo, faz parte de uma tiragem impressa na Hungria em 1986). O fato é que tais notas de rodapé, omitidas na atual edição austríaca, ocorriam na terceira edição, de 1922, dada pelo autor como definitiva. Comprova-se isso por tais textos faltantes terem sido dados em edições do Livro para outros idiomas (e temos em mãos quatro delas: em inglês, francês, espanhol e italiano), certamente porque essas traduções ocorreram *antes* da supressão desses textos pela edição atual em alemão. Decidimos então, com base nessas traduções, apresentá-los também na edição em português. O fato é que, conforme dito antes, a ausência de tais notas de rodapé, aparentemente desnecessárias, interfere na unidade geral do contexto – uma vez que Schoenberg pensou o Livro como um todo – e elas são, também, muito úteis para que se conheçam aspectos peculiares do pensamento do autor. (N. T.)

A digressão seguinte, que, como se pode ver, não tem um papel importante em meu livro, foi lida a um jovem historiador da música. E comprovei, mais uma vez, que é impossível prever todas as objeções que podem ser feitas. Quão útil seria ao autor conhecê-las em seu devido tempo! Pois é muito mais fácil refutá-las do que imaginá-las. Não obstante, fiquei desorientado quando meu interlocutor fez-me a seguinte objeção: "Se o acorde de quarta-e-sexta é uma dissonância maior do que o de sexta porque notas do acorde reforçam os harmônicos do baixo, isto significará que um acorde será tão mais dissonante quanto maior for sua possibilidade, com este reforço, de converter-se em fundamental. E vice-versa: quanto menor for esta possibilidade, menor será a dissonância. Logo, um acorde de sétima da dominante, cujo baixo não pode converter-se em tônica, será uma dissonância menor do que um acorde de quarta-e-sexta".

Recuperei-me de imediato e o contradisse; todavia, não encontrei todas as razões, mas somente uma, e não a mais poderosa. Eis aqui todos os argumentos:

1. Não afirmei que a dissonância seja maior ou menor, mas tão somente mostrei por que ambos os acordes não coincidem exatamente com uma consonância; e isto tinha que ser explicado, pois é sem dúvida enigmático que três sons sejam consonância perfeita numa posição e em outras possam ser dissonâncias relativas. Um caso que não tem igual na harmonia.

2. Mostrei que a diferença entre esses acordes não consiste em que um seja mais dissonante do que o outro, mas em que o problema de um deles está mais próximo de solucionar-se do que o do outro. Por certo é mais fácil resolver um problema que seja mais claramente exposto do que um cujas exigências não são compreendidas.

3. Não é necessário que o acorde de sétima da dominante encontre-se reforçado em sua tendência a converter-se em fundamental, pois, na realidade, já é fundamental. É fundamental das vozes que realmente compõem o acorde.

4. O acorde de sétima da dominante (e esta é a explicação que dei ao jovem historiador) é uma dissonância pelos sons que o constituem, não havendo necessidade, portanto, de explicar seu caráter dissonante por meio dos harmônicos. É uma dissonância maior do que o acorde de quarta-e-sexta, pois os sons que o constituem, audíveis como fundamentais, divergem entre si; ao passo que nos acordes de sexta e de quarta-e-sexta os elementos dissonantes são os harmônicos, dificilmente audíveis.

Mostro aqui essa passagem por parecer-me típico de como as objeções podem apresentar-se.

Então, como visto, o acorde de sexta carece de significação harmônica; possui, por outro lado, importância melódica, ou seja: é apto a dar variedade ao movimento do baixo e, como consequência, ao das demais vozes. Pode-se fazer dele um uso inteiramente livre, com a única – e relativamente pequena – limitação que mostraremos com base no seguinte raciocínio: já observamos que a terça só será duplicada em última instância, por aparecer, na série dos harmônicos, em último lugar quanto às demais notas do acorde e porque já é notável ao decidir o modo em maior ou menor; sua duplicação reforçaria ainda mais uma sonoridade por si relevante. Disto se deduz que no *acorde de sexta*, se de uma forma geral desejamos obter uma sonoridade equilibrada, na qual não se destaque nada supérfluo, seria redundante, isto é, *pouco oportuno, duplicar a terça*, pois, neste caso, a terça, que já é particularmente notável no baixo, ganharia ainda maior relevo. Obviamente, isto vale apenas enquanto não seja necessário – como logo se verá – termos a terça também numa voz superior. O necessário deve ser feito, e o supérfluo, evitado.

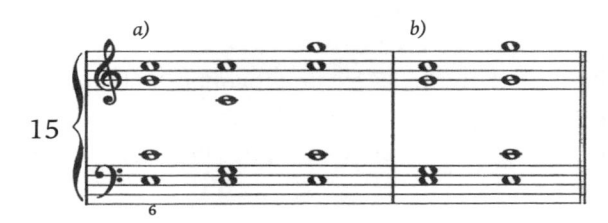

No exemplo 15 apresenta-se o acorde de sexta do I grau. Em 15*a* com duplicação da oitava e em 15*b* com duplicação da quinta, em diversas posições. O aluno exercitar-se-á primeiro com estes acordes e depois, da mesma maneira, com acordes dos demais graus.

Aqui usamos, pela primeira vez, a duplicação da quinta, o que torna necessária uma observação que resulta do emprego de semelhante duplicação no encadeamento dos acordes de sexta.

## Oitavas e quintas paralelas

No encadeamento dos acordes dão-se três classes de relações entre duas vozes em movimento:

1. *Movimento oblíquo* [*Seitenbewegung*]: enquanto uma voz se move, a outra permanece estável (exemplo 16*a*);

2. *Movimento contrário* [*Gegenbewegung*]: enquanto uma voz desce, a outra sobe (exemplo 16*b*);

3. *Movimento direto* [*Parallelebewegung*]: ambas as vozes se movem na mesma direção, simultaneamente, subindo ou descendo (exemplo 16*c*).

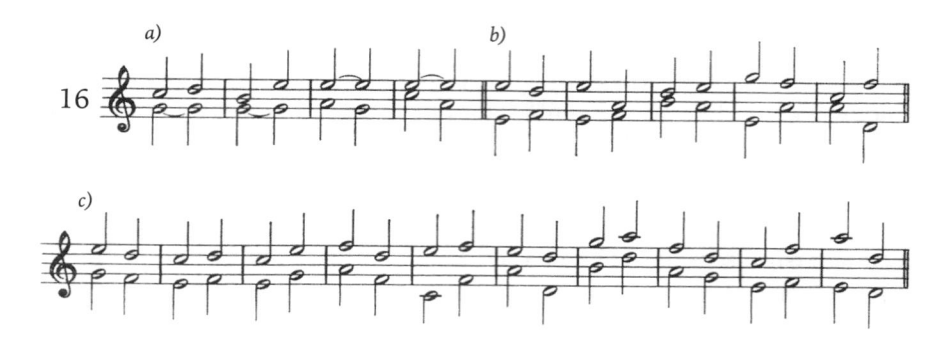

Em quase toda sucessão de acordes a quatro partes ocorrem duas ou mesmo as três espécies de movimento.

Desse modo, no exemplo 17 existe movimento oblíquo entre soprano e contralto, entre tenor e contralto e entre baixo e contralto; movimento direto entre soprano e tenor e movimento contrário entre soprano e baixo e entre tenor e baixo.

Enquanto, na antiga teoria harmônica, os movimentos oblíquos e contrários eram permitidos incondicionalmente, proibia-se parcialmente o movimento direto em alguns casos, e totalmente em outros. Esses últimos são conhecidos como *oitavas paralelas e quintas paralelas*.

O exemplo 18*a* apresenta oitavas paralelas; o 18*b*, quintas paralelas.

As leis referentes ao motivo da proibição são as seguintes: quando duas vozes procedem de uma oitava e recaem em outra oitava por movimento direto, ou quando procedentes de uma quinta recaem, por movimento direto, em outra quinta, formam-se, respectivamente, as denominadas *oitavas paralelas e quintas paralelas*, constituindo assim as denominadas *paralelas descobertas* [*offene Parallelen*].[23]

A formulação mais rigorosa da regra proclama: todo movimento direto entre duas vozes que leve a uma consonância perfeita (oitava ou quinta) fica proibido.

Esta regra proíbe também as denominadas *oitavas ocultas e quintas ocultas* [*verdeckte Parallelen*], podendo formular-se assim: quando duas vozes, procedentes de qualquer intervalo (incluindo, portanto, os de quinta e oitava), formam, por *movimento direto*, uma oitava ou uma quinta, produzem-se então *quintas paralelas ou oitavas paralelas, descobertas ou ocultas* [*offene oder verdeckte Quinten- oder Oktavenparallelen*].[24]

---

23  Em contraste com as *paralelas ocultas* [*verdeckte Parallelen*], explicadas logo a seguir. (N. T.)

24  Dada a confusa terminologia com que, nos tratados de harmonia de vários autores e em diversas línguas, se estuda esse assunto, vale para o presente Livro a seguinte explicação:

As oitavas e quintas paralelas foram terminantemente proibidas; permitiram-se, porém, sob certas condições, determinadas quintas e oitavas ocultas, sobretudo quando não podiam ser evitadas (a necessidade não conhece proibições!). Por exemplo, aquelas oitavas[25] que quase sempre acontecem no encadeamento do V grau com o I (exemplo 20*a*), onde as oitavas ocultas somente poderiam ser evitadas fazendo-se o baixo descer ao *dó*, o que seria demasiado grave; ou (exemplo 20*b*) as quintas ocultas entre contralto e tenor, que praticamente não podem ser evitadas caso a melodia do soprano seja *sol-si-dó*.

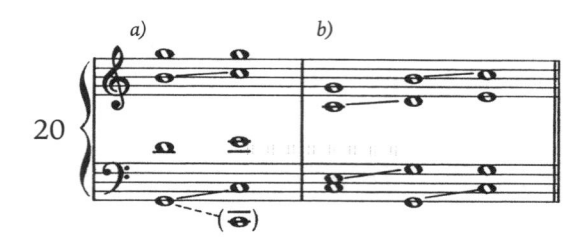

Estabeleceram-se, pois, exceções e se disse: as oitavas e quintas ocultas são permitidas quando forem menos notáveis por se encontrarem entre duas vozes internas ou, pelo menos, entre uma voz interna e outra externa. Mais

---

*oitavas e quintas ocultas* [*verdeckten Oktaven und Quinten*] são aqueles intervalos, de oitava ou de quinta, entre duas vozes quaisquer, aos quais se chegou por *movimento direto* das vozes em questão, mas sendo *diferente* o intervalo anterior donde elas procediam; já *oitavas e quintas paralelas* [*"offenen Oktaven und Quinten"*, literalmente "oitavas e quintas descobertas"] são aqueles intervalos, entre duas vozes quaisquer, de oitava ou de quinta, nos quais, entre as mesmas duas vozes em questão, um intervalo de quinta é precedido por outro *também* de quinta (e é isto que aqui denominamos "quintas paralelas"), ou um intervalo de oitava é precedido por outro *também* de oitava (e é isto que aqui denominamos "oitavas paralelas"). De resto, o autor chama *todas* essas quintas e oitavas de *paralelas* [*Parallelen*] – significando com isso que foi utilizado o *movimento direto* [*Parallelebewegung*] na formação dos intervalos em questão –, fazendo apenas a seguinte distinção: *verdeckte Parallelen* = paralelas *ocultas* (que são as nossas quintas *ocultas* e oitavas *ocultas*) e *offenen Parallelen* = paralelas *descobertas* (que são as nossas quintas *paralelas* e oitavas *paralelas* propriamente ditas). (N. T.)

25 As abreviaturas "oitavas" e "quintas" em vez de "oitavas paralelas" e "quintas paralelas" são bastante incorretas, mas tão usuais que podem ser toleradas, como tudo o que é usual no idioma.

ainda: as oitavas ocultas são melhores quando uma das vozes realiza um movimento de segunda e a outra efetua um salto de quinta ou de quarta. Ou então: o mais "inofensivo" é quando a voz superior faz um movimento de grau conjunto, por exemplo do VII ao VIII ou do III ao IV grau. E também: "as quintas diretas são "suavizadas" se existe uma dissonância mais forte que desvie delas a atenção". (Nesse caso, elas são menos graves do que a dissonância forte, mas continuam severamente proibidas!) Falou-se depois em "quintas de trompa", "quintas de Mozart" e – em contraste com quintas que escapam a alguém de fino ouvido – de quintas "intencionais", isto é, quintas que pelo menos foram vistas a tempo por aqueles que não possuem bom ouvido. Todavia, omitia-se prudentemente dizer quando e por que se poderia querer realizar algo que, com todas as justificativas, seria rigorosamente proibido. Isto leva-nos a imaginar que um assassinato premeditado é mais perdoável do que um crime involuntário!!

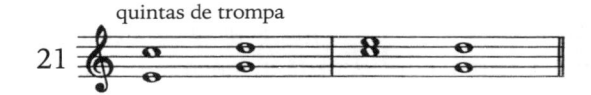

quintas de trompa

Fundamentaram-se tais mandamentos com a alegação de que semelhantes movimentos paralelos anulariam a independência das vozes. Esta era a formulação mais inteligente. Outros afirmavam, simplesmente, que tais sucessões soavam mal. Entre ambos os pontos de vista intermediava-se um terceiro, apregoando: estas sucessões soam mal porque anulam a independência das partes. Talvez não seja errada a afirmação de que as oitavas paralelas, durante a sua marcha, façam com que, em um momento, as vozes percam aparentemente a independência. Todavia, a afirmação de que soam mal, ou de que soam mal *porque* anulam a independência das partes, é absolutamente errada. Pois as oitavas paralelas são usadas como duplicação e, às vezes, como reforço. Obviamente por *soarem bem*, visto que ninguém escreveria oitavas paralelas se soassem mal. E a mistura no órgão acrescenta a cada voz não apenas oitavas, mas também quintas simultaneamente ressonantes.[26]

---

26 Publiquei este capítulo na revista *Die Musik*, no número de agosto de 1910. Originou discussões; fizeram algumas "objeções" concernentes à mistura do órgão e depois (vejam-se as notas) ao *organum* por quintas e às terças paralelas. Alegro-me poder responder a tais objeções. Se digo "a mistura acrescenta a cada voz", supõe-se que, se conheço a mistura, também sei

Isso por causa da sonoridade mais forte, e, uma vez que se trata de beleza artística, uma sonoridade mais forte é também mais bela. Por conseguinte, a afirmação de que as oitavas paralelas soam, por si, mal, é completamente insustentável. Vejamos a outra afirmação: a de que anulam a independência das partes. Certamente, se duas vozes cantam o mesmo, não são absolutamente independentes. Porém, se cantam algo quase igual – uma oitava, por exemplo (que não é exatamente a mesma coisa) –, cantam algo igual quanto ao conteúdo, mas distinto quanto à sonoridade. Apenas se duas vozes cantam em uníssono ou oitava largo tempo e ininterruptamente (e, ainda assim, haver-se-ia de considerar, no caso do uníssono, a questão da mistura de timbres à qual cada voz contribui independentemente), poder-se-ia então falar de uma relativa falta de independência do conteúdo. Porém, se duas vozes cantam algo de substância completamente diversa e encontram-se apenas, e excepcionalmente, em um ou em alguns poucos momentos – como, por assim dizer, no mesmo trilho – seria possível afirmar que em tais instantes as vozes perderam, em parte, sua independência. Mas afirmar que a perderam de todo é um pedante exagero, pois não se leva em conta que, durante todo o tempo as vozes atuaram em completa independência, excetuando-se esses poucos pontos de contato, os quais, por certo, não afetam a clara distinção da diferença essencial entre as vozes. Tampouco se leva em consideração que, no que diz respeito à *sonoridade*, as vozes são diferentes em *todos* os momentos. Portanto, *não se pode falar, também neste caso, de uma absoluta anulação da independência das partes.* Com mais direito, pode-se dizer outra coisa: que *o cumprimento de certas condições é o fundamento de todo bom artesanato.* Uma vez que o número de vozes foi determinado após exaustiva reflexão e análise, esta decisão deve revelar-se correta em todos os momentos da obra, pela constatação de que com menos vozes não seria possível expressar tudo o que se desejasse e de que um número maior de vozes dificilmente poderia ser

---

quando é usada, ainda que não tenha dito, explicitamente: a pleno jogo. [Isto é, com todos os registros do órgão acionados. (N. T.)] É claro que, quando é usada, ela "acrescenta a todas as vozes... etc.". Objeta-se: "Sim, mas apenas a pleno jogo e aí não são ouvidas". Deliciosa objeção! São então acrescentadas porque não se ouvem! Se é assim, para que são usadas? Por que se acrescentam justamente quintas e não palavras da Bíblia ou tiros de canhão? Resposta: "Não são ouvidas como quintas, senão como volume, como vigor sonoro, como reforço sonoro". Bom, então elas são ouvidas; mas *como* querem que sejam ouvidas? Para que se desejaria ouvir o efeito de uma modificação da sonoridade senão como uma modificação da sonoridade? Perceber-se-á, porventura, na condução das vozes? Sim: ouve-se a duplicação de oitavas como condução das vozes?

empregado. Portanto, cada voz deveria, a cada momento, ter algo a fazer, *e somente ela deveria fazê-lo*. Se numa sucessão harmônica pouco densa, a tarefa, em determinado instante, é, por exemplo, ir de *ré* a *mi*, e se uma única voz pode cumpri-lo, *seria supérfluo e, portanto, mau*, que outra voz também fosse de *ré* a *mi*. Caso não se saiba o que fazer com esta outra voz, então ela deve fazer uma pausa. Porém, não saber o que fazer com uma voz é, geralmente, um sinal de habilidade pouco notável. Tem-se de esforçar em fazer com ela algo diferente! Por outro lado, se a tarefa principal *não é ir de ré a mi* – para o que, de fato, basta uma única voz – mas sim a *consecução de uma sonoridade de oitava* em duas vozes que vão de *ré* a *mi*, então não há mais que se considerar o problema da independência das vozes, mas tão somente a questão da sonoridade. E visto que as oitavas paralelas nem soam mal nem anulam por completo a independência das vozes, é um disparate eliminá-las da arte com a veemência dos competentes apóstolos da beleza. Um tratamento que as oitavas nunca consentiram totalmente, tendo aparecido sempre e continuamente nas obras-mestras da música.

*Em nossos exercícios, dedicados apenas a considerações harmônicas, a tarefa de duplicar por razões de sonoridade nunca poderá ser dada. Portanto, em nossos exercícios as oitavas paralelas serão totalmente evitadas.* Isto também pela razão antes assinalada, a qual também decidirá pela negativa no que diz respeito ao uso das quintas paralelas em exercícios de harmonia. Aproximadamente até meados do século XIX, evitavam-se quase por completo as quintas e oitavas paralelas e, mesmo depois, seu uso continuou sendo relativamente raro; daí que, das realizações de tarefas que não levassem em conta tal proibição, resultariam falhas quanto ao estilo. E o aluno não conhece ainda os recursos harmônicos para estabelecer o equilíbrio, enquanto alguém que os soubesse saltaria por cima dessas proibições. O aluno não compõe ainda, apenas realiza exercícios de harmonia cuja verossimilitude média só pode ser obtida se, pelo menos, esforçar-se constantemente por uma boa qualidade média. O professor, se não pode levar o aluno à perfeição, deve ao menos mantê-lo afastado o maior tempo possível de todo o duvidoso.

Um pouco mais de dificuldades tiveram os teóricos para fundamentar a proibição das quintas paralelas; é, portanto, mais fácil refutá-la. Afirmava-se: "as sucessões de quintas paralelas soam mal"; ou: "sendo a quinta um harmônico, funciona como uma sombra do som fundamental quando se move paralelamente a ele; se se deseja conservar a independência, dever-se-á mover diferentemente da fundamental" e outras coisas desse gênero. Curiosamente, as sucessões de quartas foram proibidas só condicionalmente, apesar de, do ponto de vista do conteúdo harmônico, serem idênticas às quintas.

Considerando-se o conteúdo harmônico, as quartas paralelas também deveriam ser proibidas. A rigor, não se poderia então permitir encadeamentos dos graus que aqui se encontram em questão, pois a dureza do conteúdo harmônico só pode depender do fato harmônico – dos graus. Todavia, as quartas paralelas são admitidas quando estão "cobertas" por uma terça inferior (exemplo 22*c*). Então não se pode tampouco permitir as quintas paralelas quando cobertas por essa terça inferior? (exemplo 22*d*). Harmonicamente, não existe nenhuma diferença. E como esse movimento paralelo não é mau, e as terças e sextas paralelas até que soam bem, por que é o movimento paralelo de quintas, precisamente, o que soa indefectivelmente mal, enquanto todos os demais movimentos paralelos, pelo menos em certas situações, soam bem? As oitavas paralelas, por exemplo, que representam, por um lado, o limite extremo – a saber: a anulação total (quanto ao conteúdo) da independência das vozes – e que são (sonoramente) um suceder de consonâncias perfeitas, tais oitavas são admitidas como duplicação (pelo menos em certos casos), em virtude de seu bom som. Também as terças e sextas paralelas, que anulam igualmente a independência das partes – mas representam uma sucessão de consonâncias ainda menos perfeitas do que a quinta – são permitidas! Dessa maneira, não se permite nem a sucessão da consonância mais perfeita (pois a terça é uma consonância menos perfeita do que a quinta), nem o movimento paralelo de consonâncias imperfeitas (pois a oitava é uma consonância mais perfeita do que a quinta). E todas as razões esgrimidas contra as sucessões de quintas servem também contra as sucessões de oitavas ou contra as de terças. *Deve haver, portanto, outras razões.*

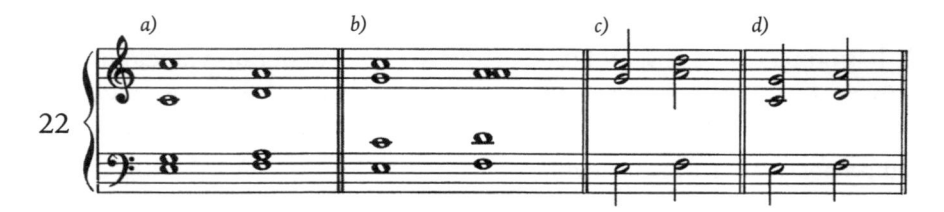

Tentarei resolver este problema de maneira mais simples.

Pode-se imaginar da seguinte forma o desenvolvimento da polifonia: o primeiro impulso pode ter sido o desejo de participar de uma canção realizada por um solista. Duas ou mais pessoas cantam a mesma melodia: se todos deviam cantar com a mesma voz – por exemplo, as vozes graves masculinas –, é bastante plausível que houvessem sentido esse canto a uma só voz, ao uníssono, como a consonância mais perfeita. Quando entravam vozes femininas no canto e a melodia não era demasiadamente aguda ou grave, surgia a segunda possibilidade: cantar em oitavas, que é a consonância mais perfeita depois do uníssono. Porém, se acontecia de a melodia ser demasiado grave para as vozes agudas femininas e masculinas, ou demasiado aguda para as vozes graves femininas e masculinas, originava-se a necessidade de encontrar algo diferente para estas vozes. Enquanto não se inventou a verdadeira polifonia (se não se quer considerar o canto em oitavas como uma relativa polifonia), não restou outro recurso senão cantar a mesma melodia a partir de outro som consonante. Como já se havia utilizado o uníssono e a oitava, o ouvido deveria – *necessariamente* – *eleger a consonância mais perfeita entre as ainda não usadas: a quinta.* E assim surgiu o *organum por quintas*, ou, como outro resultado do mesmo caso, o organum por quartas.[27] Somente muito mais tarde se veio a fazer uso da terça para o mesmo fim; daí esta haver alcançado seu reconhecimento como consonância somente muito tempo depois. Este fato comprova a exatidão da hipótese repetidamente mencionada no decorrer deste livro: que as dissonâncias diferenciam-se das consonâncias apenas em grau; que outra coisa não são que consonâncias mais distantes, cuja análise é mais difícil para o ouvido em razão de seu distanciamento; porém, uma vez aproximadas pela análise, têm oportunidade de se converterem em consonâncias, assim como os harmônicos mais próximos (aliás, no acorde de sétima da dominante permitiu-se muito rapidamente introduzir a sétima sem

---

27 Foi para mim uma alegria quando, exatamente ao preparar estas páginas para serem impressas, encontrei a confirmação da minha exposição desse estágio do desenvolvimento polifônico num pensador tão inteligente e profundo como Riemann. Verificando no *Meyers Konversationslexikon* encontro, quase textualmente, o que dou aqui como resultado de minhas reflexões: "Na realidade, o *organum* não era, ainda, polifonia propriamente dita, mas uma duplicação de quintas: *o passo mais natural após ter-se empregado por muito tempo a duplicação das vozes à oitava*". Encontro também, naquela enciclopédia [*Lexikon*], uma explicação do falso bordão que ignorava inteiramente (desculpem-me: não sou um cientista; sou um autodidata e apenas sei pensar): "em seguida, cantou-se em acordes de sexta. É este o próximo degrau do desenvolvimento!". E Riemann diz também que, pouco depois, descobriu-se o verdadeiro princípio da polifonia: o movimento contrário. Eu não sabia isto: adivinhei-o. Pois jamais li uma história da música. Quanto ao *organum*, gostaria ainda de mencionar algo: foi-me dito que a "ciência" duvida de que realmente tenha existido. Isto é o que faz a ciência sempre que algo não se acomoda a seus esquemas. Contudo, o *organum* é algo tão óbvio que, caso não houvesse existido, haveria de ser inventado agora e inserido, *a posteriori*, no passado. Eu, porém, acredito haver ele realmente existido: a incerteza da ciência mo confirma.

preparação, o que também é um argumento em favor deste ponto de vista). Fica assim demonstrado que o ouvido, na sua tendência em imitar a eufonia natural – uníssono, oitava, quinta –, estava no caminho certo. E mostra-se que se cantou em quintas pela mesma razão por que antes se cantou em oitavas: pela boa sonoridade. Percebe-se ainda uma dessas singulares coincidências que fazem os segredos da acústica parecerem cabalísticos: que o *canto por quintas* – ou *por quartas* – *corresponde perfeitamente às necessidades da voz humana*. Pois a distância média do tenor ao baixo é de uma quinta, a do contralto ao tenor, aproximadamente uma quarta ou quinta e a do soprano ao contralto, também de uma quinta. Contemplamos aqui uma solução autenticamente artística, encontrada instintivamente: "duas moscas com um tapa".

Imagino a evolução posterior da seguinte maneira: logo após o reconhecimento da terça como consonância, encontrou-se a possibilidade do movimento oblíquo e contrário. Além do uníssono, oitavas e quintas paralelas, havia a possibilidade das terças paralelas e, como foi dito, provavelmente em seguida apareceu a possibilidade dos movimentos contrários e oblíquos: um prodigioso aumento dos meios de expressão. E a seguinte ordem de ideias, que somente pode ser fundamentada na natureza humana, parece-me apresentar uma explicação psicológica do problema.

O canto em oitavas e quintas satisfez, sem dúvidas, inteiramente, o gosto de uma forma natural; correspondia à natureza dos sons e à natureza do homem; logo, era belo. Contudo, a possibilidade de usar não apenas as oitavas e as quintas, mas também as terças,[28] assim como o movimento contrário e

---

28 Nesse ponto foi-me feita uma objeção: por que esse mesmo destino de serem proibidas não alcançou também as terças paralelas? Servi-me precisamente do caso das terças paralelas como argumento para estabelecer meu ponto de vista, deixando-o de lado apenas por não haver-me parecido essencial. Todavia, visto que originou uma objeção, quero discuti-lo:

1. As quintas paralelas foram proibidas na música não com razão, mas injustamente. É verdade que não se pode afirmar que uma suposição exata, aplicada a um caso análogo, deva levar também a outro juízo exato. Mas pretender que um juízo ilógico deva necessariamente repetir-se em outro juízo ilógico, tal parece-me ir demasiado longe!

2. Não seria necessário proibir as quintas, pois, apenas quando usadas como único recurso harmônico, eram "carentes de efeito artístico" [*kunstlos*]. Igualmente, não haveria por que proibir as terças, as quais são boas desde que não sejam usadas com exclusão de outros recursos.

Porém, as terças, onde se encontram empregadas exclusivamente, são consideradas como um método inferior de conduzir as vozes, donde a expressão "terças acrescentadas" ["*austerzen*"] apoiar-se em uma ideia legítima de vozes reais. No contraponto duplo, as terças são apenas partes de recheio, elementos sonoros que são acrescidos sem que possuam um mérito particular na condução das partes. Finalmente, as terças paralelas (usadas exclusivamente) e as

o oblíquo, pode haver provocado um delírio [*Taumel*] que fez considerar-se mau tudo o que existiu anteriormente, mas que, na verdade, era apenas antiquado; um delírio semelhante ao que podemos observar (e não apenas na arte) em todo grande progresso. Nesse entusiasmo, esquece-se a tal ponto o agradecimento devido aos predecessores que se chega a odiar seu trabalho, não considerando que, sem eles, o progresso não seria possível, ainda que as suas obras estivessem cheias de erros. O desapreço pelo antigo é tão grande quanto injustificado. Aquele que considere as coisas devidamente, afirmará: não desejo realizar nada antiquado, por conhecer as vantagens do novo e porque seria extemporâneo. E para evitar tal extemporaneidade é melhor apressar-se que chegar atrasado, claudicando. Seria justo reprovar alguém que atualmente escrevesse "*gegen dem*" com dativo; porém, dever-se-ia saber que, outrora, "*gegen*" podia ser usado tanto com dativo quanto com acusativo;[29] portanto, não se trata de um uso equivocado, mas arcaico. E tinha razão Schaunard, quando caracterizava o estilo de seu companheiro boêmio Barbemouche única e exclusivamente com a palavra *hinfüro*,[30] que amiúde aparecia na novela de Barbemouche. Penso que tais observações sobre a natureza humana do artista são tão importantes para julgar a evolução da arte quanto a física pode sê-lo. Tem-se de considerar que a arte estabeleceu seu caminho tanto pela natureza dos sons quanto pela natureza dos homens, que é um compromisso entre esses dois fatores e que se trata de esforços em prol de uma adequação mútua. Visto que o som, a matéria inanimada, não tem como adaptar-se, deveríamos fazê-lo nós; entretanto, muitas vezes apenas dificilmente nos dignamos a fazê-lo. Por isso, frequentemente supervalorizamos o que fazemos e subvalorizamos o que fizeram os que nos precederam, mesmo quando eles deram, talvez, um passo tão grande e difícil quanto o nosso.

Assim deve ter ocorrido quanto à proibição das quintas. Quando à alegria da conquista associam-se as exigências corporativistas, o produto desta união só poderá ser a ortodoxia. A ortodoxia, que não tem necessidade de empreender novas conquistas, mas que encontra sua missão em mantê-las por meio de exageros. Extrai tudo o que pode ser derivado dos seus pressu-

---

sextas paralelas percebem-se como fracamente artísticas, até mesmo banais. Demonstração: a música popular, que as emprega praticamente como única polifonia. São, talvez, vulgares, mas não impossíveis, e ocasionalmente podem vir a ser um recurso artístico (como em *Siegfried*).

29 O autor trata aqui de questões gramaticais da língua alemã. (N. T.)

30 Em *Cenas da vida boêmia*, de Murger. (N. T.)

postos; porém, com seus excessos, não apenas conduz a erros como também erige um baluarte contra toda nova conquista. Assim, pode-se facilmente imaginar que colocações como "não é mais necessário compor unicamente com oitavas e quintas", "às oitavas e quintas podem-se acrescentar as terças", "pode-se usar o movimento contrário e o oblíquo no lugar do direto", tenham-se convertido nas seguintes: "é mau compor com oitavas e quintas", "tem-se que acrescentar terças às oitavas e quintas", "os movimentos contrário e oblíquo são melhores do que o direto". Levando-se em conta que esses pensamentos davam-se como regras que, como tais, tinham de ser aceitas e não podiam ser transgredidas, compreende-se a facilidade com que se pôde esquecer a origem. Esqueceu-se facilmente que *as oitavas e quintas não eram más em si*, mas, ao contrário, *em si eram boas*; que simplesmente foram tidas como antiquadas, primitivas, insuficientemente artísticas. Porém, *não havia nenhuma razão física ou estética* para não se servir delas novamente quando se apresentasse a ocasião. E quando se pensa que essas regras foram difundidas, durante séculos, sob a forma "não deves...", fica claro que o ouvido acabou por esquecer aquela eufonia admitida em outros tempos, a qual, usada novamente, causou *escândalo* em razão da *surpresa que o novo sempre provoca*. Dado que as sucessões de oitavas e quintas paralelas estiveram em desuso durante séculos, o ouvido, ao escutá-las novamente, teve-as por novas,[31] por estranhas.

---

31 Certamente, esta circunstância pronuncia-se também (nada posso fazer: é a *circunstância* que se pronuncia) contra esse método pseudomoderno de construir melodias completas e similares com quintas, aproveitando-se da novidade e estranheza que causam. [No nosso entender, há aqui uma implicância de Schoenberg – misto de razões profundas e ciúmes gratuitos, algo típico de seu orgulho de buscador autodidata – com o estilo de composição, seu contemporâneo, denominado *impressionismo*, do qual os franceses Debussy e Ravel foram os principais expoentes. É curioso que o seu *Pierrot Lunaire* (cujo texto é um poema original em francês), de 1912, tenha surgido no âmago dessas circunstâncias, como se, ademais de outros motivos, Schoenberg quisesse talvez demonstrar aos impressionistas qual deveria ser o próximo e correto passo histórico da composição, em vez desse retorno a sonoridades esquecidas que ele considera um ato composicional condenável e mesmo desonesto. Mais à frente surgirão muitos outros momentos assim, e pelos mesmos motivos. (N. T.)]

A mim, resulta-me desagradável; não porque pareça novo, e nem porque em realidade seja antigo, ou tampouco por não possuir maiores méritos do que havia nas sucessões de sextas, escritas em casos semelhantes pelos predecessores desses inovadores. O que talvez me aborreça seja a malícia e a empáfia que tal procedimento manifesta: por isso mesmo é deselegante. Parece-me, contudo, cada vez mais, que há algo de justo na proibição das quintas paralelas, ainda que tenha sido interpretado equivocadamente. A saber: a timidez perante a consonância, o que talvez corresponda à tendência inversa: a inclusão na obra das consonâncias mais afastadas, ou seja, das dissonâncias.

Na verdade, porém, o correto é o inverso. Era tão somente um procedimento antigo, apenas esquecido. E se um músico diz: "mas eu percebo estas quintas, são bem nítidas e acho que soam desagradáveis", isto não é argumento contra a tese exposta aqui; pois o novo sempre surpreende e parece que soa mal, ainda que não seja assim.

E vamos agora com as oitavas e quintas ocultas. Estas se explicam de forma simplíssima através da ortodoxia: para que não se escrevam oitavas e quintas paralelas, evita-se totalmente o movimento paralelo destas consonâncias perfeitas. *Qualquer outra tentativa de justificar a proibição das oitavas e quintas ocultas é ilusória.* Não só pela razão de que *as oitavas e quintas paralelas não soam mal*, como também, e antes de tudo, por esta lei ter tido, *e apenas nos tratados, uma vida fictícia*; na prática, ou seja, nas *obras-mestras*, tem sido *quase sempre transgredida*.

Como o aluno deve situar-se frente ao problema? Pretendo aqui examinar a fundo a questão, visto que tenciono, posteriormente, quando necessário, remeter-me a esta exposição geral para não ter de repeti-la mais. Poder-se-ia colocar a pergunta: se as oitavas e quintas paralelas não são más, por que o aluno não pode escrevê-las? Minha resposta é: o aluno poderá escrevê-las, mas num estágio futuro. O ensino deve ser conduzido através da evolução. Se não se fizesse deste modo e os resultados finais fossem dados em forma de regras, sem fundamentação, a petrificação dos resultados do conhecimento, despojados de suas raízes, poderia conduzir a erros semelhantes aos que acabo de desmascarar. As formulações demasiado rígidas podem, além de estrangular a evolução, perturbar a visão do passado, tornando incompreensível muito daquilo que outrora foi vivo. Por uma razão similar, não sou amigo da nova ortografia, ainda que compreenda muito bem as vantagens práticas da brevidade e esteja perfeitamente consciente de que é justificado o desejo de expressar com a escrita apenas o que realmente se pronuncia. Mas acho arriscado eliminar desapiedadamente esses sinais que tantas vezes representam rudimentos das sílabas antigas. Pois desse modo se poderia facilmente perder a possibilidade de recordar a raiz da palavra quando se desejasse ir à significação verdadeira, originária de uma expressão. Dessa forma, nasce o perigo de nossa escrita tornar-se demasiado pobre em tais pontos de referência que nos podem servir como indicadores das origens. Terminariam por conhecê-las apenas os historiadores, e desapareceriam da consciência viva de todos.

Se o ensino da harmonia procedesse da mesma maneira, sem escrúpulos, muitos problemas da condução das vozes nas antigas obras-mestras tornar-

-se-iam incompreensíveis. Mais ainda: na reelaboração de antigas obras-mestras, nas quais a harmonia está expressa apenas no baixo cifrado (e quanto mais próximo das origens o realizarmos, melhor estilisticamente será a reconstituição das obras), o emprego de meios inadequados para a condução das partes levaria – inexoravelmente – a um desajuste entre o conteúdo e a forma de execução, ofendendo a finos sentidos. A mesma incongruência surgiria se o aluno quisesse realizar seus exercícios sem consideração a estas proibições. De fato, se alguém redigisse um tratado de harmonia que só tivesse em conta o nosso gosto harmônico, dos mais modernos, que considerasse permitido o que fazemos e proibido o que evitamos, então todas estas observações poderiam deixar de existir. Chegamos, hoje, ao ponto de não mais fazer distinção alguma entre consonância e dissonância, ou pelo menos a empregar a consonância com reduzido prazer, o que pode ser apenas uma reação contra a época passada da consonância – um exagero, talvez. Porém, chegar à conclusão de que as consonâncias estão proibidas por não mais aparecerem na obra deste ou daquele compositor, isso levaria a um erro semelhante ao da proibição das quintas por nossos predecessores. No que se refere a mim, poderia tranquilamente dizer a um aluno (mas só porque – e enquanto – não sei outra coisa melhor): todos os complexos sonoros e todas as sucessões são possíveis. Todavia, desde hoje pressinto que também aqui existem certas condições das quais depende minha opção por esta ou aquela dissonância. Ainda não estamos suficientemente distanciados dos acontecimentos de nossos dias para podermos conhecer suas leis. Muitos elementos sem importância ocupam ainda o primeiro plano, ocultando o essencial. Se estou no meio de um prado, vejo cada haste de relva. Mas isso não tem para mim valor algum, se o que busco é uma trilha até o cume da montanha. Afastando-me, desaparecem da minha vista as hastes de relva, mas provavelmente verei o caminho. Suspeito que o caminho, inclusive o presente caminho, estará logicamente ligado à extensão já percorrida. Creio que em nossa atual harmonia terminar-se-á, finalmente, por reconhecer as mesmas leis da harmonia antiga. Apenas que, evidentemente, mais ampliadas e generalizadas. Portanto, parece-me ser de grande importância conservar os conhecimentos dos antigos. Pois, precisamente deles, se inferirá – assim espero – quão justo é o caminho através do qual buscamos. Com o mesmo direito com que poderia eliminar a proibição das quintas paralelas para os alunos desde o começo de seus estudos, também seria possível abster-me de todas as indicações referentes ao trato da dissonância, à tonalidade, à modulação etc. Também tudo isso está hoje superado. Não obstante, deve-se lembrar que apenas vai tão longe o pequeno grupo dos compositores mais novos. Quase todos os grandes mestres de nosso tempo – Mahler, Strauss, Reger, Pfitzner – mantêm-se ainda, em sua maioria, dentro da tonalidade. A uma teoria [*Lehre*], por mais lógica e austera que estivesse construída, mas que defendesse somente os objetivos de um grupo por enquanto pequeno, se poderia acusar, sem injustiça, de facciosa. Minha intenção é precisamente expor uma teoria que, sem servir a nenhum partidarismo – ou melhor: exatamente por isso –, obtenha resultados que sejam considerados válidos pelo grupo dos que semelhantemente pensam como eu. E é justo isso o que quero demonstrar: que se *têm* de alcançar esses resultados. Tal é a minha meta.

O aluno, portanto, pode seguir tranquilamente o caminho do desenvolvimento da música. Se estuda harmonia apenas porque se interessa pelas obras-mestras, por desejar compreendê-las melhor, não lhe será importante fabricar exemplos necessariamente mais modernos ou mais antiquados durante o curto espaço de tempo em que se ocupar com a elaboração de estruturas musicais. Em troca, é muito importante que ele receba uma orientação para tomar uma posição correta frente ao novo. Disto se encarrega um ensino que, pela ausência de preconceito estético, fornece a extrema-unção a muitas leis eternas e permite uma visão geral da *evolução do belo*, isto é: um panorama da transformação da concepção, segundo a qual o novo, desagradável aos ouvidos dos antigos, transforma-se em antigo – agradável então ao ouvido –, proibindo, por sua vez, que um outro ainda mais novo, por enquanto desaprovado, tenha acesso ao ouvido. Porém, se o aluno é compositor, deve então aguardar, com serenidade, para onde o propulsionará a sua evolução e a sua natureza; e não deve querer escrever coisas com cuja responsabilidade somente poderá arcar uma personalidade completamente formada; coisas que os artistas escreveram quase com má vontade, obedecendo apenas ao imperativo de seu próprio desenvolvimento; porém, não ao impulso de uma travessura desenfreada, carente de hipóteses e segurança formais.

O aluno, portanto, deverá evitar por completo as oitavas e quintas paralelas enquanto sentir necessidade de ser conduzido pelo ensino. Poderá empregá-las quando sua inclinação, gosto e entendimento artístico o colocarem em condições de assumir tal responsabilidade. Quanto às oitavas ocultas, poderá empregá-las sem temor, exceto em alguns casos, que discutiremos no momento oportuno. E no que se refere às quintas ocultas, poderá utilizá-las sempre e sem nenhuma restrição.

## Encadeamento de tríades fundamentais com acordes de sexta, de acordes de sexta com tríades fundamentais e de acordes de sexta entre si

Trata-se agora de analisar e realizar os encadeamentos indicados nas três tabelas seguintes (A,B,C):

A. Tríade do I grau com acordes de sexta dos graus I, III, IV, V, VI;

    Tríade do II grau com acordes de sexta dos graus II, IV, V, VI, VII;

    Tríade do III grau com acordes de sexta dos graus III, V, VI, I;

        etc.

    Tríade do VII grau com acordes de sexta do III grau.

        Depois:

B. Acorde de sexta do I grau com tríades dos graus I, III, IV, V, VI;

    Acorde de sexta do II grau com tríades dos graus II, IV, V, VI, VII;

        etc.

    Acorde de sexta do VII grau com tríades do III grau

        e:

C. Acorde de sexta do I grau com acordes de sexta dos graus III, IV, V, VI;

    Acorde de sexta do II grau com acordes de sexta dos graus IV, V, VI, VII;

        etc.

    Acorde de sexta do VII grau com acordes de sexta do III grau.

O aluno fará bem em realizar todas as sucessões das três tabelas (se possível, em várias tonalidades). Aqui há, pela primeira vez, dificuldades na condução das partes; o melhor será vencê-las desde já, alcançando a necessária destreza que permita não fracassar depois em coisas mais importantes por causa de uma inabilidade em conduzir as vozes.

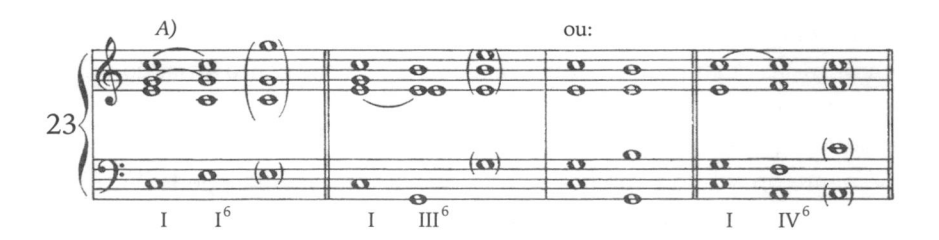

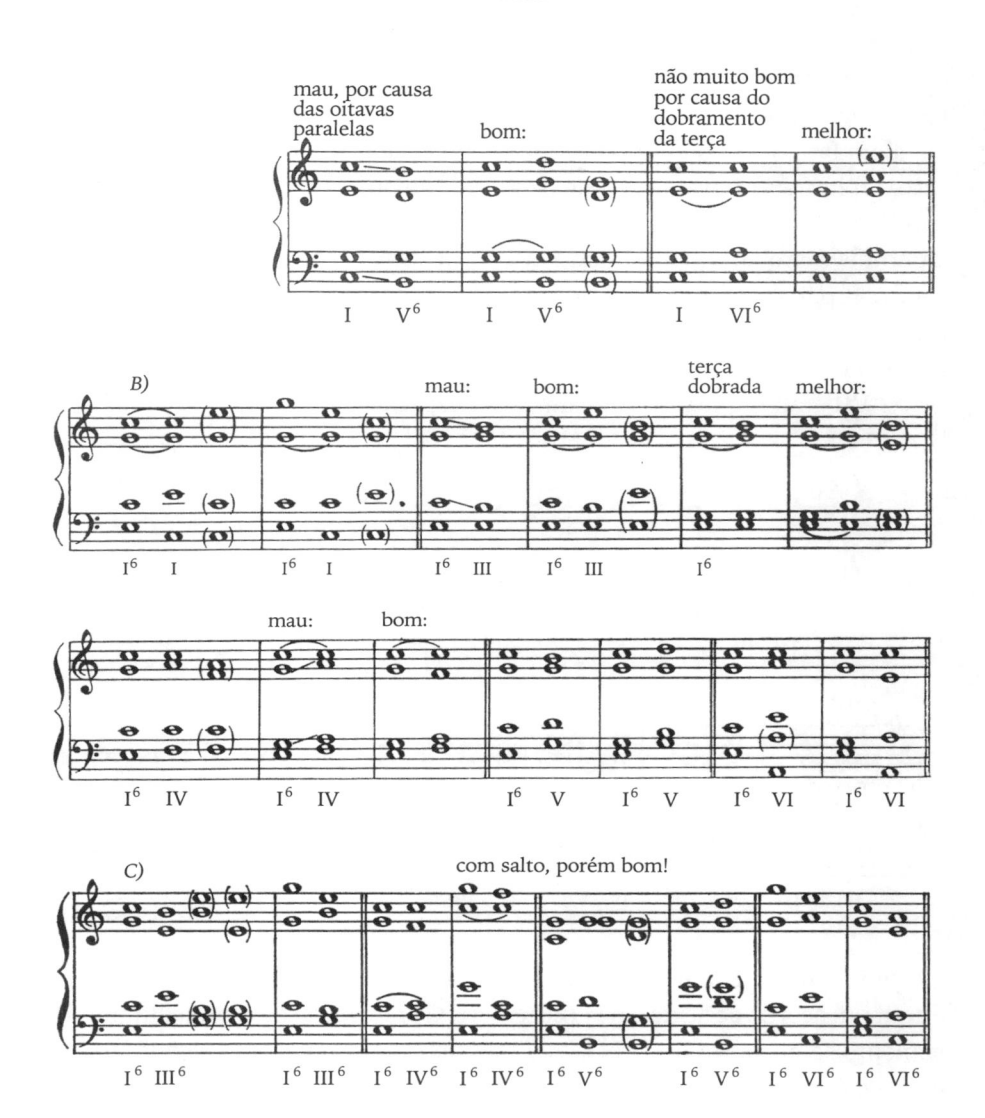

Trabalhou-se aqui detalhadamente apenas com o I grau. O aluno deve exercitar-se com os graus restantes segundo este modelo (não esquecer outras tonalidades!). Em alguns casos, o aluno deparar-se-á com a necessidade de evitar oitavas e quintas paralelas. Em outros, terá de renunciar parcialmente em manter notas comuns, pois, do contrário, resultariam duplicações supérfluas da terça.

O enlace de uma tríade em estado fundamental com sua inversão e vice--versa (I-I$^6$, ou II$^6$-II, ou IV-IV$^6_4$, ou V$^6$-V$^6_4$) chama-se *mudança de posição*, isto é: sem que ocorra uma mudança harmônica (e daí as mudanças de posição possuírem apenas valor melódico), duas ou mais vozes trocam entre si as suas funções. No nosso caso, uma delas é o baixo.

Bem fará o aluno em realizar duas vezes cada caso (no mínimo!); num caso duplicará a oitava no acorde de sexta e no outro, a quinta. Desse modo, surgirão sempre soluções diversas e, frequentemente, novas dificuldades. O aluno deve procurar, tão amiúde quanto possível, encontrar mais de duas soluções, pois quase toda posição apresenta problemas particulares. Ademais, recomenda-se também experimentar a seguinte possibilidade: duplicar a quinta no acorde inicial.

O VII grau requer uma consideração especial.

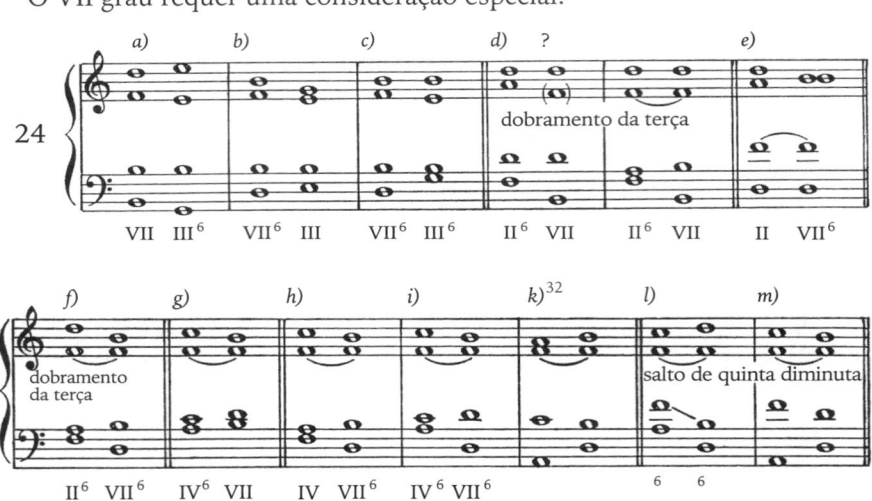

No exemplo 24*d*, nos deparamos com um caso novo. O acorde do II grau é aqui um acorde de sexta e o *fá* (necessário à preparação da quinta diminuta) somente se encontra no baixo, que tem de ir ao *si* no acorde seguinte. Em consequência, não será possível preparar a quinta diminuta se o *fá* não se apresentar também em alguma voz superior. Logo, teremos aqui que duplicar o *fá*, ou seja, a terça. Observa-se aí o fato notável de como uma instrução é suprimida através da necessidade. Nos exemplos 24*i* e 24*l* ocorre um caso similar. Em 24*i*, o *dó* do tenor não pode descer ao *si* em razão das oitavas paralelas que se formariam entre tenor e soprano; tampouco pode ir ao *fá*, pois este *fá*, como dissonância que é, não deve ser duplicado. Então, não resta outra possibilidade que não seja a de ir ao *ré*, ou seja: duplicar a terça no acorde de

---

32 Optamos por reproduzir os exemplos sem a letra "j" conforme originalmente editado. (N. E.)

sexta do VII grau. Outra solução do mesmo problema apresenta-se no exemplo 24*k*, onde foi duplicada a terça do primeiro acorde. Em 24*l*, pela mesma razão que em 24*i*, o tenor terá que realizar um salto de quinta diminuta. Tal salto, segundo as antigas regras, deveria ser evitado por antimelódico, ou, talvez mais correto, por ser de difícil entoação. Em geral, também nós evitaremos tais saltos (como já foi dito) para não perturbar o equilíbrio estilístico. Todavia, se por uma necessidade formos obrigados a escrever um intervalo dessa natureza (de resto inevitável no baixo), cuidaremos, dentro do possível, em resolver a dissonância (= dificuldade de entoação) contida no intervalo diminuto ou aumentado. O melhor será fazer com que o *si* – "sensível ascendente" – suba ao *dó*, e com que o *fá* – "sensível descendente" – desça ao *mi*. Contudo, como nem sempre isto é possível, apresentamos, no exemplo 25, algumas outras possibilidades de resolução (do 5º ao 10º compasso).

Atendendo cuidadosamente a estes detalhes, ter-se-á a possibilidade de conseguir uma redondez formal que considero o fundamento adequado ao desenvolvimento do sentido da forma. Estes exemplos, evidentemente, não soarão particularmente "emocionantes"; mas já não serão tão acanhados como os iniciais.

O aluno, agora, usará o acorde de sexta também na elaboração de pequenas frases, tomando como fio condutor a seguinte orientação: em qualquer lugar onde possa estar um acorde em estado fundamental, poder-se-á estabelecer seu acorde de sexta correspondente; somente no começo e no final será obrigatório o uso do acorde em estado fundamental (sempre o I grau). Caso surja a necessidade, no curso de um exercício, de repetir um acorde, poder-se-á usar, uma única vez, o acorde de sexta correspondente. Contudo, não será bom utilizá-lo em demasia. As frases poderão agora ter uma extensão média de uns 8 a 12 acordes; mais do que isso seria supérfluo, pois ocorreriam excessivas repetições. O exemplo 26 expõe algumas dessas pequenas frases:

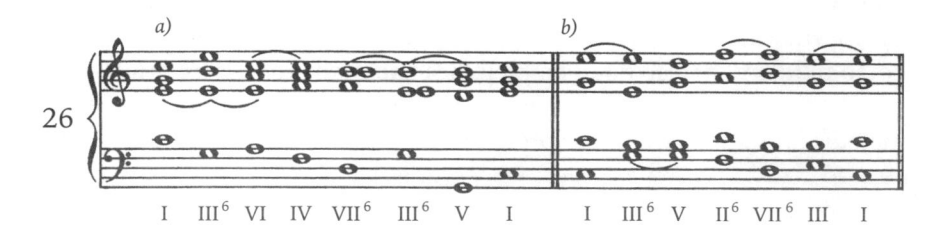

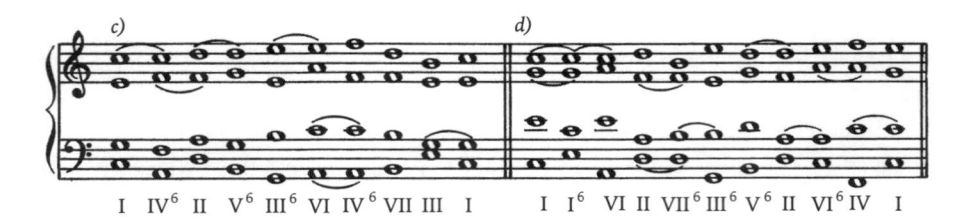

I   IV⁶   II   V⁶   III⁶   VI   IV⁶   VII   III   I          I   I⁶   VI   II   VII⁶   III⁶   V⁶   II   VI⁶   IV   I

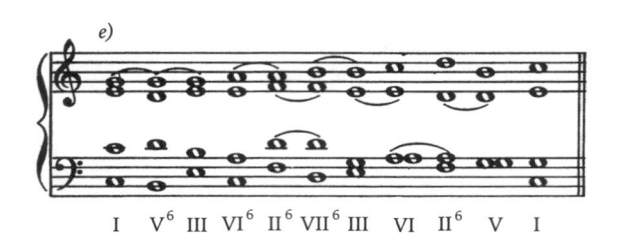

I   V⁶   III   VI⁶   II⁶   VII⁶   III   VI   II⁶   V   I

A decisão de escolher entre um acorde de sexta ou em estado fundamental, dependerá, naturalmente, também da linha melódica do baixo. Em geral, e onde for possível, deve-se evitar que o baixo permaneça ligado. O que às vezes é possibilitado (exemplo 26*a*) por um salto de oitava que produza uma troca de posição. Em outras vezes, escolhendo um acorde de sexta em vez do estado fundamental, ou vice-versa. Repetições da mesma nota no baixo, ainda que com uma ou duas outras notas de permeio, podem resultar paralisantes [*lähmend*]. Assim, no exemplo 26*a*, se no VI grau eu houvesse empregado o acorde de sexta em vez do estado fundamental [causando a repetição do *dó* no baixo], mesmo o salto à oitava inferior não teria grande utilidade. O aluno deve, na medida do possível, evitar tais repetições, e o professor, corrigi-las. Pois a repetição, como neste caso e onde quer que ocorra, se não estiver justificada por algum motivo, soará mal. Diferente resultado, porém, apresenta-se em 26*e*, onde a repetição do *dó* e do *mi* dificilmente poderá incomodar; não tanto pelo motivo de haver, entre as repetições, dois acordes no primeiro caso e três no segundo, e sim porque a sucessão das notas do baixo, em ambos os casos, segue direções contrárias depois das repetições. Entre os princípios melódicos, por enquanto, apenas a questão da variação é que há de ser o critério de julgamento sobre ser boa ou não a linha do baixo. Se as repetições de sons são inevitáveis, deve-se ao menos intercalar entre elas alguns outros sons; ou então mudar a direção da linha melódica após cada repetição. Também será bom que o aluno, desde agora, preste atenção ao som mais alto de uma linha melódica. Tal som deveria sempre ser tratado como seu ponto culminante, ou seja, só deveria ocorrer *uma única vez*; porque sua repetição, em geral, perturba de forma mais sensível do que a de outros sons menos notáveis.

## b) O acorde de quarta-e-sexta

Já foi antes mencionado que – e por que – o acorde de quarta-e-sexta requer um tratamento especial. Não obstante, consideraremos ainda aqui uma razão dada pela antiga teoria. Considerava-se a quarta uma consonância imperfeita, ou até mesmo uma dissonância. Isto corresponde a uma intuição correta, pois, ainda que a quarta apareça entre os primeiros harmônicos, o faz em direção oposta; daí ser uma consonância menos simples do que os intervalos que surgem na direção normal. A quarta existe, porém, como relação entre duas vozes, em quase todos os acordes consonantes e apenas é considerada dissonância quando a nota inferior que a compõe encontra-se no baixo. A antiga teoria diz que a quarta é permitida quando uma quinta ou uma terça mais baixas a "cobrem"; em todos os demais casos, deve ser preparada e resolvida como dissonância. Afirma-se, assim, algo curioso: que os dois sons da quarta, ora formam uma dissonância (quando o inferior está no baixo), ora uma consonância (quando a quarta está "coberta"). Acresça--se que, no outro estado do intervalo, na inversão (para a qual vale a regra: toda consonância perfeita, quando invertida, resulta em outra consonância perfeita; toda dissonância, noutra dissonância etc.), estes mesmos dois sons produzem uma consonância perfeita, a quinta. Isto é contraditório demais e muito pouco elementar para que se tenha por natural.

Afigura-se-me, como mais simples, a seguinte explicação: um som, no baixo, que não seja a fundamental, parece ter a tendência de querer impor os seus harmônicos, isto é, de converter-se em fundamental. Agora, conforme explicou-se antes, no acorde de quarta-e-sexta o baixo encontra, nos harmô- nicos dos componentes do acorde, um importante apoio à sua tendência. Por conseguinte, existe no acorde de quarta-e-sexta uma discrepância entre sua forma aparente (externa) e sua constituição (interna). Por exemplo [conside- rando-se o acorde de quarta-e-sexta do I grau], sua forma aparente será a do I grau, mas sua constituição, seu instinto, tende ao V. Tal discordância pode ter uma certa similaridade com o que se observa na dissonância, pois também nesta existe uma tendência à troca de fundamental. Contudo, enquanto na verdadeira dissonância ocorrem, simultaneamente, sons que jamais podem, em nenhuma posição, converter-se em consonâncias, os sons do acorde de quarta-e-sexta em posição diferente (estado fundamental e acorde de sexta) constituem uma consonância. A ansiedade [*Verlangen*] do acorde de quarta- -e-sexta rumo à resolução, a ser tratado como dissonância, não se manifes- ta, portanto, de forma tão tempestuosa quanto na verdadeira dissonância.

Tem em comum com esta última somente a circunstância de que existe um conflito que atrai a atenção para si, exigindo, aparentemente, uma especial consideração, um tratamento particular. Este não precisaria, a rigor, ser uma preparação ou resolução como no caso das dissonâncias. O que chamamos preparação e resolução do acorde de quarta-e-sexta parece-se muito pouco com a preparação e resolução do acorde de sétima. Em todo caso, é seguro que ao acorde de quarta-e-sexta deu-se sempre um tratamento especial, pois sentia-se que ele era problemático, embora não se compreendesse o problema. Só isto bastava a conferir-lhe uma posição especial. Os problemas que contém talvez sejam menores, ou diferentes, do que os supostos, e o método pelo qual tem sido tratado, ou exagera esses problemas ou não os elimina de todo. Contudo, haja nascido da convenção ou da natureza, semelhante disposição do acorde sempre foi aceita como tal. E como o acorde de quarta-e-sexta tem sempre sido usado de maneira especial, em razão de uma suposta particularidade, e sempre seguido e precedido de determinados acontecimentos harmônicos, acabou por produzir um efeito semelhante ao de uma citação da qual falta uma parte: "[...] onde tudo ama [...]", que se deve completar com o que antecede e com o que segue. O abordar uma causa conhecida desperta a espera do efeito correspondente. Ao compreender-se a primeira palavra, aguarda-se a continuação adequada. É o efeito do clichê, da fórmula. O acorde de quarta-e-sexta tornou-se uma fórmula permanente com efeito de clichê; não se pode imaginar sua aparição sem os fenômenos que sempre o acompanham. É de pouco interesse, todavia, especular sobre se a maneira de tratar esse acorde é adequada ou não, em face da constatação da importância que tem tido na música durante mais de três séculos. Porém, será interessante ocupar-nos, apesar de tudo, dessa questão. Recapitulando: o esforço do baixo por converter-se em fundamental é apoiado pelos harmônicos. Portanto, o acorde de quarta-e-sexta deve ser resolvido transformando o baixo em fundamental. Exemplo: o acorde de quarta-e-sexta do I grau passa ao V grau mantendo o *sol* ligado.[33] Isto é, de fato, *uma* das maneiras como ele tem sido tratado. Todavia, a discrepância que existe no acorde de quarta-e--sexta, assim como a sua tendência à resolução, não são coisas absolutamente obrigatórias; não é necessário segui-las, visto serem apoiadas apenas pelos harmônicos. Talvez seja possível passar por essa discrepância prudentemente, apenas desviando a atenção do conflito. Isto pode acontecer transferindo-se a

---

33 Conforme já mencionado pelo autor, a tonalidade, sempre quando não especificada, é a de *Dó-Maior*. (N. T.)

uma das duas vozes envolvidas a responsabilidade do movimento harmônico. Desvia-se, assim, a atenção do simultâneo para o sucessivo, do harmônico para o melódico. Um procedimento adequado é o emprego, no baixo, de um fragmento de escala constituído de três ou quatro sons sucessivos, um dos quais, se possível o do meio, suporte o acorde de quarta-e-sexta. O ouvido, percebendo tal sequência melódica, a escuta momentaneamente como fato principal, determina que esse "esgueirante" [*vorüberhuschenden*] acorde de quarta-e-sexta é um elemento secundário e dá-se por satisfeito. Poder-se-ia também explicá-lo de outra maneira: no acorde de quarta-e-sexta, dois sons lutam pelo predomínio: o baixo e a sua quarta (que é a verdadeira fundamental). O acorde seguinte é: ou uma concessão ao baixo ou à fundamental. Se o baixo vence, iremos do I grau ao V. Porém, muitas vezes não se leva a concessão tão longe, mas se opta por um meio-termo. Então pode ocorrer que a terça se converta em fundamental (quando dois lutam, alegra-se um terceiro),[34] caso em que iremos do I grau ao III. Algo semelhante acontece quando a quarta (a fundamental) não cede. Neste caso, ao I grau seguirá o IV ou o VI. Nesses três casos os sons do acorde, em luta, acabam todos, de certa forma, derrotados. No III grau, o *sol* é apenas a terça; no IV e no VI graus, o *dó* é, respectivamente, quinta e terça do acorde. Possuem, contudo, a satisfação de que o inimigo também não venceu; assim, os sons do acorde parecem tornar-se tão maliciosos como os seres humanos quando entram em contato uns com os outros. Este é outro modo de enfocar o problema do acorde de quarta-e-sexta: introduzi-lo sobre uma nota de passagem do baixo. Ambos os métodos assemelham-se a algumas formas de outras dissonâncias e ao seu

---

34 São constantes as analogias de Schoenberg com ações e consequências bélicas. Isso é certamente devido a que durante o período histórico que envolve este livro, de 1911 (primeira edição) a 1922 (terceira e definitiva edição) transcorreu a Primeira Guerra Mundial, colocando a sua Áustria natal no centro das ações, visto ter sido o assassinato do herdeiro do trono austro--húngaro o estopim que desencadeou o conflito. Ao longo de toda a obra aparecem marcas da guerra. Seja como for, a resplandecente e última verdade que resulta deste livro é que os assuntos musicais (embora tratados genialmente e de forma utilíssima e única para o ensino da matéria) não são mais que pretextos e analogias (e não o contrário) para que o autor alce voo para assuntos ainda muito mais altos, que atingem os picos comuns de todos os povos e de toda a humanidade. Esse procedimento lhe é de tal forma inerente que ele próprio parece não se aperceber disso, e quando se dá conta das alturas a que chegou, desce – dir-se-ia, com má vontade (mas só depois de haver gasto todo o combustível do momento) – para os assuntos técnicos em questão. Porém, na primeira oportunidade, alça voo novamente. Esse fato, que salta aos olhos no transcorrer de todo o livro, longe de diminuir sua importância é justamente o que o torna, na opinião de tantos luminares, o mais importante texto sobre música de toda a história. (N. T.)

tratamento. Daí justificar-se falar, também aqui, em resolução, mesmo que nas demais dissonâncias a resolução possua outras razões psicológicas. Não obstante, dever-se-ia discernir formas que podem ser explicadas harmonicamente (imposição das notas do acorde pelos harmônicos do baixo) de formas que dependem da condução das partes (emprego do acorde de quarta-e-sexta como um acorde de passagem). Ou, então, pode-se fazer o que faço: ampliar, segundo essas considerações, o conceito de resolução.

A chamada preparação do acorde de quarta-e-sexta pode ser explicada da mesma maneira. Inicialmente, existia um dos dois sons do acorde: a fundamental (*dó*), precedida do IV ou VI grau (ou, eventualmente, do acorde de sétima do II grau, cuja sétima é, precisamente, *dó*), ou o baixo, *sol*, precedido do V ou do III grau. Aquele que ocorreu primeiro considera, por isso mesmo, possuir o direito de vencer. Poder-se-ia também examinar a questão no sentido de que, para preparar a aparição de semelhante discordância, pelo menos um dos dois sons deve aparecer antes do acorde. Ou então (para explicar a introdução por grau conjunto do acorde de quarta-e-sexta), que uma condução melódica do baixo suaviza a dureza do fenômeno.

Explicar por completo o tratamento do acorde de quarta-e-sexta parece-me difícil, pois acho que não se corresponde exatamente com o problema nele contido. Maravilha-me a fina capacidade de diferenciação dos antigos, que sentiram perfeitamente ser esse acorde algo distinto de uma tríade fundamental. Mas também sei, muito bem, que o conhecimento intuído afasta-se do conhecimento genial da natureza quando tratado com exageros ortodoxos. Mesmo assim (e por razões repetidamente mencionadas), nos ocuparemos do acorde de quarta-e-sexta segundo a antiga teoria.

De acordo com tais regras, o acorde de quarta-e-sexta deve ser:

1. preparado,
2. resolvido ou
3. apresentado somente como nota de passagem; e
4. a nota do baixo não deve ser alcançada e nem abandonada por salto; deve manter-se ligada ou ser alcançada e deixada por graus conjuntos. Esta regra coincide, até certo ponto, com a de nº 3.

A preparação do acorde de quarta-e-sexta diferencia-se da preparação da dissonância por possibilitar escolher qual, entre os dois sons que compõem a quarta, deverá ser levado em consideração. Pode-se preparar a quinta (isto é, o baixo) ou a fundamental; ou seja: um destes dois sons deve fazer parte do acorde precedente e apresentar-se na mesma voz no acorde de quarta-

-e-sexta. A resolução poderá efetuar-se, ou mantendo o baixo enquanto as demais vozes movem-se sobre ele para formar um novo acorde, ou então ascendendo ou descendendo o baixo de um grau, de forma que ele se converta em fundamental ou em terça do acorde seguinte. *Um acorde de quarta--e-sexta não deve ser precedido nem seguido por outro acorde de quarta-e-sexta.* Pois tal acontecimento significaria enfileirar um problema não resolvido junto a outro ainda por resolver, o que contradiz manifestamente o sentido formal. Este comportamento faz lembrar aquele das quintas paralelas, as quais na maioria das vezes originavam-se quando a voz que continha a quinta de um grau movimentava-se à quinta de outro. O tratamento do acorde de quarta--e-sexta como acorde de passagem atinge somente o baixo. Já mencionei não tratar-se aqui de um recurso harmônico, mas melódico; pois a eficácia dessa forma de resolução baseia-se justamente no fato de desviar a atenção para a sucessão melódica. Uma sucessão melódica desse tipo constitui-se de um fragmento de escala composto de três sons, dos quais o do meio leva o acorde de quarta-e-sexta. A escala pode ser vista como uma melodia, a melodia mais simples e primitiva. Primitiva por sua mínima articulação e ausência de variedade: os sons apenas podem ordenar-se segundo um único princípio (de grau em grau) e numa única direção (ascendente ou descendente). Uma melodia mais complexa e interessante possui uma estrutura mais rica e mais variadamente articulada. A direção e a extensão dos intervalos mudam mais frequentemente, ou mesmo continuamente e as repetições (que tornam o sistema reconhecível) mostram, senão uma multiplicidade de princípios, pelo menos numerosas variações. Não obstante, a escala é uma melodia, porque possui um sistema e uma estrutura. É uma melodia primitiva, uma forma relativamente de pouco valor artístico, mas, mesmo assim, é uma melodia, já uma forma artística. Menciono aqui essa particularidade da escala porque ainda surgirão, muitas vezes, ocasiões em que certos problemas, aparentemente harmônicos, serão reconhecidos como de origem melódica e, portanto, tratados como tal. Por exemplo, o bom efeito de uma escala diatônica ou cromática (completa ou apenas em parte) no baixo é uma consequência da força melódica e produz, assim, mais o efeito de uma espécie de polifonia que um efeito harmônico.

Este efeito melódico numa peça cujo objetivo primordial seja harmônico é tão chamativo (sem que por isso deva ser necessariamente mais importante) que ocorre uma satisfação formal comparável à produzida com meios harmônicos. Para este fim, não é necessário sempre utilizar uma escala inteira. Um fragmento de escala, três ou quatro sons sucessivos, também se percebe como uma continuidade, como uma melodia. Semelhantes formações acontecem nas frases harmônicas mesmo na ausência do acorde de quarta-e-sexta e do seu tratamento. Poder-se-ia pensar, então, num uso moderado deste procedimento, de modo que fosse conservada a necessária força de variedade. Contudo, não são precisos cuidados demasiados, uma vez que não se deseja que o acorde de quarta-e-sexta atraia a atenção sob esta forma; deve apenas passar discretamente. E se se usasse o fragmento de escala exclusivamente como um recurso para este propósito, então o acorde de quarta-e-sexta sobressairia inevitavelmente.

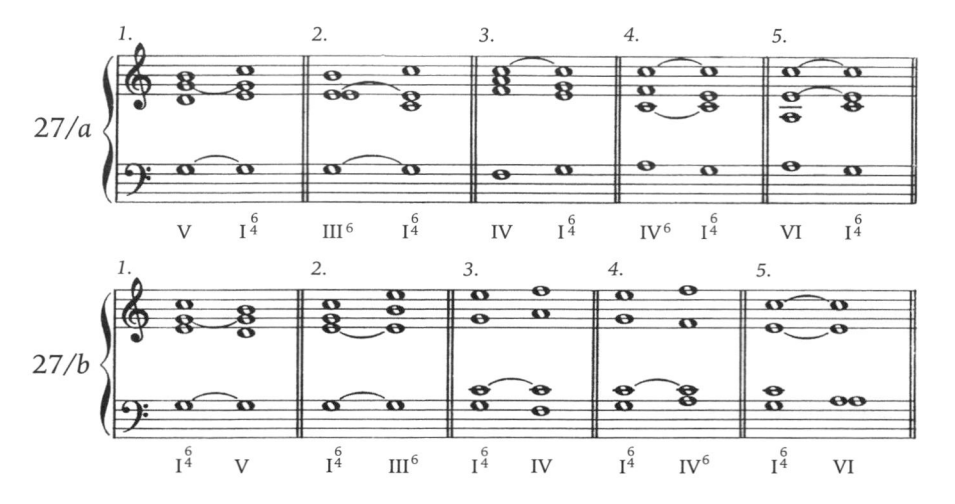

O exemplo 27*a* mostra algumas preparações; o 27*b*, algumas resoluções. O exemplo 28 reúne preparação e resolução em sucessões de três acordes:

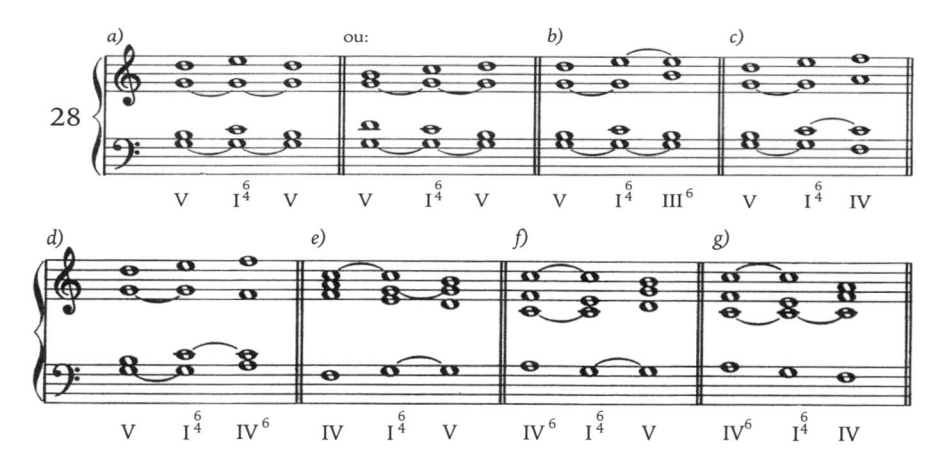

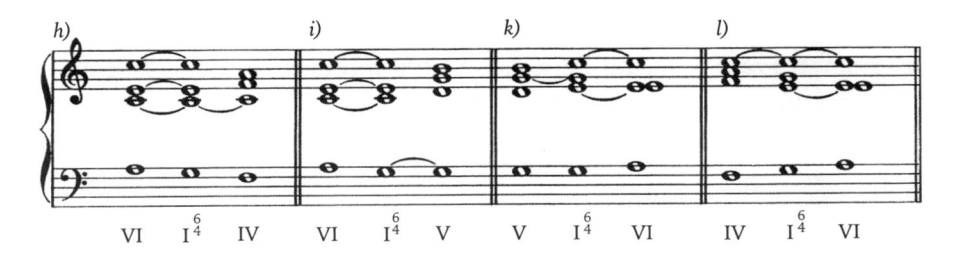

O aluno deve exercitar-se na preparação e resolução do acorde de quarta-
-e-sexta também em outros graus diferentes do I grau. Mesmo que, em geral,
esses outros graus sejam pouco usados, alguns não obstante apresentam-se
com certa frequência. O VII grau exige uma atenção especial, já que nele a
quinta é, além de tudo, uma dissonância por outra razão já conhecida.

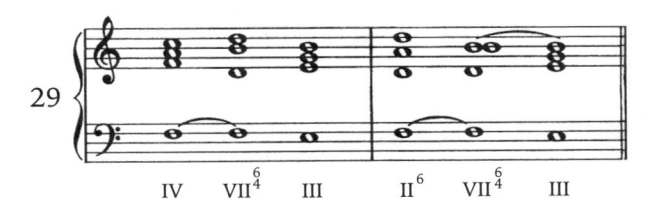

Evidentemente, para a *preparação* somente pode empregar-se aqui o IV
grau (apenas no estado fundamental) e o II grau (apenas como acorde de
sexta); para a *resolução* é empregado somente o III grau (e apenas no estado
fundamental). Por conseguinte, a sucessão com o acorde de quarta-e-sexta
do VII grau pode adotar, exclusivamente, as formas: IV-VII$_4^6$-III ou II$^6$-VII$_4^6$-III.

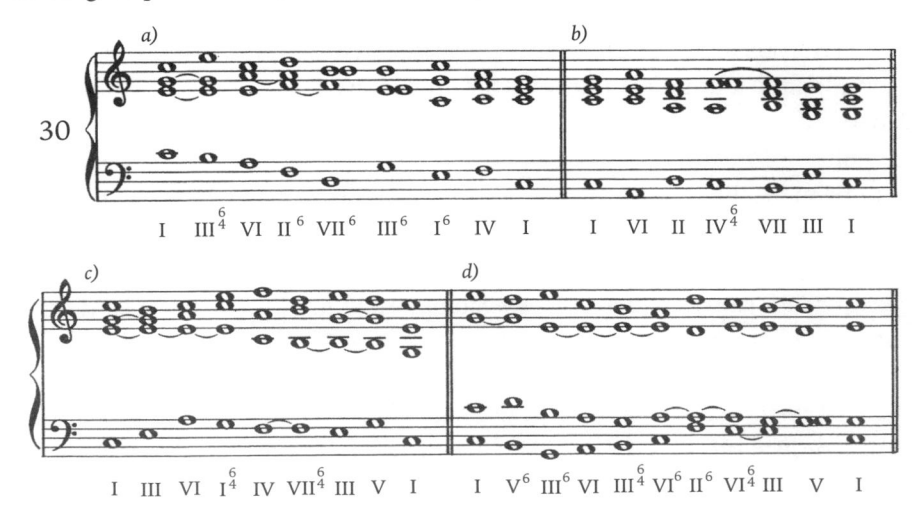

O exemplo 30 expõe algumas pequenas frases. Em 30*d*, os graus III e VI ocorrem três vezes cada um. Sem que se esteja recomendando tais repetições, usei-as aqui para que o aluno veja como um baixo adequadamente variado pode melhorá-las.

## Acordes de sétima

Um acorde de sétima é composto de três terças organizadas sobre uma fundamental, ou seja: fundamental, terça, quinta e sétima. É uma dissonância; logo, faz parte daqueles fenômenos produzidos pela necessidade de recorrer à utilização dos harmônicos mais distantes. A propósito do VII grau, já mencionei a forma pela qual pode ter sido introduzido: como nota de passagem. Uma voz que, por exemplo, devesse saltar uma terça, unia os sons extremos desse intervalo passando por um som intermediário, dissonante, mencionando-o como também parte integrante do acorde. Tal som aparecia apenas fugazmente, por assim dizer "de passagem", sem ser acentuado, de modo a não dirigir a atenção sobre si (em tempo fraco do compasso). Mais tarde apareceu uma outra forma de utilização da dissonância: *acentuada* (em tempo forte do compasso). Sua origem pode ser imaginada da seguinte maneira: uma voz tinha que cantar a sucessão *fá-mi*. Este movimento melódico podia ser acompanhado por dois acordes: *fá*, por exemplo, com o IV grau e *mi* com o I. Em algum momento, pode-se haver desejado, intencionalmente, dar maior força a este passo apresentando-o como resultado de uma necessidade. Ou vice-versa: quis-se também expressar, harmonicamente, a necessidade deste passo (o que, artesanalmente, já corresponde a um nível muito alto de reflexão); assim, um dos meios mais adequados a este objetivo seria converter o primeiro som em dissonância. O enlace IV-I permite o passo melódico *fá-mi*. Tal, porém, não é obrigatório. Em primeiro lugar, esse *fá* poderia, tão bem quanto, ir a *sol*; e, em segundo lugar, seria igualmente possível que ao IV grau seguisse o II ou o VII, ou qualquer outro grau. Se fosse possível adaptar ao passo *fá-mi* uma harmonia adequada a causar aquela necessidade da qual falávamos, o efeito do dito passo seria mais orgânico. Contudo, isso não é tão simples, visto não existir nenhum meio que possa obrigar o *fá* a dirigir-se absolutamente apenas ao *mi*. Todavia, pode-se tornar o *fá* um som chamativo, estabelecendo sob ele um acorde perante o qual seja uma dissonância. Dessa maneira, transforma--se o *fá* num acontecimento pelo qual não se pode passar sem dar-lhe um tratamento especial. Já fiz notar, a respeito do VII grau, que em períodos harmônicos simples uma dissonância adquire relevo particular e mostrei que nesses casos torna-se necessário o emprego de meios vigorosos. Também aqui é assim. O *fá*, convertendo-se numa dissonância, adquire uma preponderância sonora que obriga, para conseguir-se a resolução, a conduzir a harmonia com tal força que o ímpeto, com o qual parece seguir seu próprio instinto, possa ser responsabilizado por todo o conjunto harmônico e, portanto, também pela dissonância. Na referida oportunidade, constatamos que, para semelhante fim, o salto de quarta ascendente da fundamental parecia adequado de forma extraordinária. Tratava-se, ali, do mesmo *fá* ao qual se dava por fundamento a tríade sobre o *si*, fazendo-se seguir a tríade sobre o *mi*. Porém, o *fá* também pode ser dissonância como sétima do V grau (acorde sobre *sol*). Seguir-se-á, portanto, como fundamental resolução, o I grau (tríade sobre *dó*). Nesta resolução evidencia-se uma aparente necessidade do passo *fá-mi*. Deixar que o *fá* fosse a *dó* seria desfavorável, visto tal salto não apoiar-se em nenhuma razão obrigatória. Ir ao *sol* seria igualmente pouco propício, pois *sol* já acontece no acorde precedente, de modo que o som de resolução não deixaria suficientemente claro que, por força de sua presença, surge uma nova consonância. Logo, o melhor será que o *fá* dirija-se ao *mi*.

Demonstrei aqui que finalidade pode existir para que o *fá* permita-se converter-se em dissonância. Não é imprescindível que desça ao *mi* (não existem condições imprescindíveis), mas tal passo, enquanto nada vier intrometer-se, será a sucessão mais favorável. O valor da dissonância é expresso pela *satisfação da resolução*. Tal satisfação será produzida através de um vigoroso passo harmônico; e um passo assim tornar-se-á conveniente ajustando-se ali o movimento da dissonância. A princípio, usaremos também nos acordes de sétima este método de resolução, visto apresentar-se como resultado imediato dos efeitos mais simples de nossos pressupostos. Obviamente, existem outras formas de resolução da dissonância. Falaremos delas mais adiante, quando passarmos das funções mais simples e naturais das fundamentais às mais complexas e artificiais. Por agora nos ocuparemos desse tratamento mais simples da dissonância; para a resolução do acorde de sétima, faremos uso do mesmo movimento que elegemos para a resolução do VII grau: *o salto de quarta ascendente da fundamental*. A dissonância descendente converte-se aqui em terça do novo acorde, enquanto no acorde do VII grau [encadeamento VII-III] passava a ser oitava do acorde de resolução.

Realizaremos a *preparação* do acorde de sétima da mesma maneira que a do acorde de VII grau, ou seja: a nota a ser preparada deve ser uma consonância no acorde precedente. Tivéssemos, por exemplo, que preparar *o acorde de sétima do I grau*, a sétima (*si*) poderia ser no acorde precedente: fundamental (ou oitava) no VII grau, quinta no III, ou terça no V grau. Portanto, são possíveis três maneiras de preparação, que analisaremos uma após a outra. Escolheremos, em primeiro lugar, a *preparação com a terça*, pois aqui a fundamental realiza um salto de quarta ascendente. Não há nada a dizer aqui sobre preparação e resolução que já não tenha sido dito quando do tratamento do VII grau.

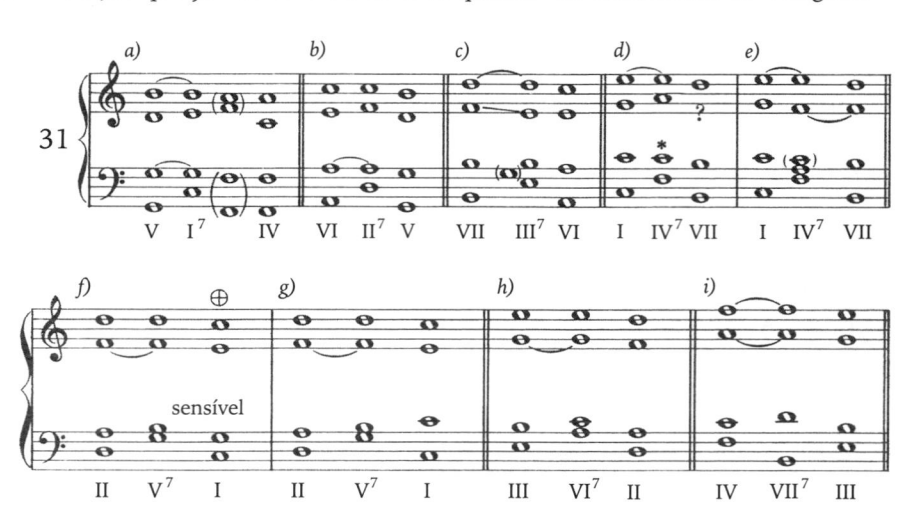

De momento, a preparação e resolução do acorde de sétima ocorrem aqui, respectivamente, através de e em tríades no estado fundamental (as inversões virão mais tarde). Na maior parte das vezes, nas resoluções, se se deseja obter um acorde completo, será necessário conduzir a terça do acorde de sétima não à fundamental do acorde de resolução, o que seria o mais próximo, mas a uma terça abaixo, à quinta do acorde de resolução (exemplo 31*a* e 31*e*). Isto é óbvio, tendo-se em conta a nossa quarta pergunta: "o que falta?".

Os casos em que o VII grau aparece devem ser especialmente cuidados, visto conterem uma dissonância. Assim, no exemplo 31*c* o *fá* deve descer ao *mi*, o que impossibilitará obter-se completo o acorde de sétima do III grau. A sétima e a fundamental, por serem os intervalos característicos do acorde, não podem, evidentemente, ser omitidos. Ao contrário, pode-se eliminar a terça ou a quinta visto nenhum desses dois intervalos serem aqui especialmente característicos. Se um deles fosse característico do acorde, então seria mais adequado que faltasse o outro; por exemplo, se em *Lá-menor* a quinta fosse diminuta ou a terça fosse maior. No exemplo 31*d*, o acorde de sétima do IV grau não pode apresentar-se completo, porque o VII grau, acorde de resolução, exige a preparação do *fá*; portanto, esse *fá* tem de ser duplicado no IV grau, o que fará com que a terça ou a quinta seja omitida (exemplo 31*e*). No exemplo 31*i*, onde será tratado o acorde de sétima do VII grau, a quinta e a sétima do acorde deverão ser preparadas e resolvidas, já que ambas são dissonâncias. Em 31*f*, conforme explicado antes, o *si* do tenor deve ir ao *sol*. Isto contradiz uma regra, que exige que o *si* vá ao *dó*. O *si*, sétimo som da escala, leva o nome de *sensível* [*Leitton*], ou, mais exatamente, *sensível ascendente*; conduzi-lo para cima, ao oitavo som, corresponde ao modelo da escala maior ascendente. Não obstante, este instinto melódico, o *impulso de sensível* [*Leittontrieb*], somente terá que ser cumprido quando realmente participar do assunto melódico em questão; e também apenas quando houver sido terça do V grau e a este siga o I. Esta particularidade de sensível, sob o ponto de vista melódico, refere-se apenas ao sétimo som da escala maior ascendente. Na escala descendente, o *si* pode ir tranquilamente ao *lá*, pois, a não ser assim, a resolução do acorde de sétima do I grau, por exemplo, seria impossível. Esta necessidade melódica, que leva o *si* até o *dó*, pode de momento apresentar-se apenas na voz superior. E, mesmo neste caso, frequentemente poder-se-á negligenciá-la (sobretudo quando houver outras razões, urgentes, que se oponham a ela). De resto, e ainda assim na conclusão e caso esteja na voz superior, será preferível que o *si* suba ao *dó* ao invés de descer.

O aluno exercitar-se-á na preparação e resolução de acordes de sétima sobre todos os graus da escala, começando com frases breves compostas pelos três acordes necessários (em diversas tonalidades!). Depois poderá passar à elaboração de pequenas frases, de oito a doze acordes, em cada uma das quais se colocará por tarefa – além do que já foi exercitado anteriormente – a preparação de um acorde de sétima predeterminado. O projeto da sequência das fundamentais será conforme o realizado até agora, sempre se tendo em conta a tabela. Suponhamos, como exemplo, que houvesse a intenção, no primeiro exercício, de usar o acorde de sétima do I grau. Como o I grau, tanto no acorde inicial como no final, deve aparecer em estado fundamental, será difícil nesse caso evitar a monotonia. Seja como for, não convém apresentar o acorde de sétima do I grau logo após o acorde inicial, devendo haver de permeio ao menos três ou quatro outros acordes. Por exemplo: I-VI-II-V; depois, o dito acorde de sétima do I grau; a seguir, o IV grau como resolução; e, para concluir, II-V-I.

Naturalmente, este exemplo é bastante defeituoso em virtude da repetição II-V-I.

Observe como aqui (graças ao emprego do acorde de sexta do II grau) o exercício, que começa em posição fechada, passa a uma posição aberta. Também sob este aspecto, deve o aluno ter em mente o uso da variedade.

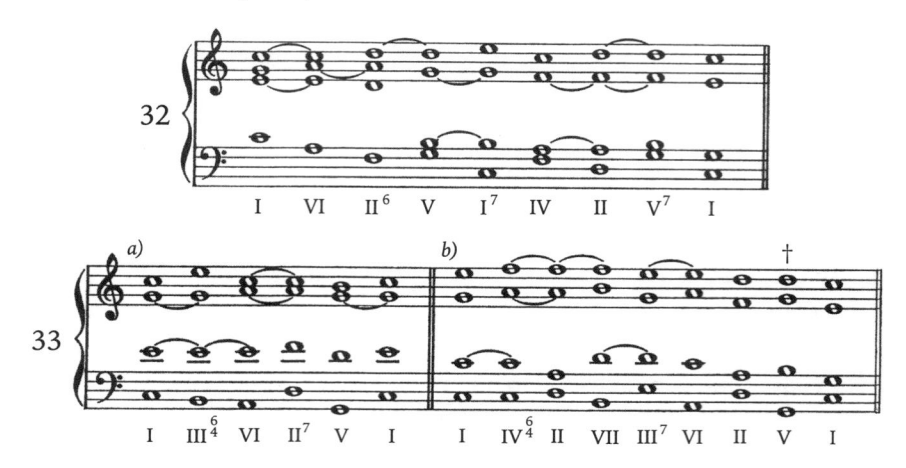

No exemplo 33*a* apresenta-se o tratamento do acorde de sétima do II grau; em 33*b*, o do III grau.

O aluno pode agora, já que se exercitou o suficiente em observar as instruções a respeito de movimentos paralelos, conduzir ocasionalmente as vozes por um caminho que não seja o mais curto, caso considere que assim possa melodicamente obter uma melhor voz superior (como, por exemplo, em 33*b*, no sinal †). Obviamente, apenas a voz superior será de momento tratada com esse propósito, cuidando, acima de tudo, em evitar a grande monotonia que pode surgir quando da frequente repetição de um mesmo som. Porém, atente-se: não é o som ligado durante vários acordes que produz um efeito monótono, visto que não se repete e, portanto, não causa nenhum movimento. O que resulta facilmente maçante é a repetição de uma determinada sucessão de sons, ou de um mesmo som após dois ou três sons diferentes, sem que a linha melódica esteja modificada o suficiente por uma adequada mudança de direção do movimento. O aluno não deve inquietar-se em demasia quanto à observância de semelhantes questões melódicas. Por agora, será mínimo o polimento que lhe é possível obter. Quando aumentarem os nossos recursos, intensificar-se-ão as nossas exigências.

A preparação com a quinta segue as mesmas normas que a preparação através da terça.

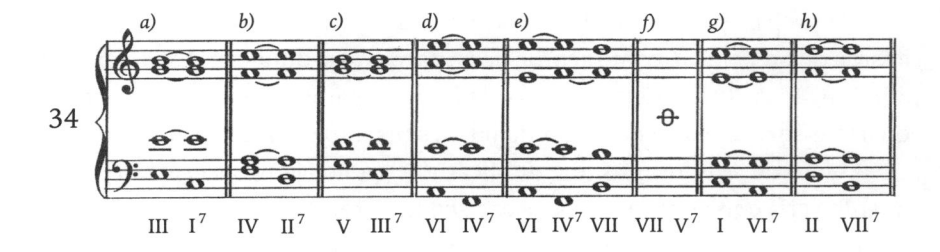

Nestes exemplos, existem sempre três notas comuns que podem manter-se como vínculo harmônico. No encadeamento IV⁷-VII, dever-se-á duplicar a fundamental do IV grau para preparar o *fá* do acorde do VII grau. O VII grau é inadequado para a preparação do V, porque não cumpre as condições que exigimos do acorde de preparação. Este deve conter o som a ser preparado como consonância; mas o *fá*, no acorde do VII grau, é uma quinta diminuta; logo, é uma dissonância. Seria possível ignorar isso, uma vez que, anteriormente, o *fá* foi preparado para o VII grau e continua mantido pela mesma voz. Todavia, o encadeamento mostra-se algo débil, pois o efeito notório da dissonância *fá* contra *sol* [V⁷] é quebrado pela dissonância anterior deste mesmo *fá* contra *si*. O novo *sol*, acrescentado no baixo, dificilmente aumenta esse efeito; ao contrário, produz a impressão de que foi meramente omitido no acorde anterior. Portanto, abandonaremos este enlace.

A preparação do acorde de sétima com a oitava será excluída por agora. Voltaremos a ela mais à frente. Resta-nos, então, contemplar a preparação e resolução do acorde de sétima através dos acordes de sexta e de quarta-e-sexta.

Na preparação do acorde de sétima através da terça, se for empregado o acorde de preparação como acorde de sexta, deve-se duplicar a terça (exemplo 35: *1, 3, 5, 7, 9, 11, 13*). Por outro lado, a preparação através do acorde de quarta-e-sexta é realizada sem dificuldades (exemplo 35: *2, 4, 6, 8, 10, 12, 14*).

O fato de aqui termos que duplicar a terça no acorde de sexta mostra o quanto seria equivocado estabelecer a seguinte regra: "no acorde de sexta não há licença de duplicar a terça". Pois, como se vê, há momentos que exigem sua duplicação. A nossa instrução proclamava (enquanto realmente era assim): "é supérfluo duplicar a terça". Aqui, porém, é *necessário*; logo, não é mais supérfluo. Mesmo se eu houvesse dado uma regra, jamais o teria feito sem acrescentar o seguinte: "toda regra é revogada por uma necessidade maior". Quase gostaria de proclamar: "é esta a única regra que deveria ser dada".

Devendo-se empregar o acorde de sexta do VII grau como preparação do III grau (exemplo 35: *5*), este não pode aparecer completo. Tem-se que omitir a quinta ou a terça, pois a resolução da quinta diminuta (*fá*) exige a duplicação da fundamental (*mi*). Neste caso, há que considerar duas coisas:

1. o VII grau, que é aqui o acorde preparador, há de ser por sua parte, evidentemente, também preparado;

2. aconselha-se, então, colocar assim a nossa segunda pergunta: quais são as dissonâncias? Porque aqui se apresentam duas: a quinta diminuta do acorde de preparação, a qual tem que descer, e a sétima do III grau, que deve manter-se.

Na preparação através da quinta (exemplo 36) será recomendável duplicar no acorde preparador – o acorde de sexta – melhor a quinta do que a oitava; naturalmente, pode-se também duplicar a oitava, caso não se importe com as quintas ocultas (exemplo 36: *1, 3*). Enfim, caso tenha-se como de importância manter ligadas todas as vozes superiores, pode-se duplicar a terça (exemplo 36: *1b*). Todavia, isso não é imprescindível (exemplo 36: *1, 1a, 1b*).

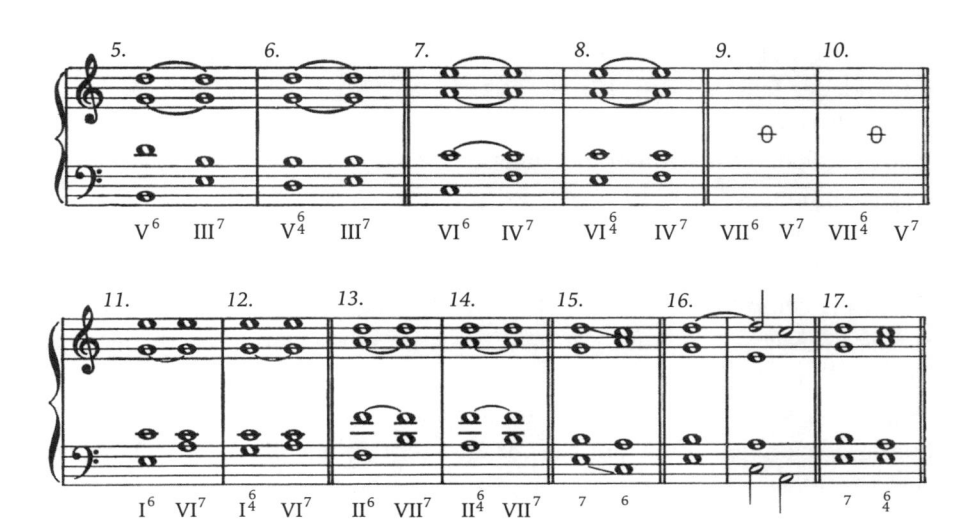

Não posso recomendar a resolução do acorde de sétima em um acorde de sexta (exemplo 36: *15*). Esse encadeamento, do qual por agora temos que abster-nos, pode ser completamente bom sob certas condições (exemplo 36: *16*), conforme veremos mais tarde (exemplo 244). Por enquanto devemos, não obstante, conformar-nos a não incluí-lo em nossos projetos, pois essas oitavas ocultas, que se originam com a sétima e o baixo indo à mesma nota (*dó*) por movimento direto – o baixo (fundamental) realizando o caminho mais curto –, são as únicas que considero verdadeiramente ruins na frase harmônica. Pela seguinte razão: a sétima é um som que contém ambições, um som que mostra um impulso obrigatório a resolver-se em outro. Em nosso caso, à sétima do primeiro acorde segue a terça do acorde seguinte. Mas essa terça deve agora também tornar-se o baixo do acorde; se o baixo seguir o caminho mais curto, o que seria o mais sensato, também descerá (o salto de sexta ascendente, *mi-dó*, seria aqui de pouca utilidade, pois a sexta é para o nosso ouvido – talvez por convenção, talvez porque sempre se usou assim – mais um movimento melódico do que harmônico). Então, teremos aqui que o baixo vai a um som que era esperado em outra voz. Se é que o surgimento de um som assim resultaria satisfatório em uma outra voz, seu efeito no baixo soa fraco, pois a escolha desta opção não pode competir vitoriosamente com a necessidade de cumprir aquela outra obrigação (a resolução da sétima). Aqui, pode-se realmente falar de uma diminuição da independência da linha do baixo.[35]

---

35 Poder-se-ia objetar que, após opor-me tão severamente às exceções, estou admitindo uma. Contudo, tenha-se em conta o seguinte: de fato, esse caso é uma exceção; mas – e isto é

Ao contrário, a resolução sobre o acorde de quarta-e-sexta não oferece dificuldades (exemplo 36: *17*).

O aluno deve aqui prosseguir exercitando-se. Primeiro, com enlaces isolados e, depois, construindo pequenas frases as quais devem ser planejadas da maneira mais sistemática possível.

Projetar a linha do baixo já não será mais tão fácil quanto antes. Com a possibilidade de escolha surge, simultaneamente, a obrigação de escolher bem. Seja como for, deve-se escolher inversões que permitam uma *condução melódica* do baixo. Ademais, entram em cena ainda outras condições. Por exemplo: desejando-se "preparar um acorde de sétima através de um acorde de quarta-e-sexta" (o aluno deve sempre colocar-se assim a tarefa), o acorde de quarta-e-sexta tem então, por sua vez, que ser também preparado. O melhor será, ao colocar-se semelhante questão, dispor no centro do exercício o problema que se quer solucionar e, depois, completar a construção, indo, de um lado, do centro ao início da frase e, do outro, do centro ao final.

Por exemplo, se me proponho como tarefa uma frase que contenha o seguinte: *o acorde de sétima do III grau preparado pelo acorde de quarta-e-sexta do V grau* e também *o acorde de sétima do VII grau preparado pelo acorde de sexta do IV grau*, escreverei no centro da frase, antes de qualquer outra coisa, os graus com suas respectivas cifras e, a seguir, as notas do baixo (exemplo 37):

Eu somente poderia colocar adiante do *ré* do acorde de quarta-e-sexta do V grau, como nota do baixo, *ré, mi* ou *dó*. O *mi* no baixo poderia ser: acorde do III grau, acorde de sexta do I grau ou acorde de quarta-e-sexta do VI grau. Esta última possibilidade exclui-se de antemão, pois seriam dois acordes

---

importante – uma exceção a uma lei que não criei. Ao contrário: a uma lei que eu mesmo refutei. E se aqui concedo validade a uma lei por mim refutada, não por isso estou concedendo uma exceção. Pois minha refutação não significava que essa lei não tivesse sido observada, durante séculos, pelos compositores; mas, isso sim, que o respeito a essa lei era infundado. Não refutei que semelhante lei tivesse sido aplicada; apenas mostrei que não se tinha depois o direito de prosseguir aplicando-a. Mas, se esta lei tiver algum mínimo vestígio de fundamentação, o caso aqui mostrado seria, portanto, um dos mais grosseiros. Então, as oitavas ocultas são quase tão más quanto as paralelas. E se recomendo evitar as paralelas, posso da mesma forma proibir as ocultas em situações onde as considero tão más quanto as paralelas. Reflita-se: "as quais presumo quase tão más quanto as paralelas". Porém, quão ruins considero as paralelas? Ora, isto deveria depreender-se de minha refutação!

de quarta-e-sexta consecutivos. Tampouco é recomendável dar a esse *mi* o acorde fundamental do III grau, visto que essa mesma disposição aparece quase imediatamente depois. Seria possível o acorde de sexta do I grau, mas assim teríamos uma repetição do som *mi*, o que deve ser evitado sempre que possível. Para preceder o *ré* na linha do baixo temos à escolha somente *ré* ou *dó*. Optando por *ré*, este apenas poderia aparecer como baixo dos graus II ou VII. O VII deve-se excluir, pois teria de ser resolvido no III; resta-nos o II, o qual seria excelente se não mantivesse o baixo imóvel, o que resulta em uma pequena falha na graciosidade [*kleiner Schönheitsfehler*]. Caso o *ré* do baixo deva ir precedido de *dó*, então somente poderemos considerar o I grau (ao menos por enquanto), visto que o IV e o VI (que também contém a nota *dó*) não possuem nota comum com o V. Portanto, permanece como melhor solução: a introdução deste acorde de sétima (III grau) preparado pelo acorde de quarta-e-sexta do V grau, imediatamente após o acorde inicial (I grau).

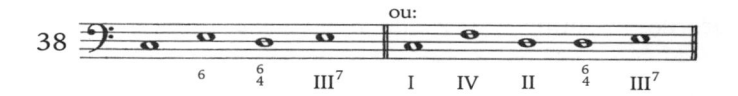

O exemplo 38 mostra de que outra maneira se poderia construir o início. O exemplo 39 expõe uma realização completa da tarefa:

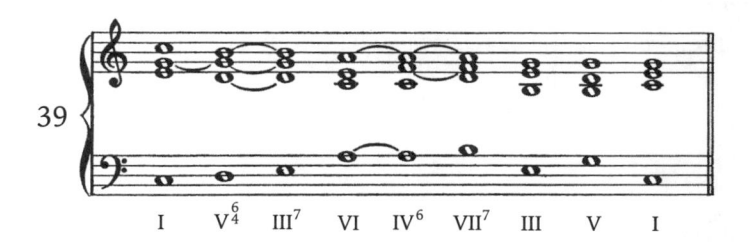

Uma dificuldade apresenta-se aqui novamente, pois a resolução do acorde de sétima do III grau ocorre sobre o *lá*, e a preparação do acorde de sétima do VII grau através do acorde de sexta do IV grau, começa com a nota *lá*. Ter-se-ia, então, que inserir, entre estas duas notas iguais, pelo menos três ou quatro acordes e mesmo assim seria questionável que resultasse um baixo melhor. O menos desfavorável seria enlaçar as duas situações, unindo-as através do *lá* (exemplo 39); isso caso não se decidisse por uma correção radical: não apresentar, um ao lado do outro, estes dois acordes de sétima num exercício tão breve, mas empregar um outro acorde no lugar de um deles. Contudo, tal solução não é obrigatória, pois basta descobrir a solução relativamente melhor, visto que nestes trabalhos escolares o importante não é que eles sejam absolutamente impecáveis, mas que o aluno tenha oportunidade, graças a eles, de meditar sobre os problemas que são apresentados. Esta ginástica do espírito, mesmo não alcançando resultados livres de falhas, causa uma melhoria da habilidade do aluno mais significativa do que o fariam exemplos impecáveis. Pois semelhantes exemplos apenas são possíveis quando se eliminam do caminho todas as dificuldades e quando se libera o aluno do tormento de ter de escolher; porém, por isso mesmo, diminuindo o prazer do êxito. Uma solução encontrada pessoalmente, ainda que defeituosa, além de proporcionar mais alegria, reforça mais intensivamente os músculos respectivos.

## Inversões dos acordes de sétima

Os acordes de sétima, do mesmo modo que as tríades, podem ser invertidos, ou seja: ter no baixo um som, componente do acorde, que não seja a fundamental. Quando, no baixo, estiver a terça, teremos o *acorde de quinta-e-sexta* ($^6_5$) (ou, mais exatamente, *acorde de terça-quinta-e-sexta*, com a cifragem $^6_5_3$); se a quinta estiver no baixo, teremos o *acorde de terça-e-quarta* ($^4_3$) (ou, mais exatamente, *acorde de terça-quarta-e-sexta*, com a cifragem $^6_4_3$); e se for a sétima a aparecer no baixo, teremos então o denominado *acorde de segunda* (ou, mais exatamente, *acorde de segunda-quarta-e-sexta*, com a cifragem 2).

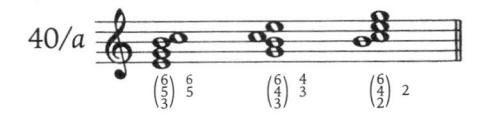

As inversões dos acordes de sétima podem ser utilizadas sob as mesmas condições válidas para as inversões dos acordes tríades, a saber, para criar maior possibilidade de variação na linha do baixo e para evadir-se de repetições desagradáveis. Aqui são desnecessárias novas instruções.

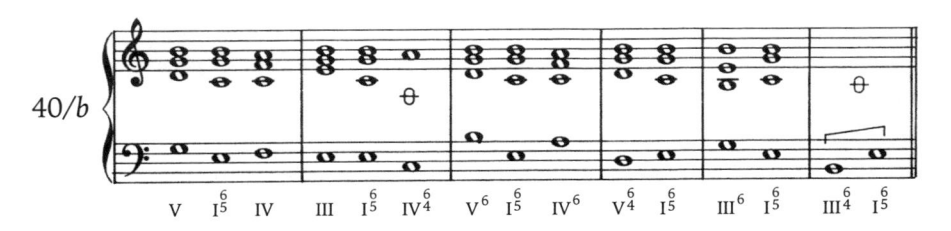

No exemplo 40*b*, preparou-se e resolveu-se o acorde de quinta-e-sexta do I grau. Para a preparação da sétima através da terça do acorde precedente (no caso o V grau), este pode se apresentar em estado fundamental, como acorde de sexta ou como acorde de quarta-e-sexta. Para a preparação através da quinta do acorde precedente (no caso o III grau), o acorde preparador pode encontrar-se em estado fundamental ou de sexta, mas não de quarta-e-sexta (em razão do salto *si-mi* no baixo). A resolução do acorde de quinta-e-sexta pode se dar estando o acorde de resolução no estado fundamental (sempre o salto de quarta ascendente das fundamentais) ou como acorde de sexta, mas não como acorde de quarta-e-sexta. Na resolução do acorde de quinta-e-sexta no acorde de sexta é melhor preferir que o baixo e a sétima descendente realizem um movimento contrário, por causa das oitavas ocultas que surgiriam caso o baixo também descesse; porém, isso não é absolutamente imprescindível. Estas orientações valem para o acorde de quinta-e-sexta dos demais graus, exceto para o VII, que requer considerações especiais.

Quanto ao tratamento do acorde de terça-e-quarta, já nos impusemos antes algumas limitações, pois este acorde, sem a sétima (e com a quinta presente no baixo), é um acorde de quarta-e-sexta; ou seja: este é um acorde de quarta-e-sexta com uma sétima acrescentada. Logo, o aluno tratará o acorde de terça-e-quarta como se fosse de quarta-e-sexta, a saber: evitando alcançar ou abandonar o baixo através de salto, não encadeando dois acordes de terça-e-quarta entre si e tampouco com um acorde de quarta-e-sexta. Em realidade, isto não é absolutamente obrigatório, pois contradiz em demasia o que amiúde ocorre na prática musical. É o que nos expõe o exemplo 40*c*, um dos encadeamentos mais frequentemente utilizados.

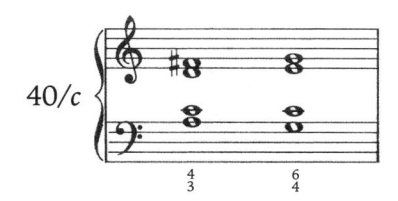

$$40/c$$

O exemplo 40*d* mostra a preparação do acorde de terça-e-quarta através da terça e através da quinta dos acordes precedentes, e a sua resolução no acorde em estado fundamental e no acorde de sexta; a resolução no acorde de quarta-e-sexta é impossível em razão do "salto" (exemplo 40*d*, *3, 4*):

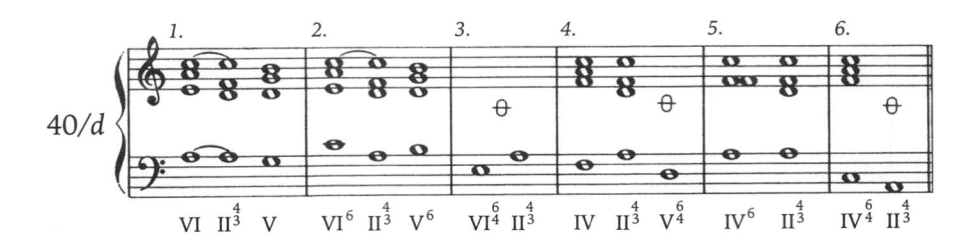

No acorde de segunda, a sétima a ser preparada deve, obviamente, sempre ocorrer antes no baixo. Assim, existem poucos casos possíveis. A resolução apenas pode se dar no acorde de sexta, pois a sétima tem que descer:

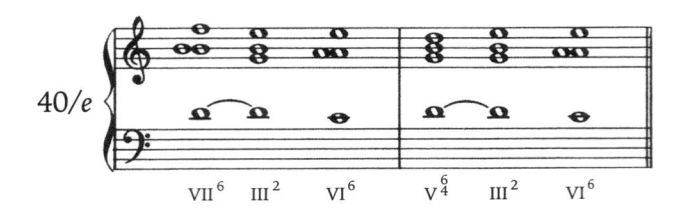

O VII grau, como acorde de sétima, mostra o seguinte:

Deve-se observar que não apenas a sétima, mas também a quinta diminuta tem que ser preparada e resolvida; especialmente no exemplo *40g-1*, onde também o *fá* do baixo tem que ser preparado. Aqui, como em casos anteriores (por exemplo, na resolução do acorde de quinta-e-sexta em um acorde de sexta), mais uma vez se nos depara, naturalmente, a duplicação da terça (exemplo 40*f*, 2), ou a obrigação de duplicar a terça no acorde de sexta para preparar a quinta diminuta (exemplo 40*f*, 5). Exclui-se a preparação do acorde de terça-e-quarta através do acorde de sexta do IV grau, visto que a quinta diminuta tem que ser preparada (exemplo 40*g*, 2, 4, 6). Pela mesma razão, o acorde de terça-e-quarta não pode resolver-se no de sexta, pois o *fá* não deve subir, e sim descer. O acorde de segunda somente pode ser preparado através do acorde de sexta do IV grau ou com o acorde de quarta-e-sexta do II grau.

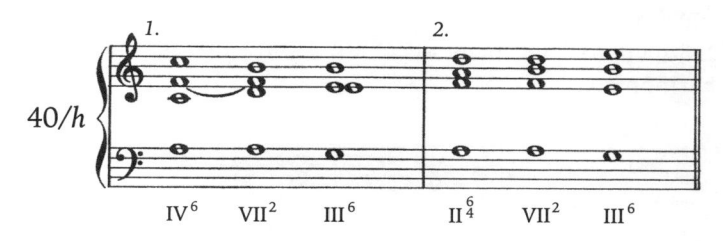

O aluno deve agora exercitar-se na preparação e resolução das inversões do acorde de sétima em diferentes tonalidades, e depois elaborar pequenas frases.

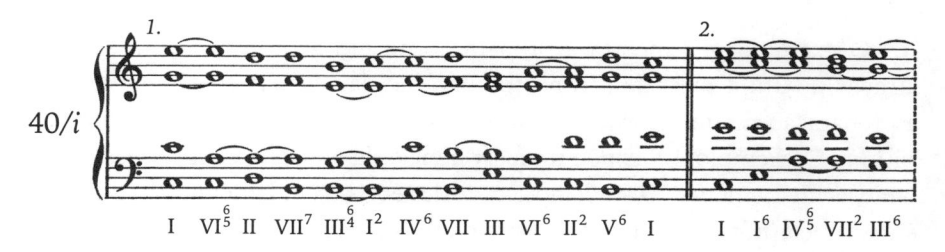

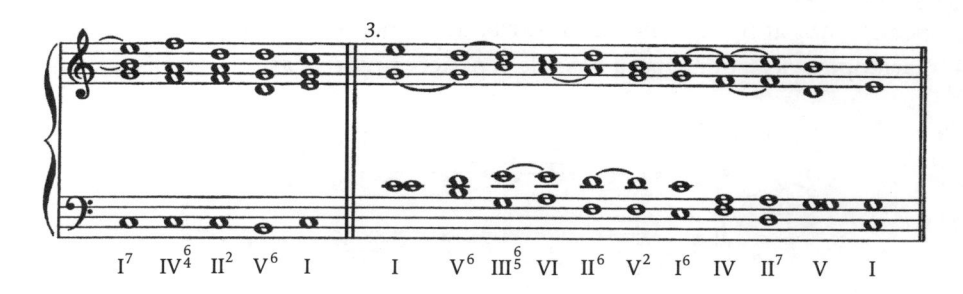

## Encadeamento dos acordes de sétima entre si

Se considerarmos apenas a instrução mais importante dentre aquelas relativas ao acorde de sétima, a saber, que a sétima, na resolução, deve descer de grau; e se nos abstrairmos da exigência de um passo vigoroso das fundamentais; e se, para a preparação, nos limitarmos a colocar o som preparado como consonância no acorde precedente (deixando-o livre, sem prescrever--lhe um caminho!), então poderemos encadear acordes de sétima entre si. Mas sempre satisfazendo estas duas condições: que o som de preparação seja uma consonância e que a resolução da sétima seja de grau e descendente. Isso corresponde ao procedimento já anunciado quando do tratamento do VII grau. Naquela ocasião foi expresso que a dissonância exige um tratamento cauteloso somente quando significar um acontecimento chamativo dentro do viver harmônico.

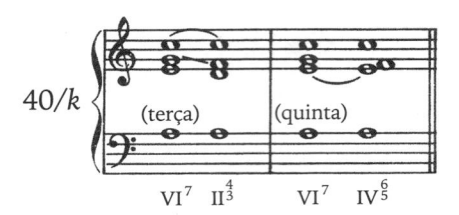

O exemplo 40*k* mostra a preparação de um acorde de terça-e-quarta através de um acorde de sétima (preparação da sétima através da terça) e a preparação de um acorde de quinta-e-sexta através do mesmo acorde de sétima. O exemplo 40*l* expõe uma sequência de encadeamentos desse tipo, onde, evidentemente, o estado do acorde de sétima (fundamental ou inversão) é dado pela nota do baixo correspondente. A bem dizer, uma sucessão de tamanha amplitude propriamente não nos interessa. Menciona-se, contudo, por ser, nos antigos compositores, frequentemente elaborada como suporte harmônico de sequências à base de repetições motívicas.

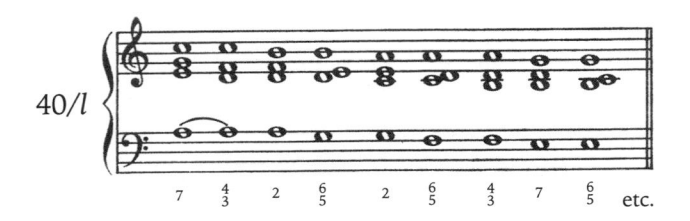

No exemplo 40*m* apresentam-se alguns encadeamentos nos quais o baixo salta enquanto a sétima se resolve, e um som consonante ocupa-se da preparação de outro acorde de sétima. Durante a resolução, duas outras vozes permutam suas posições.

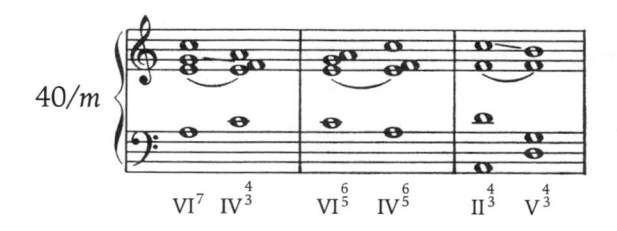

$$\text{VI}^7 \quad \text{IV}^{4}_{3} \qquad \text{VI}^{6}_{5} \quad \text{IV}^{6}_{5} \qquad \text{II}^{4}_{3} \quad \text{V}^{4}_{3}$$

Uma vez que o aluno alcance certa segurança no tratamento da dissonância, serão revogadas algumas das limitações até agora impostas. Por enquanto, conservaremos tais limitações, pois ainda há coisas por serem examinadas sob esse ponto de vista. Impõe-se, agora, a pergunta: se tal pode ser feito de modo mais simples, por que não fazê-lo já?

Perante isso, tenho a dizer o seguinte: porque é no tratamento da dissonância que se mostram, de maneira mais evidente, as particularidades do sistema da teoria harmônica. Uma vez que tal sistema é, tão somente, *um sistema de observação e de tratamento das coisas*, mas não um sistema das coisas mesmas, poder-se-ia prescindir de tudo isso e declarar ao aluno: "escreve segundo o teu ouvido!". Todavia, não é tão fácil resolver-se extrair daí tamanha consequência. Obscuramente, pressente-se que, se o aluno for abandonado ao seu próprio ouvido, na ausência de pressupostos, ele escreveria coisas que não seriam necessariamente erradas, mas que, por não se conformarem àquilo que se nos apresenta como ordem artística, exatamente por isso também não seriam corretas. Cada um, ainda que de forma nebulosa, percebe a contradição entre esta ordem que quer ser natural e o que vem a ser desaprovado pelo bom ouvido dos naturais, dos incultos: porque essa ordem não é uma ordem natural, mas artificial; é uma cultura. Entretanto, a natureza é tão multiforme que podemos inserir nela os nossos artifícios. E, seguramente, outros sistemas assim como o nosso também (ou tampouco!) poderiam ser justificados com base na natureza. Pois o presente sistema é a representação [*Darstellung*] artificial (imperfeita) de algo provavelmente natural (perfeito), cuja essência deve ser ensinada ao aluno. Entretanto, há de se ter bem claro que não se lhe ensinam aquelas leis eternas que resultam da natureza como leis artísticas únicas e imutáveis! Senão a considerar que, por nossa incapacidade em compreender o desordenado, nos esforçamos em representar o manejo tradicional de nossa arte sob a forma de uma teoria perfeitamente concluída, *baseada na natureza*. Pode-se consentir nessa teoria como algo *também* baseado na natureza. Não mais que isso! Pois, mesmo que nossa arte e sua teoria pudessem, com justiça, invocar a natureza, o inculto não estaria necessariamente errado se produzisse coisas diferentes. Porque a arte reduz o cognoscível ao representável. Por conseguinte, as coisas podem ser conhecidas e representadas de maneiras diversas. E, sobretudo: a arte não é, como a natureza, uma realidade existente, senão algo que veio a existir.[36]

Logo, poderia haver sido de outra forma. Talvez o caminho, a evolução, que a arte seguiu em seu devir seja mais característico do que a natureza donde surgiu. Então, desejando-se ensinar ao aluno o sentido tradicional de nossa harmonia, importa muito mais conduzi-lo pelo caminho da arte do que pelo da natureza. O caminho da arte talvez não seja sempre o mais curto, porém é sempre praticável. Se não conduz à realidade da natureza, conduz à realidade da arte, e isso basta. É óbvio que, se se considerasse o caminho que conduzisse a todas as realidades imagináveis da arte, poderia haver eventuais desvios para aproximar-se daqueles fenômenos cuja influência não mais se percebe hoje com clareza. Seja como for, é este o caminho. Um novo caminho poderia ser mais curto, poderia evitar paragens supérfluas. Porém, quem sabe exatamente, com absoluta precisão – de forma a poder responsabilizar-se, a cada momento, pela evolução futura –, quais destas paragens são realmente supérfluas e sem influência sobre o porvir?

Ainda que se desse imediatamente ao aluno a máxima liberdade no trata-mento das dissonâncias, não se poderia deixar sem resposta a questão relativa aos limites dessa liberdade. Penso que talvez fosse possível permitir-me esse luxo. Pois tenho tal confiança no ouvido do aluno dotado que estou seguro de que ele sempre encontrará o verdadeiro caminho. Minha experiência, tanto pessoal quanto com meus alunos, reforça-me essa convicção. Mas também constatei, no meu caso e em outros, que logo surge o forte desejo de saber algo mais sobre estas coisas, de conhecê-las de forma a torná-las próprias, de compreendê-las como uma ordenação, como um sistema de relações. Ade-mais, há talentos que também necessitam de instrução, alguns talvez apenas para economizar tempo; se bem que o tempo não é perdido, em absoluto, quando empregado numa busca pessoal, mesmo quando se incorre em erros. Todavia, esse tempo pode ser utilizado de modo mais racional, se nos guia uma mão segura e cauta.

---

36 *Vor allem aber: die Kunst ist nicht ein Gegebenes wie die Natur, sondern ein Gewordenes.*

# O modo menor

Até aqui, os nossos exercícios foram sempre realizados em modo maior mas, agora, gostaríamos de trabalhar os conhecimentos adquiridos também no modo menor. Para tanto é necessário, antes de tudo, tornar clara a natureza do modo menor.

Ambos os modos, maior e menor, são resíduos dos sete modos eclesiásticos. O nosso maior atual é o jônico dos antigos, e o nosso menor, o eólio. Os demais cinco modos eclesiásticos começavam: o dórico com *ré*, o frígio com *mi*, o lídio com *fá*, o mixolídio com *sol* e o hipofrígio com *si*.

Cada um desses modos compunha uma sucessão, utilizando para isso a conhecida sequência dos sete sons [*dó-ré-mi-fá-sol-lá-si*]. Por exemplo, o modo dórico começava com *ré;* portanto, a sua escala ficava assim constituída: *ré-mi-fá-sol-lá-si-dó*. Estas sucessões, assim como as atuais escalas maiores e menores, podiam ser transportadas, do que propriamente resultavam 84 tons, nem todos usuais. Em tratados antigos pode-se melhor consultar sobre a questão dos modos eclesiásticos. Discutirei aqui somente as particularidades que interessam ao nosso objetivo, a saber, aquelas que, até onde eu consiga perceber, tiveram influência na posterior evolução. Não é apenas recomendável que tais particularidades sejam consideradas:[1] é imprescindível que o sejam, se desejamos apresentar uma ideia do senso formal harmônico que serviu de

---

1 A contemplação dos modos eclesiásticos, no quadro do tratamento do modo menor, foi-me sugerida por um manual de harmonia de Max Loewengaard.

base ao nosso. Assim, menciona-se que os modos eclesiásticos esforçavam-se por imitar a peculiaridade do jônico, o qual possuía uma sensível ascendente como seu sétimo som, distante do oitavo grau apenas um passo de semitom. Considero esse esforço, conforme já disse, a causa da dissolução dos modos eclesiásticos. Dessa maneira, aboliam-se as diferenças que os caracterizavam, e os modos, antes perfeitamente individualizados, tornaram-se tão semelhantes que acabaram reduzidos a dois tipos principais, claramente diferenciados: o modo maior, que reunia as características do jônico e dos modos maiores semelhantes a ele, e o modo menor, que reunia as particularidades do eólio e de seus menores afins. O modo menor, portanto, é um mero produto artístico, e são vãos os intentos de apresentá-lo como algo natural. Sua naturalidade não é imediata, mas indireta como a dos modos eclesiásticos.

Certamente, o fato de os modos maior e menor serem o resultado de uma evolução, de representarem uma simplificação essencial frente ao sistema anterior (visto tratar-se de uma síntese que contém todos os elementos que ocorriam nos sete modos antigos) e também o fato de que o dualismo de nossos modos, lembrando a dualidade dos sexos e estabelecendo, nos campos expressivos, limites entre o prazer e a falta de prazer e de vontade, têm a força de um símbolo que lembra instituições elevadas. Certamente, todas essas circunstâncias puderam dar base à crença errada de que os nossos dois modos sejam o único natural autêntico, o imperecível, o definitivo: de que a vontade da natureza realiza-se através desse sistema. Mas, para mim, os fatos significam algo muito diferente: *temos nos aproximado da vontade da natureza*. Contudo, estamos ainda muito distantes dela: os anjos, nossa natureza superior, não têm sexo, e o espírito não conhece a falta de prazer e de vontade.

Certamente, nossos antepassados consideraram os modos eclesiásticos perfeitos tal como nós fazemos com os nossos atuais maior e menor; o número *sete* tem tanta força simbólica quanto o *dois* e, em vez dos *dois* principais domínios de expressão que hoje a ciência musical admite, eles provavelmente consagraram, com sua fantasia, *sete* domínios. Se se houvesse mostrado o futuro aos antigos, a saber, que cinco dos seus sete modos iriam desaparecer, restando apenas *dois* – assim como se hoje nos fosse demonstrado que os nossos dois modos remanescentes, maior e menor, se reduzirão a apenas *um* –, eles por certo argumentariam contra essa possibilidade, da mesma forma como hoje fazem nossos contemporâneos. Falariam de desordem, de anarquia, de ausência de uma característica, de empobrecimento dos meios artísticos e assim por diante, conforme hoje fazem, lamentando-se, todos aqueles que condenam os resultados da evolução, porque preferem permanecer sentados, quentinhos junto à sua estufa, por não quererem compreender que, em todo progresso, tem-se que perder algo de um lado se quer ganhar algo do outro.

O trabalho preliminar é a entrada, o preço. No progresso, que é o ganho, reside também o trabalho preliminar; se não inteiramente, pelo menos no essencial. E, sob o aspecto absoluto da evolução, todo progresso é apenas um trabalho preliminar. Por isso que não existem pontos culminantes insuperáveis, porque todo ponto culminante recém-atingido nada mais é do que um termo proporcional em face do anterior superado. Dessa forma, não acredito na inevitável decadência da vida dos povos. Assim, não creio que os romanos não poderiam ter superado o ponto culminante de seu desenvolvimento se não houvessem sido afetados por um acontecimento de todo externo aos fatores que devem ser levados em conta na evolução de uma cultura: a migração dos povos, a invasão dos bárbaros [*Völkerwanderung*]. É certo que naquela época a potência de uma nação manifestava-se, sobretudo, em sua habilidade guerreira. Não se deve esquecer, contudo, que ali se trata de uma cultura vencida pela barbárie. Porém, o haver uma cultura falhado, o ter-se tornado improdutiva, não se deve ao fato de supor-se gasta e daí ter que ser totalmente removida. Essa remoção teria que ser consumada no interior mesmo do organismo, sob a forma de uma revolução que extirpasse os órgãos mortos, mas que mantivesse o organismo subsistindo em seu conjunto. Se se deseja atribuir a destruição de Roma às forças decadentes da nação, poder-se--ia então considerar as próprias invasões bárbaras como uma consequência da hipercultura romana. Mas tão distante não desejam ir aqueles mesmos pessimistas, que farejam decadências em todas as partes, naqueles mesmos locais onde os otimistas rastreiam novas forças.[2]

---

2 Conforme, quando acontecem, temos vindo notificando, a seguinte "nota de rodapé", a exemplo de algumas outras no livro, não ocorre na sétima edição austríaca. Mas, conforme já se explicou antes, este e alguns outros textos, sempre como "nota de rodapé", atualmente excluídas do original em alemão, curiosamente aparecem em traduções para outros idiomas, donde é de se concluir que estivessem presentes na terceira edição em alemão, de 1922, dada por Schoenberg como definitiva, e, por certo, ainda em outras edições anteriores à atual. Haver-se-ia que ter em mãos, para cotejamento, tais antigas edições originais, o que, por enquanto, infelizmente não é o caso. Só dispomos da sétima. Seja como for, resolvemos também acrescentar aqui tais textos faltantes, sempre levando em conta o significado amplo e daí o proveito dessas digressões realizadas pelo autor. A *indenização*, a que ele abaixo se refere, são compensações de guerra (excessivas sob todos os aspectos) impostas ao mundo germânico pelo Tratado de Versalhes, que apenas serviram como motivo para o nazismo e combustível para a Segunda Grande Guerra. (N. T.)
Estas frases, escritas há dez anos, poderiam hoje – em 1920 – servir como ânimo para todos aqueles que, após a guerra, perderam a confiança em si mesmos. Desde o instante em que

O declínio dos modos eclesiásticos é esse necessário processo de de-composição donde brota a nova vida dos modos maior e menor. E se nossa tonalidade extinguir-se, nela própria já está contido o gérmen da próxima manifestação artística. Nada é definitivo na cultura; tudo é tão somente pre-paração para um grau mais alto de desenvolvimento, para um futuro que, por enquanto, apenas podemos idealizar de forma imprecisa. E essa evolução não terminou, ainda não foi transposto o ponto culminante. Ela só começa agora, e talvez nunca se conquiste tal ponto supremo, pois esse sempre poderá ser ultrapassado. "Aqui flui a última onda", disse certa vez, apontando um rio, Gustav Mahler para Brahms, quando este, num ataque de pessimismo, falava de um ponto culminante da música que para ele seria o último.

Nosso atual modo menor é, portanto o antigo eólio, cuja escala é: *lá--si-dó-ré-mi-fá-sol*. Ocasionalmente, quando o sétimo som devia passar ao oitavo, transformava-se este sétimo num *som sensível* [*Leitton*]: em vez de *sol*, colocava-se *sol♯*. Surgia, assim, o intervalo aumentado *fá-sol♯*, que os antigos de preferência evitavam. Para isso, trocavam também o *fá* por *fá♯*, de forma que, quando se queria o efeito de som sensível, a escala ficava ordenada da seguinte forma: *lá-si-dó-ré-mi-fá♯-sol♯-lá*. Que o intervalo *fá-sol♯* é algo de difícil entoação, comprova-se ainda hoje. Com certeza, não é fácil entoá-lo totalmen-

---

nós perdemos a guerra, aos outros não restava senão ganhá-la: porém, achava-se mais em nossas mãos perdê-la do que aos outros ganhá-la; estávamos em plena atividade; a guerra não foi perdida, senão que a perdemos. Demos alguns passos atrás e foi esta a indenização fornecida aos nossos adversários. Dela não necessitamos: a obteremos por nós mesmos. Não apenas podemos continuar existindo sem indenização (ao contrário deles), como também eles próprios taxam tão alto nossas capacidades que consideram sermos capazes de pagá-la. Quem, daí, poderia afirmar que estamos em decadência?

A verdadeira "decadência" de uma cultura (a de um continente inteiro é impossível, a começar pelas razões linguísticas) é um conceito histórico sem fundamento. Um excelente homem converte-se num simpático ancião: se não viveu abaixo da média, tornou-se um sábio. O mesmo ocorre a um povo cujas conquistas têm sido admiradas pelas nações: não se tornam depreciáveis somente porque os interesses universais – por razões desconhecidas – orientam-se para outros povos. Unicamente aquele que somente vê num ancião um cadáver a ser devorado pelos abutres, apenas quem não crê na sobrevivência da alma, tão só quem não vislumbre a alma de um ancião estar em vias de alcançar uma nova meta (até então histórica), unicamente alguém assim se esquece de avaliar que classe de velhos puderam ter sido Goethe, Wagner, Schopenhauer e Kant. De forma alguma um povo há de estar decadente só porque foi der-rotado ou destruído. Heitor mata Pátroclo e Aquiles mata Heitor [personagens da *Ilíada* de Homero]: então, pelo pensamento errado, ao menos dois deles seriam decadentes. O melhor é inimigo do bom: uma máquina de escrever modelo 1920 poderá ser superada por outra de modelo 1921, se esta for melhor que aquela. Porém, não por isso a de 1920 escreverá pior que antes, ao menos em princípio, senão exatamente igual que antes.

te puro e o emprego de tais intervalos contribui para dificultar a boa afinação dos coros quando estes cantam à capela. A objeção de que a antiga música de teclado também evitava semelhantes intervalos – apesar de no teclado um intervalo ser de execução tão fácil quanto qualquer outro, não podendo, portanto, apelar-se, neste caso, à dificuldade de entoação –, não obstante tal objeção não é válida, porque um intervalo difícil de ser entoado é igualmente difícil de ser imaginado e compreendido. A música vocal e a música instrumental nunca foram essencialmente distintas entre si quanto ao estilo. Ou seja, em ambas o *quê* e o *como* da expressão mantêm-se iguais no concernente à harmonia, ao contraponto, à melodia e à forma. O emprego de intervalos aumentados no teclado, em passagens melódicas de destaque, teria de ter levado o emprego desses mesmos intervalos também ao canto. Porém, como o ponto de partida era o canto, tais intervalos foram naturalmente evitados, não só no canto como também na música instrumental.

A permuta [*Vertauschung*] do sétimo grau da escala e, como consequência, do sexto por sons mais elevados, dava-se apenas para que acontecesse o *som sensível*.[3] Não havendo este objetivo, os sons da escala mantinham-se inalterados. Por isso, é incorreto basear as nossas observações na chamada "escala menor harmônica".[4] O que me parece correto é partir do modo eólio, o qual, ademais, também possui as qualidades da "escala menor melódica".[5]

Porém, é preciso ter sempre presente que a elevação do som apenas acontecia quando se objetivava uma sensível, isto é, quando se queria ir ao *lá* como conclusão final; somente nesse caso usava-se *sol♯* em vez de *sol*, e esse *sol♯* forçava a mudança de *fá* para *fá♯*. Dessa maneira existem, portanto, duas formas de escala menor conhecidas sob o nome de escala menor melódica: a ascendente, em que os sons sexto e sétimo, naturais, são substituídos pelos elevados, e a descendente, na qual se emprega a límpida sucessão dos sons naturais. Ambas as sequências não podem misturar-se: na ascendente usam-se

---

3 No Livro, todas as vezes que aparecer o termo *som sensível* ou *nota sensível* ou simplesmente *sensível* (referindo-se a nota da escala musical), o respectivo termo original é sempre *Leitton*, que literalmente significa "som condutor", ou, mais amplamente conforme a circunstância, "som que obrigatoriamente conduz a outro". Mantivemos as traduções acima tanto por tradição terminológica no que concerne a tal som da escala, quanto por problemas de contexto que a tradução literal ocasionaria. Fique, porém, registrada a força semântica da ideia original. (N. T.)

4 Com elevação apenas do VII grau, o qual passa a ser *sol♯*, tanto na escala ascendente quanto na descendente. (N. T.)

5 Forma na qual a escala *ascendente* tem os sons sexto e sétimo elevados, *fá♯* e *sol♯*, e a escala *descendente* tem todos os sons naturais. (N. T.)

somente os sons elevados, e, na descendente, unicamente os naturais. Exporemos aqui, em forma de regras, os quatro *pontos de trajeto obrigatório* [*Wendepunktgesetze*][6] da escala menor:

*Primeiro ponto de trajeto obrigatório*: *sol♯*. Tem que ir ao *lá*, pois somente é usado em razão do passo de sensível. Em nenhum caso pode seguir-lhe *sol* ou *fá* naturais, tampouco *fá♯* (pelo menos por agora);

*Segundo ponto de trajeto obrigatório*: *fá♯*. Tem que ir ao *sol♯*, por somente ter-se introduzido como consequência deste. Em nenhum caso pode seguir-lhe *sol* ou *fá* naturais, tampouco (pelo menos por agora) *mi*, *ré*, *lá* etc.;

*Terceiro ponto de trajeto obrigatório*: *sol*. Tem que ir ao *fá*, pois pertence à escala descendente. Em nenhum caso pode seguir-lhe *fá♯* ou *sol♯*;

*Quarto ponto de trajeto obrigatório*: *fá*. Tem que ir ao *mi*, pois pertence à escala descendente. Em nenhum caso pode seguir-lhe *fá♯*.

É imprescindível a observância destas instruções, sem as quais dificilmente será possível exteriorizar as características do modo menor. Por ora temos que nos abster de movimentos cromáticos, cujas condições não foram ainda analisadas. Qualquer outro emprego dos graus sexto e sétimo elevados poderia facilmente contribuir para turvar a sensação de tonalidade, a qual, por enquanto, desejamos conservar absolutamente pura. Quando nos tornarmos mais ricos de recursos, nos será fácil correr um ferrolho a qualquer aparente evasão tonal. Mas, por enquanto, dificilmente poderíamos fazê-lo. Os terceiro e quarto sons obrigatórios poderão mais tarde, apelando-se ao modo eólio, ser tratados com maior liberdade. Este modo corresponde-se (até onde os sons elevados não intervêm) com o jônico, ou seja, com o nosso modo paralelo maior. As citadas leis dos sons de trajeto obrigatório correspondem mais ao moderno modo menor melódico, onde raramente ocorre o que no eólio é frequente: longas passagens sem que se encontrem sons elevados, nas quais

---

6 Literalmente, *Wendepunktgesetze* significa Leis [*Gesetze*] dos Pontos de Transição [*Wendepunkt*]. O campo semântico abrangido por *Wendepunkt* é muito extenso, cabendo aí, além de outras, significações como: *solstício, crise, momento crítico, momento* (ou *ponto*) *de transição* etc. Schoenberg dará transcendental importância a esse termo, desde agora até o final do Livro, não apenas no presente estudo do modo menor, mas, e principalmente, no estudo das modulações. Porém, verificado o problema de contexto que surgiria ao traduzir sistematicamente *Wendepunkt* por qualquer um dos significados acima, restringimo-lo aqui ao uso técnico musical imediato, traduzindo-o por *sons* (ou *pontos*) *de resolução* (ou *trajeto*) *obrigatória*. Ou, simplesmente, por *sons obrigatórios*; quais sejam, aqueles que, por pertencerem à escala menor melódica *ascendente* ou à *descendente*, tal situação já lhes prescreve, automaticamente, o próximo passo. A tradução usará (para *Wendepunkt* e para outros termos) significados paulatinamente mais amplos conforme o assunto vá se expandindo. (N. T.)

o sexto e o sétimo graus movimentam-se livremente. É neste sentido que se poderia, desde agora, permitir um tratamento mais livre. Assim, pois, não se excluiria a possibilidade de vir um *lá* depois de um *sol* (em uma voz interna secundária, por exemplo), ou que viesse um *sol* depois de um *fá*. Isto, contudo, nas proximidades de um som elevado, poderia produzir uma sensação como uma espécie de rugosidade [*Unglätte*], semelhante ao que acontece com a chamada "falsa relação" [*Querstand*], sobre a qual ainda deveremos falar. Logo, nesse caso, o *sol* e o *fá* teriam de, no passo seguinte, por assim dizer "se resolverem", indo, respectivamente, ao *fá* e ao *mi* antes que viessem os sons elevados. Em todo caso, manteremos sempre, incondicionalmente, a restrição de que o *sol* e o *fá* não vão em hipótese alguma ao *sol*♯ e ao *fá*♯. Parece de melhor conveniência reservar este tratamento livre para mais tarde.

A escala de *Lá-menor*, tal como a tratamos, não é senão uma escala de *Dó-Maior* que começa com *lá*, a qual, em certos casos (para introduzir a sensível), admite a elevação do sétimo grau, e – por razões melódicas e como consequência dessa alteração – também a elevação do sexto grau. Se não aparecem estas alterações, tudo transcorre como na tonalidade maior paralela. Caso apareçam, entram em ação as instruções antes expostas sobre os sons de resolução obrigatória.

## As tríades próprias da escala no modo menor

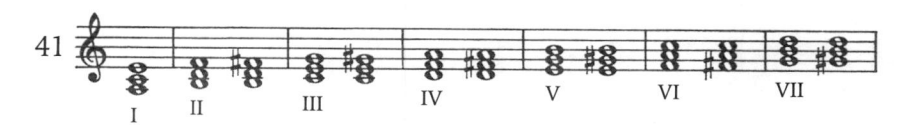

O exemplo 41 apresenta as tríades possíveis no modo menor. Evidentemente, visto que os sons elevados tomam parte na construção destes acordes, deparamo-nos com seis acordes a mais que no modo maior; sua posição, gênero e estrutura são também essencialmente distintos dos presentes no modo maior. Assim, aqui temos que sobre o I grau encontra-se um acorde menor. Sobre o II grau encontra-se um acorde diminuto e um outro menor. Sobre o III grau, um acorde maior e outro cuja forma é nova para nós.[7] Sobre

---

7  É a chamada *tríade aumentada*, da qual falaremos particularmente mais à frente. Consta de duas terças maiores que, somadas, resultam uma quinta aumentada. Esta quinta aumentada não se encontra entre os primeiros harmônicos superiores, sendo, portanto, uma dissonância.

o IV grau aparece um acorde menor e outro maior, o mesmo acontecendo sobre o V grau. Sobre o VI grau aparecem uma tríade maior e uma diminuta, o mesmo ocorrendo sobre o VII grau. Por agora, mais uma vez escolheremos para os encadeamentos apenas acordes que tenham notas comuns, para o que faremos uso da nossa antiga tabela. Os acordes nos quais não aparece nenhum som elevado, não oferecem qualquer dificuldade *quando encadeados entre si*. Neste caso, as condições são as mesmas que as do modo maior. Obviamente, acordes diminutos que acontecerem serão tratados como antes, ou seja: a tríade do II grau, *si-ré-fá* (que se corresponde à do VII grau no modo maior), será preparada através da tríade do IV grau (*ré-fá-lá*) ou através da tríade do VI grau (*fá-lá-dó*), e resolver-se-á no V grau (*mi-sol-si*). Poderia também resolver-se nesse mesmo V elevado (*mi-sol♯-si*), conforme exporemos mais adiante. Por outro lado, para o encadeamento destas tríades com aquelas que possuem sons elevados, ou destas últimas entre si, é necessário ter presente as instruções já dadas relativas aos sons obrigatórios. Naturalmente, disto surgirão algumas dificuldades, resultando daí que algumas sequências de encadeamentos por ora não poderão acontecer.

O aluno trabalhará, mais uma vez, conforme as perguntas anteriormente formuladas. As novas condições, derivadas das leis dos sons obrigatórios, farão com que a segunda pergunta soe agora do seguinte modo:

*2ª pergunta*: Qual é a dissonância (ou dissonâncias) e qual é o som ou sons obrigatórios (com caminho prescrito) que temos de observar?

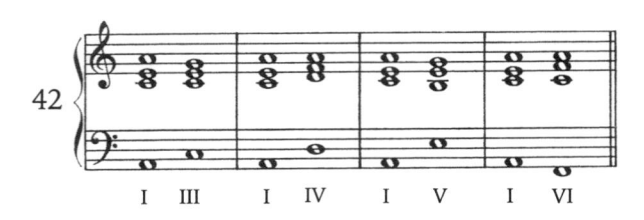

$$\begin{array}{cccc} \text{I} \quad \text{III} & \text{I} \quad \text{IV} & \text{I} \quad \text{V} & \text{I} \quad \text{VI} \end{array}$$

O exemplo 42 apresenta encadeamentos do I grau com os graus em questão, sem sons elevados,[8] todos eles fluentemente realizáveis.

---

8  As expressões *graus elevados ou sem elevar* [*erhöhte oder unerhöhte Stufen*] são incorretas sob dois enfoques:

1. Em nossa notação, através dos sinais ♯ ou ♮ os sons são ditos *elevados*. Todavia, o que na realidade acontece é a sua *substituição por outros sons mais altos*. Pode-se falar da *elevação* de um som na progressão cromática, e por isso dever-se-ia evitar esta expressão quando tratar-se das dominantes secundárias [*Nebendominanten*];

Segundo este modelo, o aluno poderá exercitar-se cuidadosamente com os outros graus sem notas elevadas (por agora, sempre com acordes em estado fundamental).

No exemplo 43 experimenta-se o encadeamento de acordes que contenham o sexto ou o sétimo sons elevados. O enlace do I grau com a tríade aumentada (III grau) omite-se por enquanto. Ao contrário, é excelente o enlace com o IV grau elevado; apenas produz-se, neste caso, a obrigação do trajeto predeterminado, visto que, por agora, o IV grau elevado não pode ser seguido a não ser pelo II grau elevado.[9] Resulta plano o enlace com o V grau elevado. Por outro lado, é de momento impraticável o encadeamento com o VI grau elevado, dado o motivo de este ser um acorde diminuto, devendo, portanto, resolver-se com um salto de quarta ascendente da fundamental; todavia, o *fá♯* do baixo tem que, forçosamente, ir a *sol♯* (segundo som obrigatório) e não pode saltar.

---

2. Propriamente, os graus não "se elevam", senão que, meramente, alguns dos sons utilizados são *substituídos* por outros mais altos. Talvez, o correto e pleno seria dizer: "tal grau, com terça maior e com quinta justa ou aumentada"; isso, porém, seria uma denominação muito extensa. Também seria possível dizer: "tal grau para cima" ou "ascendente" (tratando-se de sons da escala ascendente) e "para baixo" ou "descendente". Prefiro, não obstante, *elevado* [*erhöht*] e *não elevado* [*unerhöht*], por resultar mais plástico e breve e não mais falso que as expressões "alterado" ou "alterado para cima ou para baixo"; porque "alterado" poderia ser também entendido como "trocado", e não como é adotado pela linguagem musical corrente, ou seja: "transformado" [*verändert*].

9  Quando, como aqui e em muitos outros momentos do atual assunto, o autor diz, por exemplo, "IV grau elevado" ou "II grau elevado", ele não quer dizer com isso que se trata, respectivamente, do IV e do II "sons da escala" elevados, mas sim que *no acorde sobre o IV e sobre o II grau ocorrem sons elevados* que devem ser tratados conforme o prescrito. (N. T.)

O exemplo 44 mostra o enlace do II grau (tríade diminuta) com o V, preparado uma vez através do IV e outra através do VI grau (Preparação e resolução!).

No exemplo 44-3 vemos o II grau elevado encadeado com o IV, coisa possível mas inadequada, visto que, como logo explicaremos, ao IV grau somente poderia seguir, mais uma vez, o II; mas o II, conforme antes mostrado, somente pode ser precedido pelo IV. Teríamos, assim, uma repetição supérflua, pois a sucessão seria: IV-II-IV-II. Não há inconvenientes no enlace do II grau com o V, ambos elevados. Excluímos, porém, o enlace do II com o VI, já que não podemos utilizar o VI; e do II com o VII, pois tampouco o VII é, por enquanto, utilizável, conforme mostraremos.

O III grau sem elevar não pode, obviamente, encadear-se com acordes que contenham *fá♯* ou *sol♯* (exemplo 45). O único grau possível de ser considerado, se ignorássemos a norma do terceiro som obrigatório – o que é inadmissível –, seria o VI e, ao encadearem-se, talvez se poderia evitar o passo *sol-fá♯* saltando de *sol* a *dó*; mas, desse modo, o *dó* (quinta diminuta) não seria preparado e, mesmo deixando passar semelhante falha, nos restariam ainda os dois *fá♯* que deveriam, ambos, ir a *sol♯*. E ainda que não duplicássemos este *fá♯*, o teríamos no baixo (exemplo 45). Portanto, *exclui-se, de momento, a tríade aumentada sobre o III grau*; ela será levada em conta mais tarde e em outras circunstâncias.

O encadeamento do IV grau sem elevar com tríades elevadas – excluídos os graus III e VII elevados – só seria possível com o V grau; contudo, temos também que omiti-lo por agora, visto que o V grau não possui nota comum com o IV. Tampouco é possível, claro está, o enlace do IV grau em questão com o II ou com o VI elevados, visto que o *fá* (quarto som obrigatório!) não pode ir a *fá♯*, como também nenhuma outra nota do acorde pode ir a *fá♯*, em razão da chamada "lei da falsa relação" [*Querstandsgesetz*].

Essa lei proclama: "Elevando-se ou abaixando-se cromaticamente um som, tal alteração deve ocorrer na mesma voz em que este som apareceu, no acorde anterior, sem ser alterado". Ou seja: se no segundo acorde aparece *fá♯*, enquanto no primeiro havia um *fá* natural, é necessário que esse *fá♯* apareça na mesma voz em que estava o *fá* natural. Desse modo, se o *fá* estava, por exemplo, no contralto, o tenor não deverá cantar um *fá♯* no acorde seguinte. Não gostaria de aplicar esta lei em sua plena severidade, visto ser frequentemente contrariada pela prática musical. Outrora, era até mesmo o oposto que prevalecia: exigia-se que a alteração cromática de um som *nunca* se apresentasse na mesma voz. Assim, se num acorde aparecia o *fá♯*, o *fá* natural do acorde anterior teria de constar, necessariamente, em uma outra voz. Ambas essas leis, contraditórias, não são leis de beleza, mas apenas diferentes tentativas de vencer dificuldades de entoação. Não é tão fácil entoar com pureza um semitom cromático. Eu preferiria ater-me à primeira versão da lei em questão (som natural e alterado na mesma voz), visto que a progressão cromática oferece, em geral, uma boa linha melódica. Com as nossas instruções sobre os sons de trajetos obrigatórios, fica regulamentado o tratamento destes sons – deles próprios e de outros como consequência – e, por agora, permanecem excluídos os movimentos cromáticos.

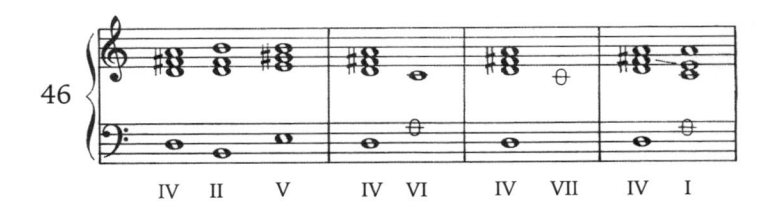

Resulta plano [*glatt*] o encadeamento do IV grau elevado com o II elevado; ao contrário, fica excluído este encadeamento com o II grau sem elevar. Tampouco é possível o enlace com o VI grau elevado (tríade diminuta), pois a quinta diminuta (*dó*) deve ser preparada. Da mesma forma, exclui-se também o enlace com a tríade diminuta sobre o VII grau (*sol♯-si-ré*), visto que a consideramos inutilizável por agora. Não obstante, mais à frente reconsideraremos a questão. Da mesma forma, não é possível o enlace deste IV grau alterado com o I, dado que o *fá♯* tem que ir ao *sol♯*.

O V grau sem elevar não pode ser encadeado com acordes que contenham *fá♯* ou *sol♯* (pelas mesmas razões anteriormente vistas com relação ao IV grau). Por outro lado, encadeia-se facilmente com o I. Ao contrário, excluem-se os encadeamentos desse V grau sem elevar com o II grau elevado ou sem elevar (e, igualmente, com o VII): com o II elevado porque *sol♯* não pode ir a *fá♯*, e com o II sem elevar porque este é um acorde diminuto, cuja quinta diminuta (*fá*) tem que ser preparada. Excluiremos, de momento, o encadeamento com o III grau.

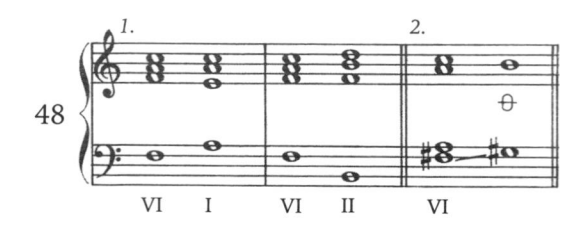

O VI grau sem elevar não pode encadear-se com acordes que contenham *fá♯* ou (ao menos por enquanto) *sol♯*. A tríade diminuta do VI grau, *fá♯-lá-dó*, não poderá ser usada por agora, porque o *fá♯* tem que subir ao *sol♯*, e a tríade diminuta exige um salto de quarta da fundamental.

Agora, pequenas frases devem mais uma vez ser projetadas. Em geral, recomenda-se que os graus elevados sejam mais raramente utilizados do que aqueles sem elevar. Um exercício onde enxameiem graus elevados e sem elevar tem que ser relativamente longo, por serem necessários alguns acordes para atravessar de uma região à outra. Comumente, é natural que se usem os acordes elevados de preferência perto dos finais, já que lhes é própria a função conclusiva. Uma sucessão de acordes elevados deverá (*por enquanto*) sempre desaguar no I grau; empregada na parte central do exercício, originaria uma repetição. De resto, a introdução de graus elevados somente é possível, por agora, após o I ou o II grau. Como penúltimo acorde, o aluno empregará o V grau, e sempre com a terça elevada (como dominante). Os graus elevados são expressos na cifragem do baixo, colocando-se, junto ao número que indica o intervalo, o sinal de sustenido ou bequadro correspondente à alteração; por exemplo: 3♯, 5♯ etc. (ou, em *Dó-menor*, 3♮, 5♮ etc.).

No exemplo 49-*1* apresentam-se, com exceção do V grau conclusivo, somente enlaces com acordes sem elevar. No exemplo 49-*2* (com exceção do I grau inicial e final) aparecem somente acordes elevados. Caso se desejasse prosseguir após o I grau final, dificilmente poder-se-ia ampliar ambos os exercícios. Eventualmente, seria possível alargar o exercício 49-*1*, colocando o V grau sem elevar depois do II; contudo, assim necessitaríamos de uma nova sucessão de acordes para alcançar o final. Por exemplo: II-V-III-VI-II-V-I, sucessão esta que, como se pode ver, é quase exatamente igual à precedente e, por isso, pouco oportuna. O que poderia ser feito seria terminar de maneira bem diferente, fazendo-se o I grau aparecer imediatamente depois do VI. De maneira alguma o aluno pode terminar com o enlace III-I, pois o III grau contém um *sol* que não pode ir a *lá* e para a função cadencial necessitamos da sensível *sol*♯. Também seria possível um final IV-I. Mas este final, assim como o VI-I, só deve ser utilizado pelo aluno para encurtar o exercício, caso o considere demasiado longo. Porém, unicamente para esse fim. Fora disso, o penúltimo acorde – o acorde antes do I grau final – será, sempre, o V grau. Em geral, não é possível com estes elementos a produção de exercícios numerosos ou mesmo ricamente variados. Não obstante, que o aluno pratique "a escassez de recursos", e no maior número possível de tonalidades.

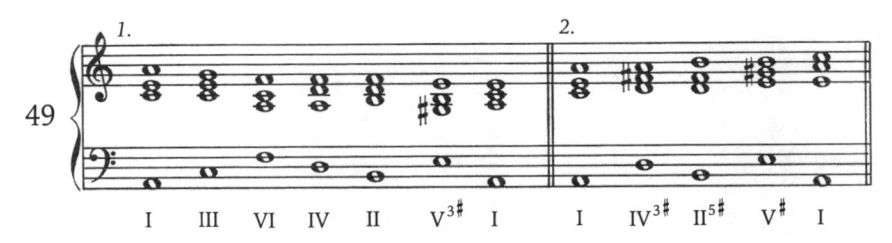

## Inversões das tríades no modo menor

Através da utilização dos acordes de sexta [primeira inversão] e de quarta-e-sexta [segunda inversão] tornar-se-ão possíveis alguns encadeamentos até aqui impraticáveis. Fora isso, não há nada de novo a dizer sobre as inversões das tríades no modo menor. Para elas, vale o mesmo que antes para as inversões das tríades no modo maior, a saber: o acorde de sexta é absolutamente livre, ao passo que o baixo do acorde de quarta-e-sexta não deve ser alcançado nem abandonado por salto.

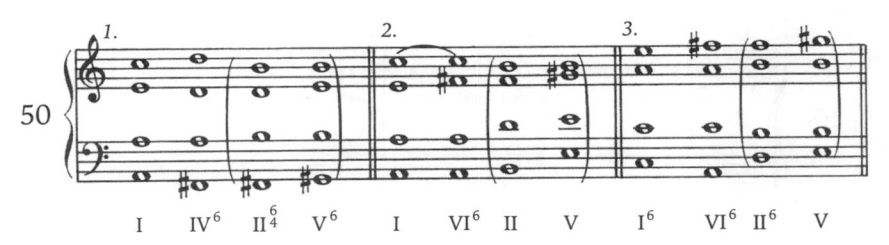

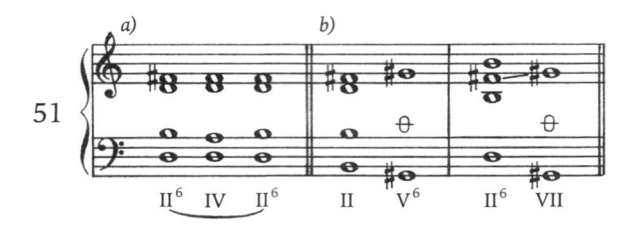

51

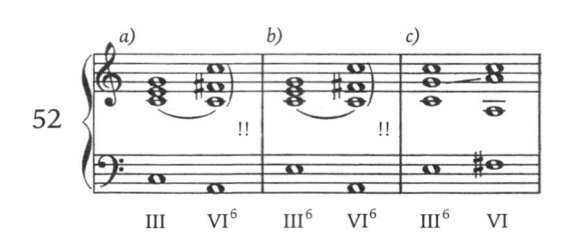

52

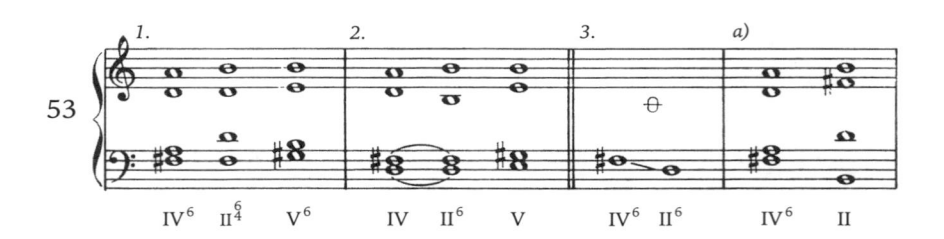

53

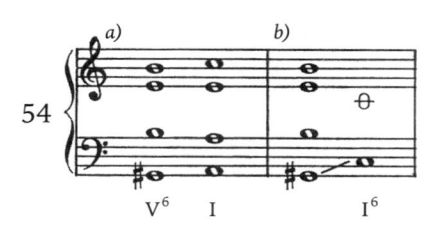

54

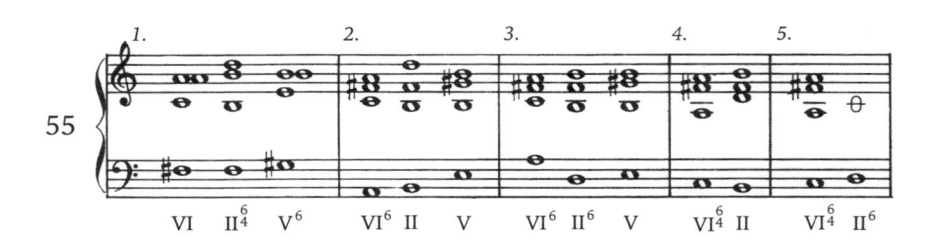

55

Nos exemplos de 50 a 55 ocorrem alguns encadeamentos antes irrealizáveis sem o emprego das inversões. O aluno poderá descobrir ainda outros exemplos, mas sem esquecer-se de observar, cuidadosamente, os sons obrigados e que as quintas diminutas devem ser (por enquanto) preparadas e resolvidas, donde, portanto, não devem ser duplicadas. Por exemplo, no acorde de sexta do IV grau elevado (exemplo 53) o baixo não pode proceder por salto, pois o *fá*♯ tem que ir ao *sol*♯; porém, conforme mostrado no exemplo 53a, seria possível seguir-lhe o II grau elevado, de maneira que neste acorde o *fá*♯ se encontrasse em outra voz, podendo, depois, ir ao *sol*♯. Ficam assim satisfeitas as necessidades harmônicas, mas não as melódicas, as quais, afinal de contas, são a origem destas instruções. O aluno poderá mais adiante, naturalmente, tratar estas coisas com muito mais liberdade. Penso que o melhor é esperar até que nele se desenvolva um sólido senso formal das características do modo menor e prefiro, por enquanto, deixar de lado semelhantes exclusões. Já mostrei as razões por que num sistema teórico não deveria haver licenças para exceções. Porém, eu teria que propor exceções se quisesse ampliar o que aqui é mantido de forma tão restrita. Mas em breve será mostrado como tais limitações caem por si mesmas tão logo houvermos explorado plenamente o ponto de vista sob o qual considerei a escala menor. Então, dar-se-á por si própria a eliminação do supérfluo, enquanto aquilo que de hábito se pratica revelar-se-á como o conveniente. Aguardemos, portanto, com paciência, a chegada desse estágio. Será maior, assim, a liberdade adquirida.

A partir de agora, também os acordes de sexta e de quarta-e-sexta podem ser utilizados nos exercícios.

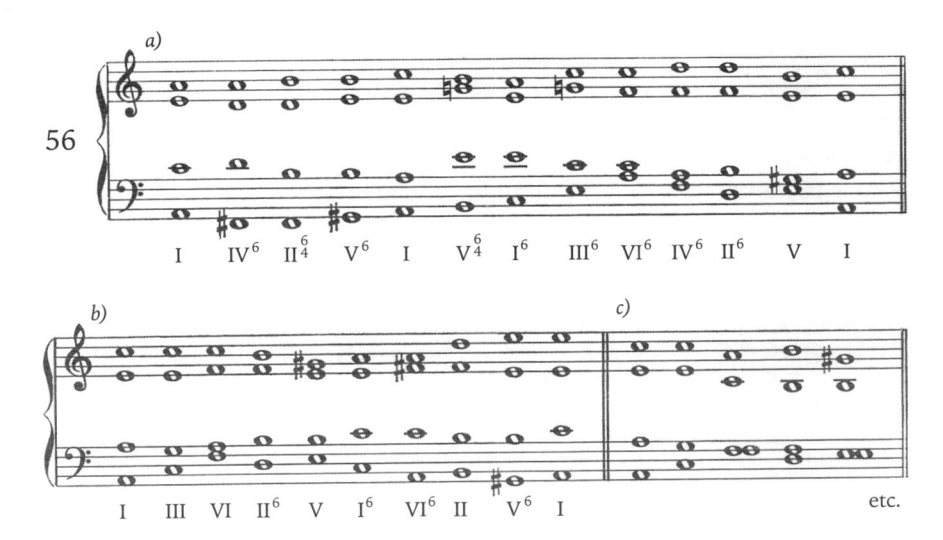

Nos exemplos 56*a*-*b*, são explorados alguns destes encadeamentos, possíveis em razão do emprego de inversões. Por exemplo: o acorde de sexta do IV grau elevado pode encadear-se com o de quarta-e-sexta do II elevado,[10] conduzindo ao acorde de sexta do V grau (dominante), ao qual segue o I grau. Contudo, o exercício não tem por que terminar aqui, pois a melodia do baixo pode perfeitamente prosseguir na direção iniciada, e a força melódica desenvolvida por esse prosseguimento é adequada a ponto de ocultar a repetição que traz consigo. Portanto, aqui não importa que depois do acorde de sexta do V grau siga o I grau, e, logo após, novamente o V e o I, respectivamente em segunda e em primeira inversão. A linha melódica do baixo (*sol♯-lá-si-dó*) melhora de forma satisfatória, plenamente, o efeito do conjunto.

No exemplo 56*b* é encadeado o acorde de sexta do VI grau elevado com o II grau elevado. Observe-se neste exemplo a voz do tenor, que vai de *sol* a *lá* do segundo para o terceiro acorde. Porém, visto que logo depois aparece o *sol♯*, essa passagem resulta algo defeituosa [*unglätte*]. Daí ser melhor conduzir o tenor como em 56*c*. Ali, o *sol* resolve-se (descendo ao *fá*), e o *sol♯* seguinte não incomoda. É igualmente inadmissível o passo de *fá♯* a *mi* no contralto nos penúltimos acordes (exemplo 56*b*). Mais adiante, sob outras condições, isso será admissível; caso contrário o acorde de sexta do V grau não poderia situar-se em encadeamentos dessa natureza.

Pode-se agora introduzir nos exercícios *a tríade aumentada sobre o III grau do modo menor* [*dó-mi-sol♯*]. Muito deverá ser dito mais à frente sobre este acorde, já que teve uma grande influência no desenvolvimento da harmonia moderna. Se considerado como próprio da escala menor, seu tratamento é bastante simples. Requer-se que a quinta aumentada seja tratada como dissonância. Contudo, por ser o primeiro som obrigatório da série que prescrevemos, não pode descer; logo, sua resolução, pela primeira vez em resoluções até aqui, terá que se dar subindo. Em troca, a preparação poderá se dar como vínhamos fazendo até agora. Para essa preparação, a bem considerar somente poderemos contar por enquanto com o V grau; mas, como logo veremos, também com o VII. Para a resolução, dispomos dos graus I e VI.

---

10 Para a escrita musical que *não* utiliza compassos (conforme ocorre em todo o Livro até o capítulo "Compasso e Harmonia"), a teoria mais comum prescreve: "a alteração de uma nota só é válida para *aquela* nota e *naquele* instante", prescrição essa que é aqui desconsiderada pelos exemplos musicais contidos no texto original. Assim, no terceiro acorde do exemplo 56*a*, o *fá* do baixo deveria também possuir o sinal de sustenido. O autor (ou a editora) deixaram isso subentendido. Atente o leitor para esse fato – aqui e em muitas outras passagens – pois, por medida de segurança, em vez de recopiarmos os exemplos musicais do Livro fazendo essas e outras eventuais correções, "fotografamos" os exemplos *diretamente* do texto original, uma vez que a margem de erro é sempre muito grande quando se copia novamente um texto musical. (N. T.)

Convém aqui mencionar uma particularidade desse acorde: a distância entre *dó* e *mi* é de quatro semitons; entre *mi* e *sol♯* é igualmente de quatro semitons e a que existe entre *sol♯* e a repetição da fundamental (a oitava) é também de quatro semitons. Logo, os sons *mi* e *sol♯* dividem a oitava em três partes iguais. A estrutura desse acorde possui a peculiaridade de que a distância entre cada par de sons sucessivos é a mesma, de maneira que, nas inversões, a relação dos sons entre si não se modifica. Esta particularidade diferencia-o essencialmente de todos os acordes examinados até aqui. Semelhante propriedade, da qual mais à frente falaremos melhor, possibilita que façamos desde agora algo que em breve faremos com todos os demais acordes (já no próximo capítulo). A saber: encadear este acorde com outros com os quais não possui nota em comum. Mais ainda: podemos prescindir da preparação da quinta aumentada. Teremos, com isso, muitas possibilidades de levar a bom termo as nossas pequenas frases, nunca nos esquecendo, porém, de observar devidamente os sons obrigatórios. O fato de tratarmos esse acorde desde agora tão livremente, enquanto mantemos tantas limitações para os demais, explica-se em que a redação de tais limitações faz com que estas se ajustem de forma muito inexata frente à tríade aumentada. Eu teria que formulá-las de outra maneira. Porém, não quero fazê-lo nesta etapa do estudo, isto é, pouco antes de relaxar também as outras limitações.

Assim, tornam-se possíveis os encadeamentos mostrados nos exemplos 57*a-b*. Podem preceder o III grau os graus I, II, IV, VI e (como se vê no exemplo 58) VII; podem seguir-lhe os graus I, IV, VI e V (o II grau não, porque *sol♯* tem que ir a *lá*).

A tríade diminuta do VII grau deve (como diminuta que é) ser preparada (através dos graus IV ou II) e resolvida (no III grau).

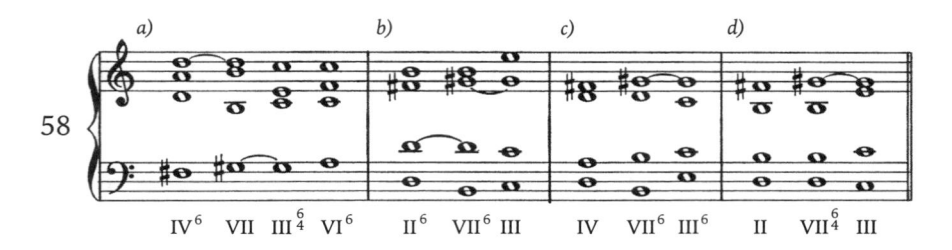

Evidentemente, no VII grau não se pode duplicar nem a quinta diminuta nem a fundamental, pois a quinta diminuta deve descer, e a fundamental, como sensível, subir. Pode-se, então, duplicar apenas a terça.

A discussão destes dois acordes (III e VII) foi protelada até aqui porque unicamente através das inversões das tríades poderíamos utilizá-los. Não havia nenhuma outra razão para adiá-los até o presente momento.

## Os acordes de sétima e suas inversões no modo menor

Através da utilização de sons elevados e sem elevar, obtêm-se sobre cada grau dois acordes de sétima, e até quatro sobre o VII grau. Mas, se considerarmos todas as instruções precedentes, não poderemos, já de momento, servir-nos de todos eles. Não oferece nenhuma dificuldade o enlace de acordes de sétima sem sons elevados com tríades também sem elevações. Por outro lado, dentre os acordes de sétima com um som elevado, apenas alguns poderão ser utilizados e, ainda assim, em determinadas condições; outros, dentre eles o que possui dois sons alterados (o do VII grau: *sol♯-si-ré-fá♯*), são, conforme as nossas instruções, inaproveitáveis por enquanto.

O exemplo 60 expõe a preparação e resolução dos acordes de sétima sem sons elevados: preparação através da terça e através da quinta e resolução por meio do salto de quarta ascendente da fundamental. Tudo feito como antes, sem novas orientações. Num único caso é possível, com as instruções dadas até aqui, o encadeamento destes acordes de sétima com tríades que contenham intervalos elevados: a resolução do acorde de sétima do II grau no V grau com terça maior. Os demais do gênero não são possíveis; por exemplo, o encadeamento I-IV, sendo o I grau com sétima e o IV grau elevado (exemplo 60), não é possível, porque o *sol* não pode ir a *fá♯* etc.

No exemplo 61 são analisados os acordes que possuem sons elevados.

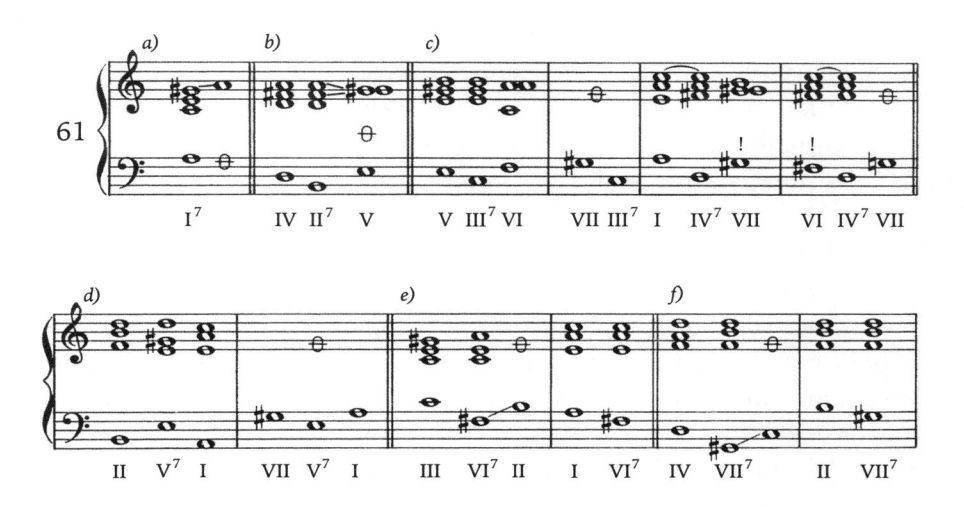

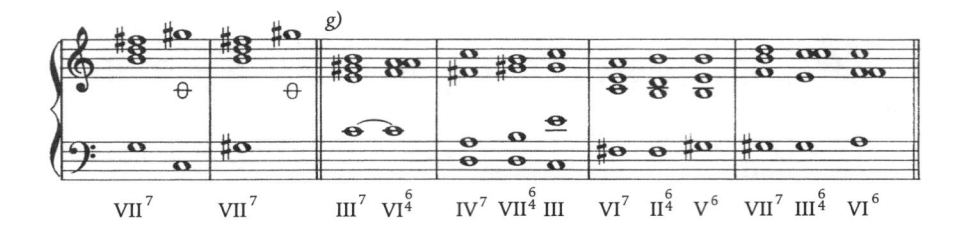

Por exemplo, o acorde de sétima do I grau (*lá-dó-mi-sol♯*) não nos é de utilidade por enquanto, porque a sétima (*sol♯*), como sensível, tem que subir, mas, como sétima, tem que descer. No II grau (*si-ré-fá♯-lá*), tanto *fá♯* quanto *lá* deveriam ir a *sol♯*: o primeiro por ser um dos sons obrigatórios e o segundo como sétima. Todavia, o *sol♯* não pode ser duplicado, senão os dois *sol♯* teriam que ir a *lá* (situação em que teríamos uníssonos e oitavas paralelas por movimento direto). A tríade do VII grau não pode servir para a preparação do III grau, pois não se deve abandonar o *sol♯* por salto. Pela mesma razão, o acorde de sétima do VI grau não pode resolver no II grau (em estado fundamental). Naturalmente, esta resolução é possível no acorde de quarta-e-sexta do II grau. A mesma razão nos obriga a excluir, provisoriamente, o emprego do acorde de sétima do VII grau (*sol♯-si-ré-fá*). As outras formas do VII grau (*sol-si-ré-fá* e *sol♯-si-ré-fá♯*) são, por agora, inaproveitáveis, pois a sétima – *fá♯* – tem que ir a *sol♯*. E também pelo fato de estes acordes poderem facilmente desviar-nos da tonalidade escolhida. O acorde de sétima do IV grau não pode resolver-se no VII grau não elevado, pois *fá♯* tem que ir a *sol♯*; tampouco no VII grau elevado, em razão da duplicação do *sol♯*. Ocasionalmente, isto se poderia evitar com a resolução no acorde de quarta-e-sexta do VII grau. Com o emprego de inversões dos três acordes envolvidos (preparação, dissonância e resolução), muitas possibilidades tornar-se-ão naturalmente acessíveis. O aluno encontra-se agora em posição de poder investigar, por si próprio, as diversas situações e de aquilatar suas possibilidades, pelo que deixo aqui de demonstrá-las.

Ordinariamente, a maioria destes acordes (que também aqui se mostram parcialmente – por enquanto! – impraticáveis) não costuma ser levada em consideração em hipótese alguma, sendo, simplesmente, abandonada como impraticável. Não gostaria de agir assim, pois alguns desses acordes, apesar das grandes limitações que impusemos, poderiam ser empregados em inversões ou encadeados com inversões. Em todo caso, mais adiante encontraremos a possibilidade de utilizar alguns deles. É sempre melhor admitir o maior número possível de acordes, inclusive aqueles que geralmente são muito pouco utilizados, enriquecendo assim as possibilidades harmônicas de uma tonalidade, do que excluir, *a priori*, acordes que não são usados apenas por não estarem de acordo com as "leis harmônicas". Por exemplo, resolvendo-se acordes de sétima em acordes de quarta-e-sexta, ainda mais possibilidades tornar-se-ão acessíveis (exemplo 61*g*).

O aluno deve agora trabalhar na preparação e resolução dos acordes de sétima em frases breves. O exemplo 62 fornece algumas amostras.

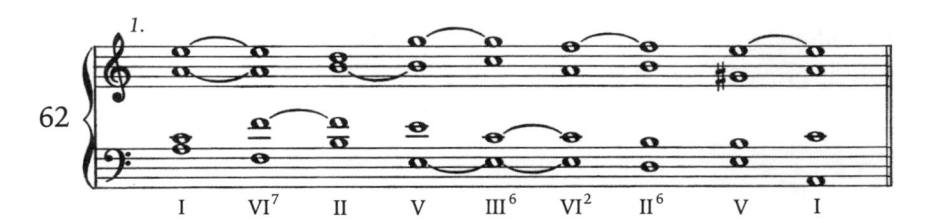

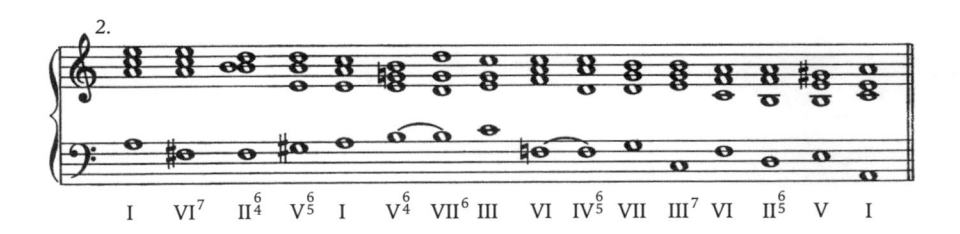

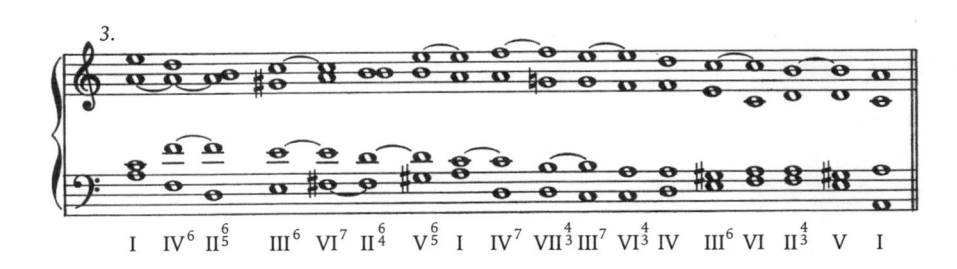

Não há novas instruções a serem fornecidas no que concerne à *inversão* dos acordes de sétima no modo menor; bastam as considerações já feitas. Através do uso das inversões poderemos obter encadeamentos que antes não eram possíveis. Na maior parte das vezes isso se deve a que os sons elevados sexto ou sétimo, quando no baixo e se o encadeamento o permite, podem permanecer ligados para depois prosseguir seu caminho. Naturalmente, pode-se aqui encadear acordes de sétima entre si. Embora alguns destes encadeamentos não sejam habituais, não obstante o aluno bem fará exercitando-se em tudo o que foi exposto. Elevará, desta maneira, seu conhecimento [*Einsicht*] e habilidade, e isto já valerá a pena. A propósito: tem-se, efetivamente, que auferir proveitos em tudo o que se faz?

# Encadeamento de acordes que não têm nota comum

O encadeamento de acordes que não possuem nexo harmônico (nota em comum) permanece relegado desde o princípio em razão das dificuldades que surgiriam na condução das vozes, e também porque, caso houvesse sido feito, facilmente o planejamento das fundamentais poderia haver resultado menos bom. Visto que a partir de agora utilizaremos esses encadeamentos em nossos exercícios, deveremos proteger-nos destes dois inconvenientes citados mediante algumas reflexões. Primeiramente, no que se refere às dificuldades na condução das vozes. Quanto às demais questões, serão minuciosamente tratadas no próximo capítulo.

Consideremos os encadeamentos de um grau qualquer com os seus dois vizinhos: o grau precedente e o seguinte; por exemplo, do II grau com o I e com o III. Se desejássemos que cada voz seguisse o caminho mais curto, seriam produzidas oitavas e quintas paralelas.

Portanto, não é possível seguir o menor caminho. Para evitar semelhantes paralelismos, tem-se que utilizar o movimento contrário. Daí recomendar-se

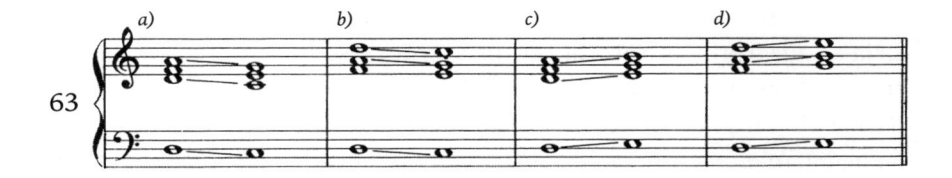

ao aluno que lhe seja claro quais são as vozes em que existe o perigo desses movimentos paralelos.

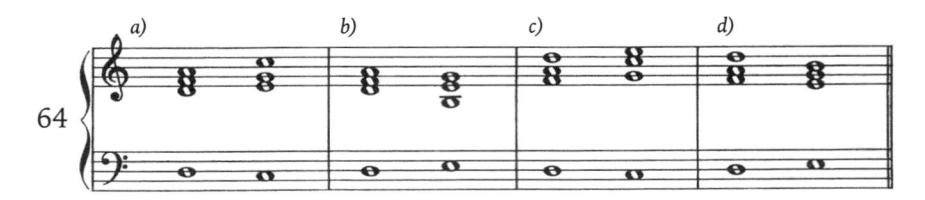

Recorrendo-se aos acordes de sexta, torna-se ainda mais fácil evitar as quintas e oitavas.

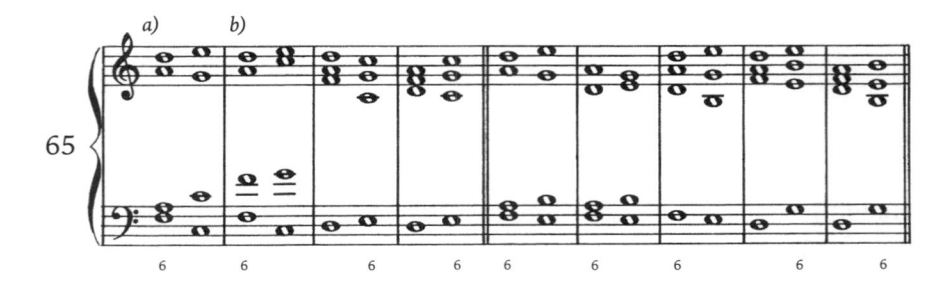

Encadeando-se dois destes acordes de sexta é recomendável, embora não imprescindível, duplicar a terça em um deles:

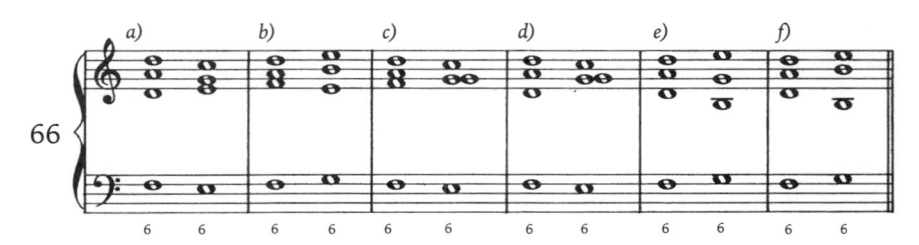

Gostaria de mencionar aqui o que a antiga teoria considerava na sucessão de dois graus consecutivos, mais precisamente quando o encadeamento acontecia entre um grau e o imediatamente superior (exemplo 67a, graus II-III): dizia-se que o primeiro acorde era um acorde de sétima incompleto, cuja fundamental, implícita, estaria uma terça abaixo (como se fosse um acorde de sétima do VII grau); e quando o encadeamento acontecia entre um grau e o imediatamente anterior (exemplo 67b, graus III-II), considerava-se que o primeiro acorde representava um acorde de nona, onde a fundamental e a terça estavam subentendidas. A antiga teoria continha instruções precisas para a resolução de cada som nos acordes de sétima e de nona; disso resultava o movimento contrário das partes. Esta hipótese é, sem dúvida, um pouco complicada, tendo de bom, porém, o fato de reconduzir essas sucessões à ideia de que também elas resultam de saltos de quarta ascendente da fundamental; portanto, através de um passo enérgico.

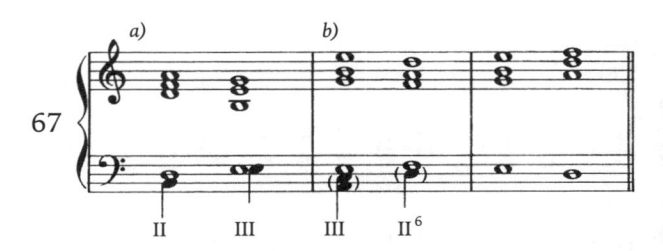

Mencionei isto porque, em outra oportunidade a qual me parece mais propícia, farei uma argumentação similar; contudo, ainda que esteja muito de acordo com essa ideia, não considerarei (por parecer-me supérfluo) que tais encadeamentos devam efetivamente realizar-se sob tais pressupostos.

Antes de elaborarmos encadeamentos desse tipo em exercícios breves, gostaria de completar a presente exposição apresentando ainda a preparação do acorde de sétima através da oitava do acorde precedente:

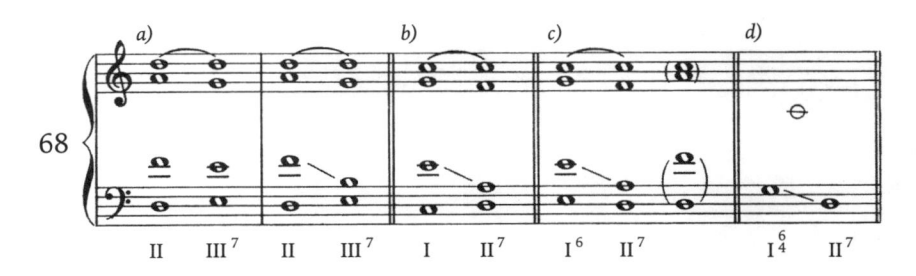

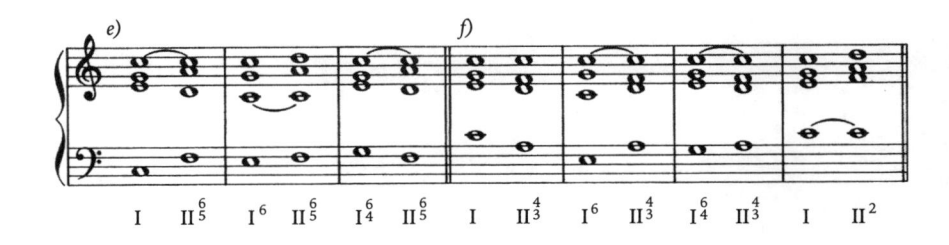

Se o aluno cuidar de evitar as quintas e oitavas paralelas, estes exercícios não oferecerão nenhuma dificuldade nova. Somente no encadeamento de dois acordes em estado fundamental (como em 68*a*) é, às vezes, difícil obter o acorde completo. Isto se consegue apenas com o salto da terça do primeiro acorde à quinta do segundo (exemplo 68*b*, na parte do tenor). Caso este salto seja de quinta diminuta (*fá-si*, exemplo 68*a*), ele deveria, a rigor, ser evitado, por pouco melódico. Contudo, se há vantagens ou então existe a necessidade, externa ou interna, de obter o acorde completo, o aluno poderá doravante, tranquilamente, efetuar esse salto.

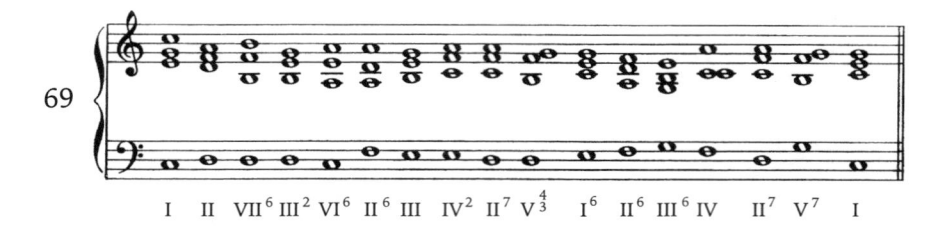

O exemplo 69 expõe a presente elaboração em forma de pequena frase. Evidentemente, pode-se daqui em diante arquitetar períodos mais extensos. (Exercitar-se também no modo menor.)

# Algumas instruções para a obtenção de sucessões mais favoráveis; sobre a condução melódica das vozes extremas; depois, sobre conclusões, cadências, cadências interrompidas e o acorde de quarta-e-sexta na cadência

O planejamento da linha do baixo torna-se, daqui em diante, cada vez mais difícil. Se se deseja aproveitar as muitas possibilidades, pressupõe-se já certa habilidade do aluno em dispor as sucessões de forma a situar a acomodação dos problemas enquanto resolve um caso específico. Agora, nossos exercícios aproximam-se do ponto em que devemos começar a satisfazer, de maneira mais ampla que antes, o nosso sentido de forma, visto que o esforço por estabelecer uma sucessão harmônica exige uma recompensa maior que apenas conseguir uma mera e correta solução esquemática. Em poucas palavras: uma vez que dispomos de meios mais ricos, devemos iniciar a elaboração de frases de maior redondez e polimento. Vemos assim, por exemplo, no exemplo 69, um inconveniente que o aluno por agora não poderá facilmente evitar se seguir a lei do caminho mais curto: a voz do soprano, que, começando num registro médio, não pode evitar uma descida ininterrupta até o grave, ou pelo menos não o faz com a energia necessária. A monotonia resultante é tamanha que prejudica a eficácia até mesmo de uma frase que é impecável do ponto de vista harmônico. Por esta razão, e tão somente por semelhante razão, é que nos ocuparemos com questões melódicas.[1]

---

1 Isto parece contradizer minha afirmação de que um tratado de harmonia deve ocupar-se somente de sucessões harmônicas e não da condução das vozes. A contradição, todavia, é

Todavia, existe ainda outro inconveniente. O encadeamento de certos acordes tem como consequência o fato de a outra voz principal, o baixo, frequentemente permanecer sem movimentar-se. E a sucessão de fundamentais nem sempre é apta a produzir um efeito harmônico realmente bom. Temos, portanto, de ocupar-nos tanto da sucessão das fundamentais quanto da melodia do baixo.

Vejamos primeiro a sucessão de fundamentais. Fizemos notar anteriormente que o passo mais enérgico da fundamental é o salto de quarta ascendente, por parecer corresponder a uma necessidade do som. Neste salto acontece na harmonia a seguinte transformação (exemplo 70):

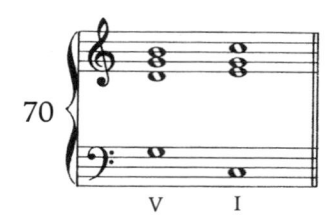

O som, que antes era o principal, a fundamental, transforma-se em dependente no segundo acorde, como quinta. De um modo geral: o baixo do segundo acorde é uma categoria superior, uma força superior, dado conter em essência o som que antes era fundamental. Na tríade de *SOL* predomina *sol*, mas na tríade de *DÓ* predomina *dó* e o *sol* fica subordinado.[2]

---

só aparente, porque essa polêmica dirigia-se apenas contra o método do baixo cifrado, que ensina ao aluno tão só mover as partes, sem desenvolver sua habilidade para a condução harmônica. Pelo contrário, é um dos fundamentos da minha análise as harmonias originarem--se frequentemente de acasos na condução das partes, conforme fica patente em minhas discussões sobre o tratamento das dissonâncias, sobre os ornamentos e em outros lugares. Tem-se que bem diferenciar entre um método de ensino que exercita a condução das vozes (quando deveria exercitar a condução harmônica) e uma exposição de situações que tenha presente a influência da condução das vozes nos acontecimentos harmônicos, concedendo a palavra à condução das partes quando esta é adequada para esclarecer os problemas.

2 Esta necessidade de o som ser absorvido [*aufgehen*] por outro som mais grave estabelece uma evidente contradição com a necessidade de converter-se em fundamental e permanecer como fundamental, tendência que foi demonstrada num estágio anterior. Tal contradição é o *problema do som*, problema do qual o próprio som se origina. Enquanto um som no baixo ainda não é a fundamental, sua única vontade é chegar a sê-lo. Mas, quando isso acontece, passa a ter outro objetivo: resolver-se em uma unidade superior. A rigor, eu deveria melhor dizer *salto descendente de quinta*, uma vez que o som tem a *tendência de ser absorvido por uma quinta inferior*. Se falo de passo *ascendente* quando a quarta é para cima, e de passo *descendente* quando

Um passo que cause esta mudança, pondo, por assim dizer, um príncipe acima do rei, só pode ser um passo enérgico. O *dó*, porém, não apenas subordina a fundamental anterior como também obriga os restantes componentes do acorde a se adaptarem às novas condições; e, com exceção da fundamental anterior subjugada, nada existe no novo acorde que faça referências à dominação anterior. Pois só contém sons novos. Logo, pode-se supor, com toda razão, que movimentos que produzam efeitos semelhantes são tão fortes ou quase tão fortes quanto este.

O movimento que mais se aproxima do descrito é o passo de terça descendente da fundamental (exemplo 71):

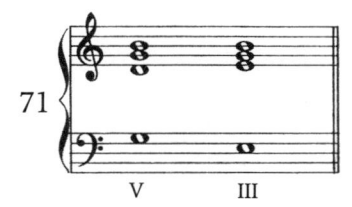

Ocorre, com isso, o seguinte: a antiga fundamental (*sol*) é vencida e converte-se em apenas uma terça. Todavia, a antiga terça (*si*) converte-se em quinta, crescendo em importância; e unicamente em virtude de um novo som (*mi*) o novo acorde diferencia-se do anterior. O *mi* é a fundamental, certamente, mas o movimento, uma vez que houve a vitória da fundamental, não pode ser considerado tão forte como o passo de quarta ascendente: porque o novo acorde recorda em demasia o antigo predomínio; contém demasiados sons de outrora. Não obstante, é um dos movimentos mais fortes, como se deduz do fato de que uma sucessão de dois passos como essa causa o mesmo resultado que um passo de quarta ascendente (exemplo 72).

Algo um pouco mais complicado é a apreciação dos dois passos de segunda da fundamental: ascendente (II-III) e descendente (II-I). Por muitas razões

---

a quarta é para baixo, o faço tão somente para manter a imagem de um movimento que sobe e que desce (o que designamos em nossa terminologia como sons "altos" e "baixos" é apenas uma imagem. Visto que os sons não são realmente nem altos e nem baixos, poderíamos, da mesma maneira, expressar esse contraste com dois outros termos opostos quaisquer; por exemplo: "afiado e cego", "curto e longo" etc.). Todavia, ainda assim seria pouco justificável, pois se é certo que os movimentos sobem numa direção a qual designamos região grave, não obstante cresce a intensidade. E é esta a direção crescente da potência e da duração do som das cordas dos instrumentos.

poderiam ser considerados os passos mais fortes da fundamental; mas seu uso na prática musical não corresponde a tal qualificação. Observando-se o suceder desses movimentos e a estruturação dos acordes, põe-se à mostra que todos os sons do primeiro acorde foram superados, visto acontecerem apenas sons novos no segundo acorde. Neste aspecto, tal sucessão vai mais longe que todas examinadas até agora. Pois encadeia um grau a dois outros com os quais ele nada tem em comum e apenas possui um mínimo de parentesco. Na verdade, o encadeamento é forçado por essa sucessão, e isso pode ser a origem da curiosa maneira com que a antiga teoria a explicava: *como soma de dois movimentos*, um dos quais, o principal, era um salto de quarta ascendente da fundamental. Ou seja: V-VI = V-III-VI (exemplo 73*a*) e V-IV = V-I-IV (exemplo 73*b*).

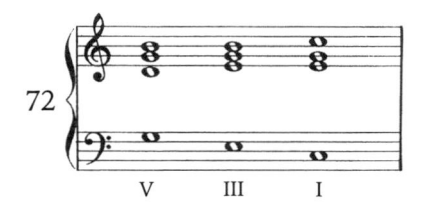

O enlace do V grau (*SOL*) com o VI grau (*LÁ*) (exemplo 73*a*) seria, então, na realidade, a sucessão III(*MI*)-VI, cuja fundamental do primeiro acorde estaria subentendida; e na sucessão V(*SOL*)-IV(*FÁ*), o I grau (com o *dó* subentendido) faria o mesmo papel que o III executou no primeiro caso.[3]

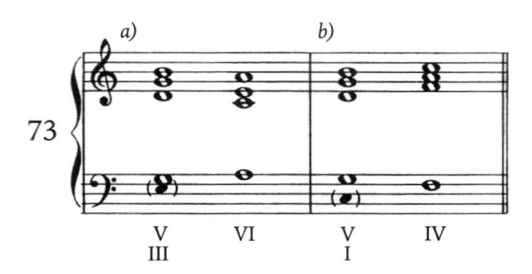

---

3 Transcrevemos, aqui e em outras circunstâncias similares, a mesma figuração que o autor adota para esses casos, a saber: quando aparecer o nome de um som em letras maiúsculas (por exemplo, *SOL*), isso não significa uma nota isolada, mas sim *o acorde sobre aquela fundamental*; quando aparecer o nome de um som em letras minúsculas (por exemplo, *dó*), tal significa apenas *uma única nota musical*. Quanto às tonalidades, adotamos também o mesmo procedimento do autor, a saber: o nome da tonalidade com inicial maiúscula e em itálico, ligado por hífen ao modo maior ou menor, sendo que, por convenção geralmente aceita, o modo, quando maior, é escrito sempre com inicial maiúscula (por exemplo: *Dó-Maior*; *Lá-menor*). (N. T.)

Esta concepção tem muito em seu favor e adapta-se plenamente ao nosso sistema expositivo, o qual somente cumpre seu objetivo se consegue justificar todos os fenômenos com uma coerência lógica que abra amplas perspectivas e torne as exceções algo supérfluo. Contudo, tal explicação, além de muito convincente, nos diz ainda algo mais. Quase se poderia crer que os antigos, instalados junto à fonte da qual brotou a harmonia, e que, por assim dizer, a viram crescer, sabiam que semelhante sucessão representava uma soma; e utilizaram tal soma em forma abreviada, como signo taquigráfico, para alcançar objetivos bem conhecidos, tal como, por exemplo, a cadência interrompida. *Logo, essa interpretação seria mais do que uma teoria: seria um relatório.*

Em outras situações, ocorre também com frequência o caso de se empregar dois acordes no lugar de uma sucessão de três, o que pode ser explicado melhor como uma espécie de abreviação. Tal acontece, por exemplo (trataremos disto mais adiante), na *dominante-da-dominante* [*Wechseldominante*] (exemplo 74), onde são muitas vezes omitidos (exemplo 74*b*) os dois acordes existentes entre esta e o acorde final, quer dizer, o espaço onde se situam o I grau como acorde de quarta-e-sexta e o V grau (exemplo 74*a*).

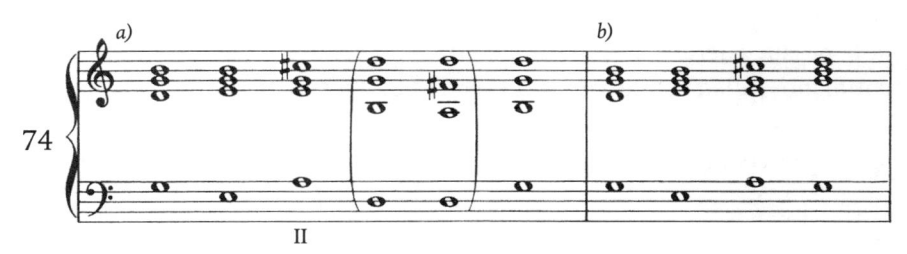

Isso também se baseia no já mencionado efeito-clichê, só que noutro sentido: não é necessário escrever por extenso uma locução estereotipada; todos sabem que "i.é" significa "isto é". E todos sabem que o II grau, na função de dominante-da-dominante, irá, nestas ou naquelas circunstâncias e com estes ou aqueles recursos, articular o I grau. Por conseguinte, pode-se omitir os membros intermediários e fazer com que o efeito venha imediatamente após a causa. Assim deve ter acontecido aqui: sob a condição prévia do efeito-clichê, o hábito pode ter levado à eliminação do supérfluo. De resto, há na música ainda outros exemplos de tais abreviações. Se observarmos bem, compreenderemos que ocorre algo semelhante quando, na parte do contrabaixo, a figuração é com frequência mais simples do que no violoncelo; apenas se escrevem os elementos principais, os fatos secundários são omitidos. Evidentemente, isso acontece também por outros motivos.

A concepção de que o passo de segunda entre fundamentais é uma soma, uma abreviação, mostra a aversão dos antigos mestres em colocá-lo no mesmo nível das outras sucessões e tal efetivamente corresponde à sua presença nas obras-mestras. Se uma das duas sucessões (qual?) que compõem a soma fosse o passo mais forte, deveria então representar um papel distinto na determinação tonal, na cadência. Contudo, quem possui o papel mais importante neste aspecto é o salto de quarta da fundamental. O passo cadencial IV-V não é de modo algum insignificante, mas pode ser substituído discretamente pelo passo II-V, o que não se pode afirmar quanto ao passo V-I. A dominação da região da subdominante (IV) através da região da dominante (V) mostra-se, contudo, um passo auxiliar se comparado ao passo V-I, o qual é estabelecido como um movimento definitivo. Do mesmo modo, a cadência interrompida é um poderoso recurso para introduzir um fenômeno secundário: causa a necessária conexão que possibilita prosseguir com a digressão [*Abschweifung*]. A cadência interrompida atua sempre: ou num ponto secundário, ou para introduzir um elemento secundário; seja como for, na maioria das vezes o trabalho que lhe é exigido é de natureza grosseira. É, sem dúvida, uma sucessão forte, mesmo excessivamente forte, visto somar dois passos enérgicos. Contudo, é por certo forte em demasia para um uso cotidiano: "afiada em excesso, a espada fica cheia de dentes".[4]

Por isso, vou denominar fortíssima [*überstarken*] a esta sucessão. Ou, visto que chamo as sucessões fortes[5] de *crescentes*,[6] ela poderia chamar-se

---

4 *Allzu scharf macht schartig.*

5 O Doutor Heinrich Schenker (em seu livro *Novas teorias musicais e fantasias*) emprega também essa designação para as sucessões de fundamentais. Só que, ao contrário, chama decrescente [*fallend*] ao salto de quarta para cima. Quando, recentemente, o livro de Schenker caiu-me em mãos, pensei, a princípio, que eu tivesse sido influenciado por sua terminologia. O que não seria impossível, pois há quatro anos eu havia lido algo do referido livro. Porém, recordando-me, e perguntando a meus alunos sobre isso, concluí que empreguei muito antes (há pelo menos sete anos) essas expressões em minhas aulas. Desse modo, independentes um do outro, ambos encontramos o mesmo; creio que essa coincidência se explica facilmente pela circunstância de que alguém que conheça a harmonia de Brahms e saiba analisá-la corretamente só pode chegar a semelhante resultado.

6 Há de aqui prevenir-se o leitor para determinada tradução. Schoenberg usa os termos *Fallende Schritte* e *Steigende Schritte* para designar passos (sucessões, movimentos) que, literalmente, traduzir-se-iam por *passos* (sucessões, movimentos) *descendentes* e *passos* (sucessões, movimentos) *ascendentes*, respectivamente. Todavia, o "ascendente" ou "descendente" a que ele aqui se refere diz respeito ao *conteúdo harmônico* e não à direção da melodia. Dada a grande confusão terminológica que esse emprego de termos iguais para assuntos diferentes facilmente causaria (o que se pôde verificar em traduções desta obra para outros idiomas latinos,

"de salto" [*überspringend*], através do que expressar-se-ia seu caráter de abreviatura. Parece evidente que as sucessões *fortes* [*starke*] (ou *crescentes* [*steigende*]), juntamente com as *débeis* [*schwachen*] (ou *decrescentes* [*fallenden*]), são sempre admissíveis como elementos de potência normal, ao passo que para o emprego de sucessões *fortíssimas* [*überstarke*] (ou *de salto* [*überspringende*]) é preciso ocorrer uma causa especial. Aqui, como em todas as partes, não se pode identificar a força bruta com a maior eficácia.

Às duas sucessões que ainda falta serem vistas, quinta para cima e terça para cima, denomino-as sucessões *decrescentes*. Nestas, as coisas ocorrem assim: o movimento de quinta para cima (exemplo 75*a*) possibilita que um intervalo, antes de importância relativamente secundária, converta-se em som principal. A saber: a quinta, um novo-rico, prospera e converte-se em fundamental. Isso é decadência. Poder-se-ia objetar que tal prosperidade testemunha a força do recém-prosperado e que a fundamental foi aqui superada. Todavia, a força deste recém-prosperado consiste aqui somente em um abrandamento de forças da fundamental, em uma diminuição proposital de poder por parte da fundamental, em uma espécie de benevolência (uma vez que ela contém a quinta), assim como o leão consente amizade com a lebre. Isto é ainda mais evidente no movimento de terça para cima (exemplo 75*b*). Aqui, a terça do primeiro acorde, seu intervalo mais débil, converte-se em fundamental, e o novo acorde diferencia-se do primeiro meramente por um único som novo: a quinta. Tal parece ser, então, a sucessão relativamente mais débil, o que talvez seja uma consequência de que duas sucessões deste tipo deem o mesmo resultado que o movimento de quinta ascendente (exemplo 75*c*).

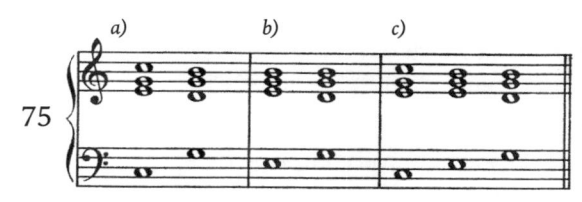

Visto que aqui foi estabelecida uma tão crassa diferença entre sucessões fortes e débeis, cabe ressaltar que não é o caso de manejar-se sempre o emprego de sucessões fortes. Senão a utilização de sucessões débeis deveria

---

tornando essa passagem incompreensível), decidiu-se aqui chamá-las por *sucessões crescentes* [*Steigende Schritte*] e *sucessões decrescentes* [*Fallende Schritte*], entendendo-as assim conforme o próprio autor explicará logo a seguir. (N. T.)

ser totalmente excluída, pois estas seriam más. Prefiro, para não originar equívocos com os nomes – como já dito antes –, usar as denominações sucessões *crescentes* e *decrescentes* em vez de "forte e débil", chamando *crescentes* às sucessões de quarta ascendente, segunda ascendente e descendente e terça descendente; e sucessões *decrescentes* à quinta ascendente e à terça ascendente. Dessa maneira, fica expresso o objetivo de servir-se de um ou de outro grupo. Que tal objetivo se manifesta, é evidente. Pois a articulação de um período musical exige, como a da língua falada, subidas e descidas de tom, a acentuação. O uso de sucessões decrescentes é, portanto, um meio não menos artístico do que o uso das crescentes. Porém, como aqui não podemos nos ocupar com questões de articulação, *preferiremos, no planejamento de nossas sequências de fundamentais, absolutamente as sucessões crescentes e usaremos as decrescentes apenas naqueles encadeamentos cuja resultante geral seja crescente.* Dessa maneira (exemplo 76*a*), se, por exemplo, um movimento de quinta ascendente é seguido por outro de segunda ascendente, o resultado final será um movimento de terça descendente, ou seja, um crescer da harmonia. O mesmo ocorre se a um movimento de terça ascendente sucede um outro de quarta ascendente (exemplo 76*b*) ou de segunda ascendente (exemplo 76*c*).

Desse procedimento, resulta o efeito de algo como se o acorde intermediário fosse ali incluído somente por razões melódicas. Seja como for, em nossas tarefas utilizaremos os passos decrescentes apenas neste sentido.[7]

Repetindo, então, resumidamente: os movimentos de fundamentais que o aluno deve utilizar enquanto se servir de meios estritamente harmônicos (e enquanto lhe faltar a possibilidade de ambicionar uma outra característica através de recursos melódicos, rítmicos ou dinâmicos) são: quarta ascendente, segunda ascendente, segunda descendente e terça descendente (as sucessões crescentes).

As sucessões decrescentes (quinta ascendente e terça ascendente) apenas serão usadas em encadeamentos conforme o exposto no exemplo 76.

---

7 Ou seja: por razões melódicas e cujo resultado geral seja crescente. (N. T.)

Obviamente, estas instruções não garantem que, de maneira absoluta, aconteçam daí boas sequências harmônicas (exemplo 77*a*), e nem esgotam o manancial das boas sucessões possíveis. E, sobretudo: não pretendem ser uma apreciação valorativa, mas somente uma caracterização do efeito. Porque, como dito, são também possíveis boas sequências combinando-se movimentos crescentes e decrescentes. Mesmo uma sucessão exclusiva de movimentos decrescentes constitui-se em uma determinada eficácia musical (exemplo 77*b*). Todavia, enquanto o aluno não tiver o seu ouvido como um guia seguro que lhe possibilite julgar, por si próprio, todo fato novo, o melhor para ele será que se atenha a estas instruções. Pois elas garantirão, quase sempre, bons resultados, e maus apenas excepcionalmente; ao passo que escolhas infelizes de sucessões decrescentes originam com frequência realizações débeis. E creio dever ser esta a meta do ensino: mostrar ao aprendiz, em meio a diversas circunstâncias, o que é seguramente bom e o que é de qualidade mediana, além de, ao mesmo tempo, fazer com que ele vislumbre o que poderá criar através de sua própria combinação, quando houver, enfim, adquirido uma cultura.

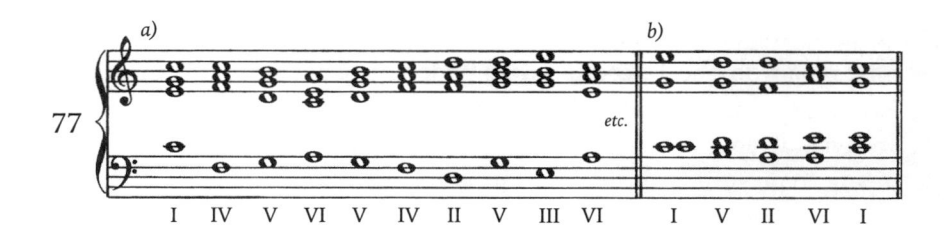

No exemplo 77*a* são alinhados em sucessão apenas passos crescentes; não obstante, a frase não é muito boa (isso, claro está, se considerado do ponto de vista harmônico; pois, em cima dessa mesma harmonia, poderia estabelecer-se uma magnífica melodia que revogasse tudo o que vou agora objetar). Porque a sucessão progressiva de tantos movimentos crescentes de grau resulta necessariamente monótona, fria. Assim, também sob este aspecto o aluno agora se sentirá movido a permitir que surjam variedades. A saber, evitando sucessões demasiado simétricas, bem mesclando, constantemente, na sequência das fundamentais, os passos conjuntos e disjuntos. Pois uma sucessão em que soassem apenas saltos também seria, sob o simples enfoque harmônico, defeituosa por excessivamente mecânica (exemplo 78*a,b,c*).

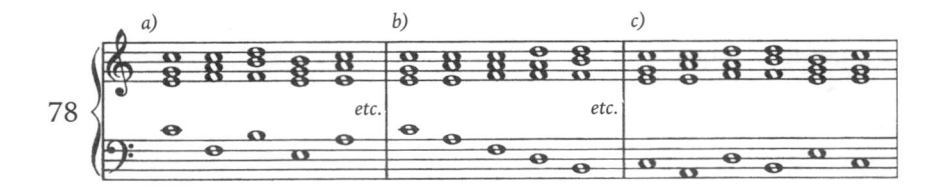

Chegamos, assim, a uma segunda exigência quando se quer projetar frases bem construídas: a ânsia por mudanças. É difícil tratar de variedade sem falar também da condição oposta – ou seja, da repetição. Pois, enquanto a primeira traz consigo multiplicidade, a segunda nos oferece coerência, sentido, sistema. E um sistema somente pode basear-se na repetição. Encontraremos apenas algumas poucas ocasiões para fazer uso da repetição. Um dos poucos casos que devem ser considerados quando o objetivo é a construção harmônica – um caso que roça a motívica sem exigir necessariamente um tema – é o da se-quência[8] [*Sequenz*]. Outras espécies de repetições, teríamos que propriamente evitá-las, ou, se inevitáveis, ocultá-las. Assim, privando-nos, por agora, de extrair as vantagens que a eficácia da repetição oferece, nos preservaremos, em troca, das desvantagens que traz consigo. Nossa linha do baixo possui, em qualquer tonalidade, um âmbito de 12 a 14 sons. Logo, se empregarmos nas frases mais do que 14 acordes, não poderemos evitar repetições, ainda que façamos uso da possibilidade de utilizar os mesmos sons em outras oitavas. Todavia, a repetição de sons isolados não é um efeito tão ruim quanto a repetição de séries de sons. Não incomodará, necessariamente, se sobre os mesmos sons estabelecerem-se, pelo menos, acordes diferentes. E, se entre estes acordes intercalarem-se outros em número suficiente, a repetição de notas não prejudicará em absoluto a frase. A pior forma de repetição ocorre quando se atinge duas vezes o ponto mais alto ou o ponto mais baixo de uma linha melódica. A estes dois pontos é preciso consagrar toda uma especial atenção, a saber: ao *ponto culminante superior* [*Höhepunkt*] e (se se pode falar assim) ao *ponto culminante inferior* [*Tiefpunkt*]. Quase toda melodia apresenta tal ponto e sobretudo o ponto culminante superior apenas muito raramente deverá ser repetido. Evidentemente, isto só diz respeito às nossas constru-ções simples, onde nos é impossível melhorarmos a deficiente eficácia de uma condução através de outros recursos; e se comprovar-se em um *lied* de Schubert (por exemplo, *"Mit dem grunen Lautenbande"*) algo como a nota

---

8 Também conhecida entre nós por "marcha harmônica". (N. T.)

mais alta da melodia ocorrer várias vezes, isto se deve naturalmente a ser uma circunstância bem diversa, pois aqui outros meios providenciam a necessária variação. Não significa, portanto, que a não observação de que exista apenas um único ponto culminante seja ruim em qualquer circunstância. Sobretudo, deve-se insistir: isto não é – repetindo mais uma vez – um critério para julgar a criação artística, senão para avaliar trabalhos escolares. Deseja-se, tão somente, chamar a atenção para algo que, se observado, nunca tornará pior uma realização, mas servirá às vezes para melhorá-la essencialmente. Assim, o aluno bem fará em ter paciência com estas instruções e não transgredi-las até que o seu sentido formal esteja satisfatoriamente construído.

Quanto à repetição de uma série de sons, resulta desfavorável não apenas na voz superior, mas também no baixo, e, muitas vezes, uma realização falha dessa espécie não pode ser melhorada nem mesmo trocando a harmonização.

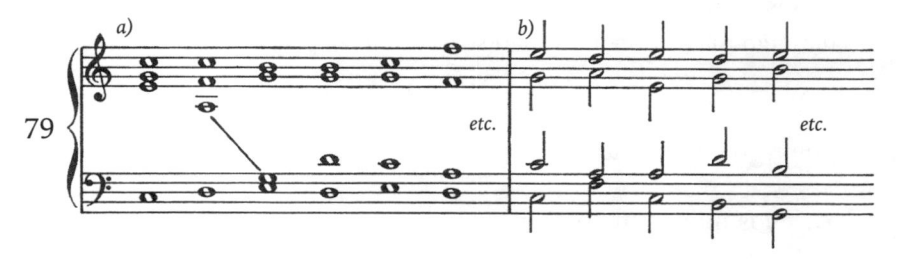

Evitar essas repetições (exemplo 79*a* no baixo e 79*b* no soprano) é geralmente bastante fácil, pois basta trocar, no momento devido, por meio de um salto, determinada posição do soprano; ou remediar a situação do baixo pela escolha de outro estado (inversão) para o acorde. Todavia, a repetição de sons numa voz leva à suspeita de existirem repetições também nas fundamentais. Logo, ter-se-á que buscar a falha no projeto inicial e ali corrigi-la.

No geral, o aluno não deve exagerar em seu esforço por conseguir variedade durante todo o tempo. Pois alcançar efeitos e altos desempenhos melódicos não é sua tarefa: porque não poderia cumpri-la. Trata-se mais aqui de evitar o antimelódico do que a consecução de uma eficácia melódica.

Devemos, a seguir, repetir e completar as

## Diretrizes [*Richtlinien*]

*para a utilização dos meios até agora conhecidos*; prestando-lhes a devida atenção, o aluno poderá elevar algo do nível dos seus trabalhos. Desse modo, diversos fenômenos, quase todos pouco usuais, serão excluídos; e entre o permitido encontrar-se-á quase que somente fatos comuns.

## I. Sobre as sucessões de fundamentais

1. Os passos *crescentes* de fundamentais – quarta ascendente e terça descendente – podem ser empregados em qualquer instante, devendo-se, contudo, também aqui evitar as repetições mecânicas.

2. Os passos *decrescentes* – quarta descendente e terça ascendente – serão empregados somente naquelas sucessões que, conforme já explicado (exemplo 76), resultem em movimento crescente.

3. Os passos *fortíssimos*[9] serão utilizados com parcimônia enquanto não se falar algo mais sobre eles; não se excluem as progressões [*Folgen*].

## II. Emprego dos acordes

A. Nos modos maior e menor

1. *a*) As *tríades* [acordes de três sons em estado fundamental] podem situar-se em todos os instantes.

   *b*) Os *acordes de sexta* [primeira inversão das tríades] servem para obter uma diversidade mais rica na condução das vozes, especialmente nas vozes extremas (soprano e baixo); ademais, possibilitam a preparação das dissonâncias.

   *c*) Os *acordes de quarta-e-sexta* [segunda inversão das tríades] devem, em geral, ser utilizados com maior parcimônia. São melhores sobretudo para fins cadenciais (do que falaremos logo em seguida). São recomendáveis – usados com economia! – naquelas formas em que aparecem de passagem, visto darem movimento ao baixo. Contudo, se tais passagens acontecem em circunstâncias onde o baixo se prolongue, devem ser empregadas com cautela.
   Muitas vezes torna-se necessária a preparação de dissonâncias.

---

9 Para a reafirmação deste e de outros termos correlatos aqui citados, rever o texto compreendido entre os exemplos 72 e 75. (N. T.)

2. *a)* Os *acordes de sétima*, devidamente preparados e resolvidos, podem acontecer em todos os lugares em que ocorrem tríades. Não obstante, seu uso mais vantajoso será onde a sétima puder cumprir a missão de dar ao acorde uma direção no rumo de sua resolução, ou prestar-se a qualquer outro manejo através do qual o passo necessário (V-I, e, conforme exposto em seguida, V-VI e V-IV) aconteça, por assim dizer, automaticamente.

  *b)* As *inversões do acorde de sétima* podem – sob os mesmos pressupostos do acorde em estado fundamental – ser utilizadas para aperfeiçoar a condução das vozes; especialmente o acorde de segunda [terceira inversão do acorde de sétima] é muito adequado para introduzir um acorde de sexta.

3. As *tríades diminutas* (por enquanto somente nas sucessões já praticadas: II-VII-III e IV-VII-III), igualmente apropriadas como dissonâncias, proporcionam o aparecimento de um grau (o III) com o prestígio de uma necessidade. Este efeito é aumentado com o acorde de sétima sobre o VII grau. As inversões cumprem aqui os mesmos objetivos que nos demais acordes.

B. No modo menor

  Trata-se agora de levar em conta as condições dos sons de trajeto obrigatório e a consideração às duas regiões: à escala ascendente (com sons elevados) e à escala descendente (sem alterações).

1. *a)* Os *momentos que contenham sons de resolução obrigatória [Wendepunkte]* devem ser observados já desde o projeto da disposição das fundamentais, de modo que os sons afetados possam realizar o caminho prescrito.

  *b)* Devem ser usadas, com frequência, as inversões das tríades quando tratar-se de resolver ou preparar dissonâncias, especialmente quando se encontra no baixo um som de resolução obrigatória.

  *c)* Nos acordes de sétima há de considerar-se o mesmo que para as tríades.

  *d)* À tríade diminuta e ao acorde de sétima do II grau (sem elevar), em geral segue-lhes melhor o V grau com a terça maior do que com a terça menor, porque este grau, conforme mais tarde ficará claro, proporciona à cadência um sentido convencional.

*e*) Todas as tríades diminutas (II, VI e VII graus), assim como os acordes de sétima que se formem sobre elas, prestam-se às mesmas finalidades que as tríades diminutas no modo maior: por meio da dissonância, recebem uma direção determinada.

*f*) Na tríade aumentada, a circunstância de poder seguir ou preceder qualquer uma das duas regiões da escala – ascendente ou descendente – é ainda fomentada por tratar-se de uma dissonância. Portanto, presta-se perfeitamente para a transição de uma região à outra.

2. Não convém demorar-se longo tempo exclusivamente em uma das duas regiões da escala, para não pôr em perigo as características do modo menor. Essas características surgem melhor através da alternância equilibrada e enlace das duas regiões. A passagem de uma região à outra apenas pode-se dar quando estiverem satisfeitas todas as exigências de resolução dos sons obrigatórios.
E isto acontece:

*a*) diretamente:

α) da região *ascendente à descendente*, quando, aos graus elevados III, V e (como mais tarde será mostrado) VII, seguem o I ou os graus IV e VI sem serem elevados (acordes que contenham o sexto som elevado não podem ser seguidos por acordes não elevados);

β) da *região descendente à ascendente*, quando aos graus não elevados II, IV e VI seguem-se os graus elevados III, V ou (como veremos) VII. Ao acorde sobre o I grau podem seguir todos os acordes elevados, enquanto aos acordes que contêm o sétimo som sem elevar não podem seguir acordes elevados.

*b*) indiretamente:

α) da *região ascendente à descendente*, quando aos acordes que possuem o sexto som elevado (II, IV e VI) seguem primeiramente aqueles acordes que permitem o trajeto do sétimo som elevado;

β) da região *descendente à ascendente*, quando aos acordes que contêm o sétimo som não elevado (III, V e VII) seguem primeiramente aqueles acordes que permitem o encadeamento com o sexto som não elevado.

## III. Condução das vozes

1. Evitar movimentos antimelódicos (dissonantes ou que resultem em dissonância). Recomenda-se não utilizar tais movimentos até que nossa harmonia venha a fazer uso de acordes alterados. Nos acordes que empregamos até aqui esses movimentos seriam inoportunos.

2. Evitar repetições incômodas de séries de sons, especialmente quando sobre a mesma nota constrói-se a mesma harmonia.

3. Onde for possível, observar que se atinja uma única vez o ponto culminante superior; eventualmente, observar o mesmo quanto ao ponto culminante inferior.

4. Utilizar a maior variedade possível no emprego de graus conjuntos e disjuntos nas sequências dos intervalos que constituem as linhas melódicas, as quais devem esforçar-se por conservar certa posição central.

5. Caso a voz abandone essa posição central através de salto, deve-se regressar a ela logo que possível por meio de uma sucessão de graus conjuntos, ou através de um salto. E vice-versa. Compensa-se assim a troca de posição.

6. Se a posição central é abandonada por graus conjuntos, pode-se restabelecer o equilíbrio através de um salto de oitava.

7. Se é inevitável repetir uma nota ou uma série de notas, a realização poderá ser auxiliada pela mudança de direção da linha melódica depois da repetição.

Essas instruções, até onde possam ser válidas, servem igualmente para o soprano e para o baixo. Sem dúvida, se o aluno pudesse observar o mesmo cuidado no trato das vozes internas – tenor e contralto –, o efeito de perfeição do conjunto seria incondicionalmente maior. Todavia, por enquanto não é necessário que o aluno vá tão longe; é bastante que ele realize, o mais cuidadosamente possível, a condução das vozes extremas.

## Conclusões e cadências

A uma vasilha qualquer, por exemplo, um vaso de porcelana ou de bronze, somente através de um procedimento complicado seria possível acrescentar outro fragmento de porcelana ou de bronze. E, em todo caso, ainda seria um procedimento questionável, mesmo se o objeto resultante continuasse sendo um vaso e o acréscimo tivesse sido oportuno. Entretanto, notamos que uma peça musical que chega a certo ponto (por exemplo, na sonata antes do sinal de repetição; ou, melhor ainda: no *scherzo* antes do *trio*) onde seria concebível uma conclusão, não obstante sempre prossegue, donde então poder-se tranquilamente duvidar da impossibilidade de continuação desde o ponto em que a peça é dada efetivamente por terminada. Com efeito (deixando-se de lado o sentido de forma), seria imaginável fazer seguir outros acordes ao acorde final de tônica, conforme temos visto em passagens anteriores.

Justifica-se, portanto, a pergunta: por que, de que modo e quando se encerra uma peça musical? A resposta só pode ser dada de maneira geral: tão logo se alcance a meta. Porém, qual seja esta meta é algo que somente podemos analisar por indícios imprecisos: até que se satisfaça o sentido de forma, até que se esgotem as possibilidades expressivas colocadas em jogo, até que se exponha claramente a ideia da qual se trata etc. Para a nossa meta de ensino interessa-nos unicamente uma consideração: alcançar o objetivo proposto. E como as nossas tarefas estão num estágio inferior ao da obra de arte, por isso mesmo nos é mais fácil determinar qual seja a sua meta. Nossas tarefas têm sempre um objetivo determinado; a obra de arte, nunca. O artista às vezes talvez o tenha, ou pelo menos acredita tê-lo, quando na realidade não é um objetivo que ele persegue, mas seu próprio impulso. Esta é a diferença em razão da qual qualquer um pode realizar uma tarefa de harmonia, ao passo que à maioria está vedado o criar uma obra de arte, ou mesmo sequer concebê-la. O território onde o artista se orienta é a esfera superior da *ausência de metas* [*Zwecklosigkeit*], ao passo que, para o ensino do artesanato, o único fundamento confiável é o direcionar-se a um fim determinado. Tal ensino comporta-se, exatamente, em tratar de interpretar como constrição justamente o que para o artista constitui a mais alta liberdade. E o poder desta suprema liberdade, observada de perto pelo artesanato, é inconcebível sem leis, sem finalidade. Aqui, a verdadeira imagem só se apresenta quando se afasta convenientemente de tais vastidões. Aqui, a proximidade diminui, enquanto somente a distância adequada expõe a verdadeira grandeza.

Nosso objetivo pode ser, por exemplo, preparar e resolver um acorde de sétima, apresentar o encadeamento de um acorde de sexta com um de quarta--e-sexta, e coisas semelhantes. Simultaneamente, e como tarefa secundária, o aluno pode propor-se a recapitulação de todo o aprendido anteriormente. Após o que foi dito, devemos concluir nosso exercício no exato instante em que se cumpra o objetivo proposto; pois apenas essa modéstia pode escusar os nossos ensaios musicais. Dessa maneira é fácil determinar o momento em que devemos parar. Por outro lado, atente-se: parar não é concluir. Parar constitui-se em algo simples: não continuar. Concluir, entretanto, é outra coisa. Para um efeito decisivamente conclusivo é necessário o dispêndio de meios especiais.

Devo logo dizer que não acredito ser possível concluir uma peça musical de forma que se exclua por completo a possibilidade de continuação. Assim como a *Flauta mágica* e o *Fausto* admitem uma segunda parte, qualquer drama pode ser continuado e todo romance pode ter os seus "Vinte anos depois...". E se a morte é a conclusão da tragédia, não é a sua conclusão definitiva. Assim, também na música poder-se-ia, sempre, alinhar mais uma vez novos acordes, conforme demonstram as numerosas cadências e frequentes repetições do acorde final, particularmente em obras dos antigos mestres. Porém, indubitavelmente, mesmo aqui também seria possível prosseguir, desenvolver mais ainda a ideia original ou dar sequência a outras novas. Talvez a proporção ficasse prejudicada, mas não possuímos nenhuma fórmula para a medida exata. Ocorre, frequentemente, que a princípio se toma por excessivo o que depois se considerará em perfeita simetria. A música, neste aspecto, assemelha-se a um gás, sem forma definida, mas que pode expandir-se ilimitadamente. Contudo, se introduzido numa forma, preenche--a sem que se altere a massa e a substância. Se levo em conta tais fatos, hei de considerar muito difícil, quase impossível, realizar um desfecho de forma absolutamente conclusiva. Todavia, não é improvável (e talvez seja até mesmo certo) que resida em cada ideia e na forma de realizá-la algo que aponta para fronteiras que devem ser atingidas, mas não ultrapassadas. Não é improvável, como também não é completamente seguro, que cada ideia traga em si uma tal proporção. Contudo é possível, por outro lado, que essa proporção não resida na ideia (ou apenas nela), mas também em nós. Entretanto, não por isso deva existir em nós como algo imutável, como um dado natural não passível de mudança e evolução, mas sim como uma coisa que se transforma ao seguir as tendências do gosto, talvez até mesmo da moda, do espírito da época. Não acredito na Seção Áurea.[10] Pelo menos não creio ser a única lei formal que atenda ao nosso senso de beleza, senão uma lei a mais dentre outras leis, dentre incontáveis leis. Logo, não acredito que uma composição tenha necessariamente que possuir uma extensão determinada, mais longa

---

10 Postulado geométrico devido a Euclides, matemático grego que viveu em Alexandria no século III a.C. *Seção Áurea*, na geometria euclidiana, é a divisão de um segmento de tal modo que a relação entre o segmento total e a parte maior é igual à relação entre a parte maior e a parte menor. A parte maior é denominada *Segmento Áureo*. Béla Bartók (1881-1945), compositor húngaro contemporâneo de Schoenberg, fazia uso frequente desse princípio geométrico na estruturação de suas obras, donde ser provável que derive daí a presente observação. (N. T.)

ou mais curta; que um motivo, considerado como o germe do todo, admita somente uma única forma de realização. Caso contrário, dificilmente seria possível escrever duas ou mais fugas diferentes sobre o mesmo tema, como Bach e outros fizeram repetidamente. Se é que tais leis existem, ainda não conseguimos identificá-las. Acredito, isso sim, em outra coisa. A saber, que cada época possui um determinado sentido da forma, o qual diz quão longe há de se ir na realização de uma ideia e até onde não se pode ir. A questão, portanto, reside em tratar de cumprir determinadas condições, através da convenção e através do sentido formal de cada época, condições essas que, graças às suas possibilidades, trazem à tona uma expectativa que garanta a satisfação da necessidade conclusiva.

A música, até hoje, teve a possibilidade de estender-se a tais fronteiras através do cumprimento das leis da tonalidade. Todavia, como já disse anteriormente, não considero a tonalidade uma exigência natural da eficácia artística. E as leis, pelas quais a tonalidade se realiza, são menos naturais ainda. Representam, simplesmente, o aproveitamento unilateral e linear de algumas particularidades naturais; não ensinam a substância – têm em vista meramente a execução regular e mecânica de um artifício que possibilita conferir às ideias musicais uma aparência de unidade. Voltarei ainda a falar minuciosamente da tonalidade, limitando-me aqui ao que é imprescindível no momento. Certamente há algo de muito correto na ideia de concluir uma peça com o mesmo som com o qual se começou, o que resulta, em certo sentido, como algo natural. Pois, visto que todas as relações simples procedem da mais simples natureza do som (de seus harmônicos superiores mais próximos), este som – fundamental – possui certo domínio sobre as estruturas que nascem dele. Os componentes mais importantes dessas estruturas – como que originados do seu esplendor – são, por assim dizer, os seus sátrapas, seus procuradores, à maneira de Napoleão, que sentou nos tronos da Europa seus parentes e amigos. Acredito que isso basta para explicar por que se justifica obedecer a vontade da fundamental: é a gratidão para com o progenitor e a dependência dele. Ele é o alfa e o ômega. Isto é moral enquanto outra moral não passe a ser válida. Portanto, as coisas podem vir a ser outras! Por exemplo, se o senhor supremo se enfraquecer e os submetidos se fortalecerem. Um caso que acontece com grande frequência na harmonia. Mas, da mesma maneira que não é necessário que o conquistador permaneça ditatorialmente, é também desnecessário que a tonalidade tenha que ser orientada por um som fundamental, ainda que se tenha originado dele. Ao contrário: a luta pelo predomínio entre duas fundamentais desse tipo, conforme demonstrado em muitos exemplos da harmonia moderna, chega mesmo a ser algo sedutor. E se aqui a luta termina com a vitória de uma das fundamentais, isso não significa que deva ser sempre assim. Esta é uma pergunta que se poderia deixar em aberto, com tantas outras que ainda permanecem sem respostas. Pois demonstramos tanto interesse pelo próprio problema em si quanto pela sua pretensa resolução. É supérfluo a cada vez remontar aos antepassados, a cada vez buscar a genealogia dos acordes para evidenciar sua procedência da fundamental, mostrando detalhadamente o processo e assim fazer esta dependência saltar à vista, quando tal relação está presente e viva na memória de todos. A maneira complicada que os antigos possuíam de atar, aferrolhar, encravar e lacrar a conclusão de uma peça musical é, perante o atual sentido da forma, demasiado pesada e enfadonha para que se deseje empregá-la. E o pressuposto de que o som é aquilo de onde tudo se origina, pode muito bem pairar tranquilo, solto no ar, visto que cada som nos recorda isso a todo instante. E, quando devaneamos, também nos desamarramos de todas as fronteiras, ainda que o nosso corpo continue a tê-las.

O sentimento formal do presente não reclama essa exagerada compreensibilidade que surge através desse esculpir [*Herausarbeitung*] a tonalidade. A ele, uma peça é compreensível ainda que a relação com o som fundamental não seja especificamente tratada, e mesmo quando a tonalidade se mantenha, por assim dizer, flutuante. Como muitos exemplos demonstram, a unidade [*Geschlossenheit*] da composição não se perde quando a tonalidade está apenas sugerida, ou se torna pouco nítida. E – sem querer afirmar que a música moderna seja realmente "atonal" (pois talvez ocorra que, simplesmente, ainda não conseguimos comprovar nela a tonalidade ou coisa parecida) – a comparação com a infinitude dificilmente poderia ser feita melhor do que através de uma harmonia flutuante, de uma harmonia, por assim dizer, infinita, que não precisa trazer consigo atestado de procedência e passaporte para explicar minuciosamente de onde veio e para onde se dirige. Decerto é simpático que os burgueses prazerosamente desejem saber onde começa e acaba o infinito. E pode-se perdoá-los por demonstrar pouca confiança num infinito cujas dimensões desconhecem. A arte, porém, se deve ter algo em comum com o eterno, não pode temer o vácuo.

O senso de forma dos antigos exigia outra coisa. Para eles, a comédia terminava com as núpcias, a tragédia com a expiação ou com a vingança, e a obra musical "com o mesmo som". Daí brotar para eles, quando da escolha da escala fundamental, a obrigação de tratar seu primeiro som como fundamento, e em apresentá-lo como o alfa e o ômega de todos os acontecimentos, como o senhor patriarcal de um território delimitado por seu poder e sua vontade: o seu escudo de armas aparecendo nos lugares mais visíveis, especialmente no começo e no final. E, assim, era dada a eles uma possibilidade de conclusão, cuja eficácia resultasse uma aparência de necessidade.

Teremos de ocupar-nos em aprender os meios artísticos através dos quais a tonalidade se manifesta. Mas, antes de tudo, trataremos daquilo de onde partimos: da conclusão, da cadência. O aluno verá no estudo das formas, quando estiver mais adiantado, que para atingir conclusões são necessários ainda outros recursos além dos meramente harmônicos. Seja como for, discutir esses recursos e suas funções, e assim guiar o aluno conforme suas necessidades, é muito difícil. Tão difícil que é recomendável familiarizá-lo desde agora com aquilo do qual esse resultado depende.

Melodicamente, a tonalidade é representada pela escala e, harmonicamente, pelos acordes próprios da escala. Todavia, a mera utilização plana desses componentes não basta para definir a tonalidade. Pois certas tonalidades são tão semelhantes umas às outras, tão aparentadas, que nem sempre é possível constatar com facilidade de qual se trata se não forem empregados, especialmente com este objetivo, recursos demarcatórios. Obviamente, as tonalidades mais próximas são as mais aparentadas entre si; aquelas tonalidades que, na maioria das vezes, são semelhantes umas às outras. Em primeiro lugar, as tonalidades paralelas (*Dó-Maior* e *Lá-menor*); a seguir, as de mesmo nome (*Lá-Maior* e *Lá-menor*); e, por último – e são as afinidades mais perigosas –, aquelas tonalidades que se diferenciam apenas por uma alteração (♮, ♭ ou ♯), como *Dó-Maior* e *Sol-Maior*, ou *Dó-Maior* e *Fá-Maior*. Enquanto a diferença entre *Lá-menor* e *Lá-Maior* percebe-se em quase todo momento, somente desaparecendo no V grau (como dominante), na última espécie de afinidade citada ocorre quase o oposto: quase todos os sons e um grande número de acordes são comuns. *Dó-Maior* diferencia-se de *Sol-Maior* apenas pela ocorrência de *fá♯* nesta e de *fá* na primeira; e diferencia-se de *Fá-Maior* apenas por esta ter *si♭*, e *Dó-Maior* ter *si* natural. Por conseguinte, é possível que em *Dó-Maior* se apresentem sucessões que também poderiam ser tidas como pertencentes a *Sol-Maior* ou a *Fá-Maior*.

A seguinte passagem encontra-se em *Dó-Maior* ou em *Sol-Maior*?

80/a

A série abaixo constitui um fragmento de *Dó-Maior* ou de *Fá-Maior*?

Evitando-se a nota *fá*, formam-se sequências que tanto podem apontar para *Sol-Maior* quanto para *Dó-Maior*; evitando-se a nota *si*, pode-se ouvir a frase como se ela estivesse em *Fá-Maior* e também dirigi-la para esta tonalidade.

Então, se se quer determinar a tonalidade de *Dó-Maior* sem nenhuma margem de dúvida (ou seja, sem fornecer possibilidades que levem a imaginar *Sol-Maior* ou *Fá-Maior*), tem-se que introduzir o *si* e o *fá* naturais. O meio mais importante de expressar a tonalidade será, portanto, diferenciá-la das que lhe são mais afins, demarcando nitidamente as fronteiras com os vizinhos mais próximos. Se se consegue excluir qualquer possível confusão, tanto com essas tonalidades quanto com aquelas mais facilmente intercambiáveis, ter-se-á obtido um bom êxito em conseguir expressar a tonalidade de forma inequívoca.

Tem-se mencionado frequentemente a tendência de um som em desvanecer-se [*verlieren*] no que está uma quinta abaixo (a sua fundamental), transformando-se em quinta desse novo som, fenômeno que, naturalmente, ocorre também com o I grau. Logo, a tonalidade mais perigosa para *Dó-Maior* é *Fá-Maior*. O nosso empenho, portanto, deverá concentrar-se, em primeiro lugar, em não permitir que se estabeleça o impulso rumo à subdominante: a sensação de *Fá-Maior*. Melodicamente, consegue-se isso com a nota *si* natural. O *si* pertence a três acordes: aqueles dispostos sobre os graus III, V e VII. Dispomos, portanto, desses acordes para a expressão harmônica desta intenção. Poder-se-ia empregar todos os três, mas daremos a prioridade, com todo direito, ao V grau, pois a fundamental do V grau encontra no I grau (que está uma quinta abaixo) o som correspondente ao seu impulso vital.

É evidente que uma tonalidade poderia já ficar determinada através do seu I grau. Especialmente se nada a contradiz. No entanto, qualquer acorde que venha após o I grau será como que um desviar-se, uma digressão do som principal quanto à tonalidade. Somente por meio de um determinado agrupamento de acordes é possível assenhorear-se dessa digressão e reconduzi-la ao som principal. Dessa maneira, jaz em cada frase harmônica, por menor que seja, um problema: desviar-se do som principal e encontrar novamente o caminho de volta. Contudo, se o som principal permanecesse sozinho e nada viesse contradizê-lo, a tonalidade por certo se configuraria de uma maneira primitiva, porém expressa inequivocamente. Quanto mais numerosos e potentes forem os meios que contradigam a tonalidade, tanto mais poderosos deverão ser os recursos para restabelecê-la. Mas, se os acontecimentos harmônicos forem mínimos, mais simples será então o modo de repará-la. Assim, existem casos em que basta a citação I-V-I para fixar nitidamente a tonalidade. Evidentemente, a melodia também pode colaborar para esse fim, pois, em outro plano, ela própria originou-se das funções do som fundamental. Ela é até mesmo capaz de expressar a tonalidade sem a ajuda da harmonia, como na conhecida melodia da trompa de postilhão [*Posthornmelodie*], constituída somente pelos primeiros sons naturais (exemplo 81*a*), ou em danças primitivas e canções populares (exemplo 81*b*).

A tonalidade é aqui determinada de forma inequívoca, embora no primeiro caso tenhamos apenas componentes do I grau sem acompanhamento harmônico, e no segundo caso somente o emprego dos graus I e V como acompanhamento: porque nestes casos nunca há contradição. As duas maneiras mais simples de expressar a tonalidade e construir uma conclusão são:

1. utilizar somente o I grau (possibilidade excluída pelos nossos objetivos), e

2. utilizar somente os graus I e V (improvável para nós). Chega-se assim, não obstante, à primeira e mais simples cadência.

Surgirão também, naturalmente, em um fragmento musical mais longo, sequências que tendem a direcionar-se à dominante superior [*Oberdominante*].[11] Disso resulta a necessidade de excluir tais sequências. Melodicamente, cumpre-se aqui essa exigência com a nota *fá*. Harmonicamente, interessam os

---

11 No presente caso, rumo à tonalidade de *Sol-Maior*. (N. T.)

graus IV, II e VII. O fato de o VII grau parecer adequado tanto aqui quanto na luta contra *Fá-Maior* poderia dar a ideia de ser ele o que devesse ser preferido como o recurso mais conveniente em ambos os casos. E, de fato, assim ocorreu outrora. Contudo, o VII grau não tem, evidentemente, a força dos outros meios que citaremos. Mas, talvez seja justamente o fato de um acorde sobre *sol* poder, por um momento, causar a impressão de estarmos em *Sol-Maior* – o mesmo valendo para a relação entre o acorde sobre *fá* e *Fá-Maior* –, talvez seja isto o que contribui para o encanto da tonalidade. Talvez seja a submissão de tais tríades completas à vontade do som fundamental (tríades estas as quais, a bem dizer, poderiam reivindicar, cada uma por si mesma, uma tonalidade própria), o que dá força a estas sucessões e fornece a confirmação do poder deste som fundamental ("a tal criado, tal senhor"). Portanto é natural que na repressão à sensação de *Sol-Maior*, seja também utilizado um acorde ou um passo fundamental tão potentes como o empregado antes contra a sensação de *Fá-Maior*. O II é o grau que, com um salto de quarta ascendente, vai ao V. Esse grau, o II, contém o *fá*, mas o IV é mais perfeito. Seu caminho ao V é um passo de segunda ascendente. Interpretamos antes essa sucessão como a soma de dois passos, ou seja: IV-V = IV-(II)-V, na qual, então, o II grau estaria contido. Além disso, o IV grau tem algo especialmente atrativo no sentido que aludimos antes: está na mais severa oposição a *Sol-Maior* (no esquema que traçamos), e, perante a fundamental *dó*, encontra-se numa relação inversa à do V grau. A relação que podemos estabelecer entre os graus IV e V quanto ao I seria como se um deles representasse o seu passado luminoso, e o outro o seu futuro ainda obscuro: esta proporção SOL:DÓ = DÓ:FÁ[12] é a verdadeira "seção áurea". A parte menor, passada (SOL), está para a maior, presente (DÓ), assim como esta está para a futura totalidade (FÁ). Poder-se-ia imaginar que do som fundamental sozinho, da relação de seus dois satélites com ele e entre si mesmos, devesse ser possível surgir todo o movimento do qual a música se origina. Esta relação, pelo fato de tudo nela corresponder-se, de ser passível de explicação, parece de tal modo inerente que poderia despertar a ideia de que toda música, para ser verdadeiramente música, deveria contê-la, ou pelo menos algo parecido. Porém, não necessariamente há de ser assim e o que acontece, talvez, é que não encontramos outra coisa porque não buscamos ainda o suficiente. É possível que as matemáticas mais elevadas e complexas, as relações harmônicas mais compostas, ocultem em si uma mística mais rica que os números primos e as relações harmônicas simples e indivisíveis; por isso, pode-se ter a fundada

---

12 *SOL* está para *DÓ* assim como *DÓ* está para *FÁ*. (N. T.)

esperança em uma evolução ainda mais rica em interessantes mistérios. É por essa razão que considero importante ressaltar tantas e tantas vezes todas estas particularidades: para que nunca possam ser esquecidas; porque estou seguro de que trazem em si a chave dos fenômenos que ainda hoje são obscuros para nós.

A aptidão do IV grau, associado ao V e o I, para produzir uma determinação tonal expeditamente conclusiva, é, pois, até maior que a do II grau; e, agora, a pergunta é se a sucessão destes graus deva ser a que encontramos, ou seja, IV-(II)-V-I, ou deva ser V-IV-(II)-I. Claro está que a disposição V-IV-I pode igualmente cumprir a missão conclusiva, já que possui os mesmos argumentos que IV-V-I para comandar a tonalidade. Todavia, é mais adequada a sucessão IV-(II)-V-I, conforme se depreende das seguintes reflexões. A sucessão de fundamentais V-IV é, com certeza, perfeitamente equivalente a IV-V e também supera energicamente a região superior da dominante ao contrapor-lhe a região da subdominante. Mas a subdominante, que, por sua vez, sente a atração rumo à sua própria subdominante, não segue seu impulso quando vem depois dela a tônica, resultando assim que a tonalidade fica apenas levemente determinada. Ao contrário, no primeiro caso, em que o IV grau é o antepenúltimo acorde, foi plenamente satisfeita a tendência até a subdominante. Agora, essa tendência geral para baixo é superada através da dominante, a qual, seguindo seu impulso natural de descer uma quinta, introduz o I grau como solução natural desse instinto. Chega-se ao mesmo resultado considerando-se a sucessão V-IV como soma de V-I-IV (dois saltos de quarta) e a sucessão IV-V como soma de IV-II-V (um salto de terça e outro de quarta). Então, fica uma ordenação estabelecida como V-(I)-IV-I, na qual é por certo débil a discreta repetição do I grau, enquanto na outra, IV-(II)-V-I, o discreto II grau se revela o conhecido rival do IV. Dessa maneira, os três últimos acordes, que melhor soarão como nossas conclusões, serão: IV-V-I ou II-V-I.

Se uma frase transcorrer de tal maneira que se possa estabelecer como conclusão uma dessas duas sucessões de três acordes, ter-se-á assim, então, a possibilidade de significação harmônica daquelas fronteiras adequada a dar a frase por concluída. É claro que também existem outros meios de se obter uma eficácia conclusiva, os quais, naturalmente, foram e são usados conjuntamente com os recursos harmônicos. A rítmica e a melódica também podem cadenciar por si próprias. Do contrário, uma melodia a uma só voz continuaria por toda a eternidade e um tocador de tambor não poderia jamais parar de tocar. Existem também, seguramente, outros meios harmônicos cuja teoria ainda não examinamos, nos quais a capacidade para formar cadências – ou melhor, em admiti-las – é tão grande quanto a da sequência de graus IV-II-V-I. O certo é que é possível produzir uma conclusão sem que se tenha necessariamente de utilizar, ao mesmo tempo, todos esses meios. Às vezes, basta um; em outras circunstâncias, necessitam-se vários. A harmonia, porém, é a menos adequada para obter, sozinha, esse resultado conclusivo, se não for ajudada por outros recursos e, sobretudo, se os contradiz; enquanto a melodia, por si só, o consegue. Pode-se comprovar isto em fenômenos elementares e com ouvidos primitivos. Por exemplo, se se harmoniza uma melodia conhecida, cadenciando-se nitidamente de outra maneira (com uma cadência interrompida etc.) e pondo a ouvi-la alguém sem nenhum conhecimento musical (por exemplo, uma criança), ela saberá, se conhece a melodia, que esta termina no seu último compasso, embora a harmonia ainda não tenha terminado. Tal procedimento pode incomodar, mas em nada altera a sensação conclusiva (exemplo 82).

Perdoe-se o barbarismo![13]

Também isto é compreensível. O entendimento [*Erfassen*] do fato musical não é outra coisa que uma análise rápida, uma determinação dos componentes e de sua dependência mútua. Ouvindo-se em sucessão, melodicamente, tem-se mais tempo de organizar (inconscientemente) a impressão do que se escutando simultaneamente, em harmonia. Fica assim claro por que o ouvido tem que receber uma melhor preparação para a harmonia do que para a melodia. E isto coincide com a prática. Quem capta e compreende os acontecimentos harmônicos está indubitavelmente num nível mais alto

---

13 O trecho em questão pertence à *Flauta mágica*, de W. A. Mozart. (N. T.)

do que aquele que apenas percebe melodias. Logo, a eficácia do horizontal é maior que a do vertical. Uma conclusão realizada horizontalmente resultará mais vigorosa do que realizada verticalmente.

À pergunta, de se para a música de nosso tempo ainda subsiste a necessidade de assegurar as conclusões através de cadências harmônicas, pode-se responder negativamente. Sobretudo porque semelhantes cadências criam ao máximo a possibilidade conclusiva sem com isso fornecerem à conclusão um efeito indiscutível. Constituem a peculiaridade de um determinado estilo musical, em que só se utilizam certos acordes e apenas de certa maneira. Ali são encontrados, em maioria, os acordes próprios da escala, e talvez por isso a necessidade de um equilíbrio estilístico e o costume exigem a determinação tonal, a cadência. Mas se predominam, como na música moderna, acordes estranhos à escala, ou (como eu os chamo) acordes errantes [*vagierende Akkorde*], tem-se então a possibilidade de colocar em dúvida a necessidade da consolidação tonal [*Tonartbefestigung*].

As cadências podem ser mais extensamente desenvolvidas, e nossa meta será obter, cada vez mais, novos recursos para este fim. Dentre os acordes conhecidos até agora, a sequência IV-(II)-V-I evidencia-se como a cadência mais potente. Não obstante, também outras cadências, mais débeis, podem ser atrativas sob determinadas condições e por isso discutiremos aqui as aptidões dos outros graus. Para começar, buscando um substituto para o V grau, ponderamos a capacidade do III grau. Este tem dois sons em comum com o I, e isto é aqui um defeito. Todavia, contém a sensível, demarcando os limites contra *Fá-Maior*; ademais, o movimento de sua fundamental em direção ao I grau (*mi-dó*) é relativamente forte (movimento de terça descendente). Então, e apesar de tudo, deve ser adequado. Mas é, mesmo assim, inabitual e por isso o utilizaremos raramente, lembrando-nos o motivo: principalmente, por não ser habitual; o que significa que poderia ser usado, mas seu efeito seria mais fraco e, sobretudo, incomum. Já expliquei anteriormente em que medida o VII grau era usado outrora. Por certo o VII grau define a tonalidade e conduz ao acorde de conclusão, mas também ele é hoje desusado, e por isso o omitiremos aqui. Tampouco pode ser considerado como substituto do IV ou do II grau, porque tagarela indiscretamente o mais importante segredo do V grau (o qual deveria seguir-lhe) – a sensível; e este VII grau também toma do V grau a possibilidade de este, quando na condição de acorde de sétima, dirigir-se com eficácia ainda mais vigorosa ao I grau, pois contém uma quinta diminuta idêntica à sétima do V grau (em *Dó-Maior*, será a nota *fá*). Por outro lado, é possível enviar antes do V grau, no lugar do IV ou do II, o VI grau. Este encadeamento provavelmente se baseia na hipótese suposta pela antiga teoria para os movimentos de segunda: que semelhante enlace implica uma discreta fundamental (IV ou II grau) que está uma terça ou uma quinta mais grave. Esta sucessão, VI-V-I, não é inabitual; coloca-se, portanto, à nossa disposição.

O aluno praticará cadências primeiramente em exercícios especiais. Desde agora, toda pequena frase deverá encerrar-se com uma cadência, para o que devem ainda ser dadas algumas instruções. Não é habitual apresentar o penúltimo acorde da cadência, o V grau, invertido. É bem compreensível que se queira usar nesta oportunidade a forma mais forte [o estado fundamental]. Em troca, emprega-se amiúde este V grau como acorde de sétima, ainda que também unicamente em estado fundamental. Já o II grau, por outro lado, pode aparecer tanto no estado fundamental como em suas inversões; até mesmo como acorde de sétima em estado fundamental ou em suas inversões adequadas (ou seja, não como acorde de segunda). É pouco usual o acorde de quarta-e--sexta neste II grau, mas muito bom o de terça-e-quarta. O acorde de sétima sobre o IV grau ocorre raramente, mas não é impossível. Quanto às inversões da tríade sobre o IV grau, consideraremos apenas o acorde de sexta, mas não o de quarta-e-sexta. As inversões do acorde de sétima do IV grau são quase totalmente inusitadas. É inadequado o acorde de sétima do VI grau, pois sua sétima teria que ser tratada. Também as suas inversões são dificilmente praticáveis, a saber: o acorde de quarta-e-sexta é particularmente não utilizável; o acorde de sexta é pouco usado em razão do fraco movimento *dó-sol* e da repetição do *dó* logo após. Não obstante, funciona em algum caso de urgência.

O aluno bem fará em projetar as cadências de forma sistemática (para experimentar diversas possibilidades), isto é: agindo da mesma maneira que, antes, usava a tabela para a realização dos primeiros exercícios. Começará, portanto, delineando todas as possibilidades com IV-V-I. Por exemplo: I-IV-V-I; VI-IV-V-I; III-IV-V-I; etc., utilizando o IV grau, ora em posição fundamental, ora como acorde de sexta. Depois fará o mesmo com as sucessões II-V-I e VI-V-I. Sobre cadências no modo menor, não há nada especial a dizer e são válidas as mesmas indicações que para o modo maior. Obviamente, na conclusão no modo menor o V grau tem a terça maior, pois esta terça maior ocorre por causa da própria cadência, por força do som condutor representado pelo efeito da sensível.

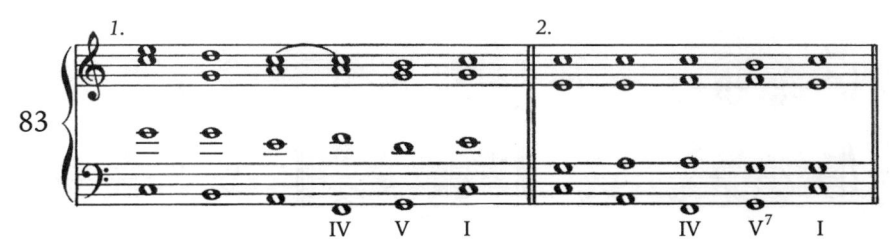

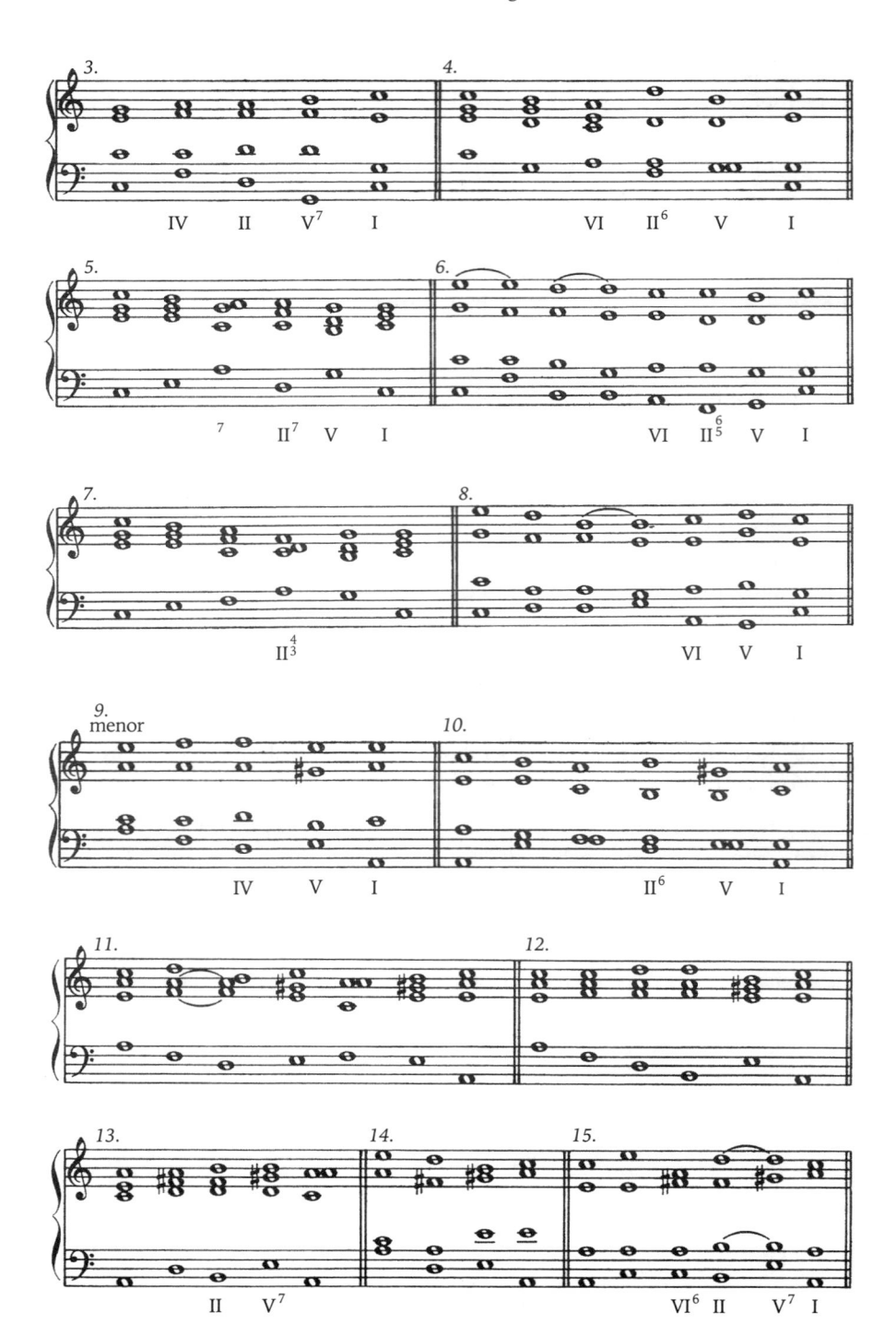

## Cadências interrompidas

O movimento do V grau ao I leva o nome de *cadência autêntica* [*authentischer Schluss*],[14] e o do IV grau ao I, *cadência plagal* [*Plagalschluss*]. São apenas nomes, expressões técnicas que nada nos dizem quanto à significação harmônica dessas cadências. Já examinamos a autêntica. Não temos motivos para ocupar--nos da plagal, porque, harmonicamente, carece de especial importância. É difícil que, no fragmento final, apareça antes de haverem sido satisfeitas as condições demarcadoras da tonalidade graças aos meios que conhecemos;[15] daí não enriquecer em nada especial o objetivo principal de nossa cadência. Por outro lado, as denominadas *cadências interrompidas* [*Trugschlüsse*] são mais construtivas como significação harmônica. Por esse nome entende-se a substituição do passo V-I – que era esperado – por V-VI ou por V-IV. Seu protótipo é este: após o V grau espera-se o I; mas, em vez deste, vem o VI ou o IV. Porém, somente na conclusão é aguardado o I grau após V (cadência autêntica); como o I grau não aparece, então ainda não nos encontramos na conclusão final, mas em uma cadência interrompida. Uma possibilidade de conclusão se inicia, mas não se consuma. Trata-se, naturalmente, de um efeito muito forte, pois nos coloca em posição de armarmos novamente outra cadência, agora definitiva, a qual, por meio da repetição, permite finalizarmos com força redobrada.

Em primeiro lugar, introduzimos a conclusão interrompida na cadência, aproveitando-a para o objetivo antes mencionado, ou seja: a prolongação da cadência. Algumas observações tornam-se necessárias. A cadência interrompida parte do *V grau cadencial* (e não de um V grau qualquer), o qual deverá estar representado, sobretudo, pelo seu acorde em estado fundamental. As inversões do V grau são muito pouco usuais para os objetivos da cadência interrompida. Isso não é um empecilho para que as sucessões V-VI ou V-IV, em outras passagens que não sejam cadenciais, partam do V grau em uma de suas inversões. Por outro lado, será bem-vindo o emprego do acorde de sétima do V grau na cadência interrompida. Deve-se dizer algo a este respeito, pois a resolução de um acorde de sétima, de outra forma que não fosse o salto de quarta ascendente da fundamental, somente acontecia até agora, ainda que de uma outra maneira, no encadeamento de acordes de sétima entre si.

---

14 Também chamada, em nossos meios musicais, de *cadência perfeita*. (N. T.)
15 A não ser que meramente ocorra como um eco dos modos eclesiásticos, dando assim uma impressão de antiguidade.

No encadeamento do V grau com o VI (exemplo 84) pode-se mais uma vez imaginar que se trata de enlaçar, com o acorde de VI, o acorde de nona construído sobre uma fundamental que está uma terça abaixo, a saber, sobre o III grau. Disto se infere, logicamente, que a sétima (considerada como nona) e a quinta (considerada como sétima) têm que descer.

É mais complicado basear o encadeamento V-IV na mesma suposição, porque, neste caso, a sétima não desce e não haveria nenhuma possibilidade de ir ao *mi*, visto que o acorde do IV grau não possui a nota *mi* (exemplo 85*a*).

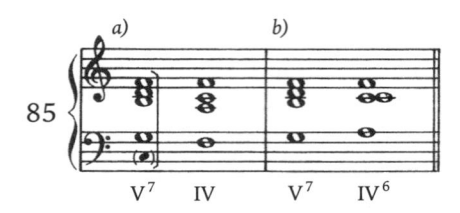

Logo, será melhor imaginar outra coisa. Já disse que existem diversas maneiras de resolver uma dissonância. Uma delas era resolvê-la descendo. Restam ainda três possibilidades: subir, mantê-la ligada ou deixá-la por salto. É claro que as dissonâncias dificilmente poderiam originar-se da maneira como aparecem no nosso ensino da harmonia, ou seja: por razões de claridade expositiva, pelo acréscimo de uma terça a uma tríade. Senão que, provavelmente, ocorreram como acidentes da condução melódica, ornamentos, que terminaram por ser escritos; compreende-se, desse modo, que podem também acontecer as outras formas de resolução. Se uma voz que realize *sol-fá-mi* pode ser contraposta a outra, superior ou inferior, que possua um *mi* fixo, então ela poderá também apresentar-se ao contrário: *mi-fá-sol* (exemplo 86). Este é o modelo para a resolução ascendente da dissonância, e nisto inclui--se a espécie de resolução em que a dissonância se mantém, a saber: após a simultaneidade sonora *mi-fá* – e considerando-se o *mi* como dissonância – o *mi* permanece enquanto o *fá* segue seu caminho.

Tais dissonâncias eram chamadas "de passagem" [*durchgehend*], e o antigo contraponto tinha uma quantidade de regras e de condições para limitar o seu emprego. Supondo-se, agora, que o acorde de sétima do V grau surgiu destes "sons de passagem", então o próprio acorde de sétima é um fenômeno que

surge de passagem, e das formas com que aparece é que serão derivadas as suas próprias leis. Estas leis poderiam, portanto (até onde sejam aqui de interesse), ser as seguintes: um intervalo de sétima poderá resolver-se descendo (exemplo 88*a*, *b*), permanecendo ligado (exemplo 88*c*, *d*), ou subindo a sétima (exemplo 88*e*, *f*); o baixo, então, deverá: no primeiro caso, permanecer ou subir; no segundo, subir ou descer; e, no terceiro, permanecer ou saltar. Estar-se-á, assim, familiarizado com a ideia de que o tratamento da dissonância não é uma coisa tão perigosa e de que as obras-mestras quase permitem a formulação da seguinte lei: a dissonância terá que ser resolvida; ou seja, a um acorde dissonante tem que seguir outro acorde qualquer (o que equivale a não dizer absolutamente nada; não obstante, é o que de melhor se encaixa ao presente caso). Por conseguinte, não se deve estranhar a ideia de que na resolução da sucessão $V^7$-IV (exemplo 85) o fundamento seja o salto de quarta I-IV, isto é, o acorde de décima-primeira *dó-mi-sol-si-ré-fá* resolve-se no acorde *fá-lá-dó-fá*, mantendo-se a sétima na mesma voz.

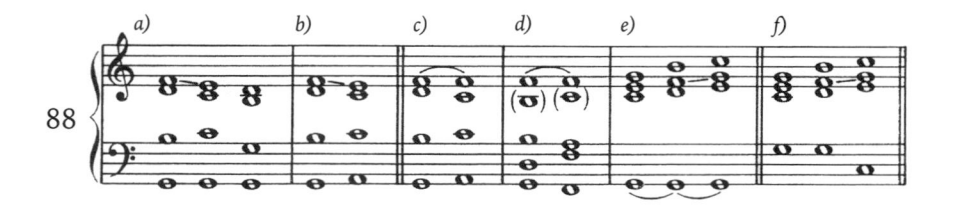

Os casos 88*e*, *f* não são habitualmente considerados como harmônicos, pois o acorde de sétima neles presente é visto como de passagem em razão de sua sétima ascendente. Não obstante, esses casos foram utilizados na prática. Proclamavam, porém, as leis do ensino da harmonia: "uma sétima tem que descer, ou, se permanece ligada, a fundamental tem que subir". Mais tarde, fez-se uma exceção (obviamente "uma exceção", em vez de ampliar a regra e adaptá-la aos fenômenos) e se disse: "se..., então é possível..." etc., permitindo que a sétima excepcionalmente subisse a fim de obter-se um acorde completo. Disso resultou a regra denominada "da má sétima" [*bösen sieben*], a saber: um intervalo de sétima onde o som inferior descesse enquanto a sétima permanecia, ou, vice-versa, a sétima subisse enquanto o som grave do intervalo permanecia estacionado, possibilitando que o intervalo de sétima se resolvesse em uma oitava. Tais procedimentos (resolução da sétima na oitava, através da descida do som grave ou da subida da sétima) mantiveram--se proibidos, embora ocorressem frequentemente nas obras-mestras, como resultado da condução independente das vozes. Desaprovava-se, pela mesma razão, o caso 88*d*. Contudo, visto que não se poderia, evidentemente, renunciar por completo a essa progressão, a teoria permitiu a resolução no acorde de sexta (exemplo 89*a*), através do que, ademais, esquivava-se às dificuldades de condução das vozes (evitar as quintas paralelas e obter completos os respectivos acordes; exemplo 89*b*, *c*, *d*). Todavia, sob este aspecto seria possível a solução 89*d*. Hoje, porém, poder-se-ia tranquilamente fazer como em 89*e*: simplesmente abandonar a dissonância por salto, conforme é conhecido pelas formas muito usuais dos exemplos 89*f*, *g*, *h*.

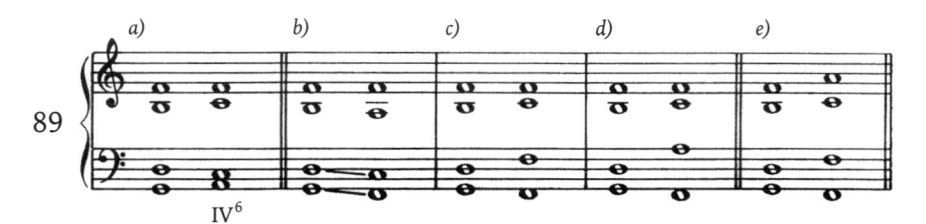

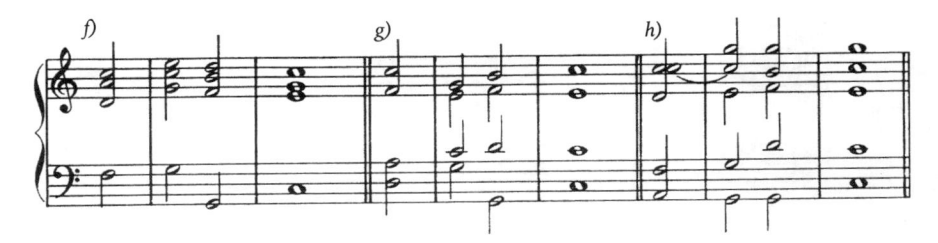

Também o encadeamento mostrado no exemplo 90*a*, muito comum em tantas obras-mestras, só poderia ser admitido mediante uma exceção à regra; senão, o exemplo 90*b* teria de ser usado como substituto bastante.

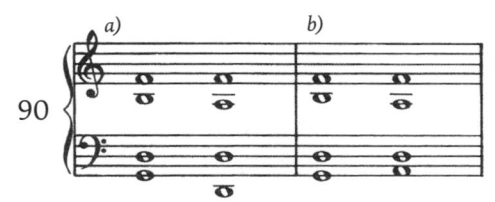

Inclinar-me-ia, no mais das vezes, a conceber as regras de sorte que todos estes acontecimentos pudessem ser incluídos. Porém, resultaria o perigo de que, mesmo assim, novamente muitas coisas boas ficassem excluídas (é bom tudo o que aparece nas obras-mestras, como também muitas coisas que ainda não apareceram), a não ser que eu me obrigasse a construir exceções. Todavia, visto ser claro que, no mínimo, tais regras serão abolidas pelo futuro saber, mais avançado, dos alunos (pelo menos aquelas regras que, segundo nosso ponto de vista, são demasiado estreitas ou são erradas), parece-me supérfluo esforçar-me de maneira especial pela exposição de novas regras. O caminho que escolho, como frequentemente tenho feito, é o seguinte: após haver mostrado ao aluno até que ponto essas regras não são, em absoluto, obrigatórias, coloco freios ao seu impulso de querer desconsiderá-las absolutamente, procurando, ao mesmo tempo, desenvolver nele o sentido das estruturas formais através das antigas e rígidas constrições, até que este sentido lhe indique, no tempo certo, quão longe tem condições de ir e como terá que arranjar-se quando desejar saltar sobre todas essas regras e seguir o seu próprio caminho.

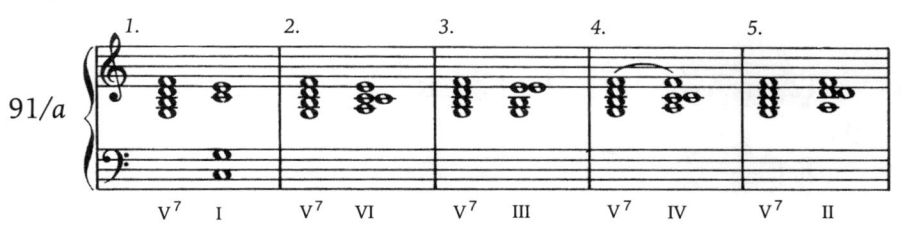

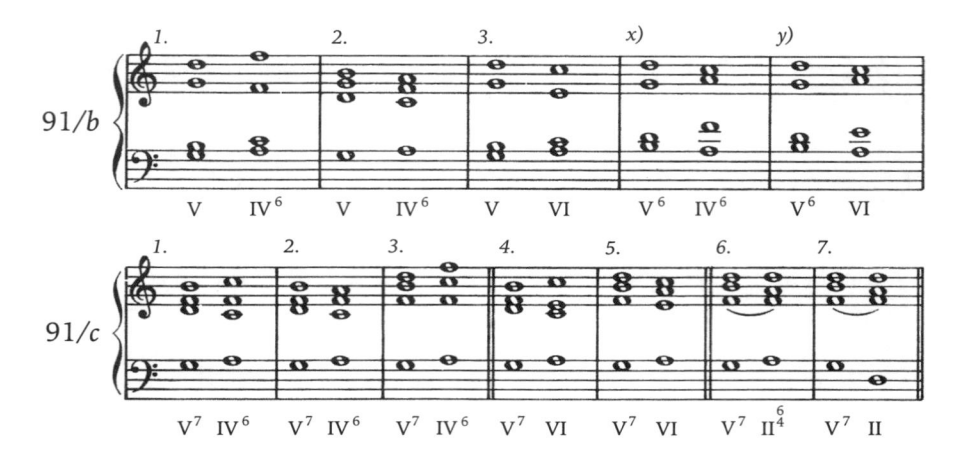

Então, por agora, trataremos a sétima apenas como no exemplo 91*a*, empregando somente as formas que aparecem em 91*b* (onde *x* e *y* não devem, propriamente, ser considerados uma cadência interrompida) e em 91*c* (como acorde de sétima da dominante), excluindo tudo o que possa dar origem à "má sétima" (resolução na oitava: exemplo 92).

Desde que não sejam tratados como cadência interrompida, aquela que reconhecemos como um meio especificamente cadencial, estes encadeamentos podem partir também das inversões do acorde de sétima (exemplo 93), mantendo-se, todavia, uma certa cautela ao tratar daqueles casos que deságuam num acorde de quarta-e-sexta. Pois o acorde de quarta-e-sexta, conforme já explicado anteriormente, possui, em determinado contexto, uma função muito importante, sendo usado, nesse sentido, quase à maneira de um clichê [*klischeeartig*]; daí resulta que, ainda quando este acorde de quarta-e--sexta ocorra em circunstâncias por acaso semelhantes, atrai a atenção para si e desperta a expectativa de que aconteçam determinadas sucessões.

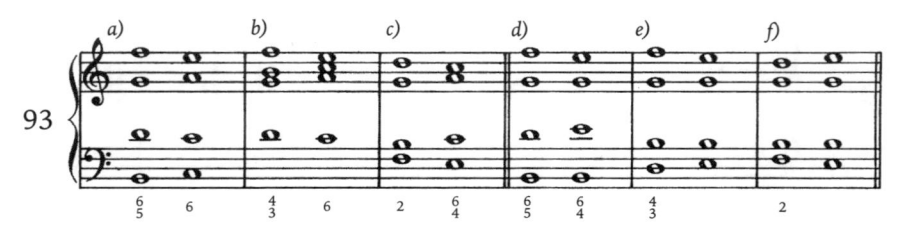

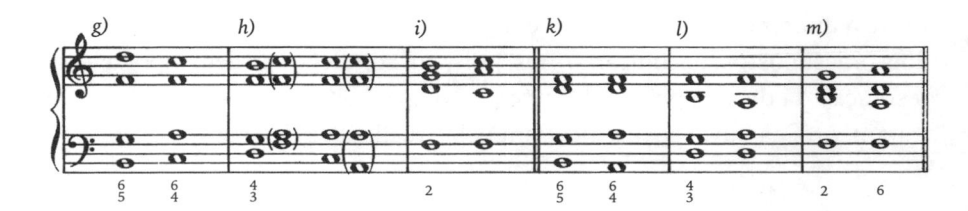

No exemplo 94 marcou-se com um X o emprego do acorde de sétima da dominante em cadências interrompidas. Com ⊠ e † foram marcados os locais onde o acorde de sétima da dominante foi introduzido sem preparação. Já havia anunciado que mais à frente trataríamos os acordes de sétima com maior liberdade.[16] De momento, fica estabelecido que o acorde de sétima da dominante poderá acontecer sem preparação. Especialmente quando a sétima (exemplo 94*c*) aparecer em um contexto onde o acorde seja "de passagem" (justificação melódica). Alguns outros casos, com semelhantes sétimas de passagem, são mostrados no exemplo 95, onde também outros acordes de sétima originam-se desses contextos "de passagem" [*Durchgang*].

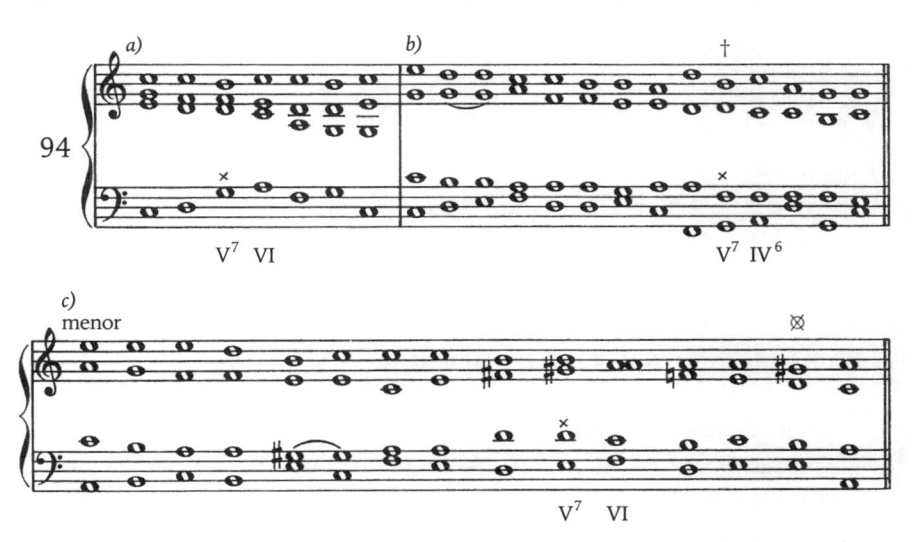

Este tratamento mais livre dos acordes de sétima não se dá aqui como exceção à regra, mas deriva de importantes suposições e conhecimentos, repetidamente apresentados aqui, sobre a múltipla origem da dissonância e

---

16 O emprego da quinta diminuta sem preparação será examinado no próximo capítulo.

sobre a diferença apenas gradual entre esta e a consonância. Mediante estes dois pressupostos, encontramo-nos, pois, em condições de decompor a lei da resolução da dissonância em um pequeno apanhado de instruções para seu tratamento, as quais se justificariam pelas realidades da arte.

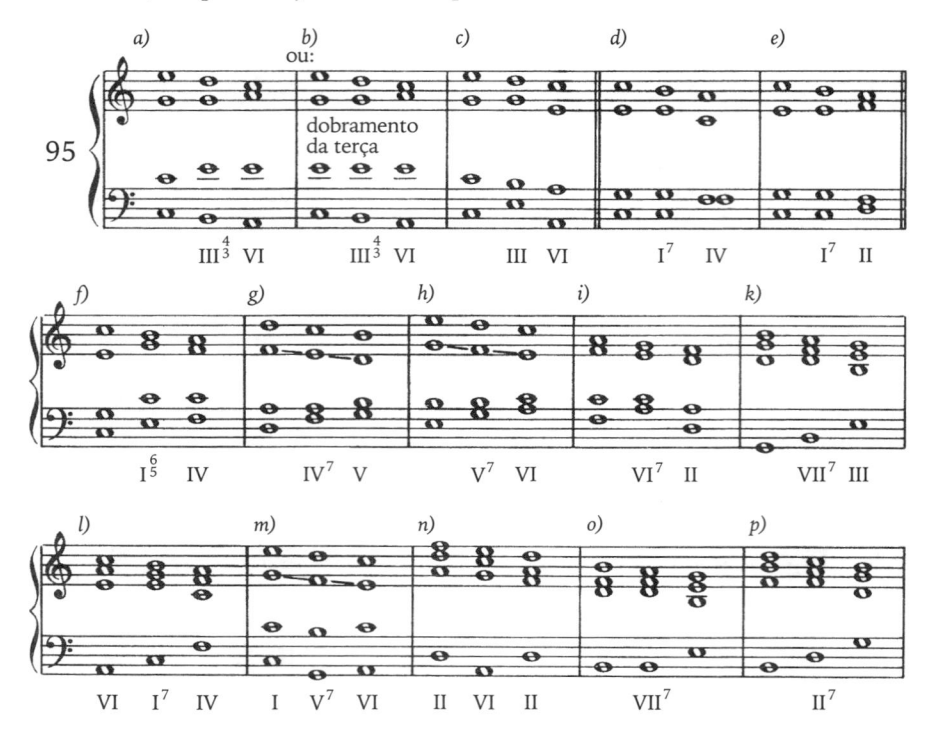

# O acorde de quarta-e-sexta na cadência

As cadências podem ser ainda mais ampliadas inserindo-se o I grau antes do V (portanto, após o IV ou o II). A forma primitiva, origem desse procedimento, pode ter sido a cadência I-V-I, que assinalamos (exemplo 81a e o texto correlato) como a primeira e mais elementar forma cadencial.

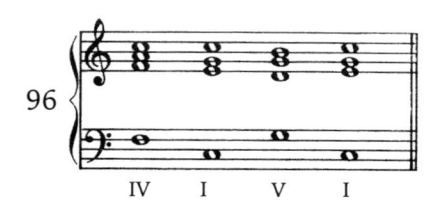

Mas também isso pode ser explicado de outro modo, a saber: IV-V-I.

Quando o V grau vem após o IV, o *dó* permanece suspenso (na forma de ornamento), e o *fá* (também à maneira de ornamento) movimenta-se ao *ré* passando pelo *mi*. O *lá*, porém, dirige-se imediatamente ao seu posto, ao *sol*, que é nota do acorde. O *mi*, portanto, é uma nota de passagem. Essa forma, na qual o *dó* tem retardado o seu passo rumo ao *si* (tornando-se uma dissonância a qual tem que ser resolvida) é chamada de *retardo* [*Vorhalt*]. Mais tarde falaremos melhor a respeito. Esta interpretação tem muito a seu favor. No entanto, parece-me que, embora cada uma das fórmulas mostradas pudesse causar, isoladamente, o acorde de quarta-e-sexta, é provável que tenha sido a associação de ambas as ideias o que conduziu a esta forma cadencial. No primeiro caso (exemplo 96), basta reconhecer que a incômoda repetição do *dó* no baixo pode ser evitada usando-se uma inversão. Também se poderia empregar com êxito o acorde de sexta, conforme acontece algumas vezes. Mas o acorde de quarta-e-sexta, que foi compreendido como uma forma de dissonância que deve ser resolvida (e que se satisfaz resolvendo-se no V grau), é mais adequado, pois quase exige o que o acorde de sexta mal possibilita. Não obstante, a outra maneira de analisar este fato é igualmente convincente (exemplo 97). O retardo produz uma tensão que justifica a resolução; a resolução acontece no acorde mais adequado a este fim, cuja aparição, meticulosamente elaborada, toma o aspecto de uma necessidade, provocando assim um sentimento mais elevado de satisfação.

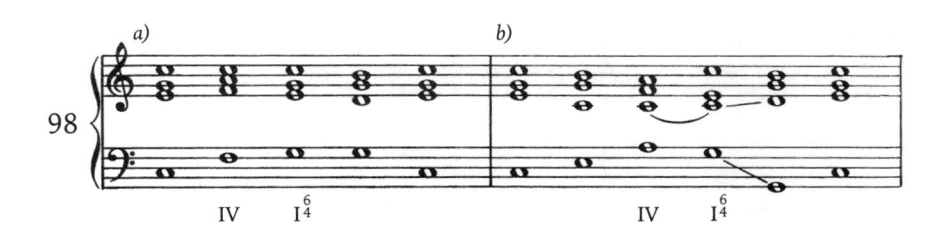

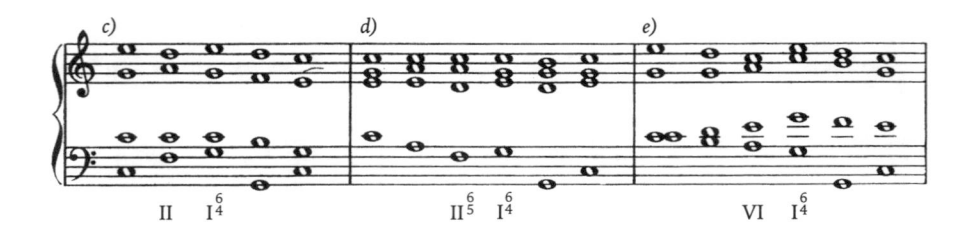

Aqui são apresentadas (exemplo 98) algumas formas de utilização do acorde de quarta-e-sexta, mostrando também que não basta para explicá-lo a dedução de que o acorde de quarta-e-sexta se origina da nota de passagem e do retardo (exemplo 98*b*, *c*, *d*). Em 98*b* não se pode alegar que haja um *dó* retardado (no tenor), pois, para que a explicação seja válida, falta a necessária resolução. Tampouco se pode aí falar de um *mi* de passagem (contralto), visto que salta ao *sol*. É verdade que em 98*c* existe o retardo, mas não o acorde como "de passagem". O mesmo ocorre em 98*d*. Entretanto, se pensarmos na primeira explicação, o acorde de quarta-e-sexta torna-se algo sem maiores considerações. Para um juízo sobre a sucessão de fundamentais, é indiferente a questão da origem. Considerando-se que esta origem reside no retardo e na nota de passagem, poderemos (leve-se em conta que o acorde de quarta-e--sexta não é, neste caso, um fenômeno em si mesmo) enumerar as seguintes sequências de graus: IV(I$\frac{6}{4}$)-V-I, ou II(I$\frac{6}{4}$)-V-I, ou VI(I$\frac{6}{4}$)-V-I; portanto, somente sucessões fortes. Todavia, interpretando-se o acorde de quarta-e-sexta como I grau, teremos então, IV-I-V-I, II-I-V-I ou VI-I-V-I, situações em que existem muitas sucessões decrescentes. Isso, porém, é compensado pelo caráter quase dissonante do acorde de quarta-e-sexta. Admitindo-se que o conhecido efeito dessa forma do acorde de quarta-e-sexta possibilita prescindir de sua origem e encadeá-lo à maneira de clichê (ainda quando também o acorde precedente não seja exatamente conforme deveria ser para dar origem ao acorde de quarta--e-sexta, mas apenas semelhante), explica-se então a liberdade exposta no exemplo 99, no qual o acorde de quarta-e-sexta é alcançado por salto a partir da fundamental do II grau, o que é uma forma conclusiva muito frequente.

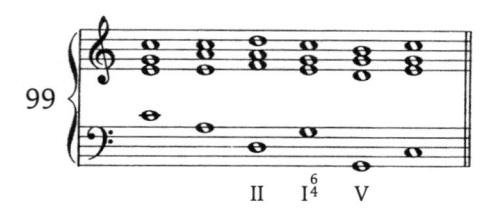

Com o propósito de evitar a monotonia que seria causada pelo *sol* mantido (o que, de resto, não seria muito perigoso), prefere-se trocar a posição do baixo por meio de um salto de oitava.

Tenho mencionado, repetidamente, que o acorde de quarta-e-sexta proporciona uma posição peculiar, e demonstrei que restaria apenas saber se isso se deve graças à sua constituição ou a uma convenção. Tal posição, a respeito da qual muitas vezes temos falado, é justamente essa que agora é mostrada, a saber: a sua posição na cadência, como uma detenção [*Aufhaltung*], como um, por assim dizer, obstáculo antes do aparecimento do acorde (com ou sem sétima) da dominante. Visto que esta forma adquiriu um efeito de clichê, cuja aparição provoca a expectativa de uma sucessão determinada, explica-se por si mesmo por que esse acorde tem que ser tratado com precauções quando a ele não sucede o que era previsto: pois o que justamente se deve evitar é que ocorra esta sucessão não prevista, pois a decepção advinda poderia facilmente conduzir a desigualdades de realização. Por outro lado, semelhantes desigualdades podem ser atrativas; todavia, o aluno não deve ambicionar por agora esses efeitos.

---

# Tratamento mais livre do VII grau nos modos maior e menor

Reconhecemos anteriormente que a maneira mais simples de tratar a dissonância no VII grau do modo maior é por meio da preparação e da resolução. Observamos agora, nos acordes de sétima, como a dissonância pode aparecer sem preparação – quando se apresenta como nota de passagem – e como a resolução pode se dar de outro modo que não seja com o salto de quarta ascendente da fundamental. Isto pode ser aplicado à tríade diminuta e assim teremos acesso àquelas formas que na prática se apresentam com mais frequência do que a tratada primeiramente.

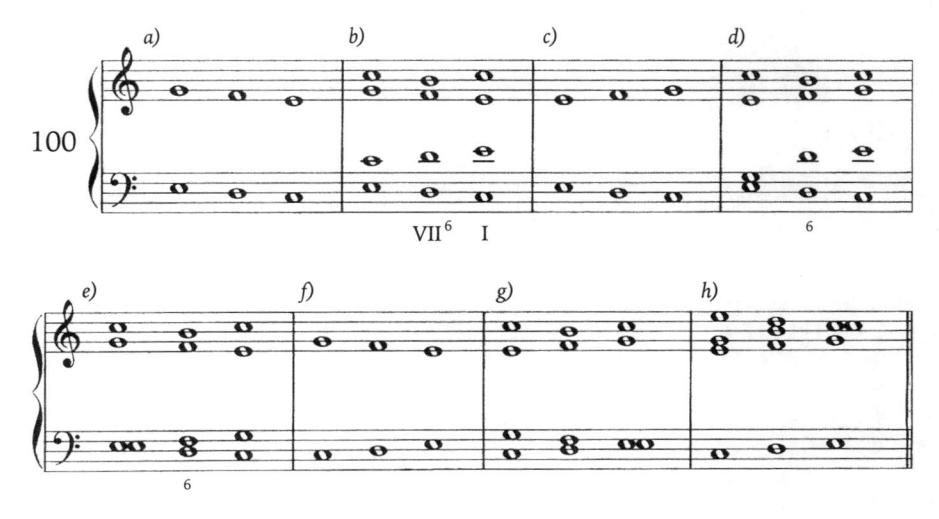

Supondo-se que o caminhar de duas vozes ocorra como nos exemplos 100*a*, *c*, *f*, torna-se assim compreensível que o acorde de sexta do VII grau, sobre a nota *ré*, *justifica-se* tanto pela *condução melódica* destas vozes quanto pela preparação. Resulta, então, em 100*e*, uma imagem correspondente às rigorosas leis contrapontísticas e ao seu aparecimento na música antiga, mas que se encontra em flagrante contradição com o que temos feito até aqui: pois a quinta diminuta, além de não ter sido preparada e nem resolvida, ainda é duplicada!

Indicarei alguns dos encadeamentos mais usuais da tríade do VII grau; em geral, não se emprega o acorde nem em estado fundamental e nem como acorde de quarta-e-sexta; habitualmente, ocorre apenas como acorde de sexta.

No encadeamento VII-I, a função do VII grau é compreendida de forma que este seja considerado representante do V grau, diferenciando-se principalmente do enlace VII-III visto até agora. Isto sugere que também experimentemos, partindo do VII grau (que é representante do V grau), as sucessões usuais que partiam do V grau: VII-VI, VII-IV e VII-II.

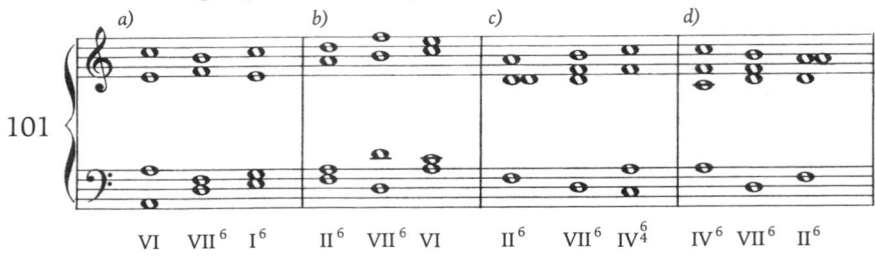

Naturalmente, este mesmo tratamento pode ser dado também às tríades diminutas do modo menor, ou seja, aquelas sobre os graus II, VI e VII.

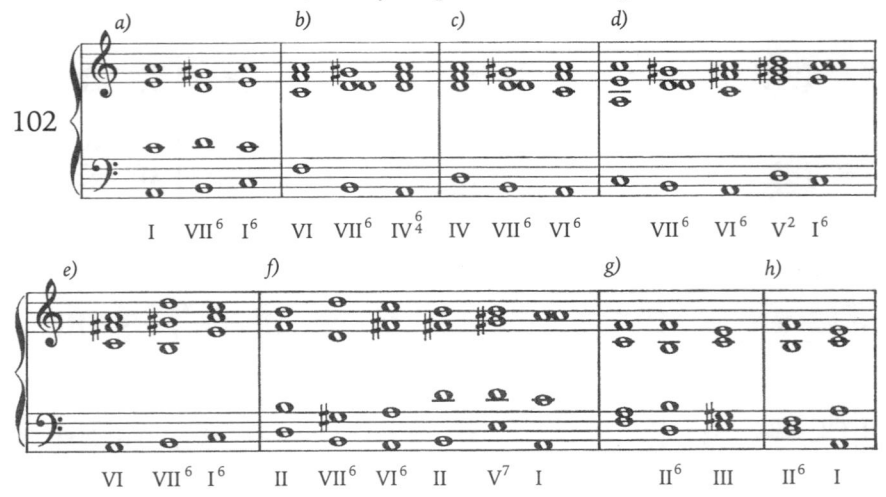

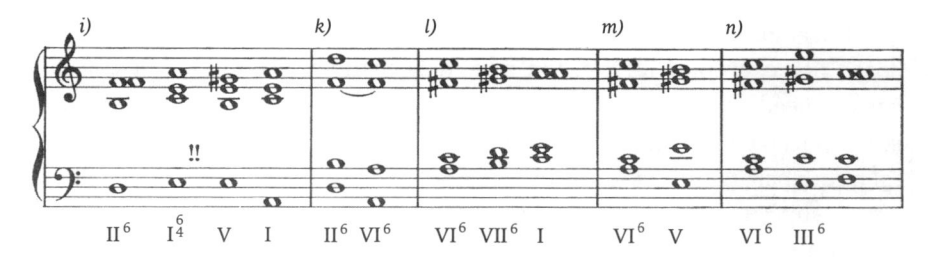

As leis relativas aos sons de resolução obrigatória devem, nesse ínterim, ser incondicionalmente respeitadas.

Tem-se feito um uso particularmente frequente e amplo do acorde de sétima do VII grau no modo maior e do II grau no modo menor, respectivamente. Isto será mostrado nas modulações. Quanto ao acorde de sétima do VII grau no modo menor, o denominado *acorde de sétima diminuta*, podemos de momento dizer o seguinte: com base em nossas primeiras considerações, somente nos foi possível encadeá-lo com o III grau (salto de quarta ascendente da fundamental), conforme os exemplos 103*a, b, c, d*. Agora, porém, já se mostram algumas das possibilidades que esse acorde de extraordinária polivalência admite.

Em alguns enlaces do acorde de sétima diminuta surgem quintas paralelas, como nos exemplos 103*f*, *g*. Por isso, deveriam ser excluídos por completo certos encadeamentos (exemplo 103*f*) ou, em outros (exemplo 103*g*), a terça ser duplicada, conforme o exemplo 103*h*. Todavia, estas quintas ocorrem com tal frequência nas obras-mestras e são evitadas com tamanha raridade que me parece supérfluo exigir que delas se esquive. Em troca, aconselho ao aluno (por razões que mais tarde deverão ser discutidas), abster-se de empregar aqueles encadeamentos do VII grau que se resolvam no acorde de quarta-e-sexta do I grau (exemplo 103*l*, *m*). No encadeamento do acorde de sétima diminuta, o melhor será conduzir as vozes pelo caminho mais curto; no exemplo 104, entretanto, apresentam-se alguns encadeamentos, usualmente empregados, nos quais as vozes saltam.

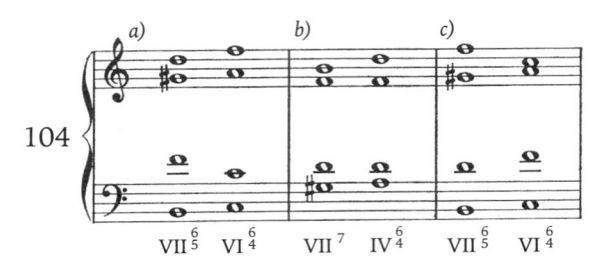

Serão ainda expostas, mais tarde, diversas razões pelas quais, no acorde de sétima diminuta, seja possível, mais que nos outros acordes, que a condução das vozes, em vez de transcorrer de forma simples, proceda, por assim dizer, de uma maneira saltitante [*sprunghafte*]. Por agora, basta a justificativa comumente escolhida: o encadeamento é conhecido. Assim, as vozes não têm por que se escravizarem à satisfação dos acordes, senão que podem, eventualmente, obedecer a necessidades melódicas.

# Modulação

Pode-se admitir [*annehmen*] que a tonalidade seja uma função do som fundamental, ou seja: tudo o que a integra procede da fundamental e a ela se refere. Porém, aquilo que provém dessa fundamental, ainda que a ela se refira, possui, dentro de certos limites, vida própria; é dependente até um certo grau, mas, até determinado ponto, também independente. O que está situado mais próximo da fundamental possui maior afinidade com ela e o que está mais distante possui menor afinidade. Seguindo-se, através de seu território, as pegadas da influência da fundamental, chega-se facilmente àquelas fronteiras onde a força de atração exercida pelo ponto central torna-se mais fraca, onde a potência de domínio se afrouxa e onde o direito de autodeterminação dos semilibertos pode provocar, em certas condições, revoluções e transformações na constituição de todo o complexo. Destas regiões, que se comportam algumas vezes como neutras e outras como revolucionárias, há que se distinguir duas: a região da dominante e a região da subdominante. Delimitá-las estritamente não é possível, pois suas fortes relações com a fundamental e os efeitos de seus próprios impulsos – criando, por sua vez, relações de reciprocidade – mostram condições cuja representação gráfica não seria possível em duas dimensões. Em todo caso, esta representação seria uma linha voltando sobre si mesma, tendo, porém, ramificações, artérias circulando a partir de cada ponto e em todas as direções. Eventualmente, poder-se-ia dizer o seguinte: pertencem à região da subdominante o IV grau e seu representante, o II. À região da dominante, pertencem o V grau e seu semelhante, o III. Comportam-se de maneira relativamente neutra os graus VI e VII, que podem pertencer, alternativamente, a cada uma das duas regiões, ou servir de transição de uma região à outra. Assim, por exemplo, a sucessão III-VI cria a possibilidade de levar ao IV ou ao II grau e a sucessão II-VII pode realizar uma travessia rumo ao III. E o II grau, representante do IV, se é seguido pelo V, conduz à região da dominante. Todavia, o V grau prefere caminhar em direção ao III ou ao I do que ao II ou ao IV; e o IV grau prefere ir ao II ou ao VII do que ao V. Os graus IV e V, representantes principais de suas respectivas regiões, têm a máxima aversão entre si e são, em uma determinada proporção, ao lado do I, os graus de vontade mais forte em todo o âmbito sonoro. O firme estabelecimento de fronteiras, em um universo onde existem tantas transições, pode ser um esforço inútil. Porque as diferenças entre tendências internas e ações de fato são talvez demasiado sutis. Mas elas existem, a despeito de todas as transições e ainda que delicadamente assinaladas. E é proveitoso reconhecê-las, conforme se verá mais tarde. Por agora, o importante para nós é compreender como o abrandamento da afinidade das tríades secundárias com o som fundamental possibilita certas sucessões harmônicas nas quais a referência a esse som fundamental torna necessário o emprego de meios especiais. Para nós, o essencial é constatar que na tonalidade existem regiões que, enquanto mantidas sob coação, permanecem neutras, estando, contudo, dispostas a ceder perante os atrativos de outra tonalidade vizinha, no momento em que o poder [*Herrschaft*] da fundamental descuidar-se um instante. Mesmo que não queiramos considerar que todo acorde seguinte ao I signifique o início do abandono da tonalidade (embora mantendo referência a ela), temos de constatar que a forte vontade dos relativos senhores das regiões da dominante e da subdominante e a respectiva inclinação dos acordes neutros a se adaptarem a esta vontade ou ao desejo de alguma outra tonalidade vizinha, favorecem o perigo de que se afrouxem os laços com a referência fundamental. Disso, e do pendor de cada grau para converter-se em tônica, ou pelo menos de querer alcançar, em outra região, uma posição mais elevada, surge um torneio que constitui o atrativo da harmonia dentro da tonalidade. O desejo de autonomia dos dois territórios mais poderosos e próximos, a revolta dos elementos menos solidamente sujeitos, as pequenas vitórias e conquistas ocasionais dos partidos em luta, sua submissão final à vontade maior e sua fusão numa função comum: é este um movimento – reflexo de nossa própria atividade humana – que nos permite sentir como vida o que criamos como arte.

Assim, todo acorde situado junto ao som fundamental possui tanto a tendência de seguir caminho como a de regressar a ele. E, se deve surgir vida, se deve nascer uma obra de arte, então há que interessar-se por esse conflito gerador do movimento. A tonalidade tem de romper com o perigo de perder sua soberania, dar uma oportunidade aos desejos de independência e possibilitar que atuem as aspirações de rebelião, deixá-los obter vitórias, conceder-lhes eventualmente o alargamento de suas fronteiras, pois um dominador apenas sente prazer dominando os vivos; e os vivos querem a rapina.

Desse modo, originam-se talvez os esforços revolucionários dos subordinados, tanto de suas próprias inclinações como da necessidade de dominação do tirano; esta não se satisfaz sem aquelas. E assim se explica o afastamento do som principal como uma necessidade desse mesmo som, em cuja série dos harmônicos superiores dá-se exatamente o mesmo conflito, ainda que, por assim dizer, em outro plano.

Mesmo o aparente completo abandono da tonalidade revela-se um recurso para tornar mais esplêndida a vitória do som fundamental. E quando se percebe que todo acorde junto ao do I grau favorece uma modulação ou mesmo a provoca, então fica claro que todo desvio a territórios afastados da tônica pode ser orgânico com relação à fundamental: orgânico a distância. Relacioná-lo com o som principal é mais difícil, mas não impossível. Os recursos que o som principal tem que empregar para afirmar sua soberania simplesmente devem ser mais fortes, mais violentos, de acordo com a natureza mais forte ou mais violenta daqueles que cobiçam a emancipação. E quanto maior a vantagem inicial concedida àqueles que se evadem, mais ele se verá obrigado a persegui-los impetuosamente com botas-de-sete-léguas para submetê-los de novo. Quanto maior for esse esforço [*Anstrengung*], mais imponente será o efeito da vitória.

Seguindo-se, pois, justificadamente, as inclinações dos sátrapas, compreenderemos, então, a necessidade e a possibilidade das digressões, da modulação. E as digressões não têm limites, se é que o poder da tonalidade é ilimitado. Existissem fronteiras para esse poder, de nada serviria reprimir as tendências dos sons secundários; romperiam, de qualquer forma, todas as amarras, pois não possuem limites. Logo, poderíamos perguntar: a tonalidade é forte o bastante para dominar a todos?

Sim e não: tanto pode ser suficientemente forte como débil em demasia. Se acredita em si própria, então será forte o quanto necessite. Duvide de seu poder recebido pela graça divina e será excessivamente fraca. Caso se imponha, desde o princípio, autocraticamente, com fé em sua missão, vencerá. Todavia, ela pode também ser céptica, pode haver compreendido que tudo o que é considerado bom para os seus súditos é, na verdade, bom para si própria; pode haver compreendido que seu predomínio não é absolutamente necessário ao progresso e à prosperidade do todo. Que ela é, por certo, admissível, mas não indispensável. Que, embora sua autocracia possa ser um vínculo unificador, a supressão desse nexo favorece, por outro lado, o funcionamento autônomo de outros vínculos. Que, ainda que fossem abolidas as leis que dela mesma procedem, as leis de autocrata, não por isso o seu antigo território naufragaria na indisciplina, senão que, automaticamente, seguindo seu próprio instinto, forneceria a si mesma as leis correspondentes à sua própria natureza; que não entraria a anarquia, mas uma nova forma de ordem. Mas ela pode acrescentar que esta nova ordem será logo vista como semelhante à antiga, até identificar--se inteiramente com ela, pois tal ordem corresponde ao desejo divino, como a mudança, que sempre reconduz à ordem novamente.

Da natureza dos acordes e de sua relação com o som fundamental podem--se derivar conhecimentos que conduzam à constatação das seguintes funções:

1. Os desvios da tônica e o seu procedimento são tais que, apesar de todas as novas formações de sons secundários que sejam empregadas – ainda as mais distantes –, a tonalidade vence no final. Por conseguinte, ela seria uma espécie de cadência ampliada, a qual, no fundo, serve de projeto harmônico a toda composição musical, por mais extensa que seja.

2. Os desvios levam à consecução de uma nova tonalidade. Este é o caso presente no decurso de cada peça musical; contudo, é algo apenas aparente, pois esta nova tonalidade não possui significação autônoma dentro da unidade de uma obra, sendo tão somente uma forma mais elaborada das tendências dos sons secundários; estes, no todo de uma peça tonal, permanecem sempre sons secundários.

3. A tônica [*Grundton*][1] não se manifesta desde o primeiro instante como inequivocamente determinante, admitindo a seu lado o surgimento da rivali-

---

1  O texto leva a crer que o autor utiliza o termo *Grundton* [*Grund* = fundamento, âmago, alicerce; "aquilo sobre o que tudo se baseia". *Ton* = som] para denominar um centro de referência muito mais abrangente do que aquilo que meramente se entende por "Tônica". Quando ele emprega (raramente) o termo *Tonika*, parece que não é como substituto para *Grundton*, mas sim na intenção de um sentido restrito da amplidão contida neste último, significando, nesse caso, uma mera referência ao I grau da escala. Entendemos que esse problema de compreensão é notável pelas consequências, amplas ou restritas, que surgem em razão da abrangência que se tenha da ideia de "fundamental". Talvez pudéssemos traduzir *Grundton* por "centro (de sustentação) fundamental". Mas percebem-se de imediato os problemas de contexto que isso

dade de outras tônicas. A tonalidade mantém-se, por assim dizer, flutuante, e a vitória pode (não necessariamente) decidir-se por uma de suas rivais.

4. A disposição harmônica não se inclina, aprioristicamente, a consentir no império de uma determinada tônica. Surgem formações cujas leis parecem não partir de nenhum centro; ou então, no mínimo, tal centro não é uma tônica.

Consideraremos de início as duas primeiras funções. A terceira e a quarta, até onde for possível dar instruções sobre elas, as deixaremos para mais tarde. Praticaremos a primeira como um alargamento [*Erweiterung*] da cadência quando encontrarmos à nossa disposição recursos harmônicos mais ricos. A segunda função, a qual denominamos *modulação*, será a nossa tarefa imediata.

A cadência era o meio de consolidar a tonalidade. A modulação tem por fim abandoná-la. Se na cadência era necessário alinhar, de certa forma, uma sucessão de determinados acordes que limitavam estreitamente a tonalidade, para se conseguir uma modulação é preciso fazer o contrário: evitar esses acordes, estabelecer sucessões tais que não delimitem a tonalidade de partida e, também, indo mais além nisto, formar sucessões que delineiem uma outra tonalidade. Através da ausência daqueles elementos que expressavam a tonalidade de partida, afrouxando-se as cadeias da tonalidade, pode-se então alcançar a tonalidade almejada mediante os mesmos recursos antes comentados para estabelecer a de partida; apenas que agora eles devem reportar-se aos objetivos da nova tonalidade. Esses recursos modulatórios conduzirão, diretamente ou com menores ou maiores rodeios, até aquele ponto onde uma cadência consolidará a nova tonalidade.

Assim, serão três as etapas em que dividiremos as frases nas quais exercitaremos a apresentação das modulações:

1ª expressão da tonalidade e introdução daqueles acordes (neutros) que possibilitem uma *viragem* [*Wendung*][2] (não é preciso que sejam muitos;

---

inevitavelmente traria. Assim, confiando que o texto, em sua totalidade, resolve a questão independentemente de qual nome a ideia possua, temos traduzido *Grundton* por "tônica" em alguns casos, e, preferencialmente, por "som fundamental" (ou simplesmente "fundamental") nos contextos em que isso não traga dubiedades. Já o termo *Tonika*, de origem latina, o traduzimos sempre e imediatamente pelo seu cognato usual entre nós, ou seja, *tônica* mesmo. (N. T.)

2 *Viragem* é a tradução que damos aqui, e em quase todas as circunstâncias, para o termo original *Wendung*. É possível que uma apreensão mais completa da ideia necessitasse, entre nós, de uma expressão com maior número de palavras. Abrange o sentido de *ponto de giro*, de *giro harmônico*, sempre com a ideia de *ponto de conversão*, de *"instante de transição que aponta para novas possibilidades"*. (N. T.)

às vezes basta o I grau da tonalidade de partida, o qual frequentemente é, ao mesmo tempo, tanto um acorde que expressa a tonalidade como também um acorde neutro);

2ª parte propriamente modulante: o acorde modulante, eventualmente, com aqueles acordes porventura necessários a introduzi-lo;

3ª consolidação [*Befestigung*]: cadência da nova tonalidade.

Quais acordes são adequados a, sem que ainda se abandone a tonalidade, dirigir o transcurso musical à viragem de modo que o acorde modulante possa levar à resolução é algo que se deduz das próprias considerações através das quais obtivemos anteriormente os acordes cadenciais. Se, naquela oportunidade, tratava-se de delimitar a tonalidade perante as outras tonalidades afins – para as quais escorregaríamos facilmente em virtude das tendências dos graus próprios da escala –, trata-se agora, ao contrário, de ceder a essas inclinações. Portanto, as modulações mais simples que assim se tornam possíveis serão: *à tonalidade menor paralela, às tonalidades situadas uma quinta superior e inferior e às tonalidades menores paralelas destas.*

Teremos, assim, em *Dó-Maior*: a tonalidade paralela (*Lá-menor*), a que está uma quinta acima, *Sol-Maior* (e sua paralela, *Mi-menor*) e a que está uma quinta abaixo, *Fá-Maior* (e sua paralela *Ré-menor*). As tonalidades maiores que estão, conforme acima descrito, separadas de *Dó-Maior* por uma única alteração (as tonalidades menores paralelas são, como já esclarecido, apenas formas especiais dentro das tonalidades maiores) e que se encontram nesta mesma relação com uma tonalidade de partida (cuja tônica se encontra uma quinta acima ou abaixo), são denominadas *tonalidades do primeiro círculo de quintas* (as tonalidades menores referir-se-ão às paralelas maiores e o grau de afinidade entre elas será designado segundo a afinidade das respectivas paralelas maiores).

A expressão *círculo de quintas* [*Quintenzirkel*] vem de que os nomes das tonalidades eram escritos em uma roda (círculo), em pontos equidistantes, de maneira que as distâncias entre os pontos que estavam mais próximos uns dos outros correspondiam às distâncias de quintas entre as tonalidades mais próximas.[3]

As tonalidades, então, sucedem-se umas às outras à distância de quinta: *DÓ, SOL, RÉ, LÁ* etc., e regressam novamente ao ponto de partida por este mesmo caminho. Esse regresso assemelha-se à linha curva da roda (que tam-

---

3 Ver, logo à frente, a figura 105. (N. T.)

bém se volta sobre si mesma). Tomando-se essa linha na direção do círculo
(*DÓ-SOL-RÉ-LÁ* etc.), temos então o *círculo de quintas*, ou, como prefiro dizer,
o *círculo ascendente de quintas*, porque está construído por quintas superpostas
umas às outras sobre o ponto de partida. Tomando-se a direção contrária
do círculo (*DÓ-FÁ-SI♭-MI♭* etc.), temos o que alguns denominam "círculo de
quartas", o que não faz muito sentido, visto que *DÓ-SOL* é uma quinta para
cima ou uma quarta para baixo e *DÓ-FÁ* é uma quinta para baixo ou uma
quarta para cima. Por isso, prefiro chamar esta direção contrária por *círculo
descendente de quintas*.[4]

---

4  Em certos lugares do círculo de quintas, necessariamente acontece a denominada *substituição
enarmônica* [*enharmonische Verwechslung*]. Isto ocorre porque em nossa notação, como é sabido,
cada som pode ser expresso por dois ou mais signos. Assim, *dó♯* é igual a *ré♭*, *fá♯* é igual a *sol♭*,
*fá* é igual a *mi♯* (ou a *sol♭♭*) etc. O mesmo ocorre:

a) com os acordes: *ré♯-fá♯♯-lá♯* é igual a *mi♭-sol-si♭*, e *si-ré♯-fá♯* é igual a *dó♭-mi♭-sol♭*, etc.;

b) com as tonalidades completas: *Sol♭-Maior = Fá♯-Maior*; *Lá♭-menor = Sol♯-menor*; *Ré♭-Maior =
Dó♯-Maior* etc.;

c) e também com as sucessões de sons: por exemplo, a passagem *ré♯-fá♯-mi-dó♯-ré♯* soa, enarmonicamente, *mi♭-sol♭-fá♭-ré♭-mi♭*.

O objetivo dessa *substituição enarmônica* é, em primeiro lugar, facilitar a leitura simplificando
a grafia tanto quanto possível, e, em segundo lugar, a chamada ortografia. Quando, no transcurso de uma composição (em nosso caso, tal necessidade não se apresentará por agora nos
exercícios), a notação torna-se excessivamente complicada, escolhe-se, para a substituição
enarmônica, um ponto de viragem onde um acorde de múltiplos significados admita outra
grafia. Penso que não há por que ser demasiadamente receoso com a chamada ortografia. O
que me parece essencial é que a escrita seja simples. Afirma-se que o objetivo e sentido da
ortografia é mostrar a procedência dos acordes; eu, ao contrário, penso que, em situações
elementares, a procedência dos acordes é clara, sem necessidade de uma grafia complicada
e, em passagens complicadas, em que o leitor capta o sentido mais facilmente do que o
intérprete, penso que importa mais ter em consideração o intérprete, oferecendo-lhe uma
notação inequívoca e simples. O executante não tem tempo para refletir, pois não pode perder
o compasso! E a impressão que se tem é bastante confusa, quando, nas trocas harmônicas
rápidas, emprega-se demasiado rigor na notação dos ♭, ♯, ♭♭, ♯♯, aparecendo uns ao lado dos
outros e trocando de posição com excessiva frequência. Por conseguinte, é conveniente,
dentro do possível, ter como referência uma armadura de clave que expresse a média dos
acidentes de uma tonalidade, e, caso se possa, a da peça inteira. Em todo caso, deve-se dar
preferência às notações que tenham menos sustenidos ou menos bemóis e, onde possível,
nenhum dobrado-sustenido ou dobrado-bemol. Nos casos muito complicados é quase impossível encontrar uma fórmula realmente simples. Isso provém da insuficiência de nossa
escrita, a qual é baseada na escala de *Dó-Maior* e não na escala cromática, considerando *dó♯*
(*ré♭*) não como um som autônomo, mas derivado de *dó* (ou de *ré*), e por isso não lhe concede
um lugar específico no espaço gráfico e nem um nome próprio.

São dificuldades que, naturalmente, ainda por muito tempo não serão por nós levadas em
consideração. Menciono esse assunto apenas porque li, em algum lugar, que a expressão
*círculo de quintas* não era de todo exata e que, propriamente, os nomes das tonalidades deve-

O círculo de quintas expressa, até certo ponto, a afinidade entre duas tonalidades. Atente-se: até certo ponto, não inteiramente. É evidente que duas tonalidades diferenciadas uma da outra por apenas uma alteração deverão ser mais facilmente afins que outras separadas por cinco alterações. Assim, *Si♭-Maior* e *Mi♭-Maior* são mais aparentados do que *Si♭-Maior* com *Lá-Maior*. Por conseguinte, *Dó-Maior* e *Ré-Maior* deveriam ser mais afins do que *Dó-Maior* e *Lá-Maior*, ou *Dó-Maior* e *Mi-Maior*. Mas ainda falta algo para que isto possa ser tido como uma medida exata. Pois, para estabelecer o grau de afinidade não basta considerar apenas a armadura, mas também outros fatores que serão brevemente examinados. Por exemplo, *Dó-Maior* e *Lá-Maior* possuem, através de *Lá-menor*, uma afinidade entre si mais forte, como será demonstrado, do que a existente entre *Dó-Maior* e *Ré-Maior*.[5]

---

riam ser inscritos numa espiral, visto que *Dó♭-Maior* e *Si-Maior* não são a mesma coisa, nem por sua origem e nem pelo número de vibrações; portanto, a linha não retorna exatamente sobre si mesma. É notável que em todo o livro não se faça quase nenhuma observação que esteja realmente baseada nos sons naturais, ou no mínimo parece que as conclusões (não o li todo, pois me aborrecia; apenas o folheei) não eram extraídas da consideração sobre tais sons naturais. Porém, será que exatamente aqui, onde se trata das relações *musicais* da tonalidade – por favor: *das relações musicais*, portanto das tonalidades *temperadas*! ou melhor, nem destas e sim apenas da notação escrita dessas relações! –, justamente aqui deveria ser levado em questão o som natural, no qual, nas escalas temperadas, as oitavas – sobretudo as oitavas – são puras, e portanto, *Si-Maior* se identificaria realmente com *Dó♭-Maior*? Dessa maneira é fácil ser um teórico! Quanto a mim, se é certo que eu possa realmente compor, não sou, porém, nenhum teórico, mas tão somente ensino o artesanato da composição.

5  E daí resulta ser primitivo (e obstáculo a uma compreensão mais ampla) o ingênuo conceito de "vizinhança" disseminado em nossas escolas de musicalização, onde livros de teoria elementar dão normas precisas para que os alunos decorem quais são os "vizinhos diretos" e os "vizinhos indiretos" de uma tonalidade. Isso quanto às escolas. Agora, editorialmente, são encontradas em bancas de revistas umas tais "tabelas mágicas" para que se descubram, instantaneamente, vizinhanças entre tonalidades. Ditas tabelas (realizadas por editora e autor de renome) consistem em dois círculos de papelão, de mesmo diâmetro, um superposto ao outro; o círculo de baixo traz impressos, em espaços determinados, os nomes das tonalidades e os das "tonalidades vizinhas", e o círculo de cima possui furos devidamente espaçados de modo que, girando-o, aparece em um furo uma tonalidade e, nos outros, simultaneamente, surgem seus "tons vizinhos". A tal absurdo soma-se, com maior sucesso de vendas ainda, a existência dos chamados "dicionários de acordes", os quais proclamam serem tão melhores quanto maior a quantidade de acordes anunciados na capa para que o aluno os decore e daí "aprenda" harmonia. Schoenberg certamente apoiaria o denominarmos tais coisas como *"cursos de natação por correspondência"*, pois são processos tão risíveis quanto, a um aluno de matemática, colocá-lo a decorar todas as combinações possíveis com os dez números básicos e fazê-lo acreditar ser assim o aprendizado da matéria. Tais atitudes, entre tantas outras, certamente comprovam a *comodidade instaurada no mundo das ideias*, significando, antes de tudo, superficialidade, conforme o autor denuncia no início do livro [Prefácio à primeira edição]. (N. T.)

Logo, não utilizaremos o círculo de quintas exclusivamente para determinar de forma conclusiva o grau de afinidade entre as tonalidades, o que seria uma valoração, mas sim para medir distâncias, para que assim possamos recordar-nos dos meios que foram reconhecidos como adequados para o presente caso.

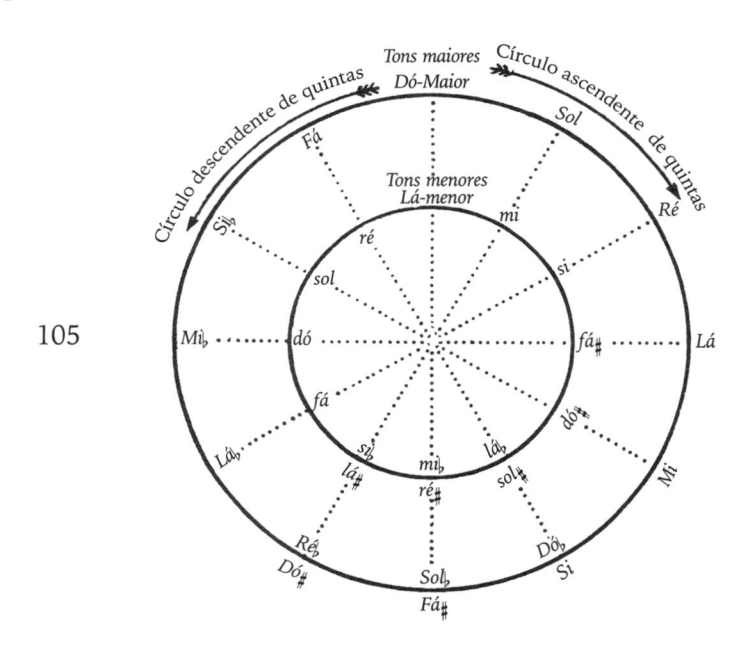

105

Seria possível observar em nosso círculo de quintas, por exemplo, que é de nove quintas a distância entre *Si-Maior* e *Láb-Maior* (contando-se a partir de *Si-Maior* em sentido anti-horário, ou a partir de *Láb-Maior* em sentido horário), mas que a distância será de apenas três quintas se partirmos de *Si-Maior* em sentido horário, e a mesma distância partindo-se de *Láb-Maior* em sentido contrário. Para a escolha de meios modulatórios, nos ateremos, em geral, à distância mais curta; todavia, elegeremos também, com frequência, o caminho aparentemente mais longo, o qual, como demonstraremos, costuma ser o mais curto. Isto pode-se conceber mais facilmente se recordarmos que, como já antes mencionado, as tonalidades do terceiro círculo de quintas são mais afins entre si que as do segundo. Poder-se-á deduzir do círculo de quintas que *Fá-menor* e *Fá-Maior* distam entre si três quintas e que *Fá-menor* e *Ré-menor* também se separam por apenas três quintas, mas que *Fá-menor* e *Ré-Maior* distam entre si seis quintas.

# 106

## Tabela do Círculo de Quintas para *Dó-Maior* (*Lá-menor*)

| | | | | | |
|---|---|---|---|---|---|
| I | Círculo de Quintas (*Lá-menor*) | Sol-Maior | Mi-menor | Fá-Maior | Ré-menor |
| II | Círculo de Quintas | Ré-Maior | Si-menor | Si♭-Maior | Sol-menor |
| III | Círculo de Quintas | Lá-Maior | Fá♯-menor | Mi♭-Maior | Dó-menor |
| IV | Círculo de Quintas | Mi-Maior | Dó♯-menor | Lá♭-Maior | Fá-menor |
| V | Círculo de Quintas | Si-Maior | Sol♯-menor | Ré♭-Maior | Si♭-menor |
| VI | Círculo de Quintas | Fá♯-Maior | Ré♯-menor | Sol♭-Maior | Mi♭-menor |
| VII | Círculo de Quintas | Dó♯-Maior | Lá♯-menor | Dó♭-Maior | Lá♭-menor |

No exemplo 106 é dada uma tabela do círculo de quintas para *Dó-Maior* e *Lá-menor*. Esse sistema de relações deve ser transportado pelo aluno às demais tonalidades.

Visto que as tonalidades do primeiro círculo de quintas, como já observamos, coincidem de fato com as afinidades mais próximas, nos ocuparemos delas inicialmente, elegendo como primeiro exemplo a modulação de *Dó-Maior* a *Sol-Maior* (darei sempre os exercícios, conforme fizemos até aqui, partindo sempre de *Dó-Maior*, de modo a possibilitar uma visão geral do todo já aprendido. O aluno deve, evidentemente, além de *Dó-Maior*, exercitar-se também em todas as outras tonalidades, o que não oferecerá nenhuma dificuldade se feito sempre em seu devido tempo. Caso fossem deixadas de lado, as tonalidades não praticadas lhe permaneceriam estranhas, tornando insegura a sua prática).

Os acordes que determinam solidamente *Dó-Maior* são aqueles que contêm as notas *fá* e *si*. A saber: os graus IV, II e VII (para *fá*) e os graus V, III e VII (para *si*). É claro que os acordes que possuem a nota *si* não estorvarão nosso objetivo de alcançar *Sol-Maior*, assim como é também evidente que aqueles nos quais aparece *fá* não correspondem a esta meta. Assim, poderemos considerar como neutros a esse respeito os graus III e V, ao passo que devem permanecer de fora os graus II, IV e VII. Mas, além do V e do III, há outros graus neutros em relação a *Sol-Maior*: o I e o VI. Isto pode ser exposto de outra maneira. É possível dizer: por causa da semelhança das duas escalas, *Dó-Maior* e *Sol-Maior* possuem uma série de acordes comuns. Apresentando-se um destes acordes isolado de seu contexto, independentemente, não será possível determinar a qual tonalidade pertence. Poderá, igualmente, fazer parte tanto de *Dó-Maior* quanto de *Sol-Maior*. Será contado entre os acordes de uma ou de outra dessas tonalidades segundo o que vier antes e depois dele. Uma tríade *dó-mi-sol* pode ser I grau em *Dó-Maior* ou IV grau em *Sol-Maior*. O fato de pertencer a uma ou outra tonalidade dependerá das progressivas sequências de acordes. Caso lhe siga *fá-lá-dó*, então seguramente não estará em *Sol-Maior*; encontrar-se-á, provavelmente, em *Dó-Maior*, mas também poderá estar em *Lá-menor*, *Fá-Maior* ou *Ré-menor*. Seguindo-lhe, porém, *ré-fá♯-lá* (V grau de *Sol-Maior*) ou *fá♯-lá-dó* (VII grau), presumivelmente tratar-se-á de *Sol-Maior* ou de *Mi-menor*, ou no mínimo poderia vir a sê-lo.

Nestas duas exposições estão caracterizados os dois primeiros e principais meios de nossa modulação:

1º utilização de *acordes neutros* que sirvam de mediadores entre o ponto de partida e o de chegada;

2º dar uma *reinterpretação* [*Umdeutung*][6] aos acordes que são comuns a ambas as tonalidades.

Na maior parte das vezes, estes dois recursos atuam simultaneamente: a possibilidade de reinterpretação surge pela vinda de acordes neutros, ou, no mínimo, quando são evitados os acordes que determinam a tonalidade de partida. E vice-versa: os acordes neutros – em virtude de uma reinterpretação – são constrangidos a reorientarem a sua direção. Quer se empregue o recurso da reinterpretação ou o recurso do acorde neutro, chegar-se-á, sempre, mais cedo ou mais tarde, àquele ponto onde a viragem rumo à nova tonalidade deverá produzir-se através de um recurso enérgico. Que recurso possa ser este é algo claro já de antemão, se pensarmos na cadência – em primeiro lugar, o V grau. De uma forma geral, pode-se dizer: servem todos aqueles acordes que contenham a sensível da nova tonalidade; frequentemente, portanto, também o III e o VII graus. Na maioria das vezes prefere-se, naturalmente, o V grau. Não obstante, os outros dois graus também são adequados para realizar uma modulação, especialmente o VII. Para fazer com que o aparecimento da nova tonalidade seja claro e definitivo, acrescenta-se ainda, ao conjunto, uma cadência. Naturalmente, a extensão da cadência dependerá da extensão e dificuldade da modulação. Se a modulação for simples, bastará então uma breve cadência. Se a modulação exigir recursos mais ricos, então a cadência dificilmente poderá ser curta. Todavia, poderá às vezes ocorrer que, para uma longa modulação, bastará uma cadência curta, precisamente em razão da minuciosidade com que a modulação foi convincentemente produzida. E, vice-versa, por vezes uma redação muito concisa do processo modulatório exigirá, através de uma longa cadência, um reforço à consolidação da meta.

---

6 *Umdeutung*. Termo não dicionarizado, de emprego técnico particular do autor, e que passa, doravante, a ter importância capital no texto. Deriva do verbo *Umdeuten*, que significa *"dar outra interpretação a certo estado de coisas"*. (N. T.)

A fim de contemplarmos panoramicamente os recursos modulatórios, será bom procedermos de forma sistemática, começando com as formas mais curtas e simples e prosseguindo com as mais complexas.

De *Dó-Maior* para *Sol-Maior*:

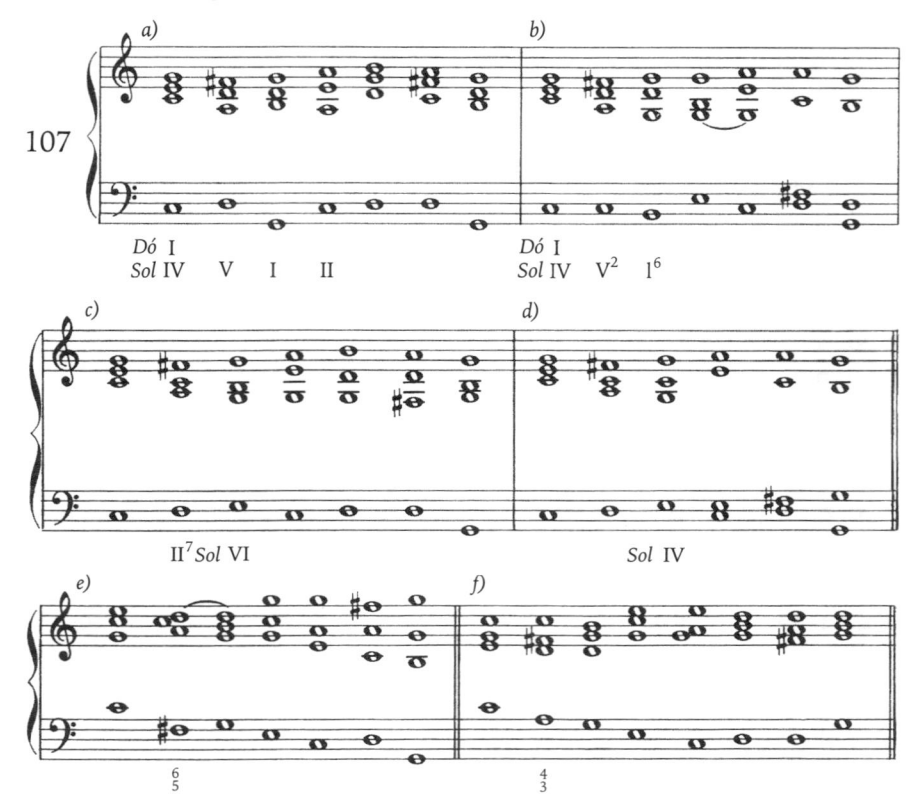

Pressupor-se-á que a tonalidade de *Dó-Maior* (tom de partida) já tenha sido bem determinada. O I grau de *Dó-Maior* (acorde neutro) é o IV grau de *Sol-Maior*. A reinterpretação já pode começar aqui. Logo, podem seguir-lhe acordes de *Sol-Maior*, tanto neutros quanto determinantes. E como início, para ser breve, emprega-se então um grau determinante, o V de *Sol-Maior* – o acorde modulante. A este seguirá de imediato, simplesmente, I grau da tonalidade pretendida, com o que a modulação estará solucionada, exceto a cadência (exemplo 107*a*). Esta cadência pode ser curta, uma vez que a modulação foi curta e clara. Caso se deseje evitar o incômodo produzido pela repetição do I grau de *Sol-Maior*, pode-se fazer seguir ao V grau de *Sol-Maior* o acorde de sexta do I grau de *Sol-Maior* ou uma cadência interrompida (107*b, c, d*), ou o V grau invertido ($^6_5$, $^4_3$ ou 2), de maneira que se diferencie o bastante do V grau cadencial.

Entre o acorde inicial e o acorde modulante podem ser estabelecidos acordes intermediários: os neutros III, V e VI de *Dó-Maior* (ou seja: VI, I e II de *Sol-Maior*).

O exemplo 108*a* traz como acorde neutro o I grau de *Sol-Maior* em primeira inversão (acorde de sexta), em consideração à melodia do baixo e evitando a repetição, enquanto o acorde modulante (V grau) aparece em forma de terça-e-quarta.[7]

7 IV-I-V de *Sol-Maior*: sucessão decrescente de fundamentais. Porém, o I grau, situado entre o IV e o V, produz efeito semelhante a um acorde de quarta-e-sexta do I grau. Nota-se de imediato o caráter de passagem deste acorde, e que ele só existe para introduzir o V grau. Uma vez constatado isso e deixando-se fora o I grau (que aqui ocorre apenas de passagem, melodicamente), fica, então, IV-(I)-V-I, ou seja, sucessões crescentes.

O exemplo 108*b* apresenta, após o VI grau de *Dó-Maior* (II de *Sol-Maior*), o V grau de *Sol-Maior* como acorde de quinta-e-sexta. A cadência realiza-se algo mais elaborada, de maneira a disfarçar a repetição do I grau. Em 108*c* vemos o III grau de *Dó-Maior* (VI de *Sol*) com sétima de passagem (duplicação da terça no acorde anterior!) como introdução ao VI grau de *Dó-Maior* (II de *Sol-Maior*), e prossegue, agora também com uma sétima de passagem (acorde de segunda), em direção ao acorde de quinta-e-sexta do V grau; logo após, através de um acorde passageiro de quarta-e-sexta, realiza-se uma cadência interrompida, a qual leva a uma repetição do V grau de *Sol-Maior*, desembocando no acorde de sexta do I grau. Tal repetição do acorde modulante (a isto denomino: *"passar uma vez mais através do acorde"*[8]) muitas vezes resulta excelente. Aqui, praticamente não teremos necessidade ainda deste recurso, o qual, não obstante, nos auxiliará mais tarde em situações nas quais a modulação não for enérgica e clara o bastante (visto que a repetição é uma confirmação). Em 108*d* o acorde de sétima do VI grau de *Dó-Maior* (II de *Sol-Maior*) é transportado ao acorde de quinta-e-sexta do VII grau de *Sol-Maior*. Este último serve aqui como recurso modulatório, e o acorde que lhe segue (III grau de *Sol*) pode ser considerado – visto que o *sol* não aparece mais até o final do exemplo – como representante do I grau, a partir do qual a cadência se inicia.

Este caso é notável, pois nos mostra que a modulação não tem que, forçosamente, dirigir-se ao I grau, mas que a cadência pode ser iniciada com outro grau que seja característico nesse mesmo sentido, porventura o III ou o VI, mas, eventualmente, também o IV ou o II. No fundo, não é um caso muito diferente de 107*c*, onde se realiza uma cadência interrompida após o acorde modulante. Difere apenas em que, no exemplo 107*c*, o V grau era o acorde modulante e aqui é o VII. No exemplo 108*e* utilizou-se como acorde modulante o III grau de *Sol*. Também aqui o I grau não compareceu, sendo o seu *status* representado pelo VI. Nos exemplos 108*f, g, h* a decisão é, do mesmo modo, comandada pelos graus VII e III. Também aqui é muito recomendável a cadência interrompida, a qual permite disfarçarmos o nosso objetivo sem escondê-lo por completo. Poder-se-á, naturalmente, interpor ainda outros

---

8 *"durch den Akkord noch einmal durchgehen"* – Em que pese o extenso dessa expressão, Schoenberg irá doravante empregá-la como termo técnico, algumas vezes buscando expressões equivalentes, tais como "o repassar através do acorde", ou, simplesmente (trazendo alguns problemas para o contexto), citando apenas o "repassar", entendendo-se com isso toda a expressão original. (N. T.)

acordes neutros e outras sucessões (desde que sejam boas). O aluno tem aqui a oportunidade de exercitar-se em diversas combinações.

Ter-se-ia que, a bem dizer, preferir modulações as quais, como estas, possuam a capacidade de evitar a repetição dos graus I e V. Contudo, como existem recursos suficientes para lutar contra o incômodo de semelhantes repetições, e as repetições não são propriamente más em si mesmas, não há sentido o estabelecer aqui diferenças valorativas, uma vez que as modulações expõem duas vezes o que efetivamente deve sobressair: o I grau.

Com estes mesmos recursos, realiza-se, igualmente simples, a modulação de *Dó-Maior* a *Lá-menor* e a *Mi-menor*.

A *Lá-menor* (exemplo 109): o recurso modulatório por excelência é aqui o V grau. Todavia, também poderiam alistar-se o II grau e o VII. O mais simples será considerar o primeiro acorde (I grau de *Dó-Maior*) como III de *Lá-menor*. Recomenda-se aqui, caso se deseje fluência na modulação, levar em conta as leis dos sons obrigatórios referentes aos graus sexto e sétimo não elevados pertencentes à escala menor.[9]

Teremos, portanto, que tratar *sol* e *fá* como terceiro e quarto sons obrigatórios, eliminando-os ao resolvê-los descendentemente, antes que possam surgir os sons da escala ascendente. Mais tarde poderemos ser menos melindrosos quanto a isso, e escrever tranquilamente, depois de um *sol*, um *fá♯* (quando houverem sido colocados à disposição, no capítulo *"Dominantes secundárias..."*, os meios que o possibilitem). Presta bons serviços à modulação para tonalidades menores, o II grau do modo menor; especialmente como acorde de sétima (em suas três inversões: acorde de quinta-e-sexta, de terça-e-quarta e de segunda). Por um lado, esse grau possibilita a condução do sexto som

---

9 Devo, nesta oportunidade, prevenir um mal-entendido: aqui, o acorde modulante jamais deve originar-se cromaticamente; por exemplo, conduzindo-se o *sol* do I grau de *Dó-Maior* a *sol♯*. Isto é, com efeito, óbvio. Primeiramente, não falamos ainda de alterações cromáticas; em segundo lugar, temos dito expressamente que antes do acorde modulante devem vir acordes neutros. Assim, em *Lá-menor*, acordes que contenham *sol* natural não são, certamente, acordes neutros. É preciso ter em mente que o modo menor é constituído de duas escalas: a ascendente e a descendente. Aqui, o natural é empregar a escala ascendente, pois se trata de efeitos cadenciais, conclusivos; e a escala descendente não contém os acordes neutros, ou contém, quando muito, alguns de neutralidade mais longínqua, os quais, obedecendo às leis dos sons obrigatórios, devem ficar sem o sétimo som (e, em consequência, também sem o sexto), permitindo, assim, o aparecimento dos sons elevados. Certamente, são acordes, neste sentido, mais ou menos neutros, mas não no nível daqueles que não oferecem tais obstáculos. E apenas sob esse enfoque deve ser compreendida, mais adiante, a indicação do V grau de *Dó-Maior* como acorde relativamente neutro para a tonalidade de *Mi-menor*.

(quinta diminuta) ao quinto. Por outro, apraz ao V grau seguir-lhe (II-V); e, além disso, ainda que realize uma cadência interrompida (II-I ou II-III, o III grau como tríade aumentada), ele atua de forma muito característica.

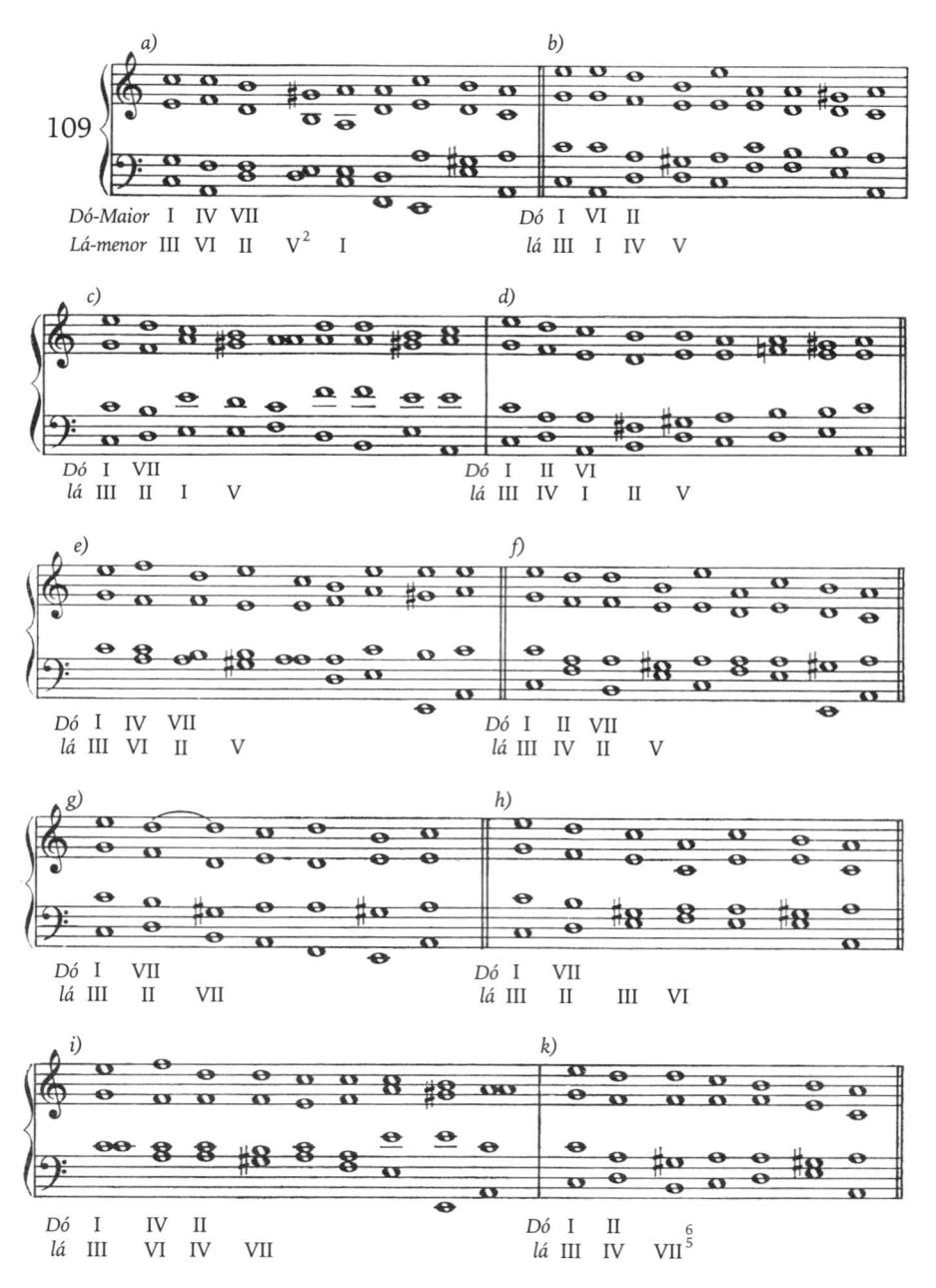

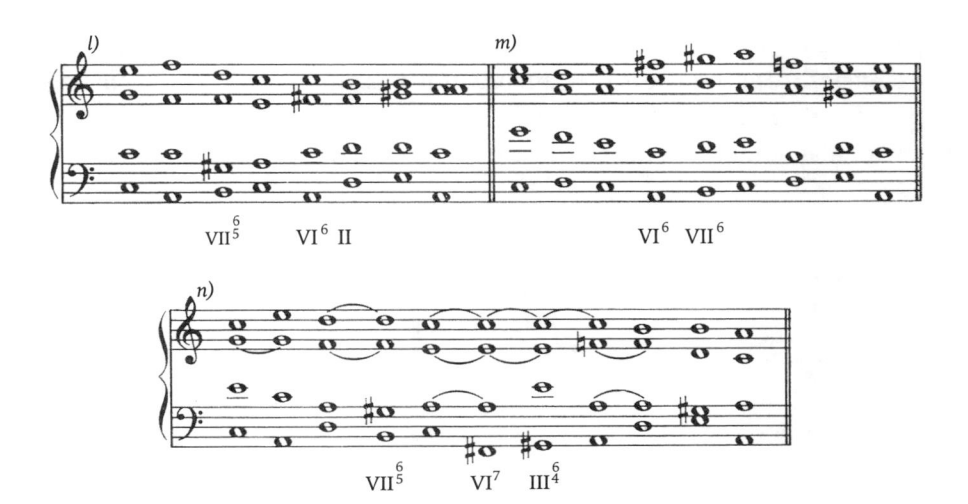

Variações em grande quantidade são proporcionadas pela utilização dos seguintes graus elevados: III (tríade aumentada), VI (tríade e acorde de sétima) e VII (tríade diminuta e acorde de sétima diminuta). Obviamente, requer-se a máxima cautela na remoção dos sons sétimo e sexto não elevados.

Modulação a *Mi-menor* (exemplo 110). São acordes neutros os graus I, III e VI; eventualmente também o V de *Dó-Maior*. Os meios modulatórios são, também aqui, os graus V, II e VII. Assim como ocorreu para *Lá-menor*, é particularmente eficaz o II grau de *Mi-menor*, o qual pode ser aceito imediatamente após o primeiro grau de *Dó-Maior* (exemplo 110d). A este, não é necessário que lhe siga incondicionalmente o V grau, podendo também comparecer o I ou o III, evitando-se, assim, a repetição. As formas já empregadas para ir--se a *Lá-menor*, dos graus elevados II, III, VI e VII, possuem aqui, em parte, melhores relações. Todavia, é também utilizável o IV grau elevado.

Assim como em todas estas modulações, após o V grau deve ser frequentemente empregada a cadência interrompida. Ao projetar o esquema das frases, o aluno sempre anotará, como até agora, primeiramente a cifragem dos graus e então determinará as posições e as inversões. Sob a cifragem dos graus dos primeiros acordes ainda referentes à tonalidade de partida, escreverá, numa segunda linha, a cifragem referente à reinterpretação destes mesmos acordes, agora com relação à nova tonalidade. A partir do acorde modulante, as cifras serão referidas somente à nova tonalidade. Entretanto, o aluno deve, ao mesmo tempo, dar-se conta exatamente, passo a passo, das sucessões de fundamentais e não desviar-se aqui das nossas instruções; caso contrário, poderia escrever coisas inusitadas e esquecer de familiarizar-se, por meio de exercícios, com todos esses recursos. Ainda assim, o aluno pode, em seus projetos e em muitas decisões, deixar falar seu sentido da forma e seu bom gosto. Mas somente como controle e retificação, não para devaneios.

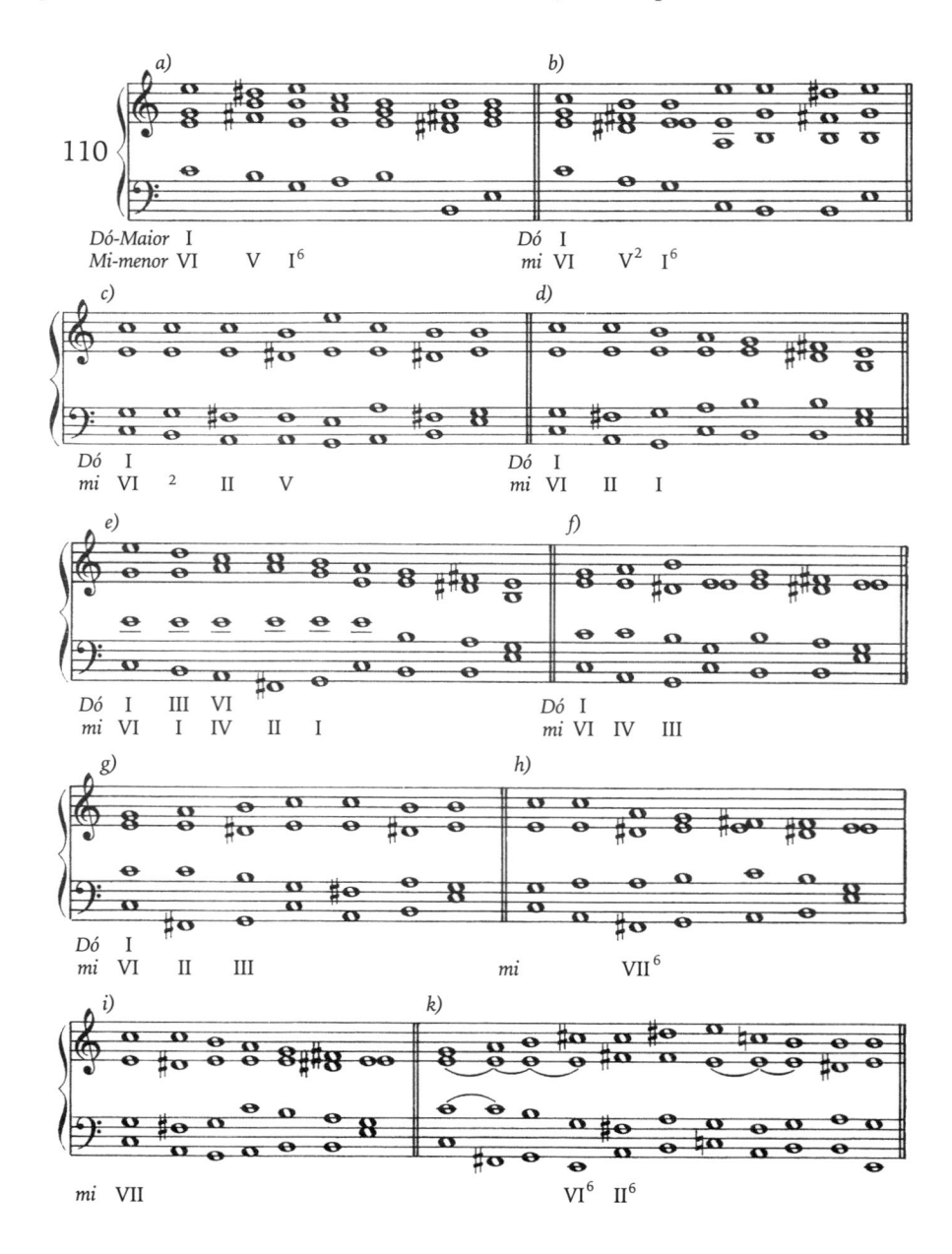

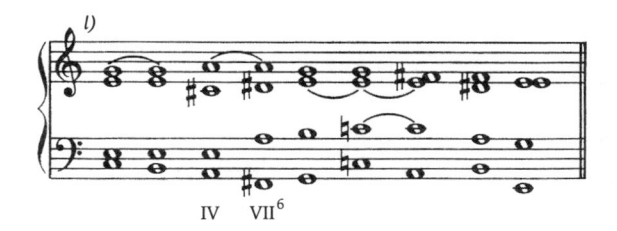

Trato este capítulo da modulação, como se pode ver, muito minuciosamente. Na maior parte dos tratados de harmonia isto não acontece ou, pelo menos, não é feito como se deveria. Não levará a nada ensinar ao aluno como evitar quintas, oitavas e falsas relações e como realizar baixos cifrados, nem tampouco mostrar-lhe em quantas tonalidades pode-se resolver o acorde de sétima diminuta. E também não terá utilidade maior falar, da mesma maneira, de outros acordes alterados para cima e para baixo, e nem realizar certas análises harmônicas, escrevendo-se, sob determinadas passagens da literatura musical, números e letras desprovidos de qualquer sentido profundo, razão por que tais análises causam tanta confusão. E nunca foi tão grande quanto hoje a falta de cultura relativa à modulação, desde que tais análises têm procurado "esclarecer" o aluno sobre como foi estabelecido, *sem mais nem menos*, uma tonalidade de *Dó Bemol* ao lado de outra: *SI V-IV! lá:V-DÓ:V-(IV!) si♭:V-lá:IV V-I si♭:V-lá:IV V-LÁ:I.*[10]

Fica a esperança de que o aluno não compreenda estes códigos secretos. Eu também não os entendo. Mas, infelizmente, eles compreendem precisamente este disparate, e aprendem com isso; e é precisamente esse "sem mais nem menos" a medida que lhes é precisamente adequada. E ninguém lhes fala que este "sem mais nem menos" não existe. Que, na Arte, tudo é "com mais e menos".

Quando um período se prepara para modular, tal ocorre como consequência de uma série de acontecimentos não apenas harmônicos, mas também melódico-rítmicos. Para examinar estes últimos, não há espaço nos tratados de harmonia. Tudo bem! Mas há para os primeiros, para os harmônicos. Então é ridículo dizer meramente: "pode, o acorde de sétima diminuta, também ainda...", ou "o acorde aumentado de quinta-e-sexta derivou-se assim e assado", ou, "estes oito compassos modulam de *Dó♭-Maior* a *Si♭-menor* passando

---

10 Estas "criptografias" realmente aparecem no livro de Max Reger, de 1903, *"Contribuições ao estudo das modulações"*. São aqui, indubitavelmente, uma crítica de Schoenberg ao método proposto por Reger. (N. T.)

por *Lá-menor* e *Dó-Maior...*" etc. A análise teria que mostrar muito mais do que isso, a saber, *por que* (por favor: o *porquê!!*) uma frase se dirige para tal lugar. E, visto que o método de ensino da harmonia é sintético, as instruções sobre o emprego dos meios modulatórios têm que partir do *"por causa disso"*!

Uma modulação origina-se assim: primeiro aparece o som fundamental. Logo vêm seus parentes mais próximos, suas consequências mais próximas; estas se desviam dele, permanecendo, não obstante, ligadas a ele por uma relação. Por relações naturais e artificiais. Continuando a peça seu caminho, surgem então as consequências mais distantes. As ligações se afrouxam. Porém, se o todo deve caminhar para uma unidade, esta relação tem, por fim, que estreitar-se novamente e isto só acontece se as consequências realmente permitirem ser reconhecidas como consequências dos acontecimentos iniciais. Belo parentesco seria se o neto não apresentasse nenhum traço do avô! Claro, um *"Wechselbalg"*,[11] como o acorde de sétima diminuta, poderia, naturalmente, apresentar-se "sem mais nem menos". Mas não teria nada a ver com o avô.

É de admirar que de um compêndio cujo propósito imaginava-se ser a explicação da mais nova harmonia, possam-se ouvir estas "opiniões antiquadas". Tais opiniões, todavia, não são antiquadas, mas antigas. E nisto reside seu valor. Nelas situa-se algo talvez eterno, ou, no mínimo, algo que subsistirá por tanto tempo que podemos tranquilamente dizê-lo eterno. Mas não são as leis que constituirão esse eterno. Não é que se tenha de modular lentamente por assim ser mais compreensível. Nem se trata de que as sucessões devam ligar-se através das relações. E tal não é assim porque nossa razão exige uma exposição lógica. E, talvez, nem mesmo pelo que exista de geral nessas leis. Senão, em verdade, da seguinte circunstância: que a obra de arte será sempre um reflexo da nossa maneira de pensar, de nossa capacidade de compreensão, de nossas sensações e sentimentos, e que, portanto, quando analisamos, é sempre isto que devemos buscar na obra de arte, e não coisas do tipo: "o acorde de sétima diminuta ainda pode, também...".

Um exemplo: quando Brahms, em sua terceira sinfonia (*Fá-Maior*), apresenta o segundo tema em *Lá-Maior*, isto não sucede porque o segundo tema "pode também apresentar-se" na tonalidade da mediante, mas como consequência de um motivo superior: da melodia do baixo (conexão harmônica!) *fá-lá♭* (terceiro e quarto compassos), cujas numerosas repetições, derivações

---

11 *Wechselbalg*, segundo uma crendice popular germânica, é uma criança monstruosa ou indisciplinada, trocada pela legítima por anões ou maus espíritos (mais à frente, comentando a expressão *Wechseldominante*, o autor voltará a esse termo de maneira mais extensa.) (N. T.)

e variações impõem, finalmente, como ponto culminante provisório, o alargamento do passo *fá-lá*, em *fá-lá* (*Fá-Maior* é a tonalidade inicial e *Lá-Maior* a do segundo tema), sendo o motivo básico dado através da tonalidade inicial e da tonalidade do segundo tema. Isto é uma explicação psicológica. Mas uma explicação psicológica é, aqui, uma explicação musical. E toda explicação musical tem, simultaneamente, que ser psicológica. E, evidentemente, é neste sentido também uma explicação natural. Natural segundo a natureza humana. Está nisso o nosso modo de pensar, a nossa lógica, que não apenas permite que a variação siga lado a lado com a regularidade, como quase a exige de forma inexorável, não podendo imaginar que se deem causas sem efeitos. Deseja ver os efeitos de cada causa e introduz, assim, a causa em suas obras de arte de forma que os efeitos lhe resultem visíveis.

Não posso, infelizmente, ir à frente, com semelhante minuciosidade, de tudo que possa ser admitido em cada modulação. Ainda assim creio que ao tentar não meramente descrever, mas também avaliar os diversos recursos, faço a este respeito mais do que usualmente é dado como bastante. E não apenas isso: enquanto reúno a maior quantidade possível de formas resultantes de efeitos originados de uma mesma causa, coloco um rico material à disposição da análise. A síntese, ainda que realizada somente pelo caminho da combinação, deverá, incondicionalmente, produzir melhores resultados do que ao se mencionarem fatos isolados, sem sistema ou segundo um sistema errado, e sem levar em conta as características essenciais.

Existe, por exemplo, um tratado de harmonia muito apreciado[12] no qual as modulações são feitas quase exclusivamente com o acorde de sétima da dominante ou com o acorde de sétima diminuta. E o autor limita-se a mostrar que, direta ou indiretamente, pode-se inserir qualquer um destes acordes depois de toda tríade maior ou menor, e que com isso é possível ir a qualquer tonalidade. Se eu desejasse isso, poderia orientar essa questão de forma que se acabasse antes ainda; pois estou em condições de demonstrar (em exemplos aferidos da literatura musical!) que é possível vir qualquer tríade após toda tríade. Com efeito, isso então significaria em cada caso uma tonalidade, podendo-se, desse modo, cumprir uma modulação, com o que o processo tornar-se-ia ainda mais simples. Todavia, se alguém realiza uma viagem para ter o que contar, então não escolherá o caminho aéreo! O percurso mais curto é, neste caso, o pior. A perspectiva de um pássaro, da qual os acontecimentos serão vistos, será uma perspectiva segundo o cérebro de um pássaro. Quando

---

12 *Lehrbuch der Harmonie*, de Ernst Friedrich Richter. (N. T.)

tudo se confunde, tudo pode ser tudo. As diferenças terminam. Por conseguinte, seria na verdade indiferente eu haver realizado uma má modulação com o acorde de sétima da dominante ou com o de sétima diminuta. Pois o fundamental em uma modulação não é a meta, mas o caminho.

Os caminhos que temos diariamente que percorrer devem ser ruas bem cuidadas, as quais, levando em consideração tudo o que é de interesse, satisfaçam sua finalidade: unir lugares entre si, da maneira mais confortável possível segundo os recursos disponíveis. Realiza o trajeto incômodo quem não pode percorrer o confortável, ou aquele que sente prazer, em razão de um sentimento de força, em superar o desconfortável. Contudo, o prazer aí se encontra na superação e não na incomodidade. Também leva ao destino um caminho onde se tenha que saltar fossos, escalar muros e transpor íngremes abismos; mas isto é coisa de gente experimentada, de alpinistas, de pessoas suficientemente equipadas para tanto. Não é façanha para inexpertos, para principiantes.

E, naturalmente, chega-se mais rápido à rua saltando pela janela do quarto andar do que descendo pelas escadas; porém, de que forma se chega! Logo, não se trata do caminho mais curto, senão do mais conveniente. E somente poderá ser adequado aquele caminho que pondere exatamente as possibilidades de ligações entre o início e a meta e, feito isso, escolha então com prudência. Estas modulações, que utilizam uma panaceia universal – como o é o acorde de sétima diminuta –, são o salto pela janela. Obviamente, os dois procedimentos são possíveis. E por que não saltar, especialmente quando se tem condições de saltar? Correto, mas, antes de tudo, deve-se poder saltar! Para mim não é importante que o aluno possa saltar. Creio não ser fundamental dar-lhe em mãos uma panaceia, um "guia prático", para compor sem ideias, sem vocação. O que me importa é que ele reconheça a substância da arte, mesmo que estude "apenas" por prazer. Por que não encontrar satisfação também no bom e no verdadeiro?

Esses meios modulatórios, conforme são mencionados e ordenados na maioria dos tratados, não têm em vista a correta solução de uma tarefa harmônica, senão pretendem, tão somente, equipar o aluno com aquelas noções mínimas necessárias a habilitá-lo à realização de uma prova escolar. Tal, porém, não me basta, pois gostaria de colocar minha meta um pouco mais acima! Daí o percurso importar-me tanto. E por isso gasto tanto tempo para, durante o caminho, poder calmamente olhar em volta.

A modulação ao primeiro círculo descendente de quintas (de *Dó-Maior* e *Lá-menor* para *Fá-Maior* e *Ré-menor*) é, embora possa soar estranho, um pouco mais difícil. Talvez isso se deva ao fato de que o impulso rumo à subdominante, o qual, conforme tenho mencionado constantemente, parece próprio de cada som, de cada acorde, quase é mais forte do que os meios que empregaríamos artificialmente para irmos até lá, onde ele, naturalmente, dirige-se por si mesmo. Imagino que seja mais difícil fazer algo aqui com esse fim, pois o fato dá-se quase sozinho, sem que se faça alguma coisa a favor disso. A própria tônica, em sua inclinação por ser absorvida por uma subdominante, já é um recurso modulatório rumo à subdominante. Pois este I grau (de *Dó-Maior*) já é o V (de *Fá-Maior*), com o qual se pretende modular. Por conseguinte, visto que a passagem à subdominante ocorre quase por si própria, aquele que gostaria de realizá-la fica, uma vez feita, com a impressão de haver contribuído em medida insignificante. Assim, mais tarde será necessário elaborar esta modulação mais engenhosamente, de modo a dar a perceber que se fez algo, que não houve um "despencar" à subdominante, mas sim que se desceu até lá. Por agora, essas modulações aparentam ser muito simples; mas não por esse motivo hão de ser naturalmente ruins.

Após o I grau de *Dó-Maior* (que é o V de *Fá-Maior*) pode-se logo utilizar o I grau de *Fá-Maior*. Uma vez que este procedimento não parece uma necessidade, recomenda-se intercalar o acorde de sétima do V grau de *Fá-Maior* (exemplo 111*b*), em estado fundamental ou em uma de suas inversões. Desejando usar outro acorde diferente do de sétima da dominante (o qual introduz o *si*♭), surgem como interessantes os graus II, IV e VII de *Fá-Maior*. Estes graus ajudam a tornar a modulação um pouco mais diversificada, já pelo fato de que o I e o V graus podem, frequentemente, ser evitados e substituídos por outros acordes similares. Também aqui não se deve esquecer as cadências interrompidas.

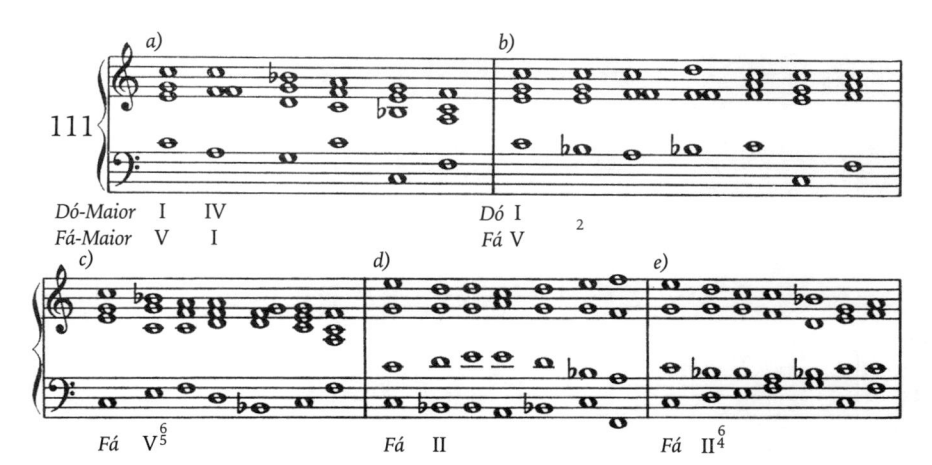

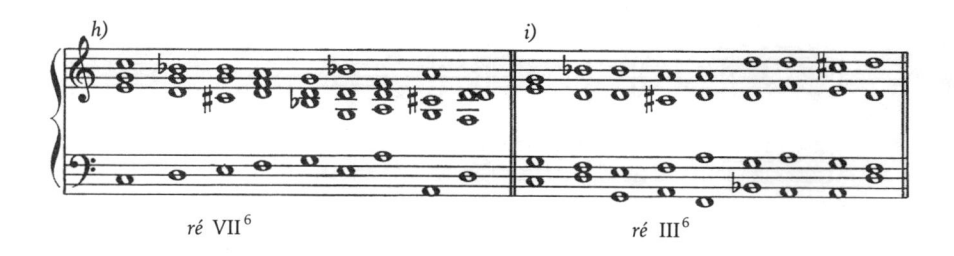

ré VII⁶          ré III⁶

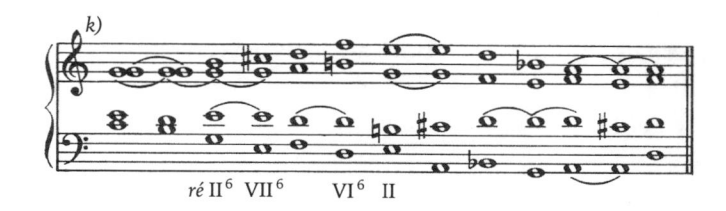

ré II⁶ VII⁶      VI⁶ II

Na modulação de *Dó-Maior* para *Ré-menor* será necessário, primeiramente, afastar o *dó*, som obrigatório, antes que venham os acordes que contenham *dó♯*. Adaptam-se a tal finalidade os graus IV, II e VI de *Ré-menor*. Estes já são acordes modulantes e, depois deles, poder-se-ia iniciar imediatamente a cadência. Desejando-se, contudo, trazer o V, III ou o VII grau, e se um ou mais destes acordes assumem a condição de acordes preparatórios, agiremos então da mesma maneira que com as modulações anteriores. Visto que o *dó* do baixo, como terceiro som de resolução obrigatória, tem que ser removido antes que venha o sétimo som elevado (*dó♯*), alguns exemplos não são admissíveis (tais como 112*b, e, h*), enquanto outros, nos quais o *dó♯* ocorre apenas no final, poderão ser tolerados. A utilização dos graus elevados também acarreta dificuldades e é exatamente este o propósito que os exemplos buscam mostrar. É recomendável a duplicação da quinta (exemplo 112*a*) ou da terça (exemplo 112*f*) em vez da oitava.

Vejamos agora as modulações do primeiro círculo de quintas a partir de *Lá-menor*: para *Dó-Maior*, *Sol-Maior* e *Mi-menor*; e para *Fá-Maior* e *Ré-menor*. *Lá-menor* é um *Dó-Maior* que começa com *lá*. Logo, este *lá* pode ser imediatamente considerado como VI grau de *Dó-Maior*, fazendo-se a modulação, portanto, da mesma maneira que antes.

A modulação de *Lá-menor* para *Dó-Maior* é quase que, no fundo, uma cadência de *Dó-Maior* que se inicia com o VI grau. Uma outra forma especial de modulação apenas com dificuldade poderia ser aqui empregada.

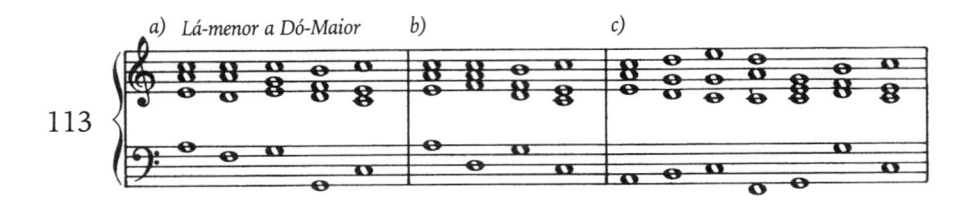

a) Lá-menor a Dó-Maior   b)   c)

113

A modulação de *Lá-menor* para *Sol-Maior*, semelhante à de *Dó-Maior* para *Fá-Maior*, torna-se muito curta facilmente, pois deixa de existir um dos acordes neutros (III grau de *Lá-menor*), e o melhor é encadear logo o I grau de *Lá-menor* com o V de *Sol-Maior*. Contudo, pode-se também fazer uso do VII ou do III.

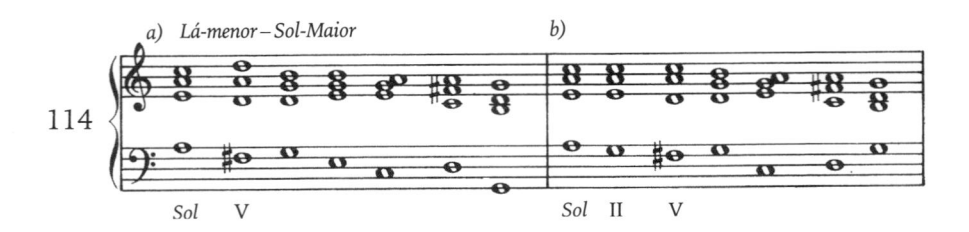

a) Lá-menor – Sol-Maior   b)

114

Sol   V          Sol   II   V

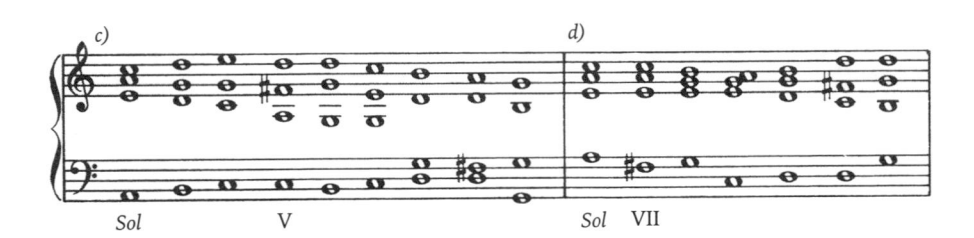

c)          d)

Sol          V          Sol   VII

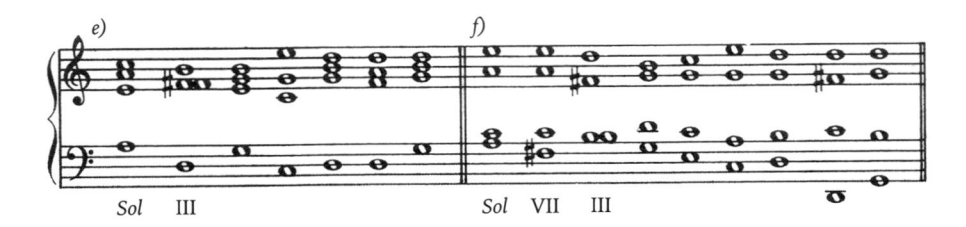

e)          f)

Sol   III          Sol   VII   III

A modulação de *Lá-menor* a *Mi-menor* possibilita a colocação imediata do acorde modulante (II, V ou VII grau).

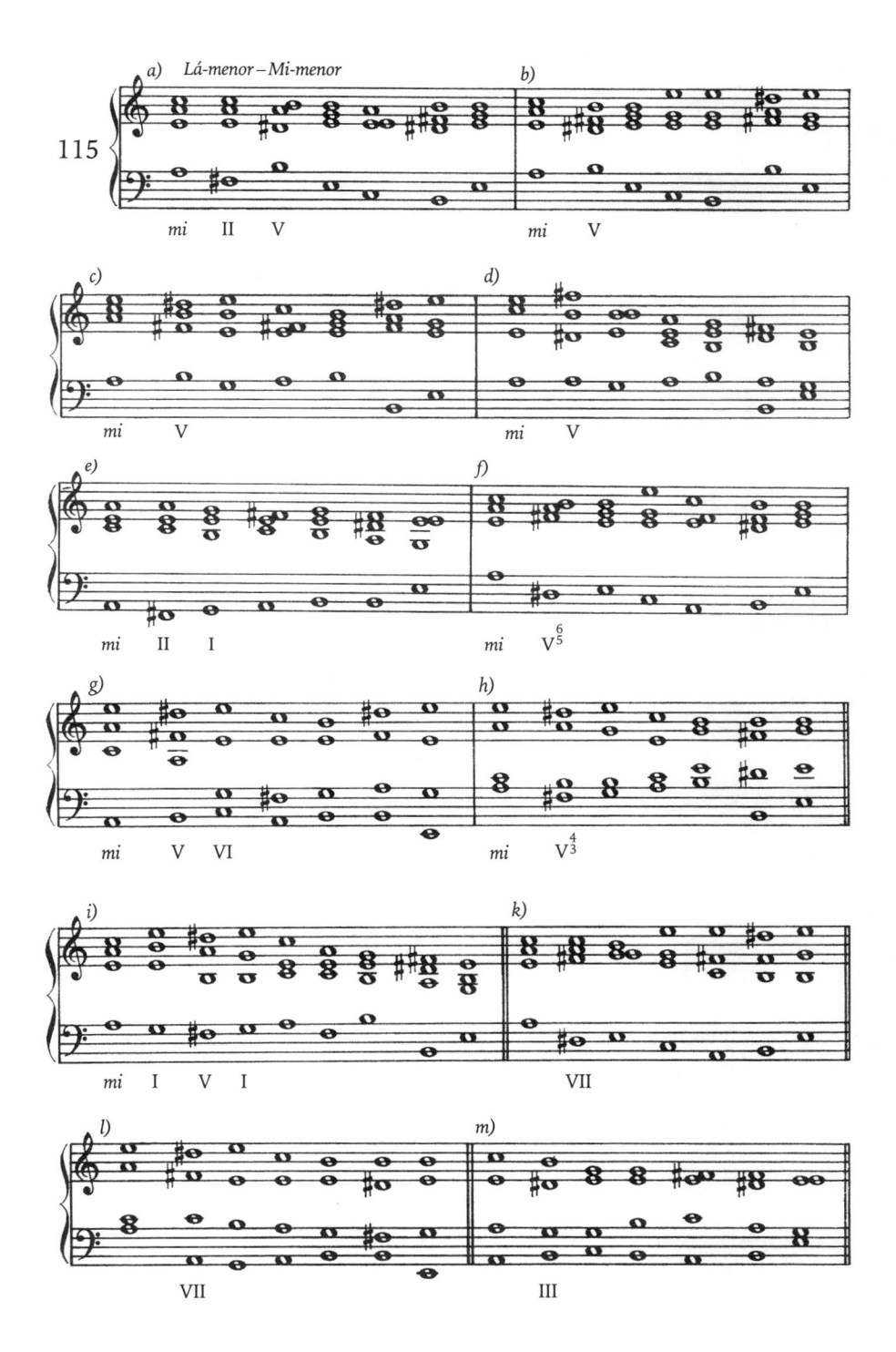

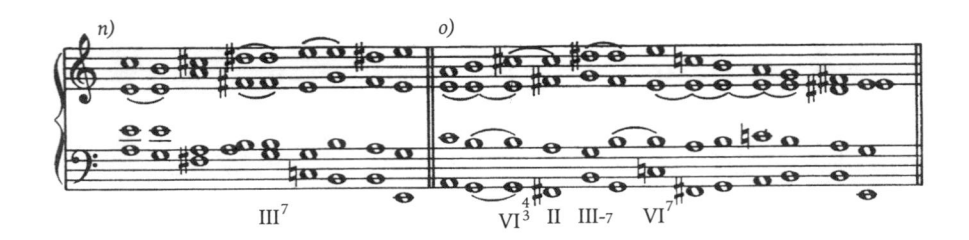

De *Lá-menor* para *Fá-Maior*: estabelecer imediatamente o V grau ou então intercalar o II, IV ou VII grau.

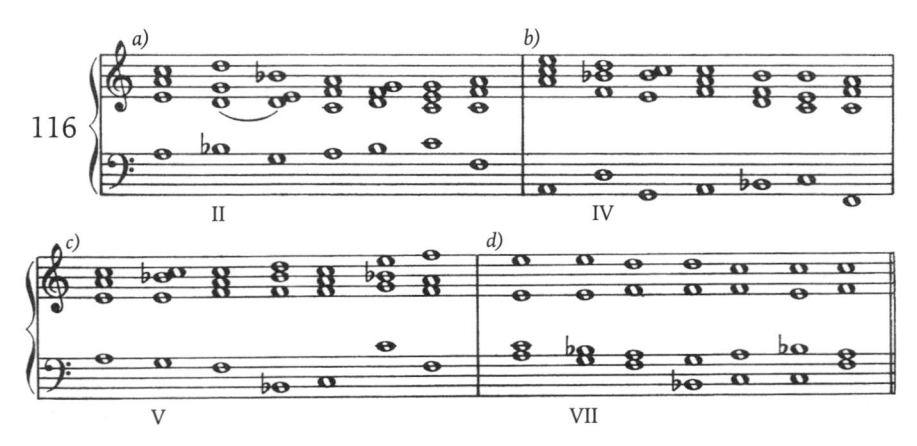

De *Lá-menor* para *Ré-menor*. Neutralizar,[13] primeiramente, o *dó* (som obrigatório), empregando a esse fim acordes que contenham *si♭* ou *si*, os quais também já são acordes modulatórios (IV, VI e II de *Ré-menor*); iniciar, então, a cadência; ou intercalar ainda o V grau e, depois, a cadência.

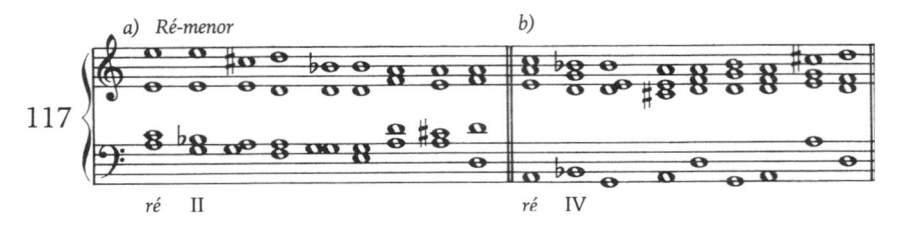

---

13 Schoenberg usa aqui o verbo *wegschaffen*, que melhor significa "levar para fora, eliminar, remover, transportar etc.". Porém, em alguns outros escritos de Schoenberg traduzidos para o português, verificamos que o verbo *neutralizar* tem sido comumente o termo técnico utilizado para esse mesmo contexto, motivo pelo qual o colocamos aqui; todavia, não empregamos invariavelmente essa tradução para todas as vezes em que aparece o citado termo original. (N. T.)

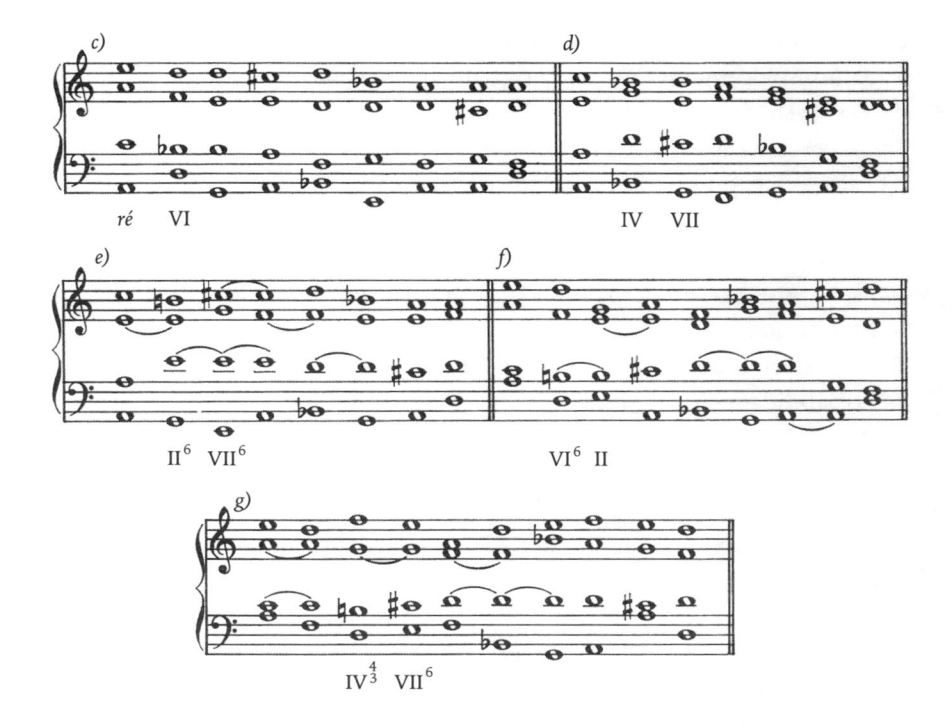

Temos considerado o modo menor uma variação [*Abart*] do modo maior, acreditando que coincide com este até certo ponto. Esta circunstância pode também ser de proveito na modulação. Pois, se afirmamos que *Lá-menor*, nas partes onde não forem empregados sons elevados, diferencia-se tão pouco de *Dó-Maior* que se pode confundir um com o outro, então podemos aproveitar a possibilidade de as duas tonalidades confundirem-se para, assim, intercambiá-las de fato: precisando ir a *Lá-menor*, pode-se ir a *Dó-Maior*, chamando este *Dó-Maior* de *Lá-menor* (reinterpretação!) e realizar a cadência em *Lá-menor*. Ou, tendo-se que ir de *Dó-Maior* para *Mi-menor*, ir primeiro para *Sol-Maior* e expressar *Mi-menor* apenas na cadência. Proceder do mesmo modo para *Ré-menor*: ir primeiro para *Fá-Maior*, e então cadenciar em *Ré-menor*. Ademais, o mesmo recurso pode também ser utilizado em sentido inverso. A saber, devendo-se ir a uma tonalidade maior, planejar a modulação aparentemente no modo menor paralelo[14] e interpretar a tríade sobre a tônica desse modo menor como o VI

14 No nosso ensino musical é hábito dizer *tonalidades relativas* para as situações em que aqui se diz *tonalidades paralelas*. Apesar disso, adotamos *tonalidades paralelas,* tanto por ser assim que o autor, literalmente, as trata [*parallele Dur-oder Molltonart* = tonalidades paralelas maiores ou menores], quanto também por nos parecer mais lógico. (N. T.)

grau da tonalidade maior paralela, realizando em seguida, com a cadência, a ida ao modo maior. Por exemplo, de *Dó-Maior* para *Sol-Maior*: modulação de *Dó-Maior* para *Mi-menor*; *Mi-menor* = VI grau de *Sol-Maior*; cadência para *Sol-Maior*. De *Dó-Maior* para *Fá-Maior*: passar por *Ré-menor*, e somente através da cadência expressar a tonalidade de *Fá-Maior*.

Enfim, esta é uma possibilidade de dar às modulações muitas formas diferentes. Todavia, mesmo que essas modulações se sirvam de meios mais ricos, as outras não serão menos boas por este motivo. Em um caso, esta será mais adequada (ou ao menos suficiente); em outro caso, a outra será melhor. Para os desígnios composicionais, tem-se que possuir à disposição não só as possibilidades mais simples, como também as mais complexas. Fazer uso destas ou daquelas é às vezes, por certo, apenas uma questão de gosto, mas, frequentemente, é também um problema de construção. Poder-se-á, de um modo geral, dizer: se a modulação for de uma tonalidade maior a outra maior, o melhor será tomar como tonalidade intermediária a menor paralela (de *Dó*-*Maior* para *Sol-Maior*, passando por *Mi-menor*)[15] e, ao contrário, tomar como intermediária a maior paralela, se a modulação for de uma tonalidade menor a outra também menor (de *Lá-menor* para *Mi-menor*, passando por *Sol-Maior*). É menos importante a necessidade de intercalar *Mi-menor* na modulação de *Lá-menor* para *Sol-Maior*, ou intercalar *Sol-Maior* para ir de *Dó-Maior* a *Mi-menor*. Todavia, isto também é, evidentemente, possível. Nesse enriquecimento dos recursos modulatórios, duas circunstâncias parecem essenciais (a respeito das quais voltaremos a falar mais tarde): primeira, a tonalidade intermediária, e, segunda, a possibilidade de utilização de outros acordes, diferentes dos meramente pertencentes às tonalidades de saída e de chegada.

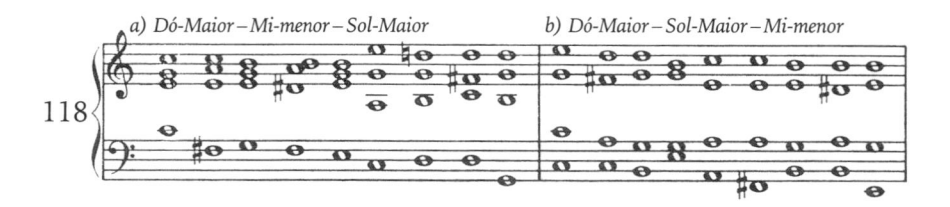

118

a) *Dó-Maior – Mi-menor – Sol-Maior*   b) *Dó-Maior – Sol-Maior – Mi-menor*

---

15 A redação original, utilizada pelo autor para descrever o roteiro das modulações, é tal como de hábito lá fazem para viagens comuns. Assim, no presente caso: "*C-Dur über e-moll nach G-Dur*" = de *Dó-Maior*, sobre [por cima de] *Mi-menor*, para *Sol-Maior*. O que cumpre ressaltar nessa redação é a ideia expressa de que a tonalidade intermediária encontra-se, efetivamente, no caminho para a meta, mas é tão somente sobrevoada, sem que nela se fixe. (N. T.)

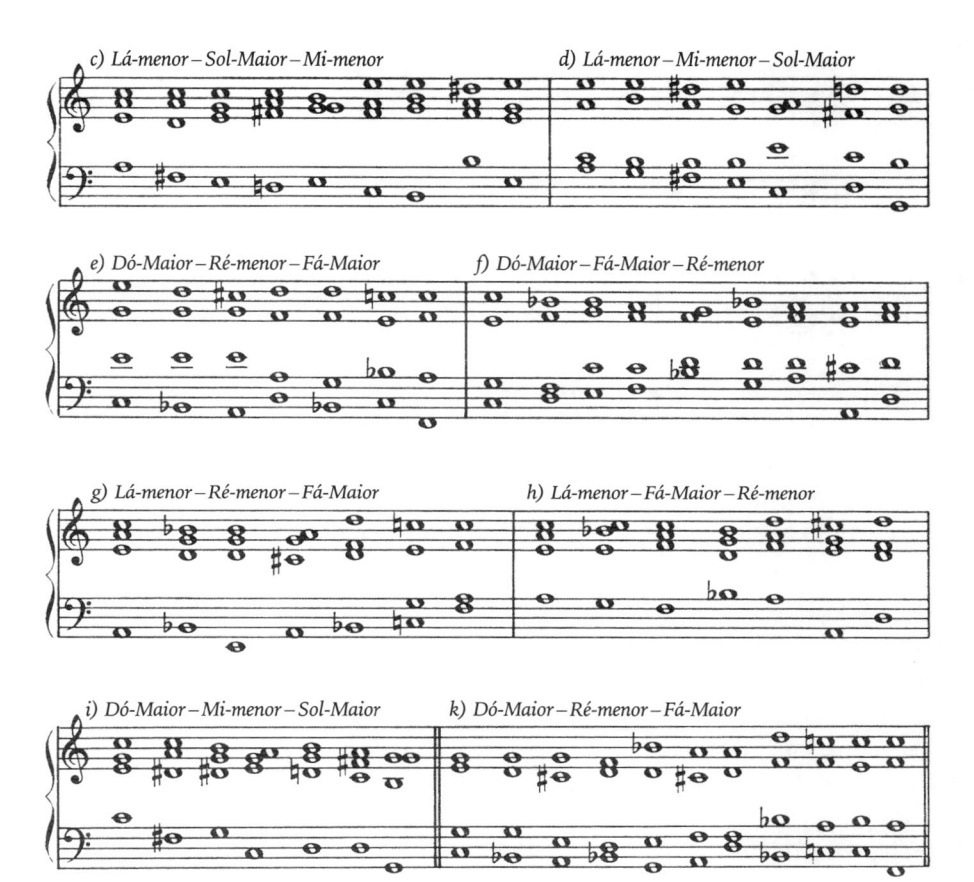

c) *Lá-menor – Sol-Maior – Mi-menor*  d) *Lá-menor – Mi-menor – Sol-Maior*

e) *Dó-Maior – Ré-menor – Fá-Maior*  f) *Dó-Maior – Fá-Maior – Ré-menor*

g) *Lá-menor – Ré-menor – Fá-Maior*  h) *Lá-menor – Fá-Maior – Ré-menor*

i) *Dó-Maior – Mi-menor – Sol-Maior*  k) *Dó-Maior – Ré-menor – Fá-Maior*

O equilíbrio somente será obtido se a realização não se fixar demasiadamente nas tonalidades intermediárias. Caso contrário, ter-se-á que alongar a cadência de maneira correspondente. Por exemplo, em 118*a*, o I grau de *Mi-menor* aparece duas vezes; em 118*c*, ocorre duas vezes a dominante de *Sol-Maior*. Em ambos os casos se poderia, facilmente, exigir uma cadência mais extensa. Porém, em 118*a* a dominante de *Mi-menor* se apresenta apenas uma vez e, em 118*c*, a tônica de *Sol-Maior* não aparece em nenhum momento. Caso isso pudesse vir a ser, realmente, um perigo [*Gefahr*], ficaria evitado por meio desse procedimento.

A ideia de tonalidade intermediária poderá também ser estendida às tonalidades paralelas maiores ou menores da tonalidade de partida. Por exemplo: de *Dó-Maior* a *Sol-Maior*, ou a *Mi-menor*, passando por *Lá-menor*. Ou de *Lá-menor* a *Sol-Maior* (ou *Mi-menor*), passando por *Dó-Maior*; ou, ainda, de *Lá-menor* a *Fá-Maior* (ou *Ré-menor*), passando por *Dó-Maior*.

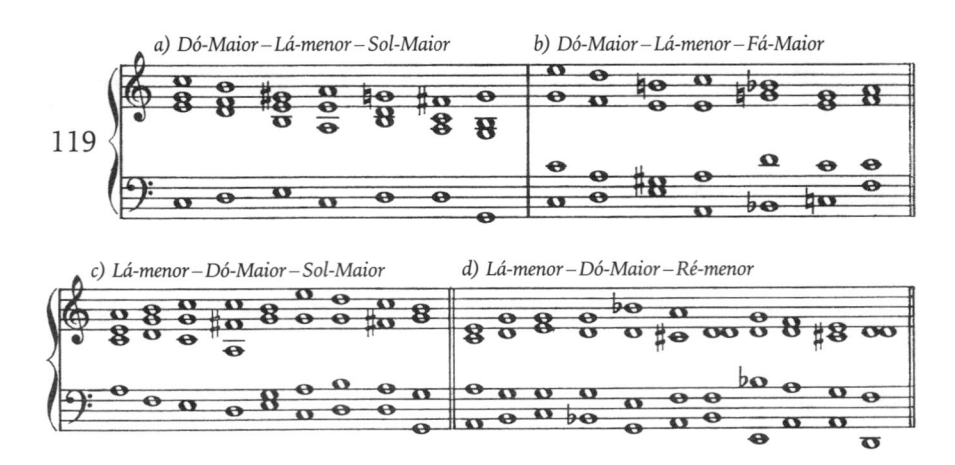

119     a) Dó-Maior – Lá-menor – Sol-Maior     b) Dó-Maior – Lá-menor – Fá-Maior

    c) Lá-menor – Dó-Maior – Sol-Maior     d) Lá-menor – Dó-Maior – Ré-menor

Estas modulações (especialmente as dos exemplos 119*a* e 119*b*) são por certo muito curtas e, nelas, a meta é apenas insinuada. Não obstante, com certeza não são más. Pois, em vez do desejo de alcançar uma *determinada* meta, há, nessas frases, principalmente o desejo de atingir *alguma* meta, por hora ainda indeterminada. Ou então uma meta determinada, mas através de rodeios, desvios. Com isto, semelhantes frases (os nossos exemplos) possuem alguma coisa que seguramente tem o mesmo valor das modulações curtas nas quais se está consciente da meta: elas estão, por assim dizer, *em movimento* [*im Gehen*]. Ou seja: transparece nelas um instinto de locomoção, o qual encontrará, seguramente, uma meta, mesmo que esta não seja perceptível, inequivocamente, já desde o início. Devo dizer que considero este "encontrar-se em movimento" uma das características mais importantes de uma frase viva, e que, às vezes, ele me parece até mesmo mais importante do que a ânsia consciente de alcançar uma meta. Afinal, também nós caminhamos sem conhecer a meta![16]

Um aperfeiçoamento ainda mais amplo seria empregar duas tonalidades intermediárias. Algo como: de *Dó-Maior*, sobre *Lá-menor* e *Mi-menor*, para *Sol--Maior*. Ou: de *Lá-menor*, sobre *Dó-Maior* e *Ré-menor*, para *Fá-Maior* etc.

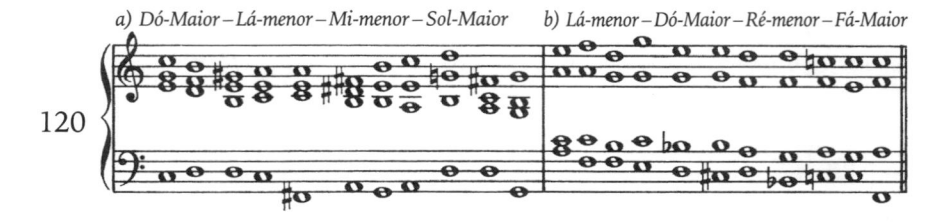

120     a) Dó-Maior – Lá-menor – Mi-menor – Sol-Maior     b) Lá-menor – Dó-Maior – Ré-menor – Fá-Maior

---

16 *Wir gehen ja auch, ohne das Ziel zu wissen!*

Finalmente, pode-se também transportar a ideia de tonalidade interme-diária à cadência. Por exemplo: de *Dó-Maior* a *Sol-Maior*, obtendo-se realmente *Sol-Maior*; depois, cadenciar para *Mi-menor* ou para *Lá-menor*, e daí, de um destes pontos, realizar então uma viragem de retorno rumo a *Sol-Maior*.

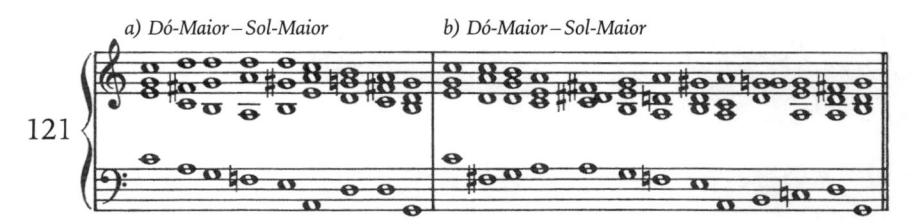

*a) Dó-Maior – Sol-Maior*      *b) Dó-Maior – Sol-Maior*

121

# Dominantes secundárias[1] e outros acordes estranhos à escala derivados dos modos eclesiásticos

Já mencionei a particularidade dos modos eclesiásticos, a qual consistia em trazer variedade à harmonia através de acidentes (ou seja, sinais de alteração que modificam passageiramente, de maneira ocasional, os sons próprios da escala). De costume, a maioria do tratados tenta substituir esta riqueza por algumas poucas instruções sobre o cromatismo.[2]

---

1  *Nebendominanten = Dominantes Secundárias. Neben* tem aqui o sentido de acessório, complementar, "aquilo que se posta junto, ao lado". A opção por *secundária* deveu-se, ademais, à maleabilidade do termo. No texto logo após o exemplo 126, Schoenberg dá uma explicação definitiva a respeito. (N. T.)

2  Vejo, neste exato momento, na *Harmonia simplificada*, de Riemann, que este pensador tão rico de ideias veio também a explorar o tesouro dos antigos modos eclesiásticos, introduzindo conceitos como "sexta dórica", "quarta lídia" etc. Todavia, ao dar nomes específicos aos diversos fenômenos, faz deles casos especiais ao mesmo tempo em que os priva de uma evolução posterior. Assim, ficam reduzidos a memórias arcaicas dos modos eclesiásticos, através dos quais, como no procedimento de Brahms, pode-se conseguir efeitos peculiares. Eu, porém, retomando a noção de dominantes secundárias e similares como um conceito que abrange todos estes fenômenos, sou de opinião de que foi somente por casualidade que os modos maior e menor perderam, durante um curto período da história da música, a característica de empregar acordes estranhos à escala. Pois, somando-se as particularidades dos modos eclesiásticos, nos deparamos com os modos maior e menor e mais uma certa quantidade de fenômenos estranhos à escala. E assim, da mesma maneira que os acontecimentos estranhos à escala de um modo eclesiástico alastraram-se por outros modos eclesiásticos, tenho também para mim que o mesmo ocorreu quanto à cristalização dos nossos dois modos atuais. Portanto, os modos maior e menor já possuem em si todas aquelas possibilidades estranhas à escala, as quais, historicamente, foram aos poucos se introduzindo neles. E apenas na época antiga da música homofônica, que se limitava em média a três ou quatro graus harmônicos, tais possibilidades foram menos, ou de maneira

Isto, porém, não é o mesmo e, por ser pouco sistemático, não tem igual valor para o aluno. O que sucedia nos modos eclesiásticos não eram, por assim

---

nenhuma, utilizadas. E caíram no esquecimento. Mas elas estão dentro dos dois modos atuais; portanto, não precisam ser tratadas como casos especiais, e sim trazidas à tona [*herausholen*]. Heinrich Schenker (em *Novas fantasias musicais e teorias*) realiza uma tentativa muito mais sistemática para tornar tais harmonias acessíveis, quando fala de um "processo de tonicalização" [*Tonikalisierungsprozess*]. Tal processo seria o desejo ou a possibilidade de um grau secundário vir a ser tônica. A consequência desse desejo seria que a este grau precede uma dominante. Isto se parece muito com a minha ideia. Apenas considero inadequado e inexato expor as coisas assim. Inadequado porque, através de tal explicação, muito não poderá ser esclarecido, ou esclarecido de forma por demais complicada, o que bem poderia ser a razão por que Schenker não chegou a uma síntese tão ampla quanto a minha. Conforme minha exposição, pode-se explicar, com desembaraço, por exemplo, a realização de uma cadência interrompida a partir de uma dominante secundária, segundo veremos; e aqui não se poderá falar de um processo de tonicalização, pois o segundo acorde (por exemplo, III-IV) não é a tônica do primeiro e o primeiro não é a dominante do segundo; conforme a concepção de Schenker, ter-se-ia então que falar, por exemplo, de um "processo de tonicalização, retardado através de uma cadência interrompida". A falha desta explicação não reside apenas em ser complicada, mas no fato de que a tônica, a qual dá nome a todo o processo, pode até mesmo não aparecer. Porém, à parte estes acordes serem, com efeito, as dominantes dos antigos modos eclesiásticos – o que certamente não poderá ser desconsiderado –, permanece-me inexato (embora Schenker, com certeza, tivesse em mente as fundamentais dos antigos modos eclesiásticos) emprestar a estes graus secundários, através da associação deles com a expressão "tônica", uma importância que eles não possuem. Dentro de uma tonalidade só existe uma tônica. Em *Dó-Maior*, *fá-lá-dó* nada mais é do que um IV grau e somente pode ser compreendido como tonicalizado por alguém que, sem fundamento, o chame de *Fá-Maior*. Que semelhante importância não cabe a todos esses graus demonstra-o o seguinte exemplo:

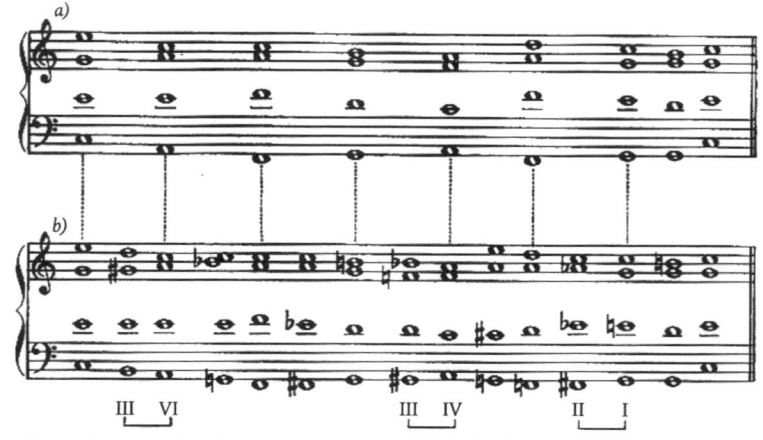

No qual, em *a*), os acordes situados entre o começo e o final mantêm, indubitavelmente, uma função de tríades secundárias, o que por certo não se modifica na diversificada realização que aparece em *b*), que faz uso de acordes de sétima de dominante secundária e outros semelhantes. *Isto é mostrado ainda mais claramente na frase a quatro vozes, na qual o estabelecimento de uma sensível não tem necessariamente algo a ver com uma tônica, podendo assim conduzir a outros graus.*

dizer, cromatismos, mas fenômenos próprios da escala, conforme podemos ainda ver em nosso modo menor, cujos sexto e sétimo sons elevados pertencem tanto à escala ascendente quanto os mesmos sons sem alterar pertencem à descendente. Aplicando-se isso ao modo *dórico* (isto é, àquele modo eclesiástico que se inicia no segundo som de uma escala maior: em *Dó-Maior*, por exemplo, inicia-se com *ré*) resultará, então, para cima, *lá-si-dó♯-ré*, e, para baixo, *ré-dó-si♭-lá*. No *frígio* (que começa no terceiro som, *mi*) teremos, para cima, *si-dó♯-ré♯* (que era insólito nesta forma) e, para baixo, *mi-ré-dó-si*. No *lídio* (que começa no quarto som, *fá*) podia-se empregar, junto à quarta aumentada (*si*), a quarta justa (*si♭*); no *mixolídio* (que se inicia no quinto som, *sol*) elevava-se o sétimo som (de *fá* para *fá♯*). No *eólio*, que deu o nosso atual modo menor, temos *mi-fá♯-sol♯-lá-sol-fá*. Quanto ao *hipofrígio*, as suas particularidades, raras vezes empregadas, não possuem de momento importância para nós. Se os nossos modos maior e menor devem, realmente, conter a completa riqueza harmônica dos modos eclesiásticos, tem-se, então, que abranger tais singularidades conforme o sentido delas. Será possível, assim, empregar em uma tonalidade maior todos aqueles sons e acordes estranhos à escala que ocorriam nos sete modos eclesiásticos, construídos a partir dos seus sons ancestrais. Menciona-se, a seguir, em forma de tríades, os sons que mais nos importam, de momento, para a escala de *Dó-Maior*. São os seguintes:

provenientes do modo dórico:

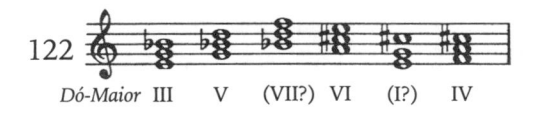

do frígio (acontecidos raramente):

do lídio (também contidos no dórico):

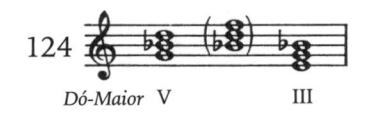

do mixolídio:

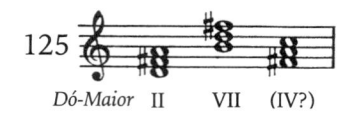

125

Dó-Maior  II   VII   (IV?)

Do eólio, os já conhecidos do modo menor.

Naturalmente, todos esses acordes, também como acordes de sétima.

Procedendo desta maneira, seguimos a evolução histórica, a qual fez um desvio no momento em que chegou aos modos eclesiásticos. Recorde-se minha hipótese de que a causa desse desvio era a dificuldade que encontravam para fixar a fundamental dessas escalas. Podemos alcançar aquilo que nos conduzirá à evolução histórica, por um caminho direto, se partirmos do desejo do baixo em impor seus harmônicos superiores, convertendo-se, assim, na fundamental de um acorde maior. Tal procedimento, sozinho, bastaria para fundamentar as tríades maiores estranhas à escala sobre os graus secundários. Da mesma maneira, a seguinte explicação psicológica, tantas vezes mencionada, seria o bastante para produzi-los sistematicamente: o princípio da imitação, da analogia, o qual leva a transferir, a título de experimentação, as particularidades de um objeto a outro, produzindo, por exemplo, o sétimo grau elevado no modo menor. Seguiremos também este princípio quando, mais adiante, transportarmos cada vez para outros graus o que é possível, por exemplo, sobre o II grau. Poderíamos derivar, da mesma maneira, as tríades menores e diminutas introduzidas através da lembrança dos modos eclesiásticos. Entretanto, não se deve esquecer que esses acordes, de aparência tão artificial, podem ser considerados relativamente naturais, já que se encontra para eles um protótipo na série dos harmônicos. Existe, por exemplo, nos harmônicos superiores de *dó* um complexo sonoro *mi-sol-si* (embora situado distante), assim como outro *mi-sol-si♭* (embora desafinado), que poderiam, ambos, ser convocados para uma explicação natural. Todavia, a despeito da possibilidade de semelhantes esclarecimentos, prefiro seguir o caminho da história, e o faço sobretudo pelo seguinte motivo: a analogia com o modo menor, ainda vivo para nós, é muito adequada a servir de guia no tratamento destes acordes.

Naturalmente, tudo isto pode ser conseguido (e o faremos mais tarde) através do cromatismo, ou seja, progredindo por semitom de um som próprio da escala a outro estranho a ela. O efeito, para a prática das habilidades do aluno, poderia ser o mesmo; mas, assim concebido (à parte o fato de estes encadeamentos ocorrerem também nas formas já apresentadas), as relações dos processos harmônicos seriam menos compreensíveis, e o entendimento da evolução tornar-se-ia exíguo. Seguimos, por agora, o caminho dos modos eclesiásticos e excluímos, de momento, o do cromatismo; por conseguinte, empregaremos estes sons e acordes estranhos à escala mais ou menos como os mostraríamos se eles pertencessem a um modo menor, a saber: respeitando, por assim dizer, as leis dos sons de resolução obrigatória, transferindo-as àquelas séries de sons que alterarmos ascendente ou descendentemente. Disto evidencia-se que, a uma tríade como *dó-mi-sol*, não poderá seguir outra como *lá-dó♯-mi*, e nem *mi-sol♯-si*. Obviamente, apenas por enquanto, para os primeiros exercícios.

Através da utilização desses acidentes surgem os seguintes acordes (serão deixados de lado, provisoriamente, os dois acordes aumentados derivados do modo frígio; exemplo 123):

1. Tríades com terça maior (fazendo as vezes da sensível de um modo eclesiástico) sobre graus que, como próprios da escala, deveriam levar uma terça menor. São estes: o II, o III e o VI grau (e, mais raramente, o VII grau, pois este, sendo diminuto como próprio da escala, haver-se-ia que alterar ascendentemente dois sons).

126     *Dó-Maior* II     III     VI     VII

Estas são as dominantes dos antigos modos eclesiásticos. Possuem o sétimo som elevado (alterado), como sensível que vai ao oitavo som (fundamental). Em detalhes: o II grau contém a sensível do mixolídio, o III a do eólio, o VI a do dórico e o VII a do frígio (esta última forma era raramente utilizada, por ser capaz de anular facilmente a relação com a fundamental). Visto que nos modos antigos estes acordes ocorriam como dominantes sobre os V graus, mas, em nossas tonalidades, estão sobre graus secundários, nós os chamamos *dominantes secundárias* [*Nebendominaten*].[3] Obviamente, poderemos também empregá-los como acordes de sétima, o que, como alargamento deste princípio, dará lugar a lucrarmos também o acorde de sétima da dominante do modo lídio como dominante secundária para o nosso IV grau (exemplo 127):

---

3 É bem possível que a expressão *dominante secundária* não tenha sido inventada por mim, senão que (não posso mais recordar-me precisamente) provavelmente surgiu de uma conversa minha com um músico, ao qual expunha a ideia de erigir dominantes sobre tríades secundárias. Qual de nós dois a proferiu primeiro eu não sei, e, por esse motivo, *suponho que não fui eu.*

*Dó-Maior*    I

2. Uma tríade maior, mas que não possui o caráter de dominante: *si♭-ré-fá* (originária do dórico ou do lídio), da qual talvez provenha a sexta napolitana, conforme ainda discutiremos mais à frente;

3. Uma tríade menor *sol-si♭-ré* (do dórico ou do lídio);

4. Uma série de tríades diminutas (exemplo 128):

5. Finalmente, também tríades aumentadas (exemplo 129):

A utilização de todos esses acordes é muito fácil, desde que o aluno, por enquanto, observe as leis dos sons obrigatórios. Ou seja: todo som estranho à escala será considerado como o sexto ou o sétimo som de uma escala menor ascendente ou descendente. Os sons elevados pertencem à escala ascendente, e os rebaixados à descendente. Conforme seja o som considerado como sexto ou sétimo, seguir-lhe-á um intervalo de tom ou de semitom. Assim, por exemplo, um *fá♯* poderia ser considerado como sétimo som de uma escala de *Sol-menor*, e depois dele haveria que seguir um *sol* (eventualmente precedido de um *mi*, mas nunca de um *fá*), ou então ser visto como sexto som de uma escala de *Lá-menor*, após o qual se poderia seguir um *sol♯*. Todavia, pode-se também fazer surgir um som desse tipo como se fosse o sexto som, e daí (através de uma reinterpretação) tratá-lo como se fosse o sétimo som. Este *fá♯* poderia, por exemplo, ser introduzido como sexto som de uma escala de *Lá-menor*, e daí ser resolvido em uma tríade *sol-si-ré*, o que corresponderia à sua ascendência mixolídia.

Para não perturbar o equilíbrio, o aluno não deve, especialmente no início, empregar em demasia tais acordes estranhos à escala. Estabelecendo-se muitos desses acordes, tem-se, no mínimo, que seguir uma cadência igualmente rica e pormenorizada. Para tanto não bastam os recursos de que dispomos por agora. E algo ainda: se o aluno quiser apresentar esses acordes alterados na modulação, terá, portanto, de fixá-los apenas ali onde, em seu sentido de acordes exclusivos, não se oponham aos objetivos da meta. Dessa maneira, se temos, por exemplo, de modular de *Dó-Maior* a *Sol-Maior*, a introdução de um acorde *fá-lá-dó*, através de uma dominante secundária *dó-mi-sol-si♭*, produziria incômodo. Seria possível, decerto, assenhorear-se desta perturbação, fazendo-se seguir a este *fá-lá-dó* um acorde *mi-sol♯-si* que leva a *lá-dó-mi* (II grau de *Sol-Maior*). Todavia, enquanto o aluno não estiver em condições de sentir exatamente estas relações de equilíbrio, bem fará em somente apresentar acordes que, se não fomentam a consecução da meta, pelo menos não a impedem. Poderá, sobretudo, utilizá-los vantajosamente na cadência, quando a tonalidade já estiver suficientemente determinada.

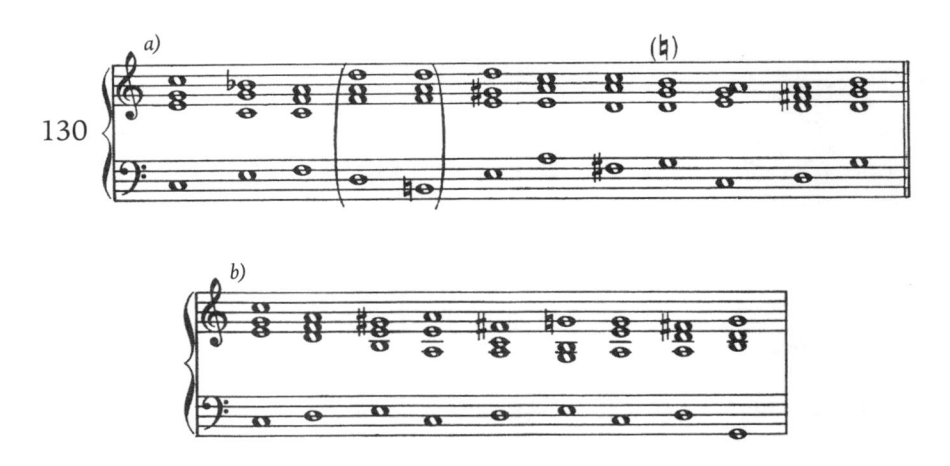

No exemplo 130*a* percebe-se uma óbvia desigualdade. O *si* surpreende, pois quase se esperaria um *si♭*; e nos havíamos proposto que, neste conduzir de um lado para outro, nossas modulações devem ser realizadas, por assim dizer, deslizando pouco a pouco e nitidamente.

É melhor a solução do exemplo 130*b*. Contudo, se examinarmos mais de perto, notaremos então que poderíamos, na verdade, tê-lo realizado segundo uma das sugestões anteriores. Isto é: escolhendo uma tonalidade intermediária (que aqui seria *Lá-menor*). Apenas com má vontade foi que forneci esta explicação de tonalidades intermediárias, pois é errado, dentro de frases tão curtas, distinguir tonalidades diferentes. Assim como não chamamos *Mi-menor* a uma tríade secundária, senão III grau, prefiro não falar aqui de "tonalidades", mas sim de "graus realizados através de dominantes secundárias".[4] De modo eventual, um grau pode, certamente, ser realizado "à maneira de uma tonalidade" [*Tonartmässig*]. Porém, se cada grau precedido de uma dominante toma o nome de uma tonalidade, a imagem se tornaria confusa; desvanecer-se-ia o panorama do todo e de suas relações. No exemplo 131 são apresentadas algumas modulações com semelhantes acordes alterados (isto é: com o aproveitamento de sons estranhos à escala).

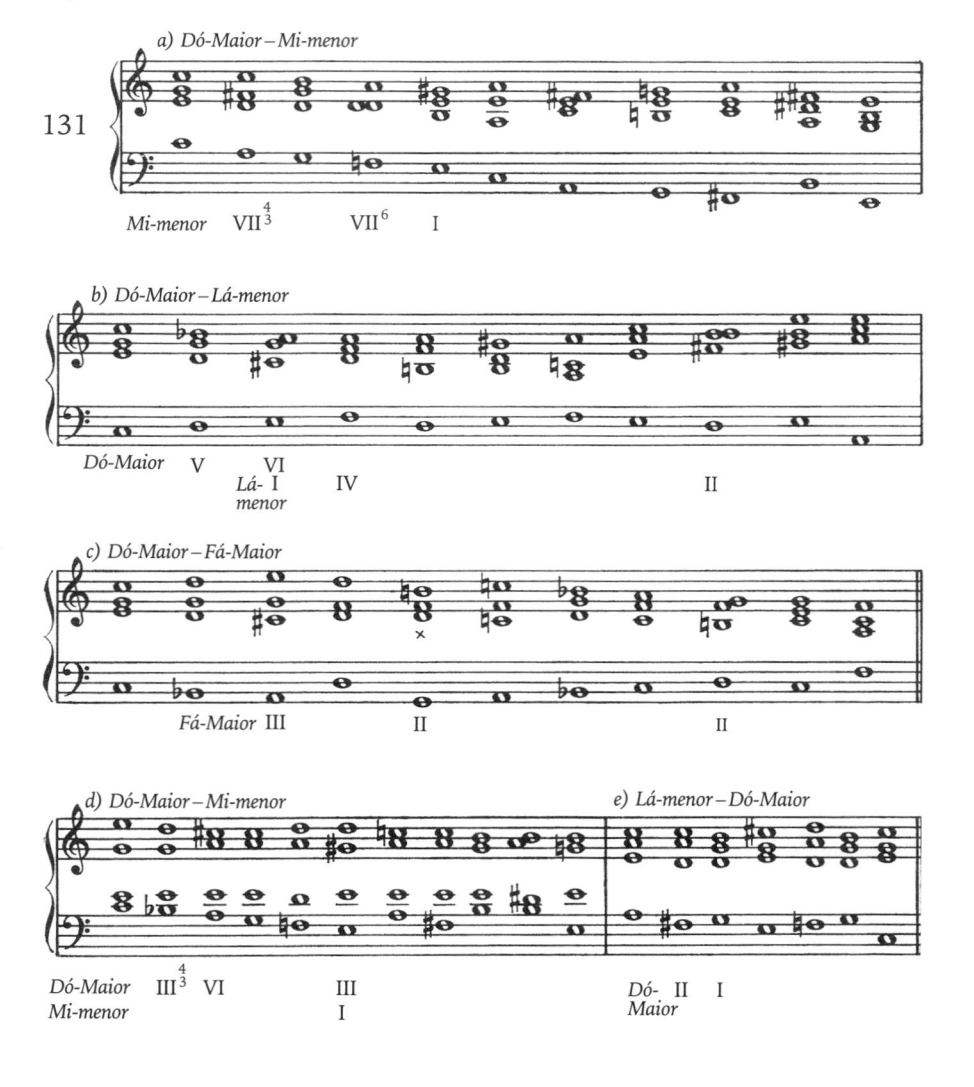

---

*f) Lá-menor – Sol-Maior*

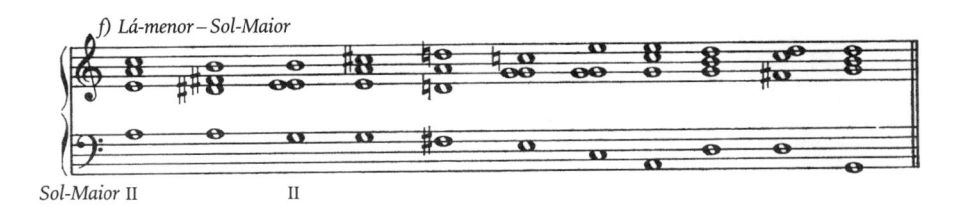

*Sol-Maior* II       II

*g) Lá-menor – Mi-menor*

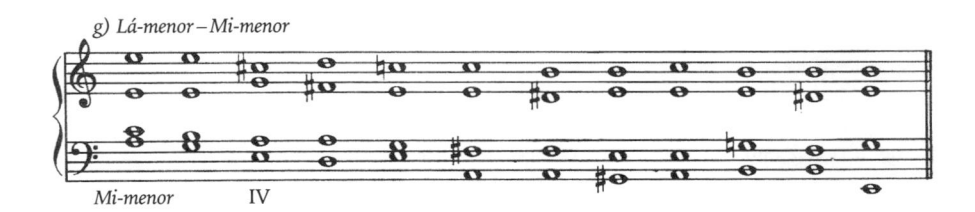

*Mi-menor*      IV

*h) Lá-menor – Fá-Maior*

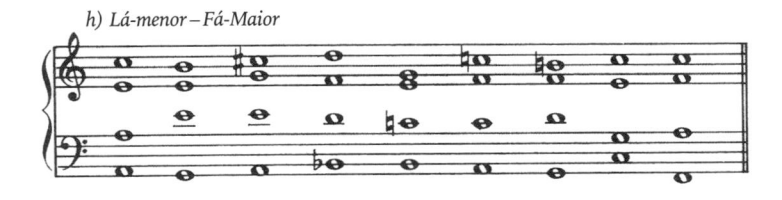

*i) Lá-menor – Ré-menor*

*Ré-menor*   I      IV
*Lá-menor*   V    I    IV    III      VI    II    III    VI    II    V    I

*k)*                      *l)*

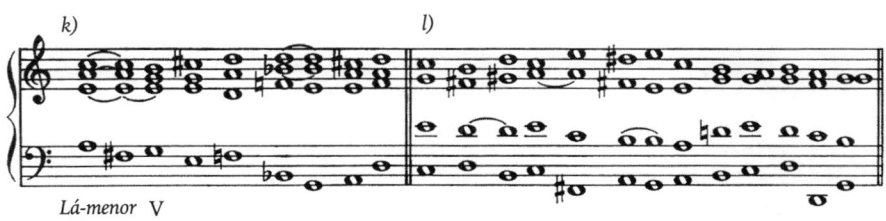

*Lá-menor*   V
*Ré-menor*   II

No exemplo 131c, assinalada com um *x*, encontra-se uma dominante secundária (sobre o II grau de *Fá-Maior*; aqui, naturalmente, há de ser referida a *Fá-Maior*), a qual se resolve com uma cadência interrompida. Esta dominante secundária sobre o II grau recebe o nome de *dominante-da-dominante* [*Wechseldominante*].[5] Sua função é representar o II grau (próprio da escala)

---

5 A explicação a seguir, de autoria de Schoenberg, que tem por objetivo analisar a origem do termo *Wechseldominante* (que significa, literalmente, "dominante trocada", mas que aqui traduzimos – atendendo a uma tradição já firmada entre nós quanto a este termo técnico – por *dominante-da-dominante*), curiosamente não aparece, a exemplo de algumas outras notas de rodapé (conforme temos sempre informado), na sétima edição austríaca do *Harmonia*, base desta nossa tradução. Segundo Carter, tradutor do Livro para o inglês, trata-se mesmo de uma separata denominada *"Uma aventura etimológica"*, surgida na edição revisada. Uma vez que a nossa tradução adotou *dominante-da-dominante* e não a tradução literal, que seria "dominante trocada" (motivo da dita separata), a longa explicação de Schoenberg a seguir não nos diz, etimologicamente, muito respeito. Porém, pode ser que sirva para aprofundar a compreensão musical do conceito, e dado o curioso do assunto e a forma em extremo pitoresca com que Schoenberg realiza essa sua "aventura etimológica" (tão característica de certos momentos de sua reflexão e das diversificadas áreas de seus interesses), decidimos por também oferecê-la. (Parece-nos sintomático, aqui como em tantos momentos que perpassam o Livro, a analogia valorativa que Schoenberg realiza a partir de assuntos próprios do mundo financeiro.) (N. T.)

*Wechseldominante*. Não estou certo do que este nome significa e nem de onde provém. Talvez fosse plausível a seguinte explicação: a expressão "dominante trocada" assemelha-se à expressão "filho trocado" (respectivamente: *Wechseldominante* e *Wechselbalg*). Esta última faz lembrar uma criança defeituosa, disforme, que, por ação das bruxas ou do demônio, foi substituída pelo filho autêntico. Imagino que "filho trocado" [*Wechselbalg*] esteja relacionado com *vexar* [*vexieren*], ou seja: troçar, caçoar, molestar, mofar, hostilizar. Assim, um "filho trocado" seria uma criança substituída por outra com o objetivo de molestar, incomodar, aborrecer. Buscando outros sinônimos, encontramos: fastidiar, enganar [*trügen*]; e também o substantivo correspondente a este último verbo – engano, quimera, alucinação [*Trug*] – está relacionado a fantasma, aparição [*Spuk*]. Então, poder-se-ia acreditar que "trocar" [*wechseln*] e "vexar" [*vexieren*] são, essencialmente, a mesma palavra. O fato de os cambistas ou banqueiros haverem realizado negócios sujos e enganosos, e do credor, havendo a promissória, ter tido o direito de "vexar", de acossar o devedor exigindo-lhe o pagamento, tudo isso nada acrescenta ou diminui, pois "tormento" e "engano" poderiam ser duas traduções exatas de "troca" e, da relação entre aquelas, recebeu esta a sua atual acepção dupla. O mesmo pode-se dizer do trocar uma moeda por outra, o que se chamaria "câmbio" (troca) em virtude da amolação e do prejuízo que ocasiona. Denominava-se "cambista" [*Wechsler*] ao comerciante do qual se compravam títulos para pagar as próprias dívidas no estrangeiro, até mesmo na circunstância em que ele vendia dinheiro estrangeiro, ou seja, quando trocava dinheiro no país por divisas e quando cambiava dinheiro por títulos. Sabe-se que quando alguém se encontra irremediavelmente aborrecido, a única coisa que ajuda é "esquecer"; desse modo, procurava-se esquecer do logro de que foi vítima no câmbio substituindo mentalmente esta noção, como se a mesma se tratasse de um mero sinônimo de "troca" (assim não se pensava em "engano").

na cadência, de tal modo que, na maioria das vezes, a sequência de graus é II-I6/4-V-I; entretanto, a *dominante-da-dominante* também aparece, com bastante frequência, seguida diretamente por V-I.

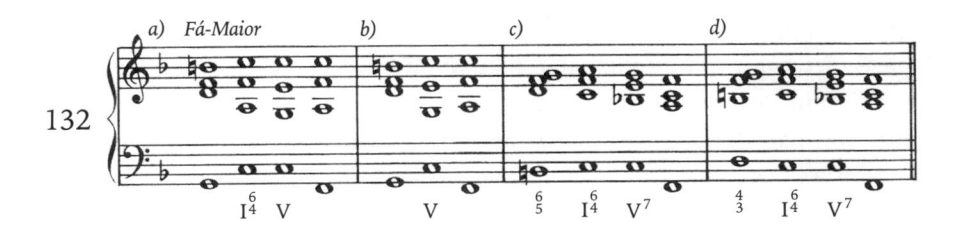

O mais frequente é estabelecer a dominante-da-dominante como acorde de quinta-e-sexta ou terça-e-quarta. Não obstante, ocorre também muitas vezes em estado fundamental. Neste caso, apresenta-se como novidade, um passo à maneira de uma cadência interrompida (II-I), realizado a partir de uma *dominante secundária*. Naturalmente, semelhantes encadeamentos são também possíveis a partir de outras dominantes secundárias. Será bom o aluno fazer disso um uso ponderado, caso contrário poderia facilmente escrever coisas que, embora não inutilizáveis, são incomuns e contradizem o estilo do conjunto. Talvez seja verdade apenas como uma espécie de meio--termo, mas certamente não se exagera ao dizer: cadências interrompidas,

---

A isto se opõe o fato de que a "nota de câmbio" [*Wechselnote*] de Fux chama-se em italiano *cambiata* (de *cambiare*) [Chama-se *cambiata* certa movimentação melódica, aqui aludida por Schoenberg, permitida pelas regras do Contraponto. Fux é o autor que a sistematizou pedagogicamente. (N. T.)], ao passo que as palavras *canbiavalute* (italiano) ou *changer* (francês) demonstram que, nas línguas latinas, "trocar" se emprega em suas duas acepções sem nenhuma referência a "vexar" (aborrecer, enganar, hostilizar). Todavia, se é certo que muitas palavras alemãs procedem do latim e do italiano – pois certamente a sua designação veio junto com o fato que expressam – não por isso temos, necessariamente, de pensar que o primeiro cambista foi um mercador de Veneza; poderia, muito bem, haver sido de Nüremberg. E, também, não seria impossível que fosse da Holanda, visto que hoje Amsterdã passa por ser a capital mundial do dinheiro. E a nota de câmbio de Fux poderia ser dos países baixos, da época da hegemonia holandesa; e, quem sabe, os países latinos aprenderam esse termo musical dos germânicos, sem se dar conta da ideia de "engano" [*Trug*] encerrada na palavra "trocar" [*wechseln*].
Interessa-nos, especialmente, na relação entre "vexar" (aborrecer, atormentar) e "trocar", a noção de "engano". Assim, nossa *dominante-de-troca* ou *dominante-da-dominante* [*Wechseldominante*] poderia chamar-se "dominante vexatória" [*Vexierdominante*] e seria uma "dominante de engano" [*Trugdominante*], a saber, uma dominante que realiza uma cadência interrompida ou "de engano" [*Trugschluss*] na sequência II-I.

após dominantes secundárias, soarão amenas se através delas não se realizar a modulação. E soarão mais duras se a modulação assim introduzida não for devidamente preparada. O nosso primeiro objetivo não é, evidentemente, o esforço por conseguir passagens suaves ou evitar as duras. Tais passagens apenas fazem com que, simplesmente, reconheçamos o que é usual e o que é incomum. O que é usual, e exatamente por isso, soará brando; e o que é incomum, e exatamente por isso, soará, o mais das vezes, duro. Nossa intenção não deve ser, evidentemente, escrever encadeamentos insólitos. Isto teria pouco proveito nas tarefas do ensino da harmonia, pois assim não conseguiríamos que soassem como de costume. Foi-se já o tempo em que tais estranhezas poderiam haver-se tornado em voga. Tal somente poderia acontecer agora se ocorresse de os compositores se interessarem por isso. Porém, esse fato é improvável, pois dispomos agora de outros recursos, mais vigorosos. Ademais, a dominante secundária foi introduzida a fim de que se consiga, para cada grau, um acorde de dominante que o preceda (salto de quarta ascendente das fundamentais). Porém, a cadência interrompida realiza passos de segunda [movimento por graus conjuntos], conduzindo assim a outros rumos além da dominante secundária. Naturalmente, a combinação está certa quando estende a função de uma dominante (encadear-se à maneira de uma cadência interrompida) às dominantes secundárias. Contudo, isto é um pouco estranho e, talvez por isso mesmo, menos usual. Estas cadências interrompidas acontecem, mas é preciso cautela: sendo estranhas por terem sido buscadas de longe, podem também levar-nos, facilmente, demasiado longe. O exemplo 133 mostra que meios devem ser despendidos para a segurança da tonalidade no caso de tais encadeamentos.

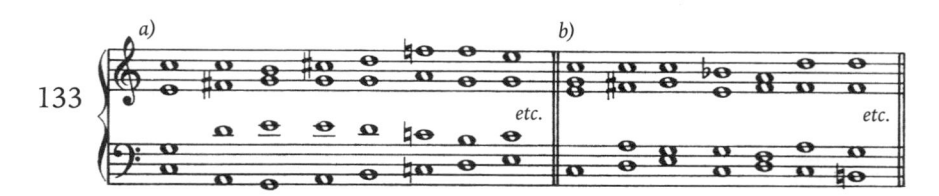

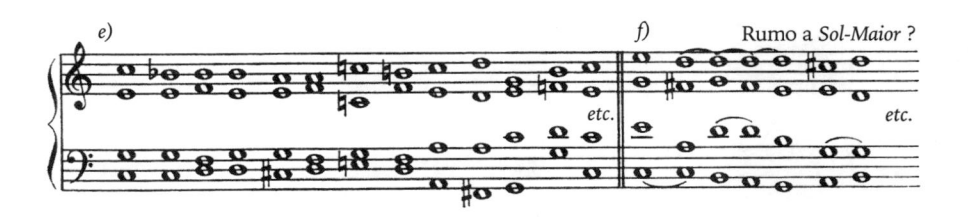

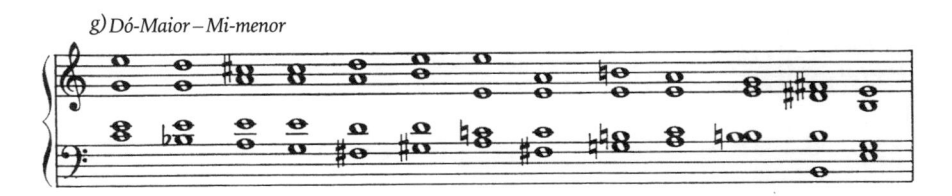

No exemplo 131*a* pode-se considerar o segundo acorde (acorde de terça-
-e-quarta sobre *lá*) como dominante-da-dominante (II grau de *Dó*). Consequentemente, o acorde seguinte, sobre *sol*, pode ser considerado como V
de *Dó*. Mas também poderia ser I grau (de *Sol*); neste caso, uma modulação
haveria já acontecido e o acorde precedente seria V grau de *Sol*, isto é, apenas
dominante, e não dominante-da-dominante. Em conformidade com isso, o
quarto acorde teria de ser considerado como V grau com a terça rebaixada, e
o quinto acorde como VI grau com a terça elevada. Assim, *Sol* seria aqui uma
tonalidade intermediária, suposição esta que se revela inoportuna. Pois, com o
mesmo direito, poderíamos considerar o sexto acorde (acorde de sexta sobre
*dó*) como *Lá-menor*; o que já seria, então, a segunda tonalidade intermediária.
Por este motivo, o melhor é renunciar à explicação baseada nas tonalidades
intermediárias e relacionar as dominantes secundárias à tonalidade de partida,
enquanto não se apresenta uma sequência de acordes enérgica o bastante
para estabelecer a tonalidade de chegada. Em 131*d*, por exemplo, seria mais
difícil determinar tais tonalidades intermediárias. O segundo acorde (acorde
de terça-e-quarta sobre *si♭*) somente poderia ser relacionado com *Ré-menor*.
E, na verdade, é justamente a isso que se corresponde o quinto acorde, logo
a seguir, em primeira inversão: *fá-lá-ré*; porém, como ocorre em 133*g* – e tão
bom quanto –, poderia vir o acorde *fá♯-lá-ré*, circunstância em que a definição
das tonalidades intermediárias somente seria possível através de uma reinterpretação muito complexa.

As dominantes secundárias são muito adequadas ao alargamento das
cadências (exemplo 134).

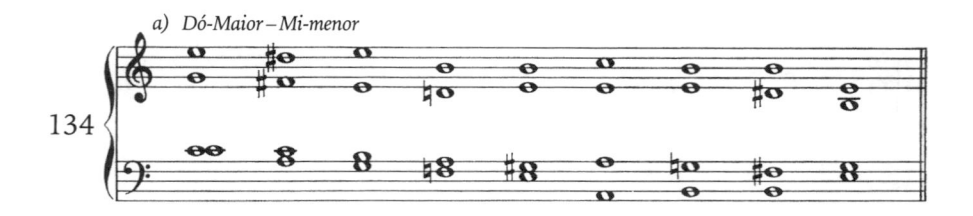

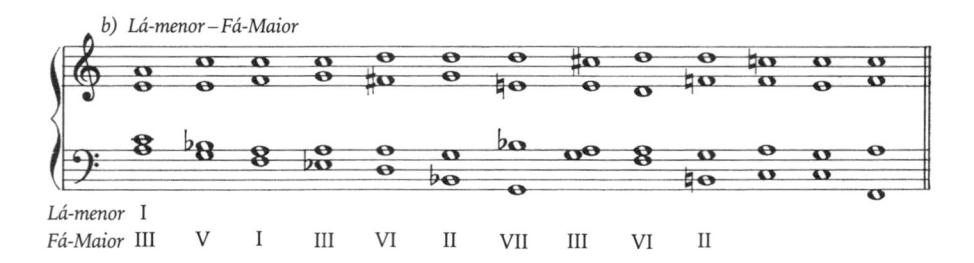

Neste caso, o melhor será que a modulação seja curta, realizada com um meio rápido. É óbvio que as dominantes secundárias no modo menor também devem ser empregadas e não são necessárias novas leis quanto a isso. Apenas quero, de forma mais precisa, esclarecer algo nesta oportunidade que vale também para o modo maior e que explica o porquê de não se poder erigir uma dominante secundária também sobre o IV grau do modo maior. A dominante secundária existe como uma imitação do movimento V-I, principalmente por causa do salto de quarta ascendente da fundamental. Contudo, partindo-se do IV grau (*fá*, em *Dó-Maior*), este movimento seria de uma quarta aumentada (*fá-si*), ou então desembocaria em um som estranho à escala (*si♭*). Não saberíamos, por agora, o que fazer com este acorde sobre *si♭*, e o encadeamento com o *si* natural não corresponderia ao sentido deste recurso. Pela mesma razão, não erigiremos no modo menor, de momento, nenhuma dominante secundária sobre o VI grau não elevado (*fá*, em *Lá-menor*), pois assim também caminhar-se-ia ao mesmo *si♭*. Porém, da mesma maneira não serão utilizáveis as dominantes secundárias sobre os graus VI e VII elevados. Pois um acorde *fá♯-lá♯-dó♯-mi* (ou mesmo *sol♯-si♯-ré♯-fá♯*) nos desviaria para demasiado longe da tonalidade, ousadia que, por agora, não temos possibilidades de empreender.

Não quero deixar de advertir o aluno, mais uma vez, do uso imoderado das dominantes secundárias. Os meios que possuímos não são ricos o bastante para evitar que, facilmente, resultem desigualdades; e, em todo caso, o mais desfavorável seria sacrificar a homogeneidade [*Glätte*] dos exercícios somente para acomodar um grande número de sonoridades secundárias. Recomendo, em geral, em um exercício de, por exemplo, dez a quinze acordes, quase não apresentar mais do que três ou quatro dominantes secundárias (valendo o mesmo para as demais sonoridades secundárias).

Também podemos encadear várias dominantes secundárias, entre si ou com outros acordes estranhos à tonalidade. Apenas temos que prestar atenção e não nos afastar demasiado longe da tonalidade. O exemplo 135*d* mostra quão ruins podem vir a ser os resultados consequentes do emprego excessivo desse recurso.

Todos os sete acordes do último exemplo (135*d*) poderiam, em si mesmos, ser graus de *Dó-Maior*. Contudo, desde o terceiro acorde (se não já desde o início) poderiam referir-se, desembaraçadamente, a *Sol-Maior* e desde o quarto acorde já serem próprios da escala de *Ré-Maior*. Acontecem aqui três falhas:

1ª Ambas as dominantes secundárias empregadas conduzem (conforme o demonstra a cifragem dos graus) ao V grau (*Dó-Maior* e *Sol-Maior*).

2ª Ademais, os dois acordes – não só o terceiro, como também o sexto – apresentam-se como se fossem, efetivamente, quintos graus. Ao terceiro precede um acorde que pode ser considerado II de *Sol-Maior*, e ao sexto precede outro acorde, como II de *Ré-Maior*. Assim se procede para modular ou consolidar uma tonalidade.

3ª Encadeando-se duas dominantes secundárias entre si, há um perigo pelo fato de ambos os acordes serem tríades maiores: o segundo acorde, como resultado do movimento, pode facilmente fazer lembrar uma tônica. Um acorde maior, sendo uma imitação mais perfeita dos fatos naturais, possui a tendência de impor-se como tônica mais do que um acorde menor, o qual, em conformidade à sua imperfeição natural, traz em si a marca do provisório. Esta falha apenas será remediável, segundo verificaremos, com a introdução de dominantes secundárias através de cromatismos resultantes de debates ainda distantes. Como fios condutores a evitar tais falhas, servirão os seguintes: se, através das dominantes secundárias, aproximou-se demasiado da região da dominante, então será bom que se busque caminhar de imediato – e em linha reta – à região da subdominante, pois a realização por meio de dominantes secundárias causa, facilmente, a impressão de *"tonalidades paralelas de segunda ordem"* [*tonartmässig*].[6] Assim, por exemplo: tendo-se colocado demasiadamente em primeiro plano o V ou o III grau, conduzir o suceder harmônico – através do VI grau – para o II ou para o IV grau. E vice-versa, havendo-se aproximado em demasia da região da subdominante (II e IV graus), haver-se-á então que esforçar-se por um retorno à região da dominante.

Após haver empregado as dominantes secundárias sem passos cromáticos, como se fossem, por assim dizer, tonalidades paralelas de segunda ordem

---

6  *"Realizar à maneira de tonalidades paralelas de segunda ordem"*. É esta, de forma geral, a tradução que decidimos como a de melhor conveniência, após ponderar diversas circunstâncias, para a expressão isolada *"tonartmässig"*. Esta expressão voltará ao texto ainda muitas vezes, já agora como uso técnico regular. (N. T.)

no modo menor [*tonartmässig in Moll*], o aluno, sempre caminhando adiante, poderá começar a estabelecer as dominantes secundárias também através de cromatismos. Assim, ampliará enormemente sua possibilidade de emprego. Atenha-se ao seguinte: o sentido de uma elevação cromática desse gênero é causar uma sensível, seja ascendente ou descendente. Logo, o som elevado deverá sempre subir e o rebaixado descer. Por enquanto, somente admitirei que se saia deste som por salto se for para evitar uma condução ruim das vozes ou para que se consiga um acorde completo, e ainda assim se o som em questão estiver em uma voz interna. Caso contrário, deverá ser manifesto qual o objetivo de uma alteração desse tipo na condução das vozes. Pela mesma razão, deve tornar-se reconhecível como tal a elevação ou o rebaixamento, fazendo preceder imediatamente – ao som elevado ou rebaixado – o mesmo som inalterado. Por conseguinte, o som natural e o alterado devem ocorrer na mesma voz. Se o som a ser alterado ocorre em duas vozes do acorde precedente, basta que no acorde seguinte a alteração aconteça naturalmente em apenas uma delas, enquanto a outra pode saltar. Assim, obtemos, até certo ponto, a possibilidade de contornar os sons obrigatórios no modo menor. Os ricos meios que agora possuímos, graças às dominantes secundárias e similares, permitem-nos restabelecer novamente o equilíbrio na cadência.

No exemplo 136*a* expõe-se a introdução cromática dos acordes estranhos à escala. Não oferecem dificuldades especiais. Omitiremos ainda, por enquanto, os encadeamentos assinalados com +) e com ++). Quanto ao presente assunto, são recomendáveis as seguintes diretrizes:

1. Clara exposição melódica das sequências cromáticas que aparecem como sensíveis ascendentes ou descendentes em forma de componentes cromáticos da escala;

2. Visto que tais sequências possuem força melódica, é recomendável transferi-las para as vozes externas, soprano ou baixo. Sobretudo o baixo poderá lucrar com isso, pois do contrário ele permanecerá frequentemente parado. Para evitar coisas semelhantes, pode-se valer também de permutas (outras inversões) e mudanças de posição;

3. O objetivo da introdução cromática não é outro senão o já ensinado, ou seja: tendo o seu tratamento à maneira dos sons obrigatórios. Todavia, a introdução cromática oferece a vantagem de o perigo para a tonalidade ser menor, porque os sons assim alcançados mal poderiam ser considerados como pertencentes à escala, o que já levamos em consideração ao verificarmos que uma dominante nunca deve originar-se cromaticamente. Dessa maneira, o *dó*♯, vindo cromaticamente de um *dó* natural do VI grau de *Dó-Maior*, impedirá

que se entenda como tônica o acorde seguinte sobre o II grau (modulação para *Ré-menor*). E este mesmo II grau, ainda que tivesse a terça maior, teria que ser considerado, na pior das hipóteses, como dominante. Portanto, um perigo como o exposto no exemplo 135*d* é facilmente esconjurado.

Também aqui, o aluno bem fará em não exceder-se através do imoderado. Estes meios resultam excelentes se utilizados com parcimônia,[7] mas seria desfavorável estimular o seu esbanjamento, pois também eles não podem ainda oferecer suficiente diversidade.

Dentre os outros acordes procedentes dos modos eclesiásticos, os diminutos são particularmente eficazes. Por exemplo, *mi-sol-si♭* (ou, melhor ainda, o acorde de sétima *mi-sol-si♭-ré*) como III grau de *Dó-Maior*, faz lembrar o II grau de *Ré-menor*. Por esse motivo pode muito bem ir seguido por *lá-dó♯-mi* (V grau de *Ré-menor*), que é VI grau de *Dó-Maior*. Um dos acordes menores pode produzir o mesmo efeito. Por exemplo, *sol-si♭-ré*, que lembra o IV grau de *Ré-menor*: pode seguir-lhe o V grau de *Ré-menor*, ou o VII, podendo em seguida desembocar no I, sendo este último grau, ao mesmo tempo, II grau de *Dó-Maior*. O aluno, entretanto, não deve compreender isto como se aqui realmente se apresentassem outras tonalidades. Com esta exposição, quis somente mostrar a aptidão desses acordes para introduzir dominantes secundárias (no presente caso, seria *lá-dó♯-mi*).

## I. Dominantes secundárias

---

7  Os exemplos aqui reunidos não devem entender-se como modelos, pois estão concebidos na intenção de mostrar o máximo possível no menor espaço. Não obstante, o aluno, com fundamento nas regras de conduta que lhe foram dadas, encontra-se já em posição de apreciá-los conforme sua própria crítica.

## II. Tríades aumentadas

## III. A tríade menor artificial [*Küntsliche Molldreiklang*] sobre o V grau

## IV. Tríades diminutas artificiais [*Künstlich verminderte Dreiklänge*]

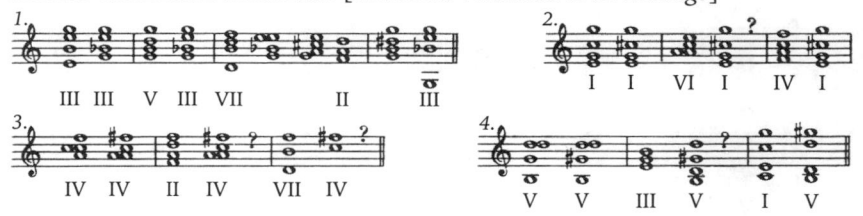

## V. Acordes de sétima com quinta diminuta artificial

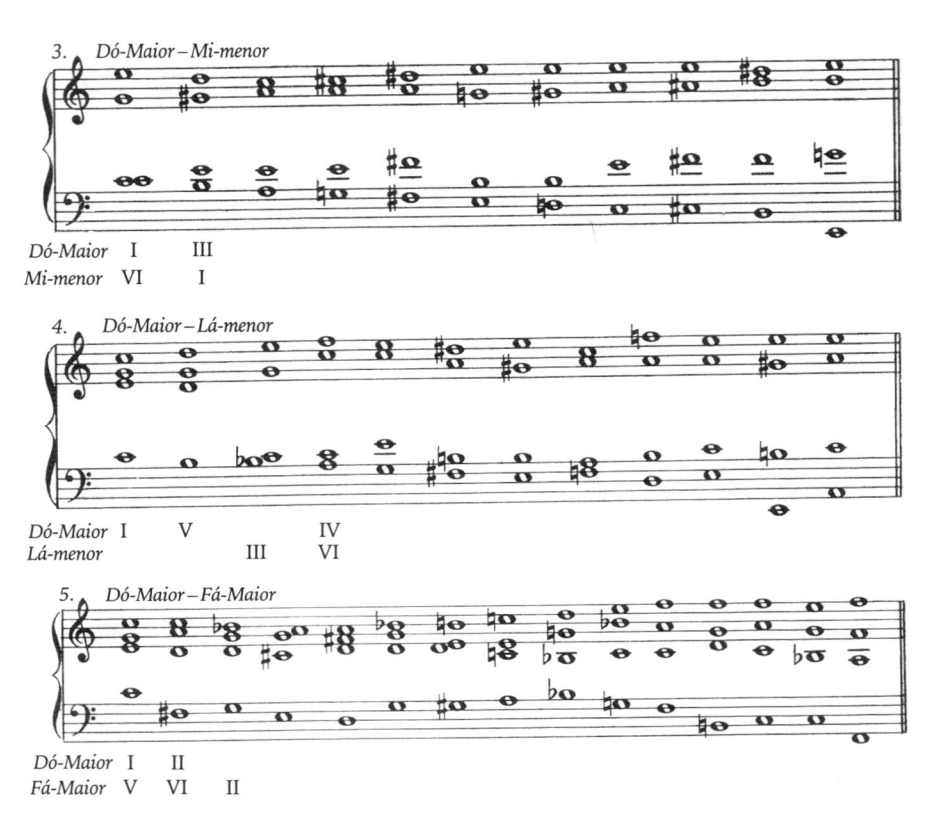

## A) Acordes de sétima de dominantes secundárias

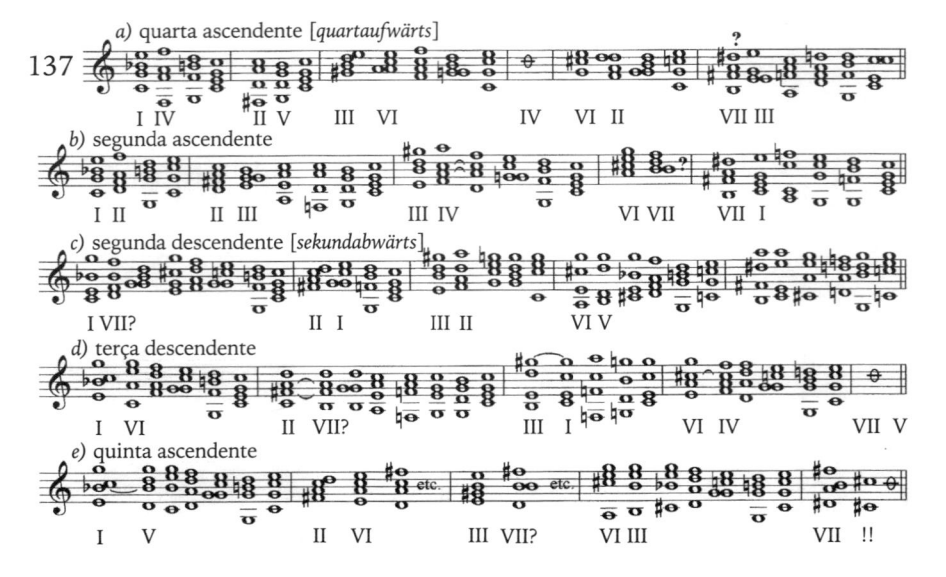

*f)* terça ascendente

I    III       II   IV        III  V        VI  I         VII  II

## B) Tríades aumentadas artificiais

*a)*

I  IV        I  VI              I  II         I  VII

*b)*

IV  VII                  IV  II              IV  V      IV  III

*c)*

V   I        V   III       V   VI       V   IV

## C) A tríade menor artificial sobre o V grau

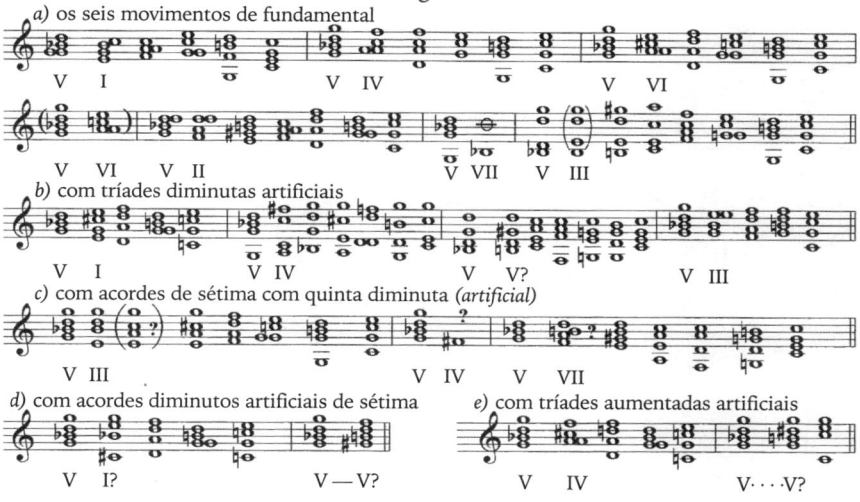

*a)* os seis movimentos de fundamental

V   I              V   IV              V   VI

V   VI    V   II          V   VII    V   III

*b)* com tríades diminutas artificiais

V   I        V   IV         V   V?              V   III

*c)* com acordes de sétima com quinta diminuta *(artificial)*

V   III               V   IV    V   VII

*d)* com acordes diminutos artificiais de sétima        *e)* com tríades aumentadas artificiais

V   I?              V — V?         V   IV              V⋯⋯V?

## D) Com tríades diminutas artificiais

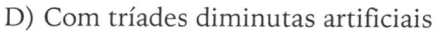

*1.*

III VI          III IV          III II          III  I    III VII  III V

*2.*

I  IV          I  II          I  VII          I  VI  I  V          I  III

*3.*

IV  VII    IV V              IV  III              IV  II   IV  I          IV  VI

*4.*

V  I          V  VI          V  IV          V  III    V  II          V  VII

E) Acordes de sétima com quinta diminuta artificial

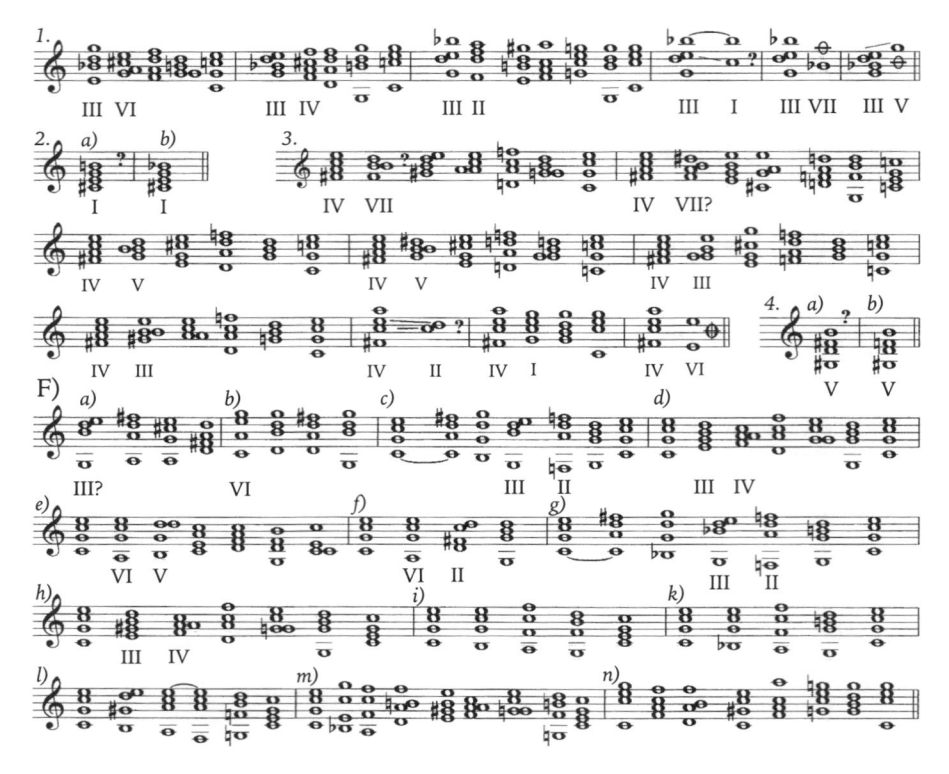

Para o emprego dos novos meios colocados à disposição, segue-se aqui uma síntese de instruções como complementação às diretrizes expostas na página 189.

## Diretrizes

1. *As dominantes secundárias,* contanto que o movimento de fundamentais o permita, podem estabelecer-se em todas as partes onde possam estar os graus próprios da escala. Certamente, terão um melhor sentido ali onde *o passo dado pela fundamental pareça estar cumprindo uma função de dominante.* Portanto, atuando conforme o modelo V-I, V-IV e V-VI. Pois seu *objetivo* é, antes de tudo, *apoiar, através da sensível artificial, essa tendência a um movimento com caráter de dominante.* Também o movimento de terça descendente das fundamentais é, com frequência, bastante útil, embora não acrescente nenhum enriquecimento significativo. Com o salto de quarta descendente das fundamentais enfileiram-se também

acordes que dificilmente poderão ter outra função do que a de estarem em trânsito (isto é, exercendo uma função melódica no sentido de uma mudança de posição, de uma permuta). O movimento de terça ascendente é quase totalmente inútil e não consente ser apresentado na maioria das vezes, pois conduz a acordes em parte ainda não explicados até agora; pela mesma razão, excluem-se também algumas sucessões antes mencionadas, conforme mostra o exemplo em que são tratados os acordes de sétima (ver o exemplo 137A).

2. *Os acordes de sétima das dominantes secundárias* podem estabelecer-se em todos os lugares onde dominantes secundárias sejam admissíveis e possibilitem acontecer o tratamento da dissonância. Em geral, são ainda melhores para atingir os objetivos almejados do que se estes objetivos fossem alcançados através de dominantes secundárias em forma de tríades, pois a sétima em geral estimula o caráter de dominante do movimento, visto dar-lhe uma direção.

3. *As tríades aumentadas artificiais* são empregadas segundo o modelo da tríade aumentada natural (III grau no modo menor). É verdade que esta pode preceder ou vir após todos os graus; entretanto, suas principais funções são: III-VI; III-I; III-IV e III-II, sendo esta última raramente utilizável por causa da complicada condução das vozes que origina. Naturalmente, os mesmos acordes que seguem as tríades aumentadas naturais podem seguir as artificiais, quais sejam: dominantes secundárias, tríades menores artificiais, tríades diminutas artificiais, acordes de sétima com a quinta diminuta artificial e acordes de sétima diminuta artificial. Todavia, o seu principal objetivo é, através da sensível artificial, dar uma direção a determinado encadeamento (ver o exemplo 137B).

4. *A tríade menor artificial* sobre o V grau será particularmente adequada a conduzir à região da subdominante (IV e II graus), conforme mostram os exemplos. É também útil à introdução de acordes ainda mais neutros: o VI grau não elevado e o III elevado, conforme mostram, dentre outros, o exemplo 137C-*a* para o caso V-II etc., e o exemplo 137C-*c* para o caso V-VII. Todavia, as formas mais usuais serão obtidas quando assim compreender-se este acorde: nas sucessões V-I e V-IV como se fosse o II grau da tonalidade da subdominante (*Fá-Maior*); e na sucessão V-VI, como se fosse o IV grau de uma tonalidade menor (*Ré-menor*) (ver o exemplo 137C-*a* e os casos correspondentes nos exemplos subsequentes).

5. *As tríades diminutas artificiais* poderão ser tratadas como o VII grau do modo maior, ou, o que é ainda melhor na maioria das vezes, como o II grau do modo menor (aqui empregadas quase exclusivamente como acorde de sexta; exemplo 137D). Porém, para quase todos objetivos, são preferíveis quando atuam pelo acréscimo de uma sétima.

6. *Os acordes de sétima com quinta diminuta* devem ser preferidos, porque, para o ouvido moderno, a sétima ainda causa, melhor do que a quinta diminuta, a determinação de uma direção. Encaixa-se [*einfügen*] na cadência, com mais facilidade, aquele acorde que está próximo à região da subdominante, sobre o III grau (exemplo 137E-1). As suas formas mais usuais são aquelas em que introduz o II grau (III-II, III-VI-II), onde este acorde é tratado à semelhança de um II grau do modo menor (*Ré-menor*). Ele é menos convincente para a introdução do IV grau, pois nessa circunstância será utilizado como um VII grau do modo maior (VII-I!!). De momento, os acordes com sétima menor sobre os graus I e V são para nós inaproveitáveis, ao passo que os outros dois (exemplo 137E-2-*b* e 137E-4-*b*) são acordes de sétima diminuta, sobre os quais falaremos a seguir mais detalhadamente. O acorde sobre o IV grau lembra um II ou VI do modo menor (*Mi-menor* ou *Lá-menor*), ou um VII do modo maior (*Sol--Maior*). Encaixar-se-á melhor na cadência quando tratado conforme o modelo de um VI grau do modo menor (*Lá-menor*), ao passo que, tratado conforme o modelo de um II grau do modo menor (*Mi-menor*), realça demasiadamente a região da dominante, e, agindo conforme o modelo de um VII grau do modo maior, resulta menos convincente pelas razões já mencionadas (VII-I!).

Das relações provenientes dos novos meios aqui fornecidos, procedem ainda duas observações sobre acordes que já vinham sendo anteriormente utilizados:

1. *Como dominante na cadência* (portanto, como penúltimo acorde) pretendemos utilizar somente uma tríade maior à maneira do V grau (logo, não aumentada), cuja terça maior *não* resulte de uma elevação cromática. Caso este acorde tenha que ser precedido pelo sétimo som rebaixado (por exemplo, *si♭*, em *Dó-Maior*), este, como característica da subdominante, deverá primeiramente resolver descendo, conforme o procedimento de um sexto som do modo menor. Por certo são encontrados na literatura musical tratamentos diferentes, mas não temos nenhum motivo para fazer uso deles aqui.

2. Pretendemos, por boas razões, nos impor daqui em diante algumas limitações quanto ao uso de certos acordes secundários de sétima próprios da escala. O aluno reconhecerá cada vez mais, no percurso de seu progresso, que todo acorde pode ter múltiplas funções atendendo às suas diversas tendências, e que, por conseguinte, nenhum acorde é inequívoco e definitivo, pois sua significação apenas poderá ser estabelecida através do contexto em que se encontra. Se limito, até certo ponto, o emprego dos acordes secundários de sétima, tal se deve à vontade de aproveitá-los apenas no sentido de suas principais inclinações. Para isso, poderíamos estabelecer o seguinte princípio: *Acordes que possuam a mesma constituição intervalar* (os sons consti-

tuintes podem ser completamente distintos de um acorde para outro) *pedirão a mesma continuação* (se o contexto não apresenta empecilhos a tanto). Assim, os acordes de sétima sobre os graus II, III e VI do modo maior possuem uma constituição perfeitamente igual. Sabendo-se que o acorde do II grau tem uma função determinada (II-V-I, II-I$^6_4$-V), o ouvido espera que os acordes dos graus III e VI, os quais possuem idêntica construção, apresentem a mesma continuação do II (exemplo 137F *a-b*); porém, já numa primeira olhadela é possível verificar que facilmente esta última continuação poderá não mais se referir à tonalidade. Isso não significa que é possível apenas esta continuação; como prova, eu mesmo dou alguns exemplos demonstrando que de maneira alguma o destino da tonalidade já está completamente determinado. Seja como for, o certo é que o emprego destes acordes é menos característico do que a forma clichê adotada para o II grau. Assim, vemos que no exemplo *c*) atuaria melhor, no lugar do III grau, a dominante secundária sobre o VI; em *d*), sobre o I ou o III grau; em *e*), a dominante secundária sobre o II grau; em *f*), porém, existe o perigo de uma modulação a *Sol-Maior*, a qual, no entanto, poderá ser dominada com facilidade. Portanto, uma vez que esses acordes são hesitantes nas suas sucessões mais características e indecisos em outras, recomendo – e isto corresponde ao que ocorre na literatura musical – usá-los com extrema parcimônia. O mais fácil é serem vistos como possuidores de certo valor (melódico), como fenômenos de passagem[8] (sétima de passagem). Em geral, porém, dependendo de como devam ser tratados segundo o contexto, o melhor será substituí-los pelos acordes artificiais sobre os mesmos graus, os quais acabamos de conhecer: acordes de sétima de dominante secundária, acordes diminutos artificiais etc. (comparar o exemplo *c* com *g*, e o exemplo *d* com *h*). Dos restantes acordes secundários de sétima, os dos graus I e IV possuem a mesma constituição. Também estes acordes podem, e é o procedimento mais cômodo, ser utilizados como acordes de passagem. Todavia, em quase todos os casos o acorde de sétima de dominante secundária do I grau produzirá, claramente, um resultado mais definido do que o acorde de sétima próprio da escala (compare o exemplo *i* com *k*). O acorde secundário de sétima sobre o VII grau recorda demasiado o do II grau do modo menor para que possa, de forma tranquila, ser empregado de maneira diferente deste (exemplos *m* e *n*). O aluno encontra-se agora em totais condições de empregar todos estes princípios sobre os acordes secundários de sétima no modo menor, limitando-se, consequentemente (também neste caso), a utilizar esses acordes segundo as suas características, substituindo de forma propícia o que não for característico.

---

8 *Durchgangserscheinungen.*

## Do acorde de sétima diminuta

A introdução sistemática, na tonalidade, de acordes estranhos à escala pode continuar, conforme o procedimento anterior, tentando-se transplantar também o acorde de sétima diminuta para onde ele não ocorre naturalmente. Para isso interessa, em primeiro lugar, apresentá-lo sobre os mesmos graus que façam lembrar um VII grau do modo menor, pelo fato de sua fundamental (como o sétimo som da escala menor) realizar um passo de segunda menor ascendente em direção ao próximo grau fundamental próprio da escala. São estes, no modo maior: o III (*mi* em *Dó-Maior*) e o VII (*si*); e, no modo menor: o II (*si* em *Lá-menor*), o V (*mi*) e o VII (*sol♯*). Teremos, assim (além daquele acorde sobre o VII grau do modo menor, já conhecido), dois acordes: *mi-sol-si♭-ré♭* e *si-ré-fá-lá♭*. Ademais, poder-se-ia também, a esse fim, convocar as alterações dos graus fundamentais os quais ocorrem nas dominantes secundárias e são ali, efetivamente, sétimos sons da escala, porquanto poderíamos construir, por exemplo, um acorde de sétima diminuta sobre *dó♯* (terça da dominante secundária sobre *lá*), resultando *dó♯-mi-sol-si♭*; outro acorde sobre *ré♯* (terça da dominante secundária sobre *si*): *ré♯-fá♯-lá-dó* etc. Todavia, a hipótese da elevação (ou rebaixamento) dos sons fundamentais, ou da substituição deles por outros igualmente elevados ou rebaixados, é arriscada, pois afasta-se excessivamente do modelo, qual seja: da tríade sobre o som fundamental, construída pelos harmônicos superiores; isto, que depõe contra a dedução de algumas tríades diminutas anteriormente demonstradas, esclarece, por outro lado, o motivo pelo qual estas não podem ser tidas como acordes completos, favorecendo assim a concepção de que lhes falta a fundamental. E esse modo de ver me parece, também aqui, mais conveniente e rico de consequências. Pois a função mais importante e mais simples do acorde de sétima diminuta não é a sua resolução através do salto de quarta ascendente das fundamentais (VII grau no III), e sim o comportamento à maneira de cadência interrompida: a fundamental ascende de um grau (VII grau no I). É nesta função que é encontrado com mais frequência. Mas uma teoria que tem reconhecido o movimento de quarta das fundamentais como o mais elementar e o mais natural não pode admitir aqui o passo de segunda ascendente como o mais natural. Logo, o que ela tem de melhor a fazer é também atribuir a solução destes acordes ao movimento de quarta ascendente da fundamental, entendendo-se que o acorde de sétima diminuta é um acorde de nona com a fundamental ausente. Ou seja: por exemplo, sobre o som *ré* (como fundamental) erige-se uma dominante (secundária) *ré-fá♯-lá-dó* com a nona menor acrescentada *mi♭*; ou constrói-se, sobre *sol*, o acorde *sol-si-ré-fá-lá♭*; ou, sobre *mi*, *mi-sol♯-si-ré-fá* etc.

A fundamental (*ré*), do acorde de nona assim criado, será omitida, restando um acorde de sétima diminuta: *fá♯-lá-dó-mi♭*. Indo agora este acorde (quase um VII grau) para *sol-si♭-ré* (quase um VIII grau), ou se ele, surgido de uma dominante secundária, for para *sol-si-ré*, então a fundamental subentendida *ré* realiza, de fato, o salto de quarta ascendente *ré-sol*. Isto coincide com a interpretação dada à cadência interrompida e é a consequência lógica do sistema de consideração harmônica[9] (segundo o qual os acordes originam-se de uma construção por terças), já que se passa de um acorde de sétima a um acorde de nona mediante o acréscimo de mais uma terça.

Pode-se obter, desta maneira, acordes de sétima diminuta estranhos à escala sobre todos os graus dos modos maior e menor. Excluem-se *por agora* somente aqueles graus os quais, através de um salto de quarta ascendente da (omitida) fundamental, não encontram um som próprio da escala. Por exemplo, sobre o IV grau no modo maior, *fá* em *Dó-Maior*, dever-se-ia ir a *si♭*, mas conduz-se a *si*. Ou o IV grau em *Lá-menor* (*ré*), ao qual deveria seguir *sol♯* como VII grau. Mais tarde, quando houvermos falado da sexta napolitana e tivermos nos aprofundado na utilização do acorde de sétima diminuta, empregaremos também tais sucessões.

O acorde de sétima diminuta pode ser usado sem qualquer preparação. No entanto, será bom apresentá-lo por movimento conjunto ou pelo caminhar cromático das partes, ainda que isto não seja necessário incondicionalmente. Pois ele tem as seguintes propriedades:

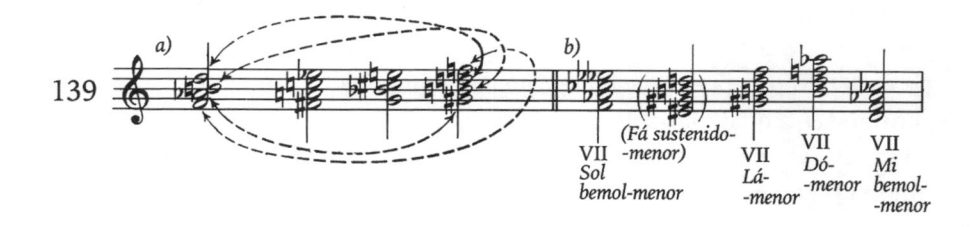

---

9 *Betrachtungssystem.*

Esse acorde compõe-se de três intervalos idênticos que dividem a oitava em quatro partes iguais, ou seja, em quatro terças menores. Se se acrescenta uma terça menor sobre a sua nota mais aguda, ou sob a mais grave, não se obtém com isso um novo som, mas sim o fato de que a nota acrescentada é a repetição de outra já existente no acorde uma oitava abaixo ou acima, respectivamente. Esta divisão poderá ser feita iniciando-se de qualquer som da escala cromática. Todavia, os três sons cromáticos consecutivos mais graves produzem já todos os sons possíveis para todos os acordes possíveis de sétima diminuta. Por exemplo: *fá-láb-dób-ré*; a seguir, *fá#-lá-dó-mib*; e finalmente *sol-sib-dó#-mi*. A próxima divisão, iniciando de *sol#* (*láb*), fornece os mesmos sons de quando se iniciou de *fá*, a saber: *láb-dób-ré-fá*; partindo de *lá*, teremos: *lá-dó-mib-fá#* etc. Por conseguinte, no que diz respeito ao som e aos elementos constitutivos, existem somente três acordes de sétima diminuta. Contudo, visto existirem doze tonalidades menores, cada acorde de sétima diminuta terá de participar como VII grau de, no mínimo, quatro tonalidades menores. O complexo sonoro *fá-láb-dób-ré* pode, então, significar (exemplo 139*b*): VII grau em *solb* (*Fá#*)*-menor*, se tomarmos como fundamental *fá* (*mi#*); VII grau em *Lá-menor*, se tomarmos como fundamental *sol#*(*láb*); VII grau em *Dó-menor*, se tomarmos como fundamental *si* (*dób*); e VII grau em *Mib-menor*, se tomarmos *ré* como fundamental; ou, se este complexo vier a ser compreendido como acorde de nona com a fundamental omitida, seria V grau nestas mesmas tonalidades (modificar-se--ia, obviamente, o modo de escrever, e *si* teria que ser notado como *dób*, *sol#* notado como *láb*). Portanto, cada um dos seus sons pode ser fundamental e, consequentemente, cada um também pode ser terça, quinta diminuta e sétima diminuta. Invertendo-se o acorde, não surgirá, como acontece com um acorde maior ou menor, uma imagem totalmente nova quanto à construção inicial, mas permanecerão sempre terças menores (segundas aumentadas). Logo, se esse acorde manifestar-se sem contexto, ou num contexto ambíguo, não será possível distinguir claramente a que tonalidade pertença. Seu *sol#* pode ser um *láb*; seu *si*, um *dób* etc.; e somente pela continuação se poderá concluir se um som era sensível e se era ascendente ou descendente. O fato de o ouvido não poder decidir-se previamente e de poder, então, adaptar-se com prazer a qualquer solução, possibilita, agora, o emprego de sequências não previstas na introdução. Um acorde de sétima diminuta que contenha um *sol#* pode, por exemplo, seguir uma tríade que contenha um *sol* sem que este *sol* tenha que ir a *sol#*. Pois o ouvido está disposto a compreender este *sol#* como *láb* e, apesar dessa interpretação, admitir que, no prosseguimento, o som em questão seja tratado como *sol#* e levado a resolver-se em *lá*. A lei da falsa relação [*Querstandsgesetz*] pode, dessa forma, para o acorde de sétima diminuta, ser revogada até certo ponto. Apesar disso, também aqui não se deverão realizar saltos sem que seja preciso, mas apresentar como melódico (isto é, aproximando-se de uma escala) o que assim o permitir.

O complexo sonoro *si-ré-fá-láb* pode ser acorde de nona com a fundamental omitida:

| | | | | | |
|---|---|---|---|---|---|
| em *Dó* | — *Maior* sobre os graus | | III | V | |
| " *Dó*♯ (*Ré*♭) | " " " " | I | | | VI |
| " *Ré* | " " " " | II | | | VII |
| " *Mi*♭ | " " " " | | III | V | |
| " *Mi* | " " " " | I | | | VI |
| " *Fá* | " " " " | II | | | VII |
| em *Fá*♯ (*Sol*♭) | *Maior* sobre os graus | | III | V | |
| " *Sol* | " " " " | I | | | VI |
| " *Lá*♭ | " " " " | II | | | VII |
| " *Lá* | " " " " | | III | V | |
| " *Si*♭ | " " " " | I | | | VI |
| " *Si* | " " " " | II | | | VII |
| em *Dó* | — *menor* sobre os graus | | | V | VII |
| *Dó*♯ (*Ré*♭) | " " " " | I | III | | |
| " *Ré* | " " " " | II | | | (VI) |
| " *Mi*♭ | " " " " | | | V | VII |
| " *Mi* | " " " " | I | III | | |
| " *Fá* | " " " " | II | | | (VI) |
| " *Fá*♯ (*Sol*♭) | " " " " | | | V | VII |
| " *Sol* | " " " " | I | III | | |
| " *Lá*♭ | " " " " | II | | | (VI) |
| " *Lá* | " " " " | | | V | VII |
| " *Si*♭ | " " " " | I | III | | |
| " *Si* | " " " " | II | | | (VI) |

Verificar-se-á, mais à frente, como esse acorde pode ser também VI grau nas tonalidades menores *Ré, Fá, Lá*♭ e *Si* (acima, entre parênteses) e, posteriormente, IV grau nas tonalidades maiores (e menores) *Ré, Fá, Lá*♭ e *Si*. Contudo, temos já 44 interpretações à nossa disposição. E veremos, mais à frente, que as relações deste acorde com as tonalidades são ainda muito mais ricas. Que em nenhuma delas ele se encontra verdadeiramente em casa, que é competente por si só. Senão que, por assim dizer, tem, em todos os lugares, direito de nacionalidade, sem ser, não obstante, morador de parte alguma: um cosmopolita, ou um vagabundo andarilho![10] Denomino semelhantes acordes *Acordes Errantes* [*vagierende Akkorde*], como já mencionei certa vez. Não pertencem exclusivamente a nenhuma tonalidade, senão que, sem alterar sua configuração (nem sequer é necessária a inversão, bastando uma relação imaginária com a fundamental), podem pertencer a muitas tonalidades, muitas vezes a quase todas.

Mais tarde, reconheceremos também que quase todos os acordes podem, até certo ponto, ser tratados como errantes. Todavia, existe uma diferença essencial entre os acordes errantes propriamente ditos e aqueles transformados em errantes através de meios artificiais. A saber, os primeiros já o são por sua própria natureza. A construção interna destes já deixa claro, antecipadamente, que são diferentes daqueles. Isso se pode observar no acorde de sétima diminuta (originado por superposição de terças menores), e, mais tarde, claramente, na tríade aumentada. Sua marca característica é a grande dessemelhança deles com as mais simples imitações da série dos harmônicos superiores: a falta da quinta justa. É singular: esses acordes não surgem diretamente pelo caminho da natureza, mas, mesmo assim, cumprem seu desejo. Propriamente, surgem tão apenas de um mais amplo desenvolvimento lógico do nosso sistema de sons. Portanto, através do *cruzamento consanguíneo* [*Inzucht*] entre as leis deste sistema. E a realidade de que justamente estes resultados lógicos provindos do sistema lhe dão o tiro de misericórdia, o fato de que as próprias funções do sistema são o que o destroem com inevitável barbaridade, tudo isso traz à lembrança a ideia de que a morte é um resultado da vida. Que as seivas que atendem ao viver servem também, ao mesmo tempo, ao morrer. E que os acordes errantes teriam, necessariamente, que conduzir à abolição [*Aufhebung*] da tonalidade, isto é algo que por certo se tornará claro mais adiante.

Não nos serviremos do acorde de sétima diminuta para a realização de modulações distantes; mas, e tão somente, para suavizar o caminho e promo-

---

10 Esse entusiasmo de Schoenberg por semelhante acorde, não manifesto por nenhum outro, usando termos como "cosmopolita", "não morador de parte alguma", "direito de nacionalidade em todos os lugares" etc., é uma plena manifestação e identificação de Schoenberg com a sua própria condição de judeu em qualquer época, e de judeu e de estrangeiro em época de guerras. Gustav Mahler, também judeu e com quem tanto Schoenberg se identificava (este Livro, o autor o dedicou a Mahler), manifestou-se em diversas oportunidades com o mesmo sentimento que ora Schoenberg expressa através da análise de um acorde. Em ambos, quanto a esse assunto, aparece o mesmo sentimento, misto de tristeza e heroísmo. (N. T.)

ver a lisura dos encadeamentos, os quais, do contrário, facilmente soariam duros. No entanto, ter-se-á que prestar atenção ao seguinte: o acorde de sétima diminuta, cujo efeito pode ser muito enérgico, também pode dar a uma frase algo de muito flácido, uma moleza carente de consistência. Pois sua decisiva eficácia como motor da modulação provém menos de sua força capaz de viragens do que, muito mais, do desenvolvimento incompleto de sua configuração, híbrida e indeterminada. Ele próprio é indeciso, tem muitas tendências e qualquer uma pode ganhar autoridade sobre ele. Nisso tem origem a sua eficácia: quem quer intermediar não pode ser, pessoalmente, demasiado nítido. Todavia, utilizado com parcimônia é também de um efeito notável.

Vamos, o mais rigorosamente, ater-nos ao seguinte: não empregaremos o acorde de sétima diminuta da maneira que comumente se faz, ao modo de uma panaceia universal de fabricação caseira, como uma espécie de aspirina que soluciona todos os males. Senão que, para nós, como acorde de nona com a fundamental omitida, outra coisa não é que a forma especial de um grau da escala. Somente onde este grau possa ser empregado, conforme as normas dadas para isso, assim como também em outras circunstâncias (sem alterações, em função de dominante secundária ou com outras modificações), somente lá estabeleceremos, se for adequado, um acorde de sétima diminuta. Permanece decisivo, agora como antes, o movimento de fundamentais. Considerando esse movimento antes de qualquer outro é que o aluno terá que projetar seu exercício; e a decisão sobre ser melhor realizar um passo dessa ou daquela forma, através de uma dominante secundária, um acorde de sétima diminuta ou de qualquer outra maneira, esta decisão pertence a uma segunda reflexão.

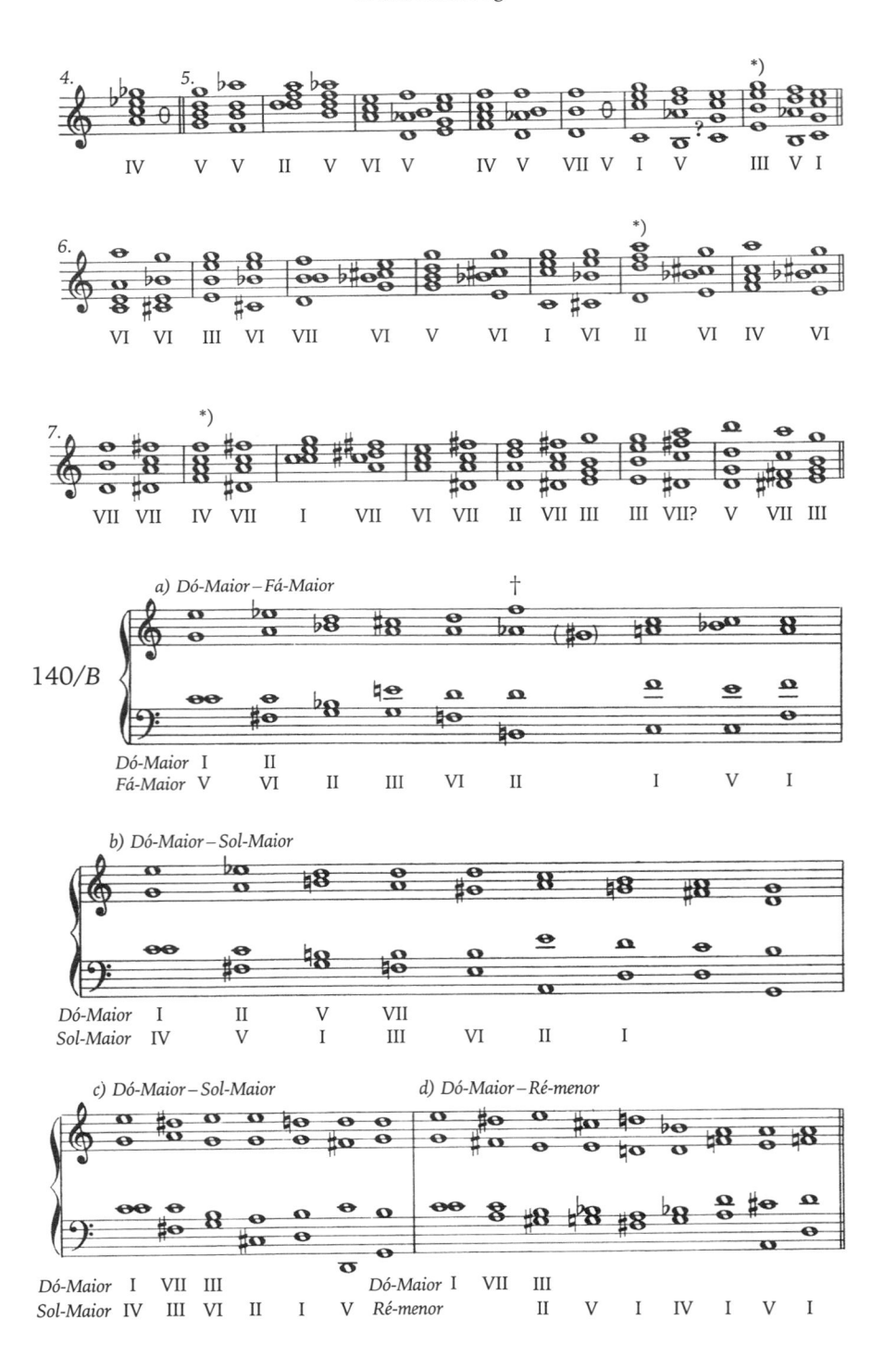

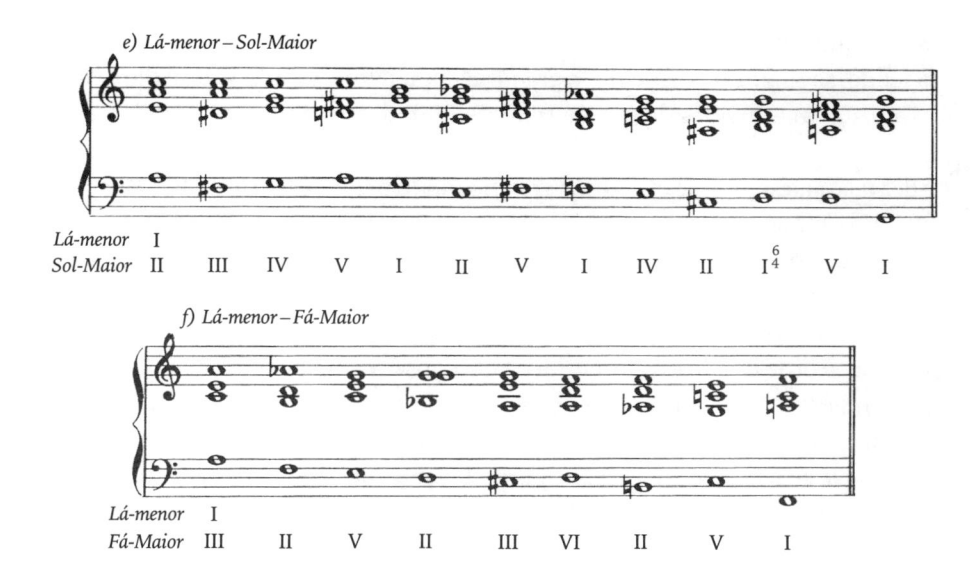

e) Lá-menor – Sol-Maior

| Lá-menor | I | | | | | | | | | | | |
|---|---|---|---|---|---|---|---|---|---|---|---|---|
| Sol-Maior | II | III | IV | V | I | II | V | I | IV | II | I$^6_4$ | V | I |

f) Lá-menor – Fá-Maior

| Lá-menor | I | | | | | | | | |
|---|---|---|---|---|---|---|---|---|---|
| Fá-Maior | III | II | V | II | III | VI | II | V | I |

No exemplo 140*A* são encadeados acordes de sétima diminuta em todos os graus da escala. A algumas coisas, falta um real valor; outras são supérfluas. Determinados saltos interválicos, aumentados e diminutos, surpreenderão o aluno [*assinalados com* \*)]. Aqui perderam a escrupulosidade, pois são, com frequência, quase que inevitáveis, e as possibilidades de enarmonização dos acordes de sétima diminuta os suavizam.

No exemplo 140*B* utiliza-se o acorde *fá♯-lá-dó-mì♭* (ou *ré♯*) de quatro maneiras diversas, e a cada vez lhe segue um acorde diferente. Em *a)* aparece como VI grau e encadeia-se com um II; em *b)* é um V grau que vai ao I; em *c)*, um III que vai ao VI; e, em *d)*, é um VII grau que vai ao III. Porém, em *a)*, assinalado com †, o acorde de sétima diminuta *si-ré-fá-lá♭*, estabelecido sobre o II grau de *Fá*, encadeia-se com o I grau de *Fá*. Evidentemente, este acorde de sétima diminuta é caracterizado aqui como II grau (sendo *sol* a fundamental subentendida) que introduz o acorde de quarta-e-sexta do I grau. Porém, o *lá♭* vai agora ao *lá*, um caminho que, segundo nossa interpretação até aqui, somente poderia ser cumprido por um *sol♯*, pois um *lá♭* teria que dirigir-se a *sol*. Todavia, escrevendo-se *sol♯* em vez de *lá♭* (desconsiderando a origem do acorde) e admitindo existir aqui o acorde de nona do VII grau de *Fá-Maior* (com a fundamental subentendida), então o encadeamento apresentar-se-ia como VII-I$^6_4$, o que é uma suposição improvável, pois o VII grau revela-se (conforme será demonstrado na página 348) inadequado para introduzir o acorde de quarta-e-sexta na cadência. E é também evidente que não se trata do VII grau, mas do II, e o problema explica-se do seguinte modo: omitindo-se aqui o acorde de quarta-e-sexta do I grau e fazendo-se seguir o acorde do V grau imediatamente após o acorde diminuto, não restariam dúvidas de que se trata do II grau, fato ainda mais evidente se, sob as mesmas condições, se tratasse da tonalidade homônima menor, *Fá-menor*. Ademais, sua significação como II grau no modo menor é também incontestável quando a ele segue-se o acorde de quarta-e-sexta do I grau. Apoiando-se nestes três casos análogos, tem-se que admitir que, também aqui, não serve de base nenhum outro movimento de fundamentais e o tratamento como *sol♯* de um som originado como *lá♭*, se explica pela ambiguidade espontânea de todos os sons do acorde de sétima diminuta e pela consequente possibilidade de serem confundidos enarmonicamente: o *lá♭*, surgido como nona do II grau, é, para o ouvido, igual a *sol♯* e comporta-se como se procedesse de um VII grau de *Fá--Maior*. Da sua origem [*Abstammung*] recebe-se a autorização para o movimento das fundamentais (II-I$^6_4$) e, por outro lado, é a ambiguidade do complexo sonoro real o que dá a permissão [*Erlaubnis*] para o movimento melódico.

O exemplo 141*a* mostra encadeamentos com os três passos mais comuns que a fundamental subentendida realiza: quarta ascendente, segunda ascendente e segunda descendente. De qual dos casos se trata poder-se-á deduzir do caminhar das vozes: no salto de quarta ascendente, todas as quatro vozes se movem (o acorde de resolução contém somente sons novos); na cadência interrompida, com movimento de segunda ascendente, um som permanece enquanto os outros se movem; no movimento de segunda descendente, dois sons permanecem comuns e apenas um som é novo. Portanto, não é muito difícil distinguir isto claramente. O aluno deve saber quais graus encadeia. A respeito do valor construtivo da sucessão dos graus demos já instruções, assim como juízos sobre a função e efeitos das sucessões. Abstraindo-se das relações entre os graus, restam somente casos individuais, e seria necessário observar particularmente cada caso. Independente de toda teoria, o aluno somente compreenderá qual valor tem a consciência dos graus quando, com vistas à variação harmônica, estiver em condições de dar-se conta da construção de um determinado complexo a ser trabalhado.

No exemplo 141*a* excluem-se aquelas resoluções que não conduzem a acordes próprios da escala. Por agora, ainda não são utilizáveis.

No exemplo 141*b* são apresentados encadeamentos e cadências interrompidas, provenientes de inversões ou nelas diretamente. Funcionam muito bem e mais tarde serão ainda mais livres. Apenas dois tipos de encadeamentos o aluno não deve realizar: aqueles marcados com ⊗ e †. A explicação virá depois. Em ∮ saltou-se ao acorde de quarta-e-sexta. Semelhante procedimento tem por base o efeito de clichê, tantas vezes mencionado, e será especialmente utilizável para o acorde cadencial de quarta-e-sexta do I grau.

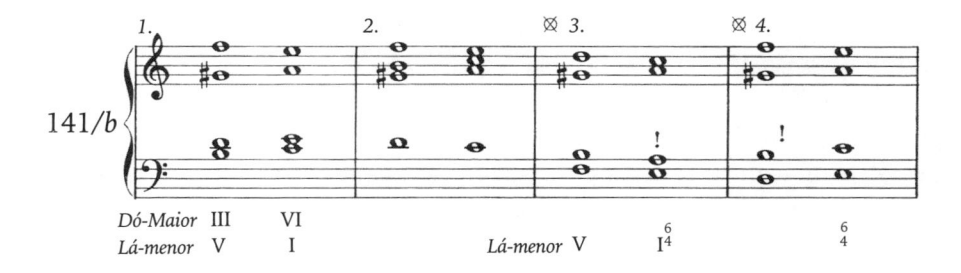

## Diretrizes
para o uso do acorde de sétima diminuta

I. O acorde de sétima diminuta somente deve se estabelecer onde, normalmente, possa ocorrer o grau do qual ele é acorde de nona com a fundamental subentendida, e, além disso, onde os seus sons estranhos à escala possam ter uma direção conforme sua tendência de sensível. Isto parece estar em contradição com a liberdade que, em outras ocasiões, é concedida ao aluno, mas não é o caso; apenas se quer chamar a atenção para o fato de que uma diferente sucessão de graus se apresenta, distinta da que o aluno imaginava, quando é impossível observar a direção à qual tende a sensível. Pois, de momento, permitimo-nos as trocas enarmônicas apenas no caso do encadeamento discutido por último: acorde de sétima diminuta sobre o II grau (acorde de nona) com o acorde de quarta-e-sexta do I grau no modo maior.

II. O emprego dos acordes de sétima da dominante ou de sétima de dominante secundária pode ser representado, em todas as suas funções, pelo acorde de sétima diminuta, desde que os acordes que venham depois já estejam para nós dentro da tonalidade (ver exemplo 141*a*). E é esta, provisoriamente, a sua função mais importante, na qual ele é de grande valor, visto que suaviza algumas asperezas, em especial quando existe o perigo das falsas relações e no caso da não observância dos sons obrigatórios. Deve ser mencionado, particularmente, o encadeamento do exemplo 140*A-3* (assinalado com \*\*), no qual esse acorde, à maneira de uma cadência interrompida, desemboca no VI ou no IV grau como continuação do acorde cadencial de quarta-e-sexta do I grau. Ademais, mencione-se a introdução desse mesmo acorde de quarta-e--sexta no exemplo 141*c*, onde exerce a função de II grau. Ambas as mudanças de direção (viragens) são muito usuais.

***

# Compasso e harmonia

Temos até agora realizado os exercícios sem levar em conta a divisão em compassos. No fundo, preferiria continuar os trabalhos assim, pois existem apenas algumas poucas instruções, mesmo nos antigos tratados de harmonia, que se referem à rítmica; e as que existem, dificilmente se enquadram mesmo na música de Johann Sebastian Bach, pelo menos em grande parte dela. Mas, em casos como na música de Beethoven, ou totalmente na de Schumann ou Brahms, vai-se, praticamente, contra tudo o que tais leis exigem. Evidentemente, não pode ser tarefa de um tratado de harmonia atual estabelecer novas leis. No máximo poderia tentar ordenar, segundo características comuns, as incontáveis maneiras através das quais a harmonia e o ritmo se entrelaçam. Duvido que seja possível resultar daí um princípio uniforme. Acredito que isto seria tão difícil quanto se alguém desejasse encontrar uma chave para todas as possibilidades de relações entre a luz e a sombra de um determinado objeto,[1]

---

1 Em razão da quantidade de analogias que Schoenberg realiza com base na arte da pintura, interessa saber que ele, além de músico profissional, era um pintor amador de grandes conhecimentos e profundos estudos nessa área, tendo realizado excelentes quadros e cultivado a amizade das maiores expressões da época, principalmente Vassily Kandinsky, tendo ambos trocado missivas (aconselha-se conhecê-las, há livros a respeito) de conteúdo importantíssimo sobre o fazer artístico. Aproveita-se para esclarecer (visto que muito do presente Livro envolve analogias relacionadas a estes assuntos) que Schoenberg tinha também grande interesse pela arte da Arquitetura e do Urbanismo em todos os seus aspectos, tendo chegado a apresentar às autoridades um grande e detalhado estudo para a melhoria do sistema viário da cidade de Viena. (N. T.)

para todos os períodos do dia e estações do ano, levando em consideração todas as formas imagináveis das nuvens etc. Tão difícil quanto supérfluo! Em sua maioria, as leis rítmicas da antiga doutrina são restritivas, nunca animadoras; jamais mostram como as combinações devam se realizar, mas apenas como não se devem. E tais limitações possuem, quase exclusivamente, o objetivo de evitar ou esconder certas asperezas da harmonia (as quais, para nós, já não são mais asperezas). Às vezes, o contrário: estabelecer uma aspereza de forma a produzir uma acentuação. Por certo tenho sido algo pedante em conservar antigas leis que tenham exercido uma mínima influência em nossa música atual. Pois tais leis, ou dissiparam o que possuíam de essencial ou voltaram-se em sentido contrário. Então, fora com elas!

Provavelmente, os tratados de harmonia tomam a divisão em compassos como auxílio que possibilite a apresentação de certas tarefas, nas quais um esqueleto harmônico deverá ser vestido com notas de passagem, com adornos [*Wechselnoten*] e outros enfeites. Esse método faz lembrar o procedimento da arquitetura dos mestres-pedreiros, a qual, imitando sem um sentido preciso (pois lhe são estranhas as razões técnicas e a fantasia dos mestres-arquitetos cujos modelos macaqueia), salpica, com estuque barato, todas as superfícies lisas e retas por não poder suportar lisuras e retilineidades; não recomendarei, evidentemente, esse método ao aluno. Quando, no ensino da harmonia, vier a falar de sons estranhos à harmonia, ornamentos etc., o farei num sentido completamente diverso. A ideia de que é possível obter, dessa maneira, o movimento das vozes é ridícula para aquele habituado a pensar em vozes independentes; portanto, eu não poderia decidir-me por esses exercícios, mesmo que trouxessem vantagens. Caso alguém objete que compor também não é primeiramente projetar fundamentais e em seguida dispor harmonias sobre elas, essa objeção torna-se sem efeito em face da indubitável modéstia dos nossos exercícios, os quais não pretendem, de modo algum, ser comparados com o trabalho de composição. A semelhança deles com a composição reside, tão somente, no fato de que, aqui como lá, os acordes são enfileirados uns atrás dos outros. E tanto estas sucessões quanto a ornamentação das vozes enquanto se movimentam, diferenciam-se da atividade criadora como pode diferenciar-se o que foi calculado do que foi inventado; não obstante, os nossos exercícios encontram-se moralmente mais elevados. Pois, voltando à nossa analogia, esses exercícios possuem um valor semelhante aos esboços que um arquiteto exercitar-se-ia em projetar, preparando-se, assim, de uma maneira adequada, para sua tarefa principal; entretanto, realizando o exercício daquele outro modo, o aluno se assemelharia a um arquiteto que fixa ornamentos em todas as partes de um espaço vazio, onde encontre qualquer possibilidade para isso e conforme apenas lhe dê na telha, sem perguntar-se pelo sentido e motivo deles. O conhecimento de que a única causa, o único motor do movimento autônomo das vozes, somente pode ser a força instintiva do motivo, e não o prazer barato do ornamento barato da decoração barata, obriga-me a desaprovar uma tarefa cuja solução sirva, no máximo, a obter aquela arte ilusória, de gosto inferior [*kitschige*], que deve ser abominada por todo aquele que ambiciona a veracidade [*Wahrhaftigkeit*],[2] ou seja: a arte daqueles que tão rapidamente descobrem "como isto é feito", mas nunca "o que isto é". Contudo, independentemente disso, tal matéria não pertence ao ensino da harmonia, mas ao do contraponto (se é que pertence à arte e seu ensino). Mas, sintomaticamente, também lá não é ensinada. Parece que aquele que ensina contraponto não pode ser tão pouco sério como aquele que meramente escreve um tratado de harmonia; e já o ocupar-se com esta matéria [o ensino do Contraponto], um assunto muito mais sério, traz consigo a ideia de que a possibilidade de obter-se, daquela maneira, uma aparência de movimento das vozes, ou qualquer aparência, é algo que é reprimido de antemão. Por causa disso, e talvez porque pretendam ajudar o aluno a passar no *exame escolar, todos* os tratados de harmonia obram dessa forma. Mas quanto aos livros de contraponto, mesmo não sendo todos sérios, muito poucos são os que agem da maneira antes exposta. Porém, alguns autores – não quero nomeá-los, para que assim caiam mais rápido no esquecimento –, intranquilos com o sucesso de seus colegas pedagogos dos primeiros níveis educacionais, não conseguem compreender por que o contraponto não pode ser ensinado tão mal quanto a harmonia. E, então, esses autores ensinam (chega-se a tanto quando se esvanece todo o sentido da substância original) como representar uma aparência de vida sobre uma aparência de harmonia com aparência de vozes.[3]

---

2 Schoenberg estabelece um limite preciso entre os domínios semânticos de *Wahrhaftigkeit* [= *Veracidade*] e *Wahrheit* [= *Verdade*]. A *veracidade*, ele a compreende como uma *sinceridade* absoluta e primordial: *"a verdade para consigo mesmo"*, anterior a tudo, inclusive ao próprio sentido da beleza (pois esta, segundo ele, é coisa que os outros, e não o autor, esperam ver na obra), e que é o primeiro e quiçá o único compromisso do compositor. (N. T.)

3 Em qual extensão o ser humano chega a perder a consciência do significado original, pode-se certificar nos dois exemplos seguintes, escolhidos ao acaso. Primeiro: uma estrada é a ligação por terra entre dois vilarejos. Todavia, desde que os caminhos na cidade façam-se mais extensos e largos, correspondendo ao volume do trânsito, gradativamente desaparece a designação *viela* [*Gasse*] e logo não mais será encontrada em nossos dicionários. Segundo:

Da investigação precedente não resulta nenhum motivo que pudesse levar-me a examinar de forma mais minuciosa a relação entre compasso e harmonia. Acresça-se a isto que a música, quanto à sua parte rítmica, encontra-se no mesmo caminho que na sua parte harmônica. Não se tem, nos últimos 150 anos, satisfeito apenas em deixar sua sabedoria basear-se na cautela, mas preferido alargar o seu saber através de ousados descobrimentos. Por conseguinte, a distância entre o entendimento [*Einsicht*] harmônico e o rítmico tem-se modificado completamente em relação ao que existia antes, tornando-se extraordinariamente grande: se a teoria da harmonia (que se encontrava num estágio muito mais avançado do que a rítmica), não pôde seguir a rapidez da evolução, então a rítmica permaneceu, evidentemente, muitíssimo mais atrás.

As reflexões seguintes servem para elucidar quais podem ser as tarefas e as perspectivas da investigação teórica no território da rítmica.

A divisão em compassos corresponde a algo natural, que a seguir desenvolveu-se artificialmente. É o mais natural enquanto toma por modelo o ritmo da fala ou outros ruídos naturais. Torna-se artificial (e assim rapidamente

---

critica-se, nas cidades recentes, que as suas ruas ou vielas sejam retilíneas e perpendiculares entre si: dizem que isto não é belo. Mas as vielas não têm por fim serem belas, senão constituírem intervalos que se sucedam entre filas de casas e, com esse propósito, estabelecerem uma comunicação de cada casa com cada casa, possibilitando a entrada em cada uma delas. Onde seja possível – em terreno plano –, são construídas vielas retilíneas, visto que a linha reta é o trajeto mais curto entre dois pontos na nossa geometria terrestre. Poupa-se, assim, tempo, dinheiro e trabalho. Onde não seja possível – em terrenos ondulados, com colinas, e se a comunidade não consegue o dinheiro para o aplainamento –, as vielas seguem mais as antigas trilhas do que as estradas e atingem o cume (conforme é necessário aos pulmões humanos e dos cavalos) realizando, gradualmente, espirais em torno de cada elevação mais abrupta a ser vencida. Consegue-se, deste modo, a beleza dos traçados urbanos nas antigas cidades. Estou tão distante de contestar essa beleza quanto, por outro lado, a das cidades novas. Ambas são belas sob o mesmo enfoque. Aqueles que as planejaram cumpriram plenamente sua obrigação, uma vez que não consideraram nada além das necessidades práticas. Como recompensa, Deus presenteia o contemplador dando-lhe a capacidade de esquecer o apenas engenhoso e encontrar o belo no prático. Entretanto, em que pese todo o prazer dessa beleza, até onde se pode ir com este "esquecer"? Aconteceu-me ter que ir, frequentemente e com muita pressa, a uma casa situada no centro de um bairro novo de uma grande cidade alemã, e minha paciência viu-se submetida a uma dura prova: tal casa somente era acessível dando-se grandes rodeios. As vielas (naturalmente denominadas "ruas") estavam delineadas como as trilhas num parque da época de Luís XIV. É decerto notável a cultura que, através de muita leitura, eleva a segunda geração com o dinheiro da primeira; mas cuido que esta primeira, a qual leu menos, tenha se lamentado frequentemente, quando, em razão dos muitos rodeios, chegava com alguns minutos de atraso à bolsa de valores.

inatural) quando as leis do sistema, realizando cruzamentos consanguíneos,[4] externa novas leis, separando-as de si próprio; ou seja: quando começa a matemática pura. Evidentemente, surge, através disso, também o artístico. Porém, tão logo o sistema se atreva a ser um critério também para o artístico, que novamente se origina do ritmo da natureza, então tem-se o direito de apagar a débil centelha que indica a vida deste ser ilusório. E é débil, com efeito, essa faísca. Pois quando se pergunta por que usamos o tempo para medir a música, somente se poderá responder o seguinte: porque não teríamos como apresentá-la de outra maneira. Nós a medimos para torná-la mais semelhante a nós, para limitá-la. Somente podemos reproduzir o limitado. Contudo, a fantasia pode fazer-se ideia do ilimitado, ou ao menos do aparentemente ilimitado. Portanto, reproduzimos sempre na arte um ilimitado através de um limitado. Acresça-se que é de extrema insuficiência o método musical de aferição do tempo, o qual trabalha, por assim dizer, medindo a olho. Isto é uma falha, na verdade, que quase seria capaz de corrigir a primeira. A oscilação de nossa unidade de medida, a qual é aferida conforme a sensibilidade, aproxima-se, ainda que grosseiramente, dessa liberdade do incomensurável. Por estar, talvez, baseada na sensibilidade. E, da mesma maneira, estabelecemos correções através de acentuações, acelerações, retardamentos, adiamentos etc. Não obstante, acreditamos com demasiada firmeza na linha inflexível da medida escolhida arbitrariamente para que possamos fazer justiça à irregularidade do ritmo livre, natural, ou à sua provável, e muito mais complexa, regularidade, a qual certamente é composta segundo leis matemáticas superiores. É compreensível que a combinação rítmica se apodere das relações numéricas mais elementares do nosso sistema de medida; é provável que, desse modo, até chegue mais próxima do ritmo livre. Contudo, não deve considerar seus precários fundamentos como suficientes e assim proclamar que toda música deva basear-se neles. A subdivisão temporal da música permaneceria primitiva em relação aos seus modelos, ainda que se fundamentasse em pressupostos aritméticos mais complexos. Ainda mais quando, como até há pouco, eram-lhe suficientes combinações com múltiplos de 2 e de 3. Pois não faz muito tempo que se apresentaram os de 5 e de 7, e os de 11 e de 13 ainda não existem. Porém – e nunca será demais salientá-lo –, mesmo que a

---

4 O emprego que Schoenberg faz de *Inzucht* (= cruzamento consanguíneo) é, sempre, sob esta significação: *"resultados degenerados em consequência da consanguinidade"* e, daí, a decadência do sistema. Para a compreensão do texto torna-se essencial buscar o entendimento dessa ideia. (N. T.)

utilização de compassos inabituais seja adequada a produzir uma auréola de originalidade, esse procedimento é insuficiente para, sozinho, conquistar algo deveras novo. Uma colcheia de mais ou de menos não capacita à reutilização uma solução desgastada; ao contrário, pode existir originalidade rítmica num vulgar compasso 4/4.

Esperamos não permanecer estacionados nos números 2, 3, 5 e 7, sobretudo porque os últimos vinte anos têm demonstrado que o senso de medida rapidamente se adapta, que quase todo músico aprende logo as mais complexas subdivisões e que isso parece hoje natural aos ouvintes e intérpretes. O espírito produtivo busca novas soluções também nos domínios do ritmo, esforçando-se por representar o que a natureza, a sua natureza, lhe fornece como modelo. Eis por que as nossas divisões em compassos e suas primitivas imitações da natureza, seu primário método de contar, não são mais suficientes às nossas necessidades rítmicas. Nossa fantasia salta por cima e para longe das barras de compasso: através de deslocamentos dos acentos, do enfileiramento de diferentes compassos e procedimentos semelhantes. E, ainda assim, o autor não pode dar uma imagem realizável dos ritmos que tem em mente. O porvir, também aqui, trará outras formas. É verdade que o antigo sistema permanece constringindo-nos, mas hoje não mais simplifica a exposição, senão a faz mais complicada, algo de que qualquer um pode convencer-se ao observar a notação rítmica de uma composição moderna.

Torna-se claro não haver muito a ser dito sobre leis relativas à rítmica; que basta ocupar-nos com duas prescrições que ainda eram mais ou menos vivas em meados do século XIX, prestando-se, assim, a melhorar a eficácia formal em nossos exercícios. Uma dessas leis refere-se à nota pedal [*Orgelpunkt*], sobre a qual falaremos somente no próximo capítulo. A outra diz respeito ao acorde de quarta-e-sexta, o qual se manifesta *na cadência* como um estorvo antes do acorde de sétima de dominante. Tal acorde de quarta-e-sexta deve situar-se somente na parte boa (acentuada) do compasso.[5]

---

5 Em toda classe de compasso, a primeira parte é acentuada (boa, forte, pesada [*gut, stark, schwer*]); a segunda parte dos compassos binários, e a segunda e terceira dos ternários, é sem acento (má, fraca, leve [*schlecht, schwach, leicht*]). Nos compassos compostos (4/4, 8/4, 6/4, 6/8 etc.) [Note-se que o autor estabelece o compasso $\frac{4}{4}$ entre os compostos. (N. T.)] e nas subdivisões dos valores maiores, as relações de acentuações organizam-se, da mesma maneira, conforme cada unidade seja composta por duas ou por três partes da subdivisão, ou seja, se se divide por dois ou por três.

O acorde de sétima da dominante virá, então, sobre a segunda parte, e o acorde conclusivo sobre a primeira. No entanto, este acorde de conclusão aparece, muitas vezes, sobre uma parte leve do compasso.

Em casos similares e em outros de modificação rítmica e alteração da acentuação, nos quais o compasso comumente nada mais é do que um método de fazer contas, ocorre às vezes de o acorde de quarta-e-sexta estabelecer-se também sobre a parte leve do compasso. Seja como for, isto não é nenhuma lei de validade geral. Porém, nos casos (poucos) em que o acorde de quarta--e-sexta é empregado na música moderna, a observação anterior aproxima-se de uma lei quase geral. Trata-se, conforme dito, *do acorde de quarta-e-sexta na cadência*. O outro acorde de quarta-e-sexta, que ocorre na passagem, é naturalmente livre, e "pode estar não apenas sobre a *parte forte* [apoio] como também sobre a *parte fraca* [*levare*] do compasso".[6]

Recomenda-se ao aluno, não obstante, para evitar confusões das quais não poderá tirar de momento nenhum proveito artístico, abster-se de utilizar o acorde de quarta-e-sexta de passagem sobre uma parte forte. De resto, posso renunciar a fornecer outras leis rítmicas, e o aluno pode agora realizar seus

---

6  *"kann sowohl auf* **Eins** *wie auf* **Zwei** *stehen"*. (Literalmente: "pode estar tanto sobre o *Um* quanto sobre o *Dois*".) Neste caso, o *Eins* (= um) e o *Zwei* (= dois), substantivados, significam, respectivamente, o *apoio* (parte forte) e o *levare* (parte fraca) do compasso, mesmo que se trate de um compasso de mais de dois tempos. (N. T.)

exercícios com divisões em compassos. O melhor, uma vez que para nós não se trata de conseguir efeitos rítmicos, mas tão somente harmônicos, será que ele estabeleça para cada harmonia uma mínima e apresentar duas dessas mínimas em um compasso 4/4.

# Continuação das modulações

A modulação ao segundo círculo de quintas é mais complexa do que as modulações aos círculos terceiro e quarto, pois baseia-se numa afinidade mais longínqua do que estas. Por isso, trataremos primeiramente destas e deixaremos aquela de lado por enquanto.

Partindo-se de *Dó-Maior* e *Lá-menor*, as tonalidades são: do terceiro círculo ascendente de quintas, *Lá-Maior* e *Fá♯-menor*; do quarto círculo ascendente, *Mi-Maior* e *Dó♯-menor*; do terceiro descendente, *Mi♭-Maior* e *Dó-menor*; do quarto descendente, *Lá♭-Maior* e *Fá-menor*.[1]

## Ao terceiro e ao quarto círculos ascendentes de quintas

As modulações mais simples ao terceiro e quarto círculo ascendente de quintas baseiam-se no aproveitamento da *afinidade das tonalidades homônimas* (*Lá-menor* e *Lá-Maior*, *Mi-menor* e *Mi-Maior* etc.).[2] Esta afinidade baseia-se na

---

1 Por "ascendente", entenda-se: no sentido em que aumente o número de sustenidos ou diminua o de bemóis. Por "descendente", entenda-se: no sentido em que diminuam os sustenidos ou aumentem os bemóis. Naturalmente, algumas vezes tem-se que imaginar *Sol♭-Maior* como *Fá♯-Maior*, *Dó♭-Maior* como *Si-Maior*, *Ré♭-Maior* como *Dó♯-Maior*. E resulta, desse modo, que, por exemplo, *Ré♭-Maior* dista de *Lá-Maior*, baseando-se no círculo de quintas, quatro passos ascendentes ou oito descendentes.

2 Este método, especialmente quando se deve alcançar uma tonalidade maior, é com tal frequência encontrado na literatura clássica que deve ser considerado o mais importante. Ele

igualdade das fundamentais e dos idênticos acordes de dominante, sendo esta última a que permite, sob determinadas condições, a reinterpretação. Ou seja: *mi-sol♯-si*, por exemplo, é dominante de *Lá-menor* e de *Lá-Maior*. Afixando-se, sozinho, este acorde, tão bem poderia seguir-lhe o modo menor quanto o maior; e caso ele provenha do modo menor (V grau de *Lá-menor*), então a tarefa será fazer com que se anulem as condições do modo menor, de forma a liquidá--las e, assim, apresentar o acorde de maneira que ele possa volver-se, com

---

serve, no mais das vezes, para conduzir, através de desvios, à tonalidade final, o que é o caso, por exemplo, nas passagens que servem de transição e na denominada "reexposição" [*Rückführung*]. A vantagem deste método é a seguinte: ao visitar a tonalidade menor homônima, o ouvido é preparado para a introdução da tônica da tonalidade maior, a qual finalmente triunfará; e, não obstante, assegura-se à tonalidade maior, quando ela aparece, aquela possibilidade de surpresa que a troca de modo oferece. O ouvido é preparado, mas surpreende-se perante o que, mesmo aguardado, lhe soa como novidade: assim o exigem a capacidade de compreensão e o gosto dos ouvintes, e nenhum artista pode eximir-se totalmente desse fato. Entretanto, encontra-se aqui, proposital, um pouco de "enganar-se": deseja-se que apenas ocorra o que se espera, aquilo que possa ser predito, adivinhado; mas anseia-se, não obstante, por ser surpreendido. Será a satisfação por um prognóstico bem feito, tornado ainda maior pela justificada dúvida de um orgulho não muito seguro, o que faz com que o aparecimento do esperado torne-se surpresa? Seja como for, deve-se atentar para o fato de que o ouvinte espera a realização de ambas as exigências também na música nova. Ele deseja novas obras de arte, mas apenas aquelas que ele espera; e aguarda, no fundo, somente novos arranjos de velhos ingredientes. Logo, nada totalmente novo; e tampouco que os ingredientes possam ser demasiado velhos. "Moderno, mas não hipermoderno". Os artistas que conseguem praticar esse *hokuspokus* satisfarão o público por algum tempo, distraindo os ouvintes do dilema de seu contraditório desejo. Porém, após pouco tempo o público se satura, demonstrando assim (se bem que sempre de forma indireta) certo instinto para o bom, ainda que dele se sirva, quase exclusivamente, contra o bom.
[Assim como anteriormente comentamos o termo *Durchführung* ( = Travessia) – essência da forma clássica da Sonata – e alertamos para a impropriedade de sua tradução entre nós ("desenvolvimento"), algo da mesma natureza acontece agora com o termo *Rückführung*, o qual a nossa linguagem escolástica traduziu (como sempre via o francês) por "reexposição". Este termo deriva de *Zurückführung*, e significa, literalmente: *"a condução de algo novamente ao ponto de partida"*. Portanto, uma correta tradução deveria ser algo como *Recondução*, visto que assim estaria – e é o que importa – de acordo com o imaginário ancestral germânico, donde o termo original deriva, a saber, do *"explorador solitário que realiza uma Travessia por um mundo insólito [Durchführung] e retorna (é reconduzido) à sua origem [Rückführung] agora com a experiência adquirida"* (eis a vida da forma Sonata!). Em seu esplendor (Schubert, Beethoven, Brahms etc.), a Sonata torna-se, naquilo que possui de sopro anímico, *inapreensível* sem essa noção fundamental. De forma ainda mais pura (seja dito para arremate do assunto), há uma especial maneira nórdica (fonte etimológica de todos esses termos, além de berço das ações [e imaginários] *Vikings*, povos esses responsáveis pelos atavismos que desaguaram nos conceitos em questão) de exteriorizar em música as ideias *Durchführung/Rückführung*, a qual pode ser especialmente vislumbrada nas obras sinfônicas do finlandês Jan Sibelius, sendo um excelente exemplo a sua segunda sinfonia. (N. T.).]

liberdade de residência, para o modo menor ou para o maior. A possibilidade de dirigir-se ao modo maior vem a ser apoiada, ademais, pela tendência que toda tríade possui – especialmente as do gênero da dominante – em resolver-se numa tríade maior através do salto de quarta ascendente da fundamental, o que parece, conforme dito antes, ser algo como se esse acorde não se importasse com as limitações da tonalidade e se recordasse de sua eufonia natural.

Este caminho para a transubstanciação [*Umwandlung*] de uma tonalidade menor (*Lá-menor*) em sua homônima maior (*Lá-Maior*) pode, como facilmente se verifica, tornar-se aproveitável também para a modulação *partindo da tonalidade paralela* desse modo menor (*Dó-Maior*) e, além disso, *para se dirigir à tonalidade paralela* do modo maior (*Fá♯-menor*). Pois – e já se discutiu repetidamente a afinidade entre as tonalidades paralelas – *Dó-Maior* pode ser considerado como a região dos sons não alterados de *Lá-menor*, e, tratando os sons quinto e quarto, em falsa relação [*querstehenden*],[3] à maneira dos sons de resolução obrigatória (como se fossem os sons sétimo e sexto, respectivamente), pode-se alcançar, numa pequena caminhada, a característica de *Lá-menor*, ou seja: os sons sexto e sétimo elevados. E, da mesma forma, um *Lá-Maior*, obtido por esta viragem ao modo maior, é transformável, por idêntico processo, em um *Fá♯-menor*. Naturalmente, uma modulação realizada por tal método – de *Dó-Maior* indo para *Lá-Maior* ou para *Fá♯-menor*, ou de *Lá-menor* indo para *Fá-menor* –, pode também ser qualificada assim: de *Dó-Maior*, através de *Lá-menor*, para *Lá-Maior* (ou: de *Dó-Maior*, através de *Lá-menor* e *Lá-Maior*, para *Fá♯-menor*); e de *Lá-menor*, através de *Lá-Maior*, para *Fá♯-menor*.[4] Porém, de modo algum é necessária aqui a suposição de tonalidades intermediárias, e recomendo, como há pouco esclareci, interpretar o *Dó-Maior* e *Lá-Maior* que precedem, respectivamente, a *Lá-menor* e *Fá♯-menor*, como um *Lá-menor* e um *Fá♯-menor* não caracterizados, dirigindo a atenção para a neutralização dos sons de resolução obrigatória e realizando a passagem da região dos sons sem elevar à dos sons elevados, sempre conforme o esquema *Dó-Maior* a *Lá-menor*, como temos feito até agora.

No mesmo princípio baseia-se a modulação ao quarto círculo ascendente de quintas: de *Dó-Maior* e *Lá-menor* a, respectivamente, *Mi-Maior* e *Dó♯-menor*. Ou seja: sobre a transformação [*Verwandlung*] de *Mi-menor* em *Mi-Maior*. Aqui

---

3 A tradução literal seria *"que se encontram atravessados"*. Mantivemos "em falsa relação" por ser a expressão usual em nossas escolas. (N. T.)

4 Quanto às modulações, esta forma de redação – *"de ..., através de* (ou *sobre*) ..., *para* ..." – efetivamente expõe melhor (além de literalmente) o que o texto original entende como roteiro de viagem. (N. T.)

se justifica mais a hipótese de uma tonalidade intermediária: *Mi-menor*, pelo que o conjunto apresentaria uma modulação ao primeiro círculo de quintas ascendentes à qual se somaria outra ao terceiro (1 + 3 = 4). Entretanto, visto que o acorde de transição (tríade de dominante de *Mi-menor*) acontece como dominante secundária sobre o VII grau de *Dó-Maior* ou sobre o II de *Lá-menor*, e como, por outra parte, a reinterpretação (conforme a modulação, já conhecida, de *Dó-Maior* e *Lá-menor* para *Mi-menor*) pode se iniciar desde o acorde inicial (I grau de *Dó-Maior* = VI grau de *Mi-menor*; I de *Lá-menor* = IV de *Mi-menor*), temos que, também aqui, ainda é desnecessária esta apresentação auxiliar de uma tonalidade intermediária.

Nossa tarefa divide-se em três partes:

1. Introdução do V grau da tonalidade almejada, primeiramente como V grau da tonalidade menor homônima. Disso faz parte, eventualmente, a neutralização dos sons sem elevar.

2. Transformação desta dominante de uma tonalidade menor em dominante de uma tonalidade maior: a preparação para a reinterpretação.

3. Saída em direção à tonalidade maior e, eventualmente, ainda uma passageira transição pela tonalidade menor paralela.

Em seguida, como de hábito, a cadência.

Ocuparemo-nos, a princípio, da *conversão da dominante* [*Verwandlung der Dominante*]. Esta acontece da forma mais simples quando se permite que ela se mantenha até que seja esquecida a sua origem do modo menor; por exemplo, através de uma fermata. De fato, este é um recurso utilizado muitas vezes também nas obras clássicas como solução para compromissos anteriores. E a eficácia da pausa geral baseia-se, também, na expectativa causada pela pergunta: "que outra coisa, diferente das já vistas, virá agora?". Pois é possível que sobrevenha algo diverso. No entanto, este meio (atualmente inartístico, por desgastado) não é aplicável para nós porque só nos é possível sobrepujar a sua relativa pobreza artística com a insignificância da surpresa que podemos obter com a exiguidade dos nossos recursos. Ademais, porque pretendemos conseguir aqui os nossos efeitos simplesmente através de harmonias, e não por meio de nuances de execução. Podemos servir-nos de duas formas de semelhante auxílio:

a) da *voz sustentada* [*liegenden Stimmen*] e, particularmente, do seu caso especial: da *nota pedal* [*Orgelpunkt*], onde, como substituto para o manter-se de todos os acordes, somente um único som torna-se representante: o mais importante, *a fundamental* (que mantém-se ligada), enquanto as outras vozes continuam a movimentar-se por entre acordes oportunos;

b) da reiteração do *repassar através da dominante*.[5]

A *voz sustentada* diferencia-se dos sons mantidos, mais ou menos longos, que ocorrem com bastante frequência em uma ou mais vozes nas sucessões mais simples de acordes, uma vez que as outras vozes podem, aqui, também formar acordes nos quais o som que permanece ligado não é facilmente concebível como parte integrante; logo, podem, do mesmo modo, formar dissonâncias com relação à nota sustentada. Comumente, a voz que permanece ligada é a fundamental, ou a quinta da tônica ou de uma dominante (em consequência, também de dominantes secundárias), podendo ainda ser, sob determinadas circunstâncias, a terça. Chama-se *pedal* [*Orgelpunkt*] à voz sustentada quando se encontra no baixo (a qual, com frequência – e sempre no nosso caso –, é também a fundamental). O pedal serve principalmente ao objetivo de retardar, ou então para resumir. É um meio artístico legítimo, plenamente eficaz e muito utilizado quando se trata de reter uma frase antes que ela se extinga harmonicamente (nas exposições, por exemplo), ou de fornecer nitidez antes de uma viragem decisiva (antes de uma reexposição, por exemplo), conforme o demonstra o caso da *consolidação sobre a dominante* [*Befestigung auf der Dominante*]. Todavia, empregado ao modo de bordão (a não ser que seja utilizado como pertencente à música popular, quase como uma citação), é antiartístico, sem um sentido profundo, e, no mais das vezes, origina-se de um pensamento harmônico preguiçoso e da incapacidade de escrever uma linha do baixo devidamente organizada. Para nós, as leis importantes referentes às vozes sustentadas e ao pedal dizem respeito à *entrada* e à *terminação*:

1. A *entrada*, o início da voz sustentada, deve acontecer *sobre a parte forte do compasso*, sobre o apoio;

2. A voz sustentada deve ser, *no começo* e *antes* da terminação, *uma consonância*;

3. A *terminação* deve ocorrer *sobre a parte fraca do compasso*;

4. Os *acordes intermediários* deverão, naturalmente, formar sucessões lógicas e ter pertinência ao grau escalar de afinidade mais próxima.

As condições rítmicas aqui mencionadas deverão ser exatamente cumpridas pelo aluno. Pois, visto que para nós não se trata de obter efeitos rítmicos, também pouco nos interessam desvios rítmicos, embora seja claro que estas leis

---

5  b) *des wiederholten* Durchgehens durch die Dominante.

são por demais estreitas para que não se vejam, frequentemente, desautorizadas pela realidade artística. Oferece-se à realização desta forma, dentro do esquema simples que escolhemos para isso, uma possibilidade de variação suficiente para aproveitarmos por inteiro os nossos recursos adquiridos até aqui. Não escreveremos pedais extensos; apenas daremos a entender a sua função. O mais importante ao nosso objetivo é a dupla ocorrência da dominante diferentemente interpretada: no começo e no fim do pedal. Colocando-a nestes dois pontos, satisfaremos da melhor maneira a condição de as vozes sustentadas deverem ser, ali, consonâncias. Esta repetição é um reforço que faz com que se esqueça a origem desse acorde do modo menor, visto que é aumentado, por assim dizer, o peso específico da dominante, favorecendo sua capacidade de volver ao modo maior. Ademais, em nenhum instante o ouvido perde o sentido daquilo de que se está tratando, o que se deve à existência da voz sustentada. Em geral, colocaremos apenas um acorde de ligação entre o começo e o fim do pedal, de modo que o complexo total dure três mínimas. Portanto (ver o exemplo 144): sobre o *apoio* deverá vir o V grau; sobre o *levare*, o acorde de ligação; e, sobre o apoio seguinte, novamente o V grau, se possível, em outra posição (= variação). Durante a reflexão sobre que graus eleger para acorde de ligação, excluem-se de antemão os que dificultem a reinterpretação, a saber: aqueles acordes que se assemelham mais a *Lá-menor* do que a *Lá-Maior*; logo, os que contêm a terça menor da tônica, o *dó* – isto é, os graus I, III e VI de *Lá-menor* e aqueles que, enquanto pertencentes à região de *Dó-Maior*, fariam necessariamente passos cromáticos (exemplos 144d e 144e), pois uma dominante não deve surgir cromaticamente.

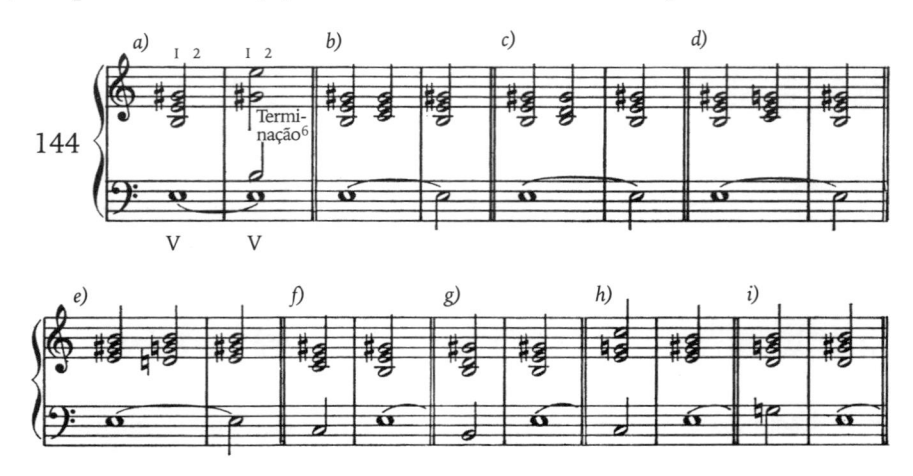

---

Entretanto, conforme será mostrado no próximo capítulo, é de tal forma a relação com a subdominante do modo menor que ela sempre permite a soberania da tônica, e, dado que a inclinação da dominante em converter-se ao modo maior é grande o bastante, os graus I e VI não prejudicarão muito. Não obstante, é muito recomendável escolher acordes que, como dominante secundária, tríade diminuta artificial e acorde de sétima diminuta artificial, pertençam tanto a *Lá-menor* quanto a *Lá-Maior*. São estes: o II grau como dominante-da-dominante (*si-ré♯-fá♯-lá*) e como acorde de sétima diminuta (*ré♯-fá♯-lá-dó*). Naturalmente, a terça menor, *dó*, também não causa danos aqui. No entanto, são também adequados os acordes dos graus II, IV e VI de *Lá-menor*, os quais contêm o sexto som elevado (mesmo que possuam o *dó*, pois este é aqui uma dissonância e, de qualquer modo, descerá ao *si* [exemplo 144k]). Exclui-se o exemplo 144b, em razão do movimento das fundamentais (III-V); no exemplo 144c (VII-V) o acorde sobre o VII grau é uma tríade diminuta, o que requer um tratamento distinto.

Restam ainda a ser examinadas, as sucessões de fundamentais. Os únicos graus que produzem somente movimentos fortes são o IV e o VI (exemplo 145e, h: V-IV-V e V-VI-V), ao passo que com o I e o II (desconsiderando o VII e o III) ocorre, em cada caso, um movimento decrescente (exemplo 145b, c, d, i), o que, naturalmente, não é mal, embora o I grau seja pouco recomendável, visto que aparecerá, na terminação do pedal, como I grau da tonalidade maior. Nos exemplos 145e, 145f e outros, surgem dificuldades na condução das vozes, tornando inevitável um movimento diminuto ou aumentado. A descida dos sons sétimo e sexto de *Lá-menor* (no exemplo 145g, h) explica-se facilmente pela concepção de que, neste caso, a tonalidade já é *Lá-Maior*, interpretação especialmente justificada se a introdução do pedal aconteceu através da dominante-da-dominante ou de outro acorde similar. As formas mais adequadas serão aquelas cujos sons do acorde do V grau surjam da movimentação resultante do tratamento da dissonância. O acorde de ligação, caso seja um acorde de sétima, não pode apresentar-se completo. No mais, dever-se-á esforçar-se por expressar a dissonância por meio dos sons característicos: a fundamental, a sétima e, eventualmente, a quinta diminuta.

Para a realização deste *processo de reinterpretação* [*Umdeutungsverfahren*] chamado *demorar-se sobre a dominante* [*Verweilen auf der Dominante*], através de um *som sustentado* [*liegende Stimme*] numa das vozes superiores, e para o denominado *passar através da dominante* [*Durchgehen durch die Dominante*], adotam-se as mesmas reflexões válidas para o pedal.

Uma das diferenças entre estas formas e o pedal consiste principalmente em que, no caso da *voz sustentada,* a voz que permanece ligada é outra que não o baixo (exemplo 146*a, b, c, d, e*), razão por que, talvez, deverá ser evitada a fricção dissonante demasiado dura; e, no *passar através da dominante* (exemplo 146*f, g*), a voz sustentada pode completamente não existir. Aqui é recomendável o emprego de uma sóbria condução das vozes, por movimentos escalares, donde o acorde de ligação apareça justificado, em parte, por notas de passagem e pela ação melódica. O V grau pode também ser, no presente caso, utilizado como acorde de sexta, tanto no primeiro quanto no segundo lugar. A *dominante-da-dominante* [*Wechseldominante*] e as formações acórdicas baseadas nela realizarão, aqui, um bom serviço, uma vez que são capazes de fornecer à dominante quase o peso de uma tônica, o que é proveitoso a muitas finalidades. Especialmente quando, como neste momento, um tal acorde deve atrair sobre si toda a atenção, será bom apresentá-lo assim. Denomino a isto: *realizar à maneira de uma tonalidade.*[7]

As ponderações que temos feito em razão do segundo estabelecimento da dominante são, naturalmente, válidas também para o primeiro; ou seja: para a introdução empregam-se os mesmos acordes conforme foram lá utilizados. Segue-se, no exemplo 147*a*, um quadro sinóptico de tais possibilidades. (Os acordes inaplicáveis foram já mencionados no exemplo 144*f, g, h, i*, onde se esclarece por que não são apropriados ao citado "demorar-se" [*Verweilen*].)

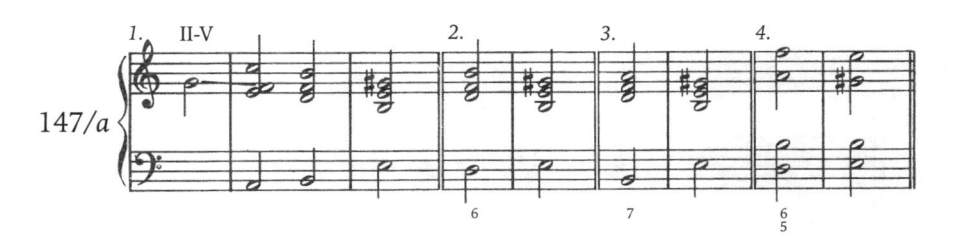

---

7  *Tonartmässig ausführen.* Ou seja: *"realizar o acorde como se ele fosse, por si só, uma espécie de tonalidade subalterna".* (N. T.)

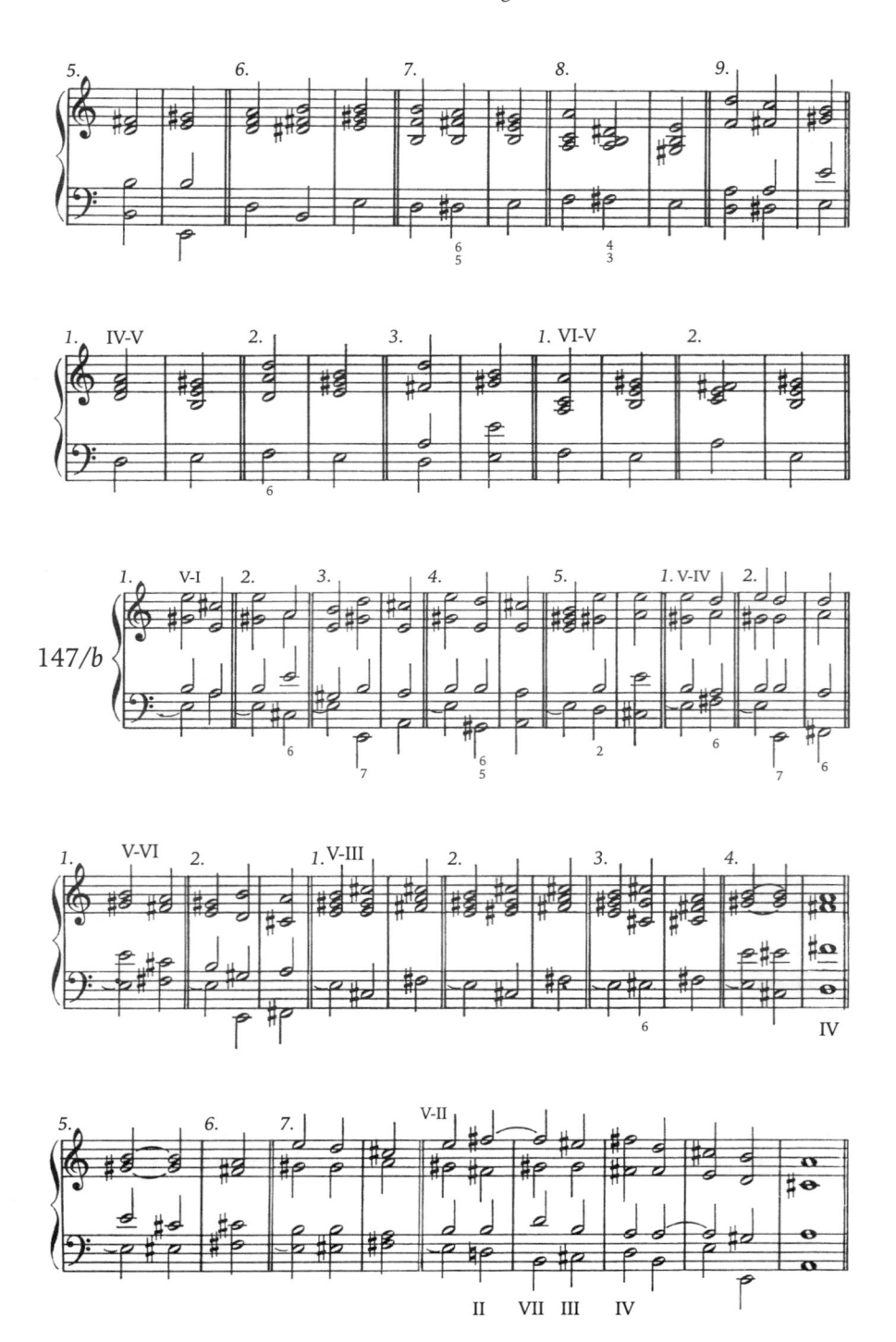

Repetimos, a título de lembrança, que é importante observar os sons obrigatórios. Todavia, não é de relevância a tonalidade de partida ser *Dó-Maior* ou *Lá-menor*. Evidentemente, pode-se, do mesmo modo, chegar a todos estes graus e formas através da utilização de dominantes secundárias ou de outros acordes artificiais.

Tem-se ainda que discutir a *saída do pedal*.[8] O esforço do conjunto é por dirigir-se ao I grau, mas é possível, de várias maneiras, protelar isso (exemplo 147b). Interessam, em primeiro lugar, os movimentos crescentes das fundamentais (V-I e as duas cadências interrompidas: V-VI e V-IV, e também V-III; mas este último movimento será mais bem realizado com uma dominante secundária sobre o III grau). Todavia, desde que se permita uma boa continuação, é também imaginável o movimento V-II. Onde for possível, executam-se aqui mudanças de posição. O acorde da terminação poderá ser colocado imediatamente sobre o *levare*;[9] contudo, pode-se ainda intercalar o acorde de sétima ou o acorde diminuto sobre o V grau, de forma que o primeiro acorde a decidir pela tonalidade maior venha a se estabelecer sobre o apoio [*auf Eins*] do compasso seguinte.

---

8  *Austritt aus dem Orgelpunkt.* Traduziu-se esta expressão, algumas vezes, devido ao contexto, por *terminação do pedal*. (N. T.)

9  auf Zwei = "sobre a parte fraca do compasso". *Levare*: Este termo italiano (de uso comum na prática da regência), adotado aqui e em outras oportunidades, significa *"a parte fraca do compasso que precede imediatamente o apoio inicial do compasso seguinte"*. (N. T.)

Recomenda-se, para que os exercícios não se tornem demasiado exten-sos, empregar, no máximo, de quatro a seis acordes antes do aparecimento da dominante.

No exemplo 149 sucedem-se modulações a *Fá♯-menor*, nas quais se vai à dominante conforme a maneira já descrita: primeiramente, como se fôssemos a *Lá-Maior*, e, após o demorar-se [sobre a dominante],[10] caminha-se a *Fá♯-menor* através da cadência. No presente caso são bastante adequados à terminação [saída do pedal]: a dominante secundária e o acorde de sétima diminuta do III grau da tonalidade maior paralela (*Lá-Maior*).

O aluno pode exercitar-se trocando, meramente, através da cadência, as modulações aqui apresentadas: para *Fá♯-menor* as do exemplo 148, e para *Lá-Maior* as do exemplo 149.

_____

10 O autor tem por hábito resumir toda uma expressão técnica a uma única palavra-chave. Aqui, por exemplo, chama apenas por *"demorar-se"* a expressão *"demorar-se sobre a dominante"*; o *"repassar* (ou passar novamente) *através da dominante"*, reduz para *"repassar"*, e assim por diante. Em vários momentos nos quais pareceu-nos que a forma resumida poderia causar dubiedades, preferimos transcrever a expressão técnica em sua forma completa. (N. T.)

E, dessa mesma maneira, realiza-se a modulação partindo de *Lá-menor*:

*Lá-Maior* V     III    VI

Nesta modulação o aluno já pode utilizar um pouco mais de dominantes secundárias, acordes de sétima diminuta e similares, visto que favorecem muito a possibilidade da reinterpretação [*Umdeutung*]. Não obstante, será conveniente que realize os primeiros exercícios, também no presente caso, sem acordes alterados ou com apenas alguns deles, para que sempre tenha presente, panoramicamente, o sentido da sucessão dos graus. Nunca deve deixar de avaliá-lo, mesmo quando já estiver seguro no manejo dos diversos acordes; e ainda quando acreditar já não ser mais necessário o controle do movimento das fundamentais.

O aluno, que aqui fabrica, pela primeira vez, exercícios com presença rítmica, inclinar-se-á a pensar que cada dois compassos constituem uma frase, o que não é recomendável, especialmente desejando-se modelar a voz superior de forma um pouco mais viva. Repetições à maneira de sequências fazem com que surjam, frequentemente, obrigações motívicas, às quais é difícil furtar-se. Assim, resulta que um exercício excessivamente "melódico", na maioria das vezes, não é muito bom.

A modulação *ao quarto círculo ascendente de quintas* baseia-se, igualmente, como já dito, no mesmo princípio. Apenas que, neste caso, não se vai à dominante de *Lá-menor*, mas à de *Mi-menor*. As relações de *Dó-Maior* (*Lá-menor*) com *Mi-menor* são tão estreitas que não existe maior dificuldade em ir a *Mi-menor* do que à dominante de *Lá-menor*. Em vez de considerar o acorde de partida como III grau de *Lá-menor*, o entenderemos como VI grau de *Mi-menor*. Tudo o mais – o realizar a dominante [*Herbeiführung der Dominante*], o demorar-se ou o repetir da dominante, terminação do pedal e cadência – permanece igual, de modo que o aluno pode também fazer através de transposição (com pequenas modificações), a partir das modulações do terceiro círculo ascendente de quintas, modulações ao quarto; e, vice-versa, deste ao terceiro. Aconselho esta experiência como exercício suplementar. De resto, o aluno deve fabricar os exercícios por meio de sua própria reflexão.

## Ao terceiro e ao quarto círculos descendentes de quintas
de *Dó-Maior* e *Lá-menor*: a *Mi♭-Maior* e *Dó-menor*, e a *Lá♭-Maior* e *Fá-menor*

Empregaremos, para esta modulação, um meio semelhante – se bem que não tão complicado – ao utilizado para as anteriores. Vimos lá como, após uma dominante, mesmo procedente de um modo menor (mesmo que, portanto, devesse seguir-lhe uma tônica menor), pode vir uma tônica maior. Aqui é o inverso: considera-se um I grau de uma tonalidade maior como dominante (eventualmente, como dominante secundária), fazendo seguir-lhe uma tríade menor. Isto possui uma analogia baseada na circunstância de que as dominantes (*sol-si-ré*) das tonalidades homônimas (*Dó-Maior* e *Dó-menor*) são iguais, e, por conseguinte, ao mesmo *sol-si-ré* pode suceder tanto um acorde maior quanto um menor. Então, já se considerando o I grau da tonalidade de partida, *Dó-Maior* (em *Lá-menor* ter-se-ia que, primeiramente, apresentar este acorde maior como III grau), como uma dominante desta espécie, pode-se seguir de imediato um acorde menor sobre *Fá*, eventualmente favorecido por uma sétima direcionadora (*si♭*). Uma vez que este *Dó* é, por um lado, dominante (V grau em *Fá-menor*), e, por outro lado, dominante secundária (I grau em *Dó-menor*, VI em *Mi♭-Maior*, III em *Lá♭-Maior*), a tríade menor *fá-lá♭-dó* que lhe segue pode significar tanto I grau em *Fá-menor* como II em *Mi♭-Maior*, IV em *Dó-menor* ou VI em *Lá♭-Maior*. Através desse procedimento, chega-se a uma região que não podíamos atingir com os recursos disponíveis até agora. Essa modulação é extremamente simples, porque, conforme se menciona frequentemente, o I grau tem a propensão a ser absorvido por um som estacionado uma quinta abaixo dele, ou seja: a tornar-se dominante deste som. Em verdade, o seu esforço é mesmo por um acorde maior. Todavia, admite-se que no modo menor ele também se dirija a um acorde menor, o que, se não é ditado pela sua natureza, é permitido pela convenção.

Aqui surge, com facilidade, a monotonia. Pois, se como no exemplo 153*a*, depois do II grau (de *Mi♭-Maior*), aspira-se alcançar a tonalidade almejada pelo caminho mais curto (V-I), resultam então somente saltos de quarta ascendente da fundamental. Isto, apesar de ser muito natural, é desaconselhável não apenas pela monotonia, mas também por um outro motivo: talvez seja natural demais, óbvio demais, para que se perceba nisso o trabalho realizado. E, se tais sucessões são proibidas, existe aí uma certa justiça, porque demonstra muito pouca imaginação quem se serve de um meio tão óbvio, tão barato. Em si mesmas, estas sucessões são naturalmente boas. Aliás, excessivamente boas. E não se suporta o bom em demasia. Por isso o aluno deve esforçar-se por evitar a frequência de tais sucessões. Não será de grande auxílio a utilização de inversões, acordes de sétima, ou mesmo acordes de sétima diminuta. É preciso preocupar-se em obter variedade através de cadências interrompidas ou da inserção de outros graus (exemplo 153*f*).

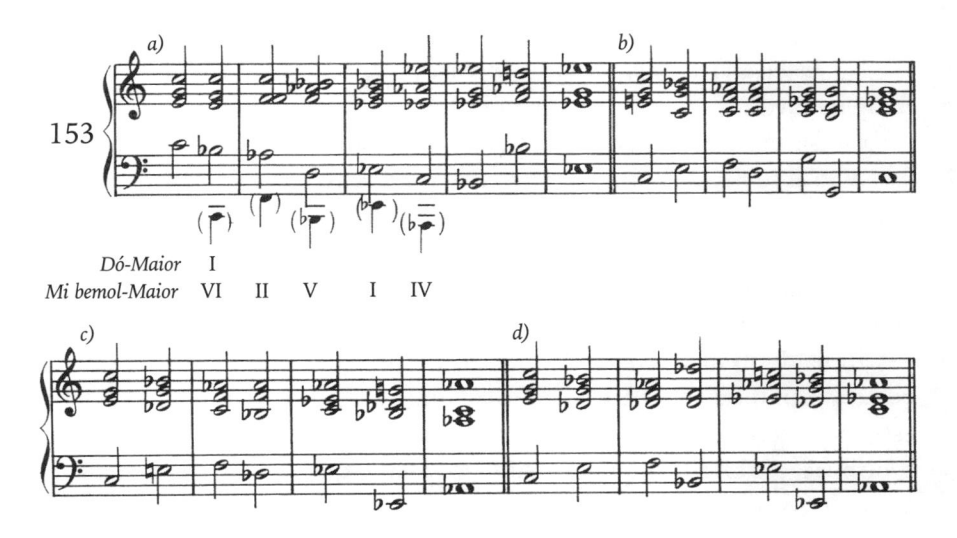

Na *modulação ao quarto círculo descendente de quintas,* uma cadência inter-rompida favorecerá o alcançar da nova tonalidade (exemplo 153*d*).

Causa um pouco mais de dificuldade a modulação partindo-se de *Lá--menor*: o *lá* se depara com o *lá♭,* que rapidamente aparece no prosseguimento (à maneira de uma falsa relação, poder-se-ia dizer). Para que se remova poli-damente o *lá,* recomenda-se tratá-lo – na voz em que apareça mais evidente (no soprano ou no baixo) – como se fosse o sexto som de *Dó-menor,* ou seja: deixar que vá a *dó* através de *si* (exemplo 154*a*). Muito adequado é o acorde de sétima diminuta (*si-ré-fá-lá♭*), pois, conforme o exemplo 154*b*, possibilita que o *lá* caminhe ao *sol* através de *lá♭.* Ainda melhor é a solução 154*e,* onde este movimento acontece no soprano, a voz que mais chama a atenção, e a continuação traz ainda o *ré♭,* facultando, assim, que os elementos mais im-portantes da tonalidade de *Fá-menor* fiquem preparados.

No exemplo 154c, segue-se ao acorde de sétima diminuta o direcionador acorde de sétima do I grau de *Dó*. Os sons do acorde de sétima diminuta não têm que, necessariamente, ser originados cromaticamente (exemplo 154d). Podemos, do mesmo modo, já permitir-nos utilizar movimentos interválicos aumentados ou diminutos (*por enquanto, apenas junto ao acorde de sétima diminuta*).

# Relações com a subdominante menor

Na modulação ao terceiro e ao quarto círculos descendentes de quintas travamos conhecimento com a relação entre uma tônica maior com a subdominante menor. Ou seja, a sua faculdade em ser dominante de uma tríade menor. Naturalmente, esta circunstância será aproveitada não apenas para a modulação, mas também para o alargamento da cadência, para enriquecer o processo dentro de uma tonalidade. A nova afinidade, estabelecida por esta relação do acorde principal, permite conquistar para a tonalidade (ao lado dos acordes próprios da escala e daqueles conseguidos através da imitação das particularidades dos modos eclesiásticos) também as tríades secundárias das tonalidades a cujo âmbito pertence este acorde menor de subdominante, ou seja: permite incluir na tonalidade os acordes do terceiro e do quarto círculos de quintas, com o que ela fica consideravelmente ampliada. Esses acordes são, para *Dó-Maior*:

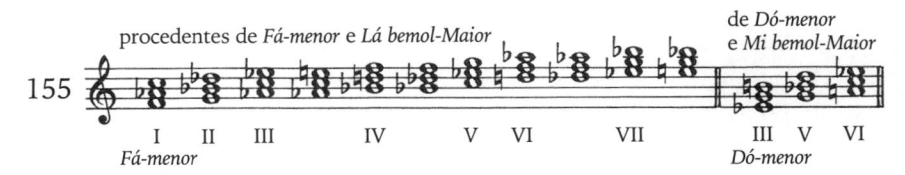

Antes de procedermos ao exame da possibilidade de utilização dos novos acordes, temos que dar-nos conta dos pontos de vista decisivos neste caso, e colocar-nos, antes de tudo, a seguinte pergunta: é lícito e necessário empregar estes acordes no âmago de uma tonalidade? A resposta deve proclamar: é algo natural e corresponde à evolução da harmonia. No sentido que possa aqui interessar, essa tendência será – depois que se houverem utilizado todas as combinações a três e quatro vozes de uma sequência de sete sons, e de haver permitido, através de alterações, a entrada dos cinco sons restantes (ainda que parcialmente, com apenas uma significação, a saber: em *Dó-Maior*, um *fá*♯, mas não um *sol*♭; um *si*♭, mas não um *lá*♯) – combinar entre si os doze semitons disponíveis (por enquanto, ainda referentes a um som fundamental e, portanto, dentro de uma tonalidade). Agora, se uma modulação, como na ópera, constitui-se meramente numa ponte entre dois fragmentos autônomos e não relacionados entre si, então o grau de distanciamento tonal entre eles é, no fundo, sem importância, dado que cada um dos dois fragmentos encontra-se formalmente limitado por sua própria redondez tonal [*tonale Abrundung*]. Todavia, enveredar-se por outros rumos dentro de um período fechado, pode – desde que o sentido da tonalidade seja a unidade harmônica – vir a justificar-se apenas quando ele puder ser referido à tonalidade básica. Que é este o caso em digressões que vão longe, verifica-se já, por exemplo, em Beethoven, o qual introduz passagens em *Si-menor* dentro de uma seção em *Dó-menor*, e agrupamentos em *Mi-menor* dentro de seções em *Mi*♭*-Maior*, coisas que Bach e Mozart não realizavam ainda. Atente-se, porém, ao seguinte: os acordes fundamentais dessas seções ou agrupamentos, para que possam ser compreendidos como unidade, devem, dentro da tonalidade básica, instaurar--se do mesmo modo como, no interior de uma seção, se comportam as sucessões de acordes entre si; ou seja: têm que possibilitar serem compreendidos como uma unidade; logo, devem possuir uma inter-relação [*Zusammenhang*]. Assim, mesmo na música antiga, a pergunta sobre a autorização para tais digressões não é uma questão de afinidade, mas tão somente um problema de exposição desta afinidade através de um apropriado distanciamento no tempo e no espaço, e de uma conexão gradual. Porém, tempo, espaço e velocidade não são medidas absolutas. Por este motivo, podemos hoje reduzir a um mínimo cada uma delas, e justapor diretamente [*hart*] o que, outrora, devia estar distante e ser ligado com precauções. Essa coesão nos é familiar porque foi apresentada em épocas anteriores; portanto, não carece, a cada vez, compô-la novamente como uma novidade, mas aceitá-la como algo dado.

Com a contestação à primeira pergunta, a resposta à segunda torna-se secundária, de um significado apenas prático: que valor possui este enriquecimento da tonalidade? Que vantagens permite-se extrair disto? Vamos deixar de lado aqui valores expressivos tais como ambiente, caracterização, tensão etc., e falar somente do que é construtivo. Como tal já conhecemos a capacidade da harmonia em formar uma conclusão: a cadência, o final de um todo. Certamente, pode-se também dar relevo às partes desse todo com os sete acordes próprios da escala. No entanto, visto que estes mesmos sete acordes se apresentam também no interior dessas partes, faz-se necessário, nas grandes formas, recorrer a meios mais fortes de contraste. Quanto mais a harmonia se desenvolve, mais a narrativa se acelera, mais rápida se torna a exposição. Pois, cada vez mais, não são meras ideias que se justapõem em sequência, e sim complexos inteiros; e essa narrativa acelerada exige uma pontuação mais rica, uma separação mais rigorosa das partes, uma dinâmica harmônica mais fértil em graus, a fim de tornar mais nítido o realçar da articulação geral e da distinção entre coisas principais e secundárias. Neste ponto, os graus de afinidades mais próximas não mais delimitam, apenas enlaçam-se e fluem uns dos outros. Luzes mais penetrantes, sombras mais obscuras: a isto servem esses acordes mais distantes.

A nossa avaliação da possibilidade de uso desses acordes será limitada, de um lado, por considerações pedagógicas e, de outro, pela ponderação de que nossa tarefa não pode ser propiciar a detalhes insólitos ou pouco habituais um direito que a arte lhes nega e que a teoria não pode mais lhes proporcionar; e, por fim, ficará limitada como consequência da pergunta sobre se tais acordes têm lugar, e até que ponto, no sistema expositivo: portanto, se serão empregados desde agora ou somente mais tarde.

Sobretudo, deve-se recordar a origem desses acordes: a região da subdominante menor. Por conseguinte, encontram-se em forte oposição às dominantes secundárias, pois estas são pertencentes, principalmente, à região da dominante (apenas aquela, sobre o I grau, conduz à subdominante, e a outra, sobre o VI grau, leva à dominante-da-dominante). Deve ser por isso que alguns enlaces soam excessivamente ásperos, sendo, portanto, pouco usados. No geral, estes acordes servirão, consequentemente, para enriquecer e dar um destaque mais forte à realização do território da subdominante, e nem sempre se poderá, com facilidade, anexá-los diretamente à região da dominante. Pois a afinidade entre ambas as regiões, convirá não esquecê-lo, não é direta, mas indireta. O VI grau de *Dó-Maior* e o I de *Fá-menor* afinam-se, tão somente, pela relação comum com o I grau de *Dó-Maior*: são, por assim dizê-lo, "aparentados por relações de casamento" [*"angeheiratete Verwandte"*]. Porém, baseando-se no mesmo direito com que se admite, em relações mais simples, inferiores, que os graus IV e V de uma tonalidade (os quais, num outro sentido, constituem uma oposição) têm afinidade entre si (através de sua situação perante o I grau), pode-se também supor, já num âmbito mais elevado e mais complexo, que a afinidade do VI grau de *Dó-Maior* com o I grau de *Fá-menor* explica-se pela afinidade de ambos com o I grau de *Dó-Maior*. A capacidade de reconhecer a afinidade entre elementos distantes depende, sobretudo, da compreensão e da inteligência do observador. O ser mais primitivo quanto à compreensão e à sensibilidade considera, como pertencentes a si, apenas os seus membros e os seus sentidos. O que se encontra mais elevado inclui também a família que nele se origina. No próximo degrau, o sentimento comunitário eleva-se à crença na nação e na raça; mas, somente aquele que se encontra na máxima altura estende o amor fraterno à espécie, à humanidade, ao universo. Assim, ao tornar-se uma partícula mínima de algo infinitamente grande, encontra-se (por estranho que seja) a si mesmo, com maior frequência e mais plenamente do que aquele que restringia a si próprio o seu amor.[1]

Portanto, mesmo que as relações de afinidade de alguns acordes, dentro das circunstâncias primitivas da tonalidade, aparentemente não sejam diretas, o ouvido deve compreender a aptidão deles a constituírem uma unidade; pois no som natural, que serve de modelo, soam componentes que, mesmo possuindo uma afinidade distante, unem-se num todo sonoro, numa eufonia. Tal ocorre quando vários sons se fazem ouvir concomitantemente, e o ouvido tem menos tempo para realizar uma classificação. Quanto mais com os complexos em sucessão. Certamente, a intensidade com que os componentes do som se graduam corresponde ao seu grau de afinidade; porém, todos soam, e nossas imitações não vão ainda tão longe quanto o modelo natural.

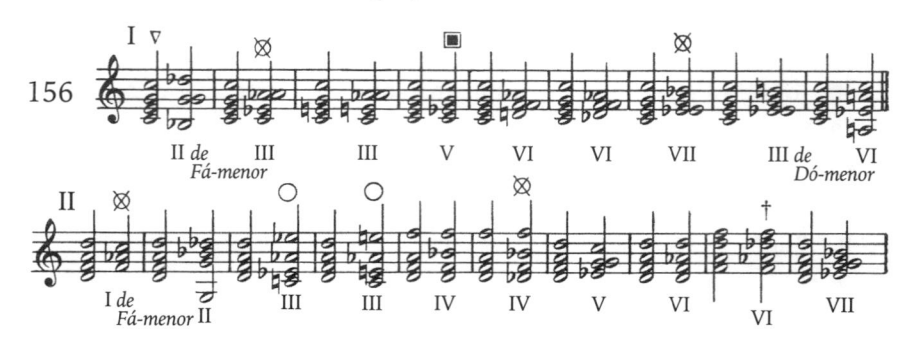

1 Espera-se que essa luminosa expansão de Schoenberg (e pelo texto há outras dessa natureza), de um *Humanismo* tão profundo e definitivo, o redima de vez de certas passagens do Livro, onde, em razão de sua característica escrita em forma de uma oralidade espontânea, ele poderia ser injustamente tomado por discriminador de pessoas, povos ou raças. (N. T.)

No exemplo 156 são apresentados encadeamentos de todos os sete graus de *Dó-Maior* com os novos acordes. E, antes de tudo: nenhum destes enlaces é – embora inabitual – mau ou inutilizável. Em determinadas circunstâncias, cada um deles pode até mesmo vir a ser o único adequado; e isso sem falar de seu eventual valor expressivo. Sob estas condições, são dadas agora as seguintes

## *Diretrizes*

e feitas as devidas restrições:

I. Em primeiro lugar, são inabituais os encadeamentos que ocasionem dificuldades na condução das vozes. Nossa teoria da harmonia tem-se derivado, em grande parte, dos acontecimentos produzidos pelos movimentos das vozes na música polifônica; o que viesse a causar dificuldades na condução delas era, em consequência, evitado, e daí não ser de uso comum. São exemplos casos como o enlace do II grau com o VI, do III com o VII, do VI com o III (assinalado com †), por causa do perigo das quintas paralelas e, ainda, por outra razão, que examinaremos mais tarde. E também encadeamentos como: III-IV, V-VI, VI-IV e VII-VI (assinalado com ⊕) em razão dos passos aumentados e diminutos. O melhor, de momento, será que o aluno omita por completo estes casos. Se algum dia irá fazer uso deles, isso não depende do ensino da harmonia, mas das necessidades que o artista, dominando a forma, sentirá. E o que este faz, está bem feito. O ensino da harmonia somente recomenda o que é usual e que tem um lugar dentro do sistema de representação [*Darstellungssystem*].

II. Já se sabe que, para nós, ficam eliminadas aquelas tríades diminutas introduzidas debilmente: I-II, III-II, IV-VI (de *Dó-menor*), V-VI (assinalado com ▽).

III. Encadeamento do IV grau de *Dó-Maior* com o IV grau de *Fá-menor* (assinalado com ⨍). O IV grau de *Fá-menor* é a subdominante-da-subdominante [de *Dó-Maior*], e, em razão do poder natural que a subdominante tem sobre a tônica, resulta claro que a tonalidade poderia vir a perder-se com facilidade. No entanto, já temos agora muitos meios para restabelecê-la. Porém, os meios necessários ao seu restabelecimento seriam, aqui, mais interessantes do que aqueles através das quais a tonalidade se perderia. E é enfadonho quando os policiais são mais interessantes do que os ladrões. Se queremos distanciar-nos tanto da tonalidade, comportar-nos de maneira tão revolucionária, conheceremos adiante recursos mais divertidos.

IV. O enlace do III grau com o I pode despertar escrúpulos justificados, chamando especialmente a atenção quando tratar-se do caso inverso: o encadeamento do I grau de *Fá-menor* com o III de *Dó-Maior* (exemplo 157a, b). Neste encadeamento, não familiar, o ouvido recusa-se a compreender o acorde *mi-sol-si* como III grau de *Dó-Maior*, preferindo escutá-lo como uma variante do exemplo 157d, que, por sua vez, soa muito parecido ao exemplo 157c. Tal preferência deve-se menos ao fato de estes dois acordes não acontecerem um ao lado do outro em nenhuma tonalidade, do que à realidade de esta semelhança sugerir ao ouvido a solução mais cômoda, impedindo-o de decidir-se pela interpretação correta. Contudo, é demonstrado nos exemplos 157e, f que este acorde de sexta pode bem ser um III grau, desde que prosseguido como se assim o fosse.

V. Não apresentarão nenhuma dificuldade encadeamentos para os quais se encontre analogia em alguma tonalidade não demasiadamente afastada, onde os acordes em questão se apresentem, portanto, como próprios de alguma escala, ou onde apenas um dos dois é uma dominante secundária, desde que os sons em falsa relação sejam eliminados melodicamente (isto é: à maneira dos sons de resolução obrigatória, ou então cromaticamente). Aqui, em tais encadeamentos, será frequentemente possível efetuar uma reinterpretação [*Umdeutung*].

VI. Igualmente favoráveis são os enlaces nos quais é possível a condução cromática de vozes sem que, com isso, tornem-se necessários intervalos aumentados ou diminutos em outras vozes.

VII. O decisivo, como sempre, é a sucessão de fundamentais.

No exemplo 158 (de *a* até *g*) apresentam-se aquelas formas que são facilmente encadeáveis a dominantes, dominantes secundárias e similares. Para a introdução destas, servem, notadamente: o I grau, no exemplo 158*a*, *b*; o V grau, no ex.158*c*, *d*; a dominante secundária sobre o II grau, no exemplo 158*e*; a dominante secundária sobre o VI grau, no exemplo 158*f*; e os acordes de sétima diminuta sobre os graus I, II, V e VI, no exemplo 158*g*. Não há novidades nestes encadeamentos. Para cada um deles encontram-se analogias (em *Dó-menor*, *Fá-menor*, *Sol-menor* e *Ré-menor*). A única dificuldade, encontrada algumas vezes, reside na eliminação de sons em falsa relação, conforme mostra o exemplo 158*h*.

Entretanto, o tratamento fazendo uso de sons obrigatórios, os cromatismos e acordes de sétima diminuta, coisas de cujo manejo o aluno já é, por certo, íntimo, auxiliam a superar esta dificuldade.

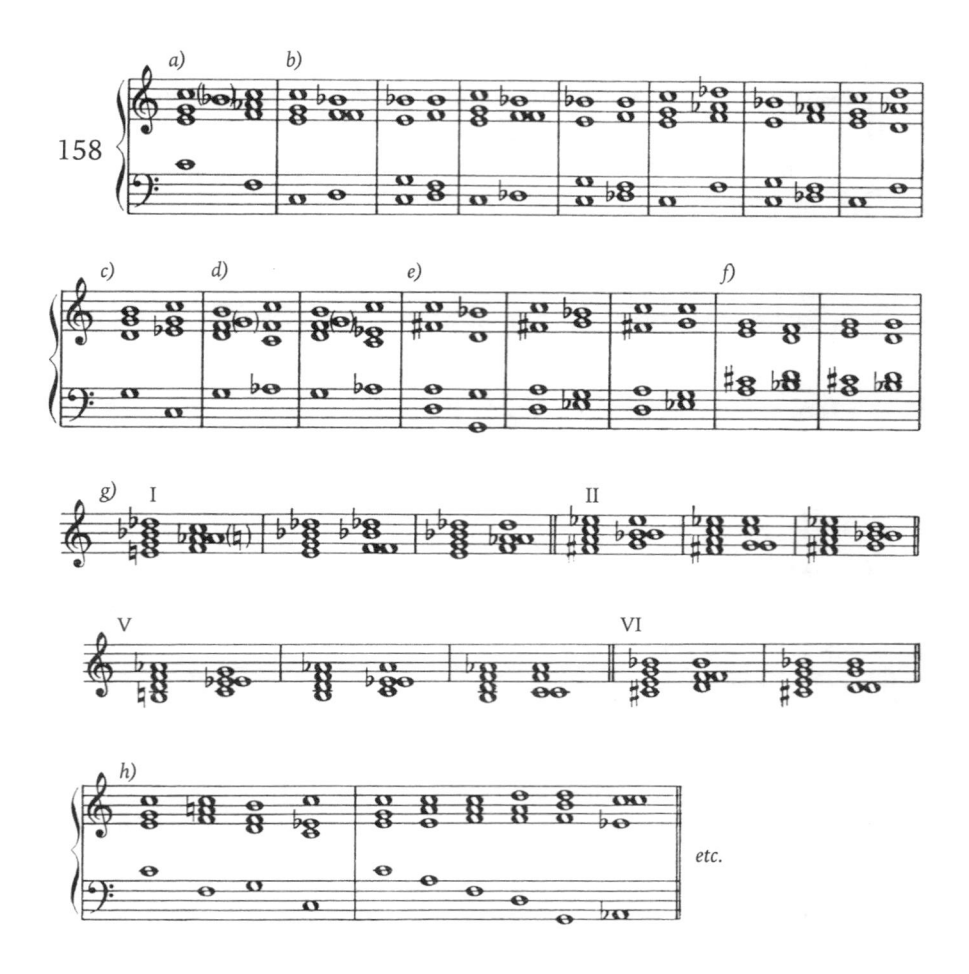

De fácil compreensão e ordenação são aquelas sucessões que fazem de um acorde maior um acorde menor, construído sobre a mesma fundamental (exemplo 156, em ■). O aluno já sabe – desde o capítulo sobre dominantes secundárias, onde se falou do V grau *sol-si♭-ré* (em *Dó-Maior*), derivado do modo dórico – como proceder aqui; e sabe também que a produção cromática destes acordes menores tem uma significação, no mais das vezes, mais melódica do que harmônica. No exemplo 159*a* o acorde menor (acorde de sexta sobre *mi♭*) não tem nenhuma influência sobre o que segue. No exemplo 159*b*, pelo contrário, o acorde menor do V grau de *dó* (construído sobre *si♭*) anuncia a região da subdominante. E no exemplo 159*c*, o *lá♭*, introduzido cromaticamente no baixo, por certo atua de modo a permitir uma entrada discreta do acorde de sexta seguinte, *fá-lá♭-ré♭*.

Nestes encadeamentos, em que uma tríade maior converte-se numa tríade menor, é recomendável que se permita o caminhar cromático da terça no baixo, a fim de que o movimento deste não se interrompa. Todavia, não se poderá extrair muito proveito disto porque, no todo sonoro, essa ocorrência significa uma alteração por demais exígua. Isto poderia ser a razão pela qual semelhantes movimentos das vozes geralmente acontecem em valores de tempo menores que os demais da harmonia. Em nosso caso, que escrevemos mínimas, o melhor seria que aqui fizéssemos emprego de semínimas.

Enlaces como os seguintes possuem uma eficácia de grande alcance: I grau de *Dó-Maior* com o III ou o VII de *Fá-menor* (respectivamente, I ou V de *Láb-Maior*), e aqueles similares iniciando-se de outros graus (exemplo 156, em ⊗). No II grau se dá um caso a menos do que nos outros acordes menores (exemplo 160, em ⌀). Poder-se-ia, sem dúvida, imitar a relação existente entre estes; entretanto, não seria possível recorrer ao grau de afinidade de que aqui se trata. Do mesmo modo, existem apenas dois casos nos acordes maiores.

O decisivo para a valoração harmônica destes encadeamentos é, tão somente, o movimento das fundamentais. O forte salto de terça descendente não necessita aqui nenhuma motivação específica, e o débil salto de terça ascendente não será apreciado diferentemente de antes. Posso prescindir de explicações para estes encadeamentos tais como afinidade de terça, parentesco de quinta etc., como de costume hoje se faz, visto que os considero suficientemente motivados por serem, de alguma maneira, afins. Evidentemente, todos os acordes são, de algum modo, aparentados uns com os outros, assim como todos os homens. Por certo não é desinteressante o fato de estes constituírem uma família, nação ou raça, mas isto se torna secundário ao lado da noção de espécie, que abre perspectivas diferentes daquelas consentidas pelas relações particulares.

Há um recurso que será sempre adequado ao estabelecimento de semelhantes encadeamentos, convincentemente, redondamente [*glatt*]: o cromatismo. Outrora, nos casos mais elementares, nos quais as afinidades eram muito próximas, aceitava-se uma parte da escala da tonalidade básica, ou de alguma outra tonalidade afim, como justificativa para os processos harmônicos. Agora, e cada vez mais, é uma única escala a que vai assumindo todas estas funções: a escala cromática. E é fácil compreender por quê. Reconhecíamos a escala como uma melodia elementar, como uma forma musical baseada numa lei que, embora primitiva, era clara e de fácil compreensão; logo, não se poderá negar esta mesma qualidade à escala cromática. Sua força melódica auxilia a encadear o que só possui uma afinidade distante: este é o sentido do cromatismo.

São relativamente difíceis de serem tratados (no que diz respeito à condução das vozes) os casos do exemplo 160, assinalados com ⊕. Aqui nem sempre será fácil esquivar-se de um salto incomum nas vozes. O aluno bem fará, a princípio, em eleger somente encadeamentos nos quais essa necessidade não se apresente (exemplo 161). Quando se sentir seguro, poderá arriscar-se a também manejar intervalos aumentados ou diminutos, especialmente nas vozes internas. Agora, tais intervalos incomodam muito menos, porque os processos melódicos e harmônicos referem-se cada vez mais raramente ao modelo único da escala maior ou menor. Então, não é mais inoportuno que se presuma a reinterpretação de um som (troca enarmônica), a qual, na maioria das vezes, conduz a um equilíbrio melódico. É claro que, quanto mais a condução das vozes se aproximar da escala maior ou menor, mais compreensíveis tornar-se-ão as vozes. Aqui, o aluno deve também esforçar-se por isto. Recomendo, para movimentos de segunda aumentada, tomar como modelo aquele fornecido pela denominada "escala menor harmônica" (*na qual enxergo a verdadeira escala menor melódica*).

Alguns exemplos, dados a seguir, mostram a capacidade de utilização destes encadeamentos.

Para isso, escolhi a cadência. Pois, qualquer um vai preferir acreditar que estes encadeamentos modulam, e não que cadenciam. E, provavelmente, os teóricos assegurarão que se trata de modulações de *Dó-Maior* para... "e de volta". Também isto pode acontecer; porém, a interpretação de que aqui se trataria apenas de modulações no sentido já mencionado anteriormente, onde, segundo uma concepção mais rigorosa, todo acorde que sucede o acorde de tônica já representa um desvio – e, por conseguinte, não existem modulações num sentido estrito –, semelhante interpretação traz, antes de tudo, a vantagem de permitir que se ensine o aluno a enxergar o todo como uma unidade. Essa concepção, seguramente, corresponde mais ao pensamento musical tal como ele se manifesta, por exemplo, nas variações harmônicas, onde frequentemente o tema, sem dúvida, não abandona a tonalidade, mas onde, nas variações, aproveitam-se relações tonais que são, prazerosamente, tidas como modulações, porque assim é mais cômodo. Porém, elas não são modulações, como tampouco o eram as correspondentes passagens pertencentes ao tema.

Os encadeamentos assinalados com ○, no exemplo 156, ainda não foram discutidos. Interessa, por agora, apenas introduzi-los e dar-lhes uma sequência. Também aqui, a condução melódica das vozes presta os melhores serviços.

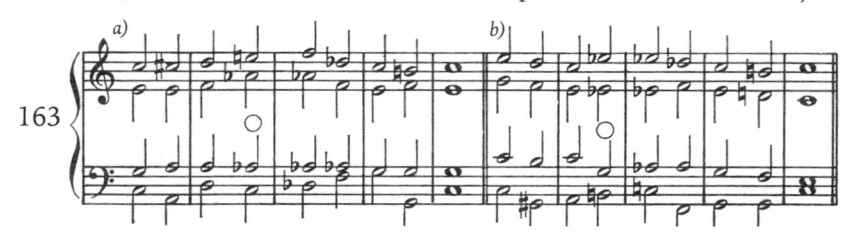

As seguintes sequências – apresentadas no exemplo 164 – trazem amostras da utilização de acordes relacionados à subdominante menor. Partindo do modo menor, recomendo, a princípio, aproveitar meramente a relação obtida através da tonalidade maior homônima. Assim, por exemplo, em *Dó--menor*, seriam os acordes relacionados à subdominante menor de *Dó-Maior*. Mais tarde, o aluno poderá também aproveitar o alargamento desta relação (através da tonalidade maior paralela, isto é: em *Dó-menor*, a de *Mi♭-Maior*). No começo, isto o levará repetidamente a situações difíceis.

No exemplo 164g seria melhor que o *si♭* do baixo se dirigisse a *lá♭*; não obstante, a continuação mostra (do mesmo modo, como no exemplo 164k, o *dó* que vai ao *ré* melhor seria que fosse ao *si♭*) que os acordes fortes, vindos logo após, ajudam a superar tal espécie de dúvida.

No exemplo 165 são aproveitadas, primeiramente, as relações com a subdominante menor da tonalidade maior homônima (*Dó-Maior*), e, a seguir, as relações mais amplas da tonalidade maior paralela, partindo de *Lá-menor*.

O aluno terá, já desde aqui, que demonstrar gosto e sentido de forma. Pois somente com instruções não é mais possível dominar a grande quantidade de acontecimentos. Acho melhor que ele proceda timidamente do que de maneira intrépida; que hesite perante o colocar encadeamentos duros, em vez de resolver-se quanto a isso de maneira demasiadamente fácil. Deve saber discernir! E, ainda que se vá ultrapassar o que pode ocorrer aqui, ainda que nada seja mau em si mesmo (e, talvez, nada também seja em si mesmo bom), o órgão que deve ser desenvolvido – o sentido de forma [*das Formgefühl*] – atua mais ao selecionar do que ao agir sem impedimentos.

No exemplo 164*d*, em †, empregou-se a denominada *sexta napolitana*. É um acorde de sexta obtido através da relação da subdominante menor, acorde esse que, tanto em *Dó-Maior* quanto em *Dó-menor*, soa *fá-láb-réb*; nesta condição aparece como próprio da escala de *Fá-menor*, atribuindo-se aí o VI grau (e, respectivamente, o IV grau em *Láb-Maior*). Dentro de *Fá-menor*, o seu encadeamento com o V grau não traz novidades (VI-V no exemplo 166*a*). Porém, o seu aparecimento típico é como imitação do II grau na cadência (exemplo 166*b, c*). Por isso tem-se admitido que ele seja uma nova transformação [*Umgestaltung*] cromática do II grau. Contudo, o justo é mencioná-lo como um representante do II grau.

Supondo-se que a denominada sexta napolitana é mesmo um acorde resultante de uma transformação cromática do II grau, isto significaria que a fundamental e a quinta foram rebaixadas. Todavia, é decididamente inadmissível a hipótese do rebaixamento da fundamental. À parte o fato de que semelhante suposição será aproveitada somente num caso (o do acorde aumentado de quinta-e-sexta, que logo discutiremos), o qual constitui seguramente uma exceção, admitir-se isso é a coisa mais absurda que se pode fazer. Em nossas reflexões, as fundamentais são pontos fixos a partir dos quais se medem os outros. A unicidade de todas as medidas que encontrarmos garantir-se-á através da irremovibilidade destes pontos. Portanto, não se pode deslocá-los! Algo diferente é a hipótese de que, no segundo lugar da escala, existem duas fundamentais: *ré* e *ré♭* (do mesmo modo como acontece nos lugares sexto e sétimo da escala do modo menor e em muitos outros nos modos eclesiásticos). Esta é uma suposição que se deixa transportar facilmente a toda a escala, obtendo-se, assim, uma espécie de princípio fundamental à consideração dos acontecimentos harmônicos: a escala cromática. Pode, então, haver em *Dó-Maior* dois acordes pertencentes ao II grau. Talvez se venha a estabelecer uma nova teoria fundamentada na escala cromática; e também, provavelmente, designar-se-ão os graus com outros nomes.

Contra a hipótese do rebaixamento da fundamental fala também a maneira como a sexta napolitana se apresenta. Esta é comumente empregada como se segue (exemplo 167*a, b, c, d, e*) aparecendo imediatamente após o I grau (mas também após muitos outros acordes adequados a introduzi-la), na maioria das vezes resolvendo-se no acorde de quarta-e-sexta do I grau, ou no V grau.

Se realmente a fundamental estivesse rebaixada, a sexta napolitana teria precisamente que se apresentar, todas as vezes, ao modo dos exemplos 167*f, g*. Todavia, sem serem naturalmente exceções, estes casos são, não obstante, raridades. E apresentarem-se assim demonstra não que a sexta napolitana teve a sua origem através do rebaixamento da fundamental, mas sim que, tão somente, tudo pode ser bom no momento oportuno.

A sexta napolitana, portanto, o melhor é considerá-la como representante do II grau na cadência. Neste sentido, algumas vezes dá-se também como acorde de quarta-e-sexta (exemplo 168*a*); todavia, em razão de seu efeito clichê, aparece também no estado fundamental quando constituída pelos sons próprios do acorde (exemplo 168*b*). Nos casos em que este acorde não tem a função típica de sexta napolitana (representação de um grau na cadência), é duvidoso que ainda assim continue a merecer esta designação (exemplo 168*c*); mas isto é um detalhe irrelevante.

No exemplo 167*g* mostra-se o que viria a ser uma possibilidade de formação da sexta napolitana a partir do rebaixamento simultâneo da fundamental e da quinta. Esta introdução somente é possível (se se quer evitar as quintas) quando as vozes em questão se encontram à distância de quarta, ou através de uma forma de conduzi-las especialmente artificial (exemplo 168*d*). Evidentemente, semelhante introdução não é nem má e nem proibida. Porém, não obstante o interceder da relação com a subdominante menor, estes dois acordes são, incidentalmente, os mais afastados, os de afinidade mais longínqua dentre todos. E, se se encadeiam imediatamente, chega-se bruscamente àquela fronteira onde se diz: todos os acordes poderão encadear-se entre si. Ademais, visto que estes encadeamentos são pouco comuns, o aluno prescindirá deles por enquanto. Pela mesma razão excluem-se também (conforme já foi dito antes) os encadeamentos análogos partindo dos outros acordes menores (III e VI graus, assinalados com † no exemplo 156).

A função da sexta napolitana pode ser imitada por qualquer acorde de sexta de uma tríade maior; portanto, também por aqueles do I e do V grau. Contudo, uma vez que estes dois últimos não conduzem a acordes próprios da escala (exemplo 169*g, h*), não serão utilizáveis de momento. Mas, se se procede inversamente, ou seja, se se busca, para cada acorde próprio da escala, aquele eventual acorde de sexta estranho à escala – os quais se comportem entre si assim como se comporta a sexta napolitana para com o acorde de quarta-e-sexta do I ou para com o V grau –, obtêm-se então as formas empregadas no exemplo 169.

Além disso, repare-se que o encadeamento com o acorde de quarta-e-sexta (em virtude do efeito clichê que o acorde de quarta-e-sexta possui) pode facilmente causar desorientações resultantes da força que, sobre a significação harmônica, esta viragem possui quanto à tonalidade. Certamente, tal ambiguidade pode ser facilmente controlada, mas há que levá-la em consideração. Por isso recomenda-se primeiramente empregar estes acordes na sua outra função, ou seja: segundo o modelo II-V.

Mantiveram-se fora de exame apenas alguns encadeamentos da relação da subdominante menor, sob a condição do seguinte princípio: no momento oportuno, qualquer encadeamento pode ser bom. Logo, pode-se afirmar que dificilmente algo de real valor foi aqui omitido.

# Nas fronteiras da tonalidade

Algo ainda sobre *o acorde de sétima diminuta*; em seguida, sobre *a tríade aumentada*; mais adiante: *os acordes aumentados de quinta-e-sexta, de terça-e-quarta e de segunda* e *o acorde de sexta aumentada* (do II grau e sobre outros graus). *Algumas outras alterações do II grau*; as mesmas sobre outros graus. *Encadeamentos* de acordes alterados e de acordes errantes.

A introdução dos acordes discutidos anteriormente acontece de maneira muito mais suave, mais medianeira, quando se serve de acordes errantes. Destes conhecemos, por enquanto, dois: o acorde de sétima diminuta e a tríade aumentada. Foi demonstrado (página 65) como o acorde de sétima diminuta, se considerado como acorde de nona com a fundamental omitida – e não apenas sobre o V grau, mas também (analogamente às dominantes secundárias) erigido sobre os demais graus –, pode apresentar-se no modo maior e no menor. Ao examinar-se, então, as duas formas mais usuais de cadência interrompida (exemplo 141*a*), alcançou-se a integração [*Anschluss*] deste acorde a um grande número de acordes heterogêneos, e mostrou-se a sua eminente capacidade de aproximar relações distantes, de abrandar aparecências violentas. Graças a estas qualidades, o acorde de sétima diminuta desempenhou um tão grande papel na música antiga.[1] E em qualquer lugar onde uma dificuldade se fazia presente, servia-se então deste justiceiro taumaturgo que surgia cavalgando sobre todos os arreios. E quando uma peça denomina-se *Fantasia Cromática e Fuga* [obra de J. S. Bach], pode-se estar certo de que este acorde desempenha um importante papel na formação desse cromatismo. Entretanto, ainda se reconhecia nele uma outra significação:

---

1 Schoenberg chama de "música antiga" [*älteren Musik*] não aquela que hoje entendemos por música medieval ou pré-barroca, mas sim os clássicos, os séculos XVIII e XIX, compreendendo da época de Bach à de Brahms. (N. T.)

era o acorde "expressivo" daquela época. Onde se tratava de expressar a dor, a excitação, a ira, ou, de um modo geral, qualquer outro sentimento impetuoso, lá se encontra ele, quase exclusivamente. Assim acontece em Bach, Haydn, Mozart, Beethoven, Weber etc. Mesmo em Wagner, nas primeiras obras, desempenha ainda este papel. Porém, logo depois deu por concluída a sua missão.[2] Esse hóspede insólito, inconstante, incerto, que estava hoje ali e amanhã acolá, domiciliou-se, aburguesou-se, converteu-se em um filisteu aposentado. Perdeu o encanto da novidade e com isto a dureza, mas também o brilho. A um novo tempo, não tinha ele mais nada a dizer. Assim, decaiu das altas esferas da arte musical às regiões inferiores da música de salão [*Unterhaltungsmusik*]. Ali se encontra ele agora, como uma expressão sentimental de assuntos sentimentais. Tornou-se banal e delicado [*weichlich*]. Tornou-se banal! Não o era por natureza; era rígido e brilhante. Mas é hoje usado somente nessa literatura musical infame, que sempre chega atrasada, macaqueando o que outrora foi sucesso na grande arte. Outros acordes puseram-se no seu lugar. Uns que deveriam substituir a sua capacidade expressiva e outros que substituíssem o seu talento em possibilitar transições: a tríade aumentada e certos acordes alterados; depois, alguns complexos sonoros, já anunciados desde Mozart e Beethoven como fenômenos de passagem ou retardos, que em Wagner tornaram-se acordes autônomos. Não obstante, nenhum deles veio a ser exatamente igual a ele; proporcionava-se a eles, no entanto, a vantagem de se abrigarem da banalização a que estavam expostos em razão do uso excessivo. Todavia, esses substitutos desgastaram-se em seguida, perderam seu encanto; e isto explica por que rapidamente após Wagner, cuja harmonia pareceu a seus contemporâneos incrivelmente atrevida, buscaram-se novos caminhos: foi o acorde de sétima diminuta que desencadeou esse movimento, o qual não pode cessar antes de cumprir-se a vontade da natureza, até que alcancemos a extrema perfeição em imitá-la: aí, então, poder-se-á, partindo do modelo exterior, voltar-se cada vez mais rumo ao interior.

Mais tarde encontrarei oportunidade para ocupar-me com a questão de por que acordes desse gênero apresentam-se a nós tão expressivos. Quanto a isto, adianto aqui apenas o seguinte: aprecio a originalidade, mas sem superestimá-la, como o fazem a maioria daqueles que carecem dela. Ela é um sintoma, ademais, que quase nunca falta no bom, mas também aparece no

---

2  "*Aber bald hat er sie* [*die Rolle*] *ausgespielt*". Outra tradução (talvez mais de acordo com o pensamento do autor e o seguimento do texto) poderia ser: "Porém, logo depois perdeu todo o seu prestígio". (N. T.)

inferior, não podendo, então, constituir-se numa medida por si só. Contudo, eu creio no *novo*; creio que aquilo de *bom* e de *belo* que ambicionamos com o nosso ser mais íntimo dirige-se, igualmente, involuntário e irresistível, para o *futuro*. Em algum ponto do nosso futuro tem que se dar uma *gloriosa realização* [*herrliche Erfüllung*], ainda oculta para nós, visto que o nosso completo esforço a ela associa, sempre, todas as suas esperanças. Talvez seja este futuro um grau superior da evolução de nossa espécie, onde se cumpra esta ânsia que hoje não nos deixa encontrar a paz. Ou, talvez, seja ela tão somente a morte; mas também, quem sabe, a certeza de uma vida superior depois da morte. O futuro traz o novo; talvez por isso o novo seja para nós – frequentemente e com igual direito – identificado com o belo e com o bom.

Uma vez que o aluno deve conhecer, terá que procurar empregar o maior número possível das propriedades do acorde de sétima diminuta em proveito das modulações e cadências. Todavia, sem superestimar seu valor e portanto sem utilizá-lo em excesso, pois, do contrário, poderia suceder-lhe que os seus exercícios escolares (e isto seria medonho) tornar-se-iam tão maus quanto (segundo a máxima de um velho professor de composição, muito velho, que até já morreu) o primeiro ato do Tristão. Nós éramos jovens, inconscientes, e íamos a cada representação de Wagner com o único objetivo de descobrir em que esta maldade consistia, mas não conseguíamos esclarecer-nos a respeito. Finalmente veio a iluminação. Aquele velho senhor disse: "O primeiro ato do Tristão é tão aborrecido porque aparecem demasiados acordes de sétima diminuta". Sabíamos, então, enfim, o motivo.

Em geral, o aluno bem fará, de momento, em não ir demasiado longe no emprego de acordes procedentes da região da subdominante menor. Pois, mesmo com a panaceia universal denominada "acorde de sétima diminuta", não é sempre fácil restabelecer o equilíbrio. De mais a mais, a utilização de um remédio universal é, por isso mesmo, antiartística. Sem fantasia e cômodo: sem mérito! Daí eu considerar muito ruim o exemplo 171:

Expliquei, nas modulações, por que uma modulação gradualmente desenvolvida é mais adequada aos objetivos dos exercícios. Portanto, posso também, alegando as mesmas razões, desaprovar ampliações da cadência realizadas com semelhantes recursos. Quanto a isso, não se deverá esquecer que aqui as coisas dispõem-se de outra maneira. O fato de recorrer a tantas afinidades faz a tonalidade revestir-se com uma aparência de maior mobilidade. Desse modo, subsistirá nela uma inquietação maior, fazendo, portanto, com que uma ação impetuosa não se perceba mais como excessivamente desmedida. Ainda assim, atente-se: o acorde de sétima diminuta pode muito, mas não pode tudo. Por este motivo, o aluno dificilmente poderá usá-lo, por exemplo, para a introdução de acordes estranhos à escala partindo de um acorde próprio dela. No mais das vezes este procedimento resulta áspero, o que, embora não seja nenhuma desgraça, não corresponde ao nosso objetivo.

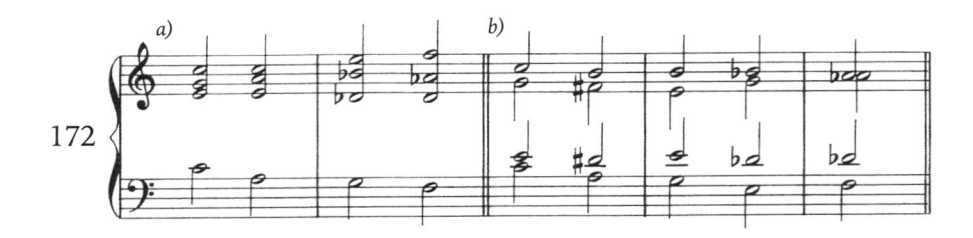

Este exemplo 172 não é, naturalmente, mal em absoluto. Uma boa melodia pode se estabelecer sobre ele; também uma melhor condução do soprano torná-lo-ia, por certo, mais suave. Em si, todavia, este exemplo é mais súbito, mais brusco do que o permitido por nós até agora. Muito da realização dependerá aqui da condução das vozes. O melhor será que o modelar de cada voz apresente semelhanças com uma tonalidade próxima, maior ou menor. No exemplo 172*a*, certamente é o tenor que traz o som *ré♭* de uma maneira que dificilmente esse som aqui apresentaria (aproximadamente, uma tonalidade de *Fá-menor* ou de *Lá♭-Maior*). Da mesma forma, talvez também o *lá* "descoberto", não neutralizado, do baixo. No exemplo l72*b*, o incomum é o modo de caminhar do contralto e do tenor.

Antes, numa outra oportunidade (página 289), exceptuei um caso de utilização do acorde de sétima diminuta que ocorre frequentemente em obras-mestras. É aquela forma na qual o acorde de sétima diminuta (compreendido como acorde de nona com a fundamental omitida) do V grau precede o acorde de quarta-e-sexta do I grau.

A regra que os antigos tinham parece que soava mais ou menos assim: o acorde de sétima diminuta poderá encadear-se com qualquer acorde; logo, também com o acorde de quarta-e-sexta do I grau. Considerado, porém, como VII grau (de *Dó-menor*) ou como V grau, enfraquece a dominante seguinte, pois contém os seus elementos mais importantes: a sensível ascendente e a sensível descendente. Ademais, o VII grau é, afinal de contas, somente um representante do V, do que resultaria, então, a sequência de fundamentais: VII(=V)-I-V-I, o que não é muito recomendável. Se bem que apareça em obras-mestras (em Mozart, Beethoven, Weber, Wagner etc.) – e, por certo, esse procedimento seja tido por errado apenas em consideração a outras regras: aquelas fornecidas pela harmonia de então –, ainda assim o aluno não deverá fazê-lo: tarefas de aprendizado de harmonia não são obras-mestras. O ouvido daqueles mestres julgava corretamente, quando dizia: o acorde de sétima diminuta poderá encadear-se com qualquer outro acorde. Porém, não pela razão que eles admitiam é que este encadeamento será bom: mas sim porque qualquer acorde pode vir a encadear-se com qualquer acorde. E isto, evidentemente, sob determinadas reservas e condições, as quais se tem primeiro que conhecer, que o sentido formal deve, antes de tudo, internalizar, para que, e só então, o aluno possa ser capaz de sustentar semelhante responsabilidade. Logo, não são coisas para o aluno em exercícios escolares de harmonia, mas sim para o artista em livre criação.

## A tríade aumentada

A tríade aumentada é constituída de modo semelhante ao acorde de sétima diminuta. Também em sua configuração existe algo circular, algo que retorna sobre si mesmo; transportando-se o seu som mais grave uma oitava acima, a distância do som que antes era o mais agudo em relação àquele que agora passou a sê-lo torna-se a mesma existente entre os demais: como a que existia entre o primeiro som e o segundo, e entre o segundo e o terceiro, isto é: uma terça maior (exemplo 174*a*). A terça menor divide a escala cromática em quatro partes iguais, a terça maior a divide em três. Lá, na primeira divisão vista, existem somente três acordes de sétima diminuta; dão-se aqui apenas quatro tríades aumentadas (exemplo 174*b*). Assim, analogamente ao caso precedente, cada tríade aumentada pertence no mínimo a três tonalidades menores (exemplo 174*c*).

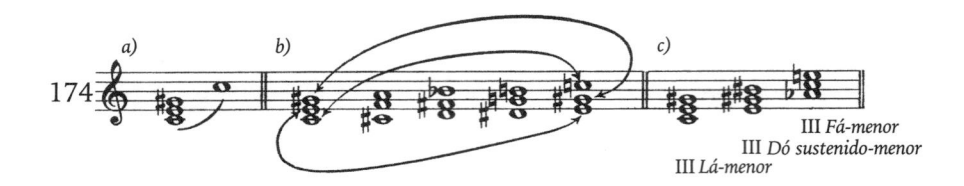

Vê-se, em todas as três tonalidades menores às quais este acorde pertence, as suas duas resoluções tonais mais importantes: no I e no VI grau. Dessa maneira demonstra-se como o mesmo complexo sonoro – denominado uma vez por *mi-sol♯-dó*, outra por *mi-sol♯-si♯*, ou então por *mi-lá♭-dó* –, encadeia-se, cada duas vezes, com três fundamentais [*sic*]:[3] as que sustentam, em certa vez, acordes maiores, e as que sustentam, de outra vez, acordes menores. A saber:

em *Lá-menor*, com *lá-dó-mi*(I) e com *fá-lá-dó*(VI)

em *Dó♯-menor*, com *lá-dó♯-mi*(VI) e com *dó♯-mi-sol♯*(I)

em *Fá-menor*, com *fá-lá♭-dó*(I) e com *ré♭-fá-lá♭* (VI)

---

3  *verbindet sich je zweimal mit drei Grundtönen.*

Visto que nas resoluções em acordes maiores (III-VI do modo menor) a fundamental realiza um salto de quarta, aproveita-se, naturalmente, para que se produza uma tônica; com este objetivo, constrói-se artificialmente o acorde, como nas dominantes secundárias, sobre o V grau da tonalidade maior em questão. A sua introdução acontece, de maneira mais simples, através da alteração cromática ascendente da quinta.

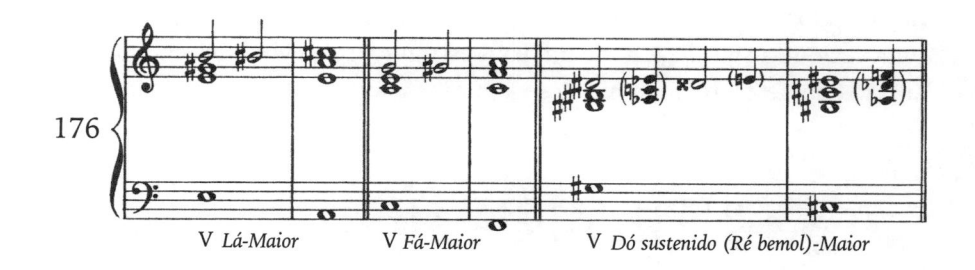

Este acorde poderá também ser empregado, naturalmente, sobre os graus secundários, pelo que, às vezes, alterar-se-á também a terça.

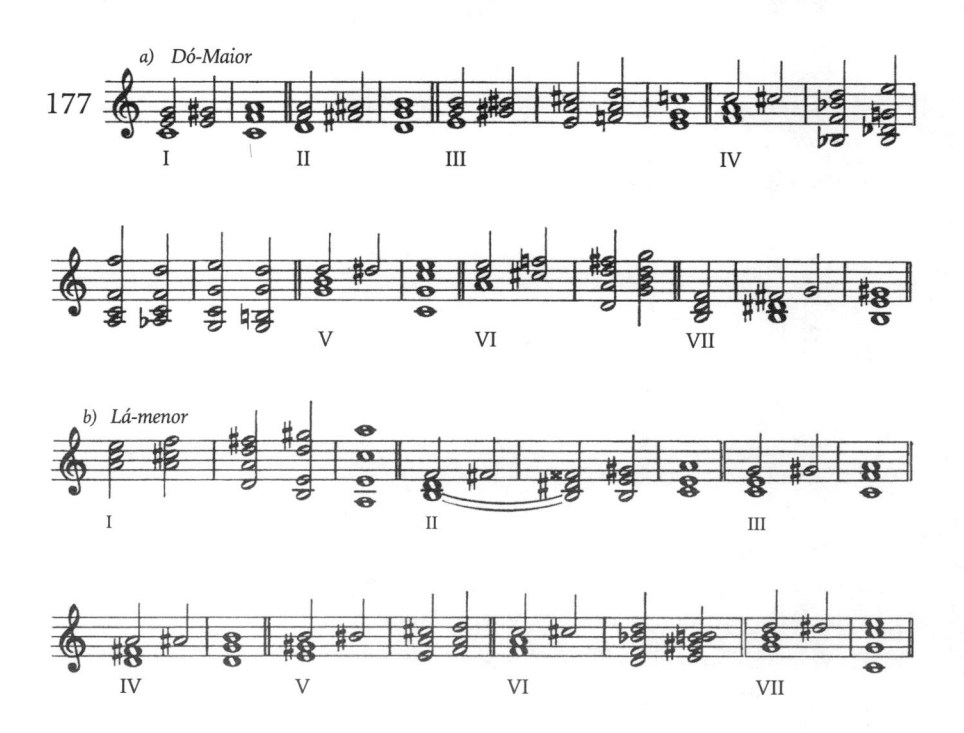

Não obstante, introduz-se também cromaticamente através dos outros graus (exemplo 178*a*), ou ainda sem cromatismos (exemplo 178*b*). Por fim, qualquer grau poderá encadear-se também com as outras tríades aumentadas (exemplo 178*c*). Pois a tríade aumentada, em virtude de sua constituição, conforme manifesta a sua pertinência a três tonalidades, é um acorde errante, como o de sétima diminuta. É certo que não possui tantas resoluções quanto este, mas a ele se assemelha em que, por sua ambiguidade, pode introduzir-se após quase todos os acordes. E também permite passos aumentados e diminutos, uma vez que a significação de um som estranho, sobrevindo no momento da entrada desse acorde, em hipótese alguma é indubitavelmente estabelecida.

No exemplo 179 seguem-se alguns modelos, os quais o aluno pode aumentar à vontade se quiser experimentar tudo o que foi mencionado antes. Na tríade aumentada não é necessário estabelecer uma diferença entre estado fundamental e inversões. Quase sempre ela se torna passível de interpretações diversas e dificilmente aparecerá dando a sensação de um acorde de quarta-e-sexta. Com frequência, à guisa de evitar complicações de escrita, far-se-ão necessárias trocas enarmônicas. Assim, no exemplo 179*d*, dever-

-se-ia escrever *lá♯* em lugar de *si♭*. Mas *lá♯* é uma notação que de bom grado se evita em *Dó-Maior*.

A circunstância de que a tríade aumentada se resolva através de um movimento forte – o salto de quarta ascendente da fundamental rumo a uma tonalidade maior, mesmo quando provenha da tonalidade menor homônima – favorece sua aplicação para o encadeamento do modo maior com o menor. O aluno poderá aproveitar esta vantagem nas modulações, mas não sou favorável (da mesma maneira como no caso do acorde de sétima diminuta) a que se apoie exclusivamente nesse acorde em uma modulação. Bem fará o aluno, da mesma forma que antes, em refletir devidamente sobre como aproveitar-se de um plano modulatório que prepare o objetivo.

São ainda mencionáveis duas outras maneiras de tratamento da tríade aumentada, que, embora carentes de importância harmônica, não são excluíveis: através do rebaixamento de um dos sons, obtêm-se três novas tríades maiores (exemplo 180*a*); e através do rebaixamento de dois sons – sobre a mesma fundamental –, obtêm-se três tríades menores (exemplo 180*b*).

180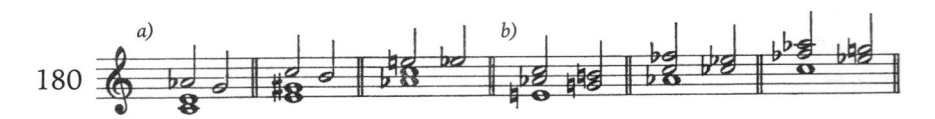

Essas resoluções atuam mais como resoluções de retardos, uma vez que têm por base um movimento harmônico decrescente (salto de terça ascendente). Todavia, são utilizáveis como preparação para um movimento forte que venha em seguida.

## Acordes aumentados de quinta-e-sexta, de terça-e-quarta, de segunda, de sexta, e alguns outros acordes errantes

O acorde aumentado de quinta-e-sexta, usualmente poderá ser derivado da seguinte maneira: no acorde de quinta-e-sexta do II grau do modo maior, elevando-se a terça e a fundamental e rebaixando-se a quinta; ou, no modo menor, elevando-se a fundamental no acorde de sétima do IV grau. Obtêm-se, deste modo, dois acordes: iguais sonoramente e bastante parecidos quanto à função.[4]

---

4 A derivação destes acordes citada aqui, de maneira alguma é a única. Conheço, por ouvir falar, as outras, e os muitos e diversos nomes que em consequência lhes dão. Todavia, devo mencionar que, ao que parece, a designação "acorde aumentado de terça-e-quarta" leva a um acorde completamente distinto daquele ao qual realmente conviria. Se os sons do acorde

II$\overset{6}{5}$ *Dó-Maior*    IV *Dó-menor*

Ambos os acordes poderão ser resolvidos tanto no acorde de quarta-e--sexta do I grau (exemplo 182*a, b*) como também – dado soarem igualmente, embora divirjam na escrita – na tríade do V grau (182*c*). Neste último caso originam-se quintas, pelo que muitas vezes se prefere a posição do exemplo 182*d*. Ou então se diz: "Quintas de Mozart" – que são aquelas permitidas não por soarem bem, mas porque foram escritas por Mozart. Concordo plenamente com este respeito ante as obras dos mestres. E, do mesmo modo, concordo com que a teoria consinta então, no mínimo, com tudo o que os mestres escreveram, sem que para isso deva-se solicitar-lhe permissão. Entretanto, tal procedimento é bem mais prático do que teórico: baseia-se no desejo fundamental de abrigar os acontecimentos e perde o direito de avaliar estética e teoricamente. Porém, conduzido homogeneamente, é o correto princípio para um ensino artesanal [*Handwerkslehre*], e, em vez disso, o caso prático isolado constitui-se em absurdo dentro de um sistema estético-teórico. Disporemos destas quintas de forma não diferente das demais: achamos que soam bem, mas, onde seja possível, não as escreveremos por enquanto. Por enquanto: o aluno, mais tarde, poderá escrevê-las. Mas, onde porventura aconteça de outras soluções não funcionarem, então que se as escreva desde agora.

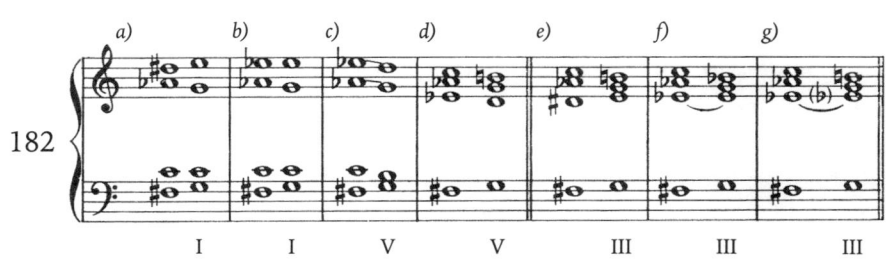

I      I      V      V      III      III      III

Na derivação mencionada acima, do acorde aumentado de quinta-e-sexta, encontra-se novamente a hipótese da elevação da fundamental, o que considero incorreto em um sistema que toma as fundamentais como referências

---

aumentado de quinta-e-sexta são dispostos de outra forma, encontrando-se, assim, alternadamente, outros sons no baixo, então os acordes que daí procedam somente podem ser compreendidos como inversões de um único acorde. Especialmente se as funções são iguais! Donde, então, esses nomes?

(as quais, portanto, somente podem ser vistas como não elevadas). Não é prático, quanto ao mais, derivá-lo de dois graus da escala; pois assim não apenas vela-se [*verschleiern*] sua função como também não se alcança o que, talvez, poderia justificá-lo: a reinterpretação [*Umdeutung*] enarmônica de um som concebível diferentemente (*ré♯-mi♭*) não guarda o esperado, pois, por exemplo em 182*d* aparece em *Dó-Maior* o que, conforme aquela derivação, imaginava-se fosse *ré♯*. Considero, por isso, mais conveniente derivá-lo de um acorde de nona do II grau, no modo maior ou menor, sobre o caminho das dominantes secundárias a partir do acorde de sétima diminuta. Dessa maneira, apresenta-se de acordo com os dois modos, maior e menor. Eis a sequência: II grau em (*Dó-*) *Maior* ou *menor*; dominante secundária, acorde de sétima de dominante secundária, acorde de nona de dominante secundária; omissão da fundamental, acorde de sétima diminuta, quinta rebaixada (exemplo 183).

Tornando-se já aceita a reinterpretação do *mi♭* como *ré♯* no acorde de sétima diminuta, o acorde derivado deste poderá, portanto, ser empregado, além do mais, em ambas as significações. No entanto, mais importante do que o problema de sua derivação parece-me esta questão: a quais necessidades ou possibilidades harmônicas deve ele a sua origem? A réplica a esta pergunta traz igualmente uma instrução para o seu manejo: para a sua introdução e para a sua continuação. Muitas vezes é encontrado naquele lugar onde, geralmente, está o II ou o IV grau. Ou seja: na cadência, antes do acorde de quarta-e-sexta do I grau ou antes do acorde de sétima de dominante (V grau) (exemplo 182). Portanto, poderá ser visto como representante de um destes graus, II ou IV. O mais favorável é a hipótese de que seja representante do II grau, conforme mostrei há pouco, porque vimos que no II grau ocorrem geralmente semelhantes substituições. E também porque o II grau, indo ao V, age à maneira da cadência autêntica, e, indo ao I, à maneira da cadência interrompida. Com isto, seu uso torna-se muito simples: é introduzido no modo maior da mesma maneira que os acordes da região da subdominante menor; e introduz-se no modo menor ao jeito de uma dominante secundária ou de um acorde de sétima diminuta. Posto na cadência, a sua continuação natural é, então, através do V ou do I grau e, eventualmente, através do III (exemplo 182*e, f, g*), numa sucessão facilmente compreensível: II-V, II-I, II-III; isto é, a primeira é o movimento de cadência autêntica (salto de quarta ascendente) e as outras duas são os movimentos mais habituais de cadência interrompida (movimento de segunda descendente e segunda ascendente), ou seja, os três movimentos crescentes mais importantes.

A questão das necessidades e possibilidades do acorde aumentado de quinta-e-sexta situa-se no contexto relativo à mesma pergunta concernente aos demais acordes errantes. Antes de tudo, semelhantes acordes são bons ali onde bem se ajustam com a vizinhança, enquanto não se constituam em acontecimentos solitários; quando, portanto, não contrastem com o estilo do conjunto. Enfim, os acordes errantes ao aparecerem, por assim dizer, em sociedade, habitualmente dão ao caráter da harmonia um certo colorido (*Fantasia "cromática" e fuga*, de Bach). Uma vez que nada possuem de mal em si, então não se poderia afirmar que o seu aparecimento isolado deva ser mal em todos os casos. Porém, salta aos olhos que o surgimento, em grande número, de acordes afastados da tonalidade favorece uma nova *concepção de unidade* [*Auffassungseinheit*]: a escala cromática. Não se deve ocultar que, pelo acúmulo de tais acontecimentos, a sólida estrutura da tonalidade poderia ir pelos ares. Mas é fácil esconjurar este perigo se sempre se consegue, continuadamente, uma nova consolidação. E se, contudo, acontecesse uma ruptura, não seria motivo para que, necessariamente, resultasse a dissolução e a carência formal. Pois a escala cromática também é uma forma. Também possui um princípio formal, um outro, diferente daquele da escala maior ou menor, mais simples e mais homogêneo. Talvez seja uma tendência instintiva à simplicidade o que guia os músicos aqui, pois a substituição dos modos maior e menor mediante uma escala cromática é, seguramente, um passo nesse sentido, conforme o foi a substituição dos sete modos eclesiásticos por simplesmente duas escalas, maior e menor: uma relação mais homogênea na mesma quantidade de possibilidades. Em todo caso, mostra-se nos acordes errantes o desejo à escala cromática e as preferências em aproveitar inteiramente a afinidade de sensível existente neles para o objetivo de encadeamentos mais convincentes, concludentes e maleáveis. A feliz coincidência de tantas circunstâncias favoráveis poderá ser interpretada como recompensa por um tratamento do material correspondente à sua natureza. Permite-se a esperança de haver descoberto, nesta minimidade [*Kleinigkeit*], o querer da natureza, e, ao mesmo tempo em que seguimos estas seduções, estamos obedecendo à sua coação. Assim age a natureza às vezes: permite que sintamos prazer cumprindo os seus objetivos. Ou, quem sabe, este prazer surja também através de nossa ânsia.

Os acordes aumentados de terça-e-quarta e de segunda são vistos como inversões posteriores do mesmo acorde básico: o de terça-e-quarta como segunda inversão, e o acorde de segunda como terceira inversão (exemplo 184*a*); ou então, simplesmente, como inversões do acorde aumentado de quinta-e-sexta. Com isso, evidentemente, não há mais nada a dizer sobre o tratamento deles. Colocam-se onde seja possível colocar o acorde aumentado de quinta-e-sexta e onde a linha melódica requeira uma outra nota no baixo. No entanto, o acorde aumentado de segunda causará, às vezes, alguma dificuldade, pois a repetição do *dó* no baixo (exemplo 185*d*) não é muito feliz. Dado que este acorde compõe-se de quatro sons, tem que haver ainda uma quarta disposição (exemplo 184*e*). É esta (conforme a minha derivação do acorde de nona), simplesmente, a quarta inversão de um acorde de nona. Segundo a derivação mencionada no início, esta quarta inversão deveria, propriamente, ser o estado fundamental, o que mais uma vez demonstra como é inatural essa concepção. Quanto a esta disposição do acorde, também não há nada especial a ser dito. Talvez, no máximo, que se deva ter cautela com a resolução no acorde de quarta-e-sexta do V grau (exemplo 184*f*). Mas também isto não é novidade, uma vez que lembra um caso semelhante ocorrido no acorde de sétima diminuta. Bastante comum é a resolução no acorde de sexta do I grau (exemplos 184*g, k*).

O denominado acorde de sexta aumentada – o qual (exemplo 184*b*) nada mais é do que um acorde aumentado de quinta-e-sexta sem a nona (respectivamente, sem a sétima), e que, portanto, comporta-se em relação a este último acorde de uma forma semelhante à da tríade diminuta do VII grau quanto ao acorde de sétima do V grau, ou quanto ao acorde de sétima de sua própria fundamental (VII grau) –, tal acorde não necessita de esclarecimentos mais amplos. Coloca-se onde se possa colocar o acorde aumentado de quinta-e-sexta (ou de terça-e-quarta, ou de segunda). Sempre se presumindo que não se atreva a escrever quintas[5] (exemplo 184*d*). Obviamente, podem-se dispor os sons deste acorde também em outras posições (inversões). Não é necessário, à maneira dos outros acordes de sétima, preparar os acordes aumentados de quinta-e-sexta, de terça-e-quarta, de segunda e de sexta. Pois o som que – segundo a derivação – é a sétima resulta, na realidade (visto que a suposta fundamental não soa no conjunto), em uma mera quinta diminuta, e a nona em uma elementar sétima diminuta, ambas as quais nós já empregamos antes livremente. Ao contrário, a terça da fundamental imaginária soa como uma sétima menor – o que também se torna evidente na troca enarmônica (exemplo 184*c*) –, a qual, nesta significação, certamente não exige que seja preparada. Entretanto, conforme se mostrará mais à frente, extraem-se proveitos do fato de este acorde soar idêntico a um acorde de sétima de dominante (sobre *lá♭*: *lá♭-dó-mi♭-sol♭*), em que pese a distinta forma de escrita.

c) acorde de terça-e-quarta

Assim como ampliamos a ideia de dominante utilizando a ideia de dominante secundária e produzimos artificialmente tríades diminutas, acordes de sétima e outros similares, procederemos aqui da mesma maneira, efetuando, nos demais graus da escala, convenientes transformações conforme o modelo do que foi realizado quanto ao II grau, obtendo, com este proceder, os seguintes acordes (o próprio aluno poderá realizar as outras inversões: acorde de terça-e-quarta e acorde de segunda, além do acorde de sexta aumentada):

em *Dó-menor*

VI        VII        III        VI

A introdução destes acordes é realizada ou através do aproveitamento da relação com a subdominante menor no modo maior, ou através de movimentos cromáticos. Para o emprego dos acordes de quinta-e-sexta, de terça-e-quarta e de segunda derivados de outros graus da escala, não existem muitos exemplos na literatura musical. Ainda assim, tenho-os visto em Brahms e Schumann. Porém, como os exemplos mostram, eles também são utilizáveis, embora às vezes sejam necessários recursos fortes para restabelecer a tonalidade.

187

a)

I

b)

III

c)

IV

A igual sonoridade existente entre um acorde aumentado de quinta-e-
-sexta (de terça-e-quarta, de segunda ou de sexta) e um acorde de sétima de
dominante poderá agora ser facilmente aproveitada do seguinte modo: tratando
um deles (introduzindo-o e dando-lhe continuação) como se fosse o outro.
Por exemplo: um acorde aumentado de quinta-e-sexta, sobre qualquer grau,
poderá ser visto como o acorde de sétima de dominante de igual sonoridade
e resolvido conforme o modelo dos movimentos V-I, V-VI ou V-IV (exemplo
188*a*); ou, então, um acorde de sétima de dominante (ou de dominante secundária) poderá ser concebido como um acorde aumentado de quinta-e-sexta, de
terça-e-quarta ou de segunda, e resolvido em conformidade com isto (exemplo
188*b*). Associando-se esse procedimento com a ideia de sexta napolitana sobre
graus secundários resultará, então, um grande enriquecimento da tonalidade.

Torna-se evidente que aqui aparecem acordes que poderão também ser
compreendidos de maneira diversa. Todavia, isto é indiferente para nós, uma
vez que não nos dedicamos à análise. Em nosso caso, trata-se somente de
um sistema que estimule pelo fato de compreender o maior número possível

de acontecimentos. É supérfluo dizer que não faz muito sentido quebrar a cabeça para saber se, por causa da significação harmônica, é preciso escrever *dó♯* ou *ré♭*, *sol♯* ou *lá♭*. Escreva-se o mais simples. O erro está na imperfeição de nossa escrita musical e não em outra coisa.

Antes de começar a esboçar (esboçar, pois é quase impossível expor tudo o que pudesse ser praticável) os encadeamentos destes vários acordes errantes entre si, gostaria ainda de discutir dois acordes que também pertencem aos errantes.

Deriva-se melhor um deles (exemplo 189*a*) do II grau no modo maior ou menor, através da elevação da terça e rebaixamento da quinta. Com a elevação da terça cria-se uma sensível ascendente, e com o rebaixamento da quinta uma sensível descendente. Isto é um encadeamento dentre as possibilidades de dominante (ou dominante secundária) com as relações da subdominante menor. O segundo acorde (189*b*, em †) já é nosso conhecido desde as relações da subdominante menor. Ele é, desta maneira, como que II grau de *Dó-menor* ou VII grau de *Mi♭-Maior*. Todavia, é novidade para nós o contexto no qual se expõe a sua continuação. O melhor seria considerar o seu *ré* como um *mi♭♭*. Isto seria especialmente necessário se, por exemplo (exemplo 189*c*), o imaginássemos procedente de uma inversão do acorde aumentado de quinta-e-sexta. De fato, a mesma resolução acontece também no primeiro acorde (189*d*). Pode, assim, surgir a ideia de que a fundamental [*Grundton*] de ambos acordes não é *RÉ*, mas *LÁ♭*[6] (exemplo 189*e, f*), hipótese esta aparentemente favorecida pela circunstância (189*g*) de que o segundo acorde resolve-se também num acorde menor sobre *RÉ♭*, o que, de forma natural (uma vez que *fá♯* é aqui sempre igual a *sol♭*) – exemplo 189*h* –, poderá também ser feito com o primeiro acorde. Neste caso, o *ré* seria uma quinta rebaixada, e o *fá* (como *sol♭♭*) uma sétima rebaixada. Mas, por outro lado, as resoluções mais habituais destes acordes – por serem as de mais fácil

---

6  "*... der Grundton dieser beiden Akkorde sei nicht D, sondern As*" (= a fundamental de ambos os acordes não é *RÉ*, mas *LÁ♭*).

Reiterando o que anteriormente já comentamos sobre a questão da diferença que o autor estabelece entre *Tônica* [*Tonika*] e *Fundamental* [*Grundton*], aqui reaparece essa questão, assim como em tantos outros lugares do Livro. Schoenberg, quando utiliza letras *minúsculas* para designar os sons (*d* = *ré* ; *a* = *lá* etc.), refere-se a uma simples nota pertencente à escala. Quando escreve, por exemplo, *C-moll* (= *Dó-menor*), diz respeito a uma tonalidade. Porém, e é o caso, quando se refere a um som, chamando-o de *Grundton* e letra *Maiúscula* (*D* = *RÉ* ; Ab = *LÁ♭* etc.), designa assim não simplesmente a tônica da escala, mas sim a *Fundamental geradora de todo um contexto*, contexto esse que, por isso mesmo, tende a reconhecer tal *campo gerador* (o som fundamental [*Grundton*]) como o sustentáculo de tudo e daí ser ele admitido como o ponto máximo de repouso e, portanto – e talvez isso seja o mais importante – "o ponto necessário de referência para afastamentos e aproximações". Insistir nesse esclarecimento nos parece imprescindível à compreensão das ideias relativas às *Fronteiras da Tonalidade*, assunto para o qual o autor mais tarde dedicará um capítulo especial e que se constitui no cume do Livro. (N. T.)

compreensão – são as do exemplo 189*i*, o que permite sejam estes acordes considerados como II grau nos movimentos de fundamentais II-V, II-III e II-I, ao passo que a concepção de uma fundamental *LÁ♭* (VI grau de *Dó-menor*) decerto forneceria o movimento VI-II (quarta ascendente) para o enlace com *RÉ♭*, dando, porém, VI-I (terça ascendente) para o enlace com *DÓ*. Isto é possível, sem dúvida, mas não é convincente. Em primeiro lugar, é mais coerente referir este acorde, assim como muitos outros, também ao II grau, ao passo que derivá-lo do VI grau seria uma inovação; introduzir algo semelhante não seria muito prático para a utilização do sistema de tratamento dos acordes, ainda que pouco prejudicial ao sistema de reflexão. Porém, em segundo lugar, ainda deve ser dito o seguinte contra isso: o *ré*, no exemplo 189*i*, é, como II grau, fundamental; mas, como VI grau, seria propriamente uma maneira inexata de escrita para um *mi♭♭*, para um som, portanto, estranho à escala: a quinta diminuta de *lá♭* (o som próprio da escala chamar-se-ia *mi♭*). Como é que este mesmo som estranho à escala pode ser agora, repentinamente, um som *próprio da escala* no acorde de resolução (V)?! É verdade que também isto não é impossível, mas complicado. Ao contrário, a outra forma de interpretar não tem necessidade de tal complicação. O único enlace cuja explicação poderia criar dificuldades é aquele com o acorde maior (ou menor) de *RÉ♭*. Pois teríamos que designá-los como enlace de um II grau com outro II grau. Logo, não ocorreria nenhum movimento de fundamentais. Porém, isto não é para nós uma novidade. Em primeiro lugar, já tivemos casos em que não foi imaginável nenhum movimento de fundamentais em dois acordes sucessivos; por exemplo, quando à tríade de um determinado grau segue-se o acorde de sétima desse mesmo grau, ou a dominante secundária, ou o acorde de sétima da dominante secundária, ou o acorde de sétima (nona) diminuta etc. Em segundo lugar, já nos foi apresentado um caso muito parecido justamente com este em questão, quando encadeamos o acorde aumentado de quinta-e-sexta (II grau) com a sexta napolitana (II grau). Portanto, é bastante sistemático admitir o mesmo também aqui.

Conseguimos, assim, a mesma vantagem [*Vorteil*] que já havíamos obtido quando procurávamos dar homogeneidade às relações, ou seja: o surgimento da ideia de efetuar as mesmas modificações sobre os outros graus da escala. Obtêm-se, então, os acordes do exemplo 189*k*, onde os acordes assinalados, assim como um acorde do VII grau, já são por nós conhecidos. Alguns outros acordes são, talvez, algo difícil de introduzir, mas não muito difícil considerando-se os recursos de que já dispomos a esta altura. O que sobretudo se torna claro para nós com essa transferência [*Übertragung*] é a grande errância destes acordes e quão pouco exata é a análise que os relacione a esta ou àquela tonalidade.

Não seria preciso falar muito sobre esses acordes, pois não são especialmente complicados. Somente a circunstância de que desempenham um grande papel na harmônica de Wagner, e que daí muito se escreveu a respeito deles (não conheço tais ensaios, apenas tenho ouvido falar a seu respeito), obrigou-me a também expor o meu ponto de vista. O acorde do exemplo 189*b*, transportado uma terça menor acima e trocado enarmonicamente (exemplo 189*l*), é conhecido por todos como "acorde de Tristão". Por certo se resolve, indo para *Mi-Maior*, analogamente ao exemplo 189*b*, cuja continuação deveria dar-se como no exemplo 189*l*, ou seja: dirigindo-se para *Mi♭-menor*. Mas em Wagner vem a ser tratado como dominante de *Lá-menor* (exemplo 189*m*). A qual grau da escala ele pertence é algo sobre o qual se tem discutido muito, e o melhor com que espero contribuir no desfecho desta questão é não oferecer nenhuma derivação nova. Ora, considerando-se o *sol♯* como um retardo ascendente ao *lá*, o acorde apresenta-se sob a forma demonstrada no exemplo 189*a*; ou, também concebível, admitir o *lá* como uma nota de passagem ao *si* (passando por *lá♯*); ou ainda, na pior das hipóteses, imaginar o acorde como verdadeiramente procedente (se é que ele tem, em absoluto, de originar-se de algo) de *Mi♭-menor* (exemplo 189*n*), e daí, visto ser um acorde errante, reinterpretá-lo e relacioná-lo a *Lá-menor* (esta última hipótese aparenta ser a mais consequente, mas não o é, pois *Lá-menor* e *Mi♭-menor* possuem não apenas este acorde em comum, senão outros mais simples; por exemplo, o VI grau de *Mi♭-menor* é idêntico à dominante-da-dominante de *Lá-menor*, a saber, à dominante secundária sobre o II grau; e a sexta napolitana de *Lá-menor* é o V grau de *Mi♭-menor*; ademais, também a sexta napolitana de *Mi♭-menor* coincide com o V grau de *Lá-menor*). Porém, qual concepção deva ser a adotada, isto é algo que parecerá sem importância àquele que houver compreendido quão ricas são as relações mesmo entre as tonalidades mais distantes, a partir do momento em que acordes errantes criam novas vias de tráfego, novos meios de circulação. Obviamente, não quero deveras dizer com isto que esse acorde tenha algo aqui a ver com *Mi♭-menor*. Desejei apenas mostrar que mesmo esta hipótese pode justificar-se. E que pouco se diz ao mostrar-se de onde o acorde provém: porque ele pode originar-se de todas as partes. O essencial, para nós, é a sua função e a essa se chega quando se conhecem as suas possibilidades. E por que deveria ser necessário reconduzir a uma tonalidade, custe o que custar, justamente esses acordes errantes, e ter-se que restabelecê-los ali a qualquer preço, uma vez que, de uma maneira tranquila, não houve essa preocupação ao fundamentar-se o acorde de sétima diminuta? É certo que relacionei o acorde de sétima diminuta à tonalidade. Porém, isto não deve limitar a sua esfera de ação, mas tão somente expor ao aluno, de forma sistemática, as possibilidades de emprego a fim de que ele encontre, através do cálculo, aquilo que o ouvido reconheceu muito antes através da intuição. Mais tarde o aluno poderá considerar todos esses acordes errantes sem atribuí-los a uma tonalidade ou a um grau, mas enxergando-os do modo que eles simplesmente são: aparições apátridas, vagando pelos domínios das tonalidades, da mais incrível adaptabilidade e impessoalidade; espiões, procurando saber das fraquezas e aproveitando-as para criar confusão; desertores, cujo desígnio íntimo é o abandono da própria personalidade; agitadores sob todos os aspectos, mas também, e antes de tudo, os mais divertidos companheiros!

Abstendo-se, portanto, de querer explicar a origem desses acordes, tornar-se-á muito mais clara a sua eficácia. Compreende-se, então, que semelhantes acordes (como, de resto, será demonstrado mais tarde, é possível comprovar a mesma propriedade em muitos outros acordes ainda, o que não se percebe de momento) não possuem uma necessidade incondicional de acontecerem exatamente na função imposta pela sua procedência, uma vez que o clima de sua pátria não tem nenhuma influência sobre o seu caráter. Prosperam em qualquer clima, o que torna explicável como, no *Crepúsculo dos deuses*,[7] uma outra forma desse acorde venha a ser resolvida (exemplo 189*o*) e conduzida a *Si-menor*; donde se mostra, portanto, que minha primeira derivação (189*b*) confirma-se em Wagner, através de um outro exemplo, pois o exemplo 189*p* – que é o esquema da citação feita em 189*o* – é, sem dúvida, uma forma transportada, meio-tom abaixo, da função demonstrada em 189*b*. Não pretendo com isso dizer que é esta a origem desse acorde, pois ele ainda se encontra, em Wagner mesmo, com outras resoluções, as mais diversificadas:

---

7 Uma das quatro óperas de Richard Wagner que compõem, juntas, o ciclo denominado *O Anel dos Nibelungos*. Esse ciclo é também conhecido como a "Tetralogia de Wagner", cuja sequência é: *O Ouro do Reno, A Valquíria, Siegfried,* e, por último, *O Crepúsculo dos deuses* [*Götterdämmerung*]. (N. T.)

e por aí adiante. E é fácil acrescentar muitas ainda. Não obstante, conforme estes exemplos demonstram, esses acordes são, de preferência, acordes cujos sons permitem ser alcançados por um caminhar cromático; ou então são outros tipos de acordes errantes, para cuja formação e possibilidade de encadeamento não se torna necessária uma comprovação complicada que se demonstre através da condução melódica.

Como fio condutor, útil ao aluno em suas tentativas em descobrir, por si mesmo, resoluções para tais acordes errantes, poder-se-ia dizer: dado que aqui é frequentemente difícil realizar um controle sobre o valor de uma sucessão a partir de uma avaliação dos movimentos dos graus, isto é, através do encadeamento das fundamentais, poder-se-ia empregar para tanto, como substituto, algo já mencionado muitas vezes: o controle através da melódica. A saber: em geral, os melhores encadeamentos de acordes simples com errantes ou de errantes entre si serão aqueles em que o segundo acorde eventualmente contenha somente sons que ou se apresentem já no primeiro, ou sejam reconhecíveis como elevações ou rebaixamentos cromáticos dos sons do primeiro. Conviria, nas primeiras tentativas, expressar essa formação na condução das vozes. Dever-se-ia, realmente, encontrar no segundo acorde – na mesma voz – um *mi♭* que tenha sido *mi* no acorde anterior, do qual procede. Todavia, isto é necessário apenas no início. Mais adiante, quando estiver familiarizado com a função desse fenômeno, o aluno poderá também abster-se da reprodução explícita da origem na condução das vozes.

Ora, nos encadeamentos seguintes, de acordes errantes entre si, gostaríamos de pensar novamente na tonalidade e configurá-los de maneira que a expressem e nos mantenham conscientes das relações entre os graus.

Encadearemos:

1. acordes de sétima diminuta entre si (exemplo 191); a seguir, estes mesmos com tríades aumentadas (exemplo 192); com acordes aumentados de quinta-e-sexta, de terça-e-quarta e de segunda (exemplo 193); com sextas napolitanas (ex. 194); e, finalmente (exs. 195 e 196), também com os acordes errantes de que falamos por último;

2. tríades aumentadas entre si (exemplo 197); a seguir, tríades aumentadas com acordes aumentados de quinta-e-sexta, de terça-e-quarta e de segunda (exemplo 198), com sextas napolitanas (exemplo 199), e com os demais acordes errantes (exemplo 200);

3. acordes aumentados de quinta-e-sexta, de terça-e-quarta e de segunda com sextas napolitanas (exemplo 201), e, a seguir, com os demais acordes errantes (exemplo 202);

4. sextas napolitanas com os acordes errantes mencionados (exemplo 203);
5. estes acordes errantes entre si (exemplo 204).

O encadeamento de acordes de sétima diminuta entre si é muito simples e pode, naturalmente, acontecer através do avançar cromático de todas as vozes, assim como pela condução das vozes por saltos (exemplo 191*b*), causando, se muito, apenas dificuldades ortográficas. Ou seja: algumas vezes poderia ser difícil decidir se é melhor escrever *mi♭* ou *ré♯*, *sol♯* ou *lá♭*. Por isto, trago à lembrança a seguinte orientação: dever-se-á, antes, orientar-se segundo a tonalidade com a qual, panoramicamente, o trecho em que se está no momento mais se pareça. Melhor isso do que orientar-se conforme a tonalidade prevista para a peça, e daí tentar relacionar ortograficamente os encadeamentos, a cada vez, imaginando-se essa tonalidade.

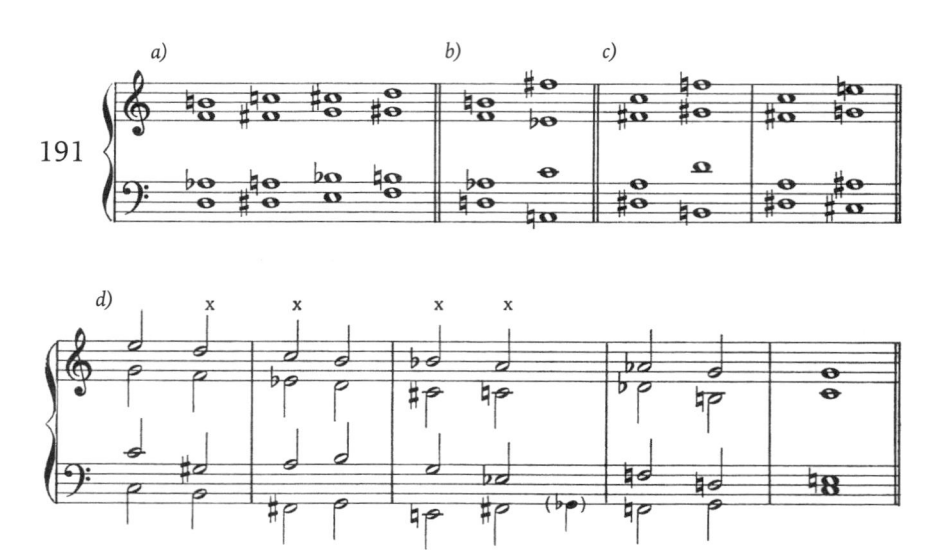

Não se deve, entretanto, ser demasiado pedante; prefiro, aos dobrados sustenidos e dobrados bemóis, uma escrita que evite tais figuras complicadas e acho o seguinte: a ortografia justa é a que utiliza menos acidentes. Será bom expressar cada acorde com uma imagem musical que recorde um outro já conhecido. Quanto ao mais, dever-se-á representar todos os passos melódicos de maneira que fragmentos de, no mínimo, três ou quatro sons consecutivos em uma mesma voz possam ser atribuídos a uma escala menor ou maior – ou à escala cromática – e as passagens de uma escala à outra devem ser representadas de tal maneira que possam ocorrer em uma sequência de sons a qual seja, por assim dizer, modelar. Essa ortografia tem a vantagem de poder ser lida com relativa facilidade, enquanto a outra nem sequer cumpre o objetivo que deveria ter: expressar a origem. Contra o emprego excessivo de sucessões de acordes de sétima diminuta objeta-se: elas resultam fortes, mas cabe pouco mérito a essa robustez, uma vez que é conseguida com acessível e demasiada facilidade; daí, então, que não há por que orgulhar-se particularmente do aproveitamento de sua eficácia.

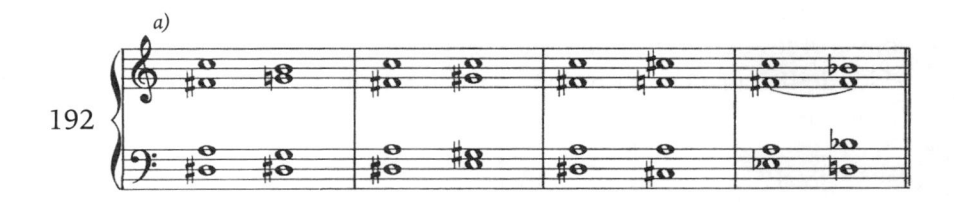

O encadeamento dos acordes de sétima diminuta com as tríades aumenta-das é representado, no exemplo 192*a*, iniciando-se sempre do mesmo acorde de sétima diminuta. Um fragmento em *Dó-Maior* demonstra uma forma de utilizá-lo (exemplo 192*b*).

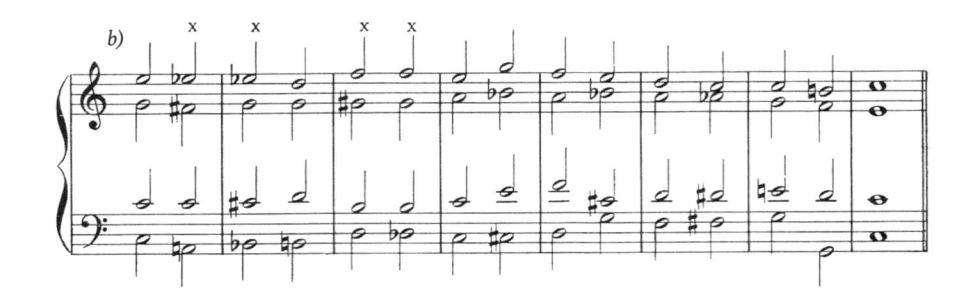

Acordes aumentados de quinta-e-sexta, de terça-e-quarta e de segunda com acordes de sétima diminuta. Aqui são apresentados somente os derivados do II grau. O próprio aluno pode, facilmente, experimentar os demais (conforme o modelo do exemplo 193*b*).

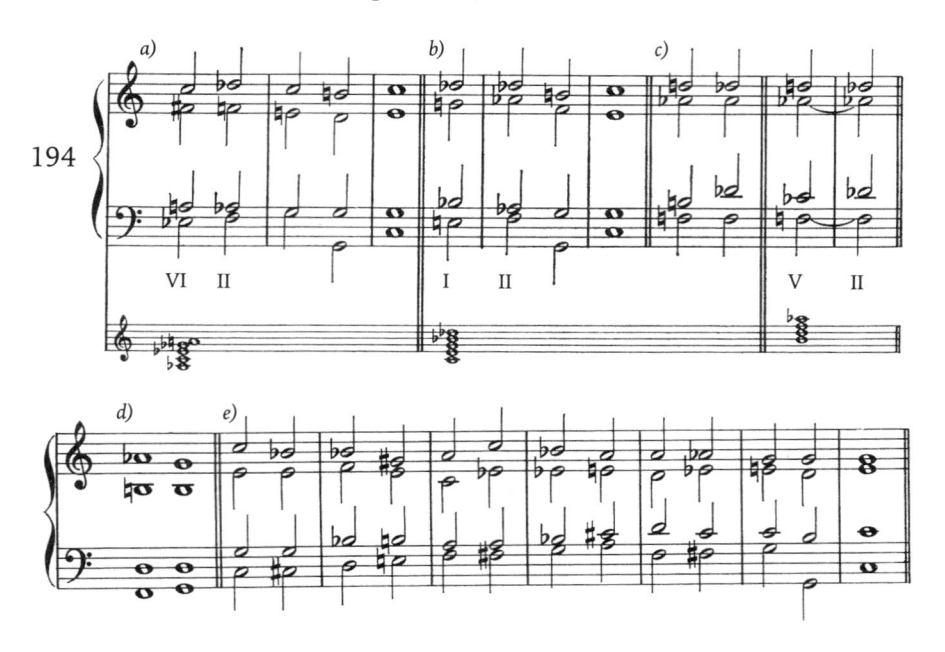

O encadeamento do acorde de sexta napolitana (II grau) com dois acordes de sétima diminuta (194*a, b*) é excelente. O acorde 194*a* deve ser considerado como derivado do VI grau; em 194*b*, como procedente do I grau de *Dó-menor* (relação com a subdominante menor) ou de *Dó-Maior*, o que produz bons movimentos de fundamentais. O terceiro acorde, pelo contrário, somente pode ser interpretado como V grau; encadeá-lo com o II grau é, no fundo, pouco recomendável, pois tem por base um movimento decrescente. De mais a mais, este encadeamento se parece relativamente débil pelo fato de que dois sons permanecem comuns, enquanto apenas um avança cromaticamente e o terceiro, se escrito como efetivamente deveria sê-lo (*si*), teria que realizar um movimento inverossímil (ir ao *ré♭*). Portanto, se acaso este encadeamento apresenta-se como sem valor no sentido harmônico, isto, porém, nada diz quanto à sua utilidade como recurso expressivo. Esta possibilidade é testemunhada pela circunstância de que o *motivo do Ouro do Reno* (exemplo 194*d*) baseia-se neste mesmo movimento de fundamentais (ver também o exemplo 173).

No exemplo 194*e* são apresentadas sextas napolitanas sobre outros graus.

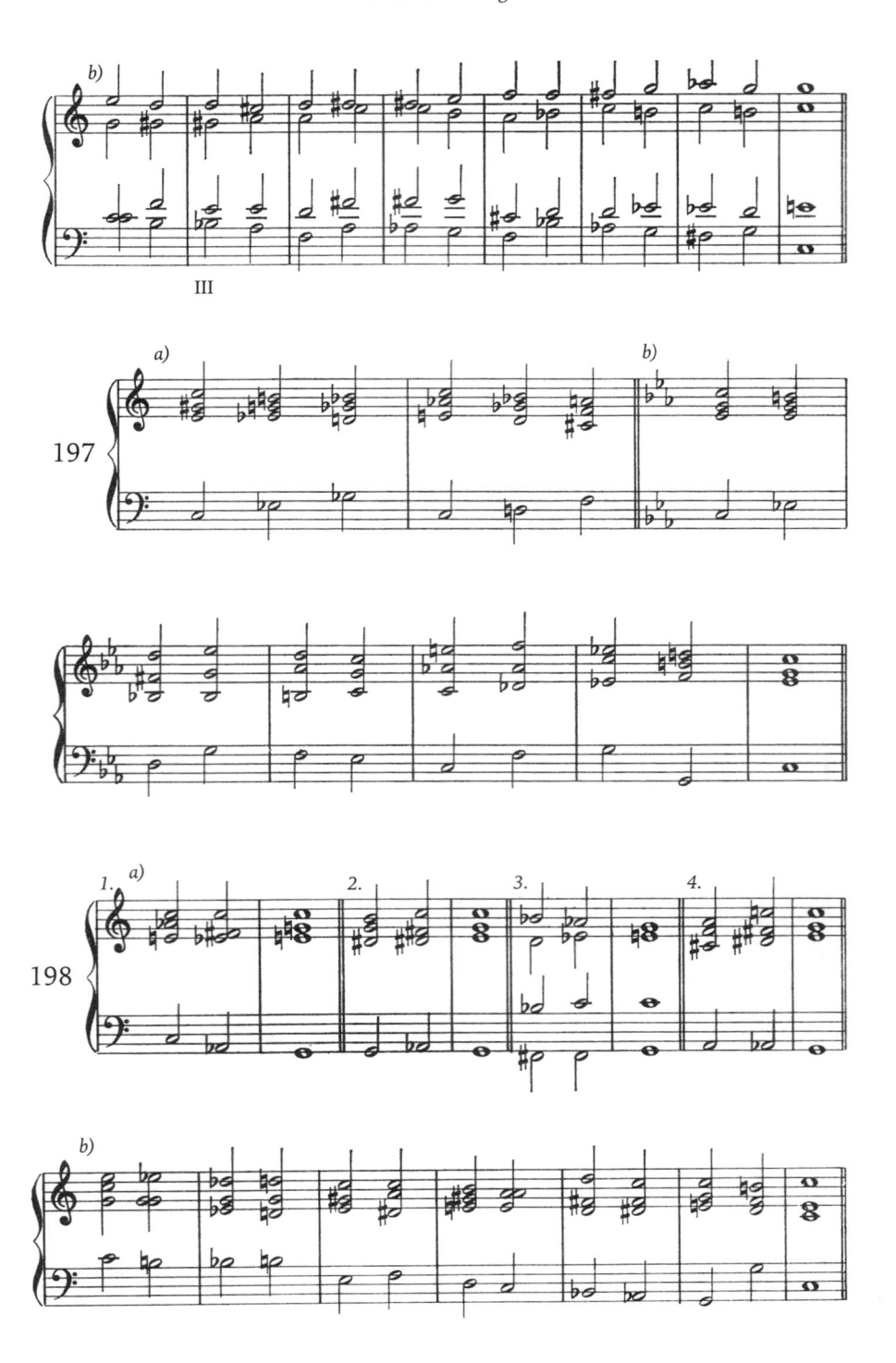

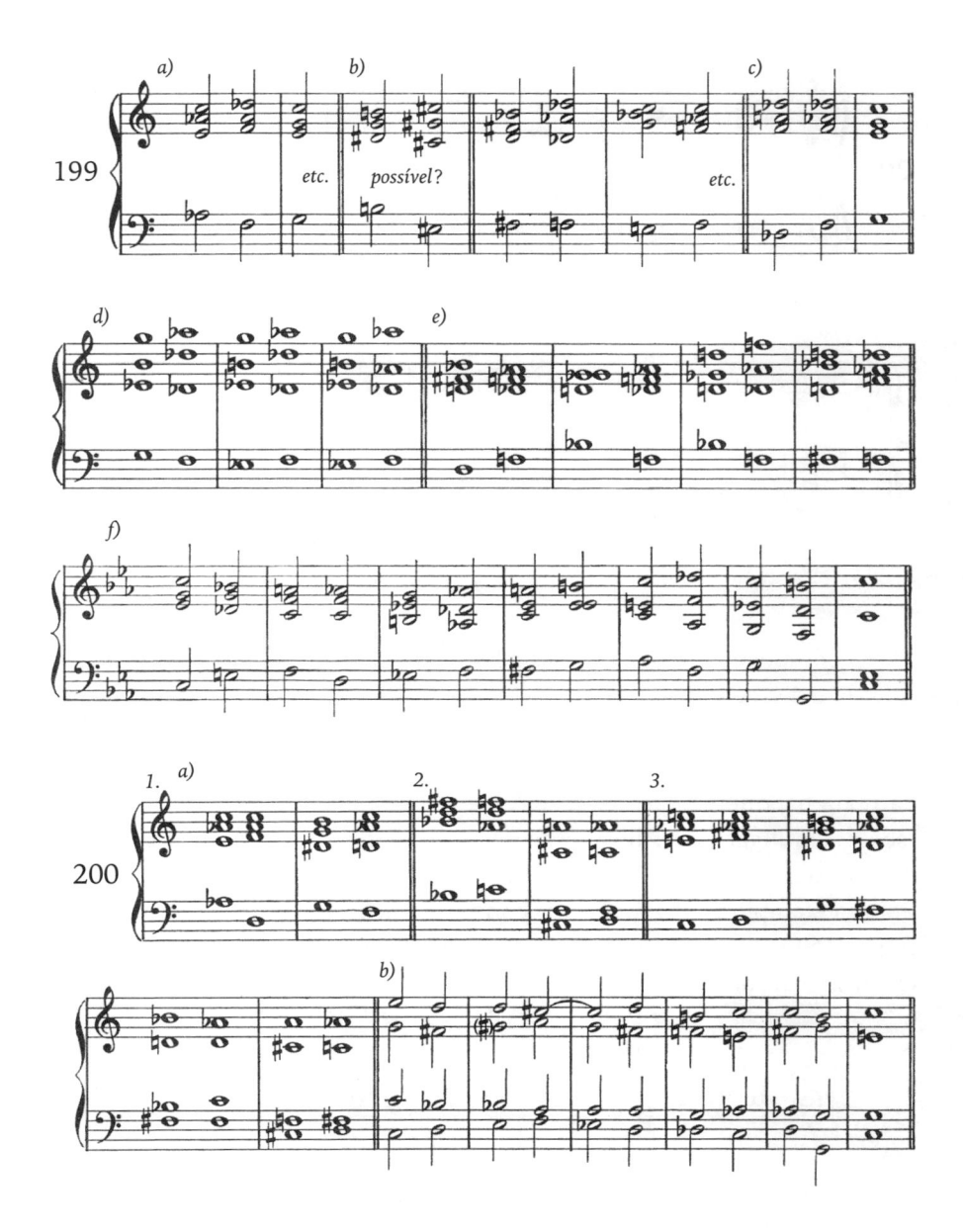

Ambas as tríades aumentadas do exemplo 199*b* criam dificuldades notáveis. Apenas com muito esforço poder-se-ia encontrar uma posição na qual fosse possível prescindir de uma reinterpretação (troca enarmônica) ou de passos aumentados ou diminutos. O melhor é que o aluno, por enquanto, omita semelhantes encadeamentos.

O encadeamento dos acordes aumentados de quinta-e-sexta, de terça-e-
-quarta e de segunda com a sexta napolitana baseia-se, conforme já mencionado a respeito, em que tais acordes soam iguais àquele acorde de sétima (e
suas respectivas inversões) que poderia vir a ser imaginado como dominante
da sexta napolitana. Nesses casos acontece, na maioria das vezes, escrever-
-se *sol♭* em lugar de *fá♯* no acorde de quinta-e-sexta, conforme acontece em
nosso exemplo. De muito boa eficácia é a sua repetição após a sexta napolitana (exemplo 201*a*), que logo conduz ao acorde de quarta-e-sexta. Uma
repetição desse tipo é muito adequada a consolidar uma tonalidade que se
encontre vacilante.

O seu encadeamento com os demais acordes errantes do II grau acontece
também com bastante frequência, embora o acorde do exemplo 202*a* não favo-
reça exatamente a colocação do V grau em estado fundamental (por causa do

*sol* no baixo), visto que o *fá♯* caminha para o *fá*. Contudo, dado que o acorde de quarta-e-sexta não é a meta obrigatória, a continuação do exemplo 202*c* é também possível. O passo *ré♭-fá♯* acontecido no baixo, assinalado aqui e no exemplo 201*b* com †, somente é aplicável supondo-se *sol♭*, e realizando-se a troca enarmônica. Mas isto se pode fazer!

Em todos esses exemplos as vozes foram conduzidas, sempre que possível, conforme exigiam nossas primeiras orientações. Isto é: evitando-se intervalos aumentados e diminutos, quintas paralelas etc. Em circunstâncias nos quais o encadeamento encontrou dificuldades, não foi possível, evidentemente, contornar intervalos aumentados. Aliás, eles são bons nesses casos. Pois a necessidade é o mandamento mais forte. Mas quando, como no presente momento, a relação entre tais acordes conduz a tonalidades que se encontram muito distantes umas das outras, seria pedantismo querer permanecer, na condução das vozes, em uma única tonalidade, isto é: permanecer num modo maior ou menor. O cantor que deseje entoar semelhantes intervalos tem, de imediato, que realizar trocas enarmônicas, se é que pretenda mesmo fazer-se melhor a compreensão de intervalos aumentados.O som enarmonicamente trocado por certo não coincide com aquele do sistema temperado e este é um problema que traz hoje grandes dificuldades ao canto coral. Mas isto não poderá, obviamente, deter a evolução de nossa música, pois é evidente que se deseja empregar na composição coral os mesmos recursos harmônicos que são usados na composição instrumental. É possível mesmo que se venha a escrever pouca música coral, até que se encontre um auxílio que supere esse problema. Porém, uma vez que seja preciso encontrar tal recurso, ele será, sem dúvida, encontrado. A entoação desses intervalos, e mesmo de sucessões muito mais complexas, hoje não causam mais, praticamente, dificuldades aos instrumentistas. Torna-se sempre maior o âmbito do que se pode, tranquilamente, exigir deles. Porém, de momento, em hipótese alguma o aluno deve aproveitar todas estas possibilidades. Mas sim continuar a esforçar-se por expressar melodicamente o cromatismo na condução das vozes; continuar a relacionar, a uma tonalidade, os acontecimentos em uma voz tanto tempo quanto possível, realizando a mudança para outra tonalidade com as maiores precauções. E, como já foi mencionado frequentemente: visto que as vozes com as quais lida não são outra coisa além de necessárias peças de conexão em uma construção harmônica; visto, ademais, que o desenvolvimento delas não é impulsionado ou justificado por um motivo, então o aluno nunca deveria afastar-se da representação mais simples, a não ser quando se apresentasse a exigência de razões imperiosas.

Para encerrar, queremos apresentar aqui, a título de complemento, algumas possibilidades de resolução do acorde de sétima diminuta.

No exemplo 205*a* é mostrado como um acorde de sétima diminuta pode ser transformado em quatro diferentes acordes de sétima de dominante: em cada caso um dos seus sons desce *um semitom*, e converte-se em fundamental (nossa fundamental imaginária!). Se se deixa um som ligado como fundamental (exemplo 205*b*) e os outros três caminham ascendentemente de um semitom, obtêm-se outros quatro acordes de sétima de dominante. Ou, procedendo do mesmo modo, mas com outras resoluções correspondentes, conseguem-se acordes maiores e menores do mesmo grau da escala (exemplo 205*c*). Se se deixam ligados dois sons não consecutivos (uma quinta diminuta ou uma quarta aumentada), e se os outros dois sons, também não consecutivos, sobem de um semitom, obtêm-se assim (exemplo 205*d*) duas formas do acorde alterado citado na página 368. Deixando-se três sons ligados e ascendendo o outro (exemplo 205*e*), conseguem-se acordes secundários de sétima, de igual configuração aos do VII grau no modo maior ou do II grau no modo menor. Deixando-se dois sons consecutivos ligados e ascendendo os outros dois, também consecutivos, obtêm-se assim acordes secundários de sétima iguais aos do III grau do modo maior (exemplos 205*f*). Se três sons descem e um permanece ligado, conseguem-se os mesmos acordes obtidos se três permanecessem ligados e um subisse, porém em outras tonalidades (VII grau do modo maior, II grau do modo menor) (exemplo 205*g*).

Mencionei, suplementarmente, esse gênero de encadeamentos, pelos seguintes motivos:

1. porque não possuem como base movimentos de fundamentais inteiramente bons;

2. porque esse modo de efetuar transformações em um acorde não está conforme a nossa forma expositiva de outras ocasiões;

3. e porque esses encadeamentos apresentam, na maioria das vezes, somente uma importância pseudo-harmônica; são encontrados quase sempre

como, por assim dizer, guias melódicos da harmonia, ajustando-se ritmicamente ao caminhar de uma voz principal.

Semelhantes encadeamentos são muito utilizados em modulações, mas habitualmente sem consciência do movimento de fundamentais, e isto faz pouco sentido.

---

# Modulação ao II, V e VI círculos de quintas, ao VII, VIII e também aos círculos de quintas mais próximos através da decomposição do caminho[1] e através de tonalidades intermediárias

Para os primeiros exercícios destas modulações, o melhor será que o aluno se abstenha, por agora, da utilização dos enriquecimentos da harmonia aprendidos por último. Deve-se, no começo, produzir essas modulações novamente com os meios mais simples e aproveitar-se das relações de afinidades mais elementares. Obviamente, elas seriam realizadas mais depressa por meio da utilização dos recursos harmônicos colocados à disposição no capítulo anterior. Mas é importante que o aluno conheça também os meios mais simples e fundamentais, e aprenda, só com eles, a realizar polidamente [*glatt*] algo que corresponda aos objetivos propostos, adquirindo assim um sentido formal antes de ousar empregar os outros recursos, para os quais – em razão do imenso número de possibilidades combinatórias – não podem ser fornecidas orientações tão precisas; onde o aluno, portanto, cada vez mais dependerá do sentido formal para realizar correções.

A modulação ao segundo círculo de quintas realizar-se-á da maneira mais simples por meio da decomposição do caminho, dividindo-o em duas partes. As tonalidades de partida e de chegada possuem aqui muito poucos acordes comuns uma com a outra. São estes: partindo-se do modo maior para cima, os acordes da região da dominante – III e V graus – dos quais o III grau é o que se situa mais próximo do segundo círculo de quintas; partindo-se do modo maior para baixo, são comuns os acordes da região da subdominante – II e

---

1 *Zerlegung des Weges*.

IV graus – dos quais o IV grau é o que se situa mais próximo do segundo círculo de quintas, assim como o III o foi no primeiro caso. Não é impossível uma modulação apenas com o emprego destes acordes comuns. E é assim que ela é apresentada na maioria dos livros escolares. Para cima, a sucessão I-III-V resulta apenas movimentos decrescentes de fundamentais, ao passo que é inteiramente boa a sucessão I-V-III (exemplo 206).

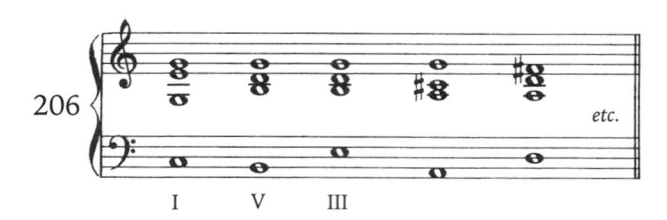

Para baixo, através da ordenação I-IV-II, é possível obter-se uma modulação útil e bastante rápida.

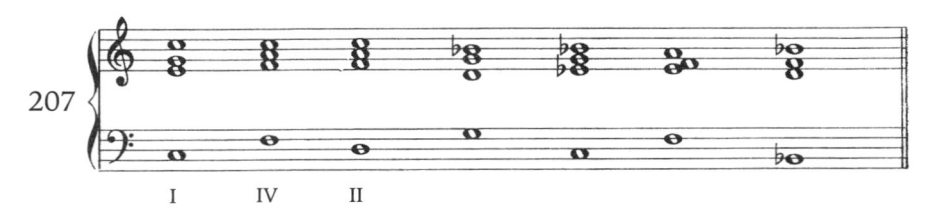

Porém, desde que não se esteja em um exame – circunstância em que é necessário apressar-se –, tem-se então tempo para uma modulação, de modo que ela pode ser planejada. Pode-se fazê-la de maneira que o caminho seja realmente o das afinidades íntimas e não aquele do acaso. Assim, poder-se-á realizá-la de forma que, para a obtenção de um efeito característico, sejam empregados meios característicos. Fabricar modulações que vão longe [*weitgehend*] através do mero enfileiramento de tríades, conforme se recomenda na maioria dos compêndios, é algo absolutamente mau. Isto não segue as pegadas da arte, senão meramente atende aos objetivos das muitas provas às quais os não chamados [*Unberufene*] são submetidos a fim de que os chamados [*Berufenen*] sejam protegidos dos eleitos [*Auserwählte*].[2] E seu objetivo – pôr

---

2 Esse período apresenta-se-nos como de uma dificuldade de compreensão típica de certos períodos que o autor expõe em várias passagens do Livro. Ei-lo, no original: *"Das folgt nicht den Spuren der Kunst, sondern dient bloss den Zwecken der vielen Prüfungen, denen man Unberufene aussetzt, um die Berufenen gegen die Auserwählten zu schützen"*. Provavelmente o entendimento

nas mãos do aluno um esquema de fácil compreensão, que possa ser memorizado e que raramente falhe – não é alcançado quando o aluno está aflito, o que é o principal resultado das provas. É extremamente raro ter-se motivo para uma modulação rápida; em todo caso, tal motivo não se apresentará onde são empregados somente recursos harmônicos simples. Modulações a tonalidades longínquas ocorrem na literatura musical apenas onde se encontram à disposição ricos processos modulatórios. Quem queira convencer-se disso, dê uma examinada em Bach. E encontrará que, para modular-se ao longe, a modulação ocorre ou através de uma lenta decomposição, ou, no caso de acontecer subitamente, por meio da utilização de um recurso modulatório extremamente enérgico – na maioria das vezes, do acorde de sétima diminuta, pois Bach não conhecia ainda outros meios potentes de modular. Mas também, e isto é muito importante, através da disposição de notas preparatórias – de passagem e de adorno –, as quais aproximam as relações entre as tonalidades. O essencial, entretanto, é que um desvio de aparência súbita anuncia-se, quase sem exceção, antecipadamente: quer por meio de uma espécie de dissolubilidade [*Aufgelöstheit*] na harmonia, quer na melodia por uma transformação (geralmente ampliação [*Vergrösserung*]) dos passos melódicos; na polifonia, através de um característico aumentar ou decrescer; na dinâmica; em suma, em tudo que tenha importância. Porém, muito frequentemente tal anúncio ocorre na harmonia pelo fato de a capacidade de giro do acorde, com o qual o processo de modular se realiza, já ter sido insinuada de antemão; e que este acorde, desde antes, estabeleceu-se numa luz ambígua, de maneira que a sua reinterpretação fornece a ideia de realização de uma necessidade. E querem que o aluno consiga representar tudo isto exclusivamente através da harmonia! Que não utilize, para esse fim, nenhum outro meio que não sejam tríades e os acordes de sétima de dominante (acordes de sétima! e precisamente de dominante!) e que não baseie todo esse processo em nada além das possibilidades casuais de um frio parentesco: "sou teu amigo porque és sobrinho do cunhado de meu pai". Não estimulo a estética, não afirmo: isto não é belo; não proíbo, como feio, algo que não entendo; mas, se existe algo que não tenha simetria alguma, é esta forma de modular.

---

aqui se fundamenta no final do versículo 16 do capítulo 20 do Evangelho de Mateus, o qual diz: "... denn viele sind *Berufene*, wenig aber *Auserwählte*". ("... pois muitos são os *chamados*, mas poucos os *escolhidos* [eleitos]"). A compreensão que nos surge como imediata é a que, assim, os *chamados* pela Arte ficam protegidos contra os *eleitos* pelos compêndios. Mas pode--se compreender de outras formas, quiçá melhores. (N. T.)

A decomposição de modulações distantes, assim como muitas coisas notáveis que se encontram neste livro, não é de minha autoria. Acham-se nos ensinamentos dos bons e antigos teóricos.[3] Porém, estes simplificadores superficiais, que só fazem abreviar por enxergarem um sentido tão somente na realização, mas nunca o sentido do caminho, contribuem tanto para a deterioração dos antigos ensinamentos como para estorvar o desenvolvimento de novos procederes. Para eles o importante são as fórmulas, e por esse motivo dão, como resultado final, o que é apenas um artifício. E, visto que para esses cérebros impotentes a arte tem que ser um "ideal", fazem as fórmulas passarem por estética. Nunca souberam o porquê, quando e como destas leis, ou disso se esqueceram há muito tempo, e daí tê-las por eternas. Todavia, um bom ofício [*Handwerk*] pode tranquilamente seguir as suas próprias exigências práticas sem que para tanto deva apoiar-se sobre uma estética. A isto, esses teóricos simplificadores nunca chegarão. Não há por que envergonhar-se em satisfazer as necessidades artesanais do material, e pode-se muito bem confessá-lo sem ter-se que dourá-lo, que transfigurá-lo. Porém, isto não significa que se deva fazer, em tudo, o oposto do que é correto. Os que simplificam de um lado (ocultando o sentido e apenas conservando o seu invólucro, a fórmula) complicam por outro (decorando "artisticamente" esta capa). E assim falham em tudo aquilo que tem importância: porque sempre dão, em vez do sentido, a forma, a fórmula. Tanto a sua simplicidade quanto a sua complexidade se encontram numa relação inexata com o conteúdo. São simples onde se deve ser composto; são emaranhados onde é possível ser retilíneo. Sei disso, há muito tempo, quanto ao meu território específico; mas, com relação a outro, o aprendi através de uma rude bofetada, que fiz por merecer, a qual, no entanto, esclareceu-me o quanto nosso gosto se encontra deteriorado em quase todos os terrenos graças aos ornamentadores (como os chama Adolf Loos[4]) mascarados de simplificadores. Certa vez desenhei uma estante de música a um marceneiro, em que duas colunas deveriam ser unidas através de fortes barras de madeira. Estas fortes barras de madeira pareciam-me belas (belas!). O marceneiro, um tcheco que nem sequer falava

---

3 Por exemplo, S. Sechter.

4 Esse *Adolf Loos*, muito citado no Livro e por quem, tudo indica, Schoenberg tinha uma especial admiração, foi um arquiteto e teórico austríaco (1870-1933) – contemporâneo de Schoenberg (1874-1951) –, que alcançou projeção mundial em sua arte, quer pelo estilo de arquitetura que desenvolveu, quer pelos seus veementes artigos do final do século, no quais atacou duramente a excessiva ornamentação da arquitetura vienense, completando sua tomada de posição com a publicação, em 1908, do manifesto *Ornamento e Crime*. (N. T.)

bem o alemão, disse: "Isto, nenhum bom marceneiro o fará para o senhor. Nós aprendemos que uma peça de ligação deve ser mais frágil do que uma coluna". Fiquei profundamente envergonhado. Eu ambicionava uma beleza improcedente e um marceneiro, que compreendia o seu ofício, pôde facilmente deitar abaixo essa beleza. Naturalmente: economia de material! Eis a economia artística: empregar somente aqueles recursos imprescindíveis para a produção de determinado efeito. Tudo o mais é inoportuno e, portanto, grosseiro. Nunca poderá ser belo, porque é inorgânico. E será um cômico diletante quem almejá-lo; um buscador de belezas, sem discernimento, sem inteligência para a substância das coisas. Aquele marceneiro compreendia seu ofício, sabia que se deve poupar material; eu teria pago com prazer o exíguo custo adicional, mas a coisa parecia-lhe tão ridícula que os seus escrúpulos de marceneiro competente não podiam consentir em semelhante despropósito. Contudo, os nossos estetas buscam a beleza; veem, como dadas, as formas encontradas; consideram possibilidades formais acidentais como se fossem necessidades formais imprescindíveis, e querem reconhecer nelas leis eternas, embora eles próprios conheçam formas às quais tais leis não se aplicam. Estas formas são, portanto, as exceções. Todavia, raras vezes eles tentam perceber as causas originárias e o sentido profundo dessas formas, a prática pura e cristalina: o reconhecer a *conveniência artesanal* [*Handwerklich-Zweckmässigen*], e preferem buscar "nas brumas o seu caminho". Naquela caótica névoa original do absurdo, de onde também poderia surgir, algum dia, por casualidade, um mundo de sentido. Mas é duvidoso tomar-se este sentido pelo sentido do mundo e o mundo por este sentido.

Enfim, é certamente possível modular da maneira que esses compêndios recomendam. Eu prefiro, todavia, especialmente nos domínios da harmônica mais simples, os métodos dos antigos, os quais não empurravam meramente uma modulação sobre um par de trilhos diretamente rumo à meta, mas estabeleciam brechas em diferentes pontos da tonalidade e permitiam que se juntassem num ponto de confluência, para a ação comum, pelo menos dois ou três fluxos principais vindos de pontos diversos.

As tonalidades do segundo círculo de quintas são menos afins entre si do que as do primeiro, terceiro ou quarto. No primeiro círculo de quintas havia uma relação imediata, existente entre o I grau de uma tonalidade e o V de outra; o I grau de *Dó-Maior* era IV grau de *Sol-Maior* ou V grau de *Fá-Maior*. E no terceiro e quarto círculos de quintas, o aproveitamento do V grau de uma tonalidade menor para a introdução de uma tríade maior parece a realização de uma exigência deste V grau, uma necessidade. Aqui, no segundo círculo de quintas, *SOL* é também, sem dúvida, IV grau de *Ré-Maior* e *FÁ* é V grau de *Si♭-Maior*; porém, *DÓ* não coincide com nenhum grau de *Ré-Maior* ou de *Si♭-Maior*. A reinterpretação somente pode se dar da seguinte maneira: I(V) de *Dó-Maior* = IV(I) de *Sol-Maior*; I(V) de *Sol-Maior* = IV(I) de *Ré-Maior*; e: I(IV) de *Dó-Maior* = V(I) de *Fá-Maior*, e I(IV) de *Fá-Maior* = V(I) de *Si♭-Maior*. Aí estão já expressas as necessidades e as formas de estruturação. O mais simples é escolher, como "tonalidade intermediária",[5] aquela que se encontra no caminho do primeiro círculo de quintas, com o que, por assim dizer, somam-se duas modulações do primeiro círculo de quintas, ou seja: 1 + 1 = 2. Mais tarde o aluno também poderá escolher outras (eventualmente várias) tonalidades intermediárias. Resulta, portanto:

modulação: de *Dó-Maior*, sobre *Sol-Maior* ou *Mi-menor*, para *Ré-Maior*[6]
" de *Dó-Maior*, " *Sol-Maior* ou *Mi-menor*, " *Si-menor*
" de *Lá-menor*, " *Sol-Maior* ou *Mi-menor*, " *Ré-Maior*
" de *Lá-menor*, " *Sol-Maior* ou *Mi-menor*, " *Si-menor*
" de *Dó-Maior*, " *Fá-Maior* ou *Ré-menor*, " *Si♭-Maior*
" de *Dó-Maior*, " *Fá-Maior* ou *Ré-menor*, " *Sol-menor*
" de *Lá-menor*, " *Fá-Maior* ou *Ré-menor*, " *Si♭-Maior*
" de *Lá-menor*, " *Fá-Maior* ou *Ré-menor*, " *Sol-menor*

A tonalidade intermediária, evidentemente, não será realizada de forma tão sólida quanto a tonalidade de chegada, pois do contrário requereria também uma cadência. Será deixada tão movediça que possibilite um deslizar

---

5 Protelei o quanto possível a hipótese de uma tonalidade intermediária e ainda aqui dificilmente a admito senão como ideia auxiliar. Sobretudo, porque me parece supérflua; pois o mesmo que se consegue com as tonalidades intermediárias, pode ser representado mais genericamente através das dominantes secundárias. Ademais, porque é melhor – e possível – considerar todos os acontecimentos dentro de um período como oriundos de um só centro. Senão, a quase única forma com que as modulações se apresentam em obras de arte não teriam muito sentido. E não teria sentido a volta à tonalidade principal se o desvio e o regresso a ela não fluíssem das condições de uma única fonte de energia: da tonalidade fundamental. E aceito as tonalidades intermediárias, também aqui, apenas no sentido em que as admiti outrora: como ideia auxiliar, como um meio através do qual o aluno simplifica o composto, decompondo-o; somente porque, assim, o processo é mais facilmente compreensível. Todavia, ao tomar-se a escala cromática como base para a contemplação dos acontecimentos harmônicos, estar-se-á, então, em condições de compreender tais modulações também como uma função da tonalidade, admitindo, também aqui, que a tonalidade não foi abandonada; à semelhança de como já fazemos em nossas cadências, as quais logo conterão tudo o que antes se via apenas como modulante, mas que aqui serve à expressão da tonalidade.

6 *von* C-DUR *über* G-DUR *oder* e-moll *nach* D-Dur.

suave; não obstante, porém, será dita com tal clareza que faça esquecer a tonalidade de partida. Enquanto não se recorra aos potentes recursos modulatórios discutidos no capítulo anterior, bem fará o aluno em tratar os sons mais sensíveis à maneira dos sons sexto e sétimo de uma escala menor. Naturalmente, pode-se tomar também duas tonalidades intermediárias; por exemplo: de *Dó-Maior* a *Ré-Maior*, passando por *Sol-Maior* e *Mi-menor*. Seguem--se apenas alguns exemplos; o aluno encontra-se em posição de realizar modulações ao primeiro círculo de quintas de muitas e muitas maneiras, o que dará um grande número de formas de principiar e um número igualmente grande de possibilidades de continuação.

*e)* Dó-Maior – Mi-menor – Sol-Maior – Si-menor

*f)* Lá-menor – Sol-Maior – Mi-menor – Si-menor

Na cadência, o aluno pode empregar algumas coisas das dominantes secundárias e também de outros acordes estranhos à escala. Em geral, porém, recomenda-se aqui parcimônia nesses empregos, uma vez que a primeira metade da modulação é muito simples. No exemplo 208*b* foram introduzidos acordes secundários de sétima sem preparação. Não é preciso explicar que, mais tarde, o aluno terá permissão de também dispor semelhantes acordes sem prepará-los, e sem apelar, conforme ainda fazemos, à "sétima de passagem"; ou seja, utilizá-los como se fossem tríades. Nessas modulações, a cadência interrompida desempenha, naturalmente, um grande papel, dado que através dela pode-se evitar o perigo de que ambas as metades, nas quais a modulação foi decomposta, assemelhem-se excessivamente. Recomenda-se também expressar uma das tonalidades por outros acordes que não os de dominante e tônica (exemplo 208*d*). Na utilização de várias tonalidades intermediárias não devem seguir-se apenas tonalidades menores ou apenas tonalidades maiores. No exemplo 208*f*, como a melodia do baixo parte do *si* e prossegue seu caminho passando pelos sons sexto e sétimo de *Mi-menor*, o *dó*♯ da tonalidade de *Si-menor* resulta preparado. Isto atua de maneira muito suave.

*a)* Dó-Maior – Fá-Maior – Si bemol-Maior

209

Especialmente na modulação ao segundo círculo descendente de quintas será necessário distinguir bem os recursos utilizados na primeira metade, daqueles utilizados na segunda metade da modulação. Aqui, talvez o aluno já possa fazer um uso moderado de dominantes secundárias e acordes de sétima diminuta. Neste caso, a cadência deve ser realizada, evidentemente, de forma mais rica. No exemplo 209*a*, assinalado com †, utilizou-se novamente um acorde secundário de sétima [*Neben-7-Akkord*] sem preparação e de passagem. No exemplo 209*c*, o acorde de sétima diminuta assinalado com †, deve ser considerado, segundo a continuação, como pertencente a *Ré-menor*, apesar do acorde seguinte de quarta-e-sexta sobre *fá*. O acorde assinalado com ∯ surge como uma sexta napolitana, mas logo vem a ser tratado como IV grau de *Si♭-Maior*. Obviamente, todas estas modulações podem ser feitas de modo mais curto, mas não se deve fazê-lo – especialmente o aluno, uma vez que precisa aprender a utilizar os meios que lhe foram dados. E, para tanto, encontra aqui oportunidade suficiente. Organizei intencionalmente a modulação em sentenças tão longas, pois acomodar o maior número possível de procedimentos é aqui quase um objetivo em si mesmo. Em breve o sentido de forma mandará o aluno observar que, uma vez que a modulação foi realizada mais amplamente, o prosseguimento está, de algum modo, condicionado. Tal continuação não poderá ter uma extensão qualquer, a bel-prazer curta ou longa, mas sim que exigirá, incondicionalmente, o seguinte: o dispêndio de um recurso específico na harmonia, e, eventualmente, também um recurso específico na condução melódica. Seja como for, a continuação não é livre, mas comprometida. Todavia, não se compromete por meio de leis, e sim pelo sentido de forma. Bem fará o aluno em observar isto com exatidão, nitidamente, e não simplesmente ignorá-lo, reprimindo a sua consciência formal.

O aluno, tendo-se exercitado o bastante nestes procedimentos simples, então poderá pôr mãos à obra no emprego de meios mais complexos. Recomendo agir de modo que os meios a serem introduzidos nas tarefas sigam, aproximadamente, a mesma sucessão em que aparecem no capítulo precedente. Reitera-se, assim, o aprendido, e aumenta-se o número de casos possíveis.

No exemplo 210*a* foram utilizadas duas semínimas no contralto para acomodar o acorde de sétima da dominante. O aluno pode fazê-lo, ocasionalmente; mas pode também, em particular no acorde de sétima de dominante, apresentar a sétima livremente, sem respeito à falsa relação.

No exemplo 210*a*, encontram-se, nos sinais ⊕, as cifras II-I-II como designações dos graus, ainda que esses acordes dificilmente tenham maiores semelhanças com os acordes correspondentes da escala. Já sabemos, contudo, o que é este II grau: uma inversão (na verdade o estado fundamental) dos sons do acorde de sexta napolitana. Se, para uma orientação mais simples sobre os movimentos de fundamentais, nos servimos aqui, e em casos semelhantes, da ideia auxiliar de interpretar a sexta napolitana como se fosse um acorde de tônica, denominando-a interinamente como I grau, então a tríade diminuta seguinte é o seu VII grau, pelo que o encadeamento será I-VII-I; portanto, algo já bastante conhecido. No entanto, visto que a sexta napolitana coloca-se aqui sobre o II grau, a sequência de graus que tem o aspecto de I-VII-I de *Dób-Maior*, é na verdade II-I-II de *Sib-Maior*, e a sexta napolitana, no presente caso, é realizada à maneira de uma tonalidade secundária [*tonartmässig aus-geführt*]. Porém, o aluno não deve chamar essa passagem de *Dób-Maior*, senão manter-se cônscio de que utiliza, meramente, uma ideia auxiliar.

## Quinto e sexto círculos de quintas

As modulações a estes círculos de quintas também serão conseguidas, da maneira mais fácil, através da decomposição do caminho. O melhor é es-tabelecer o conjunto de duas – ou eventualmente três – modulações simples [*unzusammengesetzten Modulationen*] (aquelas ao primeiro, terceiro e quarto círculo de quintas). Logo, as modulações ao quinto círculo de quintas podem ser compostas [*zusammensetzen*] como 4 + 1 ou 1 + 4; ou seja, modulando-se primeiramente ao quarto círculo e, chegando-se lá, indo então ao primeiro círculo de quintas; ou, vice-versa, modulando-se primeiramente ao primeiro e daí ao quarto círculo. A modulação ao sexto círculo de quintas pode compor-se como 3 + 3. Entretanto, uma vez que esta modulação, tanto para cima quanto para baixo, conduz à mesma tonalidade (de *Dó-Maior* a *Fá♯-Maior* ou a *Sol♭-Maior*), pode-se realizar [*ausführen*] esse 3 + 3 de duas maneiras: para cima ou para baixo. Mas poder-se-ia compor[7] este 6 também através de 3 + 4 - 1, ou 4 + 3 - 1, ou -1 + 3 + 4, ou - 1 + 4 + 3; e, além disso, por 4 - 1 + 3 e 3 - 1 + 4 etc.

Pode-se também compor o 5 de várias maneiras: através de 3 + 3 - 1, ou de 3 - 1 + 3, ou de 4 + 4 - 3 etc., e, ademais, recorrendo-se algumas vezes também à montagem [*Zusammensetzung*] 3 + 2 ou 2 + 3, embora o próprio 2 já seja composto de 1 + 1. Quanto ao modo de consolidar essas tonalidades intermediárias, vale o mesmo já dito para as modulações ao segundo círculo de quintas. Prestarão bons serviços aqui as dominantes secundárias, acordes de sétima diminuta e outros acordes errantes. Contudo, também aqui o aluno bem fará em experimentar, primeiramente, exercícios com meios simples. A seguir, são realizadas as modulações: de *Dó-Maior* e *Lá-menor* para: *Ré♭-Maior*, *Si♭-menor*, *Si-Maior*, *Sol♯-menor*, *Sol♭-Maior*, *Mi♭-menor*, *Fá♯-Maior* e *Ré♯-menor*.

---

7  Os sinais "+" e "-" devem ser compreendidos aqui no sentido respectivo de uma direção esta-belecida; assim, no círculo de quintas descendente o sinal "-" indicará para cima, ascendente. Matematicamente, isto pode ser expresso da seguinte maneira: modulação ao ± 5º círculo de quintas: ± (4 + 1) ; ou, ao ± 6º círculo de quintas: ± (3 + 4 - 1), ou ± (-1 + 3 + 4) etc.

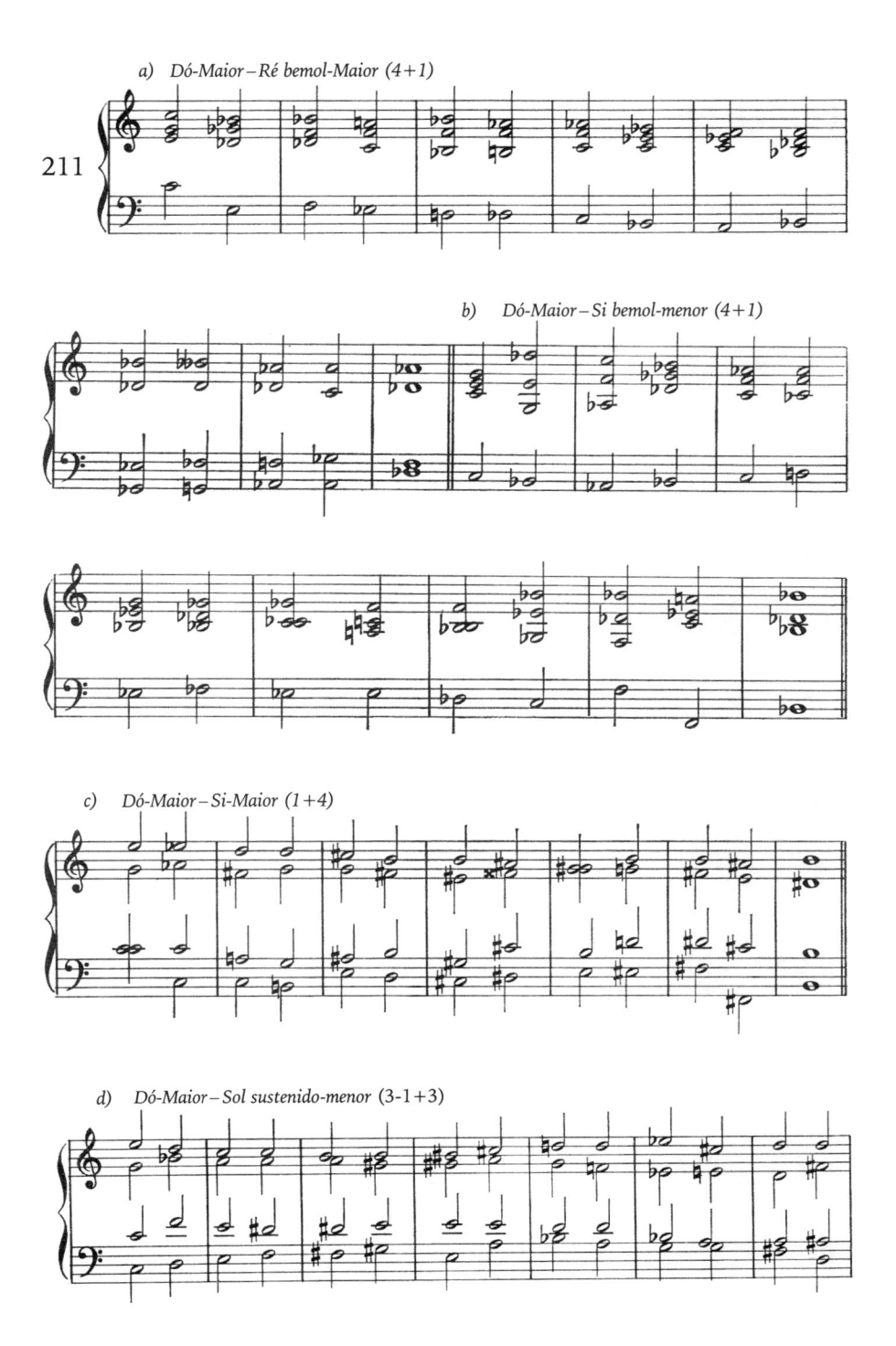

a) *Dó-Maior – Ré bemol-Maior (4+1)*

b) *Dó-Maior – Si bemol-menor (4+1)*

c) *Dó-Maior – Si-Maior (1+4)*

d) *Dó-Maior – Sol sustenido-menor (3-1+3)*

e)   Dó-Maior – Sol bemol-Maior (3+3)

f)   Dó-Maior – Mi bemol-menor (3+3)

g)   Dó-Maior – Fá sustenido-Maior (3+3)

*l)* Lá-menor – Si-Maior (1+4)

*m)* Lá-menor – Sol sustenido-menor (-1+3+3)

*n)* Lá-menor – Sol bemol-Maior (4–1+3)

*o)* Lá-menor – Mi bemol-menor (3-1+4)

p) *Lá-menor – Fá sustenido-Maior* (4-1+3)

q) *Lá-menor – Ré sustenido-menor* (1+4+1)

Nestes exemplos fez-se um uso múltiplo dos recursos modulatórios citados por último. Assim ocorre, por exemplo, em 211*c*, onde a modulação *DÓ-SOL* ocorre através da sexta napolitana; ou no exemplo 211*f*, onde a sexta napolitana de *Fá-menor* foi mesmo introduzida através do correspondente acorde aumentado de terça-e-quarta. Estes meios nos colocam em posição de omitir o "demorar-se sobre a dominante" nas modulações ao terceiro e quarto círculos. Gostaria, nesta oportunidade, de chamar a atenção sobre uma diferença que se dá ao compararem-se as modulações "apressadas", as quais repreendi, com as que proponho. Pois se poderia afirmar que coloco um ao lado do outro acordes de afinidades tão distantes que este procedimento igualar-se-ia, por fim, àquele de "apressado" modular. Eis, porém, a diferença: naquele caso, os acordes envolvidos devem causar a modulação, ao passo que no meu eles a introduzem, preparam, dispondo a sentença num oscilar [*schwanken*] que permitirá uma modulação. Procedendo assim, tem-se sempre a meta em vista e prepara-se a sua consecução. Encontro também, num tratado de harmonia muito conhecido,[8] modulações tão distantes realizadas com os procedimentos aqui censurados. Ainda assim tais exemplos resultam bons, e daí poder-se pensar que é supérfluo proceder de modo tão complicado como eu o faço. No entanto, fixando-se bem, nota-se que o autor destes exemplos, um compositor de muita desenvoltura formal, ao seguir o seu sentido da forma alcança sem dificuldades a modulação, fazendo, inconscientemente, o mesmo que eu: preparando a tonalidade de chegada. E com esses recursos, inconscientemente como se disse, consegue muito melhor o seu objetivo do que através dos procedimentos modulatórios que ele próprio recomenda. Então, por que recomenda esses meios e não aqueles? Porque ele não se deu conta disto, e o seu eloquente colaborador literário também não.

Entretanto, é sobre esta preparação da tonalidade de chegada que se baseia o efeito satisfatório da modulação! Por exemplo: em 211*a*, o segundo acorde – o acorde aumentado de quinta-e-sexta sobre o baixo *mi* – já é uma referência ao *sol♭* da tonalidade de *Ré♭-Maior*, e a resolução no acorde de quarta--e-sexta é uma nova alusão da mesma espécie da primeira. Se bem que ambos os acordes não estão ainda em *Ré♭-Maior*, mas apenas significam um passo a este fim. No exemplo 211*b* é exposto algo semelhante; em 211*c*, o terceiro compasso, que poderia ser denominado *Si-menor*, aponta para o *Si-Maior* da conclusão; em 211*k*, a sexta napolitana sobre *si♭* (terceiro compasso) aponta para a tonalidade de *Si♭-menor* etc. O aluno encontrará ainda, nestes exemplos,

---

8 Talvez seja o de Max Reger, já citado anteriormente. (N. T.)

muitos acontecimentos semelhantes. Deve também, evidentemente, esforçar-
-se por realizar coisas desse gênero. E se porventura isto não lhe sair bem (os
meus exemplos também não são, certamente, extraordinárias "realizações
artísticas", querendo ser, tão somente, estímulos, e de forma alguma modelos), tal não será nenhuma desgraça. O principal é: que se esforce por algo.
Se o objetivo irá ser alcançado, isso é apenas coisa de menor importância.

Um meio recomendado na maior parte dos compêndios e que também
ocasionalmente aparece no exemplo 211, é a *sequência* [*Sequenz*].[9] A sequência
é uma espécie de repetição adequada a produzir uma coesão. A repetição,
que às vezes é sentida como monotonia, causa, se utilizada corretamente,
um fortalecimento, uma intensificação. Existem muitas espécies de repetição que servem, num ou noutro sentido, a objetivos relativos à forma. No
entanto, discuti-las é objeto do estudo das formas, visto que já se estendem
aos domínios do trabalho temático e motívico. Por isso, serão ditas aqui apenas as seguintes generalidades. A sequência é a repetição exata de qualquer
parte da frase. A sequência harmônica consiste em que qualquer progressão
harmônica (de no mínimo dois acordes) é apresentada, uma segunda vez,
imediatamente após seu aparecimento; porém (e com isto diferencia-se
de uma simples repetição) iniciando-se de outro grau da escala. Logo, de
um intervalo de segunda ou terça maior ou menor, de uma quarta justa ou
aumentada, intervalos estes superiores ou inferiores à primeira aparição.
A sequência harmônica é um meio muito estimado e eficaz de se obter um
resultado formal em música, pois assegura a continuidade e o nexo; porque,
ao alargar a exposição, explicitando-a (dado que repete o que poderia passar
despercebido na primeira vez), facilita a compreensão. E realiza tudo isto
sem que o autor precise fatigar muito o seu espírito com a invenção de uma
continuação renovada, bastando apenas anexar devidamente, uma à outra,
ambas as formas idênticas de seu pensamento, unindo-as sem deixar lacu-
nas. Por ser boa em si, a sequência tornou-se muito utilizada; entretanto,
visto que se sente pouco mérito nesse cômodo "ganho de espaço", deve-se
desaprovar o seu uso excessivo. Não tenho nada contra o aluno servir-se dela
ocasionalmente. Para ele, já será um feito suficiente conseguir a possibilidade de conexão para uma repetição sequenciada. Também não tenho nada
contra ele servir-se da progressão – conforme é recomendado – a fim de, por
exemplo, realizar a modulação, por assim dizer, em dois impulsos. Mas não

---

9 Também conhecida como *marcha harmônica* ou *marcha melódica*, conforme se empregue à
harmonia ou apenas à melodia. (N. T.)

aconselho o seu uso com demasiada frequência, porque o caráter esquemático de semelhante trabalho desperta pouca simpatia.

Pode-se considerar também como sequência, até um determinado ponto, a repetição transportada de uma parte da melodia, mesmo que nesta oportunidade a harmonia não sequencie respectivamente. Em todo caso, acho mais meritória uma sequência deste último tipo, visto não ser tão mecânica. Como exemplo, veja-se a voz do soprano em 211*m*, assim como em 211*p*.

Escolha, o aluno mesmo, as outras montagens [*Zusammensetzungen*] modulatórias. Caso eleja algo como 4 + 3 - 2 para o quinto círculo de quintas, então isto, por exemplo, significará: de *Dó-Maior*, através de *Mi-Maior*[4], para *Dó♯-Maior* [4+3]; e daí retornando (através de *Fá♯-Maior*) para *Sol♯-menor*[-2] (Exemplo 212*a*).

Porém, um projeto assim seria algo complicado em demasia; desejando-se realizar de maneira ampla cada parte isolada desta modulação, então o conjunto se tornaria muito extenso. Mas realizando-o de maneira breve, resultaria, não obstante, idêntico àquele modular excessivamente apressado, o qual eu somente poderia considerar bom quando empregados recursos modulatórios muito enérgicos. O aluno terá que decidir-se. Elegendo um caminho composto de forma tão múltipla, tem então que saber que o exercício virá a ser muito extenso, e que deve, por assim dizer, deixar pouco nítidas – fazendo uso de vigorosos procedimentos modulatórios – as transições entre as etapas isoladas o máximo possível. No exemplo 212*b* mostra-se outra solução para esta tarefa, baseada num plano menos complexo.

Modulações a tonalidades tão longínquas, como aquelas ao quinto ou sexto círculo de quintas, não aparecerão com demasiada frequência em frases de harmonia simples, pois a uma composição que module de forma tão intensa corresponderão, certamente, recursos modulatórios mais potentes. Daí nunca poder-se obter um resultado tão polido, na produção de semelhantes exemplos práticos com meios simples, como o modular-se às tonalidades situadas mais próximas. Tampouco se consegue tamanha nitidez no dirigir-se aos círculos sétimo, oitavo, nono etc. Estes compostos são mais facilmente alcançados caminhando-se para a outra direção, ou seja: rumo aos círculos quinto, quarto, terceiro etc. Assim, por exemplo, modulações de *Dó-Maior* a *Dó♭-Maior*, a *Fá♭-Maior* e a *Si♭♭-Maior* apresentam-se, na outra direção, como aquelas a *Si-Maior*, *Mi-Maior* e *Lá-Maior*, respectivamente. Não obstante, muitas vezes ter-se-á que ir também pelo caminho composto; por isso é possível ao aluno praticá-lo. Porém, não dou a isto nenhum exemplo, pois pareceria inadequado numa realização mais simples, e empolado numa realização mais complexa, visto que falta qualquer motivo para a complexidade. Trata-se de algo que é mais fácil para quem não sabe nada do que para quem sabe muito. Os antigos mestres limitavam-se, em geral – mesmo nas partes correspondentes ao desenvolvimento [*Durchführung!*] –, a modular somente às tonalidades mais afins. Modulações a tonalidades remotas, pelo contrário, apresentam-se com frequência através de meios bruscos, inesperadamente, sem preparação harmônica, como surpresa (Beethoven, trio em *Dó-menor*).

Para trocas de tonalidades tão numerosas em tão pouco espaço, como mostra o exemplo 213, poder-se-á apontar exemplos na literatura musical apenas na época pós-wagneriana. Neste caso, porém, a meta não é alcançar uma nova tonalidade, mas abandonar uma antiga sem haver perseverado nela. A harmonia é aqui, por assim dizer, conduzida melodicamente; sua riqueza, sua mobilidade, sua rápida capacidade de girar e desviar-se correspondem às mesmas propriedades da melodia principal, da qual depende como se fosse uma espécie de voz contrapontística secundária. O meu exemplo 213 demonstra – ainda que não o comprove, pois eu poderia certamente realizar algo melhor – que, à maneira de exemplos, coisas assim têm condições de resultarem boas. Todavia, o aluno também deve experimentá-las, pois, de outro modo, não aprenderá a conhecer os seus próprios recursos modulatórios.

# Harmonização de corais

Embora tenha algumas objeções a fazer, aceito estes exercícios [harmonização de corais] em meu livro, mas tão somente porque elegi um outro ponto de vista à finalidade deles. Primeiro, tenha-se o seguinte: não se harmoniza, porém inventa-se com a harmonia. Eventualmente, corrige-se depois; contudo, não é a teoria o que chama a atenção para as passagens defeituosas, mas sim o sentido de forma; e também o aperfeiçoamento não será encontrado teoricamente, senão, às vezes, através de muito experimentar, para lá e para cá; na maioria dos casos, porém, mediante uma ideia feliz; ou seja, intuitivamente, por meio da sensibilidade formal, através da fantasia. Pelo menos é o que me dita a minha experiência, e somente poderia asseverar o contrário aquele mesmo que "harmoniza"; quem, enfim, não é capaz de *criar uma melodia juntamente com a harmonia*. Todavia, não se deve contestar que há casos em que um tema deverá levar uma outra harmonização, distinta daquela imaginada num primeiro instante. E deve-se admitir que, no fazer dos iniciantes, às vezes mostra-se, em um ponto qualquer de uma ideia bastante utilizável, uma espécie de fraqueza harmônica cuja correção exige outra harmonização de todo o plano concebido. Porém, em ambos os casos não acontece o que propriamente se entende por harmonizar. Não ocorre, em ambos os casos, o acréscimo de uma harmonia a uma melodia dada sem harmonizar, mas sim existe uma *melodia articulada harmonicamente*, de cuja harmonia e articulação o seu autor é consciente e na qual ele apenas efetua modificações. Num dos casos, em que o autor faz da variação o franco objetivo de sua tarefa, o praticamente a ser feito será utilizar, de alguma outra maneira, o que já se encontra de harmônico na constituição da melodia, ou seja, aproveitar-se de suas particularidades intrínsecas. E no outro caso, o das correções, trata-se apenas de alterar algumas passagens isoladas que resultaram ruins. O todo, porém, encontrava-se já harmonizado, e ele tinha consciência desta harmonia. Por certo, tão somente grafou-a erradamente, ou então, no devir do tema, não escutou adequadamente os impulsos da harmonia.[1]

Este "não escutar devidamente os impulsos internos" é um caso que amiúde tenho observado nos alunos. Apresenta-se mesmo nos talentosos, sendo, não obstante, fácil de remediar. Contudo, tanto no caso da correção quanto no da variação da harmonia, a nova configuração não deveria constituir-se em algo a ser calculado, mas a inventar-se. É um erro acreditar que a arte possa ser calculada, e é completamente falsa a noção que os estetas possuem do "trabalhar" do artista "pensante", segundo a qual se deveria achar que a sua realização consiste apenas em selecionar, com muito gosto e melhor cálculo, a mais eficaz dentre as possibilidades disponíveis. O fazer artístico, porém, acontece em um nível algo mais elevado. Experimentei isto com demasiada frequência em meu próprio ato de criar: o que já não surgia bom no primeiro arremesso, não se tornava bom ainda que eu, por cem vezes, o rodeasse corrigindo. Por outro lado, de um primeiro impulso surgiram formas, no mais das vezes de tal lisura, que jamais seriam alcançadas através da correção. Logo, posso dizer: revelando-se uma falha em um pensamento, a qual não possa ser corrigida enquanto atue a primeira inspiração, o melhor

---

1 Considerando-se a suma importância do verbo *aushören*, que surge aqui como de criação do autor, eis esse último período no texto original: *Er hat sie [die Harmonie] wahrscheinlich nur falsch aufgeschrieben, oder ihre Triebe beim Fortsetzen des Themas nicht gut ausgehört.* O verbo *aushören* (que damos por *escutar devidamente*), o qual fornece o sentido geral, não se encontra dicionarizado. O verbo dicionarizado de grafia e fonética mais próxima é *aushorchen*, que traz o sentido de "sondar, examinar" e, o mais importante, "auscultar". Esse verbo *auscultar* significa: "procurar ouvir, através de aparelhos ou não, *os ruídos internos*, aqueles que se produzem *dentro* de um organismo". E parece-nos ser exatamente essa a intenção do autor quanto a "ouvir devidamente"[*aushören*] os impulsos harmônicos (além de procurar ouvir outras coisas internas, contidas no tema, que ele certamente pensou mas que aqui não cita) latentes no interior da melodia. Portanto, acreditamos que podemos entender esse presente verbo *aushören* como sinônimo de *aushorchen*. Na frase imediatamente seguinte, o autor retoma tal verbo, agora entre aspas, substantivando-o, a saber: *Dieses "Nichtgutaushören" ist ein Fall* [...] etc. – o que, então, entender-se-ia por: *Este "não escutar devidamente os impulsos internos" é um caso* [...] etc. (N. T.)

será, talvez, abandonar o pensamento todo; ou então admiti-lo com a falha com a qual nasceu, pois essa será sempre menor do que aquelas inculcadas enquanto se rodeava o plano original, reformando-o. Não quero dizer com isso que um aluno não necessita realizar correções, pois, senão, também ao professor não seria possível retocá-lo. Pelo contrário: o aluno deve trabalhar, e muito, com a razão e com o gosto. Ele ainda se encontra aprendendo e tão somente exercita-se. Deseja apenas chegar a um estágio onde consiga dizer alguma coisa, caso tenha alguma coisa a dizer. O aluno deve racio-cinar; mas o artista, o mestre, produz conforme a sensibilidade. Este não mais precisa refletir, pois se encontra num gênero superior de estabelecer uma relação com a sua própria necessidade expressiva. O aluno deve cor-rigir melhorando, mas não deve acreditar que uma obra é aperfeiçoada por meio de tais melhoramentos. Simplesmente para algo lhe servirá o corrigir: chamar-lhe a atenção para o fato de que a obra poderia ter sido melhor se esse defeito não tivesse se tornado orgânico desde o princípio. E isto lhe poderá servir para uma outra oportunidade. Pois será, a partir daí, algo mais cuidadoso quando inventar, e aprenderá que aquilo que ele corrigir *"in statu nascendi"* [*sic*], enquanto ainda existe o primeiro calor da ideia [*Einfall*],[2] dificilmente causará prejuízos. Porém, raramente as correções posteriores serão úteis.

Poder-se-ia, aqui, levantar uma objeção: se desaprovo exercícios de har-monização – dado que o artista não harmoniza, mas inventa a harmonia com a melodia – por que, então, consinto em produzir pequenas frases, anotando-se fundamentais (cifrando-as) e disto construindo pequenas sentenças? Pode-riam dizer que o harmonizar é um exercício assim como o é o ato de projetar fundamentais, e que se trata apenas de saber qual vantagem esse exercício traz ao aluno. Como réplica, tenho a dizer o seguinte: primeiramente, o delinear fundamentais tem com a realidade, pelo menos, a semelhança de que, pelo fato de as fundamentais representarem harmonias, pensa-se em harmonias nos exercícios, ainda que o seja por sobre o rodeio de algarismos. A princípio pensa-se em números, mas, a seguir, em sons! Ao passo que o simplesmente harmonizar não tem quase nenhuma parecença com a realidade. Em segundo lugar, conforme assinalei antes, o aluno tem que fazer, como exercício, mui-tas coisas que o mestre não faz, donde, todavia, não se há de concluir que o aluno deva fazer o que o mestre não tem *permissão de realizar*! E, em terceiro lugar, enfim, oxalá já estejamos aqui, por meio dos exercícios precedentes,

---

2  *Einfall* = ideia repentina, pensamento instantâneo. (N. T.)

num tal estágio de capacidade que não gostaríamos mais de construir um exercício deste tipo, ainda que ele fosse um pouco menos ruim que o esboçar de fundamentais. Contudo, não o é.

Logo, comigo os exercícios de harmonização não terão o objetivo de apresentar ao aluno como eu realizaria algo que eu próprio não devo fazer, mas sim pretendem fortalecer seu sentido formal, numa circunstância em que ele ainda não precisa participar com a sua fantasia. Dá-se-lhe uma melodia; não é dele, e, portanto, a harmonização nunca poderá ser tão boa quanto a que nasceu com a melodia mesma. Visto que, consequentemente, ele não tem culpa neste fracasso parcial da tarefa, pouco importa que não produza nada perfeito; e à melodia – maltratada por ele – não sucede nenhuma desgraça, pois certamente não se encontra atada, de modo indissolúvel, a uma harmonia ruim. Ao contrário. Este trabalho assemelha-se a exercícios de dissecação no cadáver por jovens médicos: caso cortem demasiado profundo, não doerá a ninguém. Não há problema se a harmonização de um coral resultar má. De mais a mais, ela não será publicada. O aluno pode, todavia, em um caso tão simples, aprender a sintonizar sua percepção formal nos acontecimentos de uma melodia, exercitando-se, assim, no observá-la como um todo, pelo que ficará preparado para a eventualidade de ele mesmo dever criar uma melodia conjuntamente com a harmonia.

Portanto, utilizarei os exercícios de harmonização para prevenir, de maneira mais minuciosa do que o normal, estas necessidades de correção que resultam de um não desenvolvido [*unausgebildet*] sentido de forma. Contudo, abstrair-me-ei de fornecer melodias modernas para exercícios de harmonização. A forma da melodia coral é tão simples, e encontra-se tão distante de nós, que, talvez, já possamos descobrir as suas intenções; que, talvez, estejamos realmente aptos a distinguir suas relações tão exatamente quanto seja necessário à obtenção de efeitos semelhantes através da imitação. Também aqui não é absolutamente indispensável dar orientações que já pertençam ao estudo das formas. Melodias mais modernas – ainda que somente as quisesse compreender ao modo daquelas de Mozart ou Beethoven – apresentariam uma tão complexa variedade formal que o aluno não teria como aproximar-se delas carente do preparo necessário. Certamente, não é impossível a um ouvido bem dotado lograr, também neste caso, boas soluções. E nada tenho contra que o aluno, por si só, realize semelhantes experiências. O melhor será que ele extraia um tema de Beethoven, Mozart ou Brahms, ou da obra de algum outro mestre (mas tem que ser dos mestres; de outros não seria suficientemente bom!), procure harmonizá-lo e, então, que faça comparações com o original. O mais importante, nesta oportunidade, é que ele esteja consciente de que a sua harmonização é pior do que a do modelo, e que se esforce por vir a saber onde reside a causa. Não seria também nada mau realizar o seguinte: anotar de ouvido um tema, harmonizá-lo e então compará-lo com o modelo. A meta desta tarefa será alcançada mesmo se o aluno lembrar-se da harmonização do original e, simplesmente, escrevê-la de memória. Pois em todos esses exercícios o que menos importa é construir realmente uma harmonia (construir!), mas sim – se não se quer cair numa solução insípida – aplicar-se destramente, controlando, através da consciência teórica, o que o ouvido recorda de casos semelhantes. Todavia, abstraio-me por completo de inventar sentenças melódicas para cujas harmonizações o aluno seria obrigado a atormentar-se, ainda que eu, certamente, consiga coisas melhores do que esses trastes inúteis que certos autores de compêndios harmônicos arrancam dos miolos pela mera causa de lhes faltar, completamente, o poder de distinção formal. Se deixo ao aluno a liberdade de realizar o que lhe vem à ideia, então não importa muito se ele não conseguir algo especialmente polido. A principal meta destes exercícios é que o aluno, sozinho, disponha as harmonias em contiguidades. Os erros eventuais jazem no pensamento do aluno e podem vir a ser combatidos lá. Contudo, se o sujeito ao constrangimento de uma melodia dada, então ela deveria ser tão boa quanto uma melodia criada por um mestre em momento de inspiração. Do contrário, os erros não estarão apenas no aluno, mas também no pensamento imperfeito daquele que concebeu uma melodia imperfeita; e aí o corrigir será não apenas difícil – pois não será fácil descobrir se o erro está na melodia ou na harmonia – mas também injusto para com o aluno, o qual dificilmente pode impor-se a um erro de seu professor. Quanto a mim, não posso inspirar-me em inventar melodias com o objetivo de se prestarem a exercícios harmônicos; caso contrário, não poderia inspirar-me para as minhas próprias obras: não porque a finalidade seja demasiado insignificante, mas porque se trata de uma finalidade. E se os outros, aqueles que impõem tais sentenças ao aluno, asseveram-se inspirados na invenção delas, então não posso tirar uma conclusão muito favorável a respeito destas inspirações, em face do despolimento e insipidez de semelhantes produtos. Se o aluno escreve "enrugadamente" [*unglatt*] e com falhas, isto não é nenhum incidente grave; o importante é ser ele mesmo quem o faça. Poderá sempre cancelar novamente. Porém, quando o professor falha onde jamais poderia falhar: como *modelo* (e Gustav Mahler caracterizava, com esta única palavra, a essência do professor) – então isto será um crime. Um professor que exija do aluno a harmonização de melodias que ele mesmo, professor, fabricou, mas que não são boas e que não podem vir a sê-lo, tal professor não é idôneo a servir de modelo. O aluno com vontade de exercitar-se em harmonizar melodias mais modernas, retire-as também das obras dos respectivos compositores. Não considero esta prática, conforme já dito, especialmente necessária. Todavia, quem acredite nesse procedimento pode realizá-lo; e, se o fizer desta maneira, no mínimo isso não lhe será prejudicial.

Agora, ao coral.

O coral, assim como toda forma artística, é claramente articulado. Todo pensamento necessita de articulação assim que venha a ser expresso, pois se é verdade que o imaginamos de uma só vez, como um todo, é certo que não podemos dizê-lo de modo instantâneo, mas pouco a pouco, sucessivamente: através da justaposição dos vários elementos constitutivos, pelos quais dissolvemos [*auflösen*] o pensamento diferentemente de como o concebemos, e daí restabelecemos o seu conteúdo com maior ou menor exatidão. Na música, as sucessões melódicas ou harmônicas são consideradas como partes integrantes de um pensamento. Entretanto, isto é correto apenas quanto ao visível ou ao audível, ou seja, àquilo que na música se refere ao perceptível pelos sentidos; mas relativiza-se quando se trata do verdadeiro conteúdo de um pensamento musical. Todavia, pode-se supor que a imagem gráfica da notação é um feliz símbolo, apto ao pensamento musical e que, por conseguinte (visto que todo organismo bem construído encontra-se, em sua aparência externa, em concordância com a sua organização interna, e daí a aparência exterior, inata, não poder ser considerada um mero acaso) a forma e a articulação manifestas nas notas musicais correspondem à essência íntima do pensamento musical e à sua movimentação, assim como abaulamentos e cavidades em nosso corpo correspondem à posição de órgãos internos.

Logo, da forma exterior é possível extrair conclusões acerca da substância.

No coral, a articulação expressa-se através dos apoios (fermatas) nos finais dos versos, coincidindo com os finais das frases musicais que decompõem em partes o pensamento. Nessa singela forma artística, as diversas partes encontram-se nas mais elementares relações de oposição ou de complementação umas com as outras. Esta bem comportada montagem, à maneira de mosaico, não permite relações mais complexas, e prefere, como elemento construtor da coerência, o princípio da repetição mais ou menos simples. O que produz o movimento numa ideia, fazendo com que ela se torne viva, são, sobretudo, os contrastes [*Gegensätze*] provindos das digressões simples resultantes da tonalidade. Esses contrastes são grandes apenas de uma forma relativa; não tão grandes que não pudessem ligar-se facilmente. Semelhantes oposições, o que as enlaça é a uniformidade do movimento rítmico, a pouca complexidade, sua simplicidade, e, acima de tudo, a tonalidade; o que as separa, o que as decompõe em partes, é, no fundo, algo negativo: a carência quase absoluta de uma vida motívica no desenvolvimento [*Entwicklung!*] e nos enlaces. Graças a essa falta de pressupostos temáticos, que negligencia um ligar mais sólido das partes, tais partes se estabelecem, por assim dizer, desamarradas entre si, sem compromissos relevantes umas para com as outras; é mesmo possível que, no geral, talvez estejam mais justapostas do que relacionadas. Evidentemente, não existe uma carência absoluta de impulsos motívicos, pois o elementar princípio rítmico de uma movimentação linear e quase ininterrupta, em mínimas (ou semínimas), já é – até certo ponto – um motivo em si mesmo; ou então é, no mínimo, um princípio formal, de resto muito primitivo, equivalente a um motivo. É claro que ainda outros fatores de ligação podem ser descobertos; porém, a despretensão do conjunto deixa o motivo (rítmica e melodicamente, e é no máximo o rítmico, e quase nunca o melódico, o elemento de conexão) em uma condição tão ambígua que, melodicamente, pode-se distinguir os nexos contextuais quase que só nos contrastes. Todavia, contrastes também são conexões. E se a melodia é ascendente num verso do coral, e descendente no próximo, então um semelhante contraste unifica: o descender é a compensação à tensão causada pelo ascender; "pergunta e resposta": um feliz símbolo, encontrado para tais acontecimentos. Nas formas artísticas mais elementares, em que a direção principal seguida pelo movimento manifesta-se sempre com extrema clareza, é natural que a harmonia siga ininterruptamente o mesmo caminho da melodia; e é também natural que se deva esforçar por acompanhar, exatamente, a movimentação do conteúdo, apoiando-a, antecipando--a, fomentando-a ao máximo. Nas primitivas e populares formas retilíneas é praticamente vedado um obstaculizar, um represar, um girar em torno [*Umdrehen*], assim como todos os demais recursos artísticos psicologicamente mais elevados. Visto que nos encontramos na circunstância inatural de construir posteriormente, a uma dada melodia, uma harmonia que deveria ter nascido conjuntamente, torna-se indispensável a exata observação das particularidades da melodia. Afinal, também aqui depender-se-á da sensibilidade, e estes exercícios terão os melhores resultados quando o aluno – após conhecer e estudar muitos corais harmonizados pelos mestres, e ele próprio haver elaborado outros tantos – conseguir redigi-los não mais através do cálculo, mas de ouvido, de um só arremesso. Contudo, também o cálculo pode, algumas vezes, realizar bons serviços, pela previsão que se obtém dos acontecimentos futuros.

Conforme dito, as conclusões nos finais dos versos são características dos corais.[3] A relação de contrastes expressa-se neles nitidamente: a relação de contrastes [*Gegensätze*], mas também a relação de coerências [*Zusammenhänge*], aqueles antagonismos necessários a uma tonalidade, aquelas oposições por meio das quais a tonalidade será expressa. Com algum pequeno exagero – e até onde o direi logo a seguir –, pode-se compreender o coral, assim como toda composição mais ampla, como uma cadência mais ou menos extensa e rica, cujas mínimas partes integrantes não seriam vistas como cada um dos acordes, mas os acordes de conclusões parciais colocados nos finais dos versos. Estes, dispostos um após outro, formam uma cadência. E aqui se situa o exagero; pois esses acordes, para constituírem uma cadência eficaz, teriam, primeiramente, que ser *ordenados*. Mesmo que uma semelhante cadência pareça talvez menos rica do que os acontecimentos pelos quais foram trazidos à obra os acordes formadores dessa cadência, nada existe de insólito no fato de o plano ser simples e a execução complexa. Tendo-se conformado com a simplicidade de tal plano, compreende-se que mesmo as cadências mais elementares – ou seja, as mais pobres em graus – podem ser levadas em conta, de forma que, ocasionalmente, poderia bastar uma cadência consistindo unicamente no I grau. Contudo, isto é improvável – conforme já disse no examinar das cadências – pois a tonalidade mesma dificilmente poderia ser expressa com certa concludência sem que, através dos seus contrastes, fosse permitido o surgir daquela movimentação e daquela luta pela qual a tônica sairá vencedora. Assim, é evidente – e foi esse o objetivo desta comparação – que para a composição desta cadência, imaginada como um extrato resultante

---

3 As melodias, o aluno deve extraí-las de uma coleção que contenha corais harmonizados pelos mestres. Terá de excluir muitas que se encontram nos modos eclesiásticos, as quais não saberá tratar. O acorde conclusivo pode servir como sinal característico, ainda que não infalível, para a distinção das tonalidades. Contanto que esse acorde esteja de acordo com a armadura de clave, dela representando a correspondente tônica maior ou menor, o coral poderá, no mais das vezes, ser trabalhado em maior ou menor, respectivamente. Contudo, alguns corais terminam e começam de maneira contraditória aos modos maior e menor, aos quais, em princípio, poderiam ser relacionados. Isto se deve, na maioria das vezes, ao fato de a elaboração reprimir o modo eclesiástico, o que, todavia, não tem, necessariamente, origem no desconhecimento do estilo ou na falta de habilidade. Se o aluno escolher tais corais, deverá preparar-se para várias dificuldades.

do todo, usam-se os mesmos graus,[4] posto que eventualmente numa outra sucessão. Sobretudo, o I grau; e, depois, o V e o IV. Ou seja: a tônica, a região da dominante e a região da subdominante. As regiões, portanto também com o que lhes pertence: os graus III, VI e II.

Encontra-se uma pequena inexatidão nesta comparação, uma vez que na cadência propriamente dita, especialmente quando é curta e simples, dificilmente vem-se a repetir um outro grau além do I, ao passo que nesta cadência imaginária a repetição também do V ou VI grau (ou, ocasionalmente, ainda de outro) não fica de forma alguma excluída, embora não seja o normal.

Aqui, o fundamental e o novo para o aluno é que ele deve, através de cadências, realizar diversos graus isolados da tonalidade quase como se cada um desses graus fosse, em si mesmo, uma tonalidade secundária. Isto não traz nenhuma dificuldade, visto ser algo semelhante ao caso das tonalidades intermediárias e de passagem nas modulações por decomposição, em que também acontecem episódios que se desenrolam em alguma tonalidade estranha, reprimindo-se absolutamente as características da tonalidade de partida e, para tanto, relevando-se as peculiaridades das tonalidades episódicas por meio dos recursos já conhecidos. Assim, a conclusão pode dar-se no respectivo grau – o que vem a acontecer na maior parte das vezes – como se tal grau fosse uma tonalidade em si mesmo. Por exemplo, tendo-se que realizar uma conclusão deste tipo sobre o III grau de *Dó-Maior*, então ela deverá ser conduzida como se consolidasse uma modulação para *Mi-menor*, e esta modulação tem que ser preparada pelos acordes antecedentes.

Encontrando-se agora o aluno frente a uma melodia-coral, verificará nos finais dos versos, reconhecíveis através das fermatas (⌒), a que grau poderá vir a referir-se o som conclusivo. (Em geral, admitimos a vinda de uma nova harmonia a cada mínima. Obviamente, poder-se-iam estabelecer dois acordes, ou mais ainda, contra uma mínima. Porém, normalmente nos abstrairemos deste procedimento, apenas realizando-o onde exista um objetivo particular.)

214

| I | IV | V | IV |
| VI | II | | VI |
| III | | | I |

---

4  Os graus que, no Coral, aparecem nos finais dos versos. (N. T.)

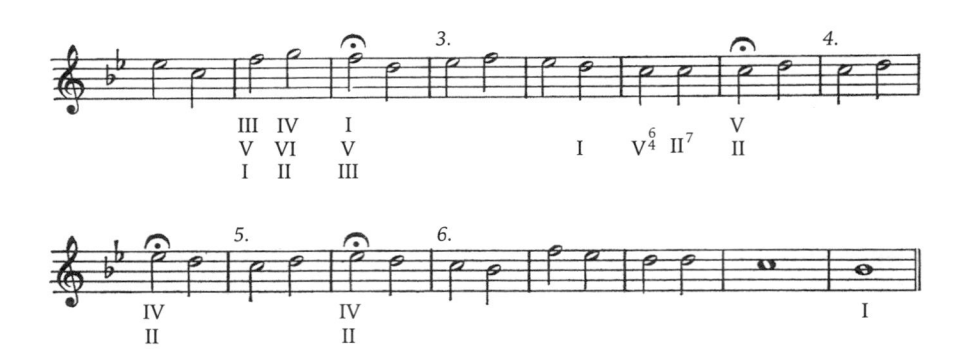

O *si♭* da primeira conclusão pode ser I, VI ou IV grau; o *fá* da segunda conclusão pode ser I, V ou III grau; o *dó* da terceira, V ou II (aqui, omitir-se-á por bem o VII grau); o *mi♭* da quarta, IV ou II grau, e o mesmo para o *mi♭* da quinta conclusão. Porém, a conclusão do coral como um todo, o sexto verso, há de ser, natural e incondicionalmente, o I grau. A questão de saber a que grau dever-se-á dar a prioridade resolve-se com as ponderações seguintes. Antes de tudo, deve-se expressar a tonalidade. Presta-se a isso da forma mais clara, conforme já sabemos, a tônica; num segundo escalão, a dominante e a subdominante. Portanto, o aluno se esforçará por concluir o primeiro verso, se possível, com a tônica. Não cabendo isto, será considerado o V ou o IV grau, e, somente então, os graus III, VI ou II. Para os outros finais de versos, colocar-se-ão à escolha aqueles graus que formem, se a melodia o consentir, um bom contraste em relação ao I. Indo o I grau no primeiro verso, aqui irá o V, IV, III, VI ou o II. Todavia, não é obrigatório ao aluno fugir da repetição de um grau, especialmente do I, pois diversas vezes a melodia caminha, diretamente, a uma semelhante repetição; sem falar daqueles casos nos quais diversos segmentos repetem-se exatamente ou apenas com ligeiras variantes. Em tais casos, e se possível, o aluno deverá esforçar-se pela variedade através de outra harmonização. Onde a repetição de um grau pareça ruim, pode-se remediar com uma cadência interrompida (acerca disso, mais à frente se deverá falar ainda). Contudo, dificilmente esta necessidade se apresentará a cada passo. Para a decisão sobre a escolha da cadência, não basta o som conclusivo sozinho. É preciso também considerar-se o som precedente, e, muitas vezes, ainda considerar-se um ou dois sons antes desse. Dado que a melodia de muitos versos não se compõe de mais do que seis a oito sons, é quase possível dizer que a cadência pode ser elaborada de frente para trás, partindo-se do som conclusivo. Isto, porém, funciona apenas em parte, pois também do princípio extrai-se a direção, e não apenas como princípio em si, mas também, e especialmente, na sua relação com a conclusão precedente. Esta relação deve ser como se através da fermata (⌒) não tivesse havido nenhuma quebra de fluência. Como se a harmonia, passando pela dita fermata, prosseguisse caminhando sem rupturas. Por conseguinte, os dois acordes procurados devem postar-se entre si numa relação de continuidade, e o primeiro do novo verso não pode ser escolhido sem levar-se em conta o último do verso anterior. O aluno deverá, primeiramente, julgar se os dois ou três sons imediatamente anteriores ao som conclusivo permitem a colocação daqueles graus que tornariam possível a cadência sobre o grau escolhido; pois deve ser mesmo uma cadência. Ainda que seja uma conclusão intermediária, não definitiva, é, todavia, uma conclusão, e a harmonia deve imitá-la. E por agora não conhecemos nenhum outro meio com este fim que não seja a cadência.[5]

Examinaremos, primeiramente, o verso inicial. Dos graus colocados sob os três últimos sons da melodia, depreende-se que a cadência ao I grau é perfeitamente possível. Pois pode-se escolher para o *dó* o V grau, para o *mi♭* o II ou o IV, e para o *ré* o I, VI ou III, donde se pode montar as seguintes cadências: I-IV-V-I e VI-IV-V-I; mas também III-IV-V-I, se bem que com alguma precaução, porque entre o III grau e o IV (que é um movimento à maneira de uma cadência interrompida) não existe nenhuma afinidade imediata; e porque o movimento de cadência interrompida, o movimento "fortíssimo" [*überstarke*] – se quisermos apresentá-lo em conformidade com o seu caráter – deve obrigatoriamente ter um certo motivo a justificar a sua ação "fortíssi-

---

5 O aluno se verá inclinado a empregar nos corais tudo o que aprendeu até agora. À primeira vista, poder-se-ia dizer que isto não é bom, pois seria adverso ao estilo acrescentar uma harmonia complicada a uma melodia tão simples. Teoricamente, esta afirmação parece correta. Contudo, examinando-se os prelúdios corais de Bach, onde, também sobre melodias tão simples, as vozes associam-se para formarem harmonias complexas, pode-se muito bem dizer que tal procedimento não é oposto ao estilo, do contrário Bach não o teria feito. Logo, a teoria é falsa, pois a razão está com o que é vivo. Ou, ainda: a autenticidade de estilo não é uma exigência fundamental de um efeito artístico. Em outras palavras, é bem possível representar uma melodia simples também por meio de uma harmonia diferente daquela correspondente ao seu estilo. E, neste sentido, as reelaborações [*Bearbeitungen*] corais de Reger ou as reelaborações de canções populares realizadas por Richard Strauss podem muito bem ser consideradas irrepreensíveis. Não obstante, o aluno deve, em seus ensaios, não ultrapassar as harmonias simples invocando as remotas afinidades tonais; e, dentre os acordes errantes, deve empregar no máximo, ocasionalmente, o de sétima diminuta, e de mais a mais sem dar-lhe uma reinterpretação enarmônica como acorde de nona sobre um grau da tonalidade. É lícito que se usem dominantes secundárias, visto que elas também se apresentam nos modos eclesiásticos. Em exercícios mais à frente, nada tenho em contrário que o aluno também venha a experimentar soluções com meios mais ricos.

ma". Provoca (e isto vale também aqui para a cadência interrompida) uma *mudança de rumo* [*Wendung*]; por isso deve-se primeiramente verificar se a situação requer algo assim; se a cadência interrompida é uma necessidade, como na seguinte circunstância: quando, à causa de um caminhar em linha reta, achar-se por isso em perigo de sair do contexto, encontra-se novamente a estrada principal através de um giro cortante rumo a outra direção.

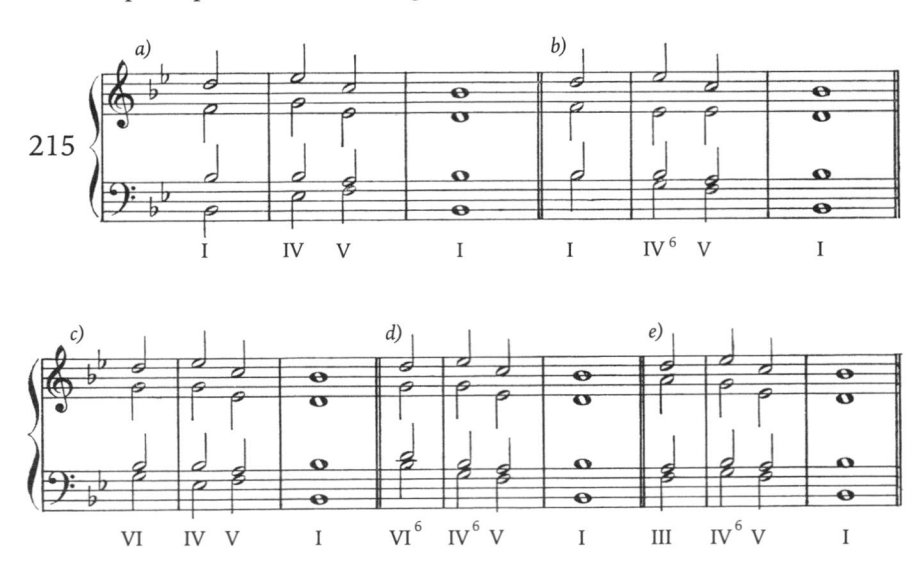

ou I-II-V-I, VI-II-V-I, III-II-V-I.

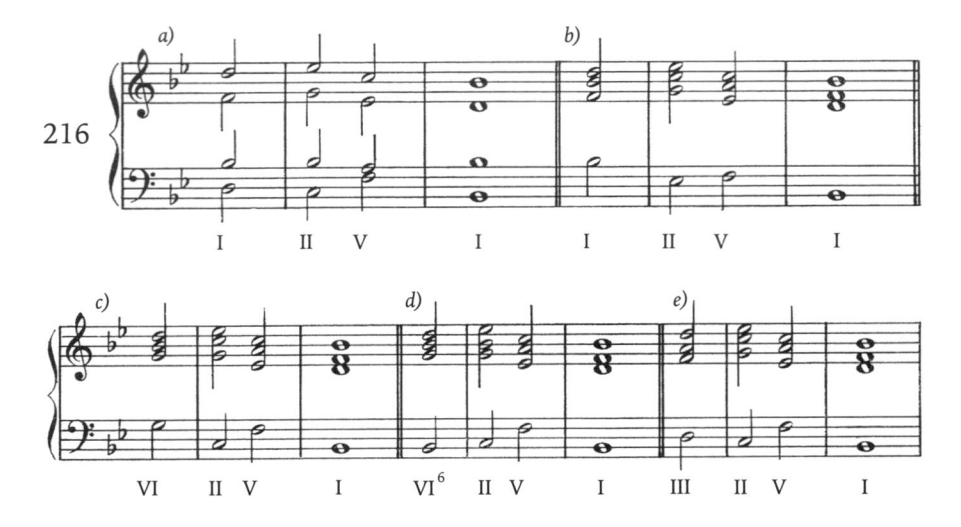

Todas estas cadências são aproveitáveis; e, visto que a cadência ao I grau é tão bem e de tantas maneiras realizável, pode-se muito bem supor que seja ela a conveniente para esta melodia. Contudo, seria também possível uma cadência ao VI grau (exemplo 217).

Extremamente improvável é a cadência ao IV grau, impraticável sem que se recorra às relações da subdominante. Além disso, ela não seria muito recomendável (exemplo 218), pois, do contrário, a frase poderia ser facilmente interpretada como estando em *Mi♭-Maior*; e, sempre que possível, a tonalidade deve ser expressa (através do I grau) de forma imediatamente clara.

É possível recorrer ao VI grau, mas também apenas em caso de necessidade; por exemplo, quando se repetisse o mesmo verso no lugar do terceiro. Pois, em geral, pode-se aceitar que nos corais aconteça na melodia antes a fundamental (oitava) ou a quinta de um acorde do que a terça. Isso possui razões históricas: a terça foi encontrada apenas mais tarde, consentida a princípio parcimoniosamente e, talvez, ainda por muito tempo depois evitada por completo em passagens mais expostas. Assim, também o aluno dará a preferência à fundamental ou à quinta, mas não por isso precisa esquivar-se da terça. Encontram-se, em Bach, muitos casos em que o som conclusivo é a terça do acorde.

Se, agora, o aluno analisar, da mesma maneira, os seguintes finais de versos, encontrará, dentre outras, as seguintes possibilidades para o segundo verso:

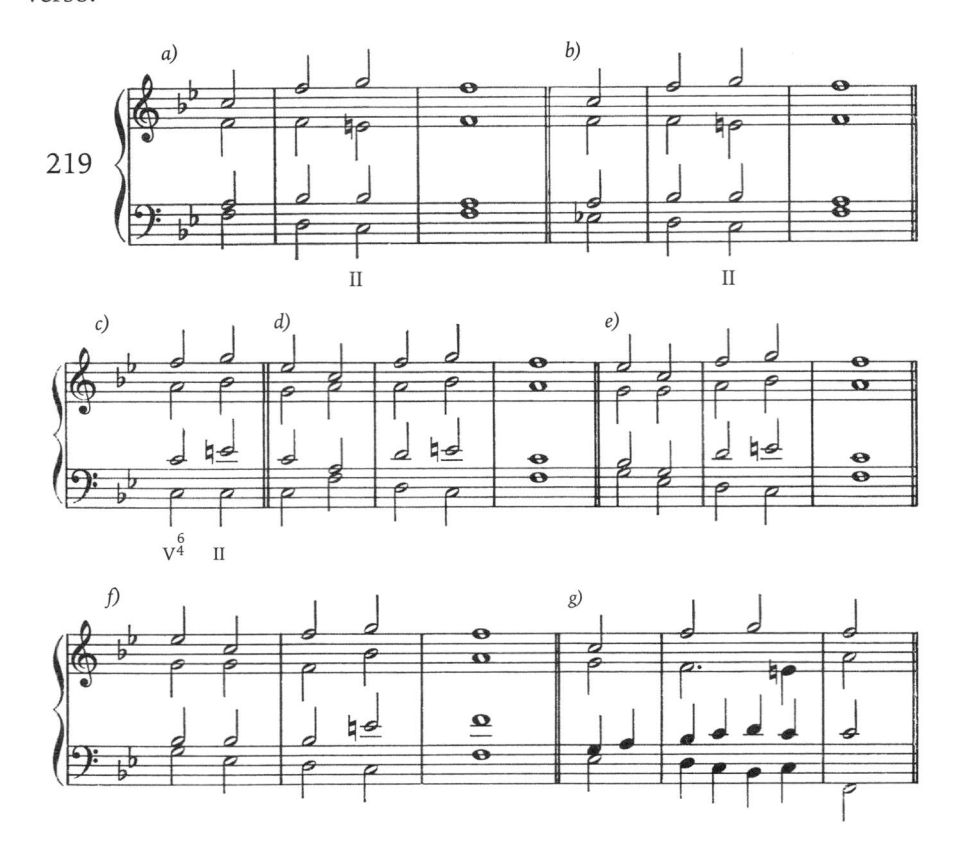

O II grau comporta-se aqui, obviamente, como uma dominante (secundária) para o V grau. Por que o acorde que o precede não pode ser um acorde de quarta-e-sexta do V grau (exemplo 219c), fica claro ao se considerar que o *dó* anterior da melodia não permite o estabelecimento de um acorde que se encadeie bem com o V grau. Pela mesma razão, a conclusão não pode girar rumo ao III grau, ainda que aqui se pudessem encontrar mais facilmente os meios para tanto. A viragem[6] rumo ao V grau encontra também dificuldades

---

6  Conforme já explicado em diversas oportunidades, *viragem* é a versão que demos ao (importantíssimo!) termo original *Wendung*, o qual, de todos os termos problemáticos, foi o que trouxe maiores questionamentos relacionados a uma tradução que expressasse de forma satisfatória

à causa do *mi♭*, "irresoluto" (pois não vai ao *ré!*) que antecede ao *dó*. Uma vez que se sai do *mi♭* por meio de um salto, e visto que esse *mi♭*, por conseguinte, não é "concluído" antes que se passe à região que permite o *mi* natural, haveria de esforçar-se, portanto, em "solucioná-lo" em uma outra voz, de preferência no baixo, conduzindo-o ao *ré*. Por isso será bom que o acorde sob o *dó* da melodia contenha também o *mi♭*, como nos exemplos 219*b, e, f*. Todavia, resta assim tão pouco tempo para viragens que a cadência facilmente poderá não vir a ser enérgica o bastante. Em todo caso, se num acorde sob o *dó* da melodia apresenta-se também um *mi♭*, então não poderá estabelecer-se, sob o *fá* seguinte, um acorde de quarta-e-sexta do V grau, porque assim o *mi♭* não se solucionaria. Embora fosse possível cadenciar sobre o I grau, já o fizemos na frase precedente, e, de mais a mais, nos encontraríamos com uma cadência que ainda não nos foi apresentada: a cadência plagal (conforme acontece no exemplo 218), um caso acerca do qual falaremos mais tarde. Não será fácil ao aluno encontrar, para esta conclusão, outra harmonia em conformidade com o movimento. Na *Paixão segundo São Mateus*, de Bach, de onde esse coral (simplificado pela omissão de ornamentos e notas de passagem) foi retirado, este verso foi harmonizado como no exemplo 219*g*. Uma vez que estabelece, nesta passagem, dois acordes contra cada mínima, Bach encontra-se em condições de lograr uma cadência mais clara e mais rica em graus. Ocasionalmente, o aluno também poderá utilizar semínimas, *mas exclusivamente com esta finalidade: quando, através do uso de semínimas, tornar-se possível uma harmonização mais rica e uma cadência mais clara*; especialmente quando, sem semínimas, não se conseguiria uma cadência vigorosa o bastante (escrevemos a melodia coral em mínimas; Bach a escreveu em semínimas. Transcrevi aqui este trecho em nossa notação). Porém, somente com esta finalidade! O aluno omitirá por completo determinados "enfeites" à base de ornamentos e notas de passagem. No presente estágio, não podemos considerar tais fatos como acontecimentos harmônicos. Somente uma futura reflexão demonstrará em qual sentido eles, não obstante, o são. Expõem-se, no exemplo 220, maneiras de conclusão da terceira frase. É quase impossível encontrar muitas outras aqui. São boas as formas *a, b, e, f, g*. Eventualmente, também a forma *c* poderá vir a ser relativamente favorável. A forma mostrada em *d* não é completamente impossível.

---

o que compreendemos de sua abrangência. Ainda que satisfeitos com a presente solução, aconselhamos ao leitor pesquisar acréscimos que complementem o seu entendimento, pelo que se notará ser sempre algo ligado à ideia de giro, de ponto de giro, local de conversão, região de transição etc. (N. T.)

Mas soa algo duro em razão do *mi* insuficientemente preparado, o qual, no acorde sobre *lá*, age como verdadeira provocação ao ser confiado a um acorde tão indeciso quanto este, ou seja: "como se nada tivesse com isto". É boa, propriamente, a forma apresentada em *g* (cadência plagal). Esta forma, não obstante, é algo indecisa levando-se em conta a tonalidade, o que se torna especialmente claro quando se imagina o seu enlace com a harmonização do primeiro verso no exemplo 218.

Um caso interessante (exemplo 221) é o das frases quarta e quinta, as quais, em virtude de nossa simplificação, repetirão duas vezes as mesmas notas na melodia (em Bach institui-se alguma variação por meio de sons ornamentais). Aqui se torna preciso harmonizar diferentemente as duas partes, e esforçar-se em que a repetição seja, ao mesmo tempo, um reforço. Como graus para o som conclusivo, interessam o II e o IV. Trata-se, portanto, de uma clara viragem à região da subdominante.

No exemplo 221 é descrito um certo número de possibilidades de harmonização para uma mesma frase; no exemplo 222, as duas frases [quarta e quinta frases] encadeiam-se de várias maneiras em favor de uma sucessão.

A forma mais simples, certamente, é a do exemplo 221*a*, da qual o aluno não precisa esquivar-se a qualquer preço. As outras formas atendem aos desejos da região da subdominante, por prepararem, de variadas formas, uma vez a sensível ascendente, *si*, e, de outra vez, a sensível descendente, *lá♭*. Um pouco simples demais seria o caso 221*i*, que traz somente o II grau e sua respectiva dominante (dominante secundária). Em geral, esta harmonização tônica-dominante é pouco usual em corais. Porém, caso ela se torne inevitável em um ou outro local, então o aluno deverá escrever preferentemente esta forma mais simples, em vez de fazer coisas complicadas que talvez resultassem inaturais; o coral foi inventado possivelmente sobre uma harmonia elementar, e qualquer outra lhe seria inadequada. Tal, porém, não é o presente caso; aqui existem harmonizações suficientemente ricas e apropriadas. O apresentado no exemplo 221*k* é algo que também o aluno não deveria realizar frequentemente. É verdade que isto se apresenta em Bach, porém muito raramente; e, quando ocorre, nunca surge como se fosse uma necessidade – como talvez o aluno o fizesse –, mas sim para obter um efeito, coisa que o aluno não poderá ambicionar com os recursos que possui de momento. O que decide a sequência destas duas formas é a pergunta se o mais recomendável será terminar primeiro sobre [a tonalidade de] *Mi♭* e depois sobre *DÓ*, ou vice-versa. Bach realiza a seguinte forma:

primeiro o II grau, e depois o IV. Entretanto, na maioria das vezes é o contrário o que permite uma grande eficácia; na avaliação é preciso levar em conta os arredores. Em geral, é certamente melhor trazer o II grau *depois* do IV, porque assim chega-se ao I passando pelo V. Tal corresponde à nossa compreensão dos movimentos enérgicos de graus, compreensão esta que pode, dessa maneira, ser transportada da sequência de acordes à própria frase. Contudo, essa sucessão não é, necessariamente, a mais vigorosa. Pois reside uma grande "eficácia conquistadora" [*bezwingende Wirkung*] na ordenação II-IV, onde, sobre um (imperfeito) acorde menor (II) segue-se um (perfeito) acorde maior, como se disséssemos que ao "provisório" segue-se o "decisivo". A harmonização bachiana não emprega mais, após o IV grau, este mesmo IV grau ou o II (apenas na conclusão final ele apresenta novamente o II grau, como dominante secundária, quase como também pertencente à região da dominante), mas caminha rumo ao I grau, com nítida preferência pelo VI grau e pelos acordes que com ele se relacionam. Talvez não se possa dizer, sem reservas, ser esta conclusão a consequência necessária da ordenação II-IV, mas esta tendência salta aos olhos.

O exemplo 224 expõe algumas possibilidades de harmonização também para o último verso. Aqui não serão muitas, uma vez que a conclusão é por demais inequívoca.

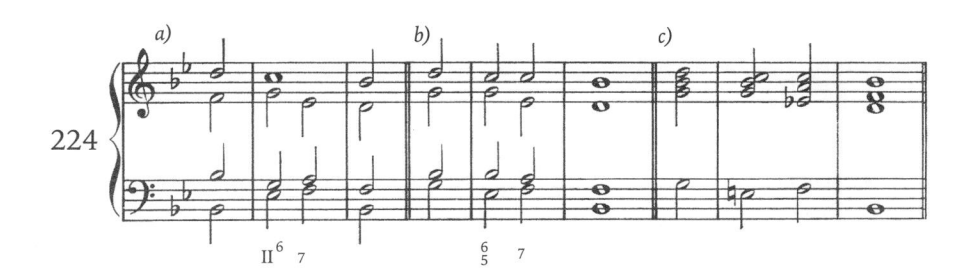

Vários corais, assim como alguns versos isolados, começam (sem ársis) no tempo forte e encerram-se com a terminação "feminina", ou seja, sobre a parte débil do compasso. No mais das vezes, o som colocado na parte débil é o mesmo colocado sobre o tempo forte. De qualquer modo, neste caso a conclusão deve consumar-se sobre o primeiro tempo do compasso, repetindo-se o mesmo acorde sobre a parte débil. Eventualmente, pode-se então "retardar" uma ou mais vozes sobre o tempo forte, e resolvê-las sobre a parte débil de modo a obter-se algum movimento. Quando a nota colocada sobre o tempo forte é diferente daquela da parte débil, averiguar-se-á, primeiramente, se ambas (por exemplo, quando formam uma terça) não pertencem ao mesmo acorde (ao acorde conclusivo, o qual estaria então, dessa maneira, já realizado até um determinado ponto). Assim, através deste passo se cumpriria meramente uma mudança de posição, mantendo-se a mesma harmonia. Algo mais difícil é o caso, raro, em que esta interpretação não se enquadra. Recomendo, então, ampliar as duas últimas notas, tornando-as semibreves. Nesse caso, comumente a primeira semibreve fornece oportunidade para a cadência.

Quando o aluno tiver conseguido exercitar plenamente estas conclusões (quando possuir uma maior prática, não precisando então anotá-las, mas apenas percebê-las com o objetivo de inventar alguma coisa), deverá decidir-se sobre os graus conclusivos, pelo que tomará em consideração o seguinte:

1. A conclusão dirigir-se-á, incondicionalmente, para a tônica.

2. O primeiro verso, ou pelo menos o segundo, deverá, se for possível, também desembocar na tônica; ocasionalmente, um dos dois caminhará ao V grau; caso isto não seja de forma alguma possível, ambos poderão dirigir-se ao V grau, ou então ao I, ocasião em que, porém, a tonalidade deverá já estar muito clara e já existir suficiente variação (diferentes posições do soprano e do baixo, disposição do acorde fechada e não aberta, outro caminhar da harmonia etc.).

3. Em geral, o III ou o VI graus interessam antes às partes centrais; o IV, mais frequentemente, à parte final; idem para o II grau, pois a elevação à região da dominante a partir da região da subdominante tem, então, uma ação muito enérgica. Todavia, muitas vezes os fatos apresentam-se diversos do aqui exposto.

4. Num expressar duro e exagerado, poder-se-ia exigir que, exceto quando da necessária repetição do I grau (ao princípio e na conclusão), nenhum outro grau se repetisse. Isto é, conforme dito, exagerado e quase nunca praticável, mas seria algo de se almejar o mais amplamente possível.

5. Uma vez que esta última orientação não pode ser seguida facilmente, dever-se-á preocupar em separar as conclusões sobre os mesmos graus através de cadências intermediárias sobre outros graus. Também isto (assim como tudo nas leis artísticas) é muito exagerado. Aqui, o contrário pode ser igualmente bom, e a repetição talvez venha a agir ao modo de uma confirmação.

6. O mais importante, contudo, é harmonizar cada frase de maneira que não se inflija à melodia nenhuma violência. *Isto é assunto da sensibilidade, logo, do talento*. Já sabemos, todavia, muitas coisas que poderão nos auxiliar quanto a esta matéria. Por exemplo, a consideração às particularidades de uma melodia, conforme já demonstrei ao discutir o segundo verso, onde há que se remover o *mi♭* antes que surja o *mi*.

Decididos os finais dos versos, serão então escolhidos os princípios dos versos. O decisivo para esta escolha é que, antes de tudo, cada princípio esteja numa boa relação com o final do verso precedente. Sobre essa questão, já foi dito antes que tal deve ocorrer, no possível, *como se não existisse nenhuma parada* [fermata] *no final do verso*. Portanto, também o princípio já deve ir preparando o grau que concluirá a frase. O melhor é que já o primeiro acorde conduza, pelo menos, às proximidades de uma tonalidade semelhante àquela realizada como tonalidade secundária, ou seja, do grau escolhido para a conclusão. Esta forma de preparar resulta boa quase sempre, mas nem todas as vezes é possível. Quando não há condições de efetuar-se tal preparação, é também possível que ela aconteça gradualmente, durante o curso de um verso, mesmo entre finais de versos distantes entre si. Todavia, uma repentina viragem no centro [do Coral] também pode, frequentemente, ser de uma eficácia extremamente enérgica.

Enquanto, por exemplo, Bach, em outro coral da *Paixão segundo São Mateus* (*Was mein Gott will...*), o qual se encontra em *Si-menor*, traz – após a conclusão sobre *si* (I grau de *Si-menor*) e através da viragem da ársis [*Auftaktwendung*] – a dominante *MI* do acorde conclusivo *LÁ* (exemplo 225*d*), os exemplos 225*a*, *b*, *c* vão, por outro lado, mais devagar, inclinando-se quase até a região da subdominante da tonalidade conclusiva *LÁ* (respectivamente *Fá♯-menor*), em direção a *Mi-menor*, *Ré-Maior* e *Si-menor*. Todavia, em 225*a* e em 225*b*, proporciona-se conduzir gradualmente à decisão, ao passo que em 225*c* a resolução é produzida através de uma viragem mais inesperada. Em geral, é preferível o método que insinua as intenções desde o primeiro passo, conforme Bach o faz aqui. Contudo, ele mesmo o realiza, com bastante frequência, por meio de um inesperado movimento. Assim acontece, por exemplo, no quarto verso do coral "*Ich bin's, ich sollte büssen*", da *Paixão segundo São Mateus*, o qual se encontra em *Lá♭-Maior* e, portanto, toleraria perfeitamente uma viragem à dominante, como no exemplo 226*b*.

III

Mas Bach escolhe – não obstante o *mi♭* deste começo encontrar-se, propriamente, estorvando o caminho – uma conclusão sobre o III grau como acorde maior (por assim dizer, a dominante da tonalidade menor paralela), trazendo-a por meio de uma viragem bastante surpreendente. Uma comparação entre as duas formas mostrará – embora eu certamente pudesse haver encontrado algo melhor para a minha – o quanto a de Bach é mais interessante, ainda mais quando ambas são colocadas dentro do contexto, no centro do coral. Verifica-se, então, que neste coral foram escolhidos outros graus para as conclusões da terceira e da quarta frase porque estes dois versos são apenas repetições dos dois primeiros. Estas são as razões que levam um bom construtor a escrever ásperas viragens. Neste estilo, a variação é uma das exigências mais importantes.

No exemplo 227 realizou-se a experiência de harmonizar o primeiro verso. Esta melodia não é, exatamente, fácil de trabalhar; é de uma extensão considerável, porém não muito rica em graus, do que o aluno pode facilmente se convencer escrevendo abaixo os graus e escolhendo as boas possibilidades de encadeamentos. Não será fácil, especialmente, esquivar-se a uma repetição de II ou do IV grau (e os seus pertences), pelo fato de o *miƀ* e o *dó* acontecerem duas vezes na melodia. A solução relativamente melhor talvez seja a do exemplo 227*b*, embora despretensiosa e a repetição do *fá* no baixo (perto do final do verso) não seja muito feliz. Maravilhosa é a solução encontrada por Bach (exemplo 228). Ela, no entanto, dificilmente seria possível sem a utilização de notas de passagem e de adorno, as quais, por conseguinte, não são aqui *ornamentais*, mas *construtivas*, isto é, não casuais, não estranhas à harmonia, mas necessárias, integrantes dos acordes. No geral, o aluno deverá observar particularmente que sejam evitadas repetições de acordes; especialmente daquele que antes denominei "acessório" [*Zubehör*]: a dominante (ou dominante secundária) que acompanha um grau, ou o seu substituto (uma tríade diminuta, quase como VII grau), acordes estes que facilmente gostariam de introduzir-se furtivamente. Conforme dito, não é sempre possível contornar este problema e daí não ser fácil alcançar-se um bom resultado. Pode-se verificar isso da melhor forma nas harmonizações corais de Mendelssohn, nas quais se nota o quanto é difícil, frequentemente, mesmo para um mestre, adaptar-se a um estilo que não é o seu. Melhor êxito a esse respeito logrou Brahms, que, de resto, veio a adquirir uma extraordinária mestria no copiar outros estilos. Contudo, ainda assim são notáveis as diferenças entre uma harmonização coral de Bach e uma de Brahms. Por esta razão, evito apresentar aqui um exemplo modelar, feito por mim mesmo, preferindo trazer completo o coral de Bach (exemplo 228). Decerto, eu poderia realizar algo tão bom que o aluno demorasse ainda um certo tempo antes de conseguir algo semelhante. Todavia, para apresentá-lo como padrão, como modelo, não sou presunçoso o bastante, embora eu me considere relativamente capaz.

Se algumas coisas aqui surpreendem o aluno por não estarem de acordo com as orientações e respectivas fundamentações que lhe dei, que ele se console: jamais a arte se tornará idêntica às leis artísticas. A arte é extensa, as leis artísticas são estreitas. Acredito, no entanto, haver fornecido as orientações de tal forma amplas que ainda exista espaço para os acontecimentos. Ao verificar-se aqui, por exemplo, no sinal ⨍, que a distância entre contralto e tenor (uma décima-primeira) é maior do que a permitida por nossas orientações, não se pode esquecer de que na justificativa falou-se de uma "eufonia média", pelo que, sem dúvida, expressou-se que abaixo e acima desta posição existem outras que fazem com que a distância de oitava ainda permaneça como eufonia média. Um outro exemplo: no sinal †, a voz de contralto não resolve já o seu *mi♭*; mas, nessa ocasião, eu prescrevi "será bom que...", e não "deve-se...". De mais a mais, mostrei em seguida que este *mi♭* soluciona-se no baixo.

O aluno deve praticar a harmonização de corais no maior número possível de casos. Para tanto recomendo, sobretudo, trabalhar cada coral, no mínimo, de duas ou três maneiras diferentes. Evidentemente, há que se esforçar por obter a maior lisura possível, o que não será alcançado, ou alcançar-se-á a duras penas. O valor destes exercícios consiste, portanto, apenas no intensivo trabalhar com o material; são exercícios ginásticos, que reforçam músculos específicos; e, assim como em todos os treinamentos deste tipo, a meta desejável não é uma bela realização de um exercício isolado, mas a instrução de determinadas capacidades.

## Cadências[7]

No exemplo 218 empregou-se uma cadência plagal [*Plagalschluss*] no lugar de uma cadência comum. Este é um caso frequentemente necessário em harmonizações de corais, como no exemplo 226a, onde tem-se que recorrer a uma cadência plagal caso se pretenda que o *sol* não seja terça de *mi♭*. A cadência plagal é uma fórmula que tem a faculdade de concluir até mesmo frases mais extensas, atuando, porém, com menor clareza e poder de confirmação do que a cadência autêntica [*authentische Schluss*]. Contudo, nem sempre é desejável uma conclusão de semelhante perfeição; com o fim de obter contrastes, muitas vezes outras espécies de conclusões deverão

---

7 *Schlüsse*. Literalmente, *Conclusões*. A rigor, dever-se-ia, na tradução, separar *cadência* [*Kadenz*], de *conclusão* [*Schluss*]. O autor, pelo menos a princípio, entende cadência como o *processo total* que culmina na conclusão. Na terminologia em português para o estudo dessa matéria, isso é visto de forma bem mais simples, pois se chama "cadência" tão somente ao grupo dos poucos acordes finais que dão a ideia de conclusão. Porém, se fizéssemos aqui tal como aparece no original, isso traria uma série de complicações terminológicas, surgindo novidades do tipo "terminação (ou conclusão)-plagal", "terminação-autêntica", "meia-terminação" etc., além da palavra "cadência" usada concomitante a tudo isso. E aqui reside o principal problema, pois o termo "conclusão (ou terminação)", propriamente dito, faz-se aqui necessário em vários outros contextos com um sentido que não o de cadência. Manteve-se, portanto, uma tradução a mais próxima possível da terminologia comumente utilizada em português para esse assunto. (N. T.)

ser utilizadas. O uso exclusivo de uma terminação cadencial [*Kadenzschluss*] enérgica pode perturbar ainda sob outro enfoque: a articulação pode vir a resultar excessivamente definitiva; e, sobretudo, definitiva com demasiada frequência. Se, no curso de uma frase, a necessidade de uma conclusão total em razão de exigências melódicas dificilmente se apresenta mais do que uma ou duas vezes, por outro lado a necessidade de distinguir frases isoladas, sem separá-las de modo excessivamente abrupto, dá pretexto à utilização de fórmulas, tais como: semiconclusivas, aparentemente conclusivas, conclusões interrompidas e imperfeitas. Mostra-se aqui a oportunidade de empregar movimentos decrescentes, ao passo que na cadência autêntica são favorecidos os movimentos crescentes ou aquelas montagens que resultem neles. Existe uma quantidade de nomes para tais conclusões. Mencionemos, além dos de cadência autêntica e plagal: cadência completa e meia-cadência, completa e meia-cadência perfeita e imperfeita, completa (ou meia-cadência) perfeita (ou imperfeita) autêntica (ou plagal), e, além disso, uma mistura de todos estes elementos. Por exemplo: meia-cadência autêntica incompleta, encadeamento de cadência autêntica e plagal... e isto são apenas os nomes!

Visto que tanto podem se estabelecer cadências completas e perfeitas no meio de uma composição, como meias-cadências e cadências incompletas no final; visto que, de mais a mais, cadências não são indispensáveis para salientar a articulação, pois estes e outros efeitos formais não dependem exclusivamente da harmonia; visto que, além disso, o grande número de possibilidades exclui o fato de cada uma receber um nome; e, finalmente, visto que com estes nomes dificilmente se diria algo que caracterizasse ou delimitasse as possibilidades de emprego, tenho por mais conveniente proceder à divisão classificatória de tal modo que o aluno possa restabelecer todos os casos, ou a maioria deles, por meio da combinação e da variação.

I.   Com esta finalidade dividiremos as conclusões, primeiramente, em dois grupos:

A) Aquelas nas quais os três últimos acordes aparecem na sucessão IV(II)-V-I: a denominada *cadência autêntica* (a sequência VI-V-I, em que a superação da região da subdominante é imitada externamente através do passo enérgico de fundamentais VI-V, é acrescida a esta categoria à falta de melhores possibilidades de subdivisão);

B) Aquelas nas quais esta sucessão não é observada.

II.  Em ambos os grupos poder-se-á admitir variações por meio de:

1. mudança de posição dos sons do acorde (inversões);

2. utilização dos acordes de sétima, de nona e de outros acordes similares, correspondentes aos graus;

3. representação [*Vertretung*] dos sons próprios da escala por sons estranhos à escala (dominantes secundárias, relação com a subdominante menor etc.).

III. Originam-se, em ambos os grupos, formas secundárias importantes quando se substituem as tríades principais (I, V, IV) por seus representantes; tais formas ainda admitirão, por sua vez, transformações conforme o já mencionado no parágrafo II acima.

IV. Obtém-se uma série mais ampla de conclusões através de transferência [*Versetzung*] proporcional (transposição) das formas acima mencionadas aos graus próprios da escala e, no sentido de tonalidade ampliada, a todos os graus da escala cromática. Assim, podem ocorrer as seguintes transposições:

1. Inexatas: a)  exclusivamente com sons próprios da escala;

          b)  parcialmente com sons estranhos à escala.

2. Exatas (os graus realizados como, cada um em si mesmo, tonalidades secundárias).

N.B. – a forma cadencial IV-II$\overset{6}{4}$-V-I deve ser considerada aqui apenas como uma variedade de IV-V-I, ou seja: IV-(I$\overset{6}{4}$)-V-I.

V. As cadências do grupo A, em suas duas relações: IV-V-I e II-V-I (o II grau como representante do IV) são *cadências completas* [*Ganzschlüsse*] apenas:

1. quando conduzem à tônica;

2. quando o V grau é dominante e é constituído pelos sons próprios da escala;

3. quando o I e o V grau se apresentam no estado fundamental.

VI. Todas as transferências (próprias da escala) ou transposições (realização à maneira de tonalidade secundária) da cadência autêntica para outros graus, denominamos *à maneira da cadência completa* [*ganzschlussartig*] e as contaremos entre as semicadências. Por exemplo: V(♭)-VI(♯)-II(♯) ; VI-VII($\overset{♯ 5}{♭ 3}$)-III ; V(♭)-I-IV ; I-II(♯)-V etc. (o penúltimo acorde em forma de dominante).

VII. Todas as formas da sequência autêntica que se diferenciam das cadências completas (através do uso de inversões etc.), assim como todas aquelas conclusões que estabelecem outras relações mediante outras ordenações de sucessões ou outros graus, as denominaremos *meias-cadências* [*Halbschlüsse*], e delas realçaremos:

1. A *cadência plagal*, caracterizada por faltar-lhe de todo, no âmbito conclusivo, o V grau (dominante), e por existir, na maioria das vezes, um alargamento da região da subdominante (IV e II graus), de maneira que a sucessão será IV(II)-I. É geralmente considerada como cadência completa, o que parece justificar-se pelo fato de ela ser utilizada, com frequência, para conclusões definitivas. Todavia, uma vez que muitas conclusões, que são indubitavelmente meias-cadências, podem, quando colaboram todos os elementos rítmicos, melódicos, dinâmicos e outros auxílios conclusivos da técnica composicional, atuar como fecho de maneira satisfatória e, portanto, ser igualadas às cadências completas (o que pode ser demonstrado facilmente), o mais correto é considerar a cadência plagal também como meia-cadência.

2. A *cadência interrompida* [*Trugschluss*] (IV-V-VI , II-V-VI , VI-V-IV etc.).

VIII. As demais meias-cadências que conduzem à tônica, as classificaremos em:

1. Aquelas em que os graus característicos da sequência que serve de base, ou seja, a sequência IV(II- ou VI-)-V-I são substituídos por outros menos característicos; por exemplo: IV- III-I , II-III-I , VI-III-I , IV-VII-I , II-VII-I , VI-VII-I , III-V- I , VII-III-I etc.;

2. Aquelas, que:
   a) apresentam uma outra sequência; por exemplo: V(♭)-IV-I , V(♭)!- -II-I , V-VI- I;
   b) substituem, nestas outras sequências, os graus característicos por outros menos característicos; por exemplo: III($^{7}_{5}$♭)-IV-I , VII($_{7}$)- -II($^{7}_{5}$♭)-I , III-VI-I etc.; e aquelas que:
   c) empregam outros graus totalmente diferentes (porquanto isto não esteja já contido nas categorias anteriores).

IX. As cadências que conduzem a graus secundários, classificaremos em:

1. Cadências *próprias da escala* [*Leitereigene*], representadas aqui apenas pelos dois últimos acordes que as compõem, e que outra coisa não são

que transferências,[8] a outros graus, das cadências anteriormente mostradas, pelo que se originam muitas formas inutilizáveis e desusadas.

a) as mais usuais são especialmente as que conduzem ao V grau, pois, recordando suavemente os imperfeitos métodos conclusivos dos modos eclesiásticos, foram, à maneira de pontuação [da frase], empregadas como conclusões imperfeitas para salientar a articulação em períodos extensos: IV-V, VI-V, II-V, I-V e também III-V. Por que IV(II)-V é uma meia-cadência, esclarece-se a partir da sucessão IV(II)-V-I, na qual se para na metade, ou seja: trata-se de uma conclusão interna.

b) VI-V e I-V, as quais, transferidas ao I grau, resultam II-I e IV-I, que são cadências plagais, logo, meias-cadências. Entretanto, nem todas as transferências imitativas destas sequências para outros graus são usuais.

c) É evidente, por si mesmo, o caráter de meia-cadência daquelas cadências modeladas segundo o padrão IV-V, ou seja: VII-I, I-II, II-III, III-IV e V-VI (esta última conhecida como cadência interrompida).

d) uma conclusão que se apresenta frequentemente é II-III, a qual leva o nome de *cadência frígia* [*phrygischer Schluss*], onde o II grau é usualmente empregado como acorde de sexta, e o III grau, na maioria das vezes, emprega-se com a terça maior artificial.

2. *Cadências realizadas como tonalidades secundárias* [*Tonartmässig ausgeführte {Schlüsse}*]. Nestas dá-se a mais ampla margem de manobras à combinação, porque os recursos já conhecidos do ensino das modulações, utilizados de acordo com suas finalidades e sob a consideração às condições estilísticas, garantem uma perfeita consecução do objetivo. As condições das conclusões que ocorrem à maneira de cadências completas foram já discutidas e classificadas. Naturalmente, levaremos em consideração, nas variações, antes de tudo as transformações do II grau as quais já conhecemos: dominante secundária, acorde de sétima

---

8  Salvo raras ocasiões, o autor, na maioria dos casos, separa nitidamente *Versetzung* [*Transferência*] de *Transposition* [*Transposição*]. Em outros casos, conforme citado pouco atrás, relaciona ambas palavras, sendo a Transposição um tipo especial de Transferência (e é aqui que poderiam sempre ser tidas como sinônimos). É possível que a ideia geral do contexto não se perca caso sejam, o tempo todo, compreendidas como uma mesma ideia, usando-se então, na tradução, exclusivamente um dos dois termos. Registre-se, porém, a observação. (N. T.)

diminuta, acorde aumentado de quinta-e-sexta e acorde aumentado de terça-e-quarta, sexta napolitana e demais congêneres. Contudo, ainda poderão ser empregadas, exatamente como nas cadências, a tríade aumentada, as tríades artificiais menores e diminutas, assim como tudo que se derive da relação com a subdominante menor.

Uma vez que tudo de maior importância já é conhecido através das cadências anteriormente mostradas, o exemplo 229 traz meramente exemplos de conclusões e semiconclusões (meias-cadências) conforme graus secundários.

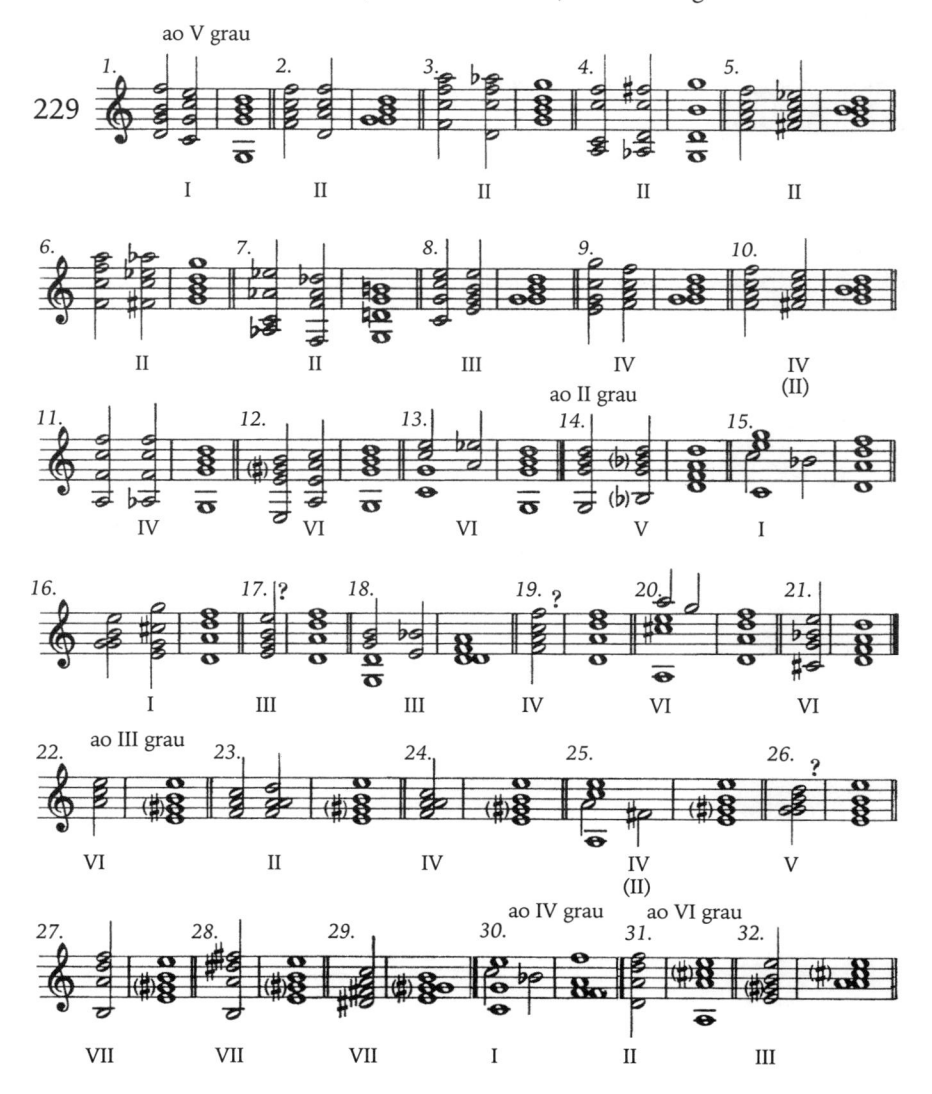

A meia-cadência poderá ser frequentemente utilizada em harmonizações de corais; sobretudo onde seja necessária em razão de particularidades melódicas ou harmônicas, mas também como variação para a obtenção de contornos mais suaves. Ocasionalmente, mas não com excessiva frequência, o aluno poderá também estabelecer uma cadência interrompida, o que de vez em quando se encontra em Bach. Nesse caso, a frase caminhará nitidamente rumo ao I grau, apresentando, todavia, em vez do I grau, o VI ou o IV grau após o V.

# Sons "estranhos à harmonia"[1]

Chego agora a um dos pontos mais fracos do velho sistema harmônico; ao ponto em que ele, repentinamente, se afasta de seu procedimento expositivo e, conforme eu disse no primeiro capítulo, remenda-o mediante um outro sistema – que, na verdade, não é um sistema – para acomodar sofrivelmente os acontecimentos mais conhecidos. É singular que ninguém tenha ainda reparado nisso: *a doutrina harmônica, a teoria da harmonia, ocupa-se de sons estranhos à harmonia*! Mas assuntos estranhos à harmonia deveriam fazer parte de um compêndio de harmonia da mesma forma que os assuntos "estranhos à medicina" – note-se que esta expressão não existe – fazem parte de um compêndio de medicina. O que deve ser apresentado em semelhante compêndio lá está, precisamente, porque não é estranho à medicina, do contrário não se encontraria. Só posso imaginar que a expressão sons "estranhos à harmonia" signifique: a alegação de que certo número de sons é inadequado em si, ou inadequado em certas condições, para construir harmonias. E que tais sons, visto que por sua natureza lhes falta aptidão para construírem harmonias, ou seja, complexos sonoros simultâneos, são caracterizados como algo que nada tem a ver com a música e, por isso, expulsos da arte e do seu ensino. Pois a teoria harmônica somente poderia se ocupar de harmonias, de complexos sonoros simultâneos e não de sons estranhos à harmonia; ou então deveria

---

1 *"Harmoniefremde" töne.*

dizer, simplesmente, que nada tem a ver com eles. Os sons estranhos à harmonia ou não existem, ou não são estranhos à harmonia.

Porém, segundo o velho sistema harmônico, os sons estranhos à harmonia (como se vê, o nome já é no mínimo incorreto) são os acréscimos acidentais aos acordes do sistema, donde o complexo sonoro resultante não pode ser compreendido como um acorde, pois é impossível relacioná-lo a uma fundamental. Uma segunda característica deles é a circunstância de que, por meio de sua presença, originam-se sonoridades mais ou menos dissonantes, algo que, portanto, necessita de uma solução ou ao menos de uma justificação através da melódica. Todavia, o substancial neles seria a casualidade de seu aparecimento; o fato de eles acontecerem apenas esporadicamente; de serem mais raros do que as outras sonoridades.

Logo, e acima de tudo: os sons estranhos à harmonia formam, não obstante, sonoridades simultâneas, não sendo, portanto, estranhos à harmonia; senão que, mediante sua cooperação, originam-se acontecimentos que são harmonias, assim como são harmonias tudo o que soa simultaneamente.

Todavia, dizem que são harmonias fortuitas, o que significaria que se trata de harmonias cujo aparecimento não resultasse de uma necessidade, cuja ocorrência não acontecesse conforme as leis da lógica musical, mas que se apresentariam em franca oposição a esta lógica, quando – segundo esta mesma lógica – menos se poderia esperá-la. Algo à semelhança de um meteorito ou uma estrela cadente, os quais por certo acontecem, mas com uma aparente casualidade porque não estávamos cônscios, antecipadamente, do momento exato de sua aparição e nem poderíamos compreendê-lo.

Porém, essa casualidade aparece com demasiada frequência para que se possa considerá-la como realmente independente de leis. Toda melodia, desde que não se componha meramente dos sons dos acordes acontecidos abaixo dela (um caso de relativa raridade) e desde que [em seus valores rítmicos] caminhe um pouco mais rápido do que a harmonia que a sustenta, necessariamente produzirá, de contínuo, semelhantes sonoridades. É claro que a algo que ocorre de maneira tão frequente não se pode chamar de casualidade, mas, sim, dever-se-ia tentar o diagnóstico de sua regularidade. Pode-se atribuir ao acaso o fato de que uma telha caia do telhado, precisamente quando esta ou aquela pessoa passar embaixo (embora isto também não seja, necessariamente, um acaso, podendo ter sido determinado antes); contudo, não mais se poderá caracterizar como casualidade o fato de ter sido atingido pela telha aquele que estava passando no momento decisivo; pois, se uma telha cai (o que talvez seja uma casualidade) e alguém estiver passando por baixo (o que talvez também seja uma casualidade), não será mais casual – senão, ao contrário, totalmente conforme as leis – que a telha o acerte, e ninguém poderia esperar outra coisa. Logo, da atuação conjunta de duas casualidades pode-se originar algo perfeitamente previsível. Agora, é ainda de refletir: o fato de a telha haver caído é uma casualidade, quando muito, em relação à desgraça que ocasionou. Porém, não uma casualidade em si mesma. Pois caiu como efeito necessário de duas causas: por um lado, a incúria daquele que deveria tê-la fixado devidamente e, por outro lado, a lei da gravidade. E tampouco é uma casualidade o fato de a pessoa estar passando debaixo: tomou esse caminho por alguma razão precisa e, como andava em determinada velocidade, por mais distante que antes estivesse do local do futuro acidente teria que ali encontrar-se no instante correspondente. O que poderia haver nisso de casual (talvez!) é a coincidência das duas circunstâncias, uma vez que para tanto não conhecemos nenhuma lei. Logo, caracterizar alguma coisa como casualidade dependerá do ponto de vista que se tenha escolhido.

Também aqui talvez seja dessa maneira. Também aqui, o que talvez se possa considerar como casualidade incalculável seja meramente a circunstância de que, através do movimento de uma voz contra uma harmonia fixa, originam-se simultaneidades sonoras que não podem ser tidas como adequadas às leis. Complexos sonoros que o autor, por assim dizer, não tinha em mente, não intencionava, dos quais não espera nenhum efeito harmônico; sonoridades desimportantes em comparação com os fundamentos harmônicos essenciais e sem influência alguma na ulterior evolução da harmonia. Mesmo que as coisas fossem desse modo – e ainda precisar-se-ia imaginar que o autor tivesse concebido a melodia e a harmonia cada uma por si mesma, isoladamente, e não como um conjunto sonoro, tendo, portanto, escrito algo diverso –, mesmo assim ainda não seria possível falar em formações harmônicas casuais; pois não o são, apesar de tudo, visto que as duas causas das quais elas se originam estão em conformidade com as leis. Pois não é um fato casual, mas necessário, que estas duas causas atuem simultaneamente, e não apenas se pode prever a sua aparição desde a substância do todo, como até mesmo se pode calculá-la exata e antecipadamente. Todavia, talvez se pudesse falar de formações harmônicas inessenciais, que não influem, o que parece ser verdade, na medida em que, aparentemente, elas não têm nenhuma influência sobre o posterior desenvolvimento da harmonia. Por certo, isto também não é inteiramente correto, pois é improvável que em um organismo bem proporcionado, como na obra de arte, algo aconteça sem que possua alguma influência sobre o conjunto. E quando examino até mesmo o caso mais primitivo, o da valsa, na qual o desenvolvimento harmônico, se é que se pode designá-lo assim, dificilmente se encontra influenciado por tais complexos sonoros (pois este esquema harmônico quase antecede a própria melodia originante daquelas sonoridades conjuntas), então encontro mesmo aqui algo que torna no mínimo injusto dar a esses complexos sonoros uma posição privilegiada. Pois, primeiramente, a qualquer acorde pode acontecer de não ter, aparentemente, influência sobre o que segue; isto se mostra nos recitativos, onde muitas vezes é dada a um acorde uma continuação que não lhe corresponde, a qual se torna compreensível, quando muito, graças à parte cantada, sem acompanhamento, intermediária entre esses acordes; ou neste esquema mesmo da valsa, onde à repetição de tônica e dominante seguem, em uma primeira vez, acordes cadenciais secundários, mas não da outra vez, de maneira que a cadência seguinte não pode, portanto, ser vista como provocada pela harmonia precedente. Por outro lado, se não se supõe, simplesmente, que o esquema harmônico da valsa em realidade exista já antes da melodia, então haver-se-á que admitir que estes pequenos acontecimentos, somados, influem ao menos sobre o momento do aparecimento de uma troca harmônica, o que bem poderia ser considerado como uma influência de tais acontecimentos sobre o decorrer harmônico, embora diferentemente do sentido habitual. Logo, é possível que também existam outros acontecimentos harmônicos que, à maneira destas harmonias casuais, sejam aparentemente sem influência sobre o desenvolvimento harmônico ulterior; e, vice-versa, não fica provado que essas harmonias casuais sejam de fato carentes de influência. É preciso salientar logo: *isto não se deve apenas à sua natureza*; e tampouco se deve somente à sua natureza o *que* possuam de influência. Isso depende, tão somente, da maneira como venham a ser empregadas. Pode-se, em dada circunstância, estabelecê-las de modo que aparentem estar ali de forma totalmente descompromissada; e, outra vez, ao contrário, empregá-las de tal forma que tudo pareça proceder delas. Portanto, teria que também ser possível utilizar esses complexos sonoros de outra maneira. E se em algum caso consegue-se constatar a sua aparente falta de influência, seria um erro acreditar haver comprovado que elas necessariamente devam ser sempre ininfluentes; ao contrário, o mais correto seria averiguar por quais meios artísticos foi possível paralisar a sua influência. Isto, porém, em hipótese alguma testemunha algo contra a sua capacidade de formar acordes da mesma importância que os demais.

O que fica dito, porém, com tudo isto?

Examinaremos, a princípio, qual é a essência de um acorde que não seja considerado uma formação harmônica casual ou sem influência; isto é, um acorde cuja existência se justifica e cuja capacidade de operação autônoma seja reconhecida. Vale, como primeira característica: o acorde é um complexo sonoro de pelo menos três sons distintos; logo, também de quatro, cinco, seis etc. Todavia, esse "etc." não é verdadeiro, pois a teoria dificilmente admite os de cinco sons, visto que já o acorde de nona provoca "dúvidas na alma" dos teóricos, em vez de causar a reflexão nos seus cérebros. Portanto, deve existir aqui uma fronteira [para a superposição de terças]; qual seja, e quem e por que a estabeleceu, são coisas que ninguém diz, mas compreende-se, nas entrelinhas, o que se tem em mente. Cala-se, do mesmo modo, acerca do que são aqueles complexos sonoros que contêm mais de cinco sons. Que não são acordes, ninguém o duvida; quando muito, diz-se a respeito deles: "formações harmônicas casuais". O que pressupõe que as outras não são casuais. Quanto às harmonias sem influência, já mostrei que apenas são casuais quando submetidas a uma reflexão muito superficial e a uma falsa escolha do ponto de vista. O que dirão, então, se eu mostrar, em outro caso, que também as harmonias reconhecidas pelo sistema podem ser casuais desde que se seja irrefletido o bastante para não querer enxergar nelas alguma coisa a mais? Já mencionei antes que podem ser ininfluentes. Não pretendo, como prova, transcrever exemplos oriundos de composições modernas, nem me basear no fato de que *leitmotivs* que descansam sobre um ou dois acordes são dispostos (impressionisticamente) sem que apresentem consequências harmônicas; também não pretendo apoiar-me em exemplos mais antigos, em algo como o "acorde triplo" da *Flauta mágica*: todos estes são casos de falta de influência, que poderiam, se se quisesse proceder com semelhante imprecisão, ser considerados casuais. Quero falar, isto sim, do contraponto, da polifonia, da qual se diz: aqui, os acordes surgem como *casualidades da condução das vozes*, e por isso são – uma vez que a responsabilidade pela simultaneidade sonora é sustentada pela melódica – sem significação para a construção harmônica. E então!?

Evidentemente, isto é só uma meia-verdade, pois não são, realmente, sem influência; apenas relativamente ininfluentes: exatamente como as estruturas harmônicas casuais que surgem através de sons estranhos à harmonia.

A casualidade ou a falta de influência não são, por conseguinte, características pertencentes à essência destes objetos, senão, e quando muito, algo pertencente à forma de tratamento; assim, desta primeira definição não permanece mais nenhum argumento que exclua os complexos sonoros de mais de cinco sons, a não ser o fato de que casual não é o seu aparecimento, mas a sua montagem. A estruturação das tríades maiores pode-se considerar como explicada pelo modelo dos harmônicos superiores. Entretanto, mesmo admitindo-se a inversão da ideia de tríade e os harmônicos inferiores como explicação para as tríades menores, tal fundamentação torna-se quase inaplicável quando se pensa apenas nas tríades diminutas e aumentadas e nos acordes de sétima, e em outras simultaneidades sonoras admitidas como acordes. Estas possuem em comum com as tríades explicadas nada além da estrutura por superposição de terças, o que é bem insuficiente como argumento. E a ideia de alteração não é uma explicação, mas somente uma constatação dos fatos, a saber, que os sons nos acordes podem modificar-se, ou melhor, que podem ser substituídos por outros. Esta observação é, decerto, justa, mas falta por inteiro qualquer noção uniforme fundamental que efetivamente esclareça essas funções ainda que superficialmente.

Logo, é completamente obscuro o que seja, na realidade, um acorde destes, visto que a sua capacidade de modelar contextos, de provocar consequências, se apresenta antes como possibilidade de nossa técnica do que algo de sua essência e o modelo dos primeiros harmônicos superiores explica, no máximo, a tríade maior, e nada mais. E, todavia, a nossa harmônica contém ainda alguma coisa além disso. O que são o acorde de sétima, o acorde de nona etc.?

Vê-se que, assim, não é possível avançar. Tais não são nem definições e nem explicações. Se nem a essência do acorde encontra-se descrita de modo suficientemente exato, como se pode reconhecer o que não é um acorde? Quero dizer: a essência do acorde descrita *genericamente*, de tal modo que na realidade não permaneça nenhuma dúvida. Pois o fato de certos complexos sonoros, para cuja relação com os dados naturais não é mencionada nenhuma fórmula estável e imediata e nenhuma lei elementar inteiramente válida, serem designados como acordes, enquanto a grande maioria das sonoridades simultâneas, que aparecem com a mesma frequência, não é denominada como se fossem acordes, então isto não pode, evidentemente, ser considerado um sistema.

Contudo, devem ser mencionadas ainda algumas características que servem para a distinção entre estes dois grupos, sobre as quais ainda não se refletiu; e ainda outra sobre a qual todos se calam, mas que desempenha o mais importante papel no círculo secreto dos teóricos e dos estetas: a beleza, as fronteiras da beleza. Disto me ocuparei mais à frente. As outras são:

1. a gênese histórica;

2. o tratamento manifesto nas obras de arte; e

3. uma razão extremamente irrisória, mas que tem tido uma influência muito maior do que se gostaria de admitir – a imagem gráfica.

## A gênese histórica

Se os acordes produziram-se através da condução das vozes ou se a condução das vozes tornou-se possível somente graças ao nosso conhecimento dos acordes, é algo aqui sem importância, pois – haja sido um ou outro o primeiro – ambos nasceram de *um só impulso*: estabelecer a relação correta entre o material fornecido naturalmente (o som) e o órgão receptivo (o ouvido) e tudo o que, secundária ou terciariamente, venha a concatenar-se de forma associativa ou física com esse órgão. Ou seja: visto que o dado natural, o material inanimado, não se modifica, o órgão receptivo deverá adaptar-se ao dado natural de modo que se consiga a mais profunda compreensão possível de sua essência. Ambos os procedimentos correspondem a esse impulso instintivo, uma vez que os dois, mesmo que por diferentes caminhos, cumprem o objetivo de produzir uma imitação do material o mais fielmente possível, imitações essas que são mais perfeitas quanto mais o entendimento (o entendimento intuitivo pela audição, ou o reflexivo através da análise) consegue perceber e distinguir todas as suas características. Assim, os compositores de todas as épocas descobrem sempre novos segredos e produzem imagens cada vez mais fiéis. Cada novo degrau conquistado proporciona uma mais profunda penetração. O ouvido primitivo escutou o som como algo indivisível, mas a física o reconhece como um composto. Entrementes, os músicos já descobriram que o som é *capaz de prosseguir*, isto é, que *se encontra nele o movimento*; que esconde problemas os quais lutam entre si; que ele vive e deseja reproduzir-se. Perscrutaram nele a oitava, a quinta e a terça.

E aqui deveriam os músicos ter permanecido estacionados se houvesse prevalecido a vontade e o talento dos teóricos! Mas não o fizeram: haviam identificado a escala; embora não conseguissem descobrir a respectiva fundamental, fizeram o que os humanos devem fazer quando desejam encontrar algo: refletiram, combinaram. Fizeram aquilo que conduz a todos os caminhos do erro, mas, talvez, também a algumas verdades. E é isso o que as pessoas sempre devem e precisam fazer onde a intuição não as auxilia a prosseguir: servirem-se de muletas para caminhar, de óculos para ver; tomaram como ajuda a matemática e a combinação. Assim surgiu um sistema maravilhoso. Maravilhoso se medido conforme as nossas forças espirituais, mas pueril comparado com a natureza, a qual trabalha com uma matemática superior.

E aqui permaneceram efetivamente estacionados. E isso não deveria ter acontecido, pois até bem pouco antes encontravam-se no caminho certo, ou seja, no Caminho. Pois agora o novo não é mais gerado pelo modelo natural, senão que as leis, do cruzamento consanguíneo e do incesto, engendram aquelas formas nas quais se nota a palidez das ideias – ideias estas que são os pais e mães dessas formas – como marca inerente de sua transitoriedade. Até bem pouco antes se estava no caminho certo, quando, obedecendo ao imperativo do material, imitavam-se os harmônicos superiores. Porém, temperou-se o sistema, e o sistema temperou o ardente ímpeto pela busca. Firmou-se uma trégua. Mas não se descansou para rearmar-se, e sim para enferrujar-se.[2]

O sistema temperado era um recurso de emergência; um recurso genial, pois era grave a urgência e grande o auxílio. Foi uma genial simplificação, mas era apenas um expediente. Ninguém que tivesse asas preferiria voar com uma máquina. Também a máquina é um recurso genial; mas, se meramente através da vontade pudéssemos voar, renunciaríamos com prazer à máquina. Nunca deveríamos ter esquecido que o sistema temperado era somente uma trégua, a qual não deveria prolongar-se mais tempo do que o tornado necessário pela imperfeição de nossos instrumentos. Que deveremos ocupar-nos ainda, frequentemente e por muitas e muitas vezes, dos sons que efetivamente soam; os sons, assim como nós próprios – também nós, pois somos nós os buscadores, os intranquilos, aqueles que não se cansam antes de haver encontrado –, nós, que não teremos tranquilidade até havermos solucionado os problemas que jazem nos sons e em nós mesmos. É possível que nos seja vedado alcançar realmente esta meta. Mas podemos estar seguros de que não teremos paz antes que isto aconteça, de que o espírito buscador não cessará de cuidar destes problemas antes de havê-los explicado de uma maneira que os traga tão perto quanto for possível deles se aproximar. Creio, portanto – ao contrário daqueles que, com um indolente orgulho baseado nas conquistas alheias, têm o nosso sistema como a representação última, o achado definitivo –, que estamos somente no princípio. Temos que prosseguir!

A gênese histórica, portanto, é muito pouco apta a esclarecer, a partir de certo momento histórico, a verdadeira significação dos fenômenos: desde o ponto em que ela despreza, parcialmente, o modelo da natureza, colocando no lugar dos sons reais os sons artificiais, os temperados; desde o instante em que ela expulsou da arte a natureza, caracterizando como não musicais

---

2 O autor realiza aqui um trocadilho com os verbos *rasten* (descansar, repousar, fazer alto), *rüsten* (preparar-se militarmente, armar-se) e *rosten* (enferrujar, oxidar). Eis a frase no original: *Aber man rastete nicht, um zu rüsten, sondern um zu rosten.* (N. T.)

os harmônicos superiores, assinalando como musicalmente errado o fato de o corista entoar corretamente uma terça maior. Com toda a certeza, nesse mesmo momento tornaram-se possíveis todos aqueles acordes que hoje constituem o nosso sistema, os quais, entretanto, conforme já fiz notar anteriormente, trazem em si o que um dia arruinará o sistema (aquilo que se mencionou ao tratar-se do acorde de sétima diminuta). E a gênese histórica, ademais, também não pode, de forma alguma, explicar inequivocamente os seus estágios ancestrais, uma vez que ela própria não é uma linha homogênea. Em certo momento, chega aos acordes através das vozes; de outra vez, permite que as vozes se desenvolvam sobre os acordes. Se se é míope o bastante – e se é! – para considerar a cada vez o resultado como meta final, concebendo ora o acorde ora a melodia como o motor do movimento, então desaparece a possibilidade de reconhecer o todo. E, em vez de perceber que ambos apenas atendem a um único objetivo – penetrar no que é dado pela natureza – têm-se ora um e ora outro como a essência da música. Ao passo que a arte [a essência da música] na realidade não é nem mesmo um terceiro fator, mas um quarto, o qual não será discutido de momento.

Assim, se a gênese histórica daqueles complexos sonoros, denominados harmonias casuais, mostra tão somente a maneira como tais complexos sonoros foram utilizados inicialmente pelos compositores, ela não é adequada, por quatro razões, para apresentar provas à conclusão de que eles sejam casuais:

1. Porque a gênese histórica é algo diferente do que seria a gênese natural. Porque, conforme uma gênese natural, existiriam formas que corresponderiam às leis da natureza;

2. Porque a gênese histórica, apesar de tudo, certamente tem seguido a vontade da natureza, embora através de pobres rodeios; porque o nosso espírito não pode produzir nada que seja totalmente diverso da natureza. E se consideramos que a natureza possui leis, então esse mesmo produto humano não pode ser casual, mas somente conforme às leis;

3. Porque, de qualquer modo, através da gênese histórica apenas se poderá dizer em qual sequência e por qual caminho aquelas harmonias se infiltraram na música, porém nada dirá quanto à relação delas com a meta principal de nossa atividade. Porque estas harmonias, afinal, podem ter-se originado perfeitamente como formações harmônicas casuais e, não obstante, poderiam ser tão conformes às leis e tão fundamentais quanto as outras, cujo caráter básico nós já reconhecemos;

4. Porque todos os demais acordes de nosso sistema se originaram de uma maneira semelhante a esses complexos sonoros. A saber: utilizados também

a princípio parcimoniosamente e com cautela, ocorrendo da forma a mais discreta possível, tornaram-se – assim que o ouvido se familiarizou com eles – acontecimentos quotidianos e naturais de todo período harmônico; soltos do contexto onde geralmente se manifestam, vieram a ser utilizados como acordes autônomos, conforme demonstrei ao examinar a tríade diminuta e o acorde de sétima.

## O tratamento manifesto nas obras de arte

E com isto chegamos à segunda característica que mencionei, no que diz respeito a essas harmonias sem influência: ao tratamento delas, evidenciado nas obras de arte. Entretanto, não poderemos extrair daí conclusões diferentes do já visto anteriormente, porque, em tal tratamento, mais se demonstra o como surgiu do que o que significa. Isto não teria que ser assim se os artistas tivessem sempre a coragem de voltar às fontes originais. Porém, é assim que é. E visto que é assim, tem-se que compreendê-lo; e é possível compreendê--lo – sem ser injusto e com plena veneração àqueles grandes espíritos que percorreram este caminho – tomando-se consciência de que as suas obras eram necessárias tais como foram criadas e de que a arte, conforme dito, é na realidade uma quarta coisa, que esses grandes espíritos sempre fornece-ram, mesmo quando não atenderam ao fim último da natureza no que diz respeito ao material.

O tratamento desses complexos sonoros casuais nas obras de arte dife-rencia-se dos acordes oficializados pelo seguinte: os acordes oficializados, ou são consonâncias ou dissonâncias. Como consonâncias, são totalmente livres, sujeitos no máximo às necessidades de movimentação das fundamentais. Como dissonâncias, devem ser preparados e resolvidos. A evolução, porém, trouxe consigo, e cada vez mais, um abstrair-se destas duas exigências. Ad-mitamos, contudo, que a exigência de resolução subsiste efetivamente e que a não resolução seja apenas aparente ou uma espécie de aperitivo estilístico cujo pressuposto fundamental é a resolução. Constatar-se-ia, então, de fato, a segunda diferença: acordes dissonantes resolvem-se, ou seja, segue-se-lhes um novo acorde correspondente ao caráter da dissonância e à exigência dos graus; ao passo que as formações harmônicas casuais mostram outra coisa quando se resolvem. Por exemplo, um som *ré* perante o acorde *dó-mi-sol*, como retardo ou nota de passagem, resolve-se; mas o acorde *dó-mi-sol* situado abaixo dele permanece estável, não se modifica. Logo, a sonoridade *dó-mi-*

-*sol* tem a aparência do principal, do imutável, enquanto o som *ré* parece ser um ingrediente inessencial, casual, alterável. Poderia até mesmo ser que na harmônica não se desse nenhum caso paralelo a este, e ainda assim isto não provaria necessariamente que *dó-mi-sol* não é um acorde. Eu penso o seguinte: isto é apenas a gênese histórica dessa sonoridade simultânea e prova somente que esta é a sua mais antiga aparição e a primeira forma de tratamento que a ela se tenha dado. E já mostrei, repetidas vezes, que o modo de tratamento modificava-se sempre que o caso isolado se generalizava e tornava-se familiar. Preciso tão somente relembrar o caso para o qual a regra diz que, simultâneo à sua resolução, um retardo pode também modificar a harmonia, de forma que o som de resolução seja ouvido em um novo acorde (exemplo 244); demonstra-se, portanto, que não existe uma característica incondicional para o tratamento de um som estranho à harmonia. *Existem, isto sim, casos paralelos.* Por exemplo, quando o acorde de sétima *ré-fá-lá-dó* resolve-se, por meio de um movimento descendente do *dó*, em *ré-fá-lá-si*. Quem se molestar com o fato de que *ré-fá-lá-si* seja também um acorde de sétima, pode-se então representar as coisas de forma diversa: imaginar que *ré-fá-dó* (acorde de sétima com a quinta omitida, o que efetivamente acontece!) resolve-se em *ré-fá-si♭*. Aqui não se altera a harmonia que se encontra abaixo. Contudo, poder-se-ia dizer que a fundamental modifica-se, o que não é o caso dos retardos. A isto relembro, uma vez ainda, o que coloquei a princípio: tem que existir somente uma diferença de forma de tratamento, a qual não comprometa a significação harmônica. De mais a mais, pergunto: como demonstrar que na resolução do retardo a fundamental também não se modifica? Temos visto, frequentemente, que, para explicar assuntos mais simples, a antiga teoria supunha uma fundamental imaginária sob a nota do baixo e aceitava esta explicação por ser realmente necessária se se quisesse manter o entendimento a partir das fundamentais. Também aqui talvez fosse o caso de admitir uma fundamental imaginária, a qual cumpre certo movimento. E, se no outro caso podíamos acreditar em uma fundamental assim, então isto é-nos possível também aqui. Pode haver muitas razões pelas quais não nos seria possível determinar aqui uma semelhante fundamental. Sobretudo a razão de que não se tentou ainda. Porém, se eu o experimentasse e tomasse por base algo como, por exemplo, uma fundamental *LÁ* ou *FÁ* para o complexo sonoro *dó-mi-sol-ré*, uma razão poderia ser a de que, assim, uma condução das vozes teria que nos ser nova simplesmente porque ainda não tínhamos experimentado tais interpretações. Enfim, uma outra razão seria que este caso, em virtude de nossa concepção muito restrita das fundamentais, tem pouquíssima semelhança com os outros objetos analisados sob essa mesma concepção. Mas será que essa semelhança é realmente tão insignificante? Não existem, nos casos onde há indubitavelmente progressão das fundamentais, imagens muito parecidas com aquilo que não queremos admitir aqui?

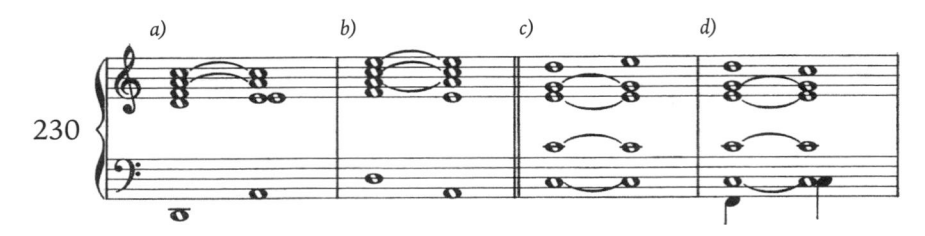

Não se pode observar que 230*a* e 230*b* se assemelham muito a 230*c* e 230*d*? E veja-se que se trata aqui de fundamentais! E que são *acordes*! (230*a* e 230*b*). Nada de retardos!

Acredito que mais não é necessário prosseguir [nessas reflexões], embora seja possível dizer muito ainda a respeito disso. Basta a compreensão de que as primeiras formas de tratamento dizem, tão somente, como se fez outrora. Assim haverá de ficar claro que, mais tarde, as coisas viriam então a ser feitas de maneira diferente. O trabalho, a princípio, é apenas preparatório; mas é através dele que a segunda etapa – a realização propriamente dita – torna-se possível.

## A imagem gráfica

Resta agora apenas mais uma característica dessas harmonias ininfluentes, cuja discussão poderia quase parecer um chiste, mas que infelizmente não o é. A saber: eu afirmo que o sistema das tríades ampliou-se aos complexos de quatro e cinco sons somente quando e onde a imagem da construção por superposição de terças podia ser continuada acrescentando-se sempre mais uma terça. Portanto, no fundo, pela representação gráfica dos complexos sonoros. Pela *impressão visual*: ponto, espaço, ponto, espaço, ponto, espaço... Assim, foram aceitos no sistema somente aqueles complexos sonoros aos quais se podia atribuir esse modelo, pois é óbvio que o acorde de sétima é uma sonoridade mais complexa do que, por exemplo, um acorde *dó-mi-sol-ré*, conforme vou expor mais à frente. Mesmo assim, o acorde de sétima é um acorde, e esse complexo sonoro não é! Permite-se a um músico, estimulado pela imagem gráfica, descobrir antes um acorde de sétima do que a sonoridade *dó-mi-sol-ré*, ainda que esta devesse ser-lhe mais próxima do que aquela; pois a sucessão instantânea dessas ideias não é necessariamente dependente do grau de sua afinidade com o modelo natural. Porém, não é seguro que o acorde de sétima tenha sido identificado mais cedo; somente foi aceito no sistema antes que o outro. E isto é, se não ignominioso, no mínimo risível.

Creio haver demonstrado que esses complexos sonoros não são nem mais casuais e nem necessariamente menos influentes do que os acordes do sistema; e que nem a sua gênese histórica e nem o seu tratamento tal como se depreende das obras de arte decide a respeito de sua significação harmônica. Mostrei, também, que não pertenceriam a um tratado de harmonia se fossem estranhos à harmonia, e bem posso agora chegar à seguinte conclusão:

*Não existem sons estranhos à harmonia, pois harmonia significa simultaneidade sonora.* Sons estranhos à harmonia são meramente aqueles que os teóricos não foram capazes de acomodar no seu sistema de harmonia. E isto provém de que os teóricos estabeleceram a hipótese arbitrária de que o ouvido é capaz de tomar em consideração somente os cinco primeiros harmônicos superiores. Assim, por exemplo, acontece com o Dr. Heinrich Schenker, uma cabeça das mais sutis, que possui ideias e fantasia. Não li o seu livro; todavia, meramente folheando-o, o que encontrei (junto a tentativas honestas de compreensão, auxiliadas por um raro talento e sabedoria) foram equívocos, em que pese interessantes. A fonte de seus erros é a suposição, não explícita, que serve de fundamento aos historiadores escolares: a "época de ouro" da música já passou, daí se originando uma polêmica exageradamente violenta contra os artistas modernos. Da observação de que o antigo é bom – o que ele frequentemente é capaz de mostrar muito bem – segue-se que aquilo que é novo é mau, permanecendo sem investigar se o novo não é, essencialmente, semelhante ao antigo. Perante uma maçã verde, porém amadurecendo, ele emite julgamentos como alguém que apenas conhecesse as completamente maduras: a época de ouro já passou! Por grandes que possam ser os seus méritos, mostra debilidade particularmente onde se esforça por criar uma demarcação nítida e positiva. Exatamente ali ele se torna nebuloso. Assim é, por exemplo, quando fala do "misterioso número cinco", além do qual (se bem me recordo) não nos é permitido ultrapassar. Uma concepção poética, sem dúvida, porém algo demasiado poético no mau sentido, uma vez que o autêntico poeta identifica a verdade; pois, nesse entretempo, já há muito que ultrapassamos o cinco. Isto, contudo, não o perturba, pois deseja que para ele o número cinco continue sendo misterioso. E com tal propósito não apenas torna-se cego ante a realidade, como também se satisfaz com observações falsas e inexatas, pois de outra forma aquele "mistério" não se sustentaria. O número cinco é em si, certamente, não menos misterioso do que todos os outros números, mas, por outro lado, não mais do que eles. E, de forma geral, tais mistérios que conseguimos desvendar, ou não são mistérios ou não os trouxemos à luz efetivamente. O que a natureza quer nos ocultar, o esconde muito melhor. Além disso, o número cinco, ainda segundo Schenker, seria notável por mostrar-se em toda a parte da música como uma espécie de fronteira. Por exemplo (não me recordo de todo), como quinto harmônico superior, como quinto som da escala, como quinta. Mas quem disse que a quinta tem qualquer coisa a ver com o número cinco? Porque demos a ela o nome de quinta? Não por isto é realmente um cinco, mas que, por exemplo, na série dos harmônicos superiores ela se encontra como segundo som. Na tríade é o terceiro som e o sétimo na escala cromática. Nomearmos a distância *dó-sol* com o número cinco não provém do fato de que ela seja realmente, e em qualquer relação, um número cinco, senão que na nossa – na nossa! – escala atual se colocam exatamente três sons entre *dó* e *sol*. Como seria se se houvessem fixado quatro ou dois sons intermediários? E isto poderia haver ocorrido e ainda assim também ser verdadeiro, pois a natureza é muito mais capaz de interpretações do que os nossos mistérios.

Chega-se a erros semelhantes quando, para a explicação dos acontecimentos, procura-se meramente um tanto de razões que mal bastam para abranger o conhecido, em vez de prever-se um excesso de motivos para aqueles casos ainda não existentes. Chega-se a tais erros quando se consideram os *fenômenos conhecidos* como a *única* coisa existente, como as expressões últimas e inalteráveis da natureza, e *quando se explicam somente esses* em vez de considerar-se aquela natureza em conexão com as nossas sensações, de modo que esses acontecimentos não mais se mostram como conclusão, como fim, como o definitivo, mas como uma pequena parte de um todo gigantesco e irrelanceável [*unüberblickbaren*], onde o número cinco continua sendo interessante, porém não mais misterioso do que todos os outros números, sejam eles primos, produtos ou potências; e cujo mistério é delimitado não pela altura destes números frente a nós, mas no fato de esse mistério ser-nos desconhecido e de não sabermos quais fenômenos – e por que – nesses números se fundamentam, coisa que pressentimos, mas que não sabemos. Porém, não se deve esquecer que, para aquele que desconhece, tais mistérios são, simplesmente, desagradáveis; que, com razão, apenas se entrega ao calafrio do mistério aquele que for dotado do pressentimento de sua resolução; e que, não obstante, o mistério em si não é mais verdadeiro do que uma cena impressionante no cinema.

Não existem sons estranhos à harmonia se se encontram tais princípios. Pois o modelo natural, o som, é adequado ainda a explicar, como acordes, complexos sonoros totalmente diversos desses mais elementares. E frente a este modelo postamo-nos numa relação de analisadores, de buscadores; porquanto o imitemos, descobriremos mais ou menos das suas verdades. Mais, cada vez mais, se esforça o espírito criador, enquanto o epicurista se conforma com menos. Entre esse mais e esse menos desenvolvem-se as lutas artísticas. Aqui, a verdade, a busca; lá, a estética, o supostamente achado, a redução do almejável [*Erstrebenswerten*] ao alcançável [*Erreichbare*]. Almejável é tudo o que esteja contido no som natural, e obter daí tudo o que a mente humana, com sua capacidade de associação, construindo combinações, torne possível. O alcançável tem a sua fronteira provisória onde a nossa natureza e os instrumentos que inventamos têm, por sua vez, a sua fronteira provisória. Ao contrário, o alcançável no que reside *fora de nós*, no som, não tem teoricamente nenhuma fronteira. O que ainda não se atingiu constitui o almejável. Alcançou-se um sistema no qual alguns harmônicos superiores puderam ser acomodados com razoável precisão e alguns outros de forma bastante inexata. Alcançou-se a quase totalidade das combinações desse sistema, através do ouvido instintivo do músico criador, por meio da sua intuição. Mas falta ainda, em absoluto, a constatação exata da relação entre o já alcançado e aquilo pelo que ainda se esforça. Permanece, portanto, como objetivo a ser almejado, todo o resto: o correto alojamento de todos os harmônicos superiores, as suas relações com as fundamentais, eventualmente a construção de um novo sistema e daí as combinações destas novas relações, a invenção de instrumentos que pudessem executá-las etc.

Não só os acordes casuais como também os acordes fundamentais foram encontrados porque o modelo natural, através de seu consentimento, o incitava. As consonâncias maiores são imitações diretas do modelo e as outras consonâncias também o são, de forma indireta. Estas e aquelas estão contidas na série dos harmônicos superiores, na qualidade de harmônicos superiores mais ou menos próximos da fundamental. Os mais distantes, as dissonâncias, como imitação da natureza, também foram encontrados em parte de forma imediata (se bem que, como no sistema temperado, trata-se de uma imitação inexata) e em parte indiretamente ou por meio da combinação. O som, com tudo o que nele soa, justifica tanto as imitações exatas quanto as imprecisas. Consente com os valores aproximados, conforme se demonstra no sistema temperado, o qual é um sistema de valores aproximativos: o sistema perfeito de um objeto imperfeito.[3] A introdução das dissonâncias ocorreu sempre com precauções: preparação, resolução, passagem, ornamentos etc. Os ornamentos são tão somente estágios preparatórios à utilização finalmente livre das dissonâncias, as quais representam. Constranger é o primeiro recurso e libertar é a próxima meta. Pois, então, que se prossiga adiante! Porque nos encontramos apenas no princípio. Ainda não realizamos a notação de todos os ornamentos. Certamente, de modo algum já adivinhamos que características desses ornamentos – e quais deles – preparam o caminho à futura configuração [*Gestalt*] da arte dos sons. Todavia, do mesmo modo que, por fim, ousou-se a notação do acorde de sétima, atrever-se-á algum dia a fixar esses ornamentos. E, depois disto, adiante! E assim como se empregou o acorde de sétima finalmente de modo livre, colocando-o também onde não mais era introduzido por um adorno, da mesma maneira como foi admitido no sistema, transportado aos demais graus, alterado, e assim como se construíram novos acordes a partir de graus artificiais, também aqui chegar-se-á, algum dia, a estabelecer combinações e valores de aproximação os quais, mais uma vez, serão considerados como definitivos.

Ainda não chegamos tão longe, contudo. E nem temos que tão longe chegar inteiramente. Trata-se apenas de saber se certos acordes, cujo emprego já nos é permitido, devem fazer parte do sistema ou não. Eu digo: devem ser incluídos, mesmo que o sistema seja demasiado estreito para eles, ainda que esse sistema tenha, sem motivo, se colocado fronteiras. Por exemplo, quando se toca no piano, numa região mais grave, uma tríade de *Dó-Maior* a três vozes, ressoarão, concomitantemente, dos harmônicos superiores situados mais próximos: de *DÓ, dó-mi-sol*; de *SOL, sol-si-ré*; de *MI, mi-sol♯-si*. Logo, no total: *si-dó-mi-ré-sol-sol♯*. E estes são apenas os harmônicos superiores situados mais próximos! Diz-se, porém, que um *ré* há que ser estranho à harmonia em um acorde *dó-mi-sol*, isto é, estranho ao complexo sonoro; ou seja: soando-se um *ré*, então isto seria um caso especial, não algo do cotidiano. E se se faz com o *ré* o mesmo que se fez com o *mi* e com o *sol*, então já não será uma harmonia como *dó-mi-sol*, senão que o *ré* constitui-se num estranho à harmonia e o complexo existirá à maneira de uma formação harmônica casual. Ou seja: se o *ré* – que de qualquer maneira ressoa como harmônico superior –, se este *ré* (com o mesmo direito com que se realiza o *mi* e o *sol*, os quais também estão ali apenas porque de qualquer maneira ressoam, sendo então colocados

---

3  *das vollkommene System einer unvollkommenen Sache.*

como sons realmente cantados) é cantado *também pelo fato de ser uma voz real*, então dizem que é uma formação harmônica casual, enquanto o outro caso seria um acorde, mesmo não existindo nenhuma diferença entre ambos. Naturalmente. É difícil abrigar este *ré* no sistema, pois até os teóricos mais progressistas asseveram que os acordes de nona, se é que afinal existam, não são passíveis de inversões, embora os acordes de nona sejam exatamente uma prova de como o complexo sonoro *dó-mi-sol-ré* corresponde à natureza. Não obstante, este *dó-mi-sol-ré* mostra ao mesmo tempo que, como acorde, situa-se mais próximo da origem do que um acorde de sétima. Pois o acorde de sétima sobre *DÓ* teria de se servir ou do quarto harmônico de *SOL* ou do sexto harmônico de *DÓ*, embora este último seja impreciso. E uma vez que, no soar do acorde, o *SOL* tem aproximadamente os mesmos direitos que o *DÓ*, o quarto harmônico de *SOL*, mais puro, acha-se mais próximo do que o sexto harmônico de *DÓ*, mais impuro. Contudo, ainda mais próximo do que o *quarto* harmônico de *SOL*, o *si*, encontra-se o *segundo* harmônico de *SOL*: o *ré*. E, portanto, se o quarto harmônico de *SOL* pode, eventualmente, vir a ser preferido ao sexto harmônico de *DÓ* (e, de fato, tal ocorre no acorde de sétima *dó-mi-sol-si*, que, na qualidade de acorde "reconhecido" pode fazer referência à natureza), então antes se haveria de admitir, ainda com mais direito, o segundo harmônico de *SOL*. E o acorde *dó-mi-sol-ré* situa-se, desse modo, bem mais próximo do que *dó-mi-sol-si* (ou *si♭*). E o que fazer, porém, com o *sol♯*? Como abrigá-lo no sistema? Como se o sistema tivesse forçosamente que ser construído apenas por sobreposição de terças! Por que não de quintas, as quais estão mais próximas do que terças? E por que, afinal, construído "para cima"? Talvez os sons possuam também três dimensões, quiçá mais ainda! Mas, tudo bem! Construa-se para cima! Porém, não exijas que eu tome o teu sistema por mais do que ele realmente é: um sistema de representação [*Darstellung*] dos acontecimentos, mas não um sistema que os explique. Quando um adeleiro, que comprou uma cangalhada de trastes velhos, cria uma certa ordem em suas bugigangas ao escolher e separar as melhores peças, deixando o refugo, aquilo que não pode classificar, num monte, dizendo ao comprador: "aqui tenho algumas mercadorias que são melhores e, acolá, encontram-se coisas com as quais não sei o que fazer: escolhe o que possa lhe ser útil!", então procede tal qual esses teóricos organizadores. Pois no meio de tal refugo, com o qual o adeleiro não sabia o que fazer, e ao qual preferiu as suas velhas calças e os seus casacos remendados, encontravam-se, no mais das vezes, as antigas obras de arte, os quadros valiosos, os violinos de mestres etc. "Não sei bem o que fazer com isso!" Tudo bem. Mas isto, tens de confessá-lo! Com tal me contento, e daí podes seguir tranquilamente organizando. Haveria que ser dito, contudo, que o sistema é falso ou no mínimo insuficiente, porque não pode abrigar fenômenos que existem realmente ou então que são caracterizados como refugo, como exceções, como formações harmônicas casuais, como um monte de quinquilharias. E, não obstante, esse sistema arroga-se a pretensão de ser tomado como o sistema da natureza, ao passo que mal é um sistema de representação. Reconhece o "porque não sei bem o que fazer com isso"! e então poderemos ser bons amigos. Há que cessar, porém, a presunção.

Não existem, portanto, "sons estranhos à harmonia", mas somente *estranhos ao sistema harmônico*. Notas de passagem, adornos, retardos etc., tais como as sétimas e nonas, outra coisa não são que tentativas de incluir, nas possibilidades de complexos sonoros – portanto nas harmonias –, sonoridades parecidas aos harmônicos superiores situados mais distantes. Quem fornece regras para seu uso descreve, na melhor das hipóteses, a maneira como são utilizadas mais frequentemente. Mas não tem o direito de afirmar que tenha com isso delimitado exatamente aquelas possibilidades onde elas soam bem, frente àquelas onde soam mal. Possibilidades em que soem mal não existem. Prova: toda a literatura musical. Não há limites para as possibilidades de simultaneidades sonoras, para as possibilidades de harmonia; somente os há para as possibilidades de colocar os complexos sonoros em um sistema que estabeleça a sua validade estética. E, ainda assim, provisoriamente; pois mais tarde chegar-se-á a ter bom êxito no fato de, mais uma vez, ultrapassar-se semelhante sistema.

Agora, um exemplo. Sobre uma harmonia estabelecida *dó-mi-sol*, duas vozes realizam uma escala de *Dó-Maior* em movimento contrário.

Quais complexos sonoros surgem aqui? (exemplo 231*a*). Anoto os momentos isolados que chamam particularmente a atenção (exemplo 231*b*). Ou então quando, sobre uma tríade estabelecida *dó-mi-sol*, duas vozes em terças caminham por movimento contrário (exemplo 231*c*). São, por certo, asperezas [*Härten*]; e os teóricos, que justificam sempre as mais negras desconfianças que se possa ter contra eles, parecem ter deixado de lado as asperezas por causa de sua dureza mesma, de sua feiura, porque são durezas com as quais uma teoria que deseja construir a beleza – em vez de procurar a verdade – não sabe o que fazer. Pois, se fossem admitidas no sistema na qualidade de membros com igualdade de direitos, surgiria então o perigo de que elas se estabelecessem como as outras harmonias, e, em consequência, os teóricos seriam obrigados a começar a refletir. Seria realmente horrível! Esses casos, não obstante, apresentam-se na realidade com bastante frequência. Não preciso, de modo algum, tomar em consideração o caso das escalas cromáticas que caminham por terças – o qual também ocorre frequentemente –, assim como muitos outros que acontecem no que hoje se denomina "música de ruídos" [*Geräuschmusik*] (por certo se esconde, atrás disso, algum "modismo"), para expor o que daqui já se poderia mostrar.

Eu afirmo que são acordes: não os do sistema, mas os da música. Objetar-se-á: sim, porém ocorrem somente de passagem. Replico: o acorde de sétima e o de nona ocorreram também somente de passagem antes de serem aceitos no sistema. Dir-se-á: o acorde de sétima e o de nona não eram dissonâncias tão duras quanto estas. Pergunto: como se sabe isto? Quem estava lá quando os estetas, os improdutivos, aborreciam-se com os primeiros acordes de sétima e de nona? *Eu sei*, porém, que se exasperaram quando alguém se atreveu a acrescentar a primeira terça à quinta vazia. E tal não aparenta ser uma dissonância excessivamente dura, caso contrário não se ousaria escrevê-la. Não obstante, atreveu-se a fazê-lo. Replicar-se-á: ousa-se fazer isso porque a dissonância surge passageira e tão rapidamente, porque a resolução encontra-se já tão próxima, que a dissonância não chega a ser percebida pela consciência. E eu: o que de fato significa rapidamente? O que é lento para um, é rápido demais para outro. A velocidade somente poderá ser representada por meio de um coeficiente proporcional à capacidade de compreensão. Quando se é capaz de distinguir, pode-se ser rápido sem que por isso seja rápido em demasia! E o fato é que se consegue perceber e distinguir! No mínimo, aquele que é sensível às dissonâncias sabe que não poderia parar num desses pontos tão perigosos. A dissonância, portanto, pelo menos dessa maneira, chega à consciência. Contudo, ainda que permanecesse apenas no inconsciente: acredita-se que aqui não se dá o mesmo processo como no que se refere às outras dissonâncias já emancipadas? Acredita-se, realmente, que processos tão elementares do subconsciente não chegam finalmente à consciência dos artistas, os quais escrevem e executam conscientemente, ano após ano, tais complexos sonoros? De mais a mais, abstraindo-se disso, o regente de or-questra – se a figura não se encontra excessivamente coberta – não ouve uma nota errada em tais simultaneidades sonoras? Portanto, se basta a consciência para que se verifiquem esses complexos sonoros em sua concordância com a partitura; se, por conseguinte, são analisados rápido o bastante pelo ouvido, por que ele não poderia ser capaz de também reconhecê-los quando surgem desprendidos do contexto, quando soam demoradamente, circunstância em que o ouvido tem mais tempo para analisá-los, para familiarizar-se com eles enquanto reconhece e admite seus impulsos e inclinações? E, admitindo-se que semelhantes complexos sonoros apareçam, por enquanto, mais rara-mente na forma livre do que de passagem, não apareceriam também, com bastante assiduidade, como retardos livres? E que outra coisa é um retardo livre, essencialmente, senão um acorde? Que outra coisa é a apogiatura senão uma envergonhada concessão que o ouvido apurado faz ao olho estúpido? Aqui deve soar algo cuja imagem gráfica a vista não tolera. Que um retardo tem que resolver-se? Um acorde de sétima também tem que resolver-se. De resto, é mais frequente saltar-se para longe, sem resolução, a partir de um retardo livre do que de uma sétima. Logo, o retardo livre seria, praticamente, uma dissonância menos sensível do que a sétima. O que talvez nem seja tão incorreto. Na verdade, os retardos livres ocorrem, em geral, mais, e muito mais, raramente na representação dos processos harmônicos do que nas vozes desenvolvidas melodicamente. A responsabilidade por eles é suportada, então, pela melodia, pelo motivo construtor, se é que não se queira considerar o complexo sonoro total como um acorde. Que não se possa considerá-lo como acorde não provém do fato de que ele não seja um acorde, mas apenas de que não é igual a nenhum dos que acontecem no sistema.

Agora, porém, ser-me-á feita uma objeção capaz de reduzir a pedaços tudo o que demonstrei até aqui; a saber: "tais complexos sonoros não são belos"! E aí tenho que dizer: sim, desgraçadamente é verdade, eles não são belos. Isto é o triste do assunto: que mesmo os grandes mestres não se envergonharam em escrever passagens que o mais ínfimo dos estetas poderia facilmente assegurar que não são belas. Acerca disso tenho constantemente me atormentado. E apenas há pouco tempo encontrei em Bach os seguintes quatro acordes que certamente nunca poderiam agradar a um esteta, se ele os notasse:

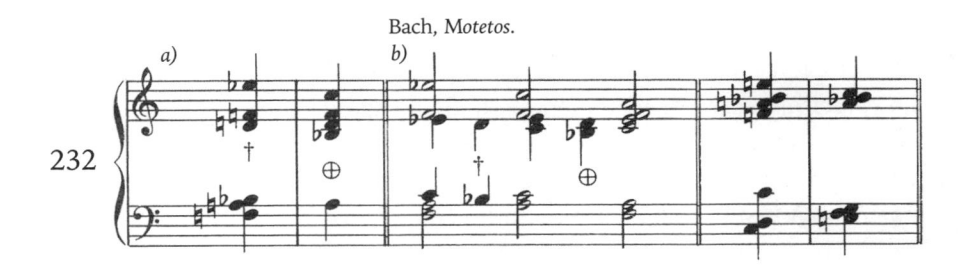

E, evidentemente, o ardiloso os escondeu em motetos que estão escritos em claves antigas, nas quais um teórico não pode lê-los facilmente, e em forma de passagem, de modo que um esteta não consiga ouvi-los com facilidade. Dever-se-ia vigiar um pouco mais este velho senhor e obrigá-lo a definir a sua cor,[4] aquela mesma cor cinzenta estampada no escudo de armas dos nossos teóricos. E o mais singular é que este tal Bach mesmo meditou sobre coisas teóricas, e, inclusive, como professor que era, estava obrigado a se ocupar dessas questões. Tem-se até colocado sob suspeita que ele houvesse herdado, como segredo de família, uma fórmula para a invenção de temas de fuga. De um modo tão oposto à dignidade somente pode comportar-se um homem que possua fantasia e imaginação. Por outro lado, é incompreensível que um homem de indubitável saber escreva tais coisas.

E é realmente inconcebível que os músicos – que sempre sabem mais do que os teóricos – tenham escrito coisas que não são permitidas pela estética. Por exemplo, esse "tal Mozart", o qual escreveu – na Sinfonia em *Sol-menor* – o seguinte acorde (exemplo 233*a*). É verdade que dentro deste contexto (exemplo 233*b*), porém sem qualquer preparação.

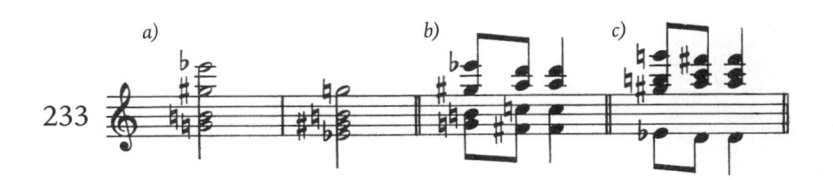

---

4 *Farbe bekennen* = "definir a sua cor", ou seja: "revelar a sua posição", "especificar sob qual bandeira se luta". (N. T.)

De qualquer forma, já no seu tempo os teóricos lhe haviam dito que ele era um caçador de dissonâncias, e que sucumbia frequentemente ao vício de escrever o não-belo, coisa de que ele realmente, dado o seu talento, não teria necessidade.

Parece, não obstante, que eles, os músicos, sentem essa necessidade. Que eles precisam escrever justamente o que não agrada aos estetas, aquilo que estes declaram feio. Caso contrário, isso não se verificaria ao longo de toda a história. Se, porventura, isto é realmente feio, quem tem razão? O esteta ou o artista? A história não deixa a mínima dúvida a este respeito, sobre quem tem razão, sobre quem sempre terá razão: o criador; mesmo quando se trata de algo não belo. O que dizer, então, a respeito da beleza?

O seguinte: a beleza existe apenas a partir do momento em que os improdutivos começam a sentir a sua falta. Antes não existe, pois o artista não precisa dela. A ele basta-lhe a veracidade [*Wahrhaftigkeit*]. Basta-lhe haver-se expressado, dizer o que tinha que vir a ser dito conforme as leis da *sua* natureza. Porém, as leis da natureza do homem genial são as leis da humanidade futura. A revolta dos medíocres contra ela é suficientemente explicada pelo fato de que essas leis são boas. A insurreição contra o bom é um impulso tão forte no homem improdutivo que ela, para cobrir a sua nudez, precisa urgentemente da beleza, a qual lhe é presenteada, de maneira involuntária, pelos geniais. A beleza, todavia, se é que afinal exista, é inconcebível, pois existe somente onde alguém, cuja força de concepção sozinha é capaz de produzi-la, gera-a tão somente através dessa força de concepção mesma, criando-a de novo tantas vezes quantas se ponha novamente a contemplar. A beleza coexiste junto a esta concepção, e assim que esta chega ao final aquela cessa novamente. Tudo o mais é falatório. A outra beleza, aquela que se pode possuir com regras fixas e formas estabelecidas, essa beleza é a ânsia dos estéreis. Para o artista ela é secundária, como de resto toda realização final, pois a ele basta-lhe a ânsia; os medíocres, todavia, querem possuir a beleza. A beleza, no entanto, é presenteada ao artista sem que ele a tenha desejado, pois tão somente almejou a veracidade. Somente a veracidade! Tenta esforçar--te por ela, homem estéril, se és capaz! O artista, porém, a alcança, pois ela está nele e ele tão somente a expressa, tão somente a traz para fora de si. E a beleza ainda se encontra no mundo apenas por meio de uma coisa: através da emoção congenial que se encontra na natureza dos não-geniais; através da capacidade desses em padecer as dores alheias, *sofrendo* [os não-geniais] aquilo o que a grandeza *vive*. É bem possível que surja a beleza: como epifenômeno dessa grande capacidade de compadecimento que ergue o homem médio, como produto secundário da execução daquele trabalho necessário que o gênio realiza ao penetrar a natureza.

Portanto, esses acordes não são realmente belos. Naturalmente, pois nada é belo em si e também o som não o é. Evidentemente, tampouco é feio. Virá a ser uma coisa ou outra segundo quem e como o maneje. Talvez se tenha até mesmo mais razão em chamar esses acordes de não-belos do que os outros de belos. Não são belos, pelo menos não o são a princípio; de fato, nunca se tornarão belos; mas quem deles não gostar de imediato pode, de momento, ir-se familiarizando com eles. Certamente tais acordes virão, em seguida, fazer surgirem sentimentos de beleza, como aqueles outros acordes com os quais se familiarizou há muito tempo. O ouvido é frequentemente estúpido, mas tem que adaptar-se. A adaptação ao novo, na maioria das vezes, não é fácil ao ser humano, e há que ser dito: precisamente aqueles que realmente possuem uma espécie de cultura da beleza, precisamente estes – porque têm uma noção daquilo que lhes agrada – defendem-se mais violentamente do novo que deseja fazer-se belo. Na verdade, este novo somente quer ser verdadeiro e sincero, mas a isto se denomina belo.

Poder-se-ia suspeitar que desejo circunscrever o conceito de beleza através do verdadeiro, da veracidade. De fato, isto já pode ser uma vantagem, pois ao menos exclui aquelas investigações puramente formais, aqueles experimentos que querem basear a beleza em uma operação aritmética. Ao passo que aquilo que a beleza deveria ser – se ela fosse algo real – somente poderia satisfazer-nos se ela *não* pudesse ser representada por meio de um cálculo matemático. Se o encanto não se mostrasse como algo muito simples, mas sim como algo extremamente composto. Se, realmente, a multiplicidade brotasse de um gérmen que explodisse por não poder resistir à revolução das forças em seu interior. Porém, não de uma fórmula domesticada na qual se fixe, à esquerda do signo da igualdade, uma inverossimilhança que encontre sua compensação em outra inverossimilhança, mantida à direita do signo, mas sem poder iludir quanto a serem inverossimilhanças ainda que se equivalham. A vida não pode ser simbolizada desta maneira, pois ela é: movimento. Entretanto, surge de fato o perigo de que no lugar do árido entusiasmo do formalismo apareça lacrimosamente um exagerado sentimentalismo e moralismo. Que surja este perigo! Que parta *dele*, por algum tempo, aquela falta de clareza sobre a essência das coisas que antes o formalismo nos forneceu de modo tão satisfatório. A mim, basta-me, no fundo: a mudança, um outro colorido do cristal. Encontrar-se-á aqui o novo e mesmo que não seja essencialmente mais exato do que o antes encontrado, *será pelo menos novo*; e o novo é, quando não o verdadeiro, o belo. Eu não participo da grande preocupação dos filisteus, que não acreditam na beleza se não podem controlá-la mediante regras, as quais eles não viveram, mas tão somente aprenderam. Quem tenha um senso do homem e da obra humana reconhecerá o genial sem precisar da estética, por aqueles mesmos efeitos imediatos pelos quais o nosso instinto diferencia (tão seguramente quanto o seu faro distingue) o amigo do inimigo, os simpáticos dos antipáticos. Talvez a veracidade seja também algo que possa ser expresso matematicamente, até antes do que a beleza, para a qual, afinal, não basta a fórmula para que aconteça, mas que os sentimentos da beleza têm que ser explicados através da sensação de beleza. A veracidade é uma cifra que informa a relação do artista com sua obra. Com isso fica já expressa a sua relatividade. Já fica assim dito que, embora exista somente uma veracidade plena – a saber: quando essa fração resulta o número um, a unidade, onde, portanto, termina o movimento –, existem em realidade todos os estágios intermediários. Tal corresponde à vida, pois mostra o alvo e a crítica das aspirações. Também o erro tem aí o seu lugar, pois faz parte tanto da veracidade quanto da verdade; e mereceria um lugar de honra, porque graças a ele é que o movimento não cessa, que a fração não alcança a unidade e que a veracidade nunca se torna a verdade; pois nos seria demasiado suportar o conhecimento da verdade.[5]

Também as causas que nascem somente do sentimento, e os resultados controláveis apenas através do sentimento, provavelmente virão a exigir do intelecto que este, por fim, distinga as suas leis. Todavia, não venham a querer que ele lhes prescreva estas leis para que se guiem por elas, conforme fazem as leis da beleza. E assim seria conquistada pelo menos a vantagem de impedir--se que o intelecto realizasse, nas coisas que não podem ser julgadas senão pelo sentimento, aquela simplificação que é adequada a ele, mas demasiado estreita para os sentimentos.

Quando se chegar ao que eu disse em consequência das citações de Bach[6] e Mozart, ter-se-á esquecido que já antes refutei a objeção de que tais "caco-fonias" [*Missklänge*] ocorrem somente de passagem. Antevejo isto porque sei

---

5  *"denn es wäre kaum zu ertragen, wenn wir die Wahrheit wüssten"*.

6  O equívoco de uma pessoa, que no geral afina-se comigo, chama-me a atenção de que os acordes aqui mostrados poderiam ser tidos por casos isolados, os quais se apresentam em Bach ocasionalmente. Porém, não apenas não são casos isolados, mas, pelo contrário, são casos normais. E não somente porque devam sê-lo pelo impulso de servir-se dos harmônicos superiores mais distantes, mas antes de tudo por causa da composição a oito vozes, a qual obriga a isto.

como pensa o amável leitor quando tenciona refutar, e peço então a ele que se recorde disto. As citações de Bach encontram-se no Moteto nº 4 (edição Peters, páginas 56 e 59), e no seguinte contexto:

234

Conforme se pode recordar, já me ocupei com questões relativas à velocidade e à efêmera perceptibilidade das notas de passagem, e quem tenha seguido tais discussões haverá que admitir que esta noção relativa não pode ser uma medida absoluta. Admitamos, todavia, que pudesse sê-lo, e admitamos que Bach houvesse realmente aspirado à beleza: o que se daria então? Complexos sonoros como o assinalado por ¢, entre os dois baixos (note-se bem: não se trata de um tempo rápido!!!), ou a progressão de segundas assinalada com +, entre o segundo soprano e o primeiro contralto, ou a livre entrada do tenor em ▣ (são também interessantes, além disso, as oitavas ocultas em 234a, entre o segundo soprano e o primeiro contralto); são acontecimentos, no mínimo, muito duros. Uma vez que não é concebível que um mestre como Bach – se o seu sentido de beleza o proibisse – não tivesse sido capaz de evitar semelhantes sonoridades; uma vez que fica excluída a possibilidade de tais complexos sonoros lá estarem sem intenção ou mesmo por equívoco – pois se encontram não somente nesta, mas em todas as outras obras de Bach –, então é indubitável que ele deve tê-los considerado belos. Ou que pelo menos não o incomodavam, tenha ele ou não ambicionado a beleza. Portanto, é certo que sonoridades duras – visto que ocorrem em Bach e, por conseguinte, não são faltas contra a beleza – são verdadeiramente exigências da beleza, se é que esta mesma [a beleza] seja uma exigência. E admitindo que ele as houvesse consentido somente quando de passagem, porque o seu ouvido ainda não tolerava colocá-las livremente, o fato é que ele no mínimo as estabeleceu e, com isso, fez mais do que apenas petiscar da Árvore do Conhecimento.[7] Cedeu ao impulso de acomodar formações sonoras mais complexas ali onde julgava que podiam acontecer sem perigo para a compreensibilidade do efeito total. O essencial, todavia, era a existência do impulso por escrever duras simultaneidades, o qual acho idêntico ao impulso de usar os harmônicos superiores distantes. Ele as colocou de passagem a fim de que possamos [agora] utilizá-las livremente; agarrou-se a um salva-vidas para que aprendêssemos a nadar com liberdade, assim como ele nadava livremente ali onde os seus antecessores precisavam de salva-vidas.

Perguntar-se-á para que fim esclareci tão profundamente, nas primeiras partes deste livro, cada detalhe de um sistema e por que dei-me ao trabalho de discutir e eliminar pequenos erros, dando uma outra forma às leis etc., se aqui apresento as provas que certificam a insuficiência desse sistema. Perguntar-se-á, então, se eu quero organizar [*aufstellen*] um novo sistema ou se posso reformar, ampliar o antigo. E se agora – conforme tenho dito desde o princípio – não posso oferecer nenhum sistema, achar-se-á uma desproporção no fato de que, por exemplo, ocupei-me de diferenciações tão sutis como na discussão do acorde de quarta-e-sexta, ao passo que aqui, frente a um número tão grande de complexos sonoros, deixo de examiná-los, ordená-los e valorá-los não apenas individualmente, mas até mesmo enquanto formem um todo. Pensar-se-á que o aluno, antes guiado tão severamente, ficará aqui subitamente – e despreparado – frente a uma liberdade com a qual não saberá o que fazer.

Antes de tudo, no que diz respeito à desproporção, talvez ela seja mesmo maior do que nos outros compêndios; isto, todavia, apenas porque realizei descrições, na primeira metade do livro, mais precisas do que eles o fazem, ao passo que, sobre a segunda metade, falo pelo menos tanto quanto tais compêndios. Meu empenho por explicar os problemas psicologicamente, com base no artesanal ou a partir dos harmônicos superiores, em qualquer caso será de proveito a algum teórico futuro, ainda que ele se fundamente em princípios diferentes dos meus. E isso porque minhas tentativas jamais se apoiam sobre juízos estéticos, sujeitos a mudanças; porque nunca falo de belo ou de feio, senão que busquei encontrar causas e razões que possam

---

7 *Baum der Erkenntnis*. Alusão de Schoenberg à árvore proibida do paraíso, citada no Gênesis bíblico. Ironia aos estetas que, conforme ele sempre reitera, acham-se no direito divino de julgar o que é o Bem e o que é o Mal. (N. T.)

ter-se por imutáveis, ou das quais se saiba como e por que se modificaram, de modo que esse teórico encontre uma mesa razoavelmente bem disposta. Ele não terá que preocupar-se com ninharias, em averiguar se, por exemplo, a quinta proibida está realmente fundamentada na natureza; encontrará uma explicação sobre o papel que o acorde de quarta-e-sexta desempenhou nas obras antigas, e as razões para isto. A diferenciação entre dados naturais e aqueles originados da atividade artística, indicações para a construção de harmonias através da influência de elementos melódicos e a interpretação de alguns detalhes servir-lhe-ão de auxílios. Acredito, portanto, já por estas razões, que não fui meticuloso em demasia. De mais a mais, se – como estou convencido – as leis da antiga harmonia (as verdadeiras, não os exageros ortodoxos) são também aquelas da harmonia futura, então, com certeza, não falei demais na primeira metade deste compêndio. Contudo, a desproporção mostra-se ainda mais insignificante pelo fato de que não abandono o velho sistema de um modo repentino, como os teóricos são constrangidos a fazê--lo e sem que disso venham a ter consciência. Enquanto se dão bem desta maneira, trilham o caminho da atribuição aos graus da escala, ordenando os acordes sem consideração à sua origem, o que possibilita a apreciação de sua valência e de sua capacidade de enlace. Em seguida, porém, eles saltam repentinamente a uma outra maneira de exposição – a histórica – na qual os acontecimentos são apreciados e ordenados somente conforme a origem. Entretanto, já mostrei, quando dos acordes atribuídos aos graus da escala, que certas coisas não se originaram pelo caminho harmônico, e atribuí ali a justificação à melódica. E embora eu tenha, desde o princípio, aspirado tão somente a um sistema de representação e não a um sistema da natureza, encontrei, não obstante, um – ao menos *um* – ponto de vista que permite uma contemplação uniforme da antiga harmonia e que possibilita também relancear o futuro; eis o seu princípio: as dissonâncias são consonâncias na qualidade de harmônicos superiores situados mais distantes. E somente com isso fica já dito que aqueles complexos sonoros originados por sons estranhos à harmonia são acordes do mesmo modo que os demais. Este princípio é suficientemente amplo para abranger todos os acontecimentos harmônicos e não necessita do recurso de exceções. Os complexos sonoros tidos por casuais são acordes; está claro, portanto, que são utilizáveis como tais, e se o sistema não se encontrasse interrompido aqui, poder-se-ia prosseguir deste modo a representação. A estes teóricos, tinha que necessariamente permanecer-lhes vedado o chegarem até lá, porque não reconheceram esses complexos sonoros como acordes.

Agora, quanto ao que diz respeito ao aluno e à crítica de que ele se encontrará repentinamente desnorteado e despreparado frente a uma liberdade com a qual não saberá o que fazer, tenho a dizer o seguinte: deixando de lado que justamente a severa preparação ao longo dos primeiros capítulos o capacita a comportar-se mais educadamente perante esta liberdade do que o faria uma condução menos rígida, abstraindo-se disso não tenho a intenção de fornecer a um aluno esta liberdade. Para quê? Não se dá a liberdade, mas se a toma. E somente um mestre pode tomá-la; um que, portanto, já a possui de qualquer maneira. O que o aluno tomaria, quando não pudesse ser dado pelo professor, não é, todavia, a liberdade. Aquela alcançada desta maneira é a mesma que ele já possuía antes de vir ao professor: uma liberdade carente de pressupostos, que não conhece ainda nenhuma responsabilidade. Logo, não lha posso dar e eu mesmo teria, por conseguinte, que propor um sistema que regulasse o uso de tais acordes, ou então teria que proibir a utilização dos sons estranhos à harmonia.

Não consegui encontrar um sistema assim, ou estender o antigo até estes fenômenos. É possível que, em razão de meu projeto, isto me seja vedado; o que realizei de positivo é, então, talvez, o fato de haver revelado a fratura existente no método até então utilizado. Mas, de momento, talvez nem seja possível organizar semelhante sistema, porque existe ainda muito pouco material e porque, por agora, nos encontramos excessivamente próximos a ele. À parte as tentativas de alguns compositores mais jovens, que têm a coragem de orientar-se pelos seus ouvidos (pode-se deixar de lado os muitos que hoje também têm a audácia, por certo, mas não a audição, e em vez disso vislumbram tão somente o que logo será sucesso), semelhantes complexos sonoros têm sido empregados até agora quase somente onde se explicam como passagem e coisas tais. Isto é natural e de maneira nenhuma se encontra em desacordo com os meus resultados. Pois o músico tem estas leis interiorizadas; não somente porque ele foi educado na escola para este fim, senão porque elas de fato assinalam o caminho pelo qual esses complexos sonoros se originaram. Tenho salientado, com bastante frequência, que a maioria das dissonâncias encontrou acesso à harmonia provavelmente através da melódica. E agora a minha polêmica deseja ainda chamar a atenção para algumas outras coisas:

1. que doravante tais dissonâncias, assim como todas aquelas outras originadas da mesma maneira, são acordes de igual modo que os demais; e

2. que sua anexação ao antigo sistema é meramente exterior, porque devem ser julgadas segundo um diferente princípio – a sua origem – em vez de serem atribuídas aos graus da escala.

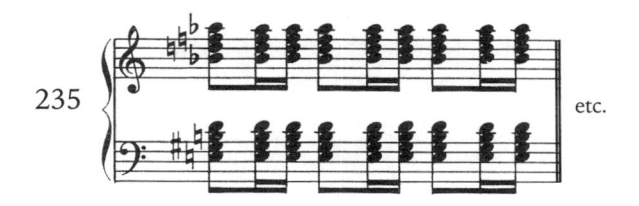

Por outro lado, casos como o de Mahler (exemplo 235), e outras numerosas passagens dele mesmo e de Strauss, encontram-se excessivamente isolados e – o mais importante – tudo isso se encontra ainda demasiado próximo de nós. Há que se ter uma certa distância de um objeto se se deve vê-lo como um todo; na proximidade veem-se somente detalhes, e apenas a distância mostra o conjunto. Aliás, não seria muito difícil calcular todos os complexos sonoros imagináveis de dois a doze sons referidos a uma fundamental, encadeá-los entre si e expor com exemplos as suas capacidades de utilização. Também não seria difícil denominá-los. Poder-se-ia, por exemplo, caracterizar uma tríade de *Dó-Maior*, com um *ré♭* "estranho", como "tríade maior com segunda menor"; com um *ré* estranho, como "tríade maior com segunda maior"; com *mi♭*, "tríade com terça-dupla"; com *fá*, "tríade maior com quarta justa"; com *fá♯*, "tríade maior com quarta aumentada" etc. Poder-se-ia aplicar a esses acordes as conhecidas leis de resolução, acrescentando-se ainda aquelas leis resultantes do tratamento dos sons estranhos à harmonia. É questionável, porém, se isto teria muita utilidade; porque, sem uma descrição e valoração dos efeitos, não há aplicação. Entretanto, se se quisesse estabelecer valores, obter-se-ia, novamente, um sistema estético; um sistema, de mais a mais, que não poderia – assim como o antigo – encontrar sua justificativa em magníficas passagens de feitos artísticos, mas um sistema que serviria tão somente a antecipar-se aos acontecimentos, prescrevendo-lhes um caminho que eles talvez jamais tomassem. Como guias precisos, não há dúvida, somente podem sê-lo: o ouvido, a sensibilidade sonora, o ímpeto criador [*Schaffensdrang*], a fantasia; jamais a matemática, a combinatória, a estética. Visto que não posso oferecer nenhum sistema, eu deveria, por conseguinte – se para mim se tratasse meramente da consequência externa – proibir a utilização de sons estranhos à harmonia. Tanto mais que, como tenho dito desde o princípio, os assuntos relacionados à condução das vozes somente pertencem ao estudo da harmonia na medida em que são necessários à exposição dos processos harmônicos. Tendo-se em vista, contudo, que a mútua interpenetração de ambas as disciplinas, o estudo da harmonia e o do contraponto, é tão perfeita

quanto é imperfeita a sua separação – pois qualquer acontecimento da condução das vozes poderá, alguma vez, vir a ser um fato harmônico, e qualquer
acorde vir, alguma vez, a ser o fundamento para a condução das vozes – e
dado que, por isso mesmo, a reunião de ambos ensinos em um único seria da
maior vantagem (não significasse isso um aumento demasiado da matéria),
a minha atitude a ser tomada perante esses acordes já é dada de antemão.
A saber:[8]

Somente uma reflexão pedagógica me impede de fornecer ao aluno inteira
liberdade em relação a esses acordes: tenho dito a ele até agora, seguindo
velhas práticas de outrora, quando exatamente esta ou aquela harmonia é
de efeito seguro, e gostaria de poder fazê-lo também daqui em diante. Não
existem antigas experiências para a livre utilização desses acordes; existem,
entretanto, métodos provados para estabelecê-los sob controle conforme as
regras da condução das vozes. Consequentemente, adotarei aqui o mesmo
ponto de vista tomado quando, por exemplo, da proibição das quintas: o
mestre é livre; o aluno, ao contrário, permanecerá coagido até que se torne
livre. Portanto, exporei de forma concisa os sons estranhos à harmonia, da
maneira como se faz habitualmente. Apenas que o aluno saberá precisamente – e esta é a diferença essencial – que tem perante si acordes que são
dissonâncias à mesma maneira de todos os outros. E saberá que as instruções
que lhe são dadas para o emprego deles não significam mais do que aquelas
nas quais se recomendou introduzir acordes errantes através do cromatismo;
saberá, enfim, que estas instruções nada mais são do que a mais simples das
maneiras, aquela que imita o desenvolvimento histórico, mas que o futuro,
por enquanto não-histórico, trará ainda outras e diferentes coisas.

## Retardo, retardo duplo etc., notas de passagem, ornamentos, antecipação

Todos aqueles denominados sons estranhos à harmonia – retardos, notas
de passagem, ornamentos, antecipações – serão representados em nossos
exercícios como originados através de acontecimentos melódicos. O seu
aparecimento, e as dissonâncias que sempre ocorrem concomitantes a eles,
justificam-se, portanto, pela força impulsora de um motivo ou de um ritmo

---

8 Forma de pontuação única no original e mantida aqui: o uso de dois pontos onde a frase
imediatamente seguinte aparece em forma de parágrafo iniciando um novo período. (N. T.)

equivalente a um motivo; muitas vezes, porém, através de determinadas fórmulas fixas, já frequentemente mencionadas como ornamentos. Deixando de lado a questão de saber se correspondem à sensação na qual eles inconscientemente se baseiam e segundo a qual qualquer complexo sonoro é possível, mostra-se aqui novamente como o conhecido efeito de certas viragens – muito frequentes e à maneira de clichês –, cuja resolução satisfatória é assegurada pela memória e antecipada pelo ouvido, faz possível que, fora das regras demasiadamente estreitas, se cumpra a necessidade. O clichê permite a apresentação de tais viragens, porque o ouvinte habituou-se a ele; o gradual acostumar-se favorece a utilização mais livre. E assim originam-se novos clichês. O método, portanto, serviu-se do hábito para, através do hábito mesmo, gerar outra vez novos métodos. Um desses adornos, por exemplo, tem o seguinte feitio:

236

Embatendo-se este *sol*, duramente, com algum outro som, o ouvido espera uma resolução, pois está habituado a isto. Porém, a voz que agora contém a dissonância salta ao *dó*, afastando-se. Todavia, também isto é conhecido, porque se sabe que o *dó* em seguida saltará para trás, ao *fá*, ao som de resolução, como acontece nas comédias quando a situação em determinado momento torna-se muito séria. Leu-se, porém, no programa: "Comédia" – e sabe-se que a situação não poderá vir a ser tão perigosa. De qualquer maneira, terminarão por casar-se. Esse efeito baseia-se, portanto, na lembrança de formas similares. Por exemplo: tal motivo apareceu diversas vezes em uma peça; por isso, sabe-se dele que, após o grande salto para cima, um salto para baixo restabelecerá o equilíbrio. Isso poderá utilizar-se também em outros acontecimentos melódicos além dos ornamentos. Qualquer motivo que se apresente num trecho com frequência bastante e com clareza pode, eventualmente, comparecer ao modo de uma dissonância desde que o seu último som traga com nitidez a satisfatória resolução consonante. Esta é uma forma que se apresenta a cada passo no contraponto de Mahler e de Strauss. Como se vê – e sem que se precise ir tão longe como faço – ela é inteiramente justificada, uma vez que se apoia no mesmo princípio que os ornamentos. A realização concernente a semelhantes experimentos não pertence, evidentemente, ao estudo da harmonia, mas ao ensino do contraponto. Eu não gostaria, porém, de fazer as presentes observações sem essa visão panorâmica, e para mim é importante haver mostrado aqui a semelhança entre o ornamento, o motivo clichê e o motivo livre. Se, desta maneira, são facilmente explicáveis até mesmo os fenômenos mais complexos – ainda que não musicalmente, mas psicologicamente, fora do sistema – então, naturalmente, os fenômenos mais elementares podem ser tratados com algumas poucas instruções. Acredito ser suficiente descrever o que eles são, mencionar alguns casos e algumas possibilidades, e daí o aluno deverá saber como pode utilizá-los.

O retardo e a nota de passagem baseiam-se na mais simples forma de melodia: na escala, no fragmento de escala.

O retardo é a demora em acontecer um passo de segunda em uma voz enquanto se troca uma harmonia. Quando se quer que ele seja característico como tal, exige-se comumente que ele dissone. Isto parece, todavia, não ser necessário incondicionalmente, pois o *lá* do exemplo 238 é sem dúvida um retardo se o aparecimento do I grau manifesta-se, enquanto objetivo, como se atuasse em uma conclusão.

A forma mais frequente é, todavia, aquela em que ele realmente disso-na; somente deste modo ele chama a atenção o bastante. E, de mais a mais, trata-se aqui de dissonâncias, de métodos de introdução de harmônicos que se encontram distantes. O retardo pode vir preparado ou sem preparação. O aluno pode, inicialmente, prepará-lo; contudo, também poderá apresentá-lo mais tarde sem preparação, na qualidade de "retardo livre". A preparação se dá como para qualquer outra dissonância, isto é: o som dissonante encontrava-se na mesma voz, no acorde precedente, como uma consonância. Querendo--se que o retardo seja uma dissonância, ele poderá ser, no acorde em que apareça: segunda, sétima, nona ou quarta da fundamental. A resolução do retardo, como um acontecimento melódico que, por fim, deve resultar num passo de segunda, pode ocorrer para cima ou para baixo.

Em geral, uma sensível [*Leitton*] ascendente não será empregada, na qualidade de retardo, resolvendo-se para baixo, e dificilmente utilizar-se-á uma sensível descendente como retardo resolvendo-a para cima. Não obstante, esses casos também acontecem.

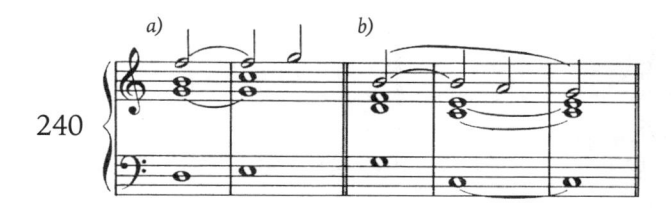

Uma lei exige que o som de resolução de um retardo não seja usado simultaneamente com o próprio retardo.

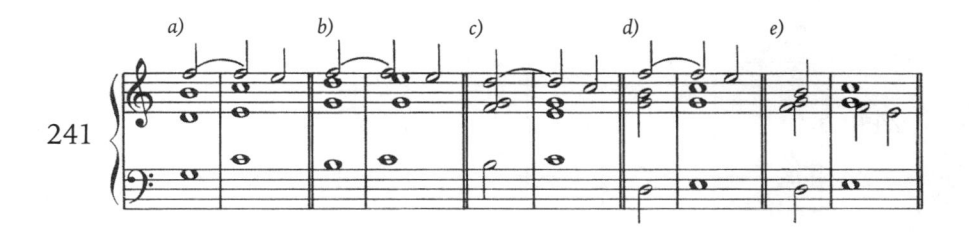

Isto, porém, aparece com tanta frequência que hoje não se poderia objetar nada importante, embora no piano, em uma posição mais fechada, não seja muito recomendável. No coro, entretanto, acontece incontáveis vezes em Bach (obviamente, também ao piano etc.).

Este exemplo foi extraído do Moteto *"Komm, Jesu, komm"* (veja-se, no sinal ₲, o soprano I e o contralto II). O baixo poderia permitir-se uma exceção, até mesmo da forma mais severa desta regra (conforme o exemplo 241c, d, e).

Pode-se também retardar duas ou mais vozes.

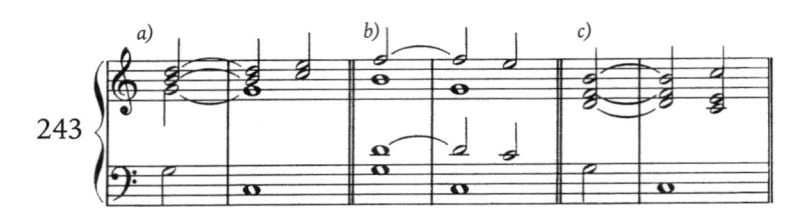

E também é possível que, durante a resolução do retardo, a harmonia prossiga seu movimento, de maneira que no som de resolução se estabeleça uma harmonia diferente daquela relativa ao retardo.

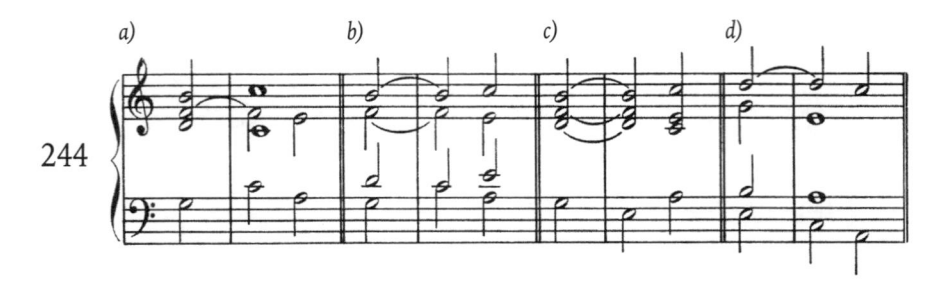

Evidentemente, não deve originar-se através do retardo nada do que normalmente é proibido: logo, nada de oitavas ou de quintas paralelas! Contudo, pode-se também abandonar o retardo por salto, na forma da denominada resolução suspensa, a qual traz depois de si, após uma ou mais notas intermediárias, a resolução enfim. Com este objetivo pode-se utilizar, tranquilamente – mesmo que não se tenha ciência de todos os ornamentos que são conhecidos –, qualquer fórmula da qual se recorde.

Em geral, estas notas intermediárias circunscrevem, bailam ao redor do som de resolução, conservam-se melodicamente na sua mais próxima vizinhança; ou se trata de sons consonantes aos do acorde de resolução, ou são uma mistura de ambas as possibilidades (exemplo 245c).

Gostaria de mencionar algumas fórmulas muito conhecidas, porque elas revogam parcialmente as leis dos sons obrigatórios no modo menor (exemplo 245d, e, f). Como se vê, interrompem o progredir do sétimo som ao oitavo, uma vez que retrocedem ao sexto.

O retardo livre [*freie Vorhalt*][9] aproxima-se do ornamento. Para o retardo preparado [*vorbereiteten Vorhalt*], a regra prescrevia, em primeiro lugar, que ele deveria vir sobre a parte forte do compasso. Como exceção(!), era-lhe possibilitado colocar-se também sobre a parte fraca. Porém, finalmente mostra-se a exceção quase mais frequente do que a regra. O retardo livre, evidentemente, poderá ser usado também sobre a parte fraca do compasso. Pelo que dificilmente será, em essência, algo mais que um ornamento. Em ambos os casos a resolução é importante. Todavia, mesmo na mais primitiva música de dança encontram-se casos, como no exemplo 246, onde se salta sem mais nem menos de *ré* a *si♭*.

---

9 Conhecido entre nós, principalmente, como "apogiatura". (N. T.)

O *ré* e o *si♭* são ornamentos que circunscrevem o *dó*, mas este *dó* mesmo é "estranho" à harmonia. Com igual direito pode-se, naturalmente, abandonar por salto as notas de retardo. Assim, as dissonâncias apresentadas em *Ich grolle nicht*, de Schumann (exemplo 247, assinalado com +, †, ⊕), ou são acordes de sétima sem resolver ou são retardos.

Podem-se considerá-las tanto de uma quanto de outra maneira. Na verdade, basta que sejam sétimas. Bem fará o aluno em pelo menos insinuar as resoluções, à maneira, por exemplo, das resoluções suspensas.

Temos já mencionado, diversas vezes, a nota de passagem. As notas de passagem são uma conexão melódica, um processo escalar subalterno, que preenche um intervalo melódico de pelo menos uma terça por meio de sons escalares intermediários; de modo que, por exemplo, em um intervalo de quarta há duas notas de passagem.

O essencial aqui é que os sons inicial e final da figura sejam uma consonância. Desejando-se que as notas de passagem unam um intervalo de quinta, então não poderão ser dissonantes todos os três sons.

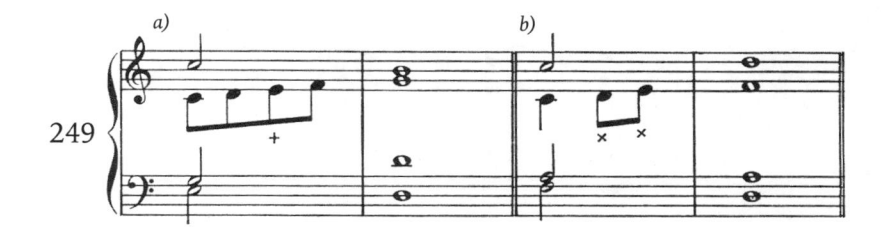

O *mi* (exemplo 249a) é uma consonância; na travessia de uma quarta, ambas as notas de passagem podem dissonar (exemplo 249b). As notas de passagem também podem aparecer simultaneamente em várias vozes.

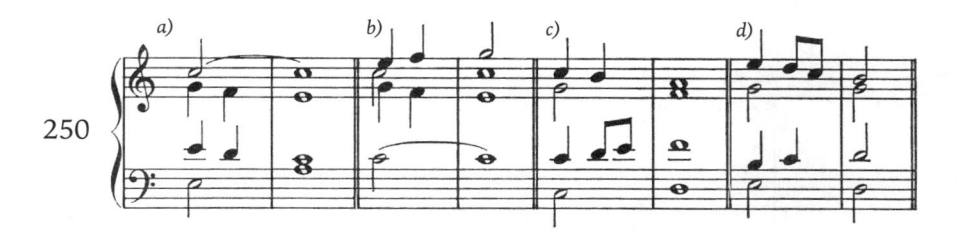

Oitavas e quintas paralelas originadas através de notas de passagem devem ser avaliadas exatamente conforme o já visto.

A antiga teoria era de opinião de que tais quintas e oitavas não se revogavam em razão da passagem, assim como também não eram cobertas pelo retardo. E isto é certo, pois são tão más ou tão pouco más quanto as descobertas. O aluno inclina-se frequentemente a colocar um retardo imediatamente após uma nota de passagem. Também isto a composição rigorosa, demasiado rigorosa, não o permitia. Em realidade, porém, não há nada a objetar contrário a este procedimento, o qual, com efeito, aparece por toda parte nas obras-mestras.

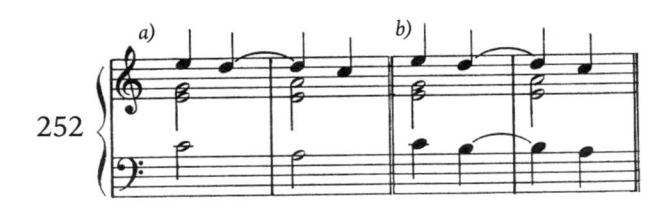

Originam-se, com frequência, acordes completamente novos através da passagem em várias vozes, os quais tão bem poderiam ser considerados como autônomos quanto como ácordes em trânsito. São, na realidade, autônomos também e somente a teoria das notas de passagem – que gostaria de impor o seu conceito de formações harmônicas casuais – os explica como dependentes.

Obviamente, as notas de passagem também poderão ser tomadas de empréstimo da escala cromática. Isso não trará dificuldades ao aluno se ele pensar nas nossas dominantes secundárias e tiver em mente o sentido das notas de passagem como uma forma melódica simples (um fragmento de escala).

A nota de passagem presta notáveis serviços nos acordes errantes. Por exemplo, nas situações em que uma reinterpretação [*Umdeutung*] que se origine de uma nota de passagem permite que duas viragens – conforme se verifica nos exemplos 255*a, b* – associem-se em uma única frase (exemplo 255*c*).

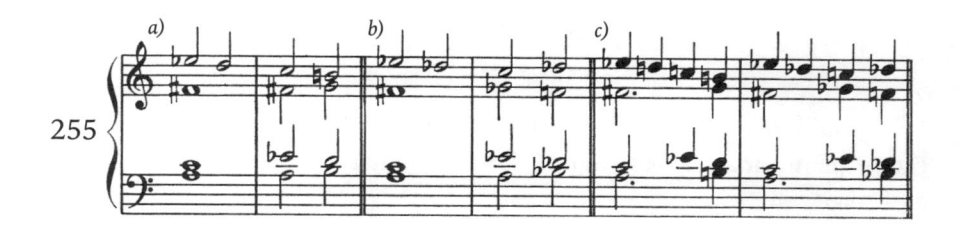

É, sem dúvida, um excelente procedimento modulatório; senão, veja-se em 256*a*.

Isto também funciona sem acordes errantes, tal como no exemplo 256*b*, onde a transladação [*Überführung*] do modo maior ao menor é muito favorecida pela introdução cromática do *mi♭*, e pelos sons *si♭* e *lá♭*, que aparecem de passagem.

Também ocorre com frequência a seguinte passagem:

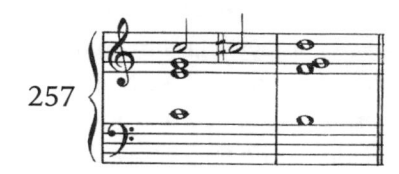

E até mesmo estas:

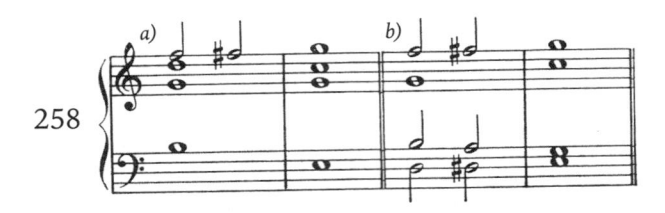

258

Naturalmente, o aluno poderá escrever combinações tanto mais arris-
cadas quanto mais se restringir à forma originária, à escala, especialmente
à escala cromática.

259

Quando participam acordes alterados ou errantes, o efeito será, na maioria
das vezes, consideravelmente suave. Com muita frequência os acordes errantes poderão conduzir-se como alterados, e vice-versa, através das notas de
passagem, o que é algo muito bom de ser empregado tanto nas modulações
quanto para o enriquecimento da cadência.

260

Aqui, e em muitos outros casos, vê-se que, por meio das notas de passagem, surgem acordes já conhecidos como formas fixas. Mostra-se então, mais
uma vez, quão injustificada é aquela classificação que supõe a existência de
formações harmônicas casuais e percebe-se que ela tão somente faz de uma
pobreza uma virtude, porquanto os acordes que ela não consegue alojar no
sistema não são reconhecidos como tais. Através daqueles acordes que já são

admitidos – e que também nascem das mesmas necessidades melódicas – pode-se depreender novamente o quanto essa constatação é correta. Isto ocorre apenas da indigência do sistema. Portanto, é também insignificante a virtude correspondente.

Enumerar tudo o que possa apresentar-se é, naturalmente, impossível. O melhor que o aluno fará, conforme eu já disse, é principiar por restabelecer a forma originária [*Urform*] da passagem, o fragmento melódico realizado à maneira de escala subalterna. E também, obviamente, eventuais fragmentos da escala cromática. Abstraio-me, porém, de dar uma tarefa que é proposta em quase todos os compêndios: enfeitar com posteriores retardos e notas de passagem uma composição esboçada em mínimas ou em semibreves. Essa tarefa é ridícula, antiartística no mais alto grau. Esse enfeitar com ornamentos, esse "tatuar" – nas palavras de Adolf Loos – é uma infantilidade. Nada tenho em contrário que o aluno, em uma composição terminada, na qual já se apresentam retardos e notas de passagem *que lhe ocorreram – como harmonia! – simultaneamente à melodia,* efetue ocasionalmente alguma correção; que ele, por exemplo, melhore um encadeamento que soe desajeitado por meio de uma nota de passagem, ou corrija uma paralisação [*Stockung*] do ritmo com um retardo. Contra isso não se tem muito o que objetar. O aluno, todavia, há que almejar a capacidade de inventar esses sons estranhos à harmonia, *inventá-los ao mesmo tempo que as demais harmonias.* Isso não é tão difícil quanto parece; por conseguinte, entendê-los como produto de uma tarefa intermediária é algo supérfluo ao máximo. O aluno não tem por que oferecer notas de passagem e ornamentos em demasia enquanto tais ainda não lhe vierem à ideia. Entretanto, o objetivo pedagógico a que essas tarefas habituais geralmente podem servir não é, por certo, reprovável: forçar o aluno a sempre pensar nas harmonias fundamentais e a não esquecê-las em proveito dos sons estranhos à harmonia. Não obstante, eu não poderia decidir-me por dar essa tarefa, demasiado mecânica para o aluno que, neste estágio, já tem que possuir um considerável saber harmônico; o mérito real desse procedimento é diminuto mesmo em soluções bem realizadas, na mesma proporção em que, por outro lado, é perturbadora a mentira aí encontrada: que uma ideia insignificante possa ser enriquecida exteriormente por meio de atavios não apropriados a ela. Antes recomendo, no papel ou ao piano, experimentar muitas vezes, buscar viragens e enlaces e, então, elaborar o encontrado numa pequena frase. Elaborar: eis um exercício melhor do que ataviar, pois disso faz parte a capacidade de introduzir algo corretamente e corretamente prossegui-lo.

A nota de adorno permite-se ser mais bem explicada como ornamento escrito ou como motivo. Ela pertence habitualmente – pelo menos em suas formas mais elementares – a uma figura onde existem um ou mais sons estranhos à harmonia, figura esta que circunscreve um som consonante.

Constitui-se já em tal ornamento, caso se queira, o trinado ou o trinado com conclusão ornamentada, o qual aparece transcrito do seguinte modo:

Nos ornamentos (os aqui citados transcrevo-os do escrito de Heinrich Schenker, "Uma contribuição à ornamentística") o aluno encontrará numerosos modelos para tais fórmulas fixas, as quais, executadas lentamente, são, sem dúvida, necessariamente notas de adorno, se é que não se queira admitir que o são também numa sucessão mais rápida. Na verdade, são casos nos quais, em sua quase totalidade, uma nota é circunscrita *pelos sons que se encontram mais próximos*. Todavia, isso não tem que ser feito, incondicionalmente, pela nota de adorno, conforme demonstra o caso do retardo com resolução suspensa, que provém de um entrelaçamento do retardo e da nota de adorno. Formas habituais da nota de adorno são, dentre outras ainda, as seguintes:

Evidentemente, pode-se também recorrer ao cromatismo para a formação de notas de adorno, a princípio talvez com alguma cautela.

A *antecipação* [*Vorausnahme*] fundamenta-se na ideia oposta ao retardo. Neste, atrasam-se uma ou mais vozes enquanto se troca uma harmonia, ao passo que naquela, elas, por assim dizer, antecipam-se.

Nos exemplos 265*a* e 265*b*, onde *a* é um retardo e *b* uma antecipação, as duas imagens são justapostas para comparação. Assim como o retardo, a antecipação pode se dar em apenas uma ou em várias vozes. A esse respeito não há muito mais a ser dito.

Quando o aluno, da maneira antes recomendada, se houver familiarizado com as notas estranhas à harmonia, a utilização de tais possibilidades não deverá ser-lhe difícil durante muito tempo, e ele não necessitará deste exercício que desaprovo: fazer crer que, revestindo-se um esqueleto com farrapos, este tornar-se-á de carne e sangue.[10] Pelo contrário, o aluno achar-

---

10 O leitor, estudante de Música que faça uso deste Livro como base de seus estudos, deve tomar certo cuidado em suas primeiras leituras do texto. No presente caso, o de "revestir" algo já dado *a priori*, o autor antes de tudo está condenando isso como processo pedagógico que (falsamente) pretenda *externamente* conduzir à composição de algo, orientações estas que por certo proliferavam em Tratados de sua época. Porém, desde Bach (por exemplo, durante

-se-á em condições de fixar os complexos sonoros que assim se originem com igual previdência com que estabelece as suas demais harmonias. Deixarão, por conseguinte, de ser casuais e começarão a ser leis, somente que ele não saberá pronunciá-las. Aquele que alguma vez examinasse (ainda que ampa-rado na desculpa do esboço harmônico a vir a ser aperfeiçoado mais tarde), precisamente, um coral bachiano, deveria perceber que um verdadeiro mestre jamais faria algo tão antiartístico. Trago aqui, a propósito, o já antes citado coral da *Paixão segundo São Mateus*:

266

---

toda a aqui tão citada obra *Paixão segundo São Mateus*) até Mahler, a quem Schoenberg dedicou este livro, todos eles "revestiram" melodias, ou mesmo sequências harmônicas de há muito prontas, através de polifonias e demais recursos adequados a cada caso. A questão está, e o próprio Schoenberg apresentou a solução, na correta aplicação do verbo *Aushören* ("ouvir os *impulsos internos* da coisa em questão": melodia, harmonias, temas etc.), donde então, em qualquer circunstância, não será mais uma questão de "revestir *externamente*" algo, mas sim *tirar para fora* o que de impulso exista próprio do organismo.

Esse pensamento pode levar a fatos extremos, como, por exemplo, a algo que se poderia denominar *Superfonia*, a saber, usar como "melodia dada" uma obra já pronta, integralmente, por complexa, densa e extensa que seja, e – ouvindo os seus impulsos! – *tê-la como motivo* para uma outra obra infinitamente mais densa, extensa e complexa. A ideia certamente não é nova, mas seria como se se trouxesse à Música a teoria do Makrokosmos. Eis aqui um exemplo de possibilidade de florescimento de uma entre tantas ideias que o Livro semeia ininterruptamente.

Enfim – e é isso que se quer dizer – o Livro não é o "achado definitivo", mas sim, conforme Schoenberg reitera tantas vezes, *um estímulo à busca*, e nisso reside a singularidade e grandeza do texto. (N. T.)

Creio que um primeiro relance já deveria mostrar que aqui não se trata de enfeitar brilhosamente, através de atavios exteriores, uma harmonia em princípio demasiado indigente e desinteressante. Tomando-se qualquer voz isoladamente e considerando-a em si mesma, encontrar-se-á que todas elas soarão melodias, muitas vezes tão belas quanto a própria melodia coral. Fato este que denota outro objetivo, diverso daquele superficial! Tente-se, então, suprimir o que se tenha por ornamentos casuais. Na maioria dos casos isto será quase impossível, ou o resultado seria tão escabroso que somente poderia advir de algum amigo da ornamentação, mas não de Bach; talvez não seja, sempre, totalmente impossível este suprimir, pois, ainda que o que se tenha por enfeite tenha nascido junto à melodia mesma, sempre restará o que já é bom em si. Pode-se, certamente, continuar vivendo após perder-se o dedo mínimo de um pé; todavia, não mais será um pé bem proporcionado. Observe-se, por exemplo, já no primeiro verso, as notas de passagem no baixo, tenor e contralto. É evidente que constituem acordes, pois o seu objetivo harmônico é, a uma melodia que se repete três vezes (note o sinal de repetição e o penúltimo verso), harmonizá-la de tal forma que essa harmonização (a qual poderia facilmente resultar pobre em graus) mencione com vigorosas pinceladas os principais traços da tonalidade (I, IV, V); porém, que essa harmonização não se torne tão rica que uma posterior repetição não possa ser mais tarde efetuada com uma harmonização ainda mais rica e de efeito surpreendente. Donde, então, os graus da região da subdominante

serem colocados nas partes fracas do compasso, pois assim se comprome-
tem menos. Tais graus, todavia, marcham mais rápidos e comparecem duas
vezes de forma a equilibrar a sua relativa debilidade. Assim conservam-se
em equilíbrio forças desiguais, a saber: fazendo que elas atuem sobre braços
desiguais de uma alavanca. Ou então, observe-se como no segundo verso a
tonalidade fundamental é introduzida de maneira hesitante. Ainda no penúltimo momento (assinalado com *) um *lá*[11] no baixo comporta-se como
se devesse vir o modo maior. A razão é clara: o coral oscila entre *Ré-Maior* e
*Si-menor*, fato que as cadências demonstram; um *si-menor* demasiado sólido
no princípio dificilmente seria favorável. A decisão sucede-se mais à frente.
O *lá* tem, portanto, a finalidade de protelá-la! Logo, não é um ornamento!

O terceiro verso: aqui, as colcheias, as quais apareceram a princípio como
imitação das primeiras quatro notas da melodia, transformaram-se em um
pequeno motivo autônomo cuja configuração domina toda a parte central;
portanto, também não é nenhum mero ornamento, mas sim um elemento
construtivo, ainda que de importância secundária. Os versos seguintes, então,
são de tal modo ricos que prefiro não realizar a tentativa de interpretá-los.
A este respeito não se pode falar brevemente. Em uma verdadeira obra de
arte, a relação dos acordes entre si – independentemente de sua importância
fundamental ser mais ou menos evidente, de aparecerem com um peso notável ou procederem de um "gracioso" caminhar das vozes – é tão sólida e
tão bem justificada pelas necessidades construtivas que as vozes formadoras
desses acordes, por mais que enriqueçam o todo, porquanto o enfeitem, e
por mais móveis e entrelaçadas que sejam as suas linhas, em nenhuma parte
se pode, seriamente, entendê-las como ornamentações carentes de objetivo.
É tão pouco possível suprimi-las quanto o seria omitir similares em uma
construção de ferro. Assim, o atrevimento de acrescentar apenas mais tarde
a hipotética beleza, é algo que um ornamentador deveria primeiro experimentar praticamente em uma construção metálica, ficando embaixo dela
enquanto a mesma se constrói, antes de recomendá-lo a algum aluno; assim
não mais o aconselharia. Tamanha inconsciência ocorre apenas na arte,[12] em

---

11 No original, a marca * encontra-se sob um *sol*. O autor refere-se ao *lá* do baixo imediatamente
depois, o qual, por ser um *lá* natural, não fixa totalmente *Si-menor*, fato que só acontece no
final da frase com o *lá♯* do contralto. (N. T.)

12 A compreensão para a utilidade – construtiva ou de qualquer outra espécie – dos ornamentos
parece ser, infelizmente, também diminuta em outros ofícios, ocasionando: ou a supressão
irrefletida, ou, em outros casos, a colocação insensata [de algo supérfluo]. Daí um relógio
novo cair-me muitas vezes das mãos até eu compreender que ele escorregava-me pelos de-

que uma peça de ferro não cai na cabeça de quem aceita aquela justificação apta a uma diminuta inteligência. Poder-se-ia objetar que se trata apenas de tarefas escolares que mais tarde, com toda a certeza, o aluno não mais deverá fazer assim. São exercícios imorais, porém, e não se pode aprender o moral enquanto se exercita o imoral. Haver-se-ia que, claramente, ter como desalentador o exemplo fornecido por aquele que ensina. Isto é, contudo, demasiado exigido do aluno e muito pouco do professor.

---

dos porque, apesar de moderno, era excessivamente liso; e, uma vez que as tampas de meu antigo relógio eram gravadas, ele aderia melhor às mãos por causa da superfície algo áspera. No oposto a esta hostilidade à ornamentação encontra-se o prazer dos encadernadores pelo ornamento. Estes parecem tomar a encadernação do livro por nada mais do que um enfeite do livro, que os agrada, como encadernação "artística", talvez somente quando podem considerá-la como causadora da maior fadiga possível, na qualidade de glória ornamental; em suma, como um absurdo. Assim, colam, por exemplo, umas cantoneiras "pré-fabricadas", as quais lhes parecem mais belas do que as "gravadas manualmente"; evidentemente, porém, o objetivo mesmo, conservar o livro intacto em seus cantos superiores e inferiores, não é cumprido. Tal objetivo lhes é obscuro e, portanto, insignificante. E isso tem ido tão longe, mas tão longe, que até forneceu o verbo "*aufkaschieren*" (do francês *cacher* = *verbergen* [ocultar, esconder, encobrir]), o que acontece colando em cima da capa uma ou mais camadas de papel, de modo a resguardar (escondendo-os!) o papel, tecido e fios da capa. Então, quando hoje se cola uma folha de papel sobre um cartão para que ele se torne facilmente impermeável ao atrito, chama-se a isto "*aufkaschieren*"!

# Algo sobre os acordes de nona

O acorde de nona é o enteado do sistema. Embora seja um resultado no mínimo tão legítimo quanto o acorde de sétima, é sempre posto em dúvida. Não se compreende por quê. O sistema começa a ser artificial no momento em que copia a tríade menor da tríade maior. Acrescentar a sétima para formar um acorde de sétima não é por certo uma consequência necessária daquele primeiro arranjo, mas um dos efeitos possíveis. Logo, se isto é possível, por conseguinte são possíveis também os acordes de nona, de décima primeira etc., o que, de mais a mais, teria a vantagem de possibilitar o prosseguimento com o sistema de construção por terças. Produzir-se-ia assim, seguramente, a seguinte vantagem: que, sem perder o controle do movimento das fundamentais, seria trazido ao sistema muito do que ainda hoje permanece fora, no caso das formações harmônicas casuais. Eu mesmo poderia fazê-lo; por que não o faço, o direi mais tarde.

Tanto quanto sei, a principal objeção contra os acordes de nona é a de que, segundo dizem, as suas inversões não são utilizáveis; e, presumo, também o ridículo obstáculo de que ele não é facilmente representável numa composição a quatro vozes – seria preciso, por causa dele, de cinco a seis vozes. Poder-se-ia, certamente, abstrair-se da analogia com as inversões dos acordes de sétima, ao menos provisoriamente, e servir-se pelo menos do que já está à disposição; mas a teoria possui a inclinação de declarar por mau, ou no mínimo por impossível, aquilo do que não dispõe de exemplos. Diz, com prazer: os acordes de nona não aparecem em suas inversões; logo, são maus. Ou:

os acordes de nona não se apresentam invertidos; por conseguinte, não existem acordes de nona. No entanto, também o outro caminho não seria correto, a saber: dizer que os teóricos inventaram as inversões do acorde de nona, em vez de ter sido feito pelos compositores. A teoria não pode e nem deve marchar à frente; deve somente constatar, descrever, comparar e classificar. Por isso, limito-me a fornecer a compositores e teóricos futuros algumas sugestões para o ulterior aperfeiçoamento [*Ausbau*] do sistema, e desisto de combinar as formas que, em parte, já se apresentam nas obras modernas, mas numa utilização essencialmente diversa daquela que aqui teria que realizar-se. A teoria estava no caminho certo quando constatou a existência do acorde de nona. Deveria, então, ter mencionado que não aparecem inversões do acorde de nona e, assim, tranquilamente ter silenciado sua convicção de que são maus ou completamente impossíveis. Em semelhantes casos, a constatação dos fatos deveria bastar ao teórico. Ele já faz o suficiente quando fornece "dados para o ensino da harmonia";[1] não tem que se expor e fazer estética, senão erra e expõe-se ao ridículo. O que hoje ainda não veio a ser usado não é feio simplesmente por isso, pois poderá vir a ser utilizado amanhã, e aí será belo. Em meu sexteto *Noite transfigurada* [*Verklärte Nacht*] escrevi, no seguinte contexto, sem saber então teoricamente o que fazia, simplesmente seguindo meu ouvido, a inversão de um acorde de nona, conforme assinalado por ⨍ no exemplo 267*a*.

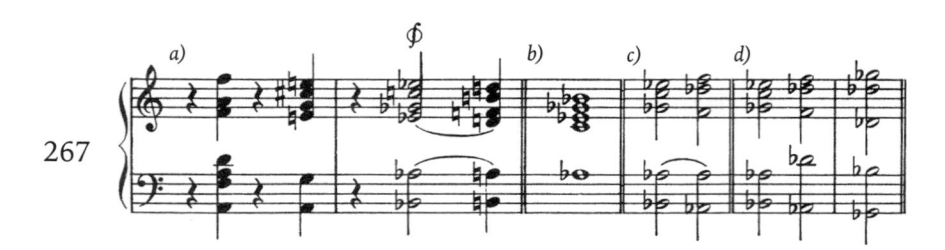

267

Vejo, com desgosto, que é mesmo, exatamente, aquela inversão declarada pelos teóricos como a mais impossível, porque nela, visto que a nona está no baixo, a resolução mais simples desemboca num acorde de quarta-e-sexta e entre duas vozes resulta a denominada "má sétima" [*böse Sieben*], a resolução

---

1 *"Data zur Harmonielehre"* ["Dados para o ensino da Harmonia"]. Provável título de algum compêndio famoso na época, cujo autor por certo age da maneira que Schoenberg condena aqui. (N. T.)

proibida de uma sétima em uma oitava (exemplo 267*c*). O acorde de quarta-
-e-sexta, porém, bem poderia haver-se apresentado de passagem, ou então
(a antiga teoria também não costumava horrorizar-se ante tais barbaridades)
poderia ser completamente proibido; e a "má sétima" poderia ser evitada se
(como no exemplo 267*d*) o tenor saltasse ao *ré*♭. Somente agora entendo a
agitação daquela sociedade de concertos, outrora incompreensível para mim,
que rejeitou meu sexteto em razão desse acorde (e fundamentaram isso conforme a explicação a seguir). Obviamente: uma inversão de um acorde de nona
não existe; logo, nada também de apresentações, pois não se pode apresentar
uma coisa que não existe. E eu tive que esperar alguns bons anos. Entretanto,
quando o sexteto finalmente foi executado, ninguém reparou que um acorde de nona aparecia na quarta inversão. Hoje, evidentemente, semelhante
acorde não incomoda mais ninguém a quem se possa levar a sério. Na *Salomé*
[de Richard Strauss] ocorrem ainda outros acordes de nona completamente
diferentes. E isto para citar apenas *uma* obra que não somente se representa
como também é hoje apreciada por aqueles mesmos que, naquela época, não
conseguiram acalmar-se a respeito do meu acorde de nona.

Portanto, conforme dito, o acorde de nona e as suas inversões existem
hoje, ou ao menos podem se dar. O aluno encontrará facilmente exemplos
disto na literatura musical de agora. Não é necessário estabelecer leis especiais para o seu manuseio. Quem queira ser cauteloso, poderá empregar as
leis tomadas em consideração no tratamento dos acordes de sétima, ou seja,
permitindo que as dissonâncias desçam e que a fundamental salte de uma
quarta ascendente.

Atenção às quintas!

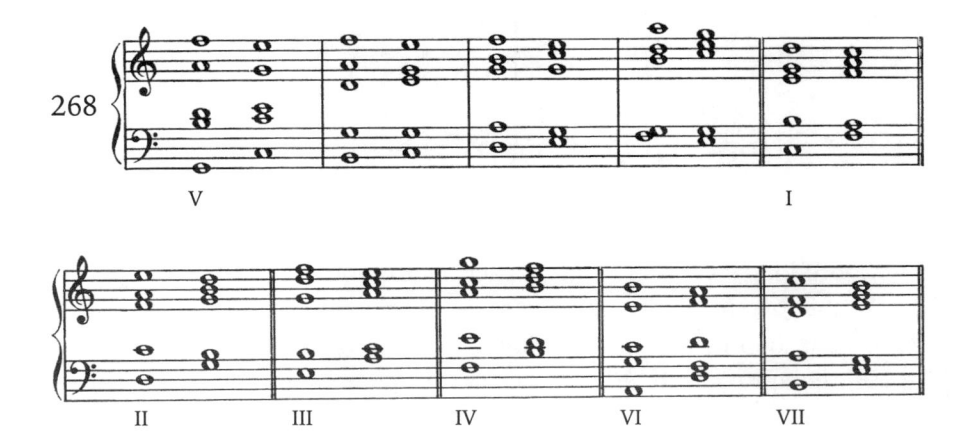

Contudo, também a resolução à maneira de cadência interrompida deve, afinal, ser tão boa quanto a ocorrida no acorde de sétima. Pois, se é possível à sétima manter-se ligada, bem se poderá então manter ligada também a nona enquanto a fundamental se eleva.

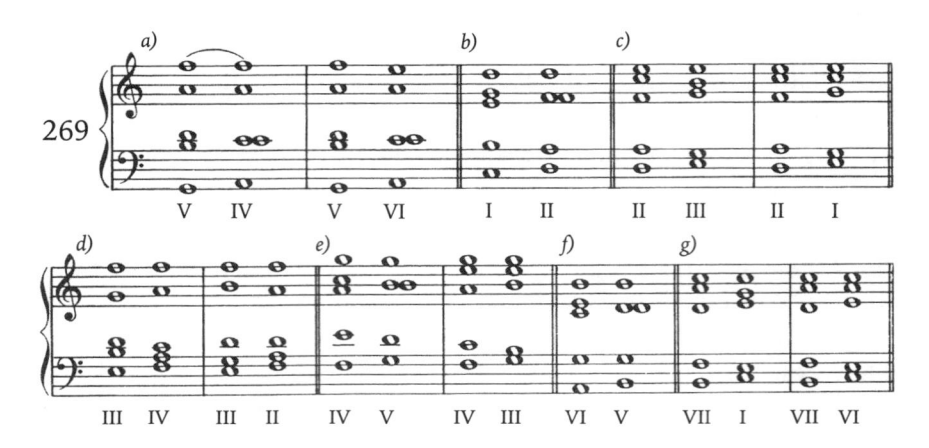

Tudo isto surge, no mínimo, como acontecimentos da condução das vozes; portanto, já por isso mesmo justificados (por exemplo, como acontecimentos de passagem). E certamente depreende-se, de minhas explanações, que o sistema das dissonâncias cumpre totalmente sua tarefa quando abriga os acontecimentos que ocorrem na condução das vozes. Caso se desejasse experimentar o abandono por salto da dissonância, chegar-se-ia ainda mais longe.

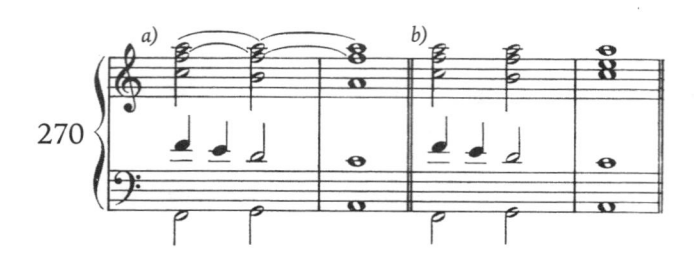

Contudo, para comprovar a existência do acorde de nona, bem poderia bastar que fossem citados os acordes de sétima-e-nona-de-dominante, com nona maior ou menor, os quais ninguém contesta, à parte o fato de quando se apresentam como retardo. Caso não se queira admitir nem mesmo os acordes de nona erigidos sobre as tríades secundárias, tem-se pelo menos que reconhecer que acordes de nona maior e menor podem ser produzidos sobre qualquer grau, no sentido de dominantes secundárias, ainda que nem todos, sem mais e imediatamente, possam ser utilizados como acordes próprios da escala.

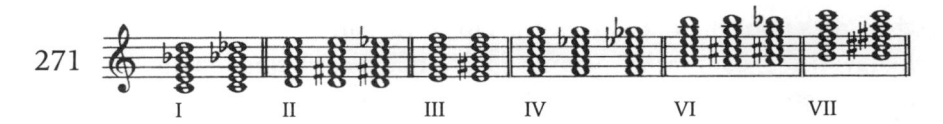

Porquanto possuam nona menor, não são por isso mais difíceis de referir-se à tonalidade do que os acordes de sétima diminuta que deles derivam; e os que tenham nona maior não provocam, em todo caso, mais dificuldades do que os correspondentes acordes de sétima. Poder-se-ia, naturalmente, efetuar neles todas aquelas alterações normais que acontecem nos acordes de sétima, isto é (exemplo 272):

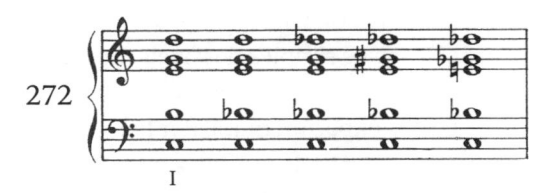

Indubitáveis, porém, são as suas possibilidades de uso se considerados como acordes errantes ou enlaçados com estes, conforme no exemplo de meu sexteto ou segundo demonstrado no exemplo 273*a*.

As resoluções do exemplo 273*a* foram extraídas do tratado de harmonia de A. Halm (coleção Göschen), uma pequena obra, aliás, muito requintada. Lá se encontram muitas coisas bonitas; não obstante, ele chama esses encadeamentos de "violências" [*Gewaltsamkeiten*] e nega-se a "atribuir-lhes, em princípio, um valor imerecido", pois os traz (exemplo 273*b*) no estado fundamental, porque o acorde de nona (especialmente na resolução autêntica, com um passo de quarta para cima) não é [segundo o autor] capaz de inversão. Mas poder-se-ia experimentar invertê-lo ao menos em outra resolução, uma vez que assim não se originariam quintas paralelas se estas são consideradas violentas. É notável que uma mente tão refinada não tenha chegado a isso, embora estivesse já tão perto. Ah! – os antolhos do sistema! Maravilha-se, com razão, perante tudo o que o ser humano tem sido capaz de inventar. Poder-se-ia, contudo, admirar-se, no mínimo tanto quanto, com o que ele não inventou embora estivesse tão próximo de fazê-lo. Um pouco mais de violência no pensamento e um pouco menos de receio às violências na estética, e tudo caminhará melhor, muito melhor!

Quando utilizar acordes de nona, bem fará o aluno em novamente experimentar, a princípio, as coisas mais simples possíveis. Em seguida poderá tentar variantes à maneira de dominantes secundárias e no sentido das sugestões fornecidas aqui; mais tarde, experimentará também o encadeamento com acordes errantes. Naturalmente, admitirá aqui, como melhores, leis que sejam as mais restritas possíveis. Quanto mais descubra o permitido, neste caminho de restrições, melhor. A liberdade, não se precisa de ninguém para ela.[2]

2  *Die Freiheit "kann man schon allein".*

# Alguns acréscimos e representações esquemáticas que completam o sistema

## 1. Alterações em tríades, acordes de sétima e acordes de nona

As mais importantes transformações cromáticas que podem ser efetuadas em tríades foram já possibilitadas ao aluno através do que foi dito sobre dominantes secundárias, sobre as relações com a subdominante menor, sexta napolitana, acorde aumentado de quinta-e-sexta etc. A seguinte contemplação, generalizante, reitera o que já foi dito e completa o que ainda falta. Todavia, sem ter a pretensão de construir uma integralidade [*Vollständigkeit*]. Assim, permanecem aqui não mencionadas alterações ascendentes de alguma terça maior. Não porque eu as tenha por impossíveis – visto tê-las citado nas alterações dos acordes de sétima – mas porque não tinha a intenção de falar de tudo o que seja possível sem levar em consideração se tal fato já aparece ou não na literatura musical. Por isso, não procedi aqui sistematicamente, senão que mencionei, na maior parte das vezes, somente aquilo do que tinha em mente um exemplo, ou o do que eu acreditava ter-se por obrigação encontrar algum; mas, também, o que me atraiu por apresentar-se de tal forma que houvesse eu mesmo que inventar-lhe um exemplo.

Qualquer som de uma tríade altera-se cromaticamente para cima ou para baixo.[1] A alteração pode atingir um, dois ou todos os três sons. Consinto,

---

1 A origem da palavra *alterar* [*alterieren*], vinda do latim *alter* (= outro), permite que se a compreenda como *transformar* [*Verändern*]; o melhor, porém, é admitir-se que, quando se altera,

desgostoso com isso, em permitir a alteração da fundamental, preferindo supor o aparecimento de uma nova fundamental. Minhas razões a respeito já as dei quando da discussão da sexta napolitana.

Através da alteração descendente da terça em tríades maiores e da alteração ascendente da terça em tríades menores, originam-se as formas já por nós conhecidas:

Através da alteração ascendente ou descendente da quinta na tríade maior ou menor, tem-se:

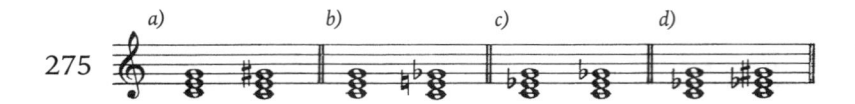

Através da alteração ascendente da quinta ou descendente da terça na tríade maior, obtém-se:

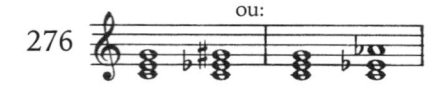

Através da alteração descendente da terça e da quinta na tríade maior ou apenas da quinta na tríade menor:

---

toma-se *outro* som em vez do próprio da escala. Isto chama a atenção à *substituição* [*Ersetzung*], frequentemente aqui mencionada, dos modos maior e menor pela escala cromática. O uso da linguagem comum em coisas técnicas musicais deteriora muitos assuntos de forma tão profunda – por causa da tendência em abreviar as expressões – que é quase impossível a restauração do significado original. Isto acontece com a expressão (que de momento me ocorre) "*ao* quarto círculo de quintas para cima", ou "*no* quarto círculo de quintas para cima", a qual provavelmente é uma abreviação provinda de "ao círculo de quintas [que se encontra] quatro passos (ou linhas de graduação, ou graus) acima". Não é preciso salientar que apenas a contragosto utilizo semelhantes abreviações. Apesar disso, todavia, recuo assustado perante o ato de introduzir antigas verdades como se fossem inovações.

Através da alteração descendente da quinta e ascendente da terça na tríade menor:

Através da alteração descendente da fundamental na tríade maior ou menor:

Através da alteração descendente da fundamental e da terça na tríade maior:

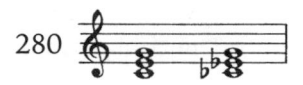

Através da alteração ascendente da quinta e descendente da fundamental (simultaneamente a uma troca enarmônica) na tríade maior e menor:

Através da alteração ascendente da quinta e descendente da terça e da fundamental na tríade maior e com a alteração ascendente da quinta e da terça e descendente da fundamental (troca enarmônica) na tríade menor:

Através da alteração descendente da terça e ascendente da fundamental na tríade maior, ou com a alteração ascendente da fundamental na tríade menor: exemplo 283*a*; com o rebaixamento [*Erniedrigung*] da quinta e elevação [*Erhöhung*] da fundamental na tríade maior, ou com rebaixamento da quinta e elevação da terça e da fundamental na tríade menor: exemplo 283*b*; com o rebaixamento da terça e da quinta e elevação da fundamental na tríade maior, ou com o rebaixamento da quinta e elevação da fundamental na tríade menor: exemplo 283*c*.

Estas alterações produzem, por uma parte, acordes que são relacionados a uma outra fundamental quando a fundamental vem a ser alterada, conforme dito antes. Em outros casos, se não se quer envolver-se na discussão, hoje supérflua, a respeito da ortografia, é conveniente realizar trocas enarmônicas e escrever, por exemplo, *dó-mi♭-lá♭*, em vez de *dó-mi♭-sol♯*, ainda que a regra para as alterações seja habitualmente dada como se segue: a alteração ascendente será expressa por meio dos sinais ♯ e × (eventualmente, por ♮), e a alteração descendente através dos sinais ♭, ♭♭ ou ♮; ou, de maneira geral: a alteração será expressa colocando-se antes do idêntico signo musical o signo de transposição correspondente.

No lugar de uma complicada notação musical, que com frequência se origina daquela minuciosidade pedante, eu prefiro usar aquele signo que reconduz a um acorde conhecido. Isto será possível na maioria desses acordes. Em outros casos, referir-se-á eventualmente à voz em questão, ao menos a representando de modo simples (exemplo 284*a*). Assim, eu preferiria substituir o exemplo 284*b* pelo 284*c* (conforme o exemplo 284*d*, proveniente do Scherzo da Sonata para piano op. 26, de Beethoven).

São acordes autônomos as sonoridades originadas dessas alterações. Quem o deseje, pode considerá-las como fenômenos de passagem. O que é muito fácil, uma vez que se reflita que tudo na tonalidade, com exceção do primeiro grau, acha-se, por assim dizer, de passagem, ou, no mínimo, encontra-se em movimento.

O exemplo 285 expõe casos mais simples, e o exemplo 286 casos mais complexos.

Talvez um ou outro acorde seja duro. Assim se apresenta, por exemplo, o acorde do exemplo 283*c*, ou no exemplo 286 em † (também provindo de outros graus). Esse acorde assemelha-se a um acorde incompleto de sétima de dominante; o acontecido de faltar-lhe a terça faz com que se torne desajeitado.

Não obstante, não é completamente inutilizável. Que um acorde assim, por certo "duro", apresente-se na música "clássica", talvez reconcilie até mesmo os suscetíveis, caso ponderem que precisamente aqui a sua suscetibilidade para os acordes duros representa simbolicamente a suscetibilidade de Fígaro.[2] Não nos esqueçamos que Fígaro não torceu o dedo do pé, mas somente finge essa dor.

De maneira semelhante podem-se efetuar alterações em acordes de sétima e em acordes de nona. Aqui se pode abstrair-se incondicionalmente da alteração da fundamental. Na maioria dos casos, a alteração da sétima ou da nona não produzirá novas formas. Apesar disso, será possível atribuir esta derivação [*Abstammung*] a determinados encadeamentos e utilizá-los somente ali onde se originem cromaticamente. Se é que se deseje isto! Se é que não se prefira contentar-se em reconhecer que os acontecimentos melódicos de passagem (etc.) provocaram as existências harmônicas dos acordes alterados; mas a recordação da sua origem não há que necessariamente entrar na composição, porquanto esta é realizada *interiormente*. Ao caracol é possível carregar a sua casa, mas uma composição não tem que levar consigo, eternamente, um relatório de motivos, uma exata fundamentação jurídica do seu direito de existir. Um acorde desses, portanto, poderia muito bem apresentar-se como um acontecimento da condução das vozes; todavia, não é empregado em seu respectivo lugar por causa desta justificação, mas lá se encontra *porque é um acorde como os demais*.

Limito-me a insinuar as possibilidades de alteração do acorde de sétima e expor alguns encadeamentos.

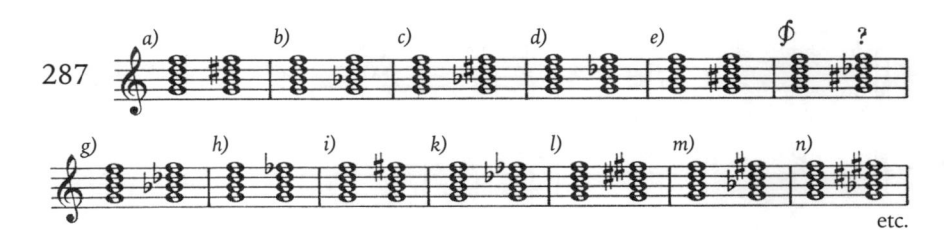

O aluno, por enquanto, ainda deveria manter a convicção de que a alteração de um som (seja aqui relembrado uma vez mais) é causada, em primeira instância, pela necessidade de se estabelecer uma sensível artificial.

---

2 Personagem da ópera *As bodas de Fígaro*, de Mozart. (N. T.)

A alteração ascendente prosseguirá, de bom grado, através de um seguinte passo de semitom também ascendente, e a alteração descendente, que produz uma sensível descendente, através de um passo de semitom para baixo. Porém, pode acontecer de um som alterado permanecer ligado, e também de este som ocasionalmente propagar-se na direção oposta à correspondente ao seu instinto de sensível. Tal fato é, no mínimo, decisivo na avaliação de fenômenos como os do exemplo 287 em ⨍, cuja possibilidade de utilização pode causar dúvidas. Foi demonstrada aqui somente a alteração do acorde de sétima de dominante. É em parte supérfluo discutir cuidadosamente, da mesma maneira, os acordes secundários de sétima e os de nona, porque reiteradamente surgem as mesmas formas; a discussão de todos esses acordes ultrapassaria em muito o quadro deste livro. O aluno mesmo pode, facilmente, experimentá-lo. Eles somente conduzem, naturalmente, a outros graus da tonalidade; além disso, não há nenhuma outra diferença. Sobre a questão de como introduzi-los e de se o aluno deve servir-se deles, são coisas as quais também já resolvi anteriormente.

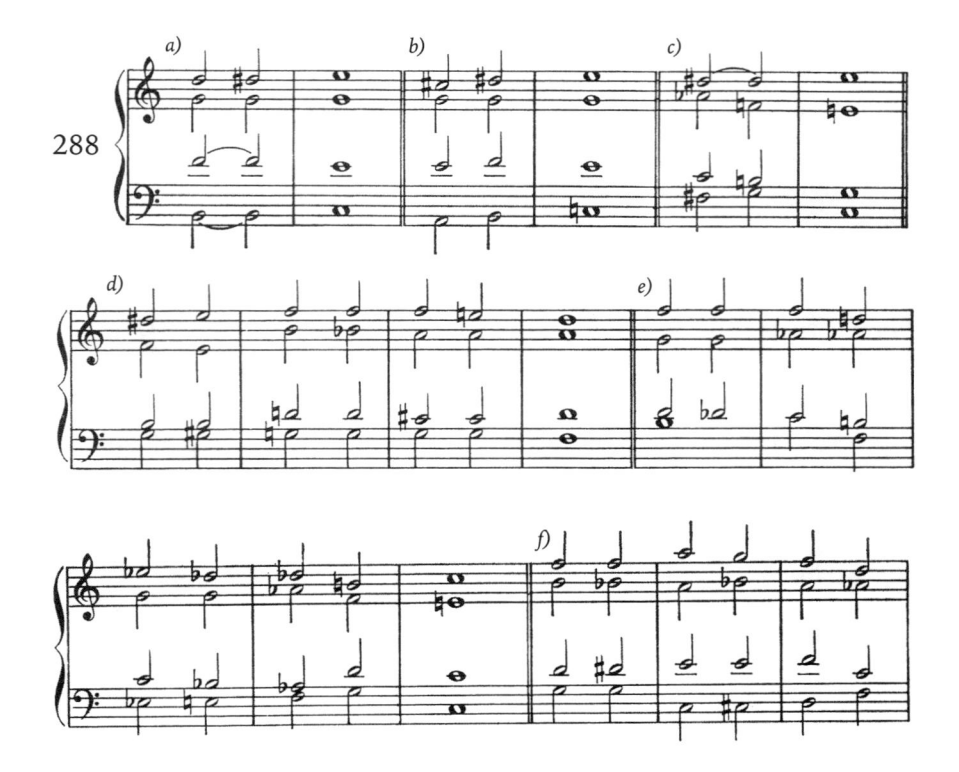

Como se vê, mesmo aquelas alterações cuja possibilidade de emprego não se percebe de um primeiro relance podem trazer resultados inteiramente bons. Naturalmente, uma parte desta eficácia há que aqui ser atribuída à condução melódica das vozes, pelo que se sentirá inclinado a considerar essas alterações como notas de passagem cromáticas; mas não se deve fazê-lo, pois a relação com as fundamentais é, para a análise harmônica, um recurso auxiliar sempre mais apropriado do que a justificação pela melódica. Esta diz algo apenas quanto à origem dos acordes. Aquela, porém, fornece esclarecimentos uniformes para a sua utilização e sobre as suas tendências.

Indubitável é a justificação "estética" desses encadeamentos; resultam aqui excelentes, e sob um enfoque puramente harmônico. E quando, além disso, acrescenta-se a força do motivo – a melodia –, então a sua possibilidade de emprego torna-se substancialmente ainda muito mais rica.

No exemplo 289 são representadas alterações do acorde de nona e no exemplo 290 algumas possibilidades de uso de semelhantes alterações. Nesta oportunidade, continuo firme na minha posição de deixar o som alterado continuar a mover-se na direção da alteração. Assim como se pode resolver o acorde de sétima à maneira de cadência interrompida, pode-se também fazê--lo naturalmente com o acorde de nona e com o acorde de nona alterado. E visto que no acorde de sétima até os teóricos mais moderados admitem que a sétima possa ascender, como o prova o exemplo 291, o qual aparece em quase todo compêndio, então haver-se-á que concordar que, no acorde de nona, a nona também possa ascender, pelo menos cromaticamente.

Isto eleva, naturalmente, as possibilidades de manuseio do acorde de nona.

No exemplo 292 são demonstrados dois casos de nona ascendente. O próprio aluno pode buscar outros mais.

## 2. *Abreviação de viragens através da omissão do caminho*[3]

O princípio mencionado acima é novidade para nós apenas relativamente. Apesar disso, eu não gostaria de deixar de dizê-lo aqui sob a forma de algo novo, dado ser ele capaz de desanuviar algumas coisas. Temos frequentemente comentado o efeito do clichê, da fórmula, o que é caracterizado pelo fato de viragens que se apresentam a cada passo tornarem-se figuras de inequívoco sentido. Tão inequívoco que, escolhido o começo, imediata e automaticamente resulta na expectativa de uma determinada continuação: a fórmula conduz, inevitavelmente, a um determinado resultado. Isso pressuposto, pode-se então omitir os membros intermediários, justapondo-se duramente o começo e o final, ou seja: a viragem total, por assim dizer, "abreviada", estabelecendo-a meramente como hipótese e conclusão. Talvez já seja uma abreviação assim o passo cadencial IV-V, do qual mencionei a seu tempo que melhor seria pensá-lo como estando no lugar de IV-II-V. Logo, é uma semelhante abreviação aquele tratamento da sexta napolitana que traz diretamente o V grau.

---

3 *Kürzung von Wendungen durch Weglassung des Wegs.*

Sequência esta que, propriamente, deveria apresentar-se do seguinte modo:

As conclusões plagais talvez sejam também algo semelhante. Talvez por isso soem imperfeitas, porque alguma coisa foi eliminada. A saber: em vez de IV-V-I ou II-V-I coloca-se IV-I e II-I. Sobre o mesmo princípio apoia-se o exemplo 295*a*, proveniente do exemplo 295*b*, o qual se apresenta em cadências ou meias-cadências.

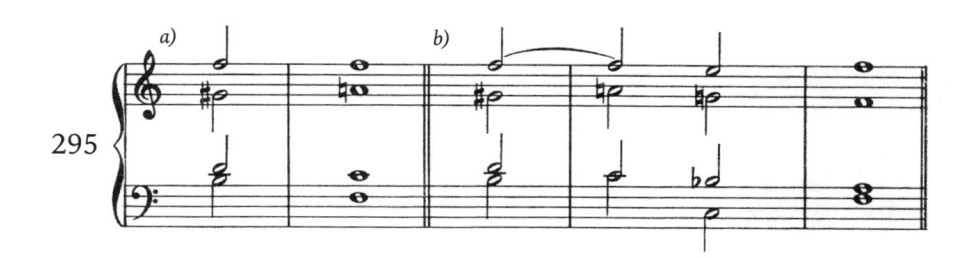

No geral, abreviações desse gênero somente podem ser efetuadas em encadeamentos que possuam uma função determinada; logo, sobretudo nas cadências. Por exemplo:

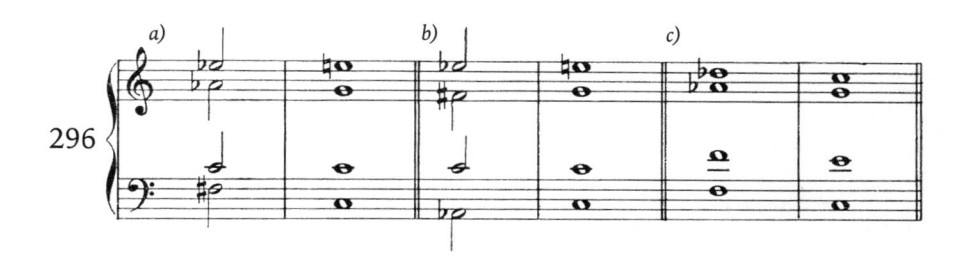

## 3. Encadeamentos de tríades com todas as tríades e com acordes de sétima, e, a seguir, de todos os acordes de sétima entre si

Na seguinte representação esquemática, encadeia-se uma tríade maior e uma menor com todas as outras tríades maiores, menores e diminutas. A maioria dos casos é, ademais, conhecida; alguns mais insólitos são representados no exemplo 298 em pequenas frases, nas quais não se levou em consideração a tríade diminuta.

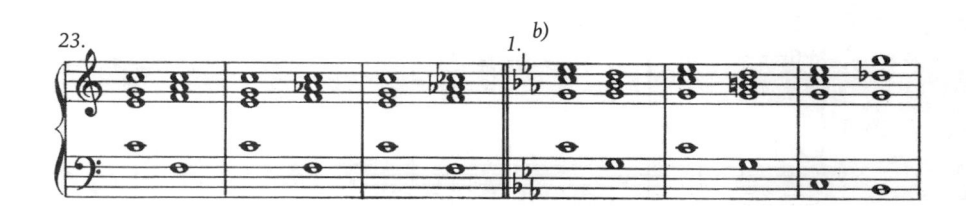

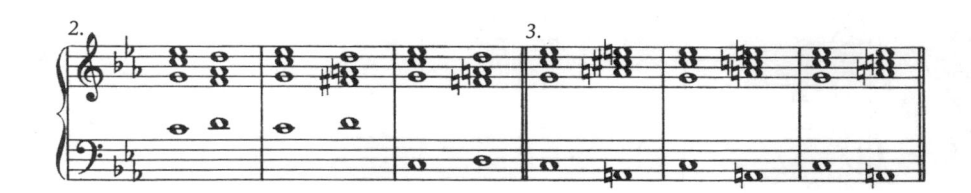

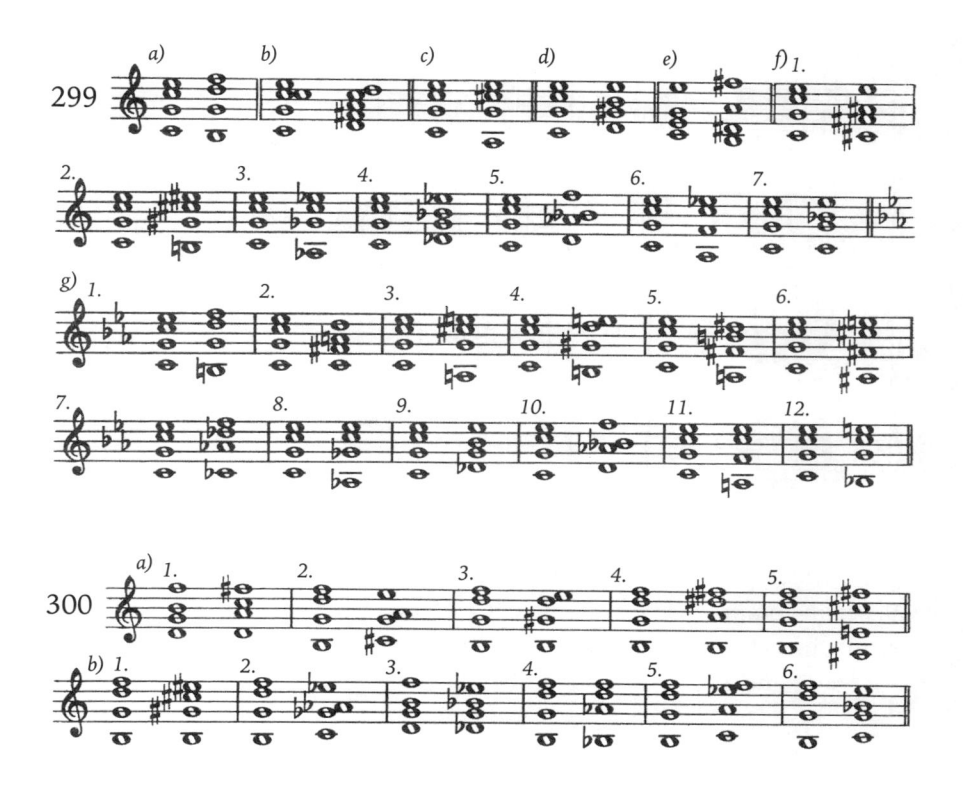

O exemplo 299 mostra o mesmo quanto às tríades e os acordes de sétima de dominante e o exemplo 300, os acordes de sétima de dominante entre si.

Nos exemplos 301 e 302 são realizados alguns encadeamentos que talvez não sejam compreensíveis de imediato. Nota-se que deles, sob determinadas circunstâncias, pode resultar um efeito integralmente bom. Naturalmente, poder-se-ia mostrar o mesmo também a respeito dos acordes de nona.

Deixo ao aluno, caso queira ocupar-se disso, que ele próprio realize as combinações de semelhantes enlaces. Tudo poderá ser bom se posto no seu devido lugar. A condução melódica do soprano e do baixo contribuirá, sobretudo, ao melhoramento do resultado. Porém, o ritmo não pode ser totalmente ignorado. Às vezes, uma viragem ganhará muito se encadeada através de notas de passagem. Todavia, o emprego de notas de passagem, ornamentos e retardos – visto que em qualquer caso introduz semínimas – provoca uma intensificação [*Steigerung*] do movimento, a qual não será totalmente sem influência sobre o que vier a seguir. Recomendo o seguinte: quando o aluno, depois que tenha alcançado a capacidade de inventar as notas de passagem, ornamentos e retardos junto com a harmonia, e uma vez que consiga resultados com o movimento de semínimas, o melhor que ele fará será prosseguir com elas até o final, porque isso é o que provavelmente mais corresponderá ao seu saber rítmico. Não é impossível deixar as semínimas desaparecerem, evitando-as primeiramente na parte forte do compasso e mais tarde sobre a parte fraca, ou primeiramente na melodia e depois nas vozes internas. Contudo, isso não será de maneira alguma fácil.

## 4. Algumas outras particularidades: possibilidades da sétima ascendente; baixos para o acorde de sétima diminuta; um acorde de Mozart; um acorde a oito vozes

Com o pressuposto de que a sétima pode também subir, dá-se a possibilidade de servir-se do acorde de sétima do I grau do modo menor próprio da escala.

Esta mesma ideia poderá ser transportada a outros graus de uma tonalidade e lá fornecer bons resultados, especialmente em encadeamentos com acordes errantes (exemplo 303*e*, *f*, *g*).

Acontece aqui ainda uma outra coisa da qual não gostam os ouvidos melindrosos, mas que ocorre com frequência na música moderna, especialmente em Richard Strauss: diferentes sons no baixo para um mesmo acorde de sétima diminuta. Tal baseia-se em que um acorde de sétima diminuta pode vir a ser compreendido de quatro maneiras como acorde de nona. Imaginando-se que depois de cada um dos quatro casos (exemplo 304*a*) exista uma pausa suficiente ou outro acontecimento que possibilite a reinterpretação [*Umdeutung*], então nada se postará no caminho de forma a impedir o enlace desses quatro acordes em uma sucessão. E, de fato, isso já se apresenta na música clássica. Porém, se se imagina isto mais rápido, ou se se concebe a reinterpretação realizada sem meios auxiliares (este pensar mais rapidamente é um dos estímulos capitais ao desenvolvimento em todos os sentidos; exatamente como o pensar demasiado lento, o qual facilmente se identifica com o "não pensar em absoluto", causa o efeito contrário!), então se compreende como vem a ser possível (exemplo 304*b*) representar uma voz, em um acorde de sétima diminuta, provinda dos quatro sons de outro acorde de sétima diminuta. Nessa ocasião, todavia, pode auxiliar (exemplo 304*c*) o fato de que, ao se escrever uma escala contra o acorde de sétima diminuta, as notas principais sobre as semínimas também resultem nestes sons. Semelhante escala pode também soar como no exemplo 304*d*, pois qualquer instante (se se pensa rapidamente) permite a reinterpretação. Aqui aparecem no baixo, sobre as colcheias débeis, os quatro sons formadores do terceiro acorde de sétima diminuta: *mi, sol, si♭, ré♭*. Uma analogia para o complexo sonoro dissonante a cinco vozes é encontrada na forma de pedal disposta no exemplo 304*e*; este se revela uma transposição desse *sol-fá♯-lá-dó-mi♭*, a outros três sons do baixo. Assim se explica, a partir da reunião de ambas as formas, 304*d* e 304*e*, por que também pode ser escrito o terceiro acorde de sétima diminuta contra *fá♯-lá-dó-mi♭* (exemplo 304*g*): cada momento isolado é compreensível por si, como no exemplo 304*e*. Uma vez que o exemplo 304*f* é evidente e, quanto aos outros oito sons, mostrou-se antes sob quais pressupostos eles podem manifestar-se contra um acorde de sétima diminuta; uma vez que, portanto, para todos os doze sons comprovaram-se possibilidades de soar junto ao acorde de sétima diminuta, demonstra-se, enfim, que qualquer melodia poderia harmonizar-se sobre um acorde de sétima diminuta. O que não será feito porque não é interessante e, de mais a mais, seria algo fabricado. Seria preferível inventar logo uma nova harmonia característica. Mas, seja como for, funciona! Obviamente, nada disto é para os ouvidos melindrosos, mas somente para os bons ouvidos! Para aqueles que compreendem rapidamente!

Mencionei um acorde de Mozart, que nele se apresenta transitória e rapidamente. Naturalmente, ele pode também ocorrer de forma lenta, pois deste modo seria compreendido melhor. Assim, até mesmo os ouvidos melindrosos teriam que compreendê-lo – e ser capazes de observá-lo. Este acorde (exemplo 305*a*) produziria uma bonita sequência (exemplo 305*b*):

Se se utilizam inversões (exemplo 305*c*), o resultado será ainda mais lindo. Contra isso, nada se pode objetar, pois é de Mozart!

Agora, gostaria ainda de mostrar um outro acorde, que por certo não se apresenta em Mozart, mas quase poderia ocorrer em Bach. O salto a partir do *mi*, no exemplo 306*a*, certamente não precisa de nenhuma explicação. Também pode apresentar-se, do modo como está no exemplo 306*b*, sobre o pedal. Isto é igualmente válido para as figuras 306*c* e 306*d*, as quais não são incomuns. Fixando-as, todavia, simultaneamente, origina-se daí um acorde composto de oito sons diferentes (exemplo 306*e*, assinalado com †). Este poderia ocorrer como no exemplo 306*f*. Não sei se tal já aconteceu; porém, considerando o que já disse acerca dos motetos a oito vozes de Bach, nos quais aparece um acorde a seis vozes – que aos ouvidos melindrosos dificilmente agradaria mais do que este aqui a oito vozes –, acho que bem se pode dizer: se de Bach existissem composições corais a doze vozes, este acorde talvez ocorresse! Ou, no mínimo, poderia acontecer, em que pese "não existirem acordes de nona"!

## 5. Ainda alguns esquemas de modulação

Utilizei para as modulações, em princípio, os antigos esquemas. No resultado, contudo – em virtude da introdução sistemática das dominantes secundárias, dos acordes de sétima diminuta e dos acordes errantes –, mostraram-se diferenças substanciais em face do que se consegue aqui normalmente. Todavia, empreguei todos esses meios vigorosos apenas para tornar as modulações mais ricas, proibindo expressamente, por outro lado, a utilização desses acordes na qualidade de recursos modulatórios. Recorde-se minha justificativa: tem-se tempo para modular! E minha afirmação: nas obras de arte que empregam recursos modulatórios simples, ou a modulação se dá gradualmente, ou raramente ela vai tão longe. Onde, porém, acontece um repentino e amplo desvio, trata-se de uma coisa diferente: da exteriorização de um efeito particularmente contrastante, o qual há de ser apreciado como algo dinâmico e não como harmônico. Obviamente, uma semelhante modulação é também uma coisa harmônica; a saber, uma excursão [*Ausflug*] a uma harmonia futura. E neste sentido ela não é nenhuma exceção, mas corresponde a uma lei que poderia soar da seguinte maneira: tudo o que vive traz o futuro em si. Viver significa gerar e dar à luz. Todo o presente se esforça em direção ao futuro.[4]

---

4 *Alles Gegenwärtige strebt dem Zukünftigen zu.*

Agora, uma vez que já travamos conhecimento com a modulação do passado e aumentamos os nossos capitais com os recursos do presente, chegamos a também experimentar os efeitos dos novos meios, que entrementes se tornaram independentes. Visto que se deram novas formas, evidentemente produzir-se-iam aqui novas leis se tivéssemos em vista elaborá-las. Ou melhor: teríamos que empregar corretamente as leis de outrora, ou então ampliá-las. O que para nós não seria nenhuma dificuldade. Pois já diagnosticáramos que, se o som (ou a tônica [*Tonika*]) é o centro motor dos acontecimentos harmônicos, é, como modelo, ainda rico o bastante para poder cobrir com o seu nome os mais complexos fenômenos. Permite, o som, que a ele se refiram como ao tronco familiar, mesmo quando talvez nele residam somente as possibilidades e não as realizações. Por esta razão preferi utilizar os recursos harmônicos mais complexos em cadências, em vez de fazê-lo em modulações. Era mais importante demonstrar que a tonalidade não tem que se romper com o aparecimento deles e que eles não precisam necessariamente modular, do que o inverso: que eles podem modular, já que isto não é recusado até aos acordes mais elementares. Mostrei que a tonalidade não surge de uma necessidade imperiosa da fundamental. Mas, até onde se fale de modulações, a tonalidade é aí um pressuposto, da mesma maneira como o é a reta para a curva. Uma não é imaginável sem a outra. Portanto, é mais conveniente considerar a tonalidade como o grande território onde, nos distritos longínquos, as forças mais livres de coações insurgem-se contra o domínio do centro. Este centro, porém, se existe (o que pode depender da vontade do autor), obriga os revoltosos, de qualquer modo, a girarem em torno dele, e todo o movimento acontece em proveito do centro. Todo movimento reintegra-se a ele, tudo gira em círculo. Esta concepção também é ratificada pelas realidades da arte. Pois a única forma de arte musical que não possui semelhante centro, a ópera, é simplesmente uma prova da outra possibilidade: a tonalidade suspensa [*aufgehobene Tonalität*]. Porém, todas as formas sinfônicas fechadas da antiga arte, tudo para o que a tonalidade serve de fundamento, mostra que os desvios reconduzem ao tom [*Tonart*] principal. A tonalidade [*Tonalität*]⁵ pode, então, ser por certo suspensa. Mas, se ela resiste,

---

5 Em várias passagens do texto, Schoenberg parece estabelecer uma diferença essencial entre *Tonart* e *Tonalität*. A primeira palavra significa *modo* e *tom*, enquanto a segunda significa *tonalidade* propriamente dita. Entre nós, costumamos compreender *tom* e *tonalidade* como sinônimos. No texto tudo leva a crer que o autor entende *Tonalidade* como a grande abrangência onde o *Tom*, muitos deles, ou mesmo todos os tons possíveis, estão: ou explicitamente contidos ou em potencial para acontecer. Schoenberg, em sua oralidade, não expõe isso sempre de uma maneira sistemática, o que dificulta uma compreensão definitiva. Porém, e é este o cerne

então as modulações dificilmente poderão ser valoradas como desvios do tom principal, como acordes que sejam algo diferente daquele. Serão, tão somente, episódios de uma grande cadência; e meu método de apresentar os acordes errantes, sobretudo nas cadências, corresponde, portanto, aos fatos da arte.

As modulações são apenas episódios. Pode-se também, contudo, escolher e tratar isoladamente um de tais episódios, que em uma cadência é interpretado somente de forma concentrada. Poder-se-á, então, representá--lo mais amplamente, de maneira menos concentrada, realizá-lo de modo mais rico, com um movimento mais independente e impulsos mais claros. Já o fizemos nas modulações anteriores e chegamos assim, justamente por isso, a modelá-las de uma forma ampla e gradual. Entretempos, chegamos a conhecer, através dos recursos modulatórios mais complexos, possibilidades para a ampliação de nossos esforços. Se está resolvida a tarefa mais difícil, a de fazer com que estes meios servissem aos objetivos de uma tonalidade [principal], tanto mais fácil deve ser então aproveitá-los para a modulação. Visto que sempre fui mais propenso a desenvolver o sentido formal do aluno, em vez de empanturrá-lo com conhecimentos não digeridos, gostaria, também agora que me ponho a recomendar-lhe o ato de modular através dos "meios rápidos", de não omitir a menção de algumas coisas que me parecem dignas de consideração. Considero que a riqueza harmônica não se origina através do caminhar em linha reta por muitas tonalidades, mas sim quando se escreve o mais possível com *riqueza de graus*. Neste sentido, um coral de Bach é harmonicamente mais rico do que a maioria das composições modernas. A um aluno que acreditava escrever "à moderna" – modulando, já no quarto compasso, de *Sol-Maior* para *Réb-Maior*, e, dois ou três compassos depois, para *Si-Maior*, porém conduzindo-se tanto em *Réb-Maior* quanto em *Si-Maior* com a mesma moderação que em *Sol-Maior*, onde ele dificilmente apresentava algo que não fosse tônica e dominante – chamei a atenção para o seu erro, retransportando tudo a *Sol-Maior*, desvendando-lhe, assim, a insignificância, monotonia e pobreza harmônica da melodia em sua verdadeira configuração. Quando lhe perguntei se considerava especialmente atrevido comportar-se em *Réb-Maior* e em *Si-Maior* de uma maneira tão filisteia como em *Sol-Maior*, ele compreendeu o sentido de minha observação.

A riqueza de graus [*Stufenreichtum*], portanto, será a característica mais essencial da arte harmônica. Com quais outros meios se trabalhe é coisa de

da questão, o entender de uma ou de outra forma pelo leitor praticante o levará a estradas substancialmente diversas. (N. T.)

menor importância. Mas algo é claro: quando se utilizar acordes errantes, especialmente para modulações, deverão estes se encontrar, para com os demais acontecimentos harmônicos, em uma precisa relação proporcional. Senão, dificilmente se poderia alcançar uma lisura formal. Eles terão que se ajustar à vizinhança; consequentemente, essa vizinhança deverá oferecer coisas semelhantes às que eles trazem. [Por exemplo,] A uma sucessão de tríades perfeitas dificilmente corresponderá a súbita reinterpretação de uma delas como algo que correspondesse à sexta napolitana; e tampouco seria satisfatório, por outro lado, concluir-se semelhante viragem por meio de uma elementar cadência IV-V-I. Na obra de arte, evidentemente, isto é algo completamente diverso, e espero que já se saiba que com isso critico não as obras de arte, mas as tarefas de aprendizado da harmonia. E oxalá se recorde o que eu penso da relação dos nossos exercícios manuais com a obra de arte: que eles dificilmente possuem algo em comum. Por isso que sempre caem, inclusive os meus exemplos, numa relativa rigidez: falta-lhes o princípio criador, que também presenteia formas ali onde somente se desejava a expressão; tais exemplos nascem, meramente, do aproveitamento de uma possibilidade, não de uma impreterível necessidade. Aqui, junto aos exercícios, o emprego das leis constitui o fundamento da crítica justificada; aqui se pode – diferentemente do que ocorreria junto à obra de arte – censurar por inconveniente um proceder como este de momento posto em questão, ou seja, chamando-se de imoral a utilização de recursos modulatórios "rápidos" que se estabeleçam como algo casual e esporádico; e há que ser dito: não se deve tirar proveito quando um complexo sonoro, introduzido como um acorde de sétima de dominante, for levado adiante como um acorde aumentado de terça-e-quarta. Isto é repugnante, pois resulta como se se caísse sobre um inimigo já tombado e com uma perna quebrada, ou continuasse disparando mortalmente contra alguém que já morreu. E a satisfação com a qual se termina semelhante viragem com uma cadência elementar nasce, por certo, da mesma falsidade que a desculpa de quem, tropeçando, gostaria de fazer crer que pretendeu em verdade saltar. Mesmo que se tenha realizado uma súbita viragem a remotas distâncias através de um meio rápido, dever-se-ia aproveitá-la somente como uma alusão, uma referência, uma aproximação à meta final. E uma longa cadência a seguir deveria, por assim dizer, buscar uma espécie de meio-termo entre o desfecho realizado e a meta pretendida; ou seja: restabelecer o equilíbrio. Visto que outrora exigi clareza no que diz respeito à meta, aqui então dever-se-ia com isto expressar que a composição se encontra "a caminho"[*im Gehen*], que ela procura uma meta insinuada.

Talvez aconteça ao aluno que, mesmo realizando o que aqui recomendo, o seu trabalho não será melhor do que se disto se abstivesse. Portanto, ele não tem de seguir-me aqui, uma vez que na maioria dos casos depende dele mesmo o polimento de seus artefatos. O aluno, ao experimentar por seu próprio raciocínio, decerto perverterá algumas coisas; experimentando, porém, penetrará onde realmente importa. Terá feito a si mesmo mais difícil o objetivo. Todavia, fracassar neste caminho é mais moral do que obter sucesso num caminho fácil. Porque o sucesso nada significa, ou significa, se muito, que as coisas se tornaram demasiado simples.

Sob estes pressupostos, quero agora pôr à disposição do aluno mais alguns esquemas de modulação.

Uma tonalidade maior pode transformar-se, através de recursos simples, em sua homônima menor, e vice-versa.

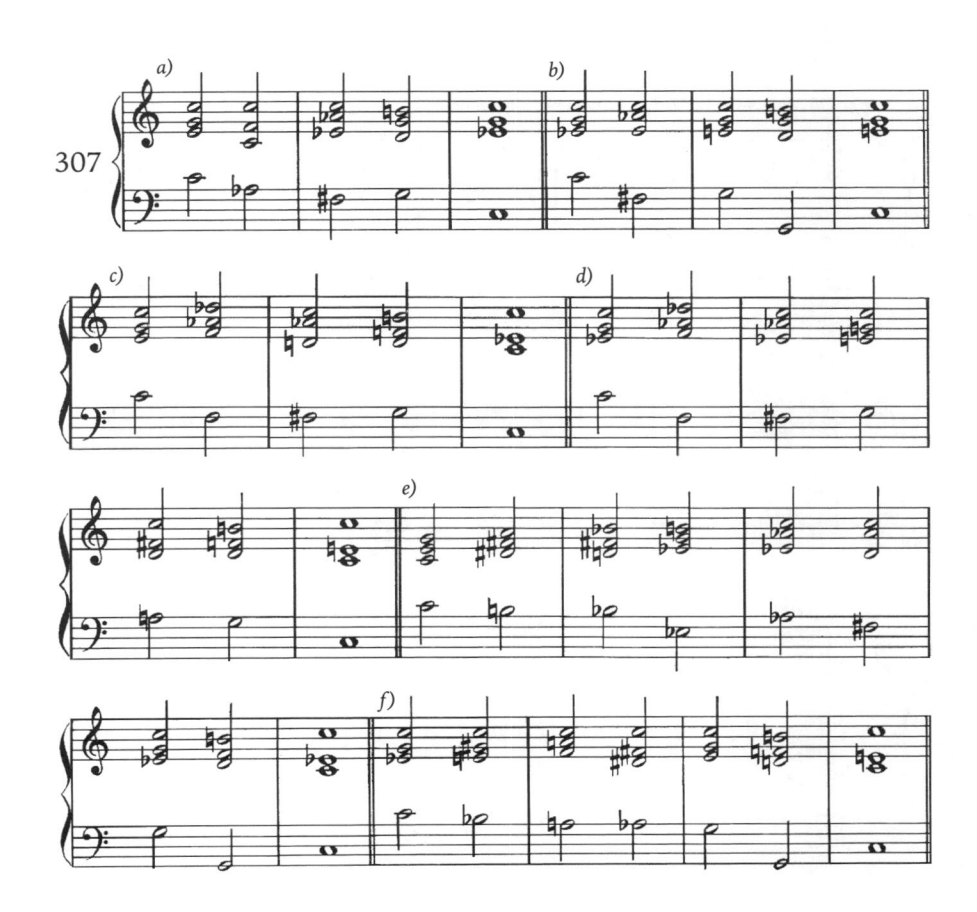

Naturalmente, existem muitos meios para esse fim. Usou-se aqui, sobretudo, a sexta napolitana e o acorde aumentado de quinta-e-sexta (de terça-e-quarta, de segunda).

Essa circunstância pode ser aproveitada para construir-se uma modulação que, devendo conduzir-se a uma tonalidade maior, seja primeiramente estabelecida na tonalidade menor homônima. Em seguida age-se de maneira a transformar o presente modo menor em maior. E, vice-versa, pretendendo-se ir ao modo menor, ir primeiro à tonalidade homônima maior, e daí transformá--la em menor.

*a)* *Dó-Maior – Si-Maior* (passando por *Si-menor*)

308

*b)* *Dó-Maior – Si-Maior* (passando por *Si-menor*)

*c)* *Dó-Maior – Si-menor – Si-Maior*

*d)* *Dó-Maior – Si-menor – Si-Maior*

Este procedimento certamente lembrará os métodos relativos ao terceiro e ao quarto círculos de quintas, os quais se baseiam em princípios similares. Mas pode-se ainda fazê-lo com outros recursos.

Eis uma outra maneira:

Indo-se em direção a um acorde errante – uma sexta napolitana, um acorde aumentado de quinta-e-sexta, uma tríade aumentada etc. – realiza-se o primeiro passo para a modulação.

*i)   Dó-Maior – Lá-Maior*

Isto pode ser expresso também de outra forma. A saber: qualquer tríade poderá ser compreendida como acorde de sexta napolitana, e qualquer acorde de sétima de dominante como acorde aumentado de quinta-e-sexta. Evidentemente, este não deve ser o único recurso para a modulação.

No exemplo 310 é representado algo que o aluno deveria praticar. Uma sequência de dois acordes (++) prossegue de diferentes maneiras. Nessa ocasião, é menos importante exercitar que o todo vá de encontro a uma determinada modulação do que experimentar a capacidade de viragem de semelhante acorde.

*a)   Dó-Maior – Fá sustenido-Maior*

310

*b)   Lá-menor – Fá-menor*

*c)   Mi-menor – Si bemol-menor*

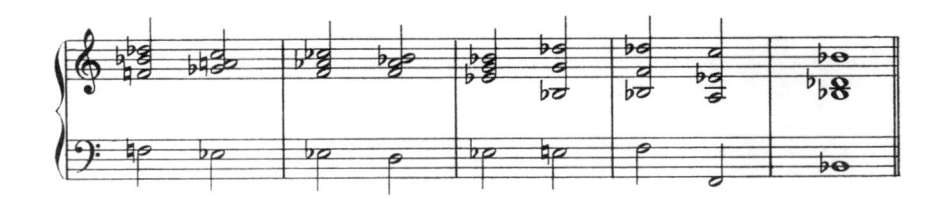

No exemplo 311 experimenta-se o mesmo com uma outra sequência de acordes (++).

O exemplo 312 mostra como é possível dirigir-se a uma tonalidade através de um grande rodeio. Nessa oportunidade, o essencial é sempre que a meta já esteja antecipadamente insinuada.

b) *Dó-Maior – Si-Maior*

c) *Dó-Maior – Lá bemol-Maior*

d) *Dó-Maior – Lá bemol-menor*

Eu próprio *não* acho que estes exemplos sejam muito bons. Isto reside, sobretudo, em que não há um motivo. Acrescentando-se um movimento mais rico, notas de adorno, passagens e retardos, eles tornam-se facilmente algo melhor, sobretudo se – como no exemplo 313 – algumas pequenas coisas isoladas vão, pouco a pouco, desenvolvendo-se francamente em motivo. Tenho, porém, também aqui, que repetir novamente: o aluno somente deverá realizar esta experiência quando for capaz de inventar tais notas mais rápidas ao mesmo tempo em que as demais.

Nestes últimos exemplos observei intencionalmente, na maioria das vezes, a ortografia conforme exigida pelas prescrições habituais. Com isso, quis demonstrar o quanto ela é em si pouco suficiente para explicar a origem, e o muito que, por outro lado, dificulta a legibilidade. Somente onde eu mesmo, absolutamente, já não sabia mais o que fazer, empreguei trocas enarmônicas. Ter-se-á que reverter em meu benefício o fato de haver tratado estas questões com semelhante leviandade, pois estou orgulhoso disso: de não haver consagrado um só instante a refletir seriamente a respeito da ortografia – que constitui a maior parte dos "acerca de" e "sobre" dos acadêmicos – senão que, de uma carência de pressupostos, passei de imediato ao conhecimento: à panorâmica compreensão de que aqui jaz um problema insolúvel, de cuja existência é culpada a insuficiência de nossa escrita musical.

## 6. Ainda alguns detalhes

Primeiramente, algo que se aproxima do demonstrado na quarta parte deste capítulo a respeito do acorde de sétima diminuta. Ali se mostrou a possibilidade de estabelecer qualquer melodia sobre *um* acorde de sétima diminuta. Aqui, pelo contrário, será mostrado como uma melodia pode ser colocada sobre qualquer acorde de sétima diminuta (respectivamente, sobre o acorde de nona que lhe corresponde). Esta é uma antiga questão, que no fundo já se apresenta de forma parecida nos clássicos.

O retardo do exemplo 314*a* e, do mesmo modo, a passagem "regressante"[6] (um ornamento) sobre um acorde de sétima diminuta são fenômenos já muito conhecidos. Tampouco é novo o *mi♭*, como retardo antes de um acorde de nona (exemplo 314*b*). Conforme este acorde de sétima diminuta venha a se referir a uma outra fundamental (exemplo 314*c*), a melodia terá uma outra significação (outra ortografia). Que ela possa, sem mais nem menos, colocar-se sobre três fundamentais (*dó, fá♯* e *mi♭*), tem por consequência que ela também se apresenta sobre a quarta fundamental (em obras clássicas), de modo que vem a ser possível o exemplo 314*d*. Isto, em um contexto que o relacione ao exemplo precedente, produz o exemplo 314*e*, no qual a melodia se estabelece sobre todos os quatro acordes de nona. Contudo, o mesmo pode ser mostrado também de uma figura tal como a do exemplo 314*f*, através da qual se torna possível o exemplo 314*g*. Isto conduz, então, ao exemplo 314*h*, e no exemplo 314*i* são resolvidos os respectivos acordes de nona com um salto de quarta ascendente. De ambas figurações pode-se organizar os exemplos 314*k* ou 314*l* e, em seguida, são mostradas as mesmas possibilidades, também dessa melodia (exemplo 314*m*). Evidentemente, é possível tratar da mesma maneira o exemplo 314*n*; do mesmo modo, podem--se seguramente experimentar coisas parecidas com outras figurações e sobre outros acordes errantes. No próximo capítulo, mostrarei uma destas

---

6 *"rückkehrende" Durchgang.*

possibilidades a partir da tríade aumentada. Talvez não se venha a ter muito interesse em justapor estas quatro viragens tal e como foram estabelecidas aqui. Todavia, uma vez que seria possível fazê-lo, tal pode ser empregado para algo melhor: para a variação harmônica, a qual possibilita a uma frase uma outra continuação.

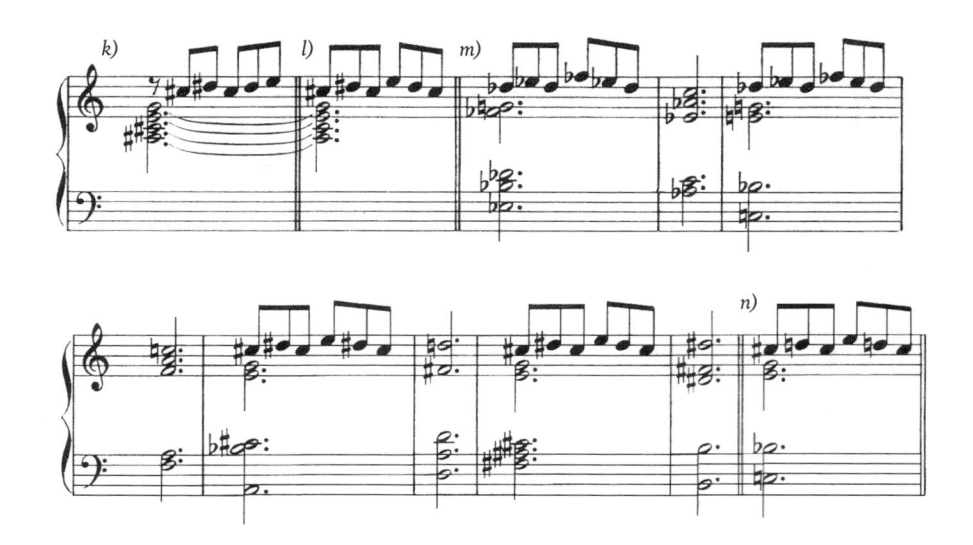

Outra coisa: um encadeamento que também não é raro, e o melhor é compreendê-lo como imitação do acorde de sétima diminuta, pode ser verificado no seguinte exemplo (exemplo 315*a*).

Este encadeamento lembra muito o exemplo 315*b*, e nos é conhecido segundo o exemplo 315*c*, na qualidade de uma das resoluções do acorde aumentado de quinta-e-sexta (terça-e-quarta). Apresenta-se, em seguida, também com a quinta rebaixada (*ré♭*, exemplo 315*d*), ou como uma espécie do acorde de nona (exemplo 315*e*). Ele nada tem de insólito, mesmo sob a forma do exemplo 315*f*. Esta viragem é muito adequada para auxiliar modulações. O primeiro acorde tem aqui, por assim dizer, caráter de dominante, não obstante o movimento descendente do baixo.

Do acorde de quarta-e-sexta, particularmente na cadência, há algo ainda a ser dito. Este, atualmente, já é tratado com bastante liberdade. Em geral, quando é empregado, costuma-se conservar seu caráter, introduzindo-o ou resolvendo-o, de maneira semelhante à da música antiga. Todavia, na maioria das vezes as suas características vêm a ser preservadas pelo fato de ele ser colocado em lugares destacados, de modo que desperte as costumeiras expectativas. Em Brahms, contudo, a sua saída já é tratada mais livremente. Não imagino aqui casos extremos à maneira daquele no terceiro compasso de *Sapphischen Ode* [*Ode Sáfica*], no qual o acorde de quarta-e-sexta manifesta-se como se a melodia do baixo (que já o havia apresentado antes, servindo-se dos sons do acorde) quisesse prosseguir; tampouco penso no caso presente no penúltimo compasso desse mesmo *lied*, onde, através da antecipação, resulta no baixo um acorde de quarta-e-sexta. Mas imagino algo parecido com o que se encontra em *Botschaft*, compassos 14 a 19, onde se salta livremente para longe.

Brahms entende aqui o acorde de quarta-e-sexta simplesmente como uma outra posição da tríade (não diferente de como se faz com o acorde de sexta), que pode, sem mais, passar para uma outra posição, à posição fundamental. A música mais nova, naturalmente, é ainda mais livre acerca disso e mostra aqui como o princípio mencionado no começo (ou seja: não é preciso preocupar-se tanto com as dissonâncias quando o ouvido já se encontra familiarizado com elas) é realmente confirmado pelo desenvolvimento da arte.

## 7. Sobre a tonalidade suspensa e a tonalidade flutuante[7]

Antes do encerramento deste capítulo, quero ainda cumprir algo que havia prometido a seu tempo: discorrer sobre a tonalidade suspensa e a tonalidade flutuante. Tal não pode ser bem demonstrado em forma de pequenas frases, por ser algo a que pertence uma ampla articulação. Quem deseje examiná-lo,

---

7 *Über Schwebende und Aufgehobene Tonalität.*

Arnold Schoenberg

encontrará muitos exemplos em Mahler e outros compositores. Por fim, mesmo o último movimento do quarteto em *Mi-menor* de Beethoven (op. 59, nº 2) já é um exemplo de tonalidade flutuante (e também os últimos movimentos do op. 127 e do op. 130; do mesmo modo, o final do quinteto com piano de Schumann). Começa numa espécie de *Dó-Maior*, mas em contínuo se propaga rumo a *Mi-menor*. E, porque *Dó-Maior* está algo distante, expande-se até uma quase "dominante-da-dominante semelhante a uma dominante"[8] (*Fá♯-menor, Lá♯-menor, Dó♯-menor*). Portanto, visto que existem modelos nos bons clássicos, não tenho por que me envergonhar de também apresentar coisas semelhantes. Dois casos muito expressivos de tonalidade flutuante em minhas próprias composições são: o *lied* com orquestra – op. 8, nº 5 – *Voll jener Süsse* [*Pleno daquela doçura*], que oscila principalmente entre *Ré♭-Maior* e *Si-Maior*, e no *lied Lockung* [*Sedução*] – op. 6, nº 7 –, que expressa um *Mi♭-Maior* sem que no decorrer da peça surja, uma vez que seja, a tríade de *Mi♭-Maior* de modo a poder ser considerada nitidamente como uma tônica. A única vez em que se estabelece possui no mínimo uma tendência à subdominante. Ambos os casos não são resultados do cálculo, mas da invenção! Logo, nada para ser imitado. Contudo, quem os examine saberá o que eu expresso aí sutilmente,[9] e descobrirá de quais riquezas de meios é preciso dispor para consegui-lo.

Quero tentar dizer algo mais sobre este assunto, de forma a expor o que realmente tem importância. Se a tonalidade deve flutuar, terá, em algum ponto, de estar firme. Porém, não tão firme que não possa movimentar-se com soltura. Para isto são adequadas duas tonalidades que possuam alguns acordes em comum; por exemplo, a sexta napolitana ou o acorde aumentado de quinta-e-sexta. Numa semelhante relação se encontram *Dó-Maior* e *Ré♭-Maior*, ou *Lá-menor* e *Si♭-Maior*. Se ainda se acrescentam as tonalidades menores paralelas, deixando-se *Dó-Maior* oscilar contra *Lá-menor*, e, do mesmo

---

8  *dominantenhaften Wechseldominante.*

9  Esse conselho de Schoenberg há de ser levado a sério. Seguindo a grande tradição alemã – já tão manifesta em Schubert – de ambientar musicalmente o texto literário com geniais procedimentos harmônicos (como de resto também através da rítmica, da dinâmica etc.), Schoenberg constituiu-se em um Mestre também neste campo. Sendo assim, o estudo de suas composições que envolvam o canto e, enfim, todas as outras, bem poderia constituir-se na continuação natural do Livro (por exemplo, a utilização da escala de tons inteiros nos seus belíssimos *Gurrelieder*, maravilhosa demonstração composicional da expansão da tonalidade), quando então se estudaria – agora não mais sob as restrições próprias de exercícios escolares, porém na plenitude da livre composição – as amplas possibilidades e a evolução do sistema harmônico ora exposto. (N. T.)

528

modo, *Ré♭-Maior* contra *Si♭-menor*, aparecerão novos relacionamentos: *Lá-menor* e *Ré♭-Maior*, *Dó-Maior* e *Si♭-menor*; a dominante de *Si♭-menor* será o acorde aumentado de quinta-e-sexta de *Lá-menor* etc. Naturalmente, sobretudo os acordes errantes desempenham aqui papéis importantes: acordes de sétima – diminutos e aumentados –, sexta napolitana, tríades aumentadas. Tentei, repetidamente, fabricar exemplos com este objetivo, mas não consigo realizá--los assim, "a seco". Creio que para o aluno será mais fácil. E, ainda que não, pelo menos ele não terá que dá-los como modelos!

Em Wagner encontram-se outras comprovações. O prelúdio de *Tristão*, por exemplo. Repare-se que o *Lá-menor*, ainda que percebido em cada viragem, em toda a peça dificilmente se fixa mesmo. Circunscreve-se continuamente, sempre evitado por meio de uma cadência interrompida.

Pelo que diz respeito à tonalidade suspensa, depende totalmente do tema. Este deve, através de suas viragens, fornecer o motivo para semelhante liberdade harmônica. Sob o aspecto harmônico tratar-se-á aqui, quase que de forma exclusiva, de acordes nitidamente errantes. Qualquer tríade maior ou menor poderia, ainda que de passagem, ser interpretada como se fosse em si mesma uma tonalidade. Uma semelhança, não demasiado distante, já se tem nos desenvolvimentos [*Durchführungen*] clássicos, onde por certo o momento isolado exprime necessariamente uma tonalidade, mas tão desprendida que pode perder-se a qualquer instante. Exemplos da literatura musical são facilmente encontrados nos compositores modernos. Mas também, em parte, já em Bruckner e Hugo Wolf.


## 8. A escala cromática como fundamento da tonalidade

Escrevo este capítulo após a conclusão do Livro, estimulado por algumas objeções e censuras levantadas pelo Dr. Robert Neumann (um jovem filósofo, cuja penetrante inteligência me faz extremamente curioso quanto aos seus próprios trabalhos). Ele critica duas coisas: primeiro, que não é expresso em lugar algum o princípio segundo o qual se erigem dominantes sobre os graus secundários, pelo que se poderia imaginar que as dominantes secundárias seriam introduzidas somente porque resultam dos modos eclesiásticos. E, em segundo lugar, que não estabeleci nenhuma relação de afinidade entre a tonalidade e certos acordes menores, mas que apenas a introduzi por alto, em uma representação esquemática (p.502). Acho a primeira objeção parcialmente injusta; a segunda me traz uma ideia.

Quanto à primeira objeção:

Não é incorreto que os princípios de minha exposição não sejam em parte alguma ditos de forma conjunta. A questão é se tal é absolutamente necessário, uma vez que são sempre aplicados, a cada vez, nos lugares correspondentes. Não obstante, gostaria de recapitulá-los aqui. Assim se reconhecerá o quanto é homogênea a minha exposição, ainda que não chegue a ser um sistema.

É fundamental a seguinte hipótese de origem psicológica: o desenvolvimento dos recursos artísticos harmônicos explica-se, sobretudo, pela imitação consciente ou inconsciente de um modelo, e pelo fato de que a imitação assim originada pode então tornar-se modelo e, por sua vez, vir a ser imitada.

Com base nesta hipótese, explicam-se: a escala como imitação horizontal do modelo fornecido pela natureza – o som – e os acordes como imitações verticais, todas mais ou menos fiéis ao modelo natural. A tríade maior, que é a imitação vertical fiel embora incompleta, produz, em associação com a escala, uma outra imitação mais distante, a tríade menor. Os demais acordes próprios da escala explicam-se como imitação da ideia 1-3-5 da tríade, regulada e limitada pelas exigências da escala. As dominantes secundárias são transposições da tríade fundamental (maior) sobre os graus secundários, influenciadas pelo modelo da escala, cujo sétimo som, como sensível, é a terça de uma tríade maior. Esta concepção – que também é resultado de outro princípio que percorre este livro, a saber: a constatação de que um som no baixo se esforça por conseguir impor os seus harmônicos superiores, tendo, portanto, a necessidade de transformar-se em fundamental de uma tríade maior – tem a vantagem de permitir o transporte (imitação) de todas as funções, demonstradas a partir da tríade fundamental, sobre as novas dominantes secundárias. Sobretudo da função mais importante, exposta como a necessidade mais poderosa de toda fundamental: o desejo de resolver-se em uma outra fundamental situada uma quinta abaixo. É necessário que se expresse isto desta maneira, porque também poderia surgir o erro de se supor que a dominante secundária existe somente por causa desta resolução, como mostra a ideia do Dr. Schenker quando fala de um "processo de tonicalização" [*Tonikalisierungsprozess*], enquanto, na verdade, tal dominante secundária pode também originar-se, nitidamente, tendo a si própria por objetivo, sem a finalidade de encaminhar-se a uma tônica secundária. Se se compreendeu o acorde de sétima diminuta como acorde de nona de um quinto grau, pôde-se transportar esta ideia também aos graus secundários, às dominantes secundárias. Mostrou-se o mesmo quando se explicaram as funções e variantes do II grau: a sexta napolitana, o acorde aumentado de quinta-e-sexta, de terça-e-quarta, de segunda, e demais acordes errantes [aí gerados] foram imitados sobre os graus secundários. O mesmo ocorreu com a tríade aumentada, tomada de empréstimo do modo menor e levada ao maior.

Depois vieram as relações com a subdominante menor. Interpretando-se, como faço, a tonalidade como uma possibilidade da fundamental, que, em sua verticalidade, coloca à disposição do ouvido analisador uma inacreditável quantidade de complexos sonoros aparentemente estranhos, mostra-se então a possibilidade de compreender tudo o que acontece em uma modulação ao terceiro e ao quarto círculos de quintas como algo que se une através da tonalidade: a imitação dos processos de uma modulação permite que também se introduza na tonalidade estes acontecimentos estranhos à escala. Talvez aqui eu poderia ainda ter dado um passo adiante se também houvesse recomendado a imitação daqueles enlaces partindo de todos os graus onde tais enlaces não se apresentam apenas através desta relação. Contudo, ainda assim não se chegaria a todas as tríades, do que se pode convencer-se facilmente. Não obstante, mostrarei mais tarde como isso se torna possível.

Não se pode falar dos princípios de minha exposição sem pensar em certas ideias conquistadas por caminhos polêmicos e empregados para objetivos polêmicos; ideias que, embora de natureza negativa – porquanto não sejam propriamente fundamentadas –, não são inferiores, quanto à fecundidade, aos princípios positivos: em si mesmas elas não constituem fundamento, mas limpam o terreno para que então se estabeleça um fundamento. São elas:

1. a comprovação de que o ensino da composição musical já faz o bastante em ser um ensino puramente artesanal, sem consideração a um sistema natural ou a uma estética;

2. o entendimento de que são meramente graduais as diferenças entre consonância e dissonância;

3. a comprovação de que as três pretensas leis de tratamento da dissonância – descer, subir ou permanecer ligado – já foram há muito tempo superadas pela realidade, praticamente muito antiga, de uma quarta lei, que diz: ou saltar;

4. a tese de que não existem sons estranhos à harmonia, mas estranhos tão somente ao sistema da harmonia.

Tudo isto reunido, ainda que não constitua uma representação esquemática fechada, resulta no que a arte tem já oferecido: a possibilidade de compreender os complexos sonoros (a muitas vozes) que jazem distantes como meios artísticos da harmonia. Tão longe eu cheguei. E sei que daí não posso ir adiante, segundo o tenho dito com suficiente frequência neste livro.

Agora, à segunda objeção.

É justa; de fato, não cheguei a mostrar nenhuma relação de afinidade para uma série de acordes menores. Para *Dó-Maior*, esses acordes menores são os erguidos sobre *ré♭*, *mi♭*, *fá♯(sol♭)*, *lá♭*, e *si*. De qualquer maneira, não creio que se possa demonstrar uma afinidade direta, imediata, destes acordes com *Dó- -Maior*. Porém, graças a esta objeção, veio-me a ideia de como se pode expor, de algumas maneiras, afinidades indiretas.

Em primeiro lugar, haveria que considerar-se aqui a possibilidade, mostrada quando da introdução das dominantes secundárias, de ocasionalmente substituir uma tríade *sol-si-ré* por uma tríade *sol-si♭-ré*, ou seja: substituir uma tríade maior por uma tríade menor. Visto que as tríades maiores sobre os sons *ré♭*, *mi♭* e *lá♭* introduziram-se através da relação com a subdominante menor, e que a tríade sobre *sol♭* já aconteceu como imitação da sexta napolitana sobre o V grau dos modos maior e menor, e que a tríade sobre *si* é uma dominante secundária sobre o VII grau (a propósito, também a tríade *si-ré-fá♯* poderia ser algo imitado de um II grau de *Lá-menor*), logo este seria um caminho para estabelecer tal afinidade. E, com efeito, encontro que no exemplo 290 (no local assinalado por NB) o acorde de sexta *mi* (respectivamente *fá♭*)-*lá♭-ré♭*, é uma passagem rumo à sexta napolitana.

Um segundo caminho seria aproveitar a função de subdominante menor do IV grau. Tenho contra isto uma objeção (mas não de muito peso). A saber, é que me incomoda o fato de que então a função estaria na segunda quinta, o que – visto que duas quintas que se encontram acima lutam contra ela – não soaria por isso de um modo muito obrigatório. Porém, dado tratar-se de afinidades distantes, este fato não tem grande importância. Ademais, esta relação não dá como resultado tudo o que falta, ainda que forneça alguma coisa; por exemplo, o acorde menor sobre *mi♭*, e o acorde maior sobre *sol♭*. Reunida, contudo, com o primeiro caminho mencionado, introduz ainda *ré♭*, *lá♭*, e *sol♭*, como acordes menores, e esta dupla relação *somente pode ser proveitosa* a tais afinidades mais longínquas da tonalidade.

Porém, uma terceira maneira, ainda mais plena de significação, seria a realização de uma ideia já mencionada neste livro: ter por base não a reflexão sobre os sete sons da escala maior, mas sobre os doze sons da escala cromática. Semelhante teoria poderia iniciar-se da seguinte maneira:

I. O material de todas as configurações produzidas através do enlace dos sons é uma série de doze sons. (O fato de que aqui existem 21 nomes de notas e que se representem a partir de *dó*, corresponde e se deve à nossa imperfeita escrita musical; uma notação mais perfeita conheceria apenas 12 nomes de notas e fixaria, para cada um deles, um signo independente.)

| dó | | ré | | mi | | fá | | sol | | lá | | si | |
|---|---|---|---|---|---|---|---|---|---|---|---|---|---|
| dó♭ | dó♯ | ré♭ | ré♯ | mi♭ | mi♯ | fá♭ | fá♯ | sol♭ | sol♯ | lá♭ | lá♯ | si♭ | si♯ |
| (dó♭) dó dó♯ | | (ré♭) ré ré♯ | | (mi♭) mi mi♯ | | (fá♭) fá fá♯ | | (sol♭) sol sol♯ | | (lá♭)lá lá♯ | | si♭ si(si♯) | |

II. A partir destes 12 sons podem ser formadas (numa sucessão histórica e pedagógica) diferentes escalas:

1. doze vezes sete modos eclesiásticos;

2. doze tonalidades maiores e doze menores;

3. certo número de tonalidades exóticas (e similares) nunca, ou apenas raramente, empregadas na música artística europeia; o melhor é incluir aqui também as duas escalas de tons inteiros, as quais podem, eventualmente, ser referidas às doze fundamentais;

4. doze tonalidades cromáticas;

5. um modo cromático.

III. Com o fim de obter-se uma unidade [*Geschlossenheit*] estilística e formal, põem-se claramente em relevo as particularidades resultantes dos pressupostos de qualquer escala [*Tonreihe*]: as leis da tonalidade.

IV. A tonalidade amplia-se:

a) através de recíprocas *imitações* e *cópias*, os modos [*Tonarten*] tornam-se semelhantes entre si;

b) o semelhante vale como *afim* [*verwandt*], e, sob determinadas circunstâncias, vem a ser tratado como idêntico (por exemplo, acordes sobre uma idêntica fundamental).

V. A redução das 84 tonalidades eclesiásticas às 24 tonalidades maiores e menores e o desenvolvimento da afinidade destas 24 tonalidades entre si, realiza-se:

1) Horizontalmente:

*a)* A afinidade, baseada em acordes de composição igual ou semelhante, divide as tonalidades eclesiásticas em umas do tipo maior e outras do tipo menor;

*b)* A imitação recíproca das cadências não só permite ao modo maior absorver tudo o que provém das tonalidades eclesiásticas do tipo eclesiástico maior, e ao modo menor tudo o que provém do tipo menor, como também possibilita que, mais à frente, os modos maior e menor se aproximem de tal forma que, a não ser no começo e no final, tornam-se semelhantes;

*c)* Das 7 vezes 84, ou seja, 588 tríades provenientes dos tons eclesiásticos [*Kirchentonarten*] – em parte diferentes e em parte apenas diferentemente relacionadas – uma grande parte, composta de sons idênticos, é relacionada a um número menor de tons, pelo que ficam 7 vezes 12, ou seja, 84 acordes referentes aos dois modos (maior e menor), os quais, porém, encontram-se todos em vários tons maiores e menores;

*d)* a afinidade entre os acordes mencionada em *a)*; e

*e)* a afinidade através de uma fundamental comum provocam uma aproximação dos tons distantes um, três e quatro passos no círculo de quintas;

*f)* através do número mais exíguo de fronteiras e da caracterização simplificada dos modos [tons? *Tonarten*];[10] através da ambiguidade

---

10 Peço escusas ao leitor por voltar em nota, mais uma vez, a essa questão que se nos tem apresentado desde o início do Livro – aparentemente simples – e que, em vez de resolver-se com o correr do texto, muito pelo contrário mais tem acentuado a nossa dúvida sobre qual seja um entendimento correto da intenção do autor. A saber: *Tonarten* significa tanto *modos* quanto *tons*. No presente contexto, se o entendermos como "caracterização simplificada dos *modos*", isso traz a ideia de que tal simplificação seria então o "modo único", ou seja, o modo cromático. Se entendermos como "caracterização simplificada dos *tons*", isso poderia trazer, por exemplo, a ideia de uma forma simplificada de "fixação dos tons" através de tal ou qual processo cadencial.

Porém, e algo talvez muito mais grave, é o que, aproximando-nos do final do Livro, nos aparece como efetiva e definitivamente inadequado: traduzir *Tonart* por Tonalidade. Rever, a estas alturas, toda a tradução por esse prisma que agora se nos afigura de forma tão decisiva, não é mais possível por motivos os mais diversos, e, acima de tudo: não sei se é mesmo essencial que tal seja feito, pois, ao contrário de um suposto efeito corretivo, isso certamente desconcertaria períodos que foram filigranamente lapidados quanto à compreensão, e traria

renitente dos acordes e partes da escala; e através das tríades diminutas originadas da constrição escalar e correspondentes acordes de sétima (cópia livre da tríade dada naturalmente) e sua imitação sobre outros graus, os tons distantes tornam-se assim mais próximos (dois, cinco e seis passos no círculo de quintas).

2) Verticalmente:

O procedimento vertical alivia o horizontal por meio da utilização de sonoridades a quatro vozes e a cinco vozes. Um acorde de sétima, visto trazer quatro sons da escala, contribui com um terço a mais para a caracterização tonal, e um acorde de nona vale, nesse sentido, dois terços mais do que uma tríade.[11]

---

ambiguidades (fiz experiências nesse sentido) que induziriam a erros piores do que a *limitação do alcance* de um termo supostamente inadequado (inadequado quanto ao alcance, não quanto à substância!). Seja como for, e permita-se-nos aqui o desabafo, após tantas páginas estamos convencidos de que somente a palavra *Tonalität* (que aparece muito mais raramente do que *Tonart*) poderia sempre ser traduzida por *Tonalidade*. Isso pode parecer algo banal, a nós também parecia, mas (infelizmente) não é. Pois eis a fonte original, descoberta enfim: há tons *dentro* da tonalidade (ideia essencialmente diferente de como por aqui compreendemos essa questão). Tom e tonalidade *não* são sinônimos. Idas a não importa qual círculo de quintas, viragens, desvios etc. etc., são processos que as travessias(!!) [*Durchführungen*] realizam *por meio dos tons* para a *configuração* da Tonalidade. Schoenberg, direta ou indiretamente, já deixou isso de alguma maneira bastante claro.

Portanto, o que existe é, então, uma *única* Tonalidade, de possibilidade de expansão infinita, não importando por quantos tons se amplie. Logo, assim como há "uma tônica de uma escala", existe "um tom da tonalidade", ou seja, um centro tonal arbitrário, afirmado e fixado por este ou aquele processo, mas que poderia ser qualquer outro dentre todos os possíveis. O praticante entender dessa ou daquela forma determinará essencialmente o rumo de seus estudos. Eis, reiterando o nosso entender, a conclusão inevitável: há, sempre e em qualquer circunstância, *uma única tonalidade*, eternamente suspensa e flutuante, passível de infinitas possibilidades, da qual ocasionalmente se retiram partes mais ou menos amplas (conforme se esteja mais ou menos avançado na compreensão da matéria) para as quais se estabelece ocasionalmente um centro o qual dá o "nome tonal" a esse processo restritivo. Assim, o estudo do sistema tonal é "o estudo dos procedimentos pelos quais se caminha dentro do universo da Tonalidade". Não se "cria" a tonalidade, que sob este pensamento é então onipresente, mas *se aventura por ela* (e isso é, nada mais nada menos, do que a substância que fundamenta a ideia de *Durchführung; e aqui emerge, novamente, a compreensão, entre nós tão equivocada, da Forma Sonata*). (N. T.)

11 A *polifonicalidade* [*Mehrstimmigkeit*] do acorde e a polifonia propriamente dita servem, bem entendido, não a fazer moderna uma peça desinteressante, mas para acelerar o tempo (velocidade) da exposição. A arte da linguagem esforça-se por expressar os pensamentos de forma clara e abrangente com o número mais reduzido de palavras escolhidas, ponderadas e comedidas quanto ao peso de seu conteúdo. Encontra-se na música, ao lado do peso de conteúdo de suas mínimas partes integrantes (som, sucessão de sons, motivo, configuração, frase etc.)

VI. A transição [*Übergang*] dos 12 tons, maiores e menores, aos 12 tons cromáticos. Esta transição consuma-se com a música de Wagner, cuja significação harmônica de maneira alguma se encontra já estabelecida teoricamente.

VII. A escala cromática politonal [*Die polytonale chromatische Tonleiter*].

Até o ponto V, inclusive, esta representação corresponde à marcha de meu livro. Não vou mais adiante por algumas razões já ditas em diversas passagens. Gostaria aqui de ainda acrescentar uma outra. Creio que não se possa, atualmente, esperar maior desenvolvimento da teoria harmônica. A música moderna, que emprega acordes de seis e mais vozes, parece encontrar-se em um estágio correspondente à primeira época da música polifônica. Logo, antes se poderia chegar a um juízo sobre a composição dos acordes através de um processo semelhante ao que era o do baixo cifrado, do que chegar à clareza de suas funções por meio do método de referência aos graus da escala. Pois, ao que parece – e provavelmente o será cada vez mais claro –, estamos nos dirigindo a uma espécie de nova época do estilo polifônico e, como nas épocas de outrora, os complexos sonoros serão um produto da condução das vozes: a justificação tão somente através da melódica!

---

um recurso a mais de economia: a possibilidade de sonoridades simultâneas. Talvez por isso a música diga a todos mais do que as outras artes. Contudo, seja como for, assim vistas as coisas, o valor das realizações de nossa música atual torna-se evidente, e independente de gostos de época. O método pode alterar-se; a meta permanece.

# A escala de tons inteiros e os
# respectivos acordes de cinco e seis vozes

Há aproximadamente dez anos ocorre, cada vez mais frequente, em obras de compositores modernos, uma escala constituída por seis sons que têm igual distância entre si: a escala de tons inteiros [*Ganztonskala*].

Diz-se que os modernos russos ou os franceses (Debussy e outros) a empregaram pela primeira vez. Não o sei exatamente, mas parece que foi Liszt o primeiro. Escutei, este ano (1910), a *Don Juan-Phantasie*, a qual me era até então desconhecida; ali ouvi, para minha grande surpresa, a escala de tons inteiros. Todavia, de uma coisa estou certo: eu não conhecia nem os russos, nem Debussy e nem essa composição de Liszt quando a escrevi pela primeira vez; e já muito antes a minha música demonstrava aqueles elementos iniciais que, necessariamente, deviam conduzir a esta dita escala. Alguns pensam que a escala de tons inteiros origina-se sob a influência do exótico. Dizem que tal é a música de povos exóticos, nos quais se encontra esta e também outras escalas semelhantes. No que diz respeito a mim, nunca tive conhecimento dessa música exótica. Minha ligação com esses povos poderia ter sido, se muito, telepática, pois não fiz uso algum de outras possibilidades de comunicação com outras culturas. E também não creio que os russos ou os franceses tenham-se aproveitado de sua relação com os japoneses, talvez mais próxima pela via marítima, para importar, com isenção alfandegária, este produto em bruto. Ao contrário, acredito que a escala de tons inteiros originou-se completamente por si mesma nas cabeças de todos os músicos de nosso tempo, como natural consequência dos últimos acontecimentos da música.

Existia em Viena um velho professor de composição que era utilizado para as provas de certificado de habilitação pedagógica. Dizem que, a cada ano, ele apresentava aos candidatos a seguinte pergunta: "O que sabes dizer acerca da tríade aumentada?". O diplomando, se quisesse sair intacto dessa tentação, tinha que responder: "A tríade aumentada é utilizada com predileção pela nova música alemã".

Embora, para o velho professor, este fosse um fato horrível, a observação era correta. A nova música alemã gostava realmente de utilizar a tríade aumentada, e de maneira abundante. E isto havia acontecido do seguinte modo: o motivo das Valquírias e algumas outras viragens em Wagner eram o ponto de partida, ajudado a seguir por alguns acordes alterados de sétima e de nona; e assim pode-se, acho eu, mostrar onde a escala de tons inteiros tem a sua origem, a partir de um caminho muito menos complicado do que aquele de afinidades espirituais internacionais. Pode-se constatar, nas obras dos compositores modernos e também nas minhas, dois precursores do emprego consciente da escala de tons inteiros.

Um deles: sobre uma tríade aumentada, a melodia caminha de um som do acorde a outro, utilizando uma nota de passagem que, dividindo a terça maior em duas partes iguais, resulta em dois passos de tons inteiros. Naturalmente, isto pode acontecer (exemplo 318*a, b, c*) a partir de qualquer som, dando origem (exemplo 318*d*) à escala de tons inteiros.

318

Obtém-se o mesmo resultado com notas de passagem sobre um acorde de sétima de dominante com quinta aumentada (exemplo 319*a, b*) ou com quinta omitida (exemplo 319*c*).

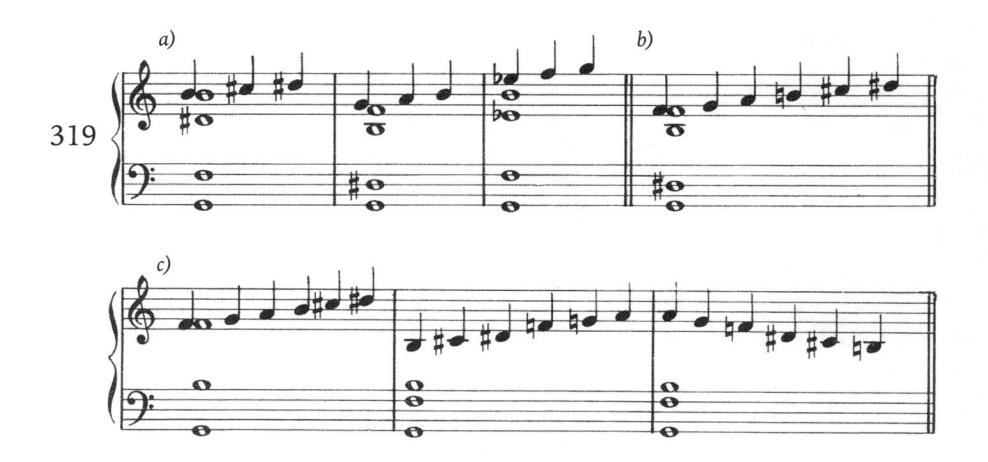

Ambas as derivações são muito parecidas entre si, pois, no fundo, o acorde alterado de sétima não é outra coisa do que uma tríade aumentada com o acréscimo de uma sétima, e a quinta omitida, por sua vez, é idêntica à quinta aumentada.

Do mesmo modo, o exemplo 320*a* é somente um desenvolvimento do acorde aumentado de sétima em um acorde de nona. Este acorde contém cinco dos seis sons da escala de tons inteiros; é fácil compreender que em sucessão, na melodia, pode-se ousar o mesmo que [o ousado] simultaneamente: por exemplo, em 320*b*, onde somente falta o *dó*♯ para completar a escala de tons inteiros.

No exemplo 321, porém, aparece um acorde que contém todos os seis sons da escala de tons inteiros.

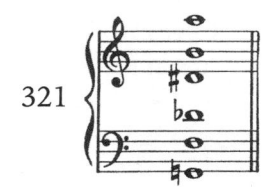

A sua resolução é esta:

E esta a sua origem:

Com a alteração simultânea, ascendente e descendente, da quinta no acorde de nona, desenvolvem-se dois sons que, com os quatro anteriores, somam seis.

Esta derivação atende à maneira de combinar do nosso ouvido: encadeia análogos, coloca em estreita justaposição ocorrências grandemente distanciadas e superpõe acontecimentos sucessivos. Os 3 vezes 3 sons do exemplo 318*a, b, c*, uma vez apresentados, aproximam-se então rapidamente, um junto ao outro (exemplo 318*d*) e finalmente soam simultaneamente (exemplo 321). Tal concentração, por difícil que a princípio seja para a capacidade de compreensão, facilita a brevidade da exposição.

Indubitavelmente, todo compositor moderno já se encontra em condições de dispor, sobre uma tríade aumentada ou sobre um acorde de sétima com quinta aumentada, três notas escalares secundárias ou, melhor dizendo, de sobrepor um ao outro dois motivos, ou partes de motivo (um caso frequente na época dos trabalhos leitmotívicos), um dos quais se encontra sobre a tríade aumentada enquanto o outro forma um fragmento de escala de três a seis sons; e assim se explica que nem Strauss, nem Debussy, nem Pfitzner, e nem mesmo eu ou qualquer outro compositor moderno haja sido o primeiro "de quem os outros copiaram", senão que cada um encontrou tal processo por si próprio, independente dos demais. Eu, por exemplo, utilizei os acordes de tons inteiros em meu poema sinfônico *Pelleas und Melisande*, de 1902, aproximadamente na mesma época em que Debussy compôs a sua ópera *Pelléas et Melisande* (na qual, pelo que ouvi, usou, também pela primeira vez, os acordes de tons inteiros e a escala de tons inteiros); em todo caso, o fiz três ou quatro anos antes de conhecer a sua música, e da seguinte maneira:

Dos acordes originados através do deslocar-se de tríades aumentadas em movimento contrário, um será sempre uma tríade aumentada e o outro (exemplo 324, assinalado com *) um acorde de tons inteiros. Todavia, já nos meus *Gurrelieder* [1900] e no Sexteto [1899] apresentam-se passagens que apontam à escala de tons inteiros (no sexteto acontece numa voz interior, conforme apenas recentemente alguém me fez observar), e na obra seguinte a escrevi já como escala de tons inteiros sem que, entrementes, tivesse conhecido outras coisas.

Debussy utiliza esse acorde e essa escala (assim como Strauss em *Salomé*) mais no sentido de um meio expressivo impressionista, mais ou menos como um timbre; enquanto eu, tendo-a feito aparecer pelo caminho melódico-harmônico, considerei os acordes mais como uma possibilidade de encadeamento com outros acordes, e a escala mais como uma influência própria da melodia. Nunca superestimei os acordes de tons inteiros e a escala de tons inteiros. Embora parecesse sedutora a circunstância de que através de duas escalas deste tipo (podem se dar apenas duas, pois a terceira já seria uma repetição da primeira) poder-se-ia substituir as doze escalas maiores e as doze menores de maneira semelhante como, outrora, aconteceu com as 84 tonalidades eclesiásticas, suspeitei de imediato que a utilização exclusiva desta escala levaria a um efeminar [*Verweichlichung*] da expressão, onde então cessaria toda característica diferencial.[1]

---

1 Não me passa despercebido que, com tal juízo, eu talvez diga algo tão disparatado como aquele nosso professor vienense, que achava o *Tristão* tedioso porque ocorriam demasiados acordes de sétima diminuta. Contudo, visto que assim o creio, sinto que a injustiça em não dizê-lo seria maior do que a vantagem que me traria um prudente silêncio. Pois existe aí uma pequena diferença: não disse isso de obras prontas, mas daquelas não escritas. E ainda

325

Seria muito sedutor, conforme dito, que então existissem somente três escalas: as duas de tons inteiros e a escala cromática. Porém, no momento mesmo em que esta ideia teve a chance de quebrar suas algemas à evolução, foi também superada. A noção de que comprometer-se a tais escalas seria superficial e contrário à natureza, necessariamente a liquidou. Para aquele que considera a tonalidade [*Tonalität*] uma exigência indispensável do efeito artístico musical, tais escalas liquidam-se por si mesmas. Ao menos deveria ser assim; pois se as possibilidades harmônicas demonstradas aqui são usadas em obras modernas – não como meros casos isolados, mas quase que de forma exclusiva – então a referência a uma fundamental tem que ser caracterizada quase como uma assimetria perturbadora. E se a tonalidade, em outros casos, é um artifício conveniente a que se obtenha um efeito adequado, poderia aqui, facilmente, vir a simular um resultado absolutamente inadequado. Acredito que não se deve cortejar a liberdade enquanto ainda se esteja preso à servidão.[2] Querem que ocorram acordes errantes, relações com todos os tons [*Tonarten*], escalas de tons inteiros e tudo o mais que é apreciado de momento; deseja-se que sejam rompidas as cadeias da tonalidade, reprimidos os seus elementos de consolidação, apoiados os que a desagregam e, não obstante, querem que a tonalidade venha à tona, no final ou ocasionalmente em qualquer lugar, e faça crer que seja ela a senhora de tudo o que se passou! Aí ocorreu, novamente, que "alguém fez um prisioneiro que não o abandona". Não desejaria sentar--me no trono de onde parte o brilho soberano da tonalidade. Não; acredito, realmente, que assim não pode ser. Querendo obter a tonalidade, é preciso esforçar-se por ela com todos os meios oportunos; nas modulações hão que

---

outra coisa: o *Tristão* era maçante ao velho professor não por causa dos acordes de sétima diminuta, mas porque ele absolutamente não o compreendeu. Quando não se entende alguma coisa, eleva-se a autoestima, tornando-se uma supervalorização de si mesmo, atribuindo a causa, que somente reside no sujeito, ao objeto. E existe ainda outra diferença: no *Tristão* não acontecem tantos acordes de sétima diminuta, e eu me defendo contra o uso *exclusivo* de uma escala, contra algo que já vi nos trabalhos de alunos, algo de que posso afirmar com certeza que é mau. Nos mestres, até agora ainda não o encontrei. Caso se apresente, retirarei este juízo.

2 *Ich glaube, es geht nicht: mit der Freiheit liebäugeln, während man an die Unfreiheit noch gebunden ist.*

ser respeitadas certas proporções, conforme os clássicos de fato o fizeram; e devem ser omitidos elementos os quais não se possa vincular, empregando somente os que se incluam docilmente.[3] Portanto: quem acredite na tonalidade, quem creia nas suas escalas, para este devem ser excluídas de antemão tais novas escalas. Porém, que outro objetivo teria a apresentação de uma escala senão o de estabelecer uma tonalidade, uma tonalidade específica? Atender a um objetivo melódico? Se se precisa, para fins melódicos, de uma legitimação por meio de uma escala especial, não é suficiente, a este fim, a escala cromática? E quanto aos acordes, qual serviço ela poderia prestar aqui, uma vez que quando estas escalas foram estabelecidas os acordes existiam há tempos?! A escala, portanto, não só não expressaria a origem dos acordes, como até excluiria vários deles. Diversas coisas não poderiam ser feitas sem que se desviasse da escala. As escalas dos antigos, pelo contrário, assim como os nossos modos maior e menor, *pelo menos se correspondiam com a média dos acontecimentos de uma peça musical.* Somente pode ter ânsias de acomodar a média dos acontecimentos criativos à servidão de novas escalas aquele que gostaria de apresentar-se um mestre da limitação, pela insuficiência em tornar-se o senhor da liberdade.

E dessa maneira também se liquidam para mim aqueles ensaios, aparentemente muito engenhosos, de Busoni e Georg Capellen. Ainda não conheço o livro deste último, mas é certo que o lerei.[4] As bonitas melodias que publicou

---

3 Isso que aqui se diz, acha-se somente na aparência em contradição com o que falei antes acerca da tonalidade: que depende de um autor o ser ou não alcançada. Pois considero possível que *se possa* alcançá-la. Apenas coloco em dúvida se *é preciso*, ou mesmo se é recomendável, que ela seja almejada. Com este fim, chamei a atenção às possibilidades formais da tonalidade suspensa e da tonalidade flutuante, as quais certamente permitem a hipótese de um centro atuante, mas também demonstram que não é necessário ajudar exteriormente esse centro a ter um poder que ele possui, se muito, dentro de si.

4 Exatamente agora (1911) quando me ocupo com a correção de provas, estou folheando o seu livro *Um novo e exótico estilo musical*, e percebo que ele, apoiando-se em uma citação de Riemann, luta contra o dogma da independência das vozes, contra a proibição dos movimentos paralelos. A seguir, cita o Prof. Stumpf, o qual diz que é imaginável e verossímil "que, pouco a pouco, também as relações 4:7, 7:8, 5:7 e similares erigir-se-ão em consonâncias". Em tais momentos, lamento saber tão pouco. Tenho que adivinhar tudo isto. Ah, se eu suspeitasse que um erudito com a reputação de um Stumpf defendia opiniões idênticas às minhas! Faltam-me todas estas fontes; e apenas em uma só eu posso basear-me: pensar. Assim se progride mais lentamente! Mas, não obstante, progride-se. E eu tinha razão quando, instintivamente, defendia-me da "volta à natureza" e me admirava que um Debussy esperasse encontrar a natureza atrás dos caminhos da arte, em sendas já percorridas; nesse Hinterland, [Hinterland: interior de um país; zona afastada da costa marítima. (N. T.)] que se torna um lugar afastado da arte pelo fato de ser ponto de encontro dos atrasados e dos Marodeure; [Marodeure: os

em agosto de 1910, na revista *Musik*, me agradam. São expressivas, interessantes e calidamente sentidas. Porém, não por isso eu acredito que para se chegar a semelhantes viragens melódicas, e ainda a outras, tenha-se que estabelecer escalas especiais e pré-construir o que deveria ser inventado, pois sei com toda a certeza que é de outra maneira que as coisas caminham e porque acredito firmemente que assim não se deve compor. Inventar, não calcular. Imaginar é permitido; o que não se pode é perceber mesmo o como se pensa. Pode-se criar livremente no ambiente tonal, se a sensibilidade para o tonal existe no inconsciente. Não entendo como uma pessoa que, apesar de uma coação, é capaz de inventar melodias tão lindas, não prefira abandonar-se à sua própria força – que a coação não pode paralisar totalmente – em vez de ser partidário de teorias que não crescem do mesmo lado onde surge o ato criador.

E Busoni, este nobre e corajoso artista: muito o aprecio e respeito. Mas ele poderia poupar-se do flagelo de calcular centenas de escalas. Somente a muito custo eu consegui decorar os nomes dos sete tons eclesiásticos; e eram "apenas os nomes"! Não poderia recordar-me nem de cinco de seus tons. E como poderia compor fazendo uso deles, se não os tenho diante de mim? Haveria que fazer como Weingartner, que os tem sob os olhos, copiados? Não, como Weingartner eu não poderia compor absolutamente nada![5]

---

que saqueiam os mortos dos campos de batalha; retardatários de uma tropa, que pilham os vencidos. (N. T.)] que um Debussy não sentisse que quem deseja a natureza não há de caminhar para trás, mas *para diante*: rumo à natureza! Se eu tivesse um lema, talvez pudesse ser esse. Penso, todavia, que existe algo ainda mais alto do que a natureza.

5 *"Haveria que fazer como Weingartner, que os tem sob os olhos, copiados? Não, como Weingartner eu não poderia compor absolutamente nada!"*
Esse período, assim como tantos outros que oferecemos nesta edição em português, também não consta (?!) na atual edição original. Ainda não sei, mas vou procurar saber, o motivo da exclusão de tantos períodos que antes constavam no texto em alemão. É compreensível que a atual edição, a terceira, de 1922, dada por Schoenberg como definitiva, não traga a apaixonada dedicatória a Mahler, recém-falecido, que a primeira edição, a de 1911, continha. O próprio Schoenberg diz, no início do presente texto, por que isso não era mais necessário. Porém, qual o critério para, de lá para cá, serem excluídos tantos trechos à revelia do autor? Por considerá-los desnecessários? Isso apenas o autor teria autoridade para decidir! (O que talvez efetivamente ele haja feito, visto que faleceu em 1951 e bem poderia entrementes – por haver melhor pensado e assim considerar devido – ter entrado em contato com a editora [Universal A. G., de Viena] e solicitado que fossem excluídas tais ou quais passagens. Porém, traduções para outros idiomas, as quais necessariamente têm que ser autorizadas por Viena, que surgiram décadas *após* a morte de Schoenberg, trazem os tais trechos inexistentes no original atual. A questão permanece.)
Enfim, o Weingartner acima citado trata-se de Félix Weingartner, célebre regente de orquestra, o qual realizou incursões (malsucedidas) pela arte da composição. (N. T.)

O que eu disse antes sobre a tonalidade não vai tão longe que possa ser interpretado como uma crítica a uma obra de mestre. Nos trabalhos de Mahler e Strauss, por exemplo, encontro a tonalidade ainda completamente homogênea com a sua temática. Por isso me é importante dizer aqui que tenho por imortal a obra de Mahler e a coloco ao lado das dos maiores compositores. Contudo, à parte isso, uma reflexão teórica como esta que aqui se explica não provocaria em mim a dúvida acerca do vigoroso efeito que sinto em suas obras. E mostrei, em diversas passagens deste livro, que o artista tem ainda algo mais a dizer, diferente, além de sua técnica; e a mim ele diz, antes de tudo, este algo. Sempre compreendi apenas dessa forma, e somente mais tarde vim a analisar. Eu quis que minhas discussões desmentissem a crença na necessidade da tonalidade, mas não a crença na eficácia de uma obra de arte cujo autor acredite na tonalidade. Realizando aquilo em que acredita teoricamente, um autor é capaz de expressá-lo exteriormente em sua obra. Mas, por sorte, apenas exteriormente. Interiormente, todavia, ali onde o homem instintivo principia, ali, por sorte, fracassa toda a teoria, e ali ele diz algo melhor do que a sua teoria e a minha. E se a frase de Goethe "na limitação mostra-se o mestre" tem mesmo um sentido, seguramente não é aquele que os filisteus da arte sempre querem entender; e caso Goethe mesmo tivesse lhe dado esse sentido, não lhe caberia de maneira alguma: a ele, que era demasiado e excessivamente grande para a estreiteza deste aforismo desencontrado. E se tal frase possui mesmo um sentido, então somente pode ser o seguinte: "Na limitação – que a estreiteza de nossa capacidade de imaginação e de entendimento gostaria de impor à nossa verdadeira vida espiritual e instintiva – mostra-se o mestre, porquanto ele rompe barreiras e é livre até mesmo onde se acreditava submetido, porque uma coação exterior fez com que ele assim o desejasse, a fim de que se mantivesse artificialmente em equilíbrio". Portanto, minha crítica não atinge, mesmo que o desejasse, ao mestre que anseia a tonalidade, mas somente à sua crença, à superstição que superestima sua importância e sua necessidade teórica.

A escala de tons inteiros é um recurso artístico de esplêndido efeito colorista. Sem dúvida, Debussy encontra-se plenamente no direito de servir-se dos acordes de sons inteiros neste sentido, pois a sua obra é eficaz e bela. Contudo, eu não gostaria de abster-me de também demonstrar as possibilidades harmônico-construtivas dessas harmonias. Vistos como acordes errantes, os acordes de tons inteiros possuem no mínimo as mesmas possibilidades de encadeamentos que a tríade aumentada. Conforme a que se refiram, serão utilizados para modulações e para desvios [*Ausweichungen*].

Qualquer som pode ser fundamental de uma dominante; logo, dão-se seis resoluções em tríades maiores.

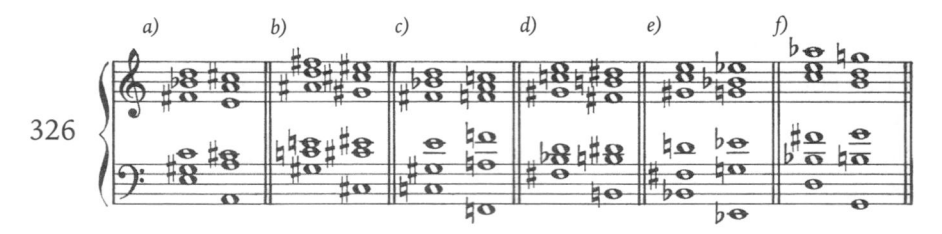

Obviamente, em qualquer outra forma de resolução mostrada, tais acordes resultarão sempre em seis transposições (uma sobre cada um dos seis sons do acorde). Portanto, dar-se-á a resolução também seis vezes em um acorde de sétima de dominante (exemplo 327*a*), em um acorde secundário de sétima (327*b*), em um acorde de sétima diminuta (327*c*), em duas tríades aumentadas (327*d, e*), em um acorde de sétima com alteração descendente da quinta (327*f*), em um acorde de nona menor com alteração descendente da quinta (327*g*), em um acorde de nona maior (327*h*), em um acorde de nona menor (327*i*), e, finalmente, no outro acorde de tons inteiros (327*k*).

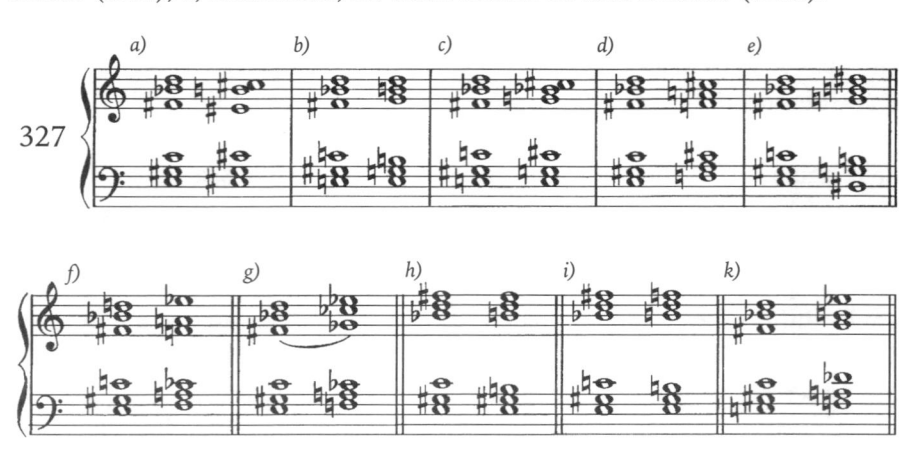

São já, pois, mais de 60 resoluções, embora aqui houvéssemos insistido em, preferentemente, avançar cromaticamente ou em deixar o som mantido. Resoluções, portanto, inteiramente no sentido de um tratamento rígido da dissonância. Podem-se seguramente encontrar, pelo mesmo caminho, muitas outras ainda. Substituindo-se a resolução rígida pela livre, como já fizemos diversas vezes, o número de possibilidades haverá de ampliar-se consideravelmente.

Abstenho-me aqui de fornecer exemplos em forma de frases; por uma razão já expressa, dificilmente poderiam resultar bons. A utilização de semelhantes acordes dificilmente seria possível sem que também as vozes melódicas mostrassem uma influência desta harmônica. Tais melodias, porém, se se as quer *inventar*, não poderão renunciar a ser algo mais, sob todo ponto de vista, do que basta para a fabricação de um exercício escolar. Teriam de ser, precisamente, melodias com força motívica, com expressão, ritmo e coisas similares. Não acredito que isto possa ser alcançado pelo árido caminho dos exercícios escolares. É claro que o aluno pode tentá-lo. Prefiro não realizá-lo para não colaborar desnecessariamente – num caso em que eu não tenha que fazê-lo – com certos exemplos horríveis como de hábito se encontram em livros para o ensino de harmonia. O aluno, examinando a música moderna, encontrará o que necessita. Compreendendo o exemplo vivo, ele terá estímulos à sua utilização; o restante encontrar-se-á por si mesmo, ou nunca será encontrado.

Falei, muitas vezes, que certas coisas deveriam ser permitidas mais à frente. Aqui seria o lugar. Mas não posso dar esta permissão sem que recomende ao aluno que não faça uso dela. Pronuncio-me, no último capítulo, minuciosamente, sobre as razões que me levam a decidir por esta atitude. Não é tanto por considerações pedagógicas – embora por elas também –, porém, muito mais, por escrúpulos artísticos. O aluno deve esperar até que conheça as suas aptidões!

# Acordes por quartas

Mostrei que o sistema de construção por terças tem uma fratura e desmascarei o ajuntamento dos acordes não classificáveis sob o título "sons estranhos à harmonia" como uma tentativa mal dissimulada de tapar o buraco no sistema através de um monte imponente de restos de materiais indiscriminados; um monte tão grande que nem o buraco em questão nem o próprio sistema são grandes o bastante para admiti-lo. Se estamos falando aqui de acordes por quartas, de maneira alguma isto significa uma proposta de substituir o antigo sistema de construção por terças por um que se estruture por quartas. O sistema de quartas, sendo idêntico a um sistema de quintas, invocaria também, e talvez não menos que o de terças, a natureza, e estaria em condições de apresentar todos os acordes imagináveis com mais unidade do que o sistema de terças. Porém, não se deve esquecer que a contradição com a realidade da música atual não seria pequena: no antigo sistema, uma tríade maior é uma configuração simples, todavia mais complexa no novo. Neste, uma tríade assim seria prescrita como *ré-sol-dó* (respectivamente, *dó-sol-ré*), o que certamente tem uma justificação natural; pois *dó* (a fundamental) tem *sol* como primeiro harmônico superior, e este, por sua vez, tem *ré* como primeiro harmônico. Não obstante, este complexo sonoro não soa tão natural como *dó-mi-sol*. Embora em nenhum outro lugar, como nos acordes por quartas, cumpra-se o desejo do som de modo que a resolução em um som situado uma quinta abaixo surja francamente como símbolo da unidade de toda sonoridade simultânea, ou mesmo de toda sonoridade, ainda assim o sistema por quartas vê-se constrangido a buscar algumas explicações fora da natureza, mas sem que por isso seja inferior ao velho sistema, o qual muito menos pode dispensar auxílios artificiais. Apesar disso, creio que complementa transitoriamente o sistema por terças, donde semelhante tentativa teria que revelar ao teórico determinadas perspectivas novas. Não posso decidir se, com isso, tudo se tornaria mais simples do que era antes e, portanto, acautelo-me de entrar em particularidades que somente trariam nova confusão à velha desordem, limitando-me a esclarecer por que falo dos acordes por quartas: porque a forma exterior da qual esses acordes derivam o justifica, pois, que eu saiba, na literatura musical aparecem, sobretudo, como quartas superpostas.

Os acordes por quartas apresentam-se pela primeira vez na música – como provavelmente tudo o que mais tarde se torna normal como meio técnico habitual comum – na qualidade de recurso expressivo impressionista. Pense-se, por exemplo, no efeito do primeiro uso do trêmulo nos violinos [Monteverdi, 1567-1643] e compreender-se-á que tal não era um frio experimento técnico, mas uma ideia invocada por uma forte necessidade de expressão. O verdadeiro poeta dos sons escreve o novo e o insólito de um novo complexo sonoro apenas pelo seguinte motivo: ele *tem* que expressar o novo e o inaudito que nele se agita. Para os seus seguidores, que dão a isso a ulterior continuação, tal se representa meramente como uma nova sonoridade, como um recurso técnico; todavia, é muito mais do que isso: uma nova sonoridade é um símbolo encontrado involuntariamente, o qual anuncia o homem novo que nele se manifesta. Uma semelhante sonoridade nova, que depois vem a ser característica de toda a obra de um artista, mostra-se frequentemente desde muito cedo. Pode-se ver, por exemplo, em Wagner, como já aparecem, em *Lohengrin* e *Tannhäuser*, aqueles acordes que mais tarde serão tão significativos de sua harmônica. Nas obras de juventude, porém, surgem apenas esporadicamente, emergindo em locais mais expostos, em locais de expressão muitas vezes estranhamente nova. Exige-se-lhes que realizem o *tudo*, o *máximo*, que forneçam a representação de um universo, a expressão de um novo mundo das sensações; *que digam o novo, o que é novo: um homem novo!* Isto pode facilmente ser percebido em Wagner, o qual ainda se encontra perto de nós o suficiente para recordar-nos o que havia nele de novo, e longe o bastante para que tenhamos, até certo ponto, uma visão abrangente, e para compreendermos o seu desenvolvimento e a evolução do novo que existia nele. Partindo absolutamente do que em sua época todos entendiam por música, a sua música atende, inicialmente, apenas à necessidade de expressar-se de qualquer maneira, sem perguntar nada quanto ao belo e ao novo, ao estilo e à arte. Sem que ele o perceba, todavia, introduzem-se traços indicadores da evolução. Ali acontece de ele não conseguir realizar algo que todo e qualquer artífice haveria feito impecavelmente. Aqui ele encontra obstáculos que devem proporcionar um novo leito à sua torrente. Acolá, ocorre algo positivo: uma ideia, uma qualquer manifestação imediata, inconsciente, frequentemente brutal, às vezes quase infantil do seu próprio ser. O artista jovem, contudo, não se conhece, ainda não sente em que se diferencia dos demais e, sobretudo, em que se diferencia da literatura musical já existente. Segue, no geral, o que a sua educação lhe fornece, sem ser capaz de rompê-la em favor de suas próprias inclinações. Ele não a rompe e, onde a rompe, não o sabe. Acredita que sua obra em nada se diferencia do que em arte se tem por bom, despertando de uma vez do seu sonho, bruscamente, quando a dura realidade da crítica o faz notar que, de certa maneira, ele não se afina com o diapasão comum – conforme ao verdadeiro artista nunca será possível afinar-se: falta-lhe a concordância perfeita com aqueles medíocres que são educados através da cultura. É quando ele começa a observar quais coisas ama e quais outras lhe são odiosas. *O artista que tem coragem abandona-se completamente às suas inclinações. E somente quem se abandona às suas inclinações tem coragem, e somente quem tem coragem é artista.* Deitará abaixo o repertório tradicional, sacudirá de si os resultados da educação, colocará em evidência seus impulsos, o obstáculo criará um novo leito à torrente, um som – que era apenas uma cor subalterna no panorama anterior – propagar-se-á: e eis, então, uma personalidade. Um novo homem! Aí está um exemplo do desenvolvimento do artista, do desenvolvimento da arte.

A isto denominam revolução; e acusam o artista, que se conforma a semelhantes necessidades e as ama, de todos os crimes possíveis coligidos do lixo do vocabulário político. Olvida-se, no entanto, que se pode chamar a isto revolução quando muito *comparativamente*; e esta comparação procede somente *nos pontos confrontáveis, aqueles que são semelhantes,* mas não em todos os aspectos. Um artista que tem uma boa ideia nova não há de ser confundido com um incendiário ou um bombardeador. Uma semelhança entre o aparecimento do novo no campo espiritual e revoluções políticas consiste, no máximo, em que por algum tempo domina o que teve êxito e que o velho, prevendo a mudança, sente-se ameaçado pelo novo. Contudo, as diferenças fundamentais são maiores: os resultados, as consequências espirituais de uma ideia, por serem de natureza espiritual, são duradouros; mas as consequências das revoluções, que se passam no campo material, são transitórias. E, sobretudo: nunca foi intenção e efeito da nova arte remover

ou destruir completamente sua predecessora, a arte antiga. Ao contrário: ninguém ama mais profundamente, mais intimamente e mais respeitosamente
seus predecessores do que o artista que traz o verdadeiramente novo, pois o
respeito é aqui a consciência da profissão, e o amor, solidariedade. Ter-se-á
que recordar que Mendelssohn – o qual foi novo por sua vez – exumou a
Bach? Que Schumann revelou Schubert e que Wagner, com obras, palavra
e feitos, despertou a real compreensão de Beethoven? O que de melhor se
pode é comparar o aparecimento do novo com o florescer de uma árvore: é
o devir natural da árvore da vida. Porém, se houvesse árvores que tivessem
o interesse de impedir esse florescer, então bem se poderia denominar a isto
"revolução". E os conservadores do inverno teriam o direito de lutar contra
toda primavera, ainda quando a houvessem vivido cem vezes e pudessem
constatar que ela havia chegado, finalmente, a ser também a *sua* primavera.
Uma memória defeituosa e uma inteligência diminuta bastam a confundir
devir com revolução, a acreditar que, quando o novo brotar do que outrora
foi novo, virá daí a destruição do antigo.

Assim se me apresenta o impressionismo em novos meios artísticos
quando de seu primeiro aparecimento: um vagido do ser em formação, todo
sentimento, sem vestígio de uma consciência, ainda em forte relação com
a célula germinal, que está mais intimamente ligado ao universo do que à
nossa consciência; todavia, já se apresentando como característica de uma
singularidade que depois produzirá um tipo original, um que se separa dos
demais porque está especialmente organizado. Um augúrio de possibilidades
que depois se tornarão certezas; um pressentimento, envolto num brilho misterioso. E como estes signos pertencem ao que *nos une ao universo, à natureza,*
manifestam-se a princípio, quase sempre, como *expressão de uma disposição
natural.* O riacho faz lembrar a nascente.

É notável que estes felizes achados, embora representem apenas o ponto
de partida de uma evolução que deixará muito atrás as primeiras formas,
nunca perdem totalmente a sua eficácia. A posterior evolução pode até mesmo
trazer o seu mais alto desenvolvimento artístico, mas nunca causará uma impressão à maneira daquela produzida quando de seu primeiro aparecimento.
Penso na passagem de trompa do último movimento da sinfonia pastoral e
na sonoridade das distantes trompas de caça no começo do segundo ato do
*Tristão*, que para todos nós jamais perderão o seu encanto, embora aquilo
que lhes serve de base tenha, desde então, se desenvolvido extensamente.

O seguinte exemplo não é, em Beethoven, um pedal comum e uma melodia que evita a terça, nem se trata meramente, em Wagner, do emprego dos

sons naturais da trompa, pois ele deixa os demais trompistas executarem outros sons que não os naturais. Isto bem se percebe sem que seja explicado. E que Beethoven sentiu a particularidade em questão demonstra-o o seu sentido da forma, que o impeliu a responder a esta particularidade com uma outra particularidade congruente que, por assim dizer, a resolvesse: *a memorável entrada rítmica* da harmonia de tônica na segunda metade do compasso (exemplo 328 em 𝄵).

Acredito que destas duas passagens provém tudo o que os compositores modernos têm escrito de complexos sonoros por quartas. Certas sucessões de quartas em Mahler, o tema de Jochanaan em *Salomé*, os acordes por quartas em Debussy e Dukas devem ser atribuídos aos peculiares efeitos de pureza virginal provenientes destes acordes. Talvez fale, através dessa pureza, o futuro de nossa música. Somente aqueles que podem captar as impressões, os impressionistas, a escutam. O órgão dos impressionistas é um mecanismo afinado com extremo requinte, um sismógrafo que registra o mais leve movimento. Os estímulos mais delicados podem excitar a sua sensibilidade, enquanto os rudes a destroem. Seguir estes mais delicados estímulos, dos quais o grosseiro nunca se dá conta – porque apenas ouve o ruidoso –, é para o verdadeiro impressionista uma forte sedução. Atrai-lhe o leve, o dificilmente audível e por isso misterioso; e isto provoca a sua curiosidade de saborear o que nunca se tentou. Assim, a tendência do inaudito em revelar-se ao buscador é tão grande quanto a tendência do buscador por encontrar o inaudito. E, neste sentido, todo artista verdadeiramente grande é impressionista: a mais delicada reação aos estímulos mais suaves lhe revela o inaudito, o novo.

Isto se mostra de maneira particularmente notável em Debussy. Seu impressionismo usa os acordes por quartas com tamanha força que parecem unidos indissoluvelmente ao novo que ele diz, e com justiça podem ser considerados como de sua propriedade intelectual, embora seja possível demonstrar que, concomitantemente ou antes que ele o fizesse, foram escritas coisas parecidas. Contribui para tanto, talvez, o fato de estes acordes expressarem disposições da natureza; pois soam como se desse modo falasse a natureza. E é evidente que, diante desta fala, tudo o mais recue para segundo plano.

Assim como provavelmente muitos outros, eu também escrevi acordes por quartas sem que tenha escutado a música de Debusssy. Talvez até antes, mas seguramente ao mesmo tempo que ele. Até onde sei, o fiz pela primeira vez em meu já mencionado poema sinfônico *Pelleas und Melisande*.

330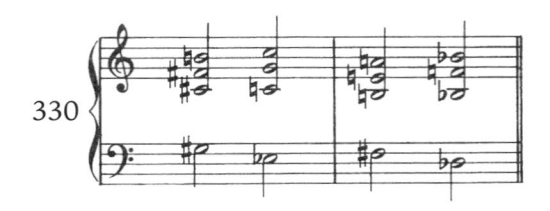

Tais acordes apresentam-se ali completamente isolados, uma única vez, como expressão de um estado de espírito, cuja peculiaridade levou-me a encontrar, contra meu próprio desejo, um novo meio expressivo. Contra meu próprio desejo, pois, o recordo ainda hoje, hesitei em escrever essas sonoridades. Mas a nitidez com que se me impunham tornou impossível rejeitá-las. Somente muito tempo depois retomei os acordes por quartas em minha "Sinfonia de câmara" [1906], sem que nesse caso o fizesse na lembrança de tê-los usado antes, e sem que nesse ínterim tomasse conhecimento da música de Debussy ou Dukas. Aqui, as quartas, nascidas de uma necessidade expressiva completamente diferente (um [por assim dizer] júbilo impetuoso), formam um sólido tema das trompas (exemplo 331) e estendem-se arquitetonicamente sobre toda a obra, dando o seu caráter a tudo que aparece. Assim, não surgem aqui meramente como melodia ou se manifestam como puro efeito acórdico impressionista, mas a sua característica penetra a inteira construção harmônica, onde são acordes como todos os demais.

Que não levem a mal o fato de ocupar-me tão minuciosamente de minha própria obra. Tenho que fazê-lo, pois não sei de nenhum outro compositor antes de mim que tenha empregado tais acordes neste sentido, ou seja, no sentido harmônico.[1] Em sentido harmônico inclui-se também a sua utilização como possibilidade expressiva impressionista. Portanto, quando falo de mim, falo (conforme diz Karl Kraus) das coisas em questão.

Não são todas as formas de acorde por quartas que se apresentam neste e em meus trabalhos posteriores. Sejam aqui demonstradas algumas possibilidades.

Podem-se obter sonoridades com três sons, quatro, cinco, seis etc. Todas elas permitem um emprego variado:

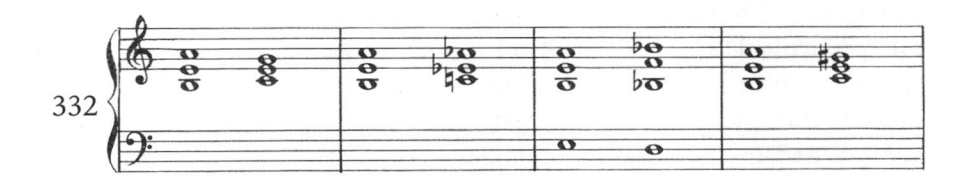

Os acordes por quartas, a quatro vozes, podem, até mesmo, ser produzidos partindo-se do sistema de terças, através de alterações (exemplo 333*b, c*).

---

1 É possível, mesmo provável, que outros além de mim tenham escrito semelhantes acordes. Talvez Mahler, Strauss ou Pfitzner. Porém, não sei ao certo. Talvez, simplesmente não me tenham chamado a atenção. De maneira alguma desejo assegurar-me a prioridade. Isto não me interessa, pois sei, com certeza, que não tem importância.

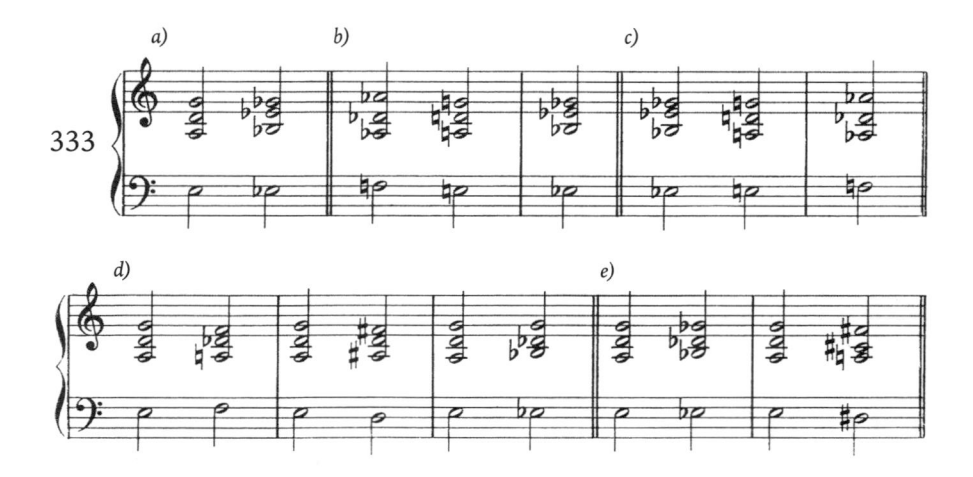

O mesmo acontece com os complexos de cinco sons. Os quais, assim como os de quatro sons, podem ser representantes de uma dominante, da qual derivam através de uma alteração descendente da fundamental (se se quer admitir isto), da sétima e da quinta no complexo de quatro sons por quartas [*Quartenvierklang*]; isso por meio da alteração ascendente e descendente da fundamental (de *lá♭* para *lá* – ou *si♭♭* –, e de *lá♭* para *sol*), da alteração ascendente e descendente da quinta (de *mi♭* para *mi*, e de *mi♭* para *mi♭♭*), e permanecendo imóvel a terça no complexo de cinco sons por quartas [*Quartenfünfklang*]. Aqui se utilizaram inversões. Todavia, se não se recua espantado diante de quintas, podem-se colocar naturalmente esses acordes também em estado fundamental.

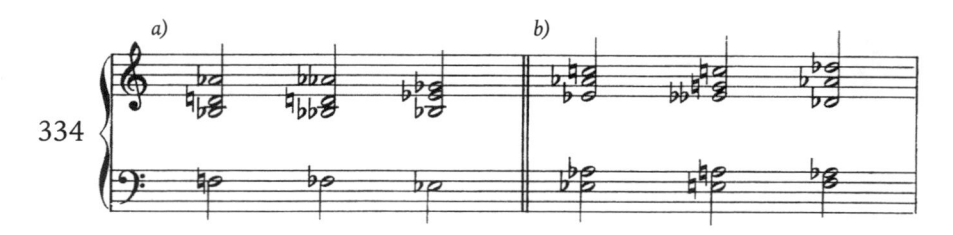

O exemplo 335 expõe alguns encadeamentos de acordes por quartas com acordes habituais. O complexo de seis sons por quartas [*Quartensechsklang*] contém uma nona menor (com o baixo), sendo, portanto, a primeira dissonância "cortante" pertencente aos acordes por quartas. Inclinar-se-á, por isso, a que primeiramente seja tratada a nona, resolvendo-a ou coisa que o valha. Ponho aqui somente aqueles encadeamentos que trazem uma resolução da nona:

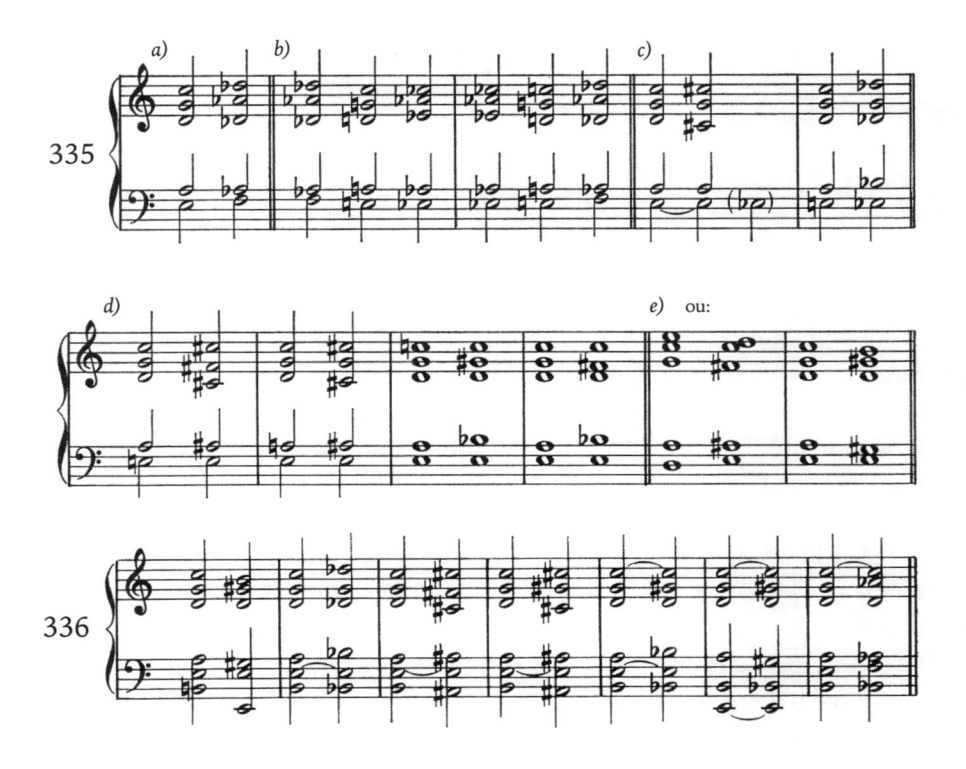

Note-se bem: assinalaram-se somente resoluções nos acordes mais usuais, pelo que se omitiram aqueles menos comuns, cujo emprego dificilmente poderia causar alguma contradição, segundo se verifica no exemplo 337*a*:

O exemplo 337*b* mostra de que forma, através da descida de três sons (de *si* para *si*♭, de *lá* para *lá*♭, e de *sol* para *fá*♯), surge o acorde de tons inteiros a seis vozes (um tipo de encadeamento que também se apresenta em minha "Sinfonia de câmara"), e como este se transforma novamente em um acorde por quartas a seis vozes através da descida dos três sons restantes (de *dó* para *si*, de *ré* para *dó*♯, de *mi* para *mi*♭).

Naturalmente, é também possível citar ainda acordes por quartas de sete, oito, nove ou mais vozes. Visto que não os conheço como acordes por quartas, embora seguramente já os tenha escrito, abstraio-me de representá-los teoricamente. Talvez a teoria pudesse aqui estimular os acontecimentos, mas não deveria precedê-los, como tenho dito repetidamente. Uma coisa poderia levar-me à decisão de prosseguir com este sistema: a construção por quartas dos acordes pode conduzir a um acorde que contenha todos os doze sons da escala cromática, e assim resultar em pelo menos uma possibilidade de observação sistemática daqueles fenômenos harmônicos que já se apresentam nas obras de alguns de nós: acordes a sete, oito, nove, dez, onze e doze vozes.

Semelhantes complexos sonoros têm sido escritos, além de mim, por meus alunos Dr. Anton von Webern e Alban Berg. Mas também não estão longe disso o húngaro Béla Bartók ou o vienense Franz Schreker, se bem que ambos seguem um caminho mais semelhante ao de Debussy, Dukas e talvez Puccini. Portanto, mesmo que, segundo parece, a inclinação dos nossos mais bem dotados jovens compositores tenda ao emprego de tais acordes,[2] seria de pouco valor dar já agora um sistema, porque a diminuta distância desses acontecimentos embaralha-os aos nossos olhos.

---

2  A lista dos que hoje (1921) empregam semelhante recurso teria que ser muito longa. Entretanto, não me ocorre que isso reduza o valor de meu livro, fornecendo-lhe atualidade através de sua ligação com acontecimentos de agora. Também não me causa total satisfação a quantidade e a qualidade dos que combatem comigo. Para eles existe, naturalmente, mais uma vez uma nova "direção", e se denominam "atonais" [*Atonalisten*]. Devo, contudo, afastar-me disso, pois sou músico e nada tenho a fazer com o "atonal". Atonal poderia meramente significar: algo que absolutamente em nada corresponde à essência do som. A expressão "tonal" já é empregada incorretamente se pensada num sentido excludente em vez de inclusivo. Somente pode ser válida da seguinte maneira: tudo o que resulta de uma sucessão de sons, seja através do recurso da relação direta com uma única fundamental, ou por meio de um contexto de conexões mais complexas, constrói a tonalidade. Logo, há de ser evidente que, partindo-se desta definição – que é a única correta –, não se pode construir com sensatez uma oposição que corresponda à palavra atonalidade [*Atonalität*]. Onde aqui se permite estabelecer a negação? Não deverá tudo que provenha, ou não, de uma sucessão de sons caracterizar a atonalidade?

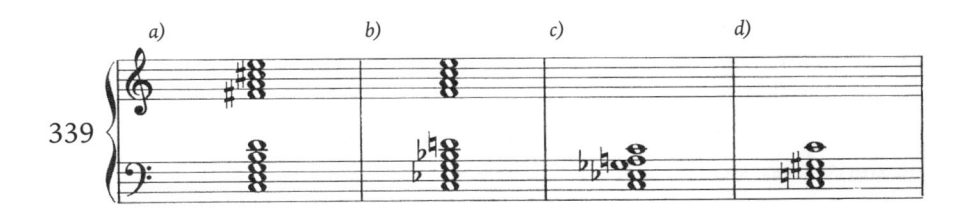

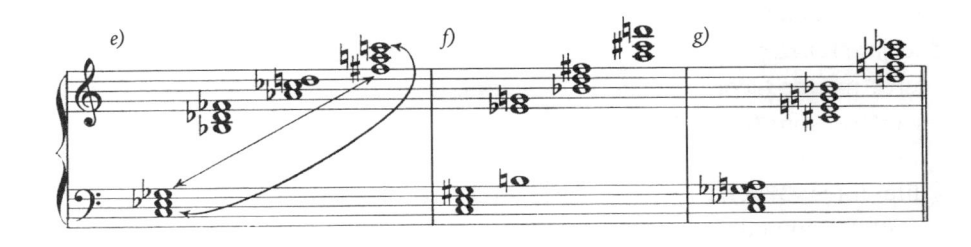

Uma peça musical há de ser *sempre* tonal, no mínimo na medida em que, de som para som, tem que existir uma relação mediante a qual os sons, sucessivos ou simultâneos, resultem numa sequência compreensível como tal. Então, a tonalidade pode, talvez, não ser palpável nem demonstrável, e estas relações podem ser obscuras e de compreensão difícil, ou mesmo incompreensíveis. Contudo, não se poderá chamar "atonal" a uma relação de sons, seja qual for, pois seria algo como caracterizar de "inespectral" [*aspektral*] ou "incomplementar" uma relação de cores. Estas oposições simplesmente não existem. De mais a mais, não se tem examinado a questão de saber se o que estes novos complexos sonoros encerram não seria a tonalidade constituída por uma série de doze sons. É provável que assim o seja, e então seria o fato de haver-se conduzido a um fenômeno paralelo à situação que levou aos modos eclesiásticos, dos quais eu disse: "Sentia-se o efeito de uma fundamental, mas não se sabia qual era. Por isso experimentava-se com todas" (nota na p.64). Aqui, isto ainda não é sentido, mas provavelmente existe. Se há que absolutamente buscar-se um nome, poder-se-ia pensar em politonal [*polytonal*] ou pantonal [*pantonal*]. Porém, seja como for, o que por agora se teria de averiguar é se tal música não é, simplesmente, novamente tonal. Isto é um despropósito, enfim; e embora seja certo que, entre os atonalistas – excetue-se aqui o vienense Josef Hauer, cujas teorias, ainda ali onde encontro exageros, são profundas e originais e cujas composições, também onde mais me parecem "exemplos" que composições, revelam talento criador, e cuja atitude, por sua coragem e abnegação, o faz respeitável sob qualquer aspecto –, há muitos para quem seria mais conveniente que se ocupassem com coisas realmente atonais, do que com a produção de composições tão ruins, e acredito que – ao menos enquanto utilizem sons – não conseguirão nada atonal. O triste é somente que a ideia de que "hoje se pode escrever tudo" impede muitos jovens de primeiramente aprenderem algo decente, de compreenderem as obras dos clássicos, de adquirirem uma cultura. Pois também outrora se podia escrever tudo, só que não era bom. Somente aos mestres nunca é permitido escrever tudo, senão que eles têm de realizar o necessário: cumprir a sua missão. Preparar-se com toda aplicação, por entre mil dúvidas quanto à própria suficiência, com mil escrúpulos sobre haver entendido corretamente o que uma força superior exige: tudo isto está reservado àquele que tem a coragem e o fervor de arcar com as consequências, de carregar o fardo que lhe foi imposto contra a sua vontade. Isto é algo muito distante da petulância de "uma direção". E, não obstante, muito mais temerário.

A construção por quartas, todavia, possibilita, conforme dito, a acomodação de todos os fenômenos da harmonia; admitindo-se que ocasionalmente deixem de ocorrer também sons pertencentes ao centro do complexo – que, por exemplo, um acorde possa compor-se dos sons primeiro, segundo, quarto e décimo –, é possível assim conseguir-se também os acordes do sistema por terças. A construção por terças, contudo – não importa se se alinham apenas terças de igual tamanho ou se é escolhida uma determinada sequência de terças de tamanhos distintos –, não consegue este resultado sem que de imediato surjam repetições de sons. Sempre que se alterna uma terça maior com uma terça menor (acordes maiores), resulta, já no nono som, uma repetição do segundo som (exemplo 339*a*). Os acordes menores dão esta repetição já no oitavo som (339*b*). Com somente terças menores surgem apenas quatro sons diferentes (339*c*), e, com somente terças maiores, apenas três sons distintos (339*d*). Tomando-se duas terças menores e uma maior, obtêm-se assim dez sons diferentes. Mas os sons décimo e décimo segundo são repetições de sons anteriores desta construção, e somente o décimo primeiro é novo (339*e*). De resto, um tal sistema corresponderia muito menos ao modelo natural do que o sistema por quartas, pois o seu fundamento – duas terças menores – tem em comum com a ideia de uma tríade maior somente o princípio da construção por terças. O mesmo é válido para ambos os experimentos mostrados nos exemplos 339*f, g*. Produzem, é certo, todos os sons. Todavia, não só a tríade aumentada num caso, como também o acorde de sétima diminuta no outro caso, são indubitavelmente produtos artificiais do sistema.

O fato de que a tese básica da natureza gradual das dissonâncias me leva à rejeição dos sons estranhos à harmonia e, de agora em diante, [este mesmo fato leva-me] à ousadia de caracterizar como insuficiente o sistema de construção por terças e de considerar a possibilidade de um sistema por quartas, tudo isso exaltará os defensores [*Verteidiger*] das antigas obras de arte (as quais, além de não atacá-las, reverencio e compreendo provavelmente muito melhor e mais intimamente do que eles) e mais ainda a malícia daqueles autores de compêndios envelhecidos que não abdicam de uma estética equivocada e por isso mesmo obsoleta. Fiquei sabendo, então, que um semelhante tipo veio a ter conhecimento, por indiscrição, de algumas páginas do manuscrito e de algumas informações sobre o conteúdo deste livro, e denominou-o uma grande apologia da música moderna. Semelhante fato não me deixou muito aborrecido, mas tenho que rejeitá-lo porque é incorreto. Pois a música moderna precisaria mais ser executada do que defendida e o interesse de repelir os ataques diminui na proporção em que fica mais claro como os agressores aniquilam-se a si próprios quando fazem marchar a crítica contra a obra, a impotência contra a força, a esterilidade contra a produtividade. Sua inatividade, sob o ponto de vista criativo, rouba-lhes toda esperança no futuro, tornando-se, porém, um crime quando, imitando comportamentos dos criadores, reclamam, em altos brados, reconhecimento laudatório dos seus sistemas, colocando-os acima das obras reais. Com isto não manifesto desprezo pelo [ato de organizar um] sistema. Ao contrário, admiro sem inveja, quase até à iniquidade, aqueles que possuem este talento que me falta: conceber um sistema. O Dr. Heinrich Schenker, por exemplo, embora em nenhum lugar lhe suceda uma total clareza, é já para mim notável e digno de estima porque é um dos poucos que verdadeiramente se esforçam por um sistema. E, mais ainda, porque ama as obras da velha arte com a mesma paixão que eu – e as compreende –, de modo que estamos, por um lado, muito distantes um do outro em relação ao presente e ao futuro de nossa arte, mas, por outro, achamo-nos próximos quanto ao seu passado. Mas se ele (segundo ouvi), em um novo livro de contraponto, fala do ocaso da arte da composição e assevera que hoje ninguém mais sabe compor, então não se coloca muito acima da espécie de inválidos que murmuram pelos "bons tempos antigos". Certamente, não se tem de estar satisfeito com a sua época. Mas isto não porque essa época não é mais "o bom e antigo tempo que se foi", mas sim porque ainda não é o melhor: o novo tempo futuro. De tais agressões não comprovadas, nossa arte não precisa ser protegida. A violência com que irrompem é interessante psicologicamente, pois mostra que aqueles defensores da antiga arte estão bastante intranquilos quanto ao resultado de sua defesa e de nossa luta. Pressentem e receiam que a antiga arte vença novamente e conquiste para a nova arte, sua irmã mais jovem, um lugar de honra à sua direita.

Se, conforme a boa sabedoria militar antiga, toda operação de defesa resolve-se atacando; se, portanto, uma boa defesa quase não deve diferenciar-se de um ataque, conclui-se: quem busque conhecimentos teóricos, *fundamentando-se, porém, em juízos estéticos já fornecidos, sem verificar se tais juízos e tal estética são corretos*, estabelecerá teorias que mostram somente um desejo: arrastar provas para tais juízos; donde, então, semelhantes teorias não têm valor. Aqui, eu ataco aberta e sinceramente, com a vontade de aniquilar; não sou defensor, eles sim. Pois – e esta é a maior diferença entre nós – tenho me colocado esta questão e não a demonstro levianamente, como o fez, por exemplo, Riemann, que está orgulhoso de sua teoria ter chegado a formular regras ainda mais severa e restritamente e não suspeita que, exatamente por isso, será rapidamente ultrapassado.

Também Mayrhofer (cujo livro *O som artístico* [*Der Kunstklang*] eu talvez houvesse lido faz tempo se não estivesse escrito de modo tão complicado) parece deter-se ante a mesma fronteira. Também ele encontra-se a ponto de oferecer uma teoria, o que seria um grande feito, já que nos falta uma teoria até agora. Contudo, ele chama a dissonância de "complemento necessário da consonância", acentuando, portanto, a relação de oposição e, por isso, duvido que possa chegar tão longe quanto talvez chegasse sem este compromisso entre estética e conhecimento. Seria uma pena, pois me parece ser ele o que iniciou mais corretamente (exceto a complicada terminologia, dando nomes que não despertam a imagem). Todavia, embora ele também parta da estética, pactuando com ela, é possível que ainda assim encontre algo correto.

Certamente, isto tem sido para mim, em certo aspecto, mais fácil do que para aqueles teóricos que não são compositores. Para mim, a sua estética não era algo dado de antemão, como definitivo, simplesmente porque minha fantasia, meu ouvido e meu sentido formal impuseram-me uma outra. Porque aquelas proibições e preceitos, que eles se esforçam por justificar, estavam para mim já revogados de antemão através da minha ideia musical, que expunha o contrário. Assim, a pergunta sobre se a estética tem razão era, por assim dizer, posta em minha boca. E não foi a minha reflexão o que a princípio me levou a decidir desfavoravelmente [à estética], mas sim o meu sentido musical. E, se a seguir, agora através da reflexão, cheguei também a um resultado diferente, tal não ocorreu para defender-me, mas porque eu tinha a sensação de que somente narrava, como se apenas informasse, descrevesse como as coisas na criação artística se comportam realmente. Meu ouvido disse: sim! – e o ouvido é toda a razão de um músico!

Talvez eu tenha inventado algumas coisas já existentes. Mas as inventei, não as escolhi através de uma seleção. Descobri-as (e isto é inventar) porque as vivenciei! Vivenciei o fato de meu juízo mostrar-me ser impossível aperfeiçoar uma má ideia e dizer-me que tal não podia ser um mero acaso. Que aqui tinha que haver uma lei. E essa lei determinava: *a ideia repentina* [*der Einfall*]. Com isso, cheguei então a meditar sobre a relação do artesanato [*Handwerk*] com a arte [*Kunst*]. Vim a entender, assim, que a arte e o artesanato têm tanto a ver entre si como o vinho com a água. Na constituição do vinho existe água, mas será um adulterador de vinho quem parta da água para fabricá-lo. Pode-se meditar também apenas sobre a água; mas aí será preciso uma nítida separação. Isto me levou a vislumbrar o ensino da composição como nada mais do que o puro ensino de um artesanato. E assim a questão se resolve, uma vez que as necessidades de um artesanato não significam um compromisso para a arte. Portanto, dado que na arte a ausência de finalidade [*Zwecklosigkeit*] é, ao lado da expressão [*Ausdruck*], a coisa mais elevada, foi-me possível dirigir o ensino do artesanato unicamente para o lado da imediata utilidade. Aqui, essa utilidade é o conveniente, senão o inevitável. Ao outro terreno [ao da arte], tal utilidade não pertence. Pois são duas coisas que nada têm a ver uma com a outra.

---

# Valorização estética dos complexos sonoros de seis e mais sons

Não recomendo ao aluno, em suas tentativas composicionais, servir-se das harmonias aqui expostas, a não ser que também se apresentem em outros tratados mais antigos. Os seus trabalhos, quer se sirva de modelos modernos, quer faça uso dos antiquados, serão bons ou maus conforme a relação que exista entre o seu talento inato – o "ter algo a dizer" – e a sua capacidade de expressá-lo. O professor tem influência apenas sobre um dos componentes desta relação: a capacidade de expressão. Talvez, nem sobre esta; duvido, mesmo, que possa ser remediada por meio da informação sobre auxílios técnicos. Quando imita a técnica dos modelos, o aluno não aprende a expressar-se a si mesmo. No fundo, ao verdadeiro artista nem é possível instruí-lo. Quando se mostra a ele "como se deve fazer", alegando que outros também fizeram assim, tal pode ser um instruir sobre a arte, mas não a instrução do artista. A capacidade de expressar-se certamente não depende da espécie e da quantidade de meios artísticos colocados à disposição. Mas a incapacidade sim. Esta só pode desenvolver-se por meio desses recursos artísticos, pois não existe graças ao que nasce de si mesma, mas vive do que os outros produziram. Entretanto, a obra do verdadeiramente dotado não mostra exteriormente, afinal, mais do que uma insignificante relação com a literatura musical que lhe serviu de modelo. Porque ele toma a si mesmo em consideração; porque ele, através dessa autoconsideração, se desenvolve a partir das suas condições prévias, de seus modelos, os quais talvez o tenham sustentado a princípio, ao modo de muletas para as suas primeiras tentativas de caminhar. Porque ele, enfim, não escreve o que é *conforme a arte*, mas sim o que é *conforme o artista*.

Isto parece contradizer a seguinte circunstância: o fato de que entre os estilos de Mozart e Beethoven, por exemplo, existem diferenças essenciais ainda hoje óbvias para todos; elas não são, porém, tão grandes que se pudesse afirmar que em cada caso atuem leis diferentes. Ao contrário, existem passagens e mesmo movimentos em Mozart que quase poderiam ser de Beethoven, e tais em Beethoven que quase poderiam ser de Mozart. Se retrocedermos mais, lá pelos séculos XVI ou XVII, as diferenças apresentar-se-ão aos nossos olhos de modo tão sutil, que quaisquer equívocos seriam facilmente possíveis. O afastamento do objeto resulta em tão grande medida aplainador que se confundem as diferenças entre as personalidades; dificilmente se poderá distinguir um artista de outro, tanto estilisticamente quanto, talvez, em conteúdo; percebe-se somente o comum, o coletivo, do que, então, abstrai-se a conformidade artística. De certa distância, já não será percebido mais que o espírito do século. Quem possa colocar-se ainda mais distante, perceberá o espírito da humanidade. Nessa distância, as personalidades desaparecem como indivíduos, mas o que elas expressam – a humanidade, o que de melhor existe nela – torna-se visível. Os mais altos cumes, os que estão mais próximos do contemplador – elevando, desde as profundezas, pelos vasos capilares, o melhor e o mais sutil –, representam, somente eles, o espírito da humanidade. Assim age, portanto, a distância: primeiro reduz e depois amplia de novo; as personalidades, os cumes, tornam-se, ainda que de outra maneira, visíveis novamente. Vê-se, por certo, de que forma e como se relacionam entre si; todavia, não mais se vê o que a proximidade mostrava, ou seja, o fato de serem rigorosamente separados: *porque as inter--relações já não são mais as da arte, não mais as dos meios artísticos, porém outras, mais profundas.*

Contemplando-se à média distância, pode-se, com toda a certeza, encontrar uma linha que, conforme dito, mostre o caminho dos meios artísticos e do artístico propriamente dito. E se se admite que a menor parte de uma curva possa ser vista como uma linha reta infinitamente pequena, então semelhante ilusão de ótica certamente é permitida no sistema circulatório que assinala os caminhos do desenvolvimento dos recursos artísticos. Desconsiderando-se os pequenos desvios, isto bem pode ser uma linha. Talvez deva sê-lo necessariamente, pois a última meta é comum. E ainda algo é comum: as nossas últimas fronteiras.

O olho que queira dedicar-se à contemplação da arte terá que ajustar-se a todas essas distâncias. As imagens mostradas pela distância são tão importantes quanto as expostas pela proximidade. Situados na distância, todavia, apenas podemos contemplar o passado. Pudéssemos, de longe, mirar a atualidade, então seria o fim de todas as lutas. Mas a luta não nos é dispensada, embora seu desfecho esteja predeterminado. Sabemos o seu termo. Sabemos quem vencerá. Como nas manobras militares, em que o vencedor já está previamente estabelecido. Não obstante, a luta deve ser conduzida com a mesma seriedade como se o seu fim pudesse ser outro. Temos que combater com a mesma paixão, como se não soubéssemos qual ideia triunfará; mesmo que esta ideia vencesse ainda que não lutássemos, pois a sua vitória se encontra preestabelecida. Talvez, também a nossa luta já esteja preestabelecida. Porém, seja como for, a paixão se justifica.

A proximidade, o presente, que nós sentimos mais forte e de forma mais imediata, mostra a personalidade viva pronta para o combate, em violenta discórdia com os seus arredores. As personalidades diferenciam-se umas das outras de maneira cortante; quase parece como se entre elas nada houvesse de comum, como se caíssem completamente fora da linha de evolução, como se nada as unisse com o resto da humanidade. E, assim como nas manobras militares aquele predeterminado a ser vencido tem que se esforçar por reverter a seu favor toda a situação preconcebida, assim a ideia que sucumbirá luta em defesa de cada pedaço de sua propriedade. E, assim como nas manobras militares não é possível que o vencedor predeterminado simplesmente cruze os braços, senão que há de agir como se pudesse ser derrotado, assim atua, com a mesma violência [*Heftigkeit*], a ideia que há de vencer, mesmo que ela em nada contribuísse para isto. Em posição de combate, todos os músculos tensos, cada movimento tem uma meta e um objetivo. Eis a situação na qual a proximidade nos mostra a personalidade em seu esforço.

Enquanto a proximidade ensina a diversidade, a distância ensina a comunhão. O presente mostra as divergências das personalidades e a meia-distância mostra a semelhança dos recursos artísticos; a grande distância, porém, anula a ambas novamente, e por certo mostra as personalidades como diferentes, mas também expõe o que realmente as une. Mostra que o mais importante da personalidade é o mergulho no mais profundo do seu próprio ser, o que fornece, como expressão, a essência da Humanidade.

O que importa é a capacidade de escutar a si próprio, de contemplar a si mesmo profundamente, algo que dificilmente pode ser obtido e que, seja como for, não pode ser ensinado. O homem médio parece possuir esta capacidade somente em alguns poucos momentos elevados; nos demais, vive não segundo as suas tendências, mas conforme princípios médios que lhe foram impostos. Aquele que tenha princípios verdadeiros, os princípios da Humanidade, vive de acordo com as suas inclinações. E estas, ademais, coincidem com os princípios da Humanidade, sem que ele o saiba, mas que talvez o pressinta.

E aquilo que se tem por meios artísticos, que se entende por estilo, todas estas propriedades que o medíocre acredita por necessário meramente imitar para também chegar a ser artista, tudo isto se mostra como coisas de importância secundária, às quais, quando muito, pode-se atribuir o valor de sintomas. A semelhança estilística das obras-mestras de uma época já distante de nós certamente se explica por meio da distância exterior, desaparecendo quando nos aproximamos. E a linha reta do desenvolvimento dos recursos artísticos é, numa observação mais próxima, um composto múltiplo. Tudo, porém, que constitui o estilo é característico, quando muito, do tempo em que o vivo luta contra os seus contemporâneos. É meramente um sintoma, pelo qual os contemporâneos deveriam reconhecer quais são os homens notáveis. Mas é sem importância em relação ao que mostra a distância.

Assim, o ensino pelo qual se deve educar um artista poderia consistir em, quando muito, ajudá-lo a escutar-se a si mesmo. A técnica, os meios artísticos, não podem auxiliá-lo. Estes deveriam ser, caso possível, uma ciência oculta, à qual tivesse acesso somente aquele que a encontrasse por si próprio. Quem se escuta, alcança essa técnica. Alcança-a por outros caminhos que o da marcha dos programas de ensino, talvez por desvios, mas com uma segurança infalível. Pois escutará o que é comum a todos, e o que o diferencia dos demais não é, talvez, como ele o escuta, mas sim o fato de *que* o escuta. E o "como" [*Wie*] dos recursos artísticos é antes adequado a afastar-se do "quê" [*Was*] da arte do que a trazê-lo mais próximo.

Por isso não recomendo ao aluno o emprego de meios artísticos modernos. É certo que ele deve exercitar sua mão, de modo a tornar-se apto a realizar o que o espírito pudesse exigir-lhe algum dia. Para isto, todavia, bastam os antigos meios artísticos. Os novos não prejudicam, por certo. Mas talvez ainda subsista neles um direito de propriedade, um orgulhoso direito de propriedade que se nega a dar via livre a todos que não almejam consegui-la. Aquele que se esforça encontrará o caminho; e o encontrará, ademais, de uma maneira que justificará a sua utilização. Para ele, a estrada encontra-se aberta; para os outros, que apenas desejam exercitar a mão, essa estrada tem o direito de permanecer fechada. Finalmente, chegará esse caminho a ser um patrimônio comum; então, quem por ele transitar, pelo menos não mais vai querer aprender "como se representa uma personalidade".

Visto que não recomendo essas harmonias, por esta mesma razão não tenho por necessário valorizá-las esteticamente. Quem chegar a elas por si mesmo não precisará de um guia. Seu ouvido e seu senso de veracidade [*Wahrhaftigkeitsgefühl*] o conduzirão com mais segurança do que o fariam todas as leis artísticas. Mas, por outra razão ainda, posso tranquilamente abster-me destas valorações sem que por isso fique inferiorizado em relação ao que os compêndios realizam. As antigas teorias fornecem um sistema no qual se apresenta o que a experiência pode caracterizar como belo. Mas também nele ocorrem outras coisas que não são recomendadas, e mesmo proibidas. O método é o seguinte: dispõem-se certa quantidade de possibilidades de combinações e excluem-se, através das exceções, aqueles casos que se tenham por inúteis. Um sistema com exceções, porém, ou não é um sistema ou o é insuficientemente. De mais a mais, já demonstrei quanto às exceções que as suas justificativas são falsas na maioria das vezes, que tais exceções – e isto é para mim o mais importante que alguém aprenderia deste livro – são apenas a expressão de certo gosto artístico, cuja relação com o gosto natural é tão somente a de que sempre se encontra inferior a este. E que essas exceções são apenas uma adaptação imperfeita ao natural, ao passo que uma adaptação mais perfeita deve conduzir àquilo que este livro colocou-se por meta: um caminhar seguro, porém cada vez mais amplo, sempre mais adiante. E que, portanto, as regras são, na melhor das hipóteses, indicadoras do grau de imersão nos dados naturais; que, portanto, não são leis eternas, mas algo que é sempre arrastado pelas ondas do próximo acontecimento. E então, isto posto, deveria eu fornecer semelhantes leis, ocupar-me de uma valoração de tal espécie e criar exceções? Ninguém que tenha me seguido por meu caminho e que concorde comigo poderia exigir-me algo assim.

Imagino que me será perguntado com ar crítico: Como distinguir o conhecedor do ignorante se não se estabelece o que é bom e o que é mau? Devo dizer, logo de início, que não me importa muito distinguir essencialmente tal conhecedor conforme aqui se me apresenta, de um ignorante. Este "conhecer", que no fundo consiste em apenas perceber bem todas as leis e a elas obedecer, tem pouco de respeitável. É realmente difícil distingui-lo da charlatanice, e igualmente supérfluo. O saber do artista, todavia, não tem nada a ver com isso. O artista não faz o que os outros consideram belo, mas somente o que ele tem por necessário. Se os demais querem aplicar leis de beleza às suas obras – já que não podem viver sem leis de beleza –, é assunto deles encontrar aquelas que sejam aplicáveis. Contudo, são elas realmente necessárias? Não se pode, realmente, desfrutar obras de arte sem leis de beleza? O que é, então, a impressão da arte no leigo que nada sabe de tablatura? Schopenhauer explica o respeito dos medíocres ante a grande obra de arte como uma crença na autoridade. Isto vale, certamente, para a grande massa. Encontrei, porém, entre os leigos, pessoas cujos órgãos de percepção eram muito mais finos do que os da maioria dos especialistas. E sei, com certeza, que existem músicos mais sensíveis à pintura do que muitos pintores, e pintores que são mais sensíveis à música do que a maioria dos músicos. Quem não queira concordar com isso, terá ao menos de reconhecer que – se é que haja sentido em divulgar a arte – a capacidade do leigo de impressionar-se e de poder distinguir é um pressuposto incondicional disto. Se ele sente a arte, há que também poder valorá-la, se é que isto é necessário! E, por si mesmo, pode fazê-lo. Portanto, as leis de beleza lhe são supérfluas. Para quem existem, então, estas leis? Para o crítico? Quem possa, pelo paladar, diferenciar uma fruta boa de outra má, não precisa ser capaz de expressá-lo por meio de uma fórmula química, nem necessita dela para reconhecer a diferença. Deve julgar um alimento aquele que não tem paladar? E lhe servirá de alguma coisa a fórmula química? E, mais ainda, saberia ele aplicá-la? Caso saiba, com que objetivo a empregaria? Tem o aluno necessidade das leis para saber quão longe pode ir? Acabei de dizer até onde ele pode ir: tão longe quanto a sua natureza o impulsione, a qual ele tem que se esforçar por ouvir com exatidão se quer ser um artista! Se deseja apenas ser um artesão [*Handwerker*], um obstáculo apresentar-se-á, num lugar qualquer, por si mesmo; aqueles mesmos obstáculos que lhe impedem a criação artística, o impedirão de ir demasiado longe. E se um jovem se enganasse, indo além do que o impelia o seu talento? Isto não importa – o fato de ele não haver se tornado em nada especial porque caminhou demasiado longe ou porque caminhou muito pouco. Mas os tolos têm sempre medo de serem tomados por tolos, ou seja, de serem reconhecidos. Receiam que algum embusteiro os engane. Essa insegurança exige uma proteção. Uma vez que as leis da beleza não podem, ao menos nesta forma, ser uma finalidade em si mesmas, quase me parece como se elas tivessem o seguinte propósito: serem a proteção dos medíocres contra o serem tomados por tolos. Ou serem elas também, talvez, em segredo, o abrigo dos medíocres contra a dominação sobrevinda através de uma nova beleza. Nada o medíocre receia mais do que ser coagido a trocar a sua concepção de vida. E, assim, estabelece para si um ideal que é a expressão desse medo: o caráter. O homem de caráter pleno é aquele (variando uma palavra de Karl Kraus) cuja arteriosclerose procede de sua concepção do mundo.[1]

Porém, em outra forma, as leis da beleza poderiam ser um fim em si mesmas. A saber, como descrição precisa daqueles resultados que são comuns ao maior número possível de obras de arte. Como tentativa de atribuir o maior número possível de resultados ao menor número possível de causas comuns. Como experiência de ordenação dos fenômenos de forma a obter uma visão panorâmica. Isto poderia ser um fim em si; mas teria que satisfazer-se com isso e, sobretudo, nunca poderia extrair a seguinte conclusão: de que o acontecido na maioria das obras de arte tem, em consequência, que ocorrer do mesmo modo em todas as outras obras de arte. Com isso, estaria realizado o suficiente; por certo mais do que se poderia exigir, porém o máximo do que se deveria consentir.

Perguntar-se-á por que escrevo um tratado de harmonia se quero que a técnica se transforme em uma ciência oculta. Eu poderia responder: deseja-se aprender, e eu quero ensinar, divulgar o que considero bom; logo, ensino. Acho, contudo, que se deve aprender. Talvez, o artista há de aprender somente para cometer erros dos quais depois tenha que libertar-se. A onda de força que arrasta o erro também desenlameia o caminho de obstáculos que o infectavam. Um catarro ocular curar-se-á irritando o olho até que cause uma inflamação. O processo curativo sara não apenas essa inflamação, mas a verdadeira enfermidade. O artista, contudo, pode também aprender por que nem todos têm de começar desde o princípio e cada um vivenciar em si mesmo todos os erros que acompanham a estrada do saber humano. É possível e deve-se confiar, até certo ponto, nos predecessores. Suas experiências e observações depositam-se, em parte, na ciência; mas uma outra parte – que não sei se é a mais segura – repousa no inconsciente, no instinto. É justificado, e mesmo obrigatório, o duvidar. Todavia, fazer-se independente do instinto é tão difícil como perigoso. Pois, ao lado do certo e do errado, junto às experiências e observações herdadas de nossos antepassados, ao lado do que

---

1 Entenda-se esse período, e similares, tendo-se sempre presente que Schoenberg foi homem e artista de caráter incorruptível. Os grandes problemas que vivenciou aconteceram justamente por ele jamais transigir em seus princípios.

Quanto a esse Karl Kraus (Boêmia, 1874 – Viena, 1936), por quem Schoenberg parece ter nutrido uma especial admiração (visto ser tão citado durante todo o Livro), foi um escritor considerado um mestre da língua alemã, tendo sobressaído como crítico, satirista e poeta. Através de sua revista *Die Fackel* (*A Tocha*), publicada de 1899 a 1934, produziu veemente sátira à sociedade de seu tempo, sobretudo às classes médias e à imprensa corrupta. (N. T.)

devemos ao passado deles e ao nosso, jaz talvez no instinto uma capacidade em desenvolvimento, um conhecimento do futuro e, talvez, também outras capacidades que o homem, algum dia, possuirá conscientemente; capacidades que ele, hoje, quando muito, pode imaginar e almejar, mas não colocar em ação. A criação do artista é instintiva. A consciência tem aí pouca influência. Ele tem a sensação de algo como se o que ele faz lhe fosse ditado. Como se apenas agisse conforme a vontade de uma força interior, cujas leis ele não conhece. É somente o realizador de uma vontade que lhe é oculta, do instinto, do inconsciente que nele habita. Não sabe se é algo novo ou velho, bom ou mau, belo ou feio. Sente somente o impulso, ao qual tem que obedecer. E nesse impulso pode manifestar-se o velho e o novo. Coisas que dependem do passado e outras que mostram o caminho do futuro. Velhas verdades ou novos erros. Enfim, a sua natureza musical, conforme herdada de antepassados musicais ou alcançada através das obras existentes; mas também, talvez, o eflúvio de uma força buscadora de novos caminhos. O verdadeiro ou o falso, o novo ou o velho, o belo ou o feio: como pode sabê-lo quem apenas segue o seu próprio impulso? Quem desejaria atrever-se a diferenciar no impulso instintivo, no inconsciente, o verdadeiro do falso? Quem ousaria distinguir entre o saber herdado dos antepassados e a força de pressentimento concedida pelo espírito? O artista tem que aprender, quer ele queira ou não; pois já aprendeu antes mesmo de chegar ao ponto de querer aprender. Em seu instinto, em seu inconsciente, jaz um tesouro da antiga sabedoria que ele desenterrará ainda que não o queira. O verdadeiro artista não será prejudicado pelo que aprende de um professor, pois o que realmente ele aprender dessa maneira já nele se encontrava antes de vir à consciência.

E o medianamente dotado, que na verdade não é produtivo naquele sentido mais elevado, este deve, acima de tudo, aprender. Para ele, o aprender é um fim em si mesmo. Sua tarefa é considerar sabedoria aquilo que, no fundo, é apenas uma crença. O saber o faz forte, ao passo que aos outros basta a crença. O mediano, não é somente no início que ele não encontra nada por si mesmo, mas também não saberia seguir adiante a partir da metade do caminho. Pretenda ele permanecer mediano tal como nasceu, então deverá deixar que a distância para cima e para baixo permaneça sempre igual; e dado que o superior avança, deve segui-lo à retaguarda, em distância correspondente. Ele tem que aprender tanto o que não precisa descobrir por já estar descoberto, quanto aquilo que não consegue descobrir, pois do contrário seria um dos superiores. É tão pouco possível como desnecessário protegê-lo de erros. Ao ensino, porém, é possibilitado guiá-lo até onde ele há de estar caso pretenda ser um bom termo médio. Então, visto não lhe ser possível produzir nada de valor por si mesmo, ao menos vale a pena o objetivo de ensiná-lo a apreciar o que de precioso os outros produzem. Diz Adolf Loos: "Existem, relativamente, muitas pessoas que produzem, mas poucas que saibam consumir". Este poderia também ser o objetivo do ensino: orientar os consumidores. Não por regras de beleza, mas pelo alargamento de seus horizontes.

Existe, porém, ainda uma razão, talvez a mais concludente: a apresentação [*Aufstellung*] do ensino pode ser um fim em si mesma. Sem que se dirija a um aluno real, pode falar a um aluno imaginário. O aluno talvez seja somente uma projeção para fora do professor. Quando fala ao aluno, o professor fala consigo próprio. "Conversando contigo, tão somente me aconselho".[2] Ele leciona a si próprio, é o seu próprio professor e o seu próprio aluno. O fato de ele deixar o público escutá-lo quando pretende conseguir clareza removendo o entulho de velhos erros, talvez colocando no lugar novos erros – porém com uma perspectiva mais ampla –, é o mesmo caso da obra de arte que ele cria e entrega ao público. Ele se põe a discutir consigo mesmo e o público o escuta, porque sabe que este é o seu assunto.

Portanto, posso abster-me tranquilamente de fornecer uma valoração estética destas novas harmonias. Ela virá algum dia, ou talvez não venha. Talvez venha a ser boa, mas provavelmente não. Oxalá se seja inteligente o bastante para constatar que estes são os casos que até agora se têm por bons; os demais, que por enquanto são apreciados ou não, provavelmente mais tarde serão considerados válidos. Não quero, porém, deixar de registrar algumas insignificantes experiências e observações que se me têm apresentado quando da observação de obras já prontas. Naturalmente, só posso fazê-lo conforme meu sentimento e este sentimento é também dependente de pressupostos, daquilo que age em mim de cultura inata e de cultura adquirida. Portanto, não excluo o que porventura não menciono. É possível que sejam coisas em que eu ainda não tenha reparado; algo que, provavelmente, ainda não sei. E se não escrevo tudo o que a combinação deve considerar possível, talvez o que me impede sejam obstáculos de minha formação. Ao compor, decido-me somente através do sentimento, por meio do sentido da forma. Este me diz o que devo escrever, e tudo o mais fica excluído. Cada acorde que estabeleço corresponde a uma obrigação, a uma coação de minha necessidade expres-

---

2  *Mit mir nur rat ich, red ich zu dir.*

siva; mas também, talvez, à constrição de uma lógica inexorável, ainda que inconsciente, da construção harmônica. Tenho a sólida convicção de que essa lógica existe também aqui, ao menos na medida em que existia nos terrenos da harmonia outrora cultivados. Como prova disso, posso alegar o fato de que a correção da ideia repentina por escrúpulos formais externos, correção à qual se inclina frequentemente a consciência desperta, na maioria das vezes corrompe a ideia. Para mim, isto prova que a ideia já era uma necessidade, que as harmonias ali estabelecidas são partes integrantes da ideia, onde nada se pode modificar.

Em geral, no emprego de acordes de seis ou mais sons, mostra-se a tendência de suavizar as dissonâncias através da disposição mais afastada dos diversos sons do acorde. Trata-se, evidentemente, de uma suavização. Pois, visto o que são as dissonâncias – harmônicos superiores que se encontram mais distantes –, esta imagem é copiada de maneira feliz. É neste sentido que se haverá de compreender a seguinte passagem de meu monodrama *Expectativa* [*Erwartung*]:

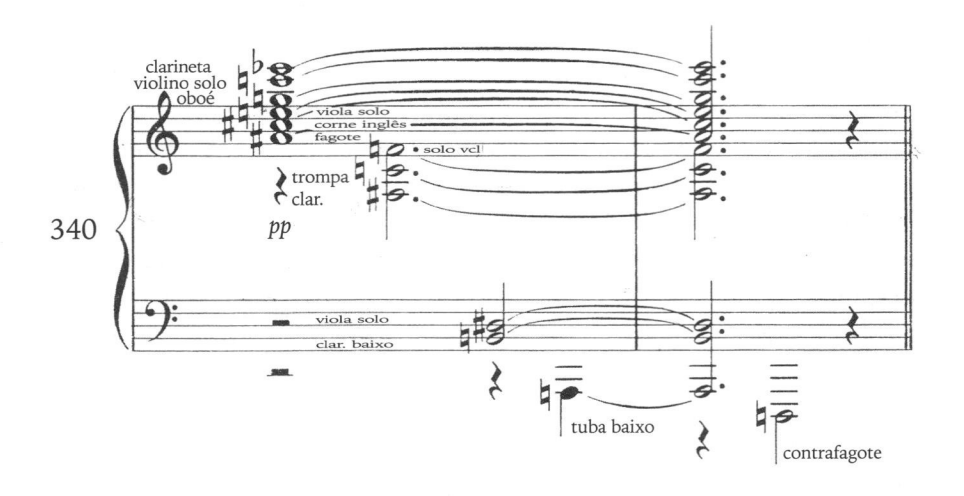

Neste acorde apresentam-se onze sons diferentes. Porém, a delicada instrumentação e o fato de as dissonâncias colocarem-se distantes entre si, fazem com que esse complexo atue muito brandamente. E, além disso, talvez algo ainda: os grupos sonoros são dispostos de modo que poderiam ser atribuídos facilmente a formas anteriores. Por exemplo, o da primeira entrada. Creio que aqui o ouvido aguarda esta resolução:

Que esta resolução não aconteça aqui pode prejudicar tão pouco como quando ela falta no caso das harmonias elementares. E o segundo acorde pode, no contexto de uma resolução (exemplo 342a), e combinado (342b) com o acorde resolvido acima (341), ser compreendido conforme o exposto no exemplo 342c: uma soma de dois acordes que têm em comum um acorde de sétima diminuta, o qual, através de dois diferentes baixos, transforma-se em dois acordes diferentes de nona.

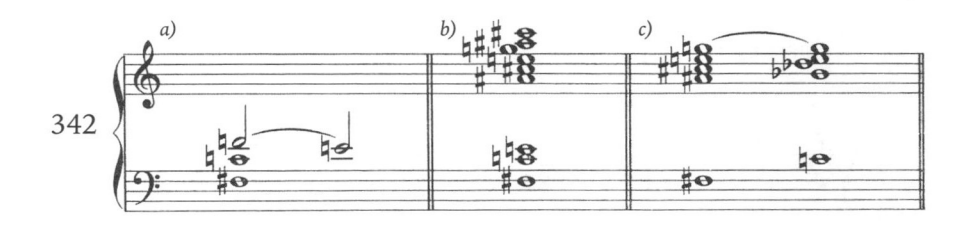

Uma derivação semelhante, porém, nem sempre será correta; e nem sempre se conseguirá a atribuição a antigas formas, ou somente dará bom resultado em uma concepção muito mais ampla. Pois, em outra ocasião, escrevo um acorde semelhante em posição muito mais estreita. E, num quarteto de cordas de meu discípulo Anton von Webern, ocorre a seguinte passagem:

Franz Schreker, em sua ópera *Der ferne Klang* [*O som distante*], escreve, dentre muitas outras, a seguinte passagem:

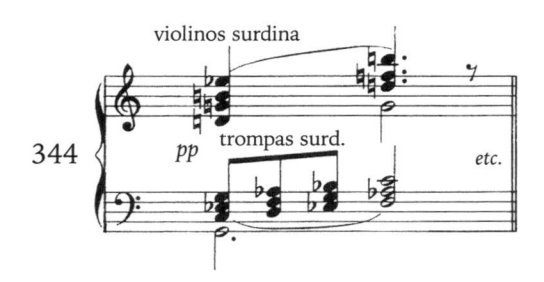

onde, entretanto, os complexos sonoros hão de ser em grande parte colocados na conta do movimento das vozes; não obstante, a semelhança com as
amostras antes expostas consiste em que a capacidade das dissonâncias em
formarem complexos sonoros não depende de suas possibilidades ou necessidades de resolução. Também o compositor húngaro Béla Bartók aproxima-se
desta sensibilidade sonora em algumas de suas peças para piano, conforme
demonstram as seguintes passagens:

Também o seguinte é um caso interessante, proveniente de uma composição de meu aluno Alban Berg:

Por que isto é assim e por que é certo, é algo que, de momento e deta-lhadamente, eu ainda não seria capaz de dizer. No todo, resultará evidente a quem aceite a minha opinião sobre a natureza da dissonância. Mas acredito firmemente que meu ponto de vista seja correto, e algumas outras pessoas também pensam assim. Para as sequências de semelhantes acordes, parece poder tomar-se, como responsável, a escala cromática. A sucessão de acordes parece ser regulada pela tendência em produzir no segundo acorde os sons que faltavam no primeiro, os quais, na maior parte das vezes, encontram-se um semitom acima ou abaixo. Todavia, as vozes raramente se apresentam como passos de segundas menores. Observei também que as duplicações de sons – ou seja, oitavas – raramente ocorrem. Isto talvez se explique em que o som duplicado obteria uma preponderância sobre os demais, transformando-se assim em uma espécie de fundamental, o que certamente não deve acontecer. Mas também, talvez, por uma aversão instintiva (possivelmente exagerada) à lembrança de acordes de outrora, mesmo os mais distantes. Para a mesma causa parece apontar a circunstância de que os acordes elementares da har-monia anterior não se mostram de bom grado em tal vizinhança. Acredito, porém, que exista outro motivo. Creio que resultariam demasiado frios, ásperos, inexpressivos. Ou talvez ocorra aqui o que já mencionei em uma oportunidade anterior. A saber, que esses acordes elementares, os quais são imitações imperfeitas do que é dado pela natureza, aparecem-nos como de-masiado primitivos. Que lhes falta algo como, por exemplo, falta à pintura japonesa quando comparada à nossa: a perspectiva, a profundidade. O que nos falta nos complexos simples de três e quatro sons poderia ser a perspectiva e a profundidade da sonoridade. E, assim como num quadro dificilmente seria possível observar a perspectiva em uma parte e descuidá-la em outra sem que o resultado saísse prejudicado, do mesmo modo talvez não possam, estas sonoridades algo vazias, situar-se ao lado daquelas sonoridades plenas, exu-berantes. Ao passo que a utilização exclusiva de umas ou de outras assegura a homogeneidade e, com isso, um efeito correto.

A circunstância de que tanto eu quanto aqueles que escrevem coisas parecidas percebemos, exatamente, a diferença sobre quando deva vir um acorde de cinco ou seis vozes, ou quando deva comparecer um acorde de mais vozes ainda, é surpreendente e permite que dela sejam tiradas conclusões. Não seria possível, sem que o resultado fosse prejudicado, suprimir um som num acorde a oito vozes, ou acrescentar um som num acorde a cinco vozes. A posição do acorde também é comprometedora: assim que se transponha um som, troca-se o significado, cessam a lógica e a utilidade, parece que a coerência se rasga. Governam aqui, manifestamente, leis. Quais, eu não sei. Talvez venha a sabê-lo em alguns anos. Talvez um mais jovem as encontre. Quando muito, o que posso de momento é descrever.

Abstenho-me de uma descrição mais ampla em favor de uma outra ideia que ainda quero mencionar aqui a título de conclusão. Reconhecem-se, no som, três qualidades: altura [*Höhe*], timbre [*Farbe*] e intensidade [*Stärke*]. Até agora, o som tem sido medido somente em uma das três dimensões nas quais se expande: naquela que denominamos altura. Dificilmente têm-se até aqui realizado experimentos de medi-lo nas outras dimensões e menos ainda tentativas de ordenar os resultados em um sistema. A valorização da *sonoridade tímbrica* [*Klangfarbe* = *cor do som*], da segunda dimensão do som, encontra-se, portanto, em um estágio ainda muito mais ermo e desordenado do que a valoração estética destas harmonias nomeadas por último. Apesar disso, ousa-se tenazmente alinhar e opor sonoridades meramente conforme o sentimento, e ainda não ocorreu jamais a alguém exigir de uma teoria que ela estabeleça as leis segundo as quais se possa fazê-lo. Por enquanto, isto simplesmente não é possível. E, como se pode ver, caminha-se sem isto. Talvez conseguíssemos perceber diferenças com maior exatidão ainda se tentativas de realizar medidas nesta segunda dimensão já houvessem alcançado um resultado palpável. Ou talvez não. Contudo, seja como for, está cada vez mais alerta a nossa atenção aos timbres, e aproxima-se a possibilidade de ordená--los e descrevê-los. Com isso, provavelmente virão também teorias restritivas. Podemos, de momento, julgar o efeito artístico destas relações somente com o sentimento. Não sabemos como se relacionam com a substância [*Wesen*] do som natural e talvez nem ainda o suspeitemos; escrevemos despreocupa-damente, porém, sequências tímbricas, as quais se arranjam de algum modo com o sentimento da beleza. Que sistema serve de base a estas sucessões?

Não posso admitir, de maneira tão incondicional, a diferença entre timbre e altura tal e qual é habitualmente expressa. Acho que o som se faz perceptível através do timbre, do qual a altura é uma dimensão. O timbre é, portanto, o grande território e a altura, um distrito. A altura não é senão o timbre medido em uma direção. Se é possível, com timbres diferenciados pela altura, fazer com que se originem formas que chamamos de melodias, sucessões cujo conjunto suscita um efeito semelhante a um pensamento, então há de também ser possível, a partir dos timbres da outra dimensão – aquilo que sem mais nem menos denomina-se timbre –, produzir semelhantes sucessões, cuja relação entre si atue com uma espécie de lógica totalmente equivalente àquela que nos satisfaz na melodia de alturas. Isto parece uma fantasia futurística, e provavelmente o seja. Mas se há algo em que acredito firmemente, é que ela se realizará. E acredito firmemente que será capaz de elevar, de forma inaudita, os prazeres dos sentidos, do intelecto e da alma que a arte oferece. Creio firmemente que nos levará mais próximo à miragem refletida em nossos sonhos; que ampliará as nossas relações para com aquilo que hoje nos parece inanimado, dando vida com nossa vida ao que de momento é morto para nós tão somente em razão de um insignificante vínculo que mantém conosco.

Melodias de timbres![3] Que finos sentidos os que aqui diferenciem! Que espírito sublimemente desenvolvido o que possa encontrar prazer em coisas tão sutis!

Quem aqui se atreve a reclamar teorias!

---

3 *Klangfarbenmelodien.*

SOBRE O LIVRO

*Formato*: 16 x 23 cm
*Mancha*: 28 x 44,5 paicas
*Tipologia*: Iowan Old Style 10/14
*Papel*: Pólen soft 80 g/m² (miolo)
Couché 120 g/m² encartonado (capa)
*2ª edição*: 2011

EQUIPE DE REALIZAÇÃO

*Capa*
Estúdio Bogari

*Edição de texto*
Giuliana Gramani (Preparação de original)
Geisa Mathias de Oliveira (Revisão)

*Editoração Eletrônica*
Eduardo Seiji Seki

*Musicografia das páginas 276, 277 e 278*
Esli Barbosa

*Assistência Editorial*
Alberto Bononi